中国社会科学院创新工程学术出版资助项目

国际服务贸易政策研究

赵 瑾◎等著

中国社会科学出版社

图书在版编目（CIP）数据

国际服务贸易政策研究/赵瑾等著. —北京：中国社会科学出版社，2015.9
ISBN 978-7-5161-6402-0

Ⅰ.①国… Ⅱ.①赵… Ⅲ.①国际贸易—服务贸易—对外贸易政策—研究—世界 Ⅳ.①F741

中国版本图书馆 CIP 数据核字（2015）第 146942 号

出 版 人	赵剑英	
责任编辑	王　曦	
责任校对	周晓东	
责任印制	戴　宽	
出　　版	中国社会科学出版社	
社　　址	北京鼓楼西大街甲 158 号	
邮　　编	100720	
网　　址	http://www.csspw.cn	
发 行 部	010-84083685	
门 市 部	010-84029450	
经　　销	新华书店及其他书店	
印　　装	北京君升印刷有限公司	
版　　次	2015 年 9 月第 1 版	
印　　次	2015 年 9 月第 1 次印刷	
开　　本	710×1000　1/16	
印　　张	33	
插　　页	2	
字　　数	556 千字	
定　　价	109.00 元	

凡购买中国社会科学出版社图书，如有质量问题请与本社营销中心联系调换
电话：010-84083683
版权所有　侵权必究

前　言

　　党的十八届三中全会以来，随着上海自贸区，以及广东、天津、福建四个自贸区的相继成立，中国已经由36年前以制造业为核心的对外开放时代，步入了以服务业为核心的对外开放新时代。当代国际最新研究表明：在全球贸易总出口中服务业增加值的占比（46%）已超过制造业（43%），几乎占出口增加值的一半；服务业与服务贸易在经济增长和就业中发挥重要作用。同时，在全球热议的工业4.0，即由德国引领的以智能制造为主导的第四次工业革命中，相关研究认为，物联网和服务网在制造业中拥有巨大的创新潜力，如果成功地将基于网络的服务整合进工业4.0，将极大地扩展这种潜力。那么，新时期中国对外开放重点的变化，即服务业的对外开放能否在世界装备制造业服务化趋势中，促进产业结构转型升级，实现"中国制造2025"？中国服务贸易的大发展能否创造贸易竞争新优势，在新常态下促进我国经济的稳定增长和扩大就业？

　　站在世界看中国，从中国在全球服务业和服务贸易发展中所处的国际地位看，中国是全球服务贸易大国而非强国。(1) 2014年中国服务业增加值在GDP中的占比为48.2%，不仅低于2012年世界平均水平70.2%，而且低于同年低收入国家49.1%。(2) 2014年中国服务贸易在GDP中的占比为6%，不仅低于2012年世界平均水平11.8%，而且低于同期低收入国家14.32%。(3) 2014年中国服务贸易进出口总额在全球占比为6.19%，是全球第二大服务贸易国，第五大服务贸易出口国，但同时也是全球最大的服务贸易逆差国，2014年服务贸易逆差额高达1600亿美元。

　　站在中国看世界，近十年来，全球服务贸易发展的基本格局正在发生重大变化，发达国家正在重塑国际服务贸易规则，推动全球新一轮服务贸易自由化。(1) 国际服务贸易的增速高于GDP和货物贸易增速。(2) 发展中国家服务贸易出口增速超过发达国家，正在改变以发达国家为主的国际服务贸易利益格局。(3) 亚洲的崛起正在改变欧洲在全球服务贸易发展中的绝对优势。(4) 发达国家通过 TPP、TTIP、TISA 谈判正在重塑全球国际贸易投资规则,特别是由美国、欧盟、澳大利亚主导,23个WTO成员参与的国际服务贸易诸边谈判（TISA 谈判）,正在加快推动全球新一轮的服务贸易自由化。

三十多年来,中国对外开放的重要经验是把握和顺应世界大势,在统筹好国内国际两个大局中,谋划有中国特色的社会主义发展道路。在全球新一轮服务贸易自由化的浪潮中,中国如何应对？在中国新一轮服务业对外开放中,如何加强监管,确保国家经济安全？在中国经济新常态下,如何增强服务业出口能力,实现2020年服务贸易进出口额突破1万亿美元大关的新目标,继续发挥贸易对经济增长的拉动作用？……面对中国经济发展面临的诸多难题,我们试图从全球和国别两个层面开展研究。在全球层面上,力求在把握当代全球服务贸易发展的大势中,抓住新一轮服务贸易自由化浪潮中的历史机遇,推动中国在"十三五"期间实现服务贸易的跨越式发展。在国别层面上,力求在研究美国、德国、英国、法国、日本、印度、澳大利亚、加拿大、新加坡、中国香港十个服务贸易大国（地区）服务贸易发展的基础上,谋求中国服务业的稳步开放,建立完善的服务贸易发展体制机制,为中国制定服务贸易政策提供有益的参考和借鉴。

一 全球服务贸易基本格局的新变化与中国服务贸易实现跨越式发展的新机遇

随着信息技术的发展,可贸易产品的增加,以及发展中国家在国际服务贸易中地位的提高,全球服务贸易的基本格局正在发生重要变化。变化就是机遇。"十三五"期间,我国应抓住机遇,实现服务贸易跨越式发展。

第一,从国际服务贸易规模与增速看,近20年来,国际服务贸易以高于 GDP 和货物贸易的速度增长,其总体规模已开始接近10万亿美元大关。抓住全球服务贸易高速增长的机遇,我国应实行制度创新,扩大服务业开放水平,以服务贸易的高速增长确保外贸的稳定增长,拉动中国经济结构转型升级。

第二,从国际服务贸易的国家分布看,发展中国家作为国际服务贸易出口的新生力量,正在改变以发达国家为主的利益格局。抓住国际服务贸易利益格局变化的新机遇,我国应积极、主动、全方位地参与全球新一轮服务贸易规则谈判,把握服务贸易发展的主动权。

第三,从国际服务贸易的产业分布看,计算机和信息服务、通信服务、专利权使用费和特许费等新兴服务将成为未来服务贸易新的增长点。抓住国际服务贸易结构优化的新机遇,我国应重点促进生产性服务和新兴服务业的发展。

第四,从国际服务贸易的区域分布看,全球大约70%的服务贸易进出口集中在欧洲和亚洲地区;在旅游、运输、金融、计算机与信息技术、建筑五大产业出口中,欧洲、亚洲、北美最具优势。抓住国际服务贸易进出口地区差异性机遇,我国应针对不同市场制定不同的贸易政策,精准扩大服务贸易进出口。

第五,从服务业在全球的分布看,欧洲是服务业最发达的地区,也是服务贸易在GDP中占比最高的地区。抓住国际服务业不均衡发展的机遇,我国在引进外资和对外投资中,应重点开展与欧洲的国际合作,精准对接发达国家服务业对外扩张和产业转移。

二 全球服务贸易壁垒的主要手段、行业特点、国家分布与中国服务业对外开放的着力点

根据OECD全球服务贸易限制指数数据库,对2014年全球40个国家和地区18个行业服务限制指数的研究显示,当前国际服务贸易壁垒主要呈现以下特点:

第一,从限制国际服务贸易的五大主要手段看,虽然服务的异质性显示出不同行业限制手段的差异性,但在18个行业中,外资准入限制已成为各国限制服务贸易的主要手段,主要分布在10大行业中,分别是电视广播、海运、公路运输、保险、分销、电影、快递、商业银行、会计、空运。

第二,从国际服务贸易限制的行业分布看,在40个国家和地区18个服务行业中,按照国际服务贸易限制指数高低排序,依次是:空运、法律、会计、电视广播、快递、海运、建筑设计、铁路运输、电信、工程、保险、商业银行、计算机、电影、建筑、公路运输、音像和分销。空运、法律和会计三大行业分别位居全球服务贸易限制之首,相对来说,空运产业开放度最低,分销产业开放度最高。

第三,从国际服务贸易限制的全球分布看,印度尼西亚在服务贸易限制指数最高的18个行业中占6个(海运、电信、商业银行、电影、音像、

分销），居40个国家和地区之首，是40个国家和地区中市场相对比较封闭的国家。荷兰在服务贸易限制指数最低的18个行业中占9个（计算机、建筑、保险、铁路运输、工程、建筑设计、快递、海运、电视广播），居40个国家和地区之首，是40个国家和地区中市场相对比较开放的国家。

当代全球服务贸易壁垒的特点为推动我国服务贸易自由化和开展服务业国际合作提供了重要启示，未来我国服务业对外开放的着力点：一是为推动服务贸易自由化，促进经济增长和就业，我国应根据不同行业限制手段的特点采取不同的规制改革措施。例如，由于人员流动限制是法律、工程、建筑设计三大行业服务贸易限制的主要手段，为此，促进法律、工程、建筑设计服务贸易自由化的着力点在于取消人员流动限制。二是顺应全球服务贸易自由化和国际服务贸易增长的新趋势，应针对我国全球服务贸易限制指数最高的行业或高于世界平均水平的行业，放松管制，加快服务业对外开放的步伐。例如，在40个国家和地区18个行业中，中国服务贸易限制指数最高的三大行业是电视广播、快递、公路运输，为提高我国贸易投资便利化水平，我国应重点推进快递和公路运输等领域的服务业对外开放水平。三是为提升服务业的国际竞争力，我国应根据不同国家、不同服务业市场开放状况，开展精准的国际投资。例如，在对外投资上，因土耳其和波兰会计市场完全封闭，以色列和印度在铁路运输领域市场完全封闭，不宜在上述地区和领域开展对外直接投资；而在引进外资上，因欧洲在金融、计算机与信息技术领域占据全球出口竞争优势（出口在全球占一半以上），市场相对比较开放，应重点加强与欧洲的国际合作。

三 全球服务贸易大国发展服务贸易的经验及其对中国的启示与借鉴

美、德、英、法等服务贸易大国发展服务贸易的经验，对我国扩大服务业开放和发展服务贸易提供了重要的启示与借鉴。

第一，确立"服务先行"的出口策略，将大力发展服务贸易上升到国家战略层面。

一国服务贸易的发展与国家制定的经济发展战略与政策密切相关。美国之所以成为全球第一服务贸易大国，世界最大的服务贸易顺差国，关键是其确立了"服务先行"的国家出口战略。印度能跻身于全球服务贸易大国，主要归结于其摒弃了经济发展的"阶段论"，率先将服务业作为国家战略性产业进行扶植，特别是大力发展服务外包。

长期以来我国将制造业视为生产性劳动，服务业视为非生产性劳动。当代研究表明：在产品价值创造的微笑曲线中，制造处于产品价值链的低端，以研发、设计为代表的服务处于产品价值链的高端；生产性服务有利于促进制造业优化升级；服务业与服务贸易有利于推动经济增长和增加就业。为此，我国应将大力发展服务贸易上升到国家战略层面，制定促进服务贸易出口的国家战略和扶持政策，力争在2020年实现服务贸易总体规模超过1万亿美元的目标。

第二，实行有选择的、渐进式、多层面的服务业开放政策，夯实服务贸易发展的产业基础。

产业是贸易发展的基础。大力发展服务贸易，必须扩大对外开放，创造公平的贸易投资环境，发挥不同经济主体的活力。大国服务业对外开放的主要做法：一是实行选择性的开放策略。如印度将国内服务业划分为重点行业与非重点行业，对重点行业（如软件信息行业）采取开放政策，吸引民间资本和外来资本促进发展。对非重点行业采取限制政策，对产业实行保护。二是有步骤、分层次地开放国内服务业市场。如日本采取渐进式的开放策略，逐步开放金融和保险等领域。三是在开放中实行适度保护。如为避免服务贸易进口对国内服务业的冲击，德国在资历认证、颁发许可、投资主体及股权比例等方面对跨境服务实行限制。

在中国服务业发展滞后，缺乏国际竞争力的条件下，我国应根据服务业的竞争优势和发展重点，实行有选择的、渐进式、多层面的服务业开放政策：一是分行业有选择地开放。如对金融、文化等领域的试点开放。二是分地区有选择地开放。如在上海、广东等自贸区实行服务业对外开放先行先试政策。三是实行多层面的服务业开放。如通过CEPA实现内地与港澳服务贸易自由化；大力推动中日韩自由贸易区服务贸易谈判，加强区域服务贸易合作；积极参与多边服务贸易谈判等。

第三，建立服务贸易监管体系，在开放中实行适度保护，确保国家经济安全。

在开放中实行监管是大国发展服务贸易的重要经验。其监管体系主要包括：一是建立健全服务贸易相关法律体系。如美、英、法、加等国针对不同服务行业，均建立并及时调整和完善相关法律。如英国建立的《金融服务法2012》、《民用航空法2012》、《增长和基础设施建设法2013》等。二是通过立法设置壁垒，保护本国服务业的发展，如加拿大在金融服务、通信服务、运输服务、专业服务、建筑及有关工程服务等领域，通过立法限制外国服务公司的所有权，限定市场准入等。三是设立相应的机构，履行监管职能。如法国通过外贸部，中小企业、贸易、手工业和自由职业部，以及运输、装备、旅游和海洋事务部等，制定行业的法律、法规以及相关的政策措施，并负责监督执行。

服务业的对外开放必须有相关的法律制度作保障。目前我国服务业和服务贸易立法严重不足，不少领域仍处于法律空白，无法对外国在华投资企业实行有效监管。为此，我国应加快推进各服务部门的立法进度，尽快完善相关法律体系。

第四，实施服务贸易促进政策，扩大服务贸易出口。

为扩大服务贸易出口，各国采取的主要做法：一是重视双边、区域和多边服务贸易谈判，拓展海外服务贸易市场。如美国积极推动 TISA、TPP 和 TTIP 等贸易谈判；印度通过与周边国家或地区签订区域贸易协定，推进服务贸易自由化进程；加拿大实施"全球商贸战略"，开拓北美以外的服务贸易市场等。二是政府运用财税、金融等多种手段，大力扶植服务业的发展。如新加坡为建成亚洲乃至世界的金融中心，制定各种税收优惠政策，吸引了大批国际金融机构进驻新加坡。三是建立服务贸易出口促进体系。如美国商务部在全国成立了 108 个出口扶助中心，覆盖了各个州及美国主要的贸易城市。

与货物贸易促进体系相比，我国尚未建立起服务贸易促进体系和政策。借鉴大国促进服务贸易出口的经验，我国一方面要积极开展双边、区域和多边服务贸易谈判，拓展国际服务贸易市场；政府运用财税、金融等多种手段，大力扶植服务业的发展。另一方面要打造服务贸易新型网络平台和促进平台，发挥民间企业的主导作用。

第五，建立完善的服务贸易管理体系和协调制度。

完善的服务贸易管理体系和协调制度是大国促进服务贸易快速发展的重要保障。从贸易政策制定、服务贸易管理到相关的行业管理，大国均建立了完善的、分工明确的服务业和服务贸易管理机构，且形成了有效的部门间沟通协调机制。与此同时，各国发达的民间服务行业协会在实行行业自律，以及协调政府与企业关系中也发挥了重要作用。

目前我国服务贸易管理面临的首要问题是服务贸易归属不同的部门管理，出现了贸易管理部门与服务业管理部门之间多头管理、政策协调较差等问题。为此，我国应建立国家高级别的服务业对外开放和管理的协调机构。同时，消除行业协会的行政色彩，充分发挥民间行业协会在协调政府与企业关系中的作用。

第六，吸引和培养高素质人才，提高服务贸易的国际竞争力。

人力资源是现代服务业发展的关键因素。为提高服务贸易的国际竞争力，大国非常注重人才的引进、培养和职业培训。如在人才引进上，新加坡实施开放的人口政策，不仅以优厚的待遇、良好的科研环境、优惠的税收制度等综合优势吸引世界各地的优秀人才，而且在海外设立了8个联络处，有针对性地引进外籍人才；在人才培养上，英国通过加强高等教育、与职业市场接轨、开展"学徒计划"等，以各种方式培养高质量人才；在职业培训上，德国建立的独特的双元制教育体系，将学校培训和在职培训优势有机结合，充分满足了社会对服务行业的需求。

我国服务贸易人才短缺、结构不合理，亟须发展现代服务业所需的专门人才。为此，一是我国应根据服务贸易发展对人才的需求，改革现行的教育体制；二是加强职业培训，将在校培训与在职培训有机结合；三是实施人才战略，通过各种优惠政策吸引国外高端人才和海外留学人员，为我国服务贸易发展提供人才保证。

第七，建立完善的服务贸易统计体系。

完善的服务贸易统计体系是一国制定服务贸易政策，开展服务贸易谈判的前提和基础。各国对服务贸易统计非常重视，其服务贸易统计制度具有法制化、统计机构与队伍专业化、统计方法科学化等特点。

我国服务贸易统计体系不完善。为确保政府正确决策，我国应建立符合国际标准的服务贸易统计分类，完善服务贸易的统计调查方法，扩大与完善服务贸易统计数据的采集渠道，提高服务贸易统计数据的质量。

本书写作历时一年半。多次讨论，几易其稿。赵瑾负责整体框架设计、组织讨论和研究，写作的具体分工如下：第一章赵瑾（中国社会科学院财经战略研究院），第二章张继行（中国社会科学院研究生院），第三章孙琼（中国社会科学院研究生院），第四章江皎（中国社会科学院研究生院），第五章王迎新（中国社会科学院财经战略研究院）、白旻（工业和信息化部国际经济技术合作中心），第六章申恩威（中国社会科学院财经战略研究院）、杨振（中国社会科学院研究生院），第七章陈昭（中国社会科学院财经战略研究院），第八章董萍（中国社会科学院财经战略研究院），第九章汤婧（中国社会科学院财经战略研究院），第十章梁洪基（中国社会科学院研究生院），第十一章冯远（中国社会科学院财经战略研究院）。在此，感谢中国社会科学院财经战略研究院高培勇院长对研究的支持！感谢中国社会科学院出版社责任编辑王曦为本书出版所做的一切！

在探索中国实现服务贸易跨越式发展的道路上，我们的研究正在前行，无论是对全球服务贸易理论和实践前沿问题的研究，还是大国发展服务贸易的国际经验，以及中国服务贸易发展的战略与政策……

我们坚信，中国的明天会更好！

赵 瑾

2015 年 5 月

目 录

第一章 全球服务贸易与服务贸易政策 ········· 1

  第一节 全球服务贸易发展的基本格局与新特点 ········· 1

  第二节 全球服务贸易壁垒：主要手段、
行业特点与国家分布 ········· 30

  第三节 WTO 国内规制改革与国际服务
贸易自由化发展新趋势 ········· 65

第二章 美国服务贸易政策 ········· 76

  第一节 美国服务贸易发展现状 ········· 76

  第二节 美国服务贸易发展的历史演变和主要特点 ········· 85

  第三节 美国服务贸易自由化 ········· 89

  第四节 美国服务贸易管制 ········· 95

  第五节 美国服务贸易管理体制 ········· 99

  第六节 美国服务贸易发展的最新动态 ········· 107

  第七节 美国服务贸易发展对中国的启示与借鉴 ········· 110

第三章 德国服务贸易政策 ········· 114

  第一节 德国服务贸易发展现状 ········· 114

  第二节 德国服务贸易发展的历史演变和主要特点 ········· 137

  第三节 德国服务贸易自由化 ········· 141

  第四节 德国服务贸易管制 ········· 149

  第五节 德国服务贸易管理体制 ········· 154

  第六节 德国服务贸易发展的最新动态 ········· 158

第七节 德国服务贸易发展对中国的启示与借鉴 163

第四章 英国服务贸易政策 166

第一节 英国服务贸易发展现状 166
第二节 英国服务贸易发展的历史演变和主要特点 181
第三节 英国服务贸易自由化 186
第四节 英国服务贸易管制 196
第五节 英国服务贸易管理体制 201
第六节 英国服务贸易发展的最新动态 206
第七节 英国服务贸易发展对中国的启示与借鉴 209

第五章 法国服务贸易政策 212

第一节 法国服务贸易发展现状 212
第二节 法国服务贸易发展的历史演变和主要特点 228
第三节 法国服务贸易自由化 234
第四节 法国服务贸易管制 241
第五节 法国服务贸易的管理体制 246
第六节 法国服务贸易发展的最新动态 252
第七节 法国服务贸易发展对中国的启示与借鉴 256

第六章 日本服务贸易政策 259

第一节 日本服务贸易发展现状 259
第二节 日本服务贸易发展的历史演变和主要特点 273
第三节 日本服务贸易自由化 281
第四节 日本服务贸易管制 283
第五节 日本服务贸易管理体制 288
第六节 日本服务贸易发展的最新动态 292
第七节 日本服务贸易发展对中国的启示与借鉴 295

第七章 印度服务贸易政策 300

第一节 印度服务贸易发展现状 300
第二节 印度服务贸易发展的历史演变和主要特点 308

第三节　印度服务贸易自由化 312
第四节　印度服务贸易管制 317
第五节　印度服务贸易管理体制 322
第六节　印度服务贸易发展的最新动态 328
第七节　印度服务贸易发展对中国的启示与借鉴 332

第八章　新加坡服务贸易政策 337

第一节　新加坡服务贸易发展现状 337
第二节　新加坡服务贸易发展的历史演变和主要特点 344
第三节　新加坡服务贸易自由化 348
第四节　新加坡服务贸易管制 358
第五节　新加坡服务贸易管理体制 363
第六节　新加坡服务贸易发展的最新动态 369
第七节　新加坡服务贸易发展对中国的启示与借鉴 371

第九章　加拿大服务贸易政策 375

第一节　加拿大服务贸易发展现状 375
第二节　加拿大服务贸易发展的历史演变和主要特点 389
第三节　加拿大服务贸易自由化 399
第四节　加拿大服务贸易管制 406
第五节　加拿大服务贸易管理体制 411
第六节　加拿大服务贸易发展的最新动态 415
第七节　加拿大服务贸易发展对中国的启示与借鉴 421

第十章　澳大利亚服务贸易政策 425

第一节　澳大利亚服务贸易发展现状 425
第二节　澳大利亚服务贸易发展的历史演变及主要特点 438
第三节　澳大利亚服务贸易自由化 442
第四节　澳大利亚服务贸易管制 447
第五节　澳大利亚服务贸易管理体制 450
第六节　澳大利亚服务贸易发展的最新动态 455
第七节　澳大利亚服务贸易发展对中国的启示与借鉴 457

第十一章 中国香港服务贸易政策···461

第一节 中国香港服务贸易发展现状···461
第二节 中国香港服务贸易发展的历史演变及主要特点·········472
第三节 中国香港服务贸易自由化···479
第四节 中国香港服务贸易管制···486
第五节 中国香港服务贸易发展的最新动态·································489
第六节 中国香港服务贸易发展的经验启示与借鉴·······················491

参考文献···494

第一章　全球服务贸易与服务贸易政策

近十年来，随着信息技术的发展、国际分工的深化，全球服务贸易发展的基本格局出现了新的变化。为了推动国际服务贸易自由化，OECD对全球40个国家和地区18个行业的服务贸易壁垒进行了量化评估，预计随着WTO国内规制改革和国际服务贸易诸边谈判（TISA谈判）的进展，全球服务贸易自由化将进入一个新的时代。

第一节　全球服务贸易发展的基本格局与新特点

一　服务业在全球的分布

（一）服务业在全球的国家分布

世界银行以人均国民收入为主要标准，把不同国家分为四类：高收入国家、中高收入国家、中低收入国家和低收入国家。根据世界银行2012年的标准，高收入国家、中高收入国家、中低收入国家的最低标准分别为12616美元、4086美元和1036美元。在193个国家和地区中，高收入国家61个，中高和中低收入国家99个，低收入国家33个。

从服务业增加值在全球的国家分布看，如图1-1所示，2012年，服务业增加值在GDP中的占比世界平均水平为70.2%。其中，高收入国家（OECD）占74.7%，中等收入国家占54.6%，中低收入国家占52.7%，低收入国家占49.1%。2012年与2005年相比，不同收入水平国家服务业增加值在GDP中的占比均同步提高，且从整体上看，人均国民收入水平越高的国家，服务业增加值在GDP中的占比就越大。

服务业是服务贸易发展的基础，但一国服务业增加值在GDP中占比高，并不意味着服务贸易在GDP中的占比也高。如图1-1所示，2012年，低收入国家服务贸易在GDP中占比（14.32%）高于中低收入国家

(12.37%) 和中等收入国家 (8.87%)。而在高收入国家中,非 OECD 国家服务贸易在 GDP 中占比 (21.59%) 高于 OECD 国家 (12.61%)。

与此同时,2005—2012 年虽然不同收入国家的服务业增加值在 GDP 中占比同步增长,但服务贸易在 GDP 中的占比在不同收入国家中却出现了明显的分化。2012 年,服务贸易在 GDP 中的占比从世界平均水平来看,由 2005 年的 10.7% 提高到了 11.8%,但不同收入国家服务贸易在 GDP 中占比并未出现同步提高,其中,低收入国家和高收入国家 (OECD) 的占比扩大:低收入国家由 2005 年的 13.1% 提高到 14.3%,高收入国家由 2005 年的 10.1% 提高到 12.2%,但中低收入国家和中等收入国家的占比均下降,中低收入国家由 2005 年的 13.9% 下降到 12.4%,中等收入国家由 2005 年的 10.3% 下降到 8.9%。

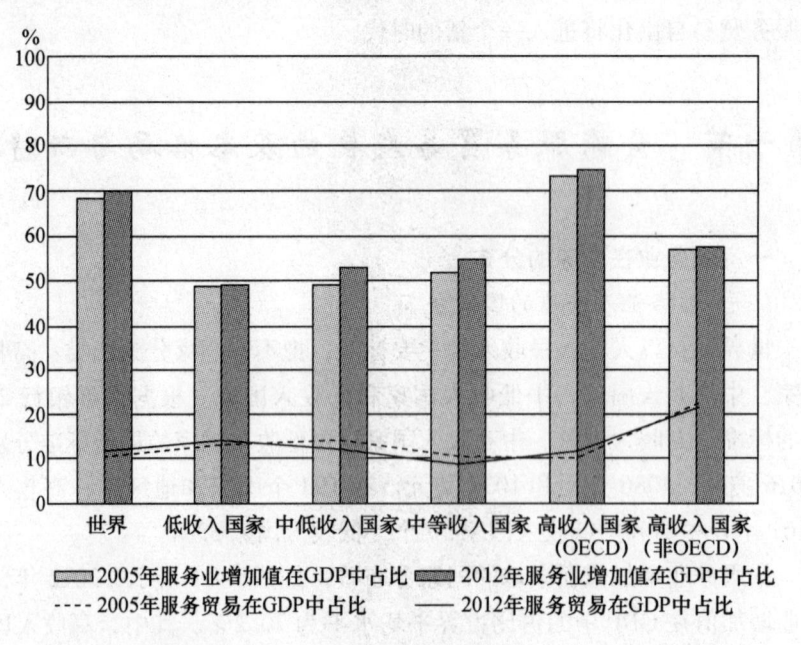

图 1-1 世界不同收入国家服务业增加值、服务贸易在 GDP 中占比

资料来源:世界银行。

(二) 服务业在全球的地域分布

从服务业在全球的地域分布来看,如图 1-2 所示,2012 年全球不同地区服务业增加值在 GDP 中占比,除中东和北非地区外,所有地区服务业增加值在 GDP 中的占比均高于 50%。其中,欧洲和中亚占比最高 (72.4%),高于同期世界平均水平 (70.2%)。其次是东亚和太平洋

(63.6%)、拉丁美洲和加勒比海（61.7%）、撒哈拉以南非洲（56.2%）、南亚（55.9%）、中东和北非（42.3%）。

与此同时，2005—2012年，虽然所有地区服务业增加值在GDP中占比均出现同步增长，但服务贸易在GDP中占比却出现了明显分化。如图1-2所示，2012年世界不同地区服务贸易在GDP中占比，欧洲和中亚（17.91%）、中东和北非（15.13%）、南亚（13.58%）均高于世界平均水平（11.77%）。其中，2012年，欧洲和中亚由2005年的15.4%提高到了17.91%，南亚由2005年的11.5%提高到了13.58%。相反，东亚和太平洋由2005年的10.4%下降到10.2%，拉丁美洲和加勒比海由2005年的6.5%下降到6.2%，撒哈拉以南非洲由2005年的12.4%下降到10.7%。值得注意的是，虽然东亚和太平洋、拉丁美洲和加勒比海、撒哈拉以南非洲服务业增加值在GDP中的占比均超过55%，高于上述南亚、中东和北非地区，但其服务贸易在GDP中的占比不仅低于世界平均水平（11.8%），也低于上述地区，其中，东亚和太平洋的占比为10.21%、拉丁美洲和加勒比海的占比为6.2%、撒哈拉以南非洲的占比为10.68%。

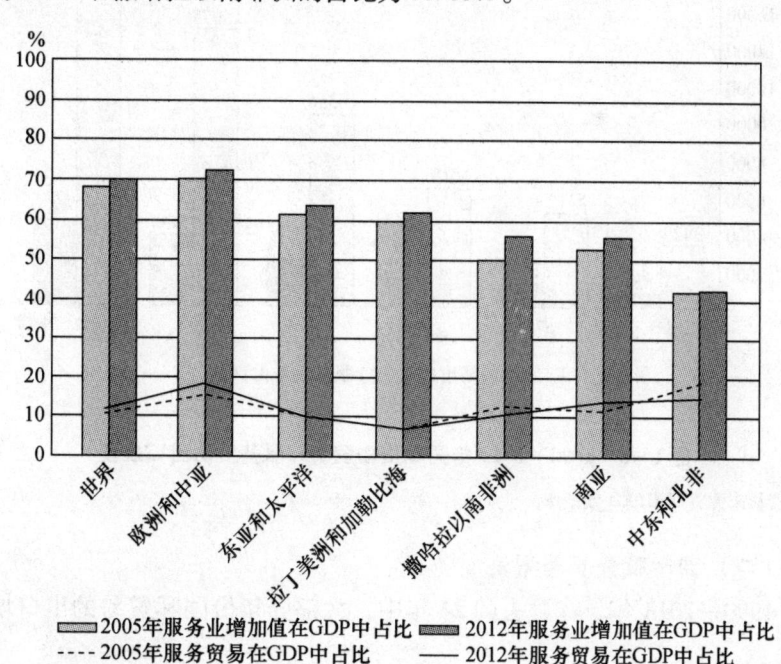

图1-2 世界不同地区服务业增加值、服务贸易在GDP中占比

资料来源：世界银行。

二 国际服务贸易的规模与增速

（一）国际服务贸易规模

随着各国服务业的发展，国际服务贸易规模逐年扩大。如图 1-3、图 1-4 所示，2013 年，全球服务贸易进出口总额 9.219 万亿美元，开始接近 10 万亿美元。其中，出口 4.72 万亿美元，进口 4.499 万亿美元。同期，货物贸易进出口总额 36.77 万亿美元，其中，出口 18.6 万亿美元，进口 18.17 万亿美元。如上所述，虽然个别国家和地区没有显示出服务业增加值提高与服务贸易在 GDP 占比提高的同步性，但从全球服务贸易发展规模看，1990—2013 年，服务贸易进出口规模逐年扩大，但与服务业增加值在 GDP 占比 70% 的世界平均水平相比，如图 1-5、图 1-6 所示，服务贸易仅为货物贸易的 1/4，服务贸易在全球贸易中的占比仅为 20%。其中，出口占 20%，进口占 19%。[①]

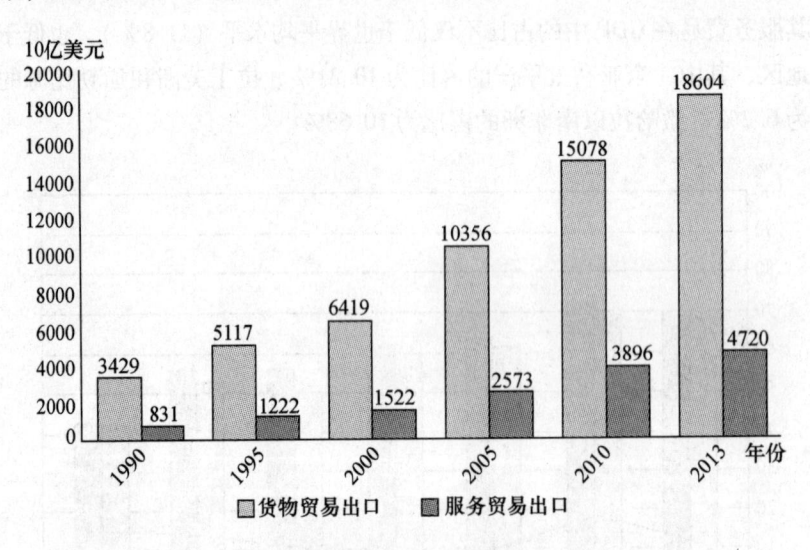

图 1-3　1990—2013 年国际货物贸易与服务贸易出口规模

资料来源：UNCTAD 数据库。

（二）国际服务贸易增速

1990—2013 年，在过去的 24 年中，大部分年份国际贸易的出口增速

---

① 按照新的增值贸易统计方法，在贸易增加值的创造上，根据 UNCTAD 数据，2010 年在总出口中服务业增加值的占比（46%）大大高于制造业（43%），贸易出口增加值几乎一半（46%）来自服务业。

超过全球 GDP 增速，服务贸易出口增速超过货物贸易出口增速。近十年来，转型经济国家、发展中国家服务贸易出口增速超过发达国家。

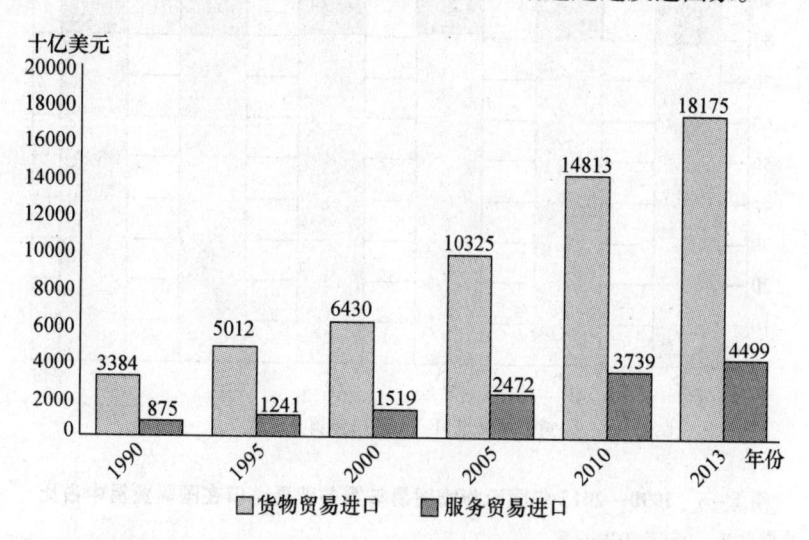

图 1 – 4　1990—2013 年国际货物贸易与服务贸易进口规模

资料来源：UNCTAD 数据库。

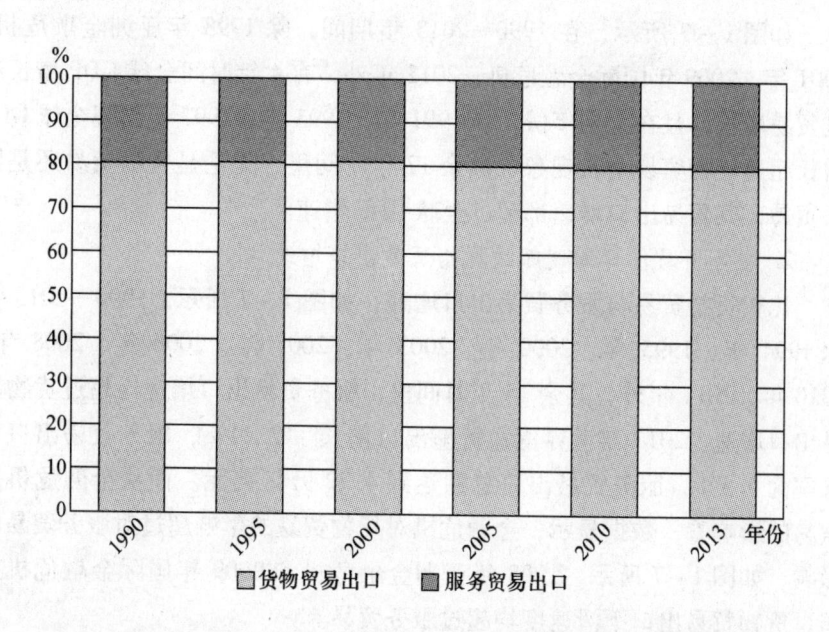

图 1 – 5　1990—2013 年国际货物贸易与服务贸易出口在国际贸易中占比

资料来源：UNCTAD 数据库。

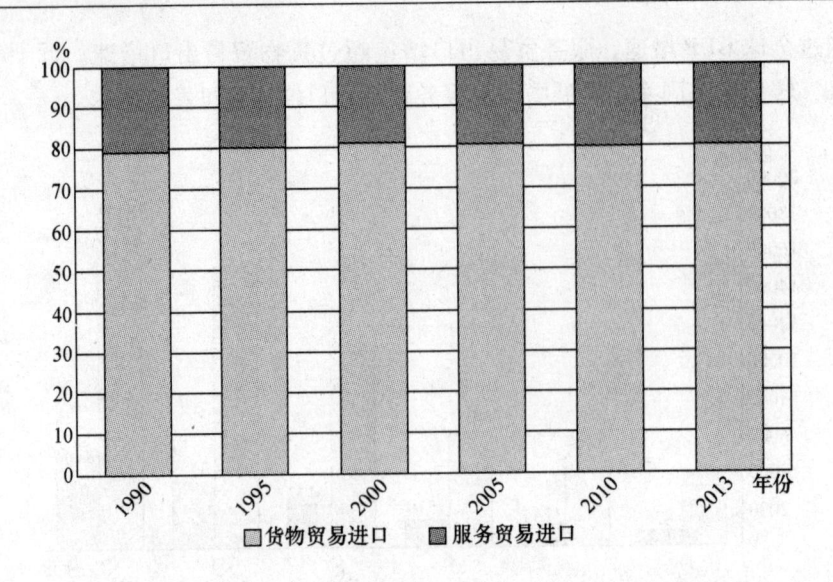

图1-6 1990—2013年国际货物贸易与服务贸易进口在国际贸易中占比

资料来源：UNCTAD数据库。

1. 国际贸易出口增速超过GDP增速

如图1-7所示，在1990—2013年期间，除1998年亚洲金融危机、2001年、2009年国际金融危机、2012年外，有4年时间全球GDP增长超过贸易增长，且在个别年份，如1991年、1993年、1997年出现全球GDP增长超过货物贸易增长现象，其余17年时间里，无论是货物贸易还是服务贸易，其贸易出口增速都超过全球GDP增速。

2. 服务贸易出口增速超过货物贸易出口增速

比较货物贸易与服务贸易出口增速，如图1-7所示，1990—2013年除1994年、1995年、2000年、2003年、2005年、2006年、2008年、2010年、2011年外，其余15年时间里，服务贸易出口增速均超过货物贸易出口增速。2013年世界货物贸易出口增长了2.24%，服务贸易出口增长率为5.5%，服务贸易出口总额达到4.72万亿美元。而从金融危机对贸易的影响看，数据显示，金融危机对货物贸易的影响超过对服务贸易的影响。如图1-7所示，1998年亚洲金融危机和2009年国际金融危机期间，货物贸易出口下滑速度均超过服务贸易。

3. 近十年来，转型经济国家、发展中国家服务贸易出口增速超过发达国家，特别是转型经济国家出口增速较快

——全球服务贸易出口增长率 ——全球货物贸易出口增长率 ---- 全球GDP增长率

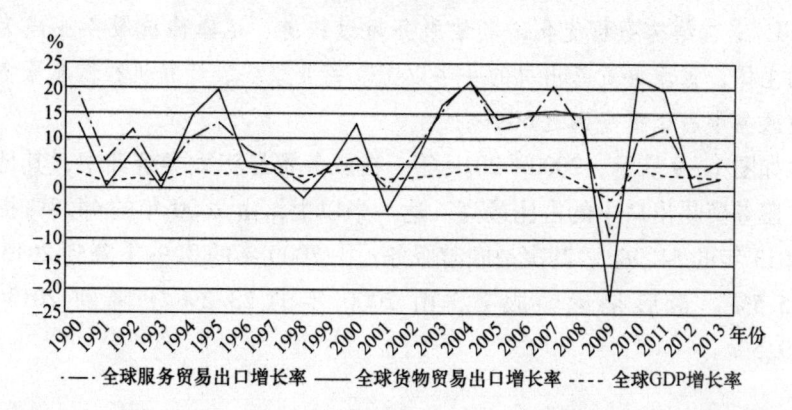

图1-7　1990—2013年国际货物贸易、服务贸易出口增速与全球GDP增速
资料来源：UNCTAD数据库。

如图1-8所示，除1998年亚洲金融危机、2009年国际金融危机期间，服务贸易出口增速下滑，且发达国家出口增速超过转型经济国家和发展中国家。2000年以来，转型经济国家、发展中国家服务贸易出口增速均超过发达国家，特别是转型经济国家出口增速较快，2004年和2007年，转型经济国家服务贸易出口增速甚至超过30%。金融危机后，2011—2013年，转型经济国家的出口增速仍超过发达国家。

——发达国家服务贸易出口增速 ——转型经济国家服务贸易出口增速
---- 发展中国家服务贸易出口增速

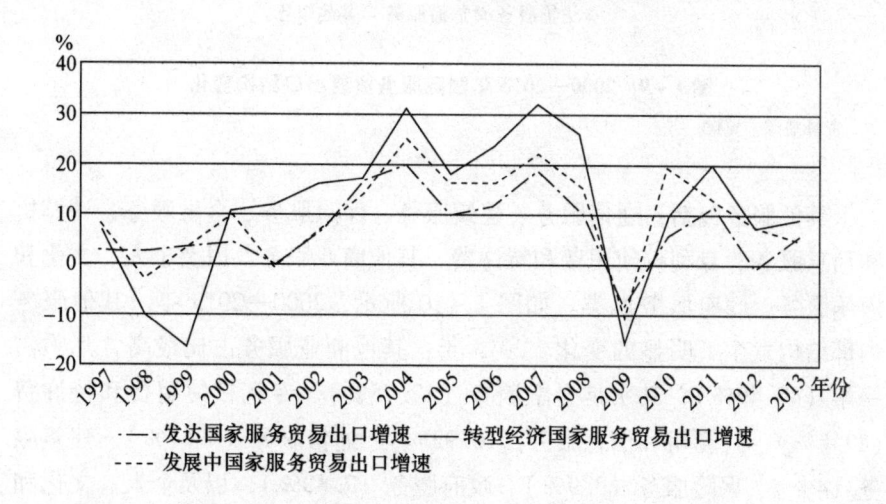

图1-8　1997—2013年不同类型国家服务贸易出口增速
资料来源：UNCTAD数据库。

三 国际服务贸易的产业分布

（一）国际服务贸易出口结构

1. 出口结构不断优化，其他服务超过旅游、运输传统服务业成为出口的主体，占服务贸易出口的一半以上。商业服务、计算机和信息服务在其他服务中占比提高到近60%

如图1-9所示，2000—2013年，在服务贸易三大类统计中，其他服务在服务贸易出口中的占比最高，达一半以上，由2000年的44.8%提高到2013年的54.9%。其次是旅游服务，由2000年的32%下降到2013年的25.5%。最后是运输服务，由2000年的23.2%下降到2013年的19.5%。

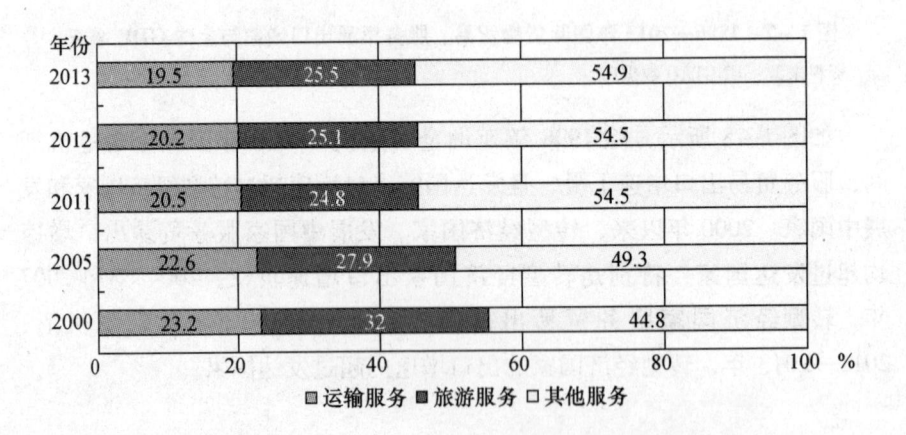

年份	运输服务	旅游服务	其他服务
2013	19.5	25.5	54.9
2012	20.2	25.1	54.5
2011	20.5	24.8	54.5
2005	22.6	27.9	49.3
2000	23.2	32	44.8

图1-9 2000—2013年国际服务贸易出口结构变化

资料来源：WTO.

其他服务包括：通信服务、建筑服务、保险服务、金融服务、计算机和信息服务、专利权使用费和特许费、其他商业服务，以及个人、文化和娱乐服务、政府服务九类。如图1-10所示，2000—2013年，其他服务内部结构发生了明显的变化。2013年，其他商业服务占比最高，几乎占一半（47.49%），其次是金融服务（12.75%）、专利权使用费和特许费（11.8%）、计算机和信息服务（10.92%）、通信服务（4.61%）、建筑服务（4%）、保险服务（3.9%）、政府服务（2.88%），以及个人、文化和娱乐服务（1.61%）。

而在其他服务中，2000—2013年，占比提高的分别是其他商业服务、计算机和信息服务。其中,其他商业服务由 2000 年的 46.65% 提高到了 2013 年的 47.49%,计算机和信息服务由 2000 年的 6.53% 提高到了 2013 年的 10.92%。

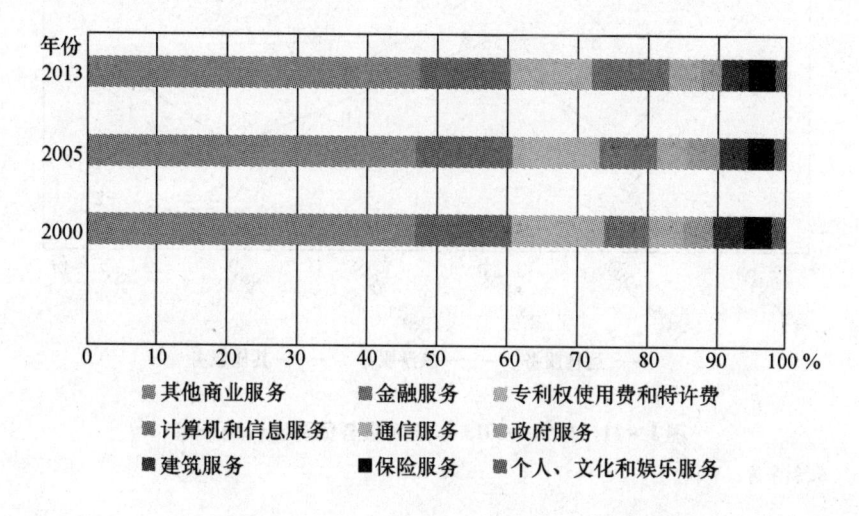

图 1 – 10　2000—2013 其他服务出口结构变化

资料来源:UNCTAD 数据库。

2. 计算机和信息服务、通信服务、专利权使用费和特许费等新兴服务成为未来服务贸易新的增长点

如图 1 – 11 所示,1990—2010 年,其他服务增速最快,大大高于运输服务和旅游服务。2000—2005 年平均增速达到 13%。近两年来(2012—2013 年),旅游服务增速高于其他服务和运输服务。2013 年旅游服务增速为 7%,其他服务增速为 6%。

而在其他服务中,如图 1 – 12 所示,2005—2013 年,近十年来,最具活力的是计算机和信息服务,年均增速为 14%,2011 年增速高达 17%;其次是保险服务、通信服务、专利权使用费和特许费、其他商业服务。2013 年增速最快的仍然是计算机和信息服务,增速为 10%;其次是通信服务和金融服务,增速为 9%;个人、文化和娱乐服务增速也较快,2013 年增速为 8%,但 2011 年增速高达 17%。

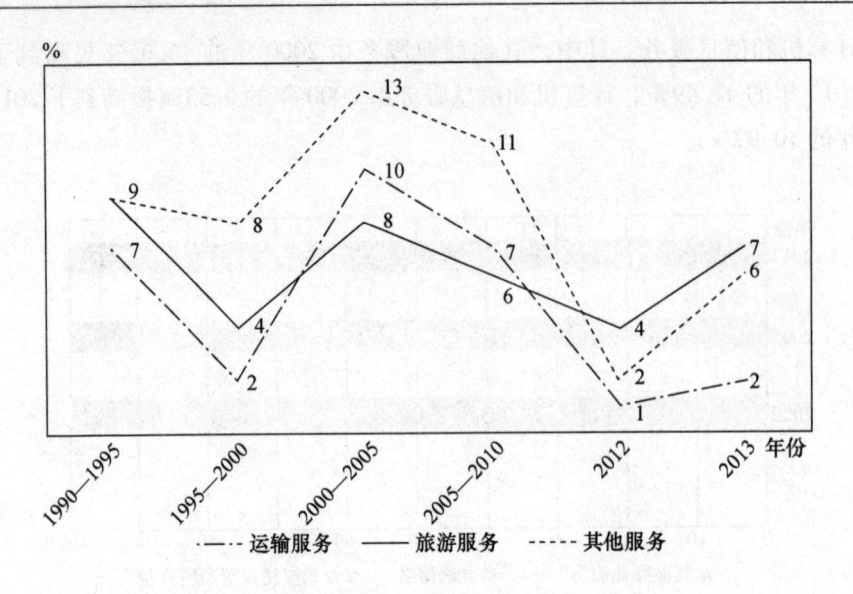

图 1-11 1990—2013 年国际服务贸易出口增长率

资料来源：WTO.

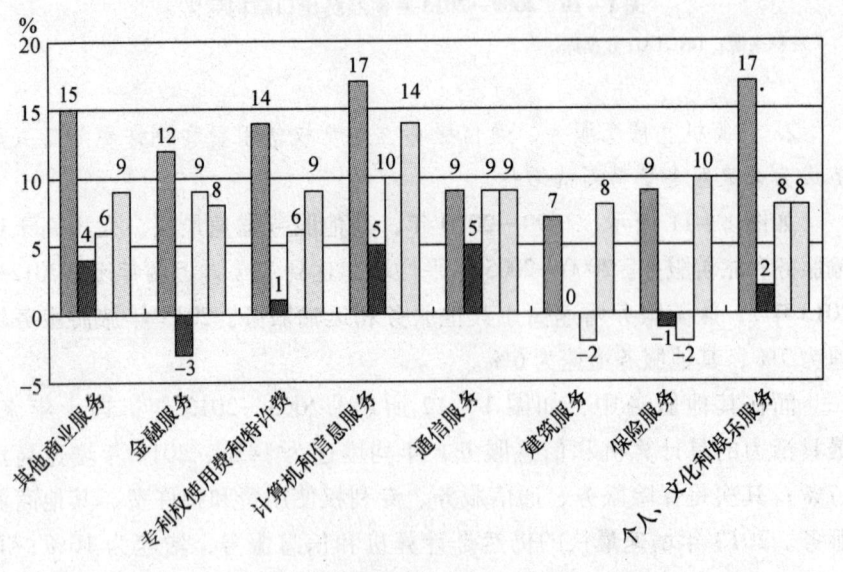

图 1-12 其他商业服务中各部门的出口增长率

资料来源：World Trade Report 2014.

(二) 国际服务贸易进口结构

与出口结构变化一样,服务贸易进口结构也出现了结构优化的趋势。如图1-13所示,2000—2013年,在服务贸易三大类统计中,其他服务占比最高,一直保持在40%以上,由2000年的41.2%提高到2013年的47.6%。其次是运输服务,由2000年的28.6%下降到2013年的26.6%。最后是旅游服务,由2000年的30.1%下降到2013年的24.5%。

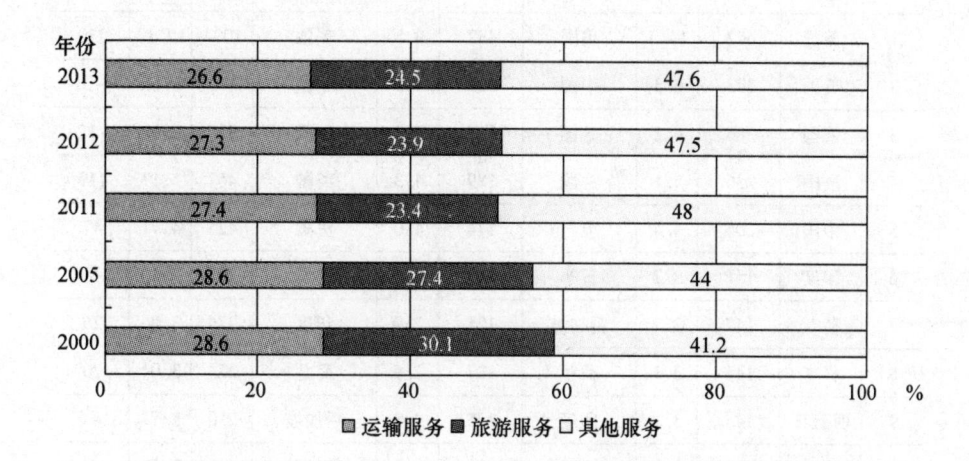

年份	运输服务	旅游服务	其他服务
2013	26.6	24.5	47.6
2012	27.3	23.9	47.5
2011	27.4	23.4	48
2005	28.6	27.4	44
2000	28.6	30.1	41.2

图1-13 2000—2013年国际服务贸易进口结构变化

资料来源:WTO。

四 国际服务贸易的国家分布

国际服务贸易发展不平衡。发达国家和前20个国家占国际服务贸易出口的70%以上,近十年来,发展中国家和新兴经济体在出口中的占比扩大,服务贸易发展不平衡状况开始缓解。

1. 总趋势:前十国在国际服务贸易总体规模中的占比接近一半(50%)

根据2014年WTO公布的数据,如表1-1所示,2013年国际服务贸易进出口总额9.025万亿美元,前十大贸易国(地区)几乎占国际服务贸易规模的一半(49.55%)。美国、德国、中国是全球三大服务贸易国。其中,美国是全球第一服务贸易大国,2013年服务贸易进出口总额突破1万亿美元大关,为1.094万亿美元,在全球占比12.12%。德国是全球第二服务贸易大国,进出口总额为6030亿美元,在全球占比6.68%。作为全球第三大服务贸易国,中国服务贸易规模还不到美国的一半,为5340亿美元,在全球占比5.92%。其他七国依次是英国、法国、日本、印度、荷兰、新加坡、爱尔兰。

表1-1　　　　　　　　　2013年国际服务贸易规模

单位:10亿美元,%

排序	出口国（地区）	出口额	占比	进口国（地区）	进口额	占比	国家（地区）	总额	占比	差额
1	美国	662	14.3	美国	432	9.8	美国	1094	12.12	230
2	英国	293	6.3	中国	329	7.5	德国	603	6.68	-31
3	德国	286	6.2	德国	317	7.2	中国	534	5.92	-124
4	法国	236	5.1	法国	189	4.3	英国	467	5.17	119
5	中国	205	4.4	英国	174	4.0	法国	425	4.71	47
6	印度	151	3.2	日本	162	3.7	日本	307	3.40	-17
7	荷兰	147	3.2	新加坡	128	2.9	印度	276	3.06	26
8	日本	145	3.1	荷兰	127	2.9	荷兰	274	3.04	20
9	西班牙	145	3.1	印度	125	2.8	新加坡	250	2.77	-6
10	中国香港	133	2.9	俄罗斯	123	2.8	爱尔兰	242	2.68	6
11	爱尔兰	124	2.7	爱尔兰	118	2.7	西班牙	237	2.63	53
12	新加坡	122	2.6	意大利	107	2.4	韩国	218	2.42	6
13	韩国	112	2.4	韩国	106	2.4	意大利	217	2.40	3
14	意大利	110	2.4	加拿大	105	2.4	比利时	204	2.26	8
15	比利时	106	2.3	比利时	98	2.2	中国香港	193	2.14	73
16	瑞士	93	2.0	西班牙	92	2.1	加拿大	183	2.03	-27
17	加拿大	78	1.7	巴西	83	1.9	瑞士	146	1.62	40
18	卢森堡	77	1.7	阿拉伯联合酋长国	70	1.4	瑞典	132	1.46	18
19	瑞典	75	1.6	澳大利亚	62	1.4	丹麦	130	1.44	10
20	丹麦	70	1.5	丹麦	60	1.4	卢森堡	123	1.36	31
	世界	4645	72.7	世界	4380	68.2	世界	9025	69.31	

资料来源:WTO。

(1) 前二十大服务贸易出口国（地区）。美国是全球第一服务贸易出口大国，如图1-14所示，2013年服务贸易出口额高达6620亿美元，是第二大服务贸易出口国英国的2.7倍（2930亿美元），在全球占比为14.3%。其次，依次是英国、德国、法国、中国、印度、荷兰、日本、西班牙、中国香港。前十国（地区）服务贸易出口在全球占比超过一半（51.8%），前二十国（地区）服务贸易出口在全球占比高达72.7%。

国家/地区	数值（10亿美元）
丹麦	70
瑞典	75
卢森堡	77
加拿大	78
瑞士	93
比利时	106
意大利	110
韩国	112
新加坡	122
爱尔兰	124
中国香港	133
西班牙	145
日本	145
荷兰	147
印度	151
中国	205
法国	236
德国	286
英国	293
美国	662

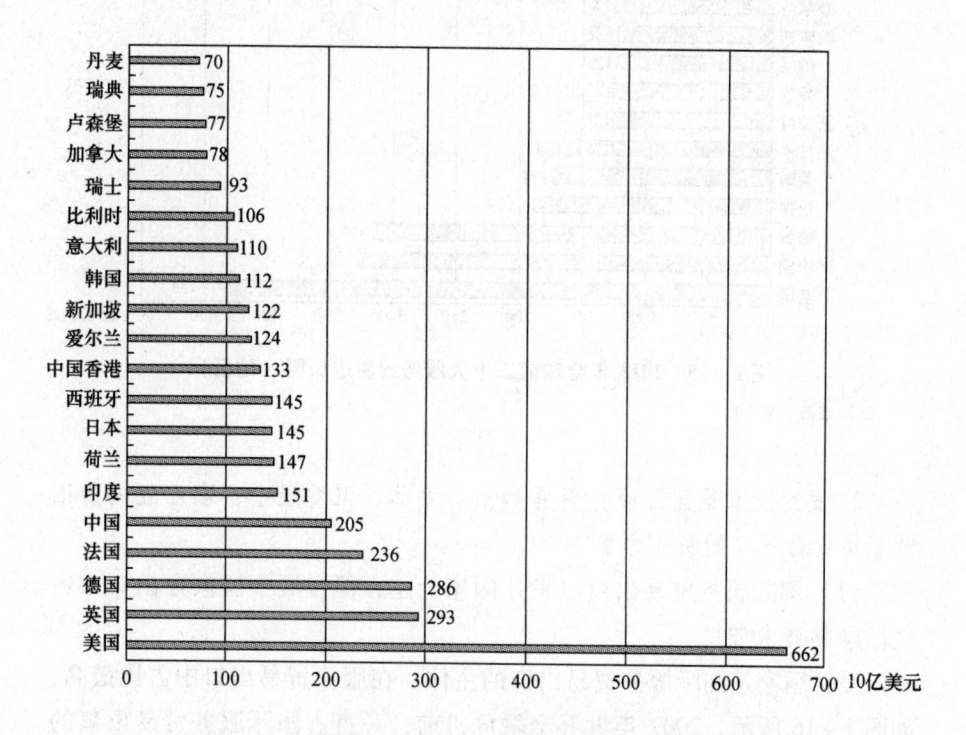

图1-14　2013年全球前二十大服务贸易出口国（地区）

资料来源：WTO。

(2) 前二十大服务贸易进口国（地区）。美国是全球第一大服务贸易进口国（地区）。如图1-15所示，2013年美国服务贸易进口额高达4320亿美元，在全球占比接近10%（9.8%）。前十大服务贸易进口国依次是中国、德国、法国、英国、日本、新加坡、荷兰、印度、俄罗斯。前十国（地区）服务贸易进口在全球占比不足50%（47.6%），前二十国（地区）服务贸易进口在全球占比68.2%。

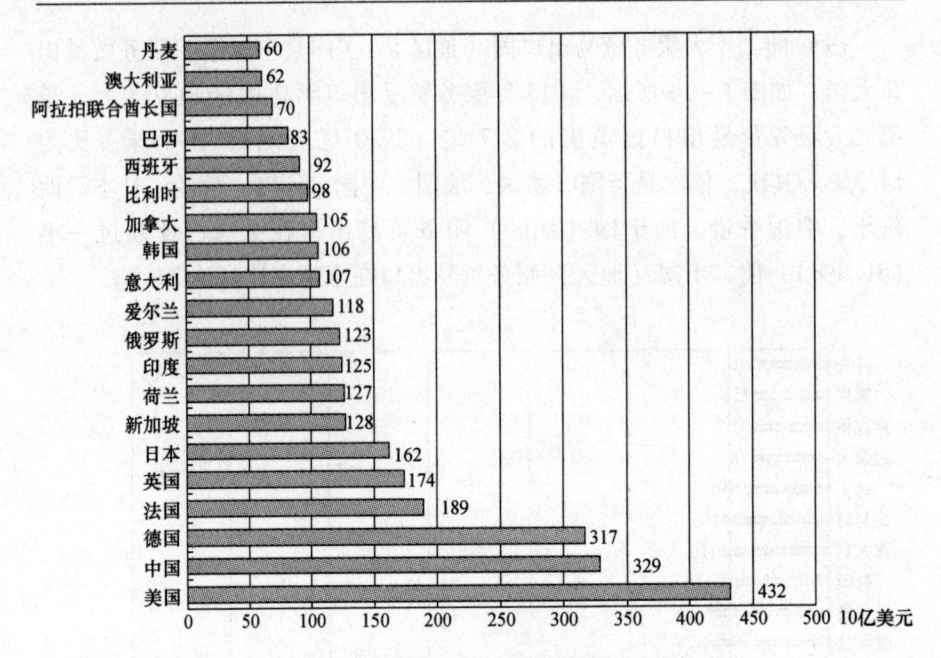

图1-15 2013年全球前二十大服务贸易进口国（地区）

国家/地区	金额（10亿美元）
丹麦	60
澳大利亚	62
阿拉伯联合酋长国	70
巴西	83
西班牙	92
比利时	98
加拿大	105
韩国	106
意大利	107
爱尔兰	118
俄罗斯	123
印度	125
荷兰	127
新加坡	128
日本	162
英国	174
法国	189
德国	317
中国	329
美国	432

资料来源：WTO。

2. 发达国家是国际服务贸易的出口主体，但发展中国家已经成为国际服务贸易出口的新生力量

（1）国际服务贸易出口以发达国家为主，但发展中国家在出口中占比已经突破30%。

发达国家是国际服务贸易出口的主体，在服务贸易出口中占比最高，如图1-16所示，2009年世界金融危机前，一直占国际服务贸易出口的70%以上。金融危机后，发展中国家和新兴经济体出口增速加快，2013年发展中国家已经占国际服务贸易出口的30.1%，同期发达国家的出口占比下降，跌破70%，为67.2%。

（2）国际服务贸易出口前十大国家以发达国家为主，但发展中国家开始跻身于全球服务贸易出口大国行列。

如表1-2所示，2003—2013年，在全球前十大服务贸易出口国中，发达国家一直占主导。2003年中国虽然进入了国际服务贸易出口大国前十位的行列，但其在国际服务贸易出口中仅占2.6%，8个发达国家占比超过50%。近十年来，随着发展中国家服务业的发展，发展中国家开始

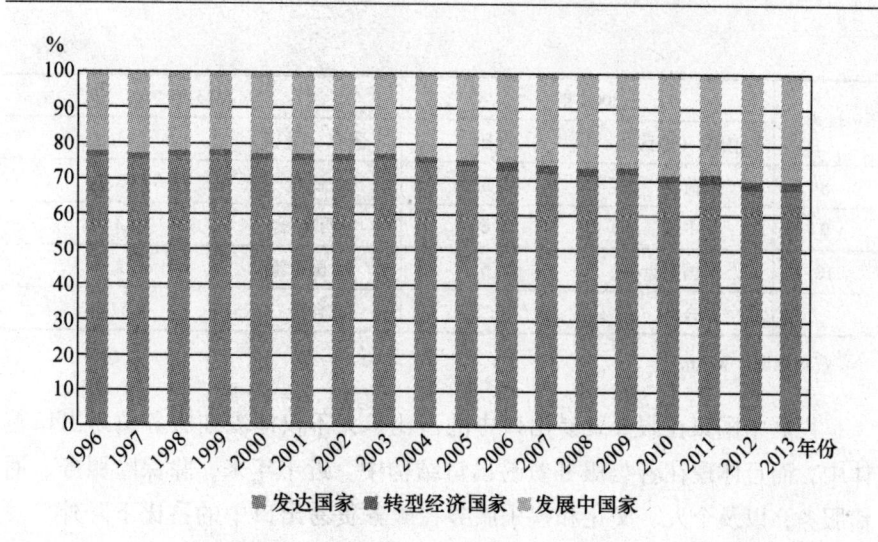

图 1-16 不同类型国家在服务贸易出口中的占比

资料来源：UNCTAD 数据库。

跻身于全球服务贸易大国出口行列。2013 年国际服务贸易出口前十位国家（地区）中，发达国家占比明显下降，由 2003 年的 51.6% 下降到 2013 年的 41.3%，发展中国家中的大国中国与印度占比提高，由 2003 年的 2.6% 提高到了 2013 年的 7.6%。

（3）除保险外，发展中国家在各类服务贸易出口中的占比均明显提高。

表 1-2　　　2003—2013 年发达国家与发展中国家（地区）在
国际服务贸易出口国前十位占比的变化

单位:%

排序	2003 年		2013 年	
	国家（地区）	占比	国家（地区）	占比
1	美国	16.1	美国	14.3
2	英国	8.0	英国	6.3
3	德国	6.4	德国	6.2
4	法国	5.5	法国	5.1
5	西班牙	4.2	中国	4.4
6	意大利	4.0	印度	3.2
7	日本	3.9	荷兰	3.2

续表

排序	2003 年		2013 年	
	国家（地区）	占比	国家（地区）	占比
8	荷兰	3.5	日本	3.1
9	中国	2.6	西班牙	3.1
10	中国香港	2.5	中国香港	2.9
	合计	56.7	合计	51.8

资料来源：WTO。

发展中国家在服务贸易出口中的占比扩大不仅体现在服务贸易出口整体中，而且体现在各类服务贸易出口结构中。近十年来，除保险服务、通信服务，以及个人、文化和娱乐服务在服务贸易出口中的占比下降外，发展中国家在各类服务贸易出口中的占比均明显扩大。如图1-17所示，2000—2013年，发展中国家占比在运输服务中，由2000年的24.24%提高到2013年的32.62%；在旅游服务中，由2000年的27.32%提高到2013年的40.23%；在其他商业服务中，由2000年的25.16%提高到了2013年的29.64%；在金融服务中，由2000年的13.31%提高到了2013年的16.94%；在计算机和信息服务中，由2000年的12.79%提高到了2013年的29.14%。

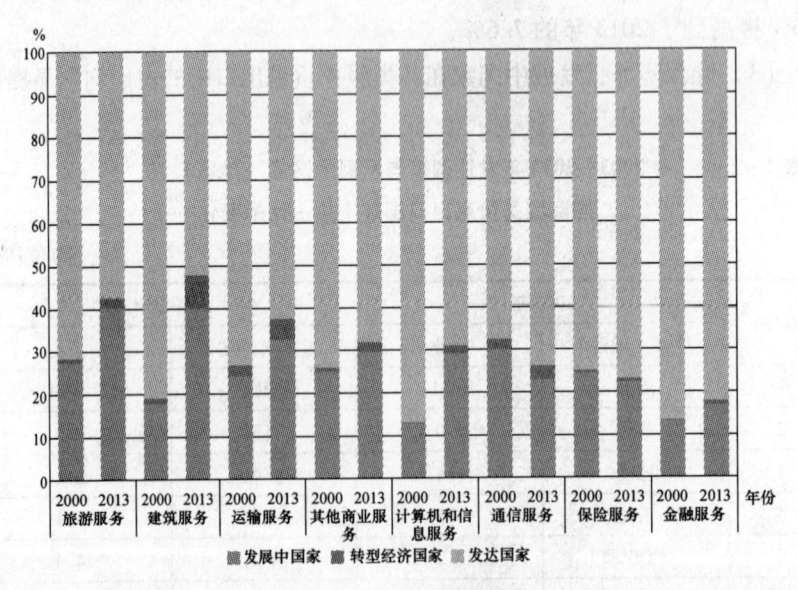

图1-17 2000—2013年发展中国家在不同类别服务贸易出口结构中的变化

资料来源：UNCTAD数据库。

随着发展中国家在国际服务贸易出口中占比的扩大,发展中国家已经成为国际服务贸易出口市场中的重要力量。如图1-17所示,发展中国家在国际服务贸易出口中占比最高的是旅游服务,五大产业在全球服务贸易出口中占比接近或超过30%,它们依次是旅游服务(40.23%)、建筑服务(39.92%)、运输服务(32.62%)、其他商业服务(29.64%)、计算机和信息服务(29.14%)。其中,旅游服务和建筑服务接近或超过40%。增速最快的是建筑服务、计算机和信息服务、旅游服务。

3. 重点产业服务贸易的国家分布:欧盟(28)、美国在旅游服务、运输服务、金融服务、计算机和信息技术服务出口中占据绝对优势;新加坡在金融服务、建筑服务出口中占据绝对优势;中国(包括中国澳门和大陆)和印度分别在旅游服务、计算机和信息技术服务出口中占据绝对优势

(1)旅游服务

2013年全球十五大旅游服务出口国的出口额为9400亿美元,占全球旅游出口的79.6%。如图1-18所示,欧盟(28)、美国、中国(包括中国澳门和内地)是全球三大旅游服务出口国,分别占全球份额的34.1%、14.6%和8.8%(中国澳门和内地分别占4.4%)。同年,出口增速最快的是泰国(24%)、中国澳门和中国香港(18%)。十五国中只有澳大利亚跌幅3%。

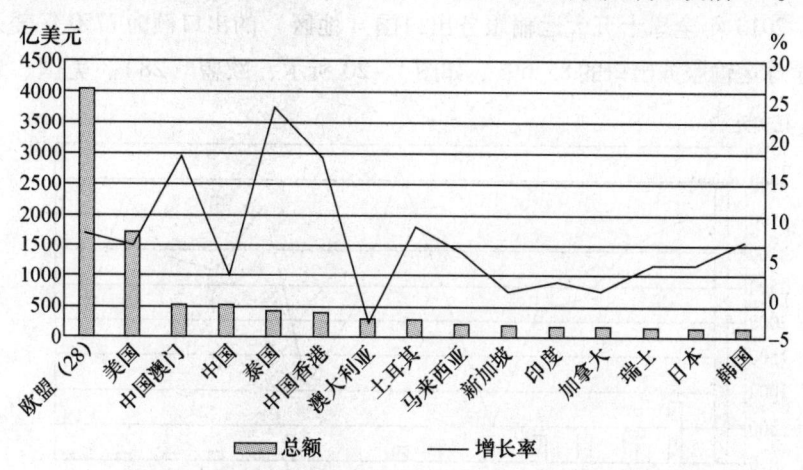

图1-18 2013年全球十五大旅游服务出口国(地区)

资料来源:WTO。

2013年全球十五大旅游服务进口国的进口额为8880亿美元,占全球旅游服务进口的82%。如图1-19所示,全球三大旅游服务进口国分别是欧盟(28)、中国和美国,分别占全球份额的33.2%、12.9%和9%。同年,进口增

速最快的是中国（26%）、俄罗斯（25%）、阿拉伯联合酋长国（17%）、巴西（13%）。进口跌幅较大的是日本（22%）和澳大利亚（3%）。

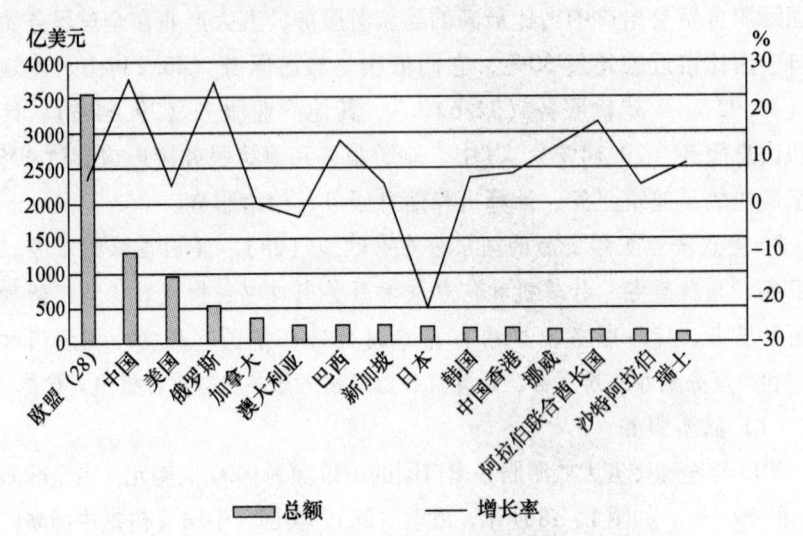

图 1-19　2013 年全球十五大旅游服务进口国（地区）

资料来源：WTO。

（2）运输服务

2013 年全球十五大运输服务出口国（地区）的出口额为 7750 亿美元，占全球运输服务出口的 85.6%。如图 1-20 所示，欧盟（28）、美国、新

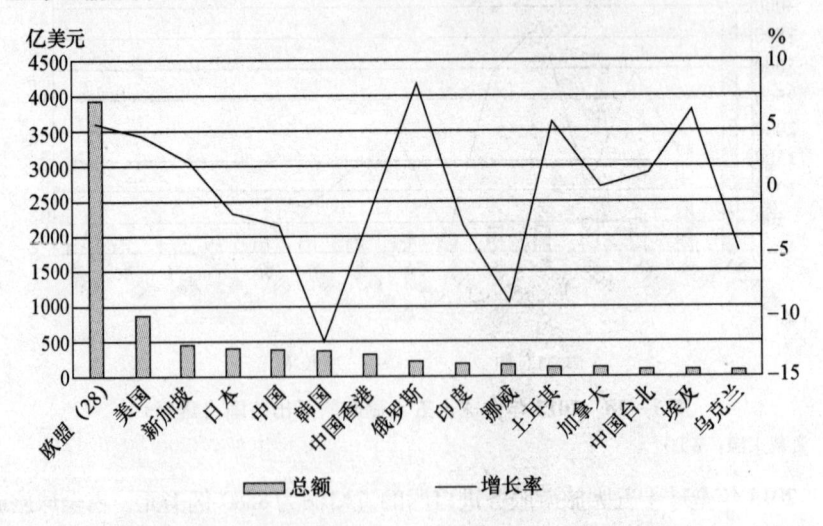

图 1-20　2013 年全球十五大运输服务出口国（地区）

资料来源：WTO。

加坡是全球三大运输服务出口国，分别占全球份额的43.4%、9.5%和4.9%。全球出口增速最快的是俄罗斯（8%）。由于货物贸易出口缓慢，2013年亚洲出口增速下滑3%，特别是海运出口下降，韩国运输出口跌幅最大（12%），其次是中国（3%）、日本（2%）、中国香港地区（2%）。

2013年全球十五大运输服务进口国的进口额为8990亿美元，占全球运输服务进口的76.3%。如图1-21所示，全球三大运输服务进口国分别是欧盟（28）、美国和中国，分别占全球份额的30%、8.2%和8.1%。进口增速最快的是阿拉伯联合酋长国（11%）、中国（10%）。进口跌幅最大的是日本（15%），其次分别是澳大利亚（7%）、韩国（5%）和印度（5%）。

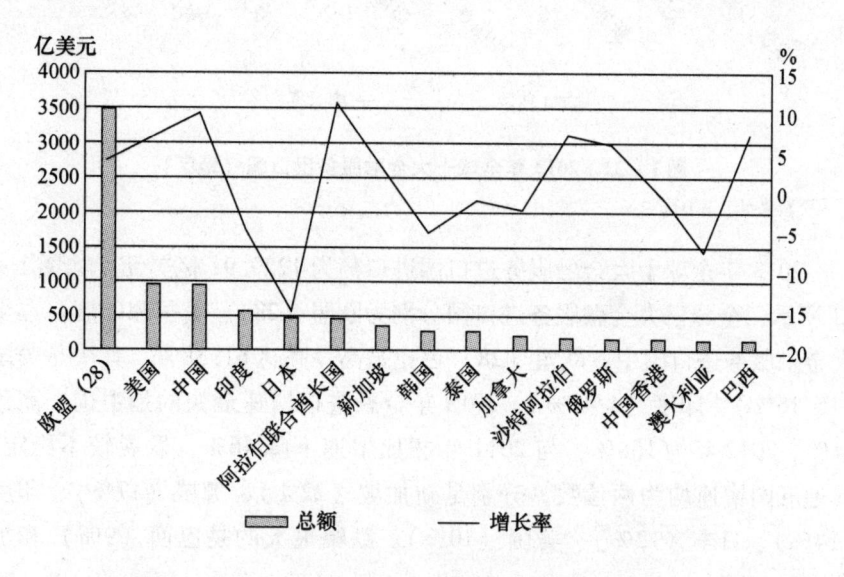

图1-21　2013年全球十五大运输服务进口国（地区）

资料来源：WTO。

（3）金融服务

2013年全球十大金融服务出口国出口额3125.05亿美元。如图1-22所示，欧盟（28）、美国、新加坡是全球三大金融服务出口国。在十大金融服务出口国中，欧盟（28）占比超过一半（51.1%），其次是美国（26.8%）、新加坡（5.8%）。2013年金融服务出口增速最快的是印度（16%），其次是韩国（13%）、新加坡（12%）、美国（10%），均超过两位数增长。十大出口国中只有日本出口下滑2%。金融危机后，基本得到恢复。

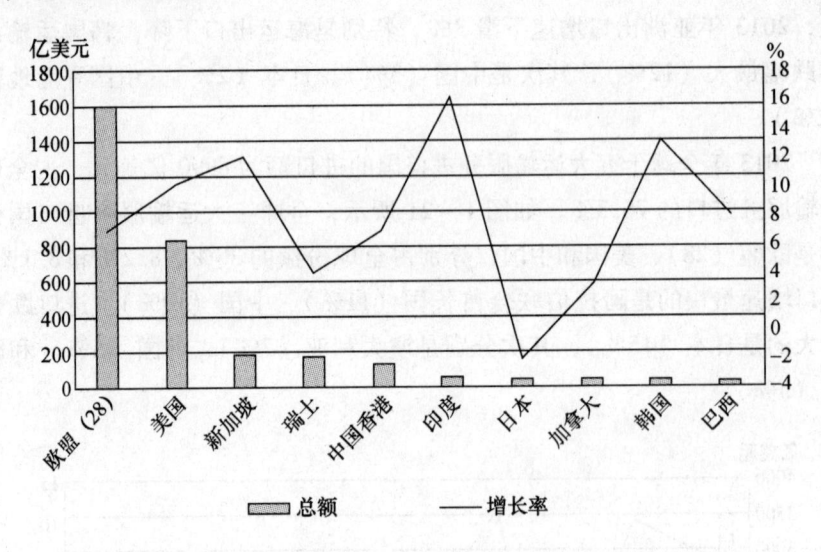

图1-22　2013年全球十大金融服务出口国（地区）

资料来源：WTO。

2013年全球十大金融服务进口国进口额为1229.91亿美元。如图1-23所示，全球三大金融服务进口国分别为欧盟（28）、美国和印度。在十大金融服务进口国中，欧盟（28）占比最高，高达61.38%，其次是美国（15.16%）、印度（4.49%）。2013年金融进口增速最快的是中国，高达91%，2012年为158%，与2011年相比增速下降46%，发展较不稳定。其他五国增速均为两位数，分别是新加坡（22%）、挪威（17%）、印度（14%）、日本（12%）、美国（10%）。跌幅最大的是巴西（9%）和加拿大（5%）。

（4）计算机和信息技术服务

2013年全球十大计算机和信息技术服务出口国出口额为2615.85亿美元。① 如图1-24所示，全球三大出口国分别为欧盟（28）、印度和美国，在十国中的占比分别为60.3%、18.9%、6.9%。2013年出口增速最快的是俄罗斯（25%），其他增长两位数的国家分别是欧盟（28）（13%）、菲律宾（11%）、哥斯达黎加（10%）。出口跌幅最大的是加拿

---

① 以色列的数据是2012年出口额。

大（11%）。

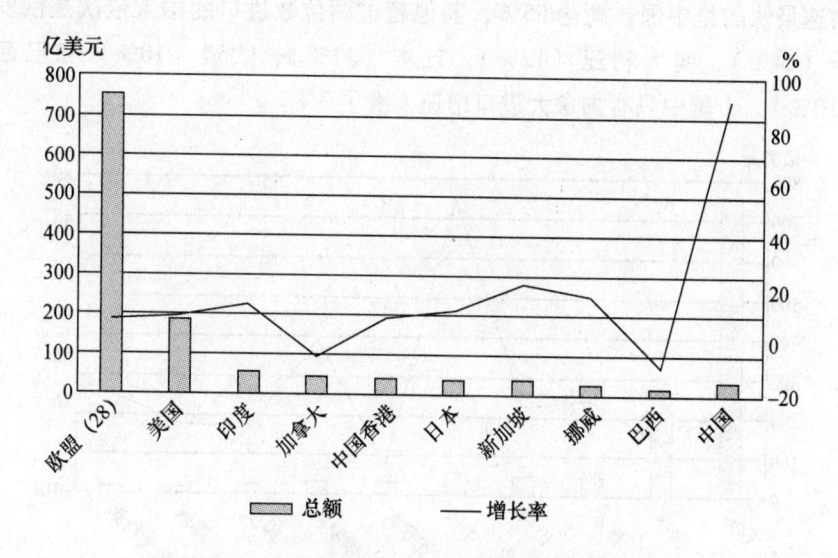

图1-23 2013年全球十大金融服务进口国（地区）

资料来源：WTO。

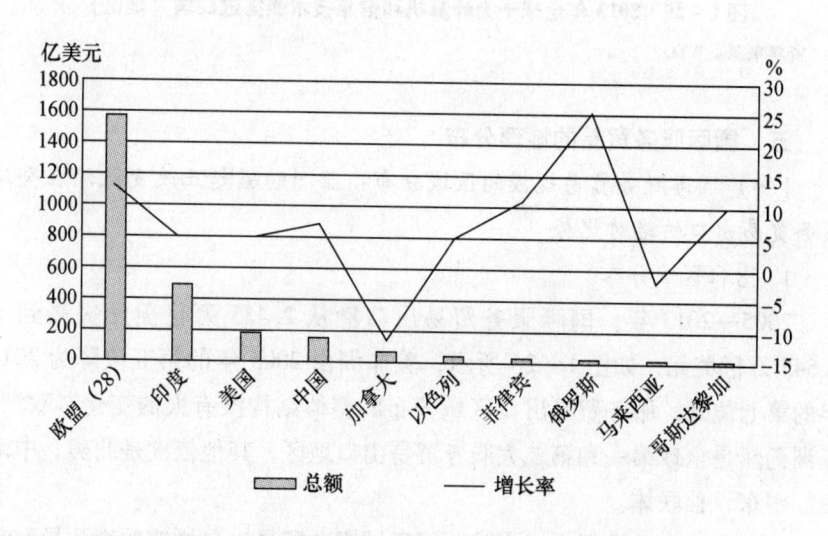

图1-24 2013年全球十大计算机和信息技术服务出口国（地区）

数据来源：WTO。

2013年全球十大计算机和信息技术服务进口国进口额为1310.6亿美元。如图1-25所示，全球三大进口国分别是欧盟（28）、美国、日本。

在十国进口总额中的占比分别为57.95%、20.05%和3.8%。2013年进口增速最快的是中国,高达55%,其他超过两位数进口的国家依次是俄罗斯(24%)、澳大利亚(12%)、日本(11%)、欧盟(10%)和巴西(10%)。十国中只有加拿大进口增速下滑了3%。

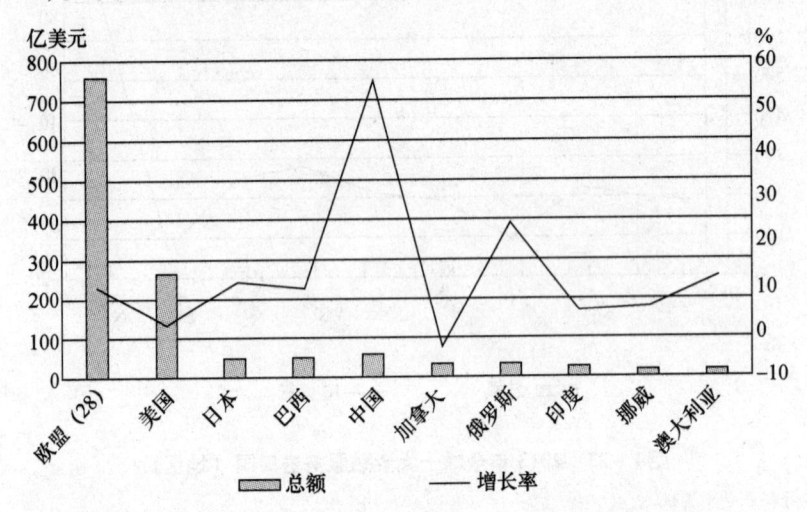

图1-25　2013年全球十大计算机和信息技术服务进口国(地区)

资料来源:WTO。

五　国际服务贸易的地理分布

(一)国际服务贸易规模的区域分布:亚洲的崛起正改变欧洲在全球服务贸易出口的绝对优势

1. 出口区域分布

2005—2013年,国际服务贸易出口额从2.415万亿美元提高到了4.645万亿美元,如图1-26所示,除非洲由2005年的第五位降为2013年的第七位外,服务贸易出口区域分布的整体结构没有大的变化,欧洲、亚洲仍然是全球第一和第二大服务贸易出口地区,其他依次是北美、中南美、中东、独联体。

但在近十年的发展中,全球不同区域服务贸易出口增速的变化导致其在国际服务贸易出口中的占比发生了明显变化。如图1-27所示,从2005—2013年出口平均增速看,独联体(14%)和亚洲(11%)以高于世界的平均增速(8%)发展,其在国际服务贸易出口中的占比也上升。其中,升幅最大的亚洲由2005年的22.48%提高到了2013年的26.2%,

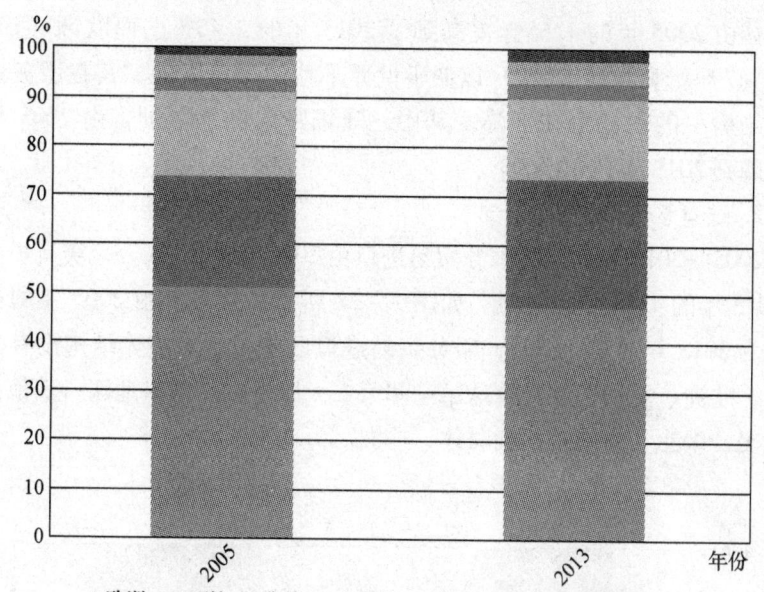

图 1-26　2005—2013 年国际服务贸易出口区域结构变化

资料来源：World Trade Report 2014.

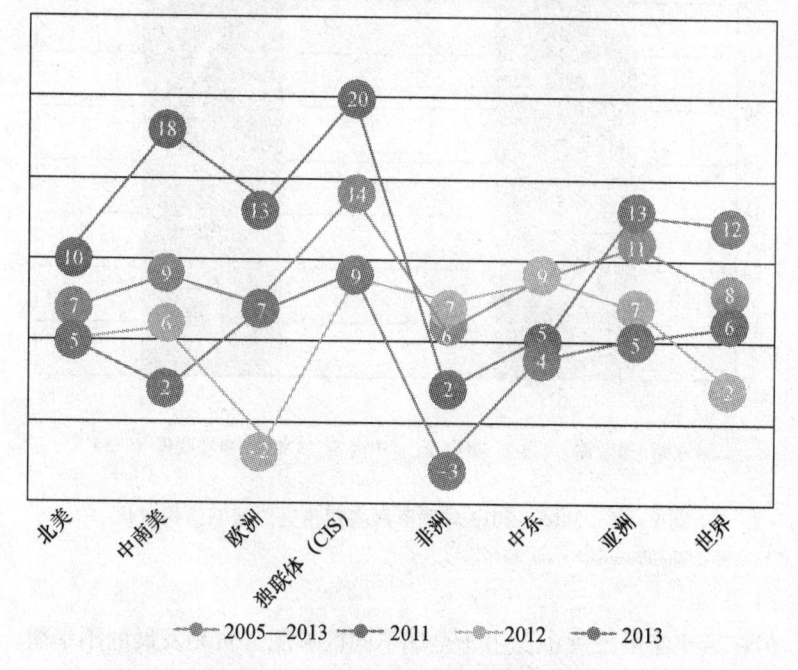

图 1-27　2005—2013 年国际服务贸易出口区域增长率

资料来源：World Trade Report 2006，World Trade Report 2014.

独联体由 2005 年的 1.65% 提高到了 2013 年的 2.45%。而欧洲（7%）、北美（7%）和非洲（6%）以低于世界平均的增速发展，其在服务贸易出口结构中的占比也在下降。其中，降幅最大的是欧洲，由 2005 年的 51% 降到 2013 年的 47.23%。

2. 进口区域分布

2005—2013 年，国际服务贸易进口由 2005 年的 2.36 万亿美元提高到了 2013 年的 4.38 万亿美元。如图 1-28 所示，除非洲由 2005 年的第六位降为 2013 年的第七位外，服务贸易进口区域分布的整体结构没有大的变化，欧洲、亚洲仍然是全球第一和第二大服务贸易进口地区，其他依次是北美、中东、中南美、独联体、非洲。

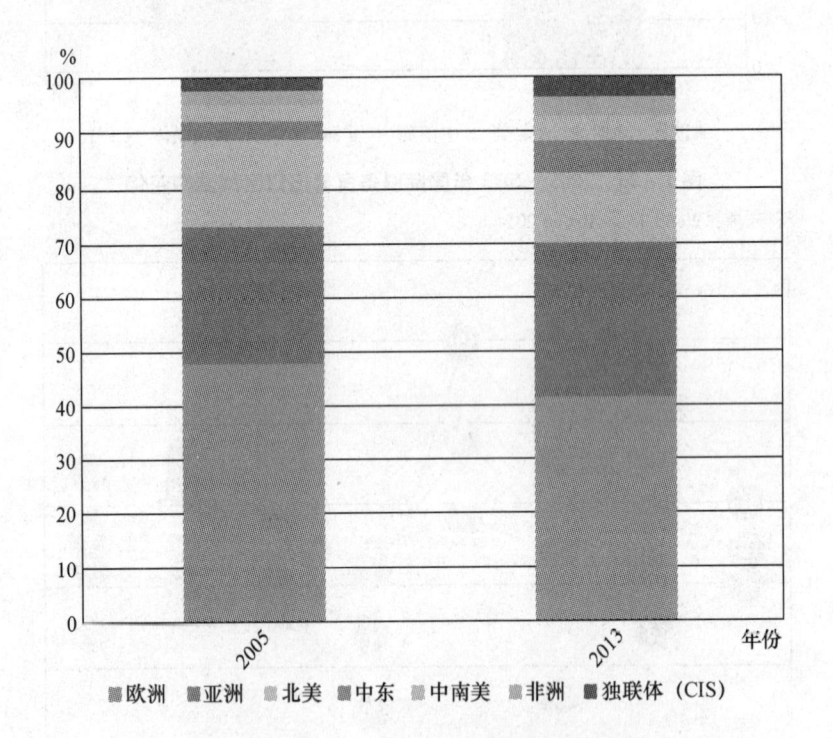

图 1-28　2005—2013 年国际服务贸易进口区域结构变化

资料来源：World Trade Report 2014.

但在近十年的发展中，由于全球不同区域服务贸易发展的不平衡，各地区在全球服务贸易进口结构中的占比也发生了明显的变化。如图 1-29 所示，从 2005—2013 年进口平均增速看，中南美和独联体（14%）、中东（12%）、非洲（11%）、亚洲（10%）以高于世界平均的增速（8%）发展，特别是独联体、中东和亚洲，一直保持较高的增速，在服务贸易进口结构中的占比明显提高，其中增幅最大的亚洲和中东分别由2005年的25.2%、3.3%提高到2013年的28.1%、5.7%。欧洲（6%）和北美（6%）以低于世界平均的增速进口，在服务贸易进口中的占比分别由2005年的47.3%、15.7%降到2013年的41%、12.9%。

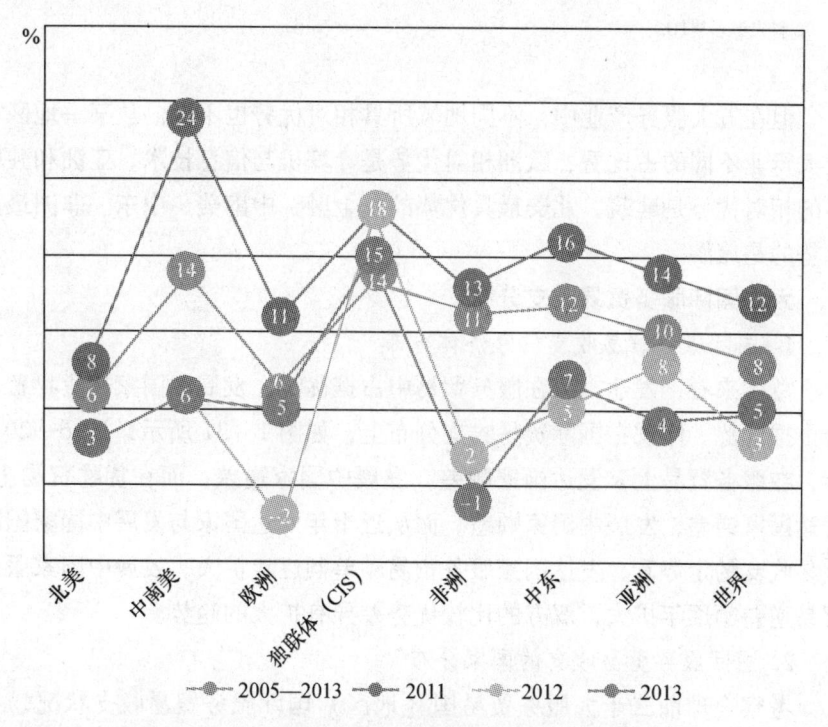

图1-29 2005—2013年国际服务贸易进口区域增长率

资料来源：World Trade Report 2006；World Trade Report 2014。

（二）国际服务贸易产业的区域分布：欧洲、亚洲、北美在旅游、运输、金融、计算机与信息技术、建筑五大服务产业中最具优势

全球不同地域服务业发展水平不同，其在国际服务贸易中的优势也不同。如图1-30所示，从总体上看，在旅游、运输、金融、计算机与信息技术、建筑五大服务产业出口中，欧洲、亚洲、北美三大地区最具有优势。其中，欧洲在金融、计算机与信息技术服务出口中最具优势，占比超过全球一半以上，分别为53.7%、57.4%。

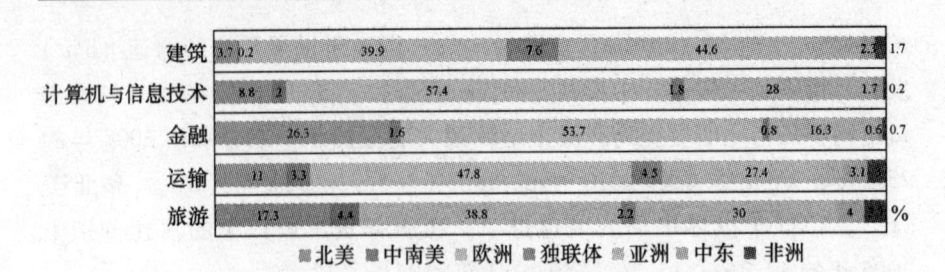

图 1-30 2013年国际服务贸易出口产业的区域分布

资料来源：WTO.

但在五大服务产业中，不同地域所具相对优势也不同。从某一地区在五大行业不同的占比看，欧洲相对优势是计算机与信息技术，亚洲和独联体的相对优势是建筑，北美最具优势的是金融，中南美、中东、非洲最具优势的是旅游。

六 国际服务贸易收支分布

1. 国际服务贸易收支的经济体分布

总体来看，发达国家在服务贸易中占据优势，发展中国家在货物贸易中占据优势。体现在国际贸易收支分布上，如图 1-31 所示，1996—2013 年，在服务贸易上，发达国家顺差，发展中国家逆差；而在货物贸易上，发达国家逆差，发展中国家顺差。而从近十年发达国家与发展中国家国际贸易收支的走势看，发达国家服务贸易顺差额逐年扩大，发展中国家服务贸易逆差额逐年扩大，双方的比较优势差异有扩大的趋势。

2. 国际服务贸易收支的国家分布

考察全球前二十大服务贸易国（地区）国际服务贸易收支状况，如图 1-32 所示，前二十个国家服务贸易收支并非全部顺差，位居全球前五大顺差国（地区）依次是美国（2300亿美元）、英国（1190亿美元）、中国香港（730亿美元）、西班牙（530亿美元）、法国（470亿美元）。位居全球前五大逆差国依次是中国（1240亿美元）、德国（310亿美元）、加拿大（270亿美元）、日本（170亿美元）、新加坡（60亿美元）。美国是全球第一大服务贸易顺差国，中国是全球第一大服务贸易逆差国。

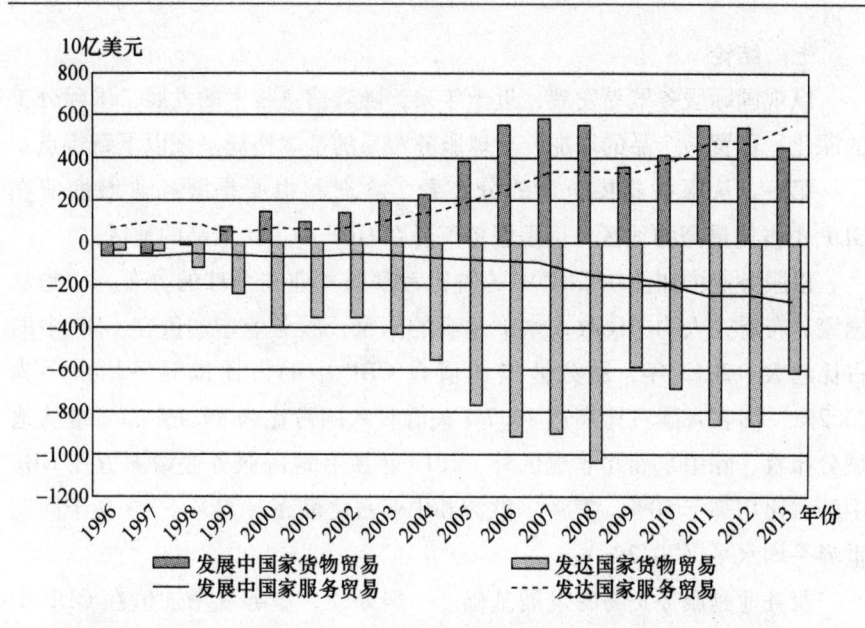

图 1-31 1996—2013 年不同经济体货物贸易与服务贸易收支平衡状况

资料来源：UNCTAD 数据库。①

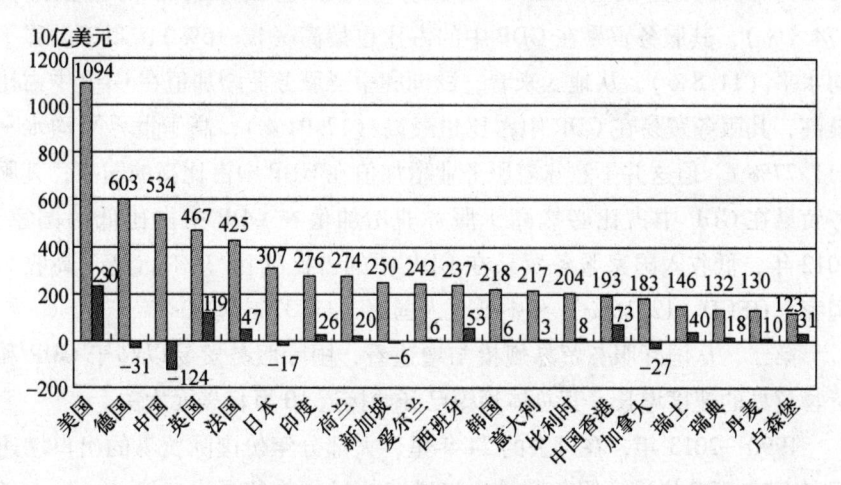

图 1-32 2013 年全球前二十大服务贸易国（地区）国际服务贸易收支状况

资料来源：WTO。

---

① http：//unctad. org/en/pages/newsdetails. aspx？OriginalVersionID = 895&Sitemap_x0020_Taxonomy = UNCTAD Home；#561；#Statistics.

七 结论

纵观国际服务贸易发展，近十年来，随着信息技术的发展，国际分工的深化，可贸易产品的增加，全球服务贸易的基本格局呈现以下新特点：

第一，从服务业在全球的分布看，欧洲和中亚是服务业增加值在GDP中占比最高的地区，也是服务贸易在GDP中占比最高的地区。

以服务业增加值在GDP中的占比考察服务业在全球的分布。一是从国家分布看，人均国民收入水平越高的国家，服务业增加值在GDP中的占比越大。2012年，服务业增加值在GDP中的占比世界平均水平为70.2%，高收入国占比高达74.7%，低收入国占比为49.1%。二是从地域分布看，除中东和北非地区外，2012年所有地区服务业增加值在GDP中的占比均高于50%。其中，欧洲和中亚占比最高（72.4%），高于同期世界平均水平（70.2%）。

服务业是服务贸易的发展基础。一般来说，服务业增加值在GDP中的占比高，其服务贸易在GDP中的占比也高。数据显示，从国家来看，2012年高收入国家（OECD）的服务业增加值在GDP中的占比最高（74.7%），其服务贸易在GDP中的占比也最高（12.16%），高于世界平均水平（11.8%）。从地区来看，欧洲和中亚服务业增加值在GDP中占比最高，其服务贸易在GDP中占比也最高（17.91%），高于世界平均水平（11.77%）。但这并不意味着服务业增加值在GDP中占比高的国家，其服务贸易在GDP中占比必然高于服务业增加值在GDP中占比低的国家。2012年，低收入国家服务贸易在GDP中的占比（14.32%）高于高收入国家（OECD，12.16%）和中低收入国家（12.37%）。

第二，从国际服务贸易规模与增速看，国际服务贸易以高于GDP和货物贸易的速度增长，其总体规模已开始接近10万亿美元大关。

1990—2013年，在过去的24年里，大部分年份国际贸易的出口增速超过全球GDP增速，服务贸易出口增速超过货物贸易出口增速。近十年来，转型经济国家、发展中国家服务贸易出口增速超过发达国家，其中，转型经济国家出口增速最快。

随着服务贸易的发展，国际服务贸易进出口规模逐年扩大，2013年，国际服务贸易进出口总额9.02万亿美元，接近10万亿美元，但与服务业增加值在GDP中占70%的世界平均水平相比，服务贸易仅为货物贸易的1/4，服务贸易在全球贸易中的占比仅为20%。其中，出口占比为20%，进口占比为19%。

第三，从国际服务贸易的产业分布看，结构逐步优化，计算机和信息服务等新兴服务成为未来服务贸易新的增长点。

2000—2013年，在运输、旅游和其他服务的服务贸易三大类统计中，其他服务在出口中占比最高，占出口的一半以上。而在其他服务出口中，占比最高的三大项分别是其他商业服务，占比最高几乎一半（47.49%），其次是金融服务（12.75%）、专利权使用费和特许费（11.8%）。2005—2013年，近十年来最具活力的是计算机和信息服务部门，年均增速为14%，计算机和信息服务、通信服务、专利权使用费和特许费等新兴服务成为未来服务贸易新的增长点。

第四，从国际服务贸易的国家分布看，总体发展不均衡，但发展中国家作为服务贸易出口的新生力量，正在改变以发达国家为主的利益格局。

发达国家和出口前二十的国家是国际服务贸易出口的主体，长期以来占国际服务贸易出口的70%以上。其中，欧盟和美国在旅游服务、运输服务、金融服务、计算机和信息技术服务出口中占据绝对优势。

但近十年来，由于转型经济国家和发展中国家较快发展，发展中国家在国际服务贸易出口中的占比逐年扩大，2013年已经突破30%，并在旅游服务、建筑服务、运输服务、其他商业服务、计算机与信息服务五大服务贸易产业中成为国际服务贸易出口市场中的重要力量，在国际服务贸易出口中的占比接近或超过40%。世界最大的发展中国家中国和印度已经跻身于全球十大服务贸易出口国行列。

第五，从国际服务贸易的地理分布看，亚洲的崛起正改变欧洲在全球服务贸易发展的绝对优势，并形成不同地区服务贸易出口的独特优势。

从国际服务贸易规模的区域分布看，欧洲、亚洲是全球第一和第二大服务贸易出口地区，其他依次是北美、中南美、中亚、独联体。近十年来，亚洲的崛起正改变着欧洲在全球服务贸易出口的绝对优势。

从国际服务贸易产业的区域分布看，在旅游、运输、金融、计算机与信息技术、建筑五大服务贸易产业出口中，欧洲、亚洲、北美最具优势。特别是在金融、计算机与信息技术领域，欧洲占据绝对优势，超过全球出口一半以上。但不同地域在五大服务产业中所具相对优势也不同：欧洲出口相对优势是计算机与信息技术，亚洲和独联体是建筑，北美是金融，中南美洲、中东、非洲最具优势的是旅游。

第六，从国际服务贸易收支分布看，发达国家顺差，发展中国家逆差，发达国家在服务贸易中占比较优势。

近十年发展中国家服务贸易增速较快发展并没有改变服务贸易逆差状况；相反，双方的比较优势差异有扩大的趋势。全球前五大顺差国（地区）依次是美国、英国、中国香港、西班牙、法国。全球前五大逆差国依次是中国、德国、加拿大、日本、新加坡。美国是全球第一大服务贸易顺差国，中国是全球第一大服务贸易逆差国。

第二节 全球服务贸易壁垒：主要手段、行业特点与国家分布

一 国际服务贸易壁垒：主要手段与行业特点

由于服务贸易的无形性、异质性和多样性，长期以来服务贸易壁垒难以像货物贸易一样量化。近十年学术界为量化服务贸易壁垒，研究了几种不同的方法，如频度衡量、限制度指数、价格影响和数量影响、引力模型，以及基于财务的测量等。在此基础上，OECD 建立了衡量各国服务贸易壁垒的服务贸易限制指数（Service Trade Restrictiveness Index，STRI）。

OECD 服务贸易限制指数数据库涵盖了 18 个部门，40 个国家（其中，34 个 OECD 国家，6 个主要新兴经济体：巴西、中国、印度、印度尼西亚、俄罗斯、南非）。数据库将服务贸易壁垒分为五类：外资所有权和其他市场准入限制、人员流动限制、其他歧视性措施和国际标准、竞争和国有壁垒、监管透明度和管理要求。如表 1-3 所示，每一行业贸易限制措施权重的大小显示了不同类型贸易限制措施对该行业贸易自由化的影响。

1. 外资所有权和其他市场准入限制。包括对外资持股限制、公司数量限制、董事会成员或经理当地居民限制，以及对外国人申请用地和房产限制等。该贸易限制措施在 18 个行业中权重占比介于 12%—39.667%。其中，除音像、计算机、建筑设计、工程四个行业权重不足 20% 以外，其他 14 个行业的权重均超过 20%。在 14 个行业中，该限制措施权重居于五大贸易限制措施之首的有 10 个，10 大行业分别是电视广播、海运、公路运输、保险、分销、电影、快递、商业银行、会计、空运。这意味着

外资所有权和其他市场准入限制是限制10大行业服务贸易自由化的主要手段，或者说是影响10大行业贸易自由化的主要障碍。

2. **人员流动限制**。包括劳动力市场测试、对职业许可证国籍或当地居民要求、对用工的数量限制等。该贸易限制措施在18个行业中权重占比介于10.278%—29.759%。其中，7大行业权重占比超过20%，分别是法律、工程、建筑设计、海运、会计、电影、计算机。人员流动限制居于五大贸易限制措施之首的行业分别是法律、工程和建筑设计。

3. **其他歧视性措施和国际标准**。包括限制参与政府采购、禁止使用外国公司名称、建立新的国内标准前要求考虑使用国际标准等。该贸易限制措施在18个行业中权重占比介于12.5%—25%。其中，4大行业的权重占比超过20%，分别是公路运输、空运、音像、建筑。

4. **竞争和国有壁垒**。包括禁止或限制广告、强制实行最低或最高资本要求，以及要求国家、州或省政府至少有一个主要公司控制该行业等。该贸易限制措施在18个行业中权重占比介于13.44%—27%。其中，有9大行业的权重占比超过20%，它们分别是音像、铁路运输、电信、分销、快递、商业银行、计算机、公路运输、空运。而在9大行业中，竞争和国有壁垒居于五大贸易限制措施之首的行业有3个，分别是音像、电信、铁路运输。

5. **监管透明度和管理要求**。包括法律生效前让公众了解规章制度、注册公司所需成本和时间、签证时间等。该贸易限制措施在18个行业中权重占比介于5%—23.761%。其中，11个行业的权重占比超过20%，分别是计算机、工程、建筑设计、商业银行、音像、建筑、快递、电信、铁路运输、保险、分销。在11大行业中，监管透明度和管理要求居于五大贸易限制措施之首的行业是计算机。

表1-3　　　　　18个服务行业五大贸易限制措施权重占比

单位:%

序号	行业	外资所有权和其他市场准入限制	人员流动限制	其他歧视性措施和国际标准	竞争和国有壁垒	监管透明度和管理要求
1	空运	24.5	14	23.75	20	17.75
2	法律	22.276	29.759	15.897	14.414	17.655

续表

序号	行业	外资所有权和其他市场准入限制	人员流动限制	其他歧视性措施和国际标准	竞争和国有壁垒	监管透明度和管理要求
3	会计	24.973	22.262	15.723	17.108	19.935
4	电视广播	39.667	12	17.333	17.667	13.333
5	快递	27.2	12.2	19.2	21	20.4
6	海运	35	25	12.5	14.5	13
7	建筑设计	18.606	25.618	17.114	16.491	22.171
8	铁路运输	24.889	13.069	15.444	26.311	20.287
9	电信	24.889	13.069	15.444	26.311	20.287
10	工程	19.47	26.578	15.578	15.551	22.822
11	保险	31	13.8	16	19.133	20.067
12	商业银行	26.267	12.133	18.667	20.833	22.1
13	计算机	17.443	20.839	17.729	20.229	23.76
14	电影	27.24	21.84	19.24	13.44	18.24
15	建筑	21.967	16.87	22.067	18.567	20.53
16	公路运输	35	15	25	20	5
17	音像	12	17	23	27	21
18	分销	30.111	10.278	17.667	21.944	20

资料来源：OECD。

在 OECD 服务贸易限制指数中，0 代表对贸易与投资完全开放，1 代表完全封闭，0—1 间，分值越高代表贸易限制和壁垒越高。但分值低并不意味着市场非常开放。分值超过 0.1，意味着对国际贸易的重大限制，分值在 0.2—0.3 表明对国际贸易的严重限制。[①] 根据 2014 年 OECD 服务贸易限制指数数据库，按照服务贸易限制平均指数的高低排序，如图 1-33 所示，在 18 个行业中，空运服务贸易限制指数最高，其次依次是：法律、会计、电视广播、快递、海运、建筑设计、铁路运输、电信、工程、保险、商业银行、计算机、电影、建筑、公路运输、音像、分销。分销服务贸易限制指数最低。

---

① OECD：Services Trade Restrictiveness Index：Policy Brief，May 2014.

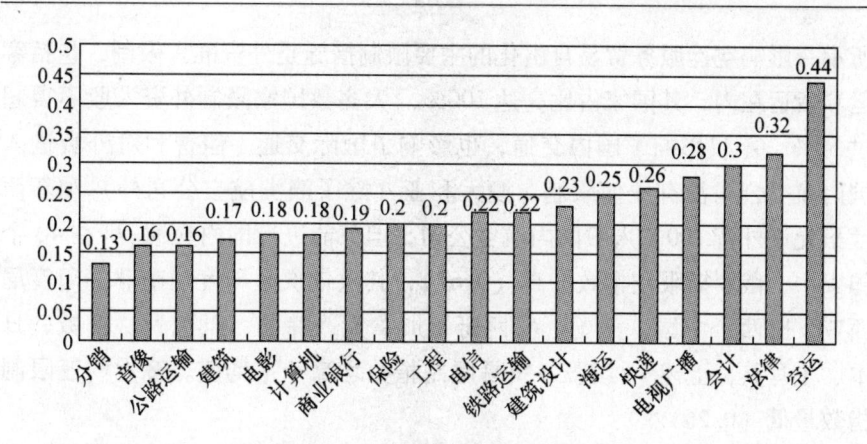

图 1-33 18 个部门 STRI 平均水平

资料来源：OECD。

二 国际服务贸易壁垒：18 个行业服务贸易限制指数及其国家分布①

OECD 服务贸易限制指数涵盖了 18 个行业，40 个国家。根据 2014 年的数据，按照服务贸易限制指数高低排序，40 个国家在 18 个行业的服务贸易限制情况如下（见表 1-4）。

表 1-4 影响 18 个行业贸易自由化的主要限制措施

贸易限制措施	外资所有权和其他市场准入限制	人员流动限制	其他歧视性措施和国际标准	竞争和国有壁垒	监管透明度和管理要求
18 个行业的权重占比	12%—39.667%	10.278%—29.759%	12.5%—25%	13.44%—27%	5%—23.761%
主要限制措施的行业分布	电视广播、海运、公路运输、保险、分销、电影、快递、商业银行、会计、空运	法律、工程、建筑设计、海运、会计、电影、计算机	建筑	音像、电信、铁路运输	计算机

资料来源：OECD。

1. 空运服务

空运服务占全球货物贸易额的 1/3，服务贸易限制指数介于 0.67—0.26，平均限制指数为 0.44，在 18 个行业中限制指数最高。如图 1-34

---

① 这里的全球是指 40 个国家（其中，34 个 OECD 国家，6 个主要新兴经济体：巴西、中国、印度、印度尼西亚、俄罗斯、南非）。

所示，影响空运服务贸易自由化的主要限制措施是外资准入限制，包括客运和货运在内，其国家占比高达100%。大多数国家限制外资入股不得超过50%，不仅影响了国内交通，也影响了国际交通。但智利对外资进入国内航空公司没有任何限制。澳大利亚（除了澳洲航空公司外）和新西兰虽允许外资100%入股国内航空公司，但只能进行国内交通。① 在40个国家中，俄罗斯限制指数最高（0.67），其次依次是印度、南非、印度尼西亚、巴西、中国、美国、墨西哥、加拿大、韩国、以色列、挪威、日本、土耳其，上述14国服务贸易限制指数均高于平均值。澳大利亚限制指数最低（0.26）。

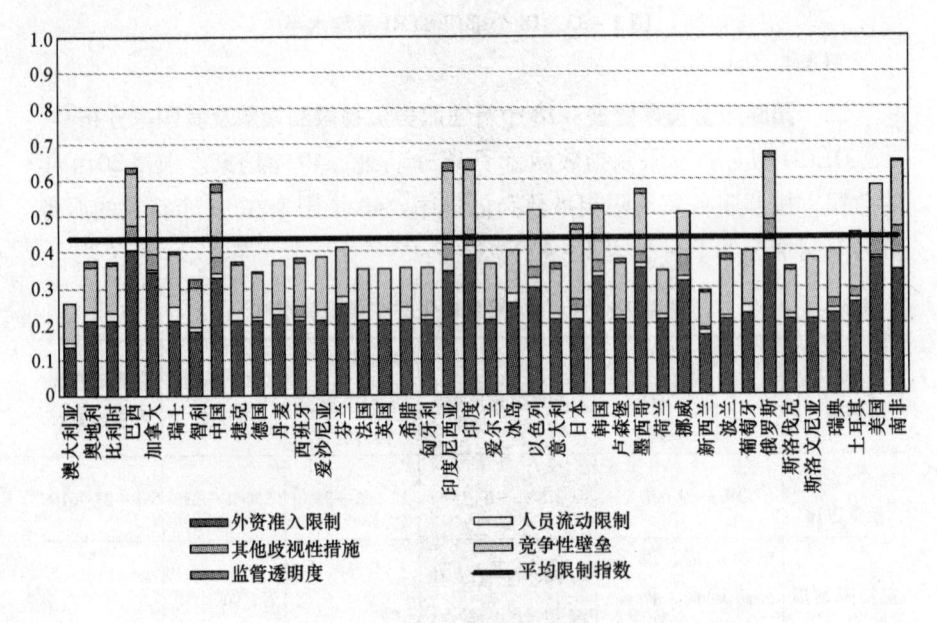

图1-34 空运服务贸易限制指数（STRI）

2. 法律服务

法律服务贸易限制指数介于0.73—0.11，平均限制指数为0.31。由于法律服务是知识密集型产业，主要关注从业者的资质要求，② 为此，影

---

① Geloso Grosso, M. et al. (2014), "Services Trade Restrictiveness Index (STRI): Transport and Courier Services", OECD Trade Policy Papers, No. 176, OECD Publishing. http://dx.doi.org/10.1787/5jxt4nd187r6-en.

② Ibid.

响法律服务贸易自由化的主要限制措施是人员流动限制,其国家占比超过80%。其次是外资所有权和市场准入限制。如图1-35所示,印度限制指数最高(0.73),其次依次是印度尼西亚、南非、中国、墨西哥、斯洛伐克、土耳其、奥地利、瑞士、以色列、爱沙尼亚、巴西、比利时、韩国、丹麦,上述15国服务贸易限制指数均高于均值。澳大利亚限制指数最低(0.11)。

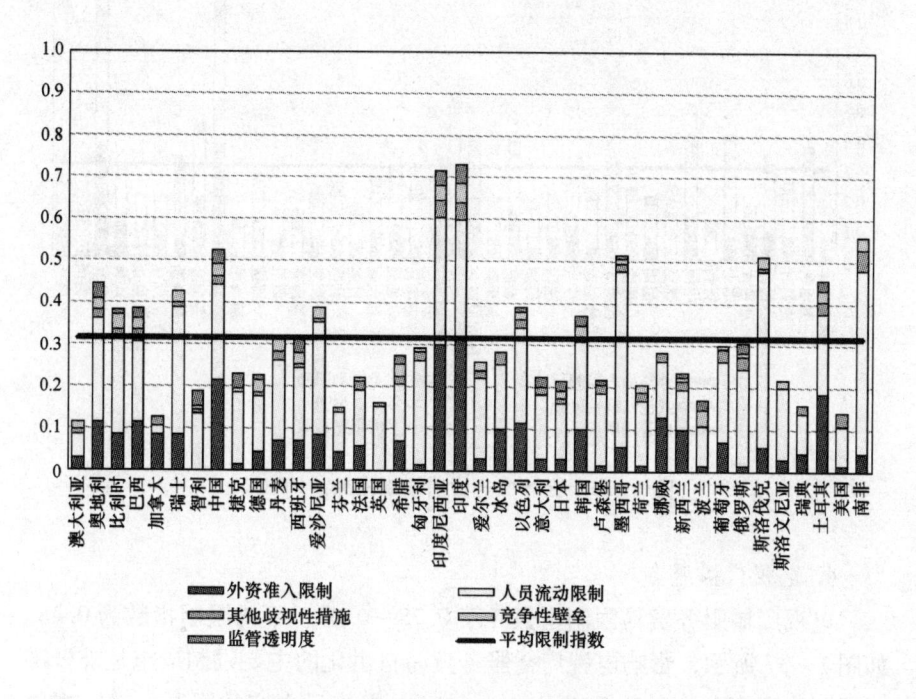

图1-35 法律服务贸易限制指数(STRI)

3. 会计服务

会计服务贸易限制指数介于1.00—0.13,平均限制指数为0.3。由于会计服务供给的主要方式是模式3和模式4,因而,如图1-36所示,影响会计服务贸易自由化的主要限制措施是人员流动限制,国家占比超过90%,如对国籍要求、对资质和许可的要求等。① 在40个国家中,土耳

---

① Geloso Grosso, M. et al. (2014), "Services Trade Restrictiveness Index (STRI): Legal and Accounting Services", OECD Trade Policy Papers, No. 171, OECD Publishing, http://dx.doi.org/10.1787/5jxt4nkg9g24-en.

其和波兰限制指数最高（1.00），市场完全封闭。其次依次是印度、葡萄牙、印度尼西亚、中国、瑞士、希腊、奥地利、南非、俄罗斯、西班牙、巴西、以色列，上述14国服务贸易限制指数均高于均值。新西兰限制指数最低（0.13）。

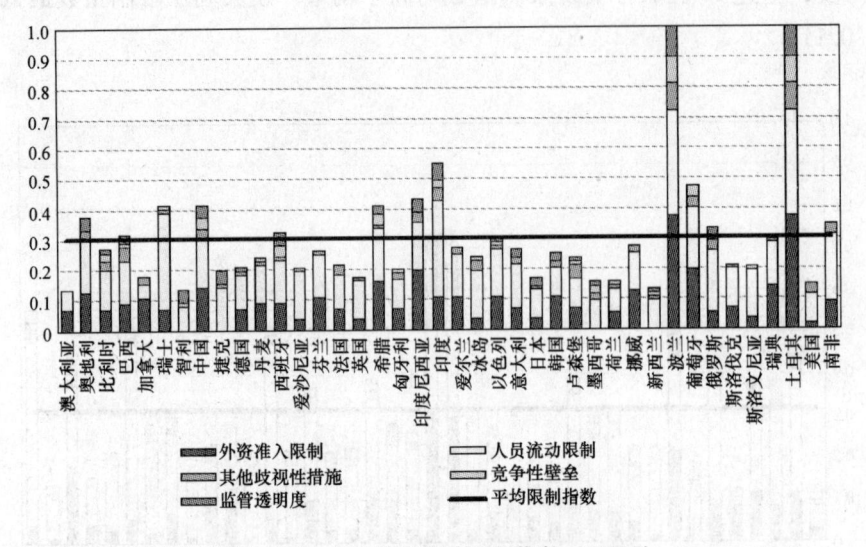

图1-36 会计服务贸易限制指数（STRI）

4. 电视广播服务

电视广播服务贸易限制指数介于0.78—0.07，平均限制指数为0.28。如图1-37所示，影响电视广播服务贸易自由化的主要限制措施是外资准入限制，国家占比高达90%以上，如对电视节目内容的限制、对电视频道数量配额的限制等。[①] 在40个国家中，中国限制指数最高（0.78），其次依次是南非、印度、巴西、印度尼西亚、瑞士、土耳其、奥地利、冰岛、加拿大、以色列、墨西哥、韩国、希腊、波兰、智利、美国，上述17国服务贸易限制指数均高于均值。荷兰限制指数最低（0.07）。

5. 快递服务

快递服务包括邮政服务和快递服务，服务贸易限制指数介于0.87—0.07，平均限制指数为0.26。如图1-38所示，影响快递服务贸易自由

---

① OECD：STRI Sector Brief：Telecommunications, Television and broadcasting.

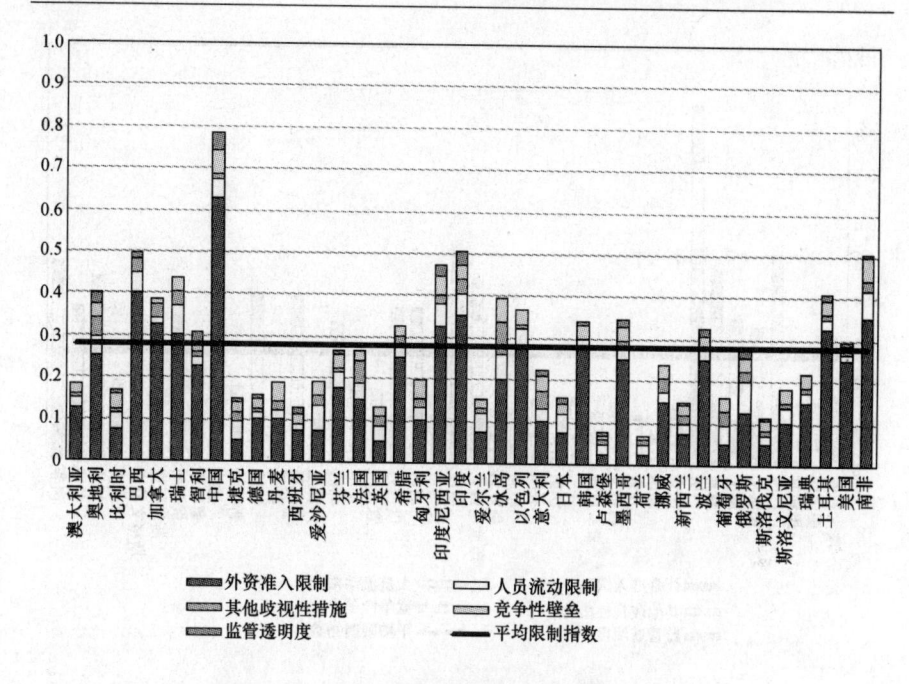

图 1-37 电视广播服务贸易限制指数（STRI）

化的主要限制措施是竞争性壁垒，国家占比超过 60%，如对指定邮政运营商的税收和补贴，免除增值税等。其次是外资准入限制，如对外资投资的审查、对董事会和经理人的当地居民限制等。[1] 在 40 个国家中，中国限制指数最高（0.87），其次依次是印度、巴西、南非、智利、土耳其、印度尼西亚、挪威、墨西哥、以色列、冰岛、美国、瑞士、俄罗斯、韩国、加拿大、澳大利亚，上述 17 国服务贸易限制指数均高于均值。荷兰限制指数最低（0.07）。

6. 海运服务

海运占货物贸易量的 90% 和贸易额的 50%，在全球供应链中发挥重要作用。海运服务贸易限制指数介于 0.44—0.07，平均限制指数为 0.25。如图 1-39 所示，影响海运服务贸易自由化的主要限制措施是外资准入限制，国家占比高达 80% 以上，包括外资持股限制、对董事会当地居民和

---

[1] Geloso Grosso, M. et al. (2014), "Services Trade Restrictiveness Index (STRI): Transport and Courier Services", OECD Trade Policy Papers, No. 176, OECD Publishing, http://dx.doi.org/10.1787/5jxt4nd187r6-en.

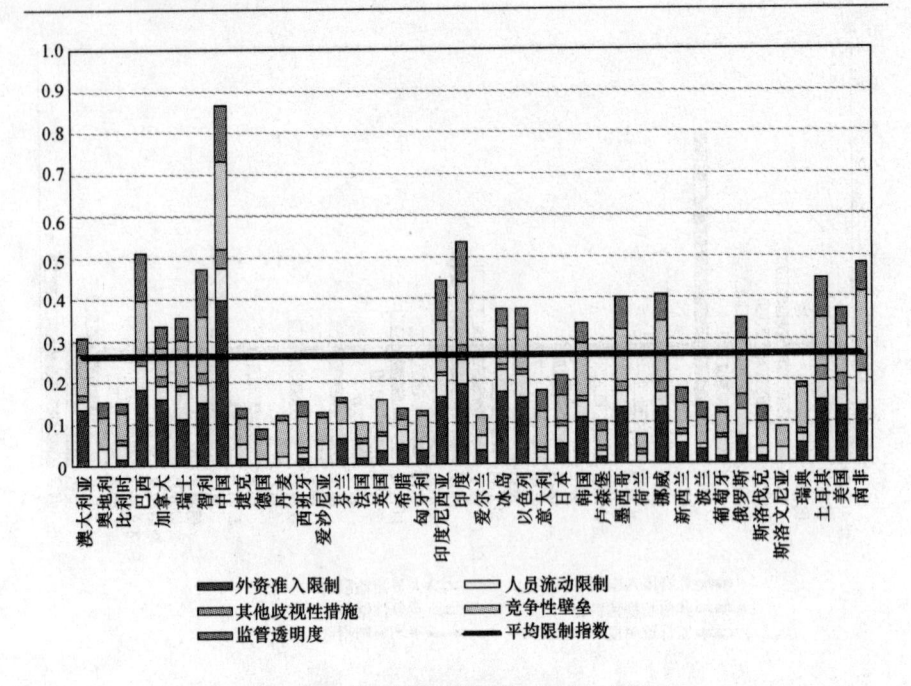

图 1-38 快递服务贸易限制指数 (STRI)

国籍限制,以及对沿海航行权、港口服务、货物仓储限制等,其中,10个国家限制外资所有,10个国家限制港口服务。[①] 在 40 个国家中,印度尼西亚限制指数最高 (0.44),其次依次是南非、俄罗斯、中国、智利、美国、爱沙尼亚、希腊、土耳其、印度、意大利、韩国、巴西、芬兰、新西兰、墨西哥,上述 16 国服务贸易限制指数均高于均值。荷兰限制指数最低 (0.07)。

7. 建筑设计服务

建筑设计服务贸易限制指数介于 0.47—0.07,平均限制指数为 0.22。由于建筑设计服务是知识密集型产业,如图 1-40 所示,影响建筑设计服务贸易自由化的主要限制措施是人员流动限制,如劳动力市场测试、对设计师的资格和许可要求等。[②] 目前,除加拿大外,人员流动成为其他

[①] Geloso Grosso, M. et al. (2014), "Services Trade Restrictiveness Index (STRI): Transport and Courier Services", *OECD Trade Policy Papers*, No. 176, OECD Publishing. http://dx.doi.org/10.1787/5jxt4nd187r6-en.

[②] Geloso Grosso, M. et al. (2014), "Services Trade Restrictiveness Index (STRI): Construction, Architecture and Engineering Services", *OECD Trade Policy Papers*, No. 170, OECD Publishing. http://dx.doi.org/10.1787/5jxt4nnd7g5h-en.

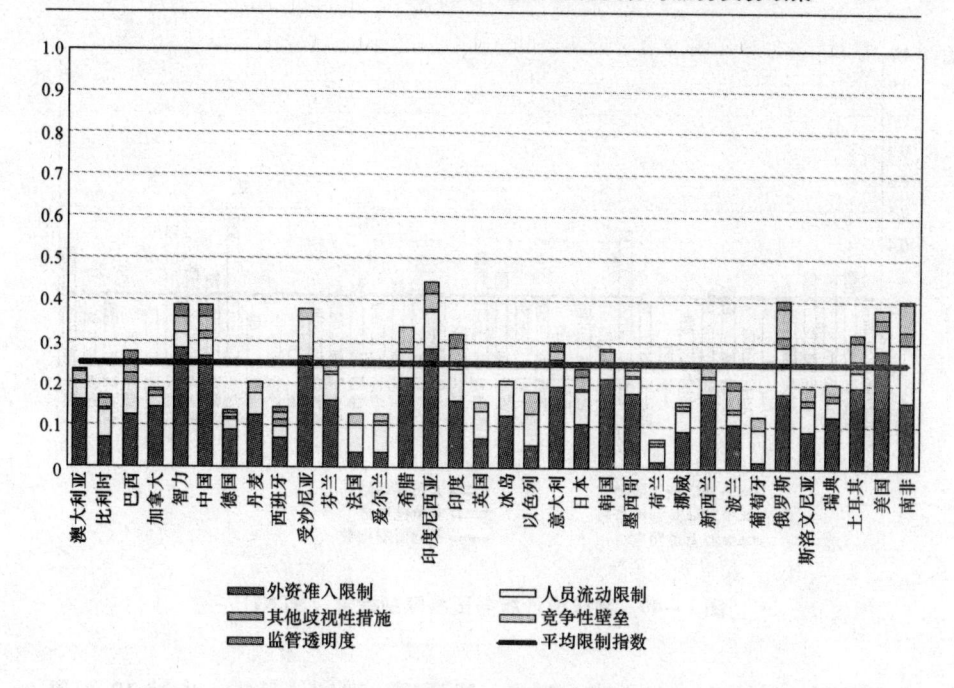

图 1-39 海运服务贸易限制指数（STRI）

39 个国家的主要限制措施，占比高达 97%。其次是外资准入限制，如对建筑公司董事会或经理的当地居民限制和许可要求等。在 40 个国家中，波兰限制指数最高（0.47），其次依次是爱沙尼亚、斯洛伐克、南非、印度、奥地利、巴西、印度尼西亚、俄罗斯、葡萄牙、比利时、意大利、中国、韩国、以色列、冰岛、捷克、西班牙、希腊，上述 19 国服务贸易限制指数均高于均值。荷兰限制指数最低（0.07）。

8. 铁路运输服务

铁路运输服务贸易限制指数介于 1.00—0.06，平均限制指数为 0.22。如图 1-41 所示，影响铁路运输服务贸易自由化的主要限制措施是竞争性壁垒，国家占比近 70%，其中，只有澳大利亚、加拿大、日本、荷兰、英国和美国 6 国主要铁路公司私有。[1] 在 40 个国家中，以色列和印度限制指数最高（1.00），市场完全封闭。其次依次是中国、印度尼西亚、南

---

[1] Geloso Grosso, M. et al. (2014), "Services Trade Restrictiveness Index (STRI): Transport and Courier Services", OECD Trade Policy Papers, No. 176, OECD Publishing, http://dx.doi.org/10.1787/5jxt4nd187r6-en.

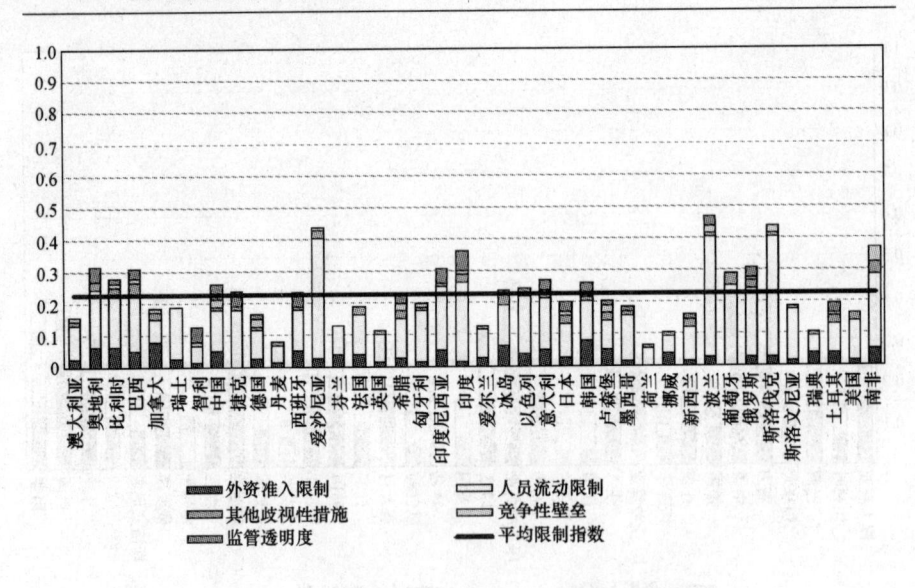

图 1-40 建筑设计服务贸易限制指数（STRI）

非、巴西、俄罗斯、土耳其、挪威、墨西哥、智利、日本，上述12国服务贸易限制指数均高于均值。荷兰限制指数最低（0.06）。

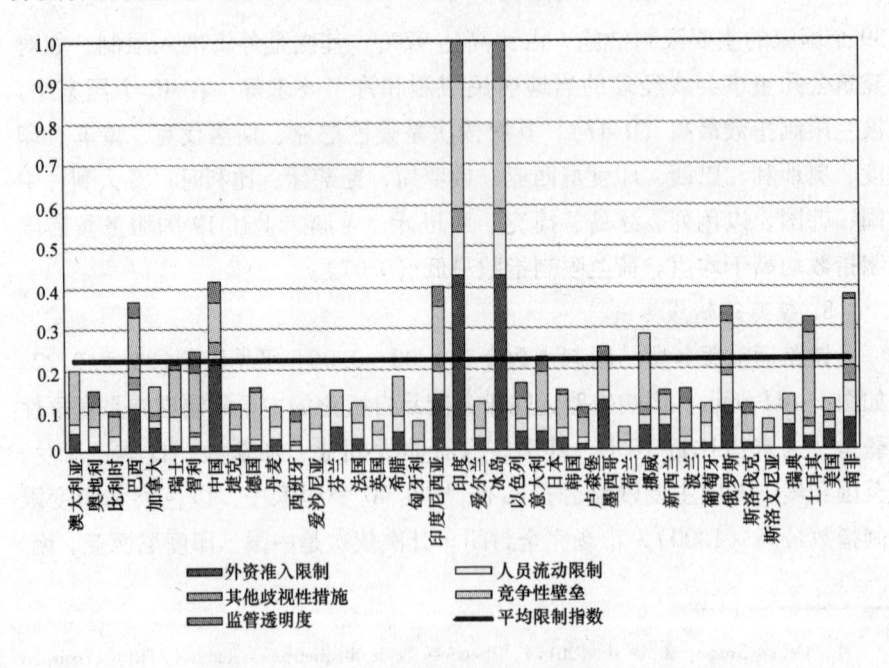

图 1-41 铁路运输服务贸易限制指数（STRI）

9. 电信服务

电信服务包括计算机服务、视听服务、专业服务和其他可贸易服务，在全球价值链生产中发挥决定作用。[①] 电信服务贸易限制指数介于 0.61—0.06，平均限制指数为 0.22。如图 1-42 所示，由于电信服务是资本密集型产业，因而影响电信服务贸易自由化的主要限制措施是竞争性壁垒，如不必要的管理和过度监管等，其国家占比高达 70%，其次是外资准入限制。在 40 个国家中，印度尼西亚限制指数最高（0.61），其次依次是中国、印度、俄罗斯、巴西、南非、以色列、墨西哥、日本、加拿大、智利、希腊、新西兰、挪威，上述 14 国服务贸易限制指数均高于均值。法国限制指数最低（0.06）。

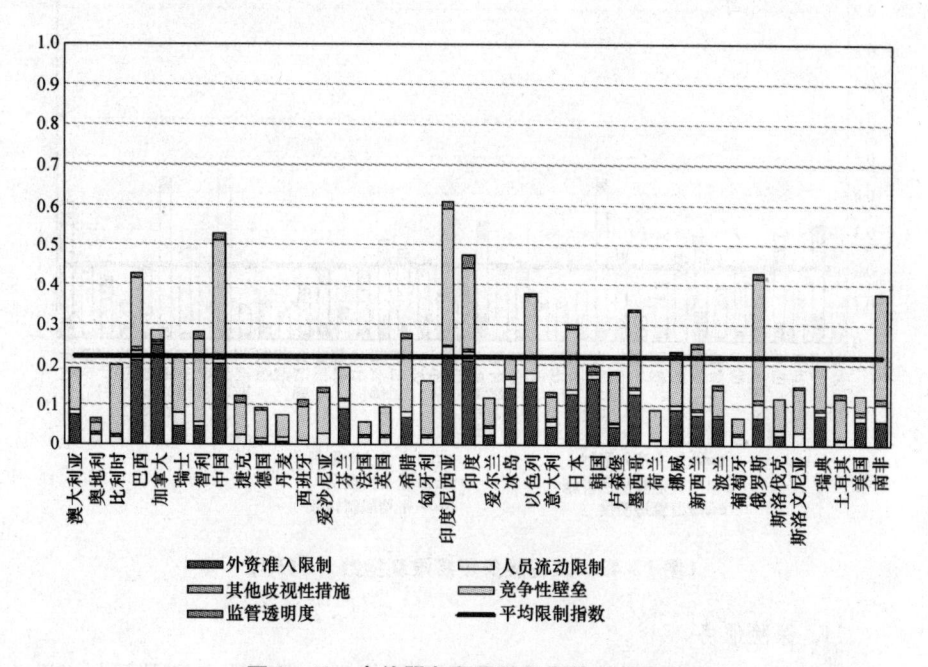

图 1-42 电信服务贸易限制指数（STRI）

10. 工程服务

工程服务是建筑业的支柱，工程师参与建筑、道路、桥梁等重要基础

[①] Nordas, H. K. et al. (2014), "Services Trade Restrictiveness Index (STRI): Telecommunication Services", OECD Trade Policy Papers, No. 172, OECD Publishing, http://dx.doi.org/10.1787/5jxt4nk5j7xp-en.

设施建设，在产品生产和新技术的使用中发挥重要作用。工程服务贸易限制指数介于0.46—0.07，平均限制指数为0.2。由于工程服务是知识密集型产业，如图1-43所示，影响工程服务贸易自由化的主要限制措施是人员流动限制，如劳动力市场测试、对职业许可证国籍或市民要求等，其次是外资所有权和其他市场准入限制。[1] 在40个国家中，波兰服务贸易限制指数最高（0.46），其次依次是爱沙尼亚、斯洛伐克、南非、印度尼西亚、奥地利、巴西、中国、意大利、以色列、俄罗斯、捷克、西班牙、葡萄牙、希腊、卢森堡，上述16国服务贸易限制指数均高于均值。荷兰服务贸易限制指数最低（0.07）。

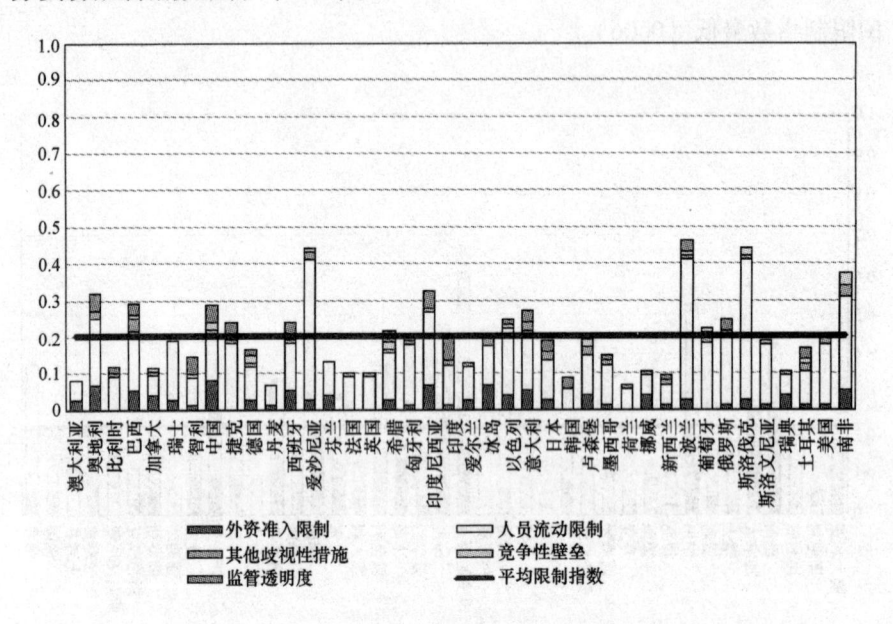

图1-43 工程服务贸易限制指数（STRI）

11. 保险服务

保险在各国经济和金融体系中发挥重要作用。保险服务贸易限制指数介于0.63—0.047，平均限制指数为0.2。如图1-44所示，影响保险服务贸易自由化的主要限制措施是外资准入限制，如限制外资入股国内保险公司、限制外国保险公司建立分支机构，对外资保险公司实行比国内更严

---

[1] Geloso Grosso, M. et al. (2014), "Services Trade Restrictiveness Index (STRI): Construction, Architecture and Engineering Services", OECD Trade Policy Papers, No. 170, OECD Publishing, http: //dx. doi. org/10. 1787/5jxt4nnd7g5h - en.

格的要求等。其次是竞争壁垒,主要是对产品市场的监管,如对保险费的限制等。① 在 40 个国家中,印度限制指数最高 (0.63),其次依次是印度尼西亚、中国、俄罗斯、巴西、冰岛、芬兰、墨西哥、美国、南非、挪威、奥地利、丹麦,上述 13 国服务贸易限制指数均高于均值。荷兰限制指数最低 (0.047)。

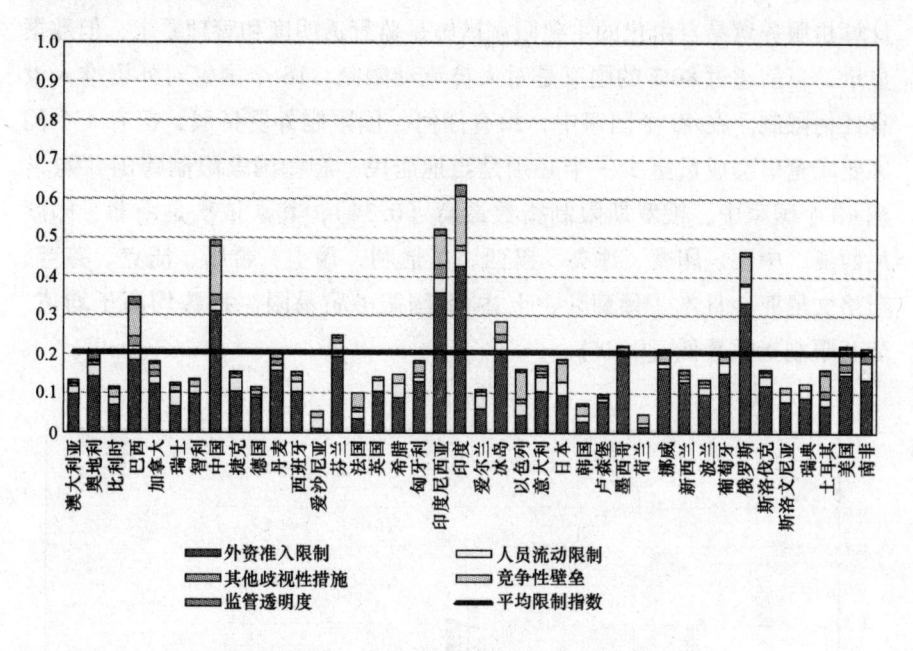

图 1 - 44 保险服务贸易限制指数 (STRI)

12. 商业银行服务

金融部门是经济增长的动力,也是系统性风险的主要来源。商业银行服务贸易限制指数介于 0.55—0.06,平均限制指数为 0.19。如图 1 - 45 所示,影响商业银行服务贸易自由化的主要限制措施是外资准入限制,如限制外资入股国内银行、限制外资银行建立分支机构,对外资银行实行比国内更严格的要求、限制跨国交易等。② 在 40 个国家中,印度尼西亚限制指数最高 (0.55),其次依次是印度、中国、巴西、俄罗斯、墨西哥、

---

① Rouzet, D. et al. (2014), "Services Trade Restrictiveness Index (STRI): Financial Services", *OECD Trade PolicyPapers*, No. 175, OECD Publishing, http://dx.doi.org/10.1787/5jxt4nhssd30 - en.

② Ibid.

南非、冰岛、土耳其、智利、新西兰、日本，上述12国服务贸易限制指数均高于均值。西班牙限制指数最低（0.06）。

13. 计算机服务

计算机服务包括计算机编程、计算机咨询和信息服务。其服务贸易限制指数介于0.34—0.08，平均限制指数为0.18。如图1-46所示，影响计算机服务贸易自由化的主要限制措施是监管透明度和管理要求，但数据显示，目前超过80%的国家是对人员流动限制。16个国家对外资准入没有任何限制。在40个国家中，没有任何一国限制外资持股，但有4个国家要求董事会成员至少一半必须是当地居民，有些国家限制跨国并购。[①]在40个国家中，俄罗斯限制指数最高（0.34），其次依次是南非、印度尼西亚、中国、印度、冰岛、巴西、奥地利、瑞士、希腊、捷克、芬兰、斯洛文尼亚、日本、葡萄牙，上述15国服务贸易限制指数均高于均值。荷兰限制指数最低（0.08）。

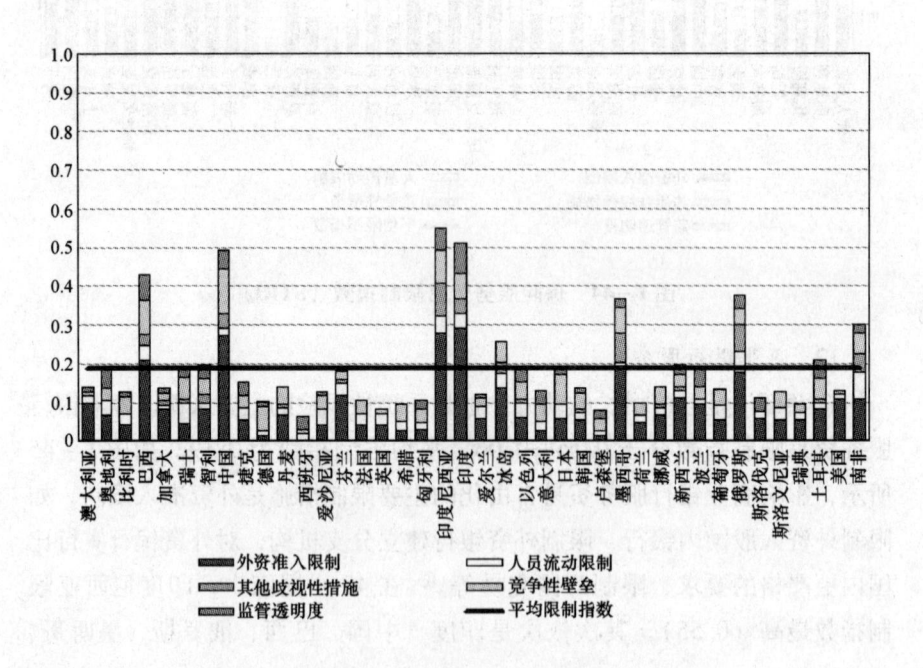

图1-45 商业银行服务贸易限制指数（STRI）

---

① Nordas, H. K. et al. (2014), "Services Trade Restrictiveness Index (STRI): Computer and Related Services", *OECD TradePolicy Papers*, No. 169, OECD Publishing, http://dx.doi.org/10.1787/5jxt4np1pjzt-en.

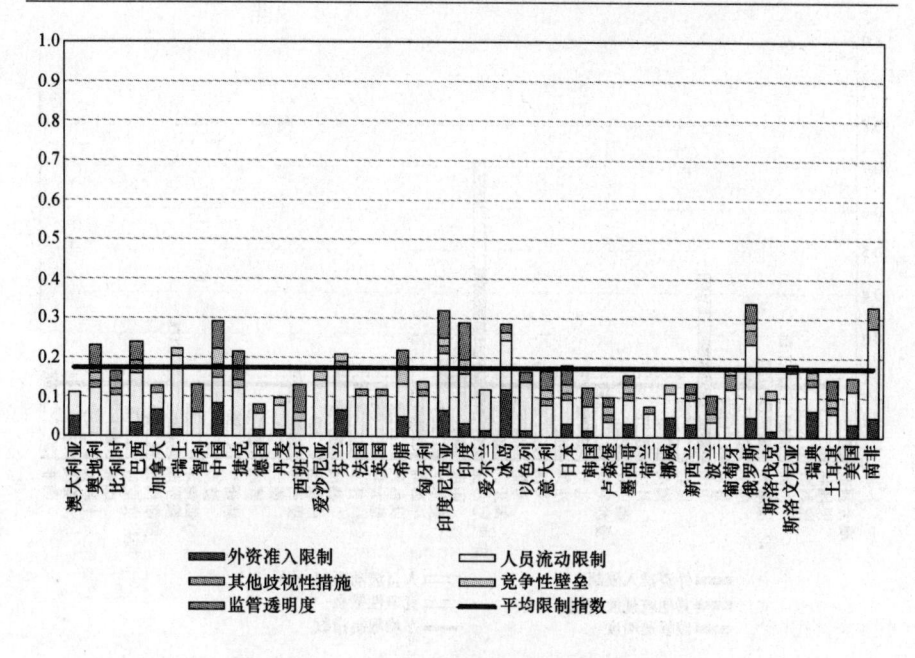

图 1-46　计算机服务贸易限制指数（STRI）

14. 电影服务

电影包括电影、录像、电视节目生产和后期制作、发行。电影服务贸易限制指数介于 0.72—0.06，平均限制指数为 0.18。如图 1-47 所示，影响电影服务贸易自由化的主要限制措施是外资准入限制，国家占比大约为 50%，如对董事会成员或经理人当地居民限制、对资本的控制、限制并购等。[①] 其次是人员流动限制。在 40 个国家中，印度尼西亚限制指数最高 (0.72)，其次依次是中国、俄罗斯、巴西、冰岛、印度、加拿大、墨西哥、法国、芬兰、瑞士、南非、奥地利、爱沙尼亚，上述 14 国服务贸易限制指数均高于均值。美国限制指数最低 (0.06)。

15. 建筑服务

建筑服务在大多数国家 GDP 和就业中占重要的份额，在经济运行中发挥重要作用。建筑服务贸易限制指数介于 0.32—0.05，平均限制指数是 0.17。如图 1-48 所示，影响建筑服务贸易自由化的主要限制措施是

---

① Nordas, H. K. et al. (2014), "Services Trade Restrictiveness Index (STRI): Audio - visual Services", OECD Trade Policy Papers, No. 174, OECD Publishing, http://dx.doi.org/10.1787/5jxt4nj4fc22 - en.

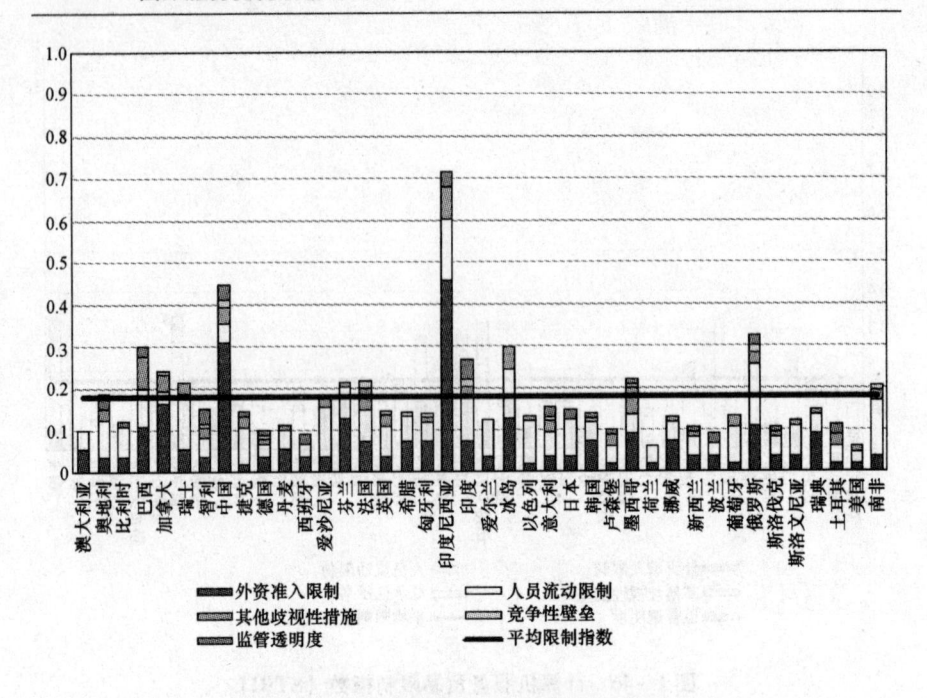

图 1-47 电影服务贸易限制指数（STRI）

其他歧视性措施。但数据显示，目前 70% 以上国家的主要限制措施是人员流动限制。其次是外资准入限制，内容包括对外资审查、劳动力市场测试、对建筑公司董事会成员和经理的当地居民限制等。[①] 在 40 个国家中，冰岛限制指数最高（0.32），其次依次是印度尼西亚、俄罗斯、中国、以色列、南非、印度、巴西、芬兰、墨西哥、希腊、挪威、斯洛文尼亚、奥地利、瑞士、瑞典、意大利，上述 17 国服务贸易限制指数均高于均值。荷兰限制指数最低（0.05）。

16. 公路运输服务

公路运输服务贸易限制指数介于 0.38—0.08，平均限制指数为 0.16。如图 1-49 所示，影响公路运输服务贸易自由化的主要限制措施是外资准入限制，国家占比高达 70%。在 40 个国家中，中国服务贸易限制指数最高（0.38），其次依次是印度尼西亚、南非、冰岛、俄罗斯、奥地利、芬

---

① Geloso Grosso, M. et al. (2014), "Services Trade Restrictiveness Index (STRI): Construction, Architecture and Engineering Services", OECD Trade Policy Papers, No. 170, OECD Publishing, http://dx.doi.org/10.1787/5jxt4nnd7g5h-en.

兰、意大利、挪威、希腊、土耳其、日本、巴西、波兰、以色列,上述15国服务贸易限制指数均高于均值。卢森堡限制指数最低(0.08)。

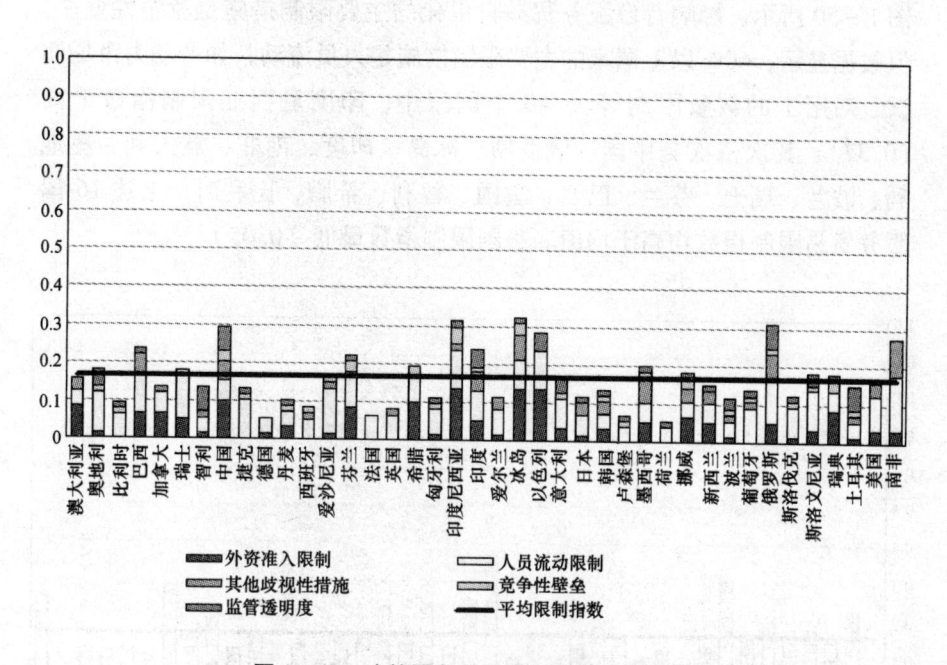

图1-48 建筑服务贸易限制指数(STRI)

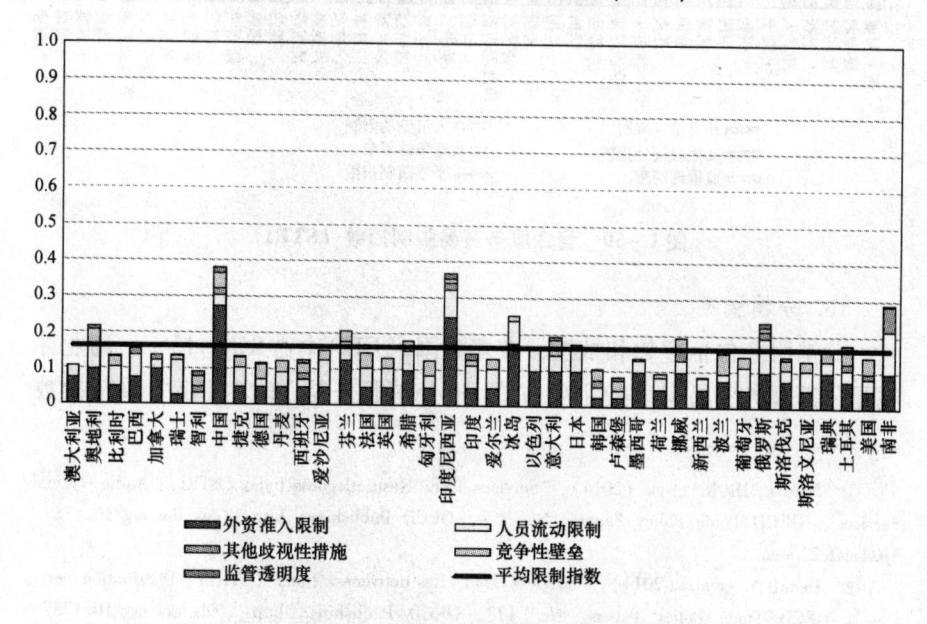

图1-49 公路运输服务贸易限制指数(STRI)

17. 音像服务

音像服务贸易限制指数介于 0.37—0.05，平均限制指数为 0.16。如图 1-50 所示，影响音像服务贸易自由化的主要限制措施是竞争性壁垒。但数据显示，60%以上国家的主要限制措施是人员流动，如劳动力市场测试、对用工的数量限制等。[①] 40 个国家中，印度尼西亚限制指数最高（0.37），其次依次是中国、俄罗斯、冰岛、印度、南非、意大利、奥地利、波兰、瑞士、芬兰、巴西、法国、智利、希腊、比利时，上述 16 国服务贸易限制指数均高于均值。美国限制指数最低（0.05）。

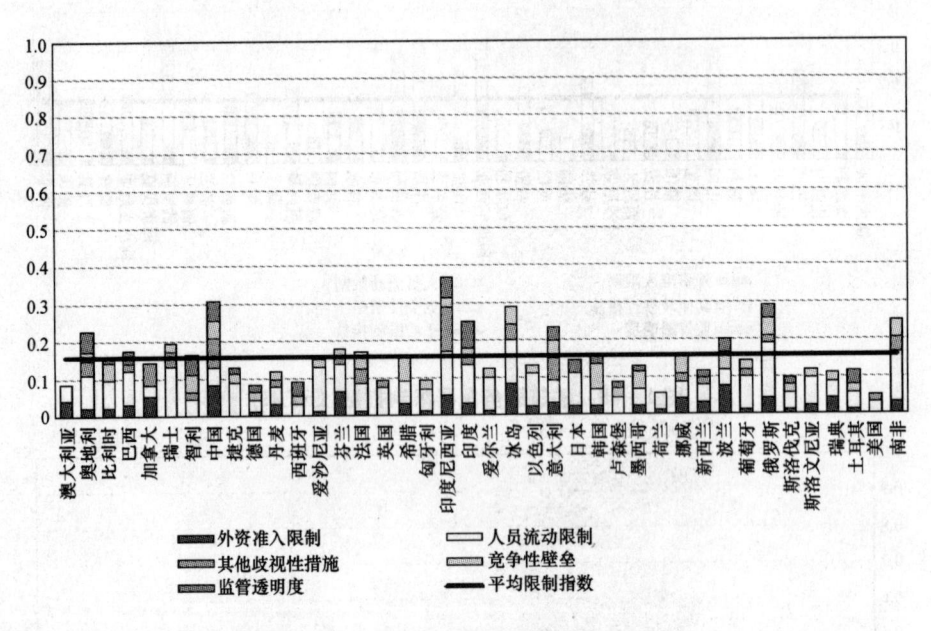

图 1-50 音像服务贸易限制指数（STRI）

18. 分销服务

分销服务包括零售和批发，在多数国家 GDP 中占 8%—15%，商业存在是分销服务贸易采取的主要方式。[②] 分销服务是 18 个行业中限制指数

[①] Nordas, H. K. et al. (2014), "Services Trade Restrictiveness Index (STRI): Audio-visual Services", OECD Trade Policy Papers, No. 174, OECD Publishing, http://dx.doi.org/10.1787/5jxt4nj4fc22-en.

[②] Ueno, A. et al. (2014), "Services Trade Restrictiveness Index (STRI): Distribution Services", OECD Trade Policy Papers, No. 173, OECD Publishing. http://dx.doi.org/10.1787/5jxt4njvtfbx-en OECD: Services Trade Restrictiveness Index (STRI): Policy Brief, May 2014.

最低，相对来说市场最开放的行业。其贸易限制指数介于 0.40—0.02，平均限制指数为 0.13。如图 1-51 所示，影响分销服务贸易自由化的主要限制措施是外资准入限制，国家占比超过 60%，其主要措施包括对投资的审查、许可的经济测试、董事会成员和管理者的限制等。在 40 个国家中，印度尼西亚限制指数最高（0.40），其次依次是中国、印度、加拿大、冰岛、芬兰、俄罗斯、南非、希腊、瑞士、巴西、日本、挪威、意大利，上述 14 国服务贸易限制指数均高于均值。西班牙限制指数最低（0.02）。

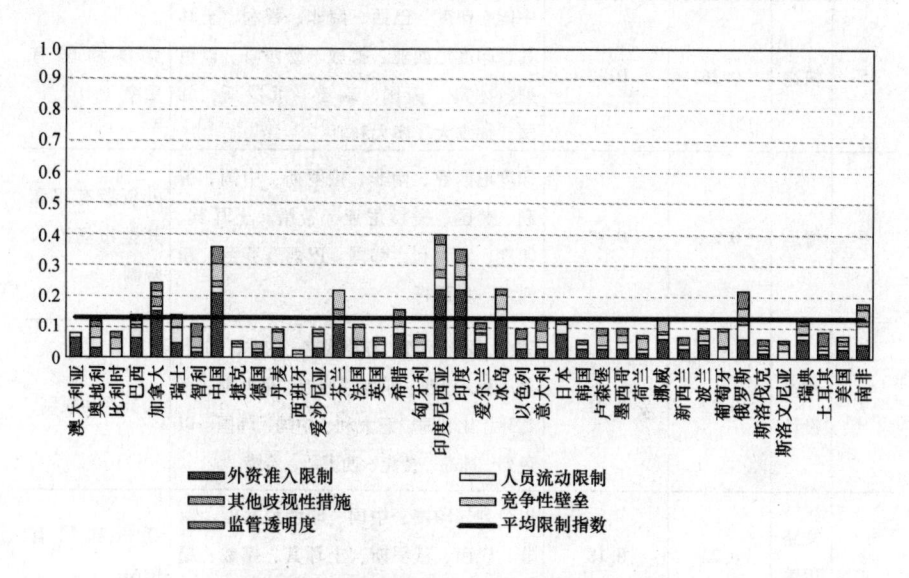

图 1-51 分销服务贸易限制指数（STRI）

表 1-4　18 个行业服务贸易限制指数高于平均值的国家分布

	行业	STRI 均值	OECD	高于 STRI 均值的国家	主要限制措施
1	空运	0.44	0.4	俄罗斯、印度、南非、印度尼西亚、巴西、中国、美国、墨西哥、加拿大、韩国、以色列、挪威、日本、土耳其	外资所有权和其他市场准入限制
2	法律	0.31	0.28	印度、印度尼西亚、南非、中国、墨西哥、斯洛伐克、土耳其、奥地利、瑞士、以色列、爱沙尼亚、巴西、比利时、韩国、丹麦	人员流动限制

续表

	行业	STRI均值	OECD	高于STRI均值的国家	主要限制措施
3	会计	0.3	0.29	土耳其、波兰、印度、葡萄牙、印度尼西亚、中国、瑞士、希腊、奥地利、南非、俄罗斯、西班牙、巴西、以色列	人员流动限制
4	电视广播	0.28	0.24	中国、南非、印度、巴西、印度尼西亚、瑞士、土耳其、奥地利、冰岛、加拿大、以色列、墨西哥、韩国、希腊、波兰、智利、美国	外资所有权和其他市场准入限制
5	快递	0.26	0.22	中国、印度、巴西、南非、智利、土耳其、印度尼西亚、挪威、墨西哥、以色列、冰岛、美国、瑞士、俄罗斯、韩国、加拿大、澳大利亚	竞争和国有壁垒
6	海运	0.25	0.22	印度尼西亚、南非、俄罗斯、中国、智利、美国、爱沙尼亚、希腊、土耳其、印度、意大利、韩国、巴西、芬兰、新西兰、墨西哥	外资所有权和其他市场准入限制
7	建筑设计	0.22	0.21	波兰、爱沙尼亚、斯洛伐克、南非、印度、奥地利、巴西、印度尼西亚、俄罗斯、葡萄牙、比利时、意大利、中国、韩国、以色列、冰岛、捷克、西班牙、希腊	人员流动限制
8	铁路运输	0.22	0.18	以色列、印度、中国、印度尼西亚、南非、巴西、俄罗斯、土耳其、挪威、墨西哥、智利、日本	竞争和国有壁垒
9	电信	0.22	0.17	印度尼西亚、中国、印度、俄罗斯、巴西、南非、以色列、墨西哥、日本、加拿大、智利、希腊、新西兰、挪威	竞争和国有壁垒
10	工程	0.2	0.19	波兰、爱沙尼亚、斯洛伐克、南非、印度尼西亚、奥地利、巴西、中国、意大利、以色列、俄罗斯、捷克、西班牙、葡萄牙、希腊、卢森堡	人员流动限制
11	保险	0.2	0.16	印度、印度尼西亚、中国、俄罗斯、巴西、冰岛、芬兰、墨西哥、美国、南非、挪威、奥地利、丹麦	外资所有权和其他市场准入限制

续表

	行业	STRI 均值	OECD	高于 STRI 均值的国家	主要限制措施
12	商业银行	0.19	0.15	印度尼西亚、印度、中国、巴西、俄罗斯、墨西哥、南非、冰岛、土耳其、智利、新西兰、日本	外资所有权和其他市场准入限制
13	计算机	0.18	0.15	俄罗斯、南非、印度尼西亚、中国、印度、冰岛、巴西、奥地利、瑞士、希腊、捷克、芬兰、斯洛文尼亚、日本、葡萄牙	监管透明度和管理要求
14	电影	0.18	0.14	印度尼西亚、中国、俄罗斯、巴西、冰岛、印度、加拿大、墨西哥、法国、芬兰、瑞士、南非、奥地利、爱沙尼亚	外资所有权和其他市场准入限制
15	建筑	0.17	0.15	冰岛、印度尼西亚、俄罗斯、中国、以色列、南非、印度、巴西、芬兰、墨西哥、希腊、挪威、斯洛文尼亚、奥地利、瑞士、瑞典、意大利	其他歧视性措施和国际标准
16	公路运输	0.16	0.14	中国、印度尼西亚、南非、冰岛、俄罗斯、奥地利、芬兰、意大利、挪威、希腊、土耳其、日本、巴西、波兰、以色列	外资所有权和其他市场准入限制
17	音像	0.16	0.14	印度尼西亚、中国、俄罗斯、冰岛、印度、南非、意大利、奥地利、波兰、瑞士、芬兰、巴西、法国、智利、希腊、比利时	竞争和国有壁垒
18	分销	0.13	0.10	印度尼西亚、中国、印度、加拿大、冰岛、芬兰、俄罗斯、南非、希腊、瑞士、巴西、日本、挪威、意大利	外资所有权和其他市场准入限制

数据来源：OECD 数据库。

综上所述，在 18 个行业中，如表 1-5 所示，在服务贸易限制指数最高的行业中，印度尼西亚占 6 个（海运、电信、商业银行、电影、音像、分销），居 40 国之首，是 40 国中市场相对比较封闭的国家。其次是印度（法律、保险、铁路运输）和中国（电视广播、快递、公路运输），各占

3个。再次是俄罗斯（空运、计算机）和波兰（建筑设计、工程），各占2个。最后是以色列（铁路运输）、冰岛（建筑）和土耳其（会计），各占1个。

在服务贸易限制指数最低的行业中，荷兰占9个（计算机、建筑、保险、铁路运输、工程、建筑设计、快递、海运、电视广播），居40国之首，是40国中市场相对比较开放的国家。其次是澳大利亚（法律、空运）、美国（音像、电影）和西班牙（分销、商业银行），各占2个。最后是卢森堡（公路运输）、法国（电信）和新西兰（会计），各占1个。

表1-5　18个行业服务贸易限制指数最高与最低的国家分布（仅限40个国家）

行业	空运服务	会计服务	法律服务	电视广播	海运服务	快递服务	建筑设计	工程服务	铁路运输服务
STRI最低	澳大利亚	新西兰	澳大利亚	荷兰	荷兰	荷兰	荷兰	荷兰	荷兰
STRI最高	俄罗斯	土耳其	印度	中国	印度尼西亚	中国	波兰	波兰	以色列、印度
行业	电信服务	保险服务	建筑服务	计算机服务	商业银行服务	公路运输服务	电影	音像	分销服务
STRI最低	法国	荷兰	荷兰	荷兰	西班牙	卢森堡	美国	美国	西班牙
STRI最高	印度尼西亚	印度	冰岛	俄罗斯	印度尼西亚	中国	印度尼西亚	印度尼西亚	印度尼西亚

数据来源：OECD。

三　服务贸易壁垒：美、德、中、英、法等主要服务贸易大国比较

2013年全球前二十大服务贸易出口国（地区）依次是美国、德国、中国、英国、法国、日本、印度、荷兰、新加坡、爱尔兰、西班牙、韩国、意大利、比利时、中国香港、加拿大、瑞士、瑞典、丹麦、卢森堡。本文侧重比较美国、德国、中国、英国、法国、日本、印度、加拿大、澳大利亚九国的服务贸易壁垒。

1. 美国

2013年，美国服务贸易进出口总额10940亿美元，是全球第一大服务贸易国，全球占比12.12%。其中，出口6620亿美元，全球占比14.3%，是全球第一大出口国；进口4320亿美元，全球占比9.8%，是全球第一大进口国。如表1-6所示，在18个行业中，美国服务贸易限制指数介于0.581—0.049。按照服务贸易限制指数的高低排序，依次是空运、海运、快递、电视广播、保险、工程、建筑设计、建筑、计算机、会计、公路运输、法律、商业银行、电信、铁路运输、分销、电影、音像。空运限制指数最高（0.581），音像限制指数最低（0.049）。

表1-6 九国服务贸易限制指数比较

	OECD平均	世界平均	美国	英国	德国	法国	中国	印度	日本	加拿大	澳大利亚
空运	0.4	0.44	0.581	0.353	0.346	0.353	0.591	0.654	0.476	0.531	0.258
法律	0.28	0.32	0.14	0.163	0.225	0.22	0.524	0.731	0.213	0.125	0.114
会计	0.29	0.3	0.147	0.174	0.208	0.216	0.415	0.552	0.171	0.177	0.135
电视广播	0.24	0.28	0.297	0.133	0.158	0.266	0.784	0.506	0.16	0.386	0.182
快递	0.22	0.26	0.37	0.154	0.088	0.101	0.868	0.535	0.214	0.334	0.309
海运	0.22	0.25	0.383	0.127	0.135	0.129	0.387	0.321	0.239	0.188	0.233
建筑	0.15	0.23	0.158	0.081	0.056	0.065	0.294	0.24	0.118	0.136	0.157
电信	0.17	0.22	0.124	0.095	0.093	0.056	0.529	0.474	0.301	0.283	0.189
铁路运输	0.18	0.22	0.122	0.073	0.158	0.12	0.415	1	0.229	0.161	0.2
工程	0.19	0.2	0.199	0.102	0.166	0.102	0.287	0.196	0.189	0.116	0.081
保险	0.16	0.2	0.222	0.142	0.118	0.102	0.496	0.635	0.189	0.182	0.134
商业银行	0.15	0.19	0.13	0.083	0.102	0.104	0.492	0.511	0.193	0.136	0.139
计算机	0.15	0.18	0.152	0.12	0.082	0.12	0.293	0.289	0.18	0.127	0.113
电影	0.14	0.18	0.06	0.144	0.1	0.216	0.447	0.268	0.149	0.241	0.099
建筑设计	0.21	0.17	0.163	0.115	0.167	0.189	0.26	0.362	0.201	0.186	0.157
音像	0.14	0.16	0.049	0.093	0.081	0.17	0.308	0.25	0.145	0.141	0.086
公路运输	0.14	0.16	0.141	0.13	0.116	0.144	0.377	0.144	0.173	0.137	0.106
分销	0.1	0.13	0.073	0.065	0.05	0.109	0.359	0.352	0.133	0.242	0.08

数据来源：OECD。

美国不是OECD市场最开放的国家，18个行业服务贸易限制指数也非均低于世界平均水平。如图1-52所示：(1) 与OECD平均水平相比，美国市场开放度高于OECD平均水平的9个行业依次分别是：会计、法律、音像、电影、铁路运输、建筑设计、电信、分销、商业银行。市场开放度低于OECD平均水平的9个行业分别是：空运、海运、快递、电视广播、保险、工程、建筑、计算机、公路运输。其中，空运、海运、快递、电视广播、保险5大行业的贸易限制指数不仅高于OECD平均水平，而且高于世界平均水平。(2) 与其他八国相比，美国没有限制指数最高的行业，电影、音像服务贸易限制指数最低。

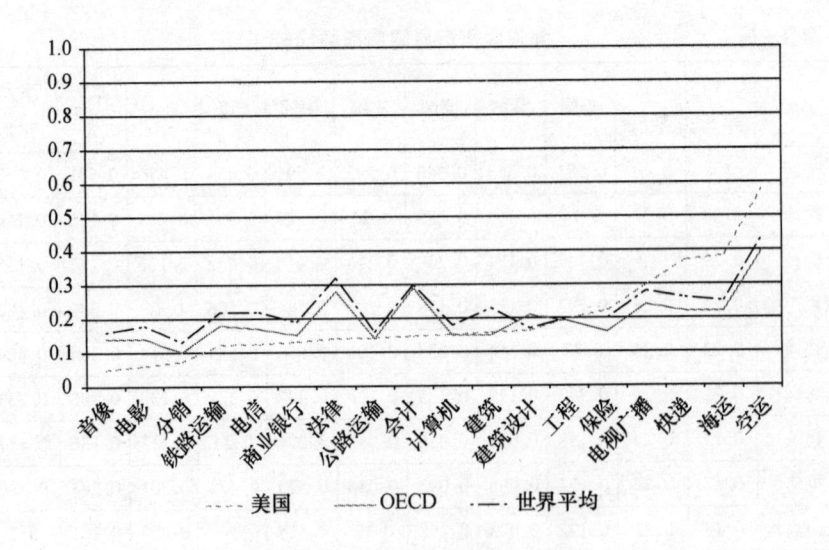

图1-52 美国服务贸易限制指数

2. 德国

2013年，德国服务贸易进出口总额6030亿美元，是全球第二大服务贸易国，全球占比6.68%。其中，出口2860亿美元，全球占比6.2%，是全球第三大出口国；进口3170亿美元，全球占比7.2%，是全球第三大进口国。如表1-6所示，在18个行业中，德国服务业限制指数介于0.346—0.05。按照服务贸易限制指数的高低排序，依次是空运、法律、会计、建筑设计、工程、电视广播、铁路运输、海运、保险、公路运输、商业银行、电影、电信、快递、计算机、音像、建筑、分销。空运限制指数最高（0.346），分销限制指数最低（0.05）。

德国是 OECD 市场最开放的国家。如图 1-53 所示：（1）与 OECD 平均水平相比，18 个行业的服务贸易限制指数不仅低于世界平均水平，而且低于 OECD 平均水平。其中，市场开放度明显高于 OECD 平均水平的行业，按照高低排序分别是快递、建筑、海运、会计、电视广播、电信、计算机。（2）与其他八国相比，德国没有限制指数最高的行业，快递、建筑、计算机、分销四大行业服务贸易限制指数最低。

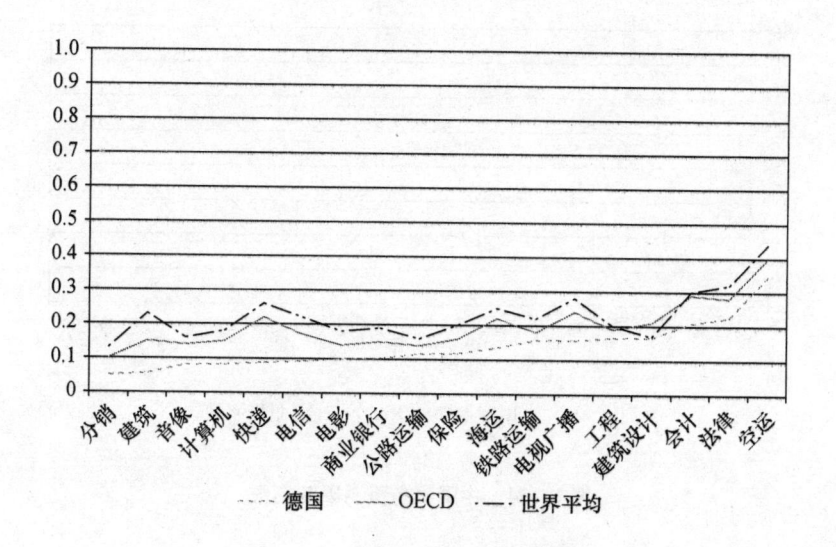

图 1-53 德国服务贸易限制指数

3. 中国

2013 年，中国服务贸易进出口总额 5340 亿美元，是全球第三大服务贸易国，在全球占比 5.92%。其中，出口 2050 亿美元，全球占比 4.4%，是全球第五大出口国；进口 3290 亿美元，全球占比 7.5%，是全球第二大进口国。如表 1-6 所示，在 18 个行业中，中国服务贸易限制指数介于 0.868—0.26。按照服务贸易限制指数的高低排序，依次是快递、电视广播、空运、电信、法律、保险、商业银行、电影、会计、铁路运输、海运、公路运输、分销、音像、建筑、计算机、工程、建筑设计。快递限制指数最高（0.868），建筑设计限制指数最低（0.26）。

中国作为全球第三大国际服务贸易国，在 18 个行业中，如图 1-54 所示：（1）与 OECD 和世界平均水平相比，所有行业的服务贸易限制指数不仅高于市场开放度相对较高的 OECD 国家,而且高于世界平均水平。其中,与世界平均水平差距较大的行业分别是快递、电视广播、电信、商业银行。(2) 与其他八国相比,在服务贸易限制指数最高的行业数目中,中国占据的数量最多,共 11 个,分别是电视广播、快递、建筑、电信、工程、计算机、电影、音像、公路运输、分销、海运。

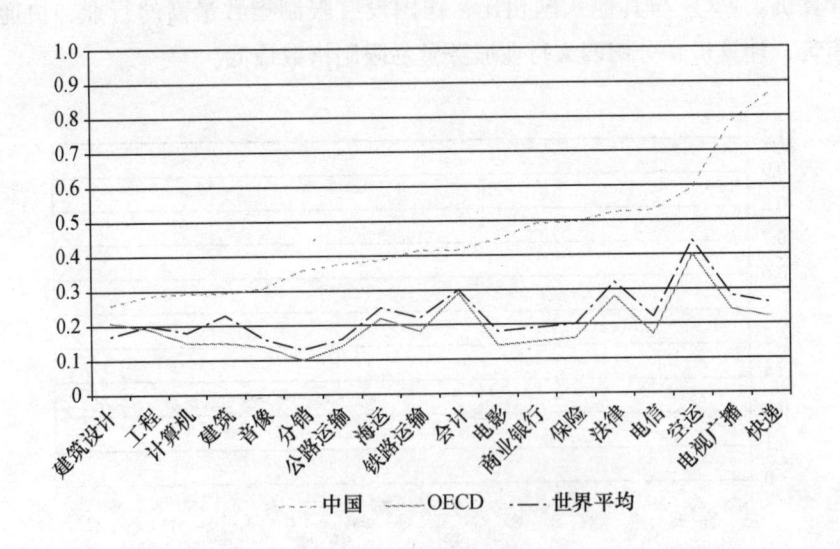

图 1-54 中国服务贸易限制指数

4. 英国

2013 年,英国服务贸易进出口总额 4670 亿美元,是全球第四大服务贸易国,全球占比 5.17%。其中,出口 2930 亿美元,全球占比 6.3%,是全球第二大出口国;进口 1740 亿美元,全球占比 4.0%,是全球第五大服务贸易进口国。如表 1-6 所示,在 18 个行业中,英国服务贸易限制指数介于 0.353—0.065。按照服务贸易限制指数的高低排序,依次是空运、会计、法律、快递、电影、保险、电视广播、公路运输、海运、计算机、建筑设计、工程、电信、音像、商业银行、建筑、铁路运输、分销。空运限制指数最高(0.353)、分销限制指数最低(0.065)。

英国是 OECD 市场较开放的国家。如图 1-55 所示:(1) 18 个行业的市场开放度均高于世界平均水平。而与 OECD 平均水平相比,除电影外,英国 17 个行业的服务贸易限制指数均低于 OECD 平均水平,即服务业市场开放度高于OECD平均水平。其中，市场开放度明显高于OECD平均水平的行业分别是法律、会计、铁路运输、电视广播。(2) 与其他八国相比，英国没有服务贸易限制指数最高的行业。限制指数最低的行业中，英国占5个，分别是电视广播、海运、铁路运输、商业银行、建筑设计。

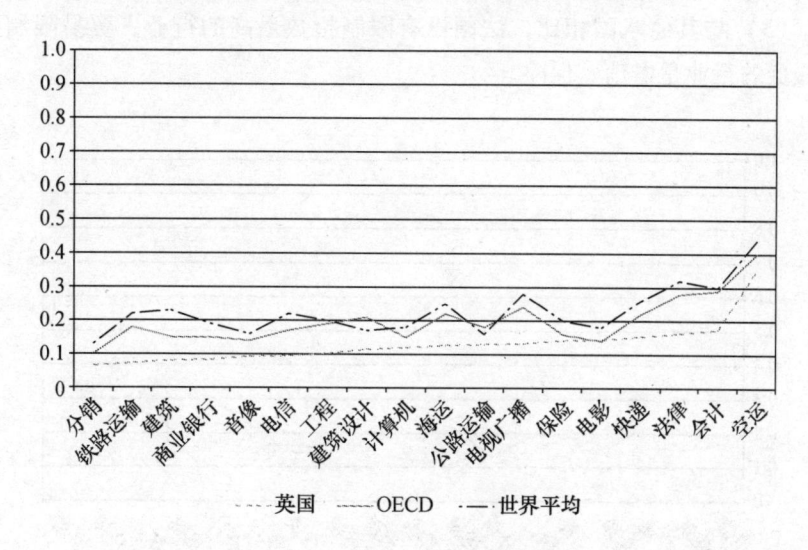

图1-55 英国服务贸易限制指数

5. 法国

2013年，法国服务贸易进出口总额4250亿美元，是全球第五大服务贸易国，全球占比4.71%。其中，出口2360亿美元，全球占比5.1%，是全球第四大出口国；进口1890亿美元，全球占比4.3%，是全球第四大进口国。如表1-6所示，在18个行业中，法国服务贸易限制指数介于0.353—0.056。按照限制指数的高低排序，依次是：空运、电视广播、法律、电影、会计、建筑设计、音像、公路运输、海运、计算机、铁路运输、分销、商业银行、工程、保险、快递、建筑、电信。空运限制指数最高（0.353），电信限制指数最低（0.056）。

与英国大多数行业市场比较开放，只有电影1个行业的贸易限制指数高于OECD平均水平相比，法国不仅有5大行业的贸易限制指数高于OECD平均水平，甚至有3大行业的贸易限制指数高于世界平均水平。如图1-56所示：(1) 与OECD平均水平相比，法国服务贸易限制指数高于OECD平均水平的产业5个，依次是电影、音像、电视广播、分销、公路运输。低于 OECD 平均水平，市场相对开放的产业有 13 个，依次是快递、电信、海运、工程、建筑、会计、法律、铁路运输、保险、空运、商业银行、计算机、建筑设计。（2）与世界平均水平相比，法国服务贸易限制指数高于世界平均水平的有 3 个行业，分别是电影、建筑设计、音像。（3）与其他八国相比，法国没有限制指数最高的行业，贸易限制指数最低的行业是电信、保险。

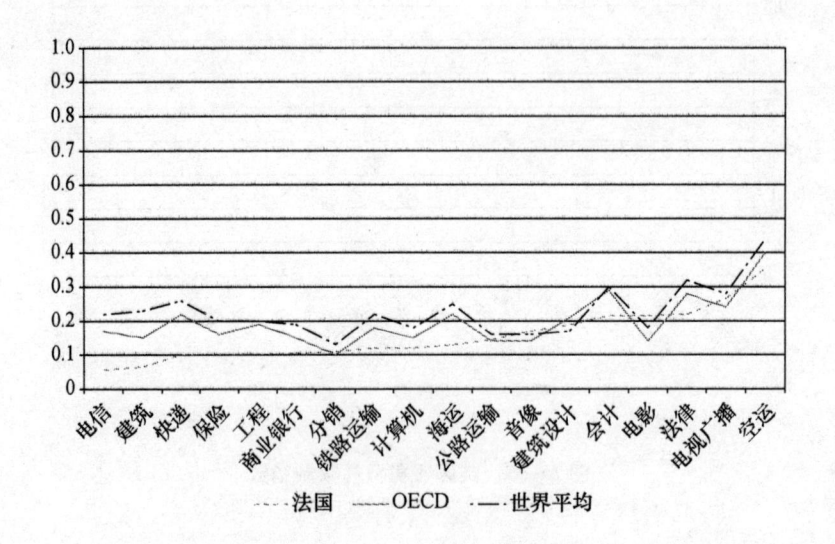

图 1-56　法国服务贸易限制指数

6. 日本

2013 年日本服务贸易进出口总额 3070 亿美元，是全球第六大服务贸易国，全球占比 3.4%。其中，出口 1450 亿美元，全球占比 3.1%，是全球第八大服务贸易出口国；进口 1620 亿美元，全球占比 3.7%，是全球第六大服务贸易进口国。如表 1-6 所示，在 18 个行业中，日本服务贸易限制指数介于 0.476—0.118。按照服务贸易限制指数高低排序，依次是空运、电信、海运、铁路运输、快递、法律、建筑设计、商业银行、保险、工程、计算机、公路运输、会计、电视广播、电影、音像、分销、建筑。空运限制指数最高（0.476），建筑限制指数最低（0.118）。

日本是发达国家中市场相对封闭的国家。在 18 个行业中，11 个行业的服务贸易限制指数高于 OECD 水平，7 个行业的服务贸易限制指数高于世界平均水平。如图 1-57 所示：(1) 与 OECD 平均水平相比，日本服务贸易限制指数高于 OECD 平均水平的行业有 11 个，按照与 OECD 平均水平差距大小排序，分别是电信、空运、铁路运输、商业银行、分销、公路运输、计算机、保险、海运、电影、音像。7 个行业的贸易限制指数甚至高于世界平均水平，分别是：电信、空运、建筑设计、公路运输、铁路运输、分销、商业银行。贸易限制指数低于 OECD 平均水平的 7 个行业，按照高低排序，依次是会计、电视广播、法律、建筑、建筑设计、快递、工程。(2) 与其他八国相比，日本既无限制指数最高的行业，也无限制指数最低的行业。

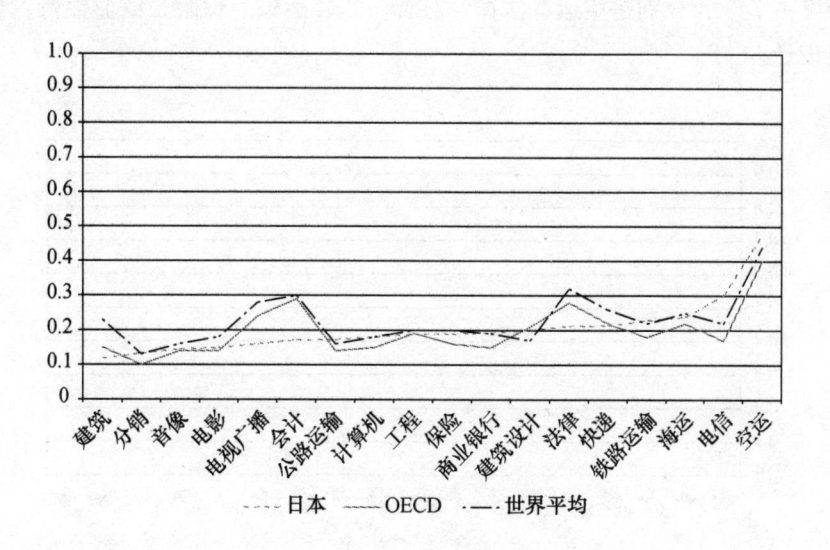

图 1-57 日本服务贸易限制指数

7. 印度

2013 年印度服务贸易进出口总额 2760 亿美元，是全球第七大服务贸易国，全球占比 3.06%。其中，出口 1510 亿美元，全球占比 3.2%，是全球第六大服务贸易出口国；进口 1250 亿美元，全球占比 2.8%，是全球第九大服务贸易进口国。如表 1-6 所示，在 18 个行业中，印度服务贸易限制指数介于 1—0.144。按照印度服务贸易限制指数高低排序，依次是铁路运输、法律、空运、保险、会计、快递、商业银行、电视广播、电信、建筑设计、分销、海运、计算机、电影、音像、建筑、工程、公路运输。其中，前 8 个行业的服务贸易限制指数高于 0.5。铁路运输市场完全封闭（1），公路运输限制指数最低（0.144）。

印度作为世界较大的发展中国家，是服务市场相对比较封闭的国家。在 18 个行业中，如图 1-58 所示：(1) 所有行业的服务贸易限制指数均高于 OECD 平均水平。而与世界平均水平相比，除公路运输和工程两个行业外，其他 16 个行业的服务贸易限制指数均高于世界平均水平。按照与世界平均水平差距排序，依次是铁路运输、保险、法律、商业银行、快递、电信、会计、电视广播、分销、空运、建筑设计、计算机、音像、电影、海运、建筑。(2) 与其他八国相比，在贸易限制指数最高的行业中，印度占 7 个，分别是空运、法律、会计、铁路运输、保险、商业银行、建筑设计。

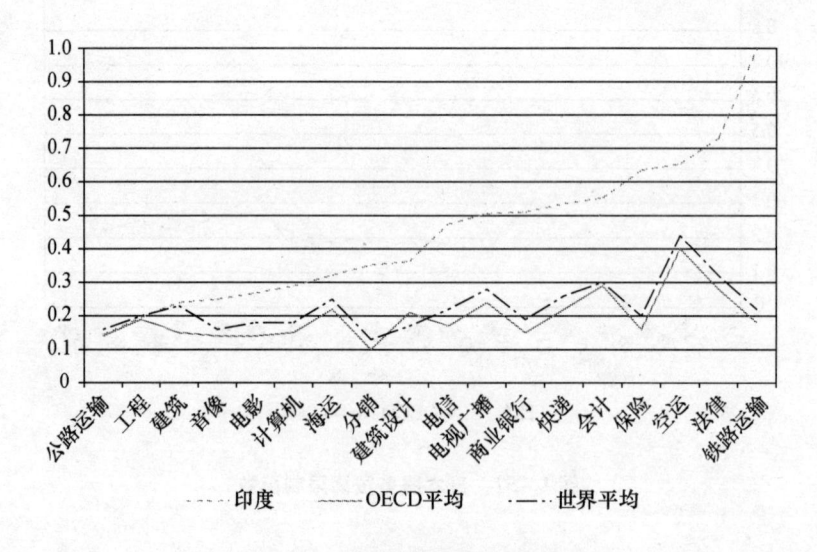

图 1-58　印度服务贸易限制指数

8. 加拿大

2013 年加拿大服务贸易进出口总额 1830 亿美元，全球排名第 16 位，在全球占比 2.03%。其中，出口 780 亿美元，全球占比 1.7%，全球排名第 17 位；进口 1050 亿美元，全球占比 2.4%，全球排名第 14 位。如表 1-6 所示，在 18 个行业中，加拿大服务贸易限制指数介于 0.531—0.116。按照服务贸易限制指数高低排序，依次是空运、电视广播、快递、电信、分销、电影、海运、建筑设计、保险、会计、铁路运输、音像、公路运输、商业银行、建筑、计算机、法律、工程。其中，空运限制指数最高（0.531），工程限制指数最低（0.116）。

  加拿大作为OECD的重要成员，服务业开放出现明显分化。如图1-59所示，分销、电视广播、空运、快递、电信、电影6大行业服务贸易限制指数不仅高于OECD平均水平，而且高于世界平均水平。在18个行业中，（1）与OECD平均水平相比，8个行业服务贸易限制指数高于OECD平均水平，按照与OECD平均水平差距大小排序，依次是电视广播、分销、空运、快递、电信、电影、保险、音像。10个行业贸易限制指数低于OECD平均水平，分别是法律、会计、工程、海运、建筑设计、计算机、铁路运输、商业银行、建筑、公路运输。（2）与世界平均水平相比，7个行业服务贸易限制指数高于世界平均水平，分别是分销、电视广播、空运、快递、电信、电影、建筑设计。（3）与其他八国相比，加拿大与日本一样，既无限制指数最高的行业，也无限制指数最低的行业。

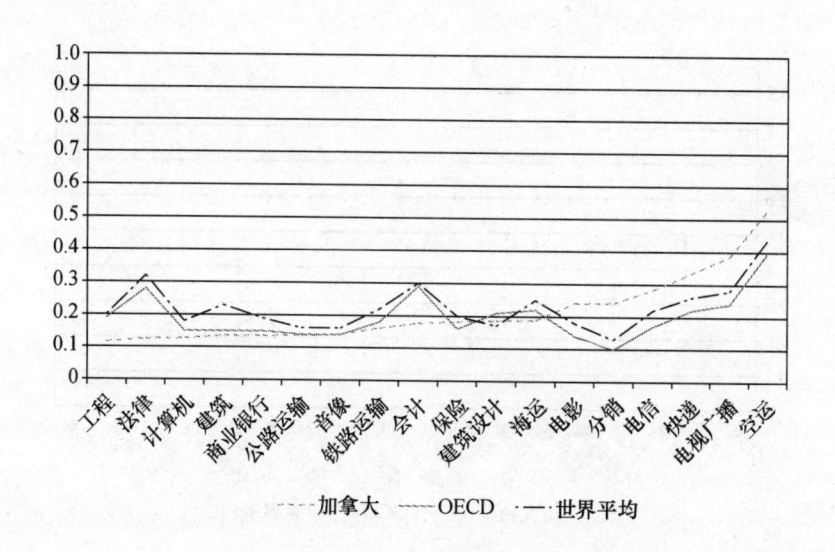

图1-59　加拿大服务贸易限制指数

9. 澳大利亚

  2013年澳大利亚服务贸易进出口总额1140亿美元，全球排名第22位，全球占比1.3%。其中，出口520亿美元，全球占比1.1%，全球排名第25位。进口620亿美元，全球占比1.4%，全球排名第19位。如表

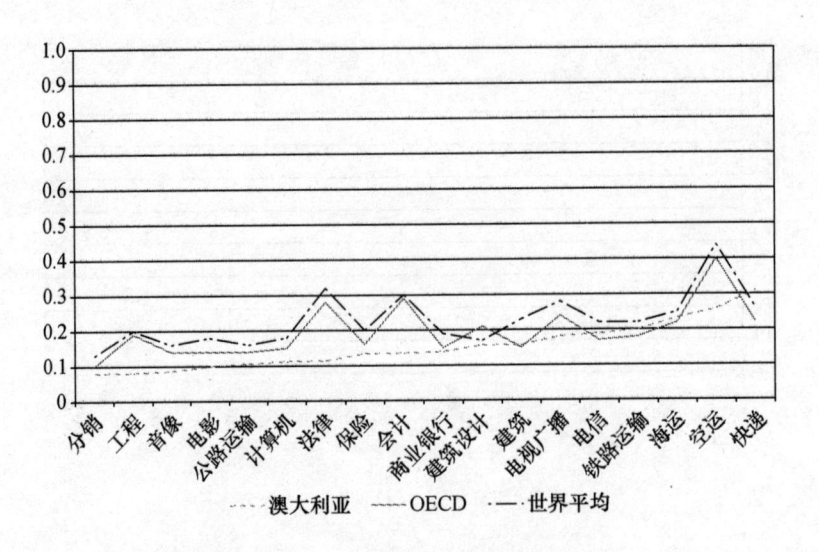

1-6所示,在18个行业中,澳大利亚服务贸易限制指数介于0.309—0.08。按照澳大利亚服务贸易指数高低排序,依次是快递、空运、海运、铁路运输、电信、电视广播、建筑、建筑设计、商业银行、会计、保险、法律、计算机、公路运输、电影、音像、工程、分销。其中,快递限制指数最高(0.309),分销限制指数最低(0.08)。

澳大利亚服务贸易总体规模虽然不在全球前20之列,但在TISA谈判中发挥重要作用,服务业相对比较开放。在18个行业中,如图1-60所示,(1)与OECD平均水平相比,除5个行业的服务贸易限制指数高于OECD平均水平外,其他13个行业的服务贸易限制指数均低于OECD平均水平。市场相对封闭的5大行业分别是快递、铁路运输、电信、海运、建筑。其中,快递贸易限制指数最高,甚至高于世界平均水平。(2)与其他八国相比,澳大利亚服务贸易限制指数最低的行业有5个,分别是空运、法律、会计、工程、公路运输,没有限制指数最高的行业。

图1-60 澳大利亚服务贸易限制指数

综上所述,比较美国、德国、中国、英国等九国服务贸易壁垒,如表1-7所示,在18个行业,服务贸易限制最高的行业数目中,中国占据的数量最多,共11个(电视广播、快递、建筑、电信、工程、计算机、电影、音像、公路运输、分销、海运）。其次是印度占 7 个（空运、法律、会计、铁路运输、保险、商业银行、建筑设计）。在服务贸易限制指数最低的行业数目中，占据数量最多的是 5 个，分别是英国（电视广播、海运、铁路运输、商业银行、建筑设计）和澳大利亚（空运、法律、会计、工程、公路运输）。其次是德国占 4 个（快递、建筑、计算机、分销）。最后是 2 个，分别是法国（电信、保险）和美国（电影、音像）。总体来说，在九国 18 个服务行业中，发展中大国中国和印度市场相对封闭，英国和澳大利亚市场相对比较开放。

表 1-7　　　　　　　　九国服务贸易限制指数行业比较

国家	美国	德国	中国	英国	法国	日本	印度	加拿大	澳大利亚
STRI 最高行业	0	0	电视广播、快递、建筑、电信、工程、计算机、电影、音像、公路运输、分销、海运	0	0	0	空运、法律、会计、铁路运输、保险、商业银行、建筑设计	0	0
STRI 最低行业	电影、音像	快递、建筑、计算机、分销	0	电视广播、海运、铁路运输、商业银行、建筑设计	电信、保险	0	0	0	空运、法律、会计、工程、公路运输

四　结论

根据 OECD 全球服务贸易限制数据库，对 2014 年全球 40 个国家 18 个行业服务限制指数的研究显示，当前国际服务贸易壁垒主要呈现以下特点：

第一，从限制国际服务贸易的主要手段看，虽然服务的异质性显示出不同行业限制手段的差异性，但外资准入限制已成为各国限制服务贸易的主要手段。

服务贸易壁垒分为五大类：外资所有权和其他市场准入限制、人员流动限制、其他歧视性措施和国际标准、竞争和国有壁垒、监管透明度和管理要求。服务业行业特点不同，各国限制服务贸易的手段和重点也不同。在18个行业中，(1) 外资所有权和其他市场准入限制是各国实行服务贸易限制的主要手段，主要分布在10大行业中，分别是电视广播、海运、公路运输、保险、分销、电影、快递、商业银行、会计、空运。(2) 人员流动限制是法律、工程和建筑设计三大行业服务贸易限制的主要手段。(3) 其他歧视性措施和国际标准是建筑行业服务贸易限制的主要手段。(4) 竞争和国有壁垒是音像、电信、铁路运输三大行业服务贸易限制的主要手段。(5) 监管透明度和管理要求是计算机行业服务贸易限制的主要手段。值得注意的是，由于各国经济发展战略、产业竞争力不同，有些国家产业符合该规律，有些国家则出现异化的倾向，如影响音像服务贸易自由化的主要限制措施是竞争性壁垒，权重占比最高，但数据显示，60%以上国家的主要限制措施是人员流动，如劳动力市场测试、对用工的数量限制等。

第二，从国际服务贸易限制的行业分布看，在18个行业中，空运、法律和会计三大行业分别位居全球服务贸易限制之首，相对来说，空运产业开放度最低，分销产业开放度最高。

在40个国家18个服务行业中，按照国际服务贸易限制指数高低排序，依次是：空运、法律、会计、电视广播、快递、海运、建筑、铁路运输、电信、工程、保险、商业银行、计算机、电影、建筑设计、公路运输、音像和分销。空运限制指数最高，分销限制指数最低。

第三，从国际服务贸易限制的全球分布看，在40个国家18个行业中，印度尼西亚是相对比较封闭的国家，荷兰是相对比较开放的国家。

在40个国家18个行业中，(1) 在服务贸易限制指数最高的行业数目中，印度尼西亚占6个（海运、电信、商业银行、电影、音像、分销），居40国之首，是40国中市场相对比较封闭的国家。其次是印度（法律、保险、铁路运输）和中国（电视广播、快递、公路运输），各占3个。再次是俄罗斯（空运、计算机）和波兰（建筑设计、工程），各占2个。最后是以色列（铁路运输）、冰岛（建筑）和土耳其（会计），各占1个。(2) 在服务贸易限制指数最低的行业中，荷兰占9个（计算机、建筑、保险、铁路运输、工程、建筑设计、快递、海运、电视广播），居40国之首，是40国中市场相对比较开放的国家。其次是澳大利亚（法律、空运）、美国（音像、电影）和西班牙（分销、商业银行），各占2个。最后是卢森堡（公路运输）、法国（电信）和新西兰（会计），各占1个。

第四，从国际服务贸易限制的主要国家分布看，比较美国、德国、中国、英国等九国服务贸易壁垒，中国和印度市场相对封闭，英国和澳大利亚市场相对比较开放。

第三节 WTO国内规制改革与国际服务贸易自由化发展新趋势

与降低关税、取消非关税壁垒实现货物贸易自由化不同，由于服务贸易的无形性，无法通过跨境交易，一国国内规制或者说服务贸易的政府监管成为影响国际服务贸易自由化的重要因素。WTO主张的逐步实现服务贸易自由化并不意味着要解除监管，而是建立合理有效的监管体制，在尊重成员国以监管实现国内政策目标权力的同时，通过消除服务贸易壁垒，实现服务贸易自由化。随着TISA谈判的进展，预计全球国际服务贸易自由化将迎来新的时代。

一 GATS框架下服务贸易限制措施及国内规制改革动力

GATS框架下禁止服务贸易限制措施的条款由第16条、第17条和第6条三部分构成。其禁止限制服务贸易的措施包括以下三种类型：

1. 市场准入（第16条）。第16条列举了禁止限制服务贸易的6项措施：（1）以数量配额、垄断、专营服务提供者的形式，以及要求经济需求测试的形式限制服务提供者的数量。（2）以数量配额或要求经济需求测试的形式限制服务交易或资产总值。（3）以配额或要求经济需求测试的形式，限制服务业务总数或以指定数量单位表示的服务产出总量。（4）以数量配额或要求经济需求测试的形式，限制特定服务部门或服务提供者可雇用的、提供具体服务所必需且直接有关的自然人总数。（5）限制或要求服务提供者通过特定类型法律实体或合营企业提供服务的措施。（6）以限制外国股权最高百分比或限制单个或总体外国投资总额的方式限制外国资本的参与。在六项限制措施中，（1）—（4）是对服务提供者数量、份额的限制，（5）与（6）不是数量限制，而与一国法律法规有关。

2. 国民待遇（第17条）。第17条规定，在影响服务供给的所有措施中，每一成员给予任何其他成员的服务和服务供给者的待遇，不得低于其给予本国同类服务和服务供给者的待遇。第17条规范了对外国服务和服务提供者的差别待遇。

3. 国内规制（第6条）。第6条的国内规制是指没有列入第16条和第17条范围的措施，包括资格要求、资格程序、技术标准、许可要求和许可程序五个方面。要求成员"在已经做出的具体承诺部门中，保证所有影响服务贸易的普遍适用的措施以合理、客观和公正的方式实施"。且成员国实施的有关资格要求和程序、技术标准和许可要求的各项措施不致构成不必要的服务贸易壁垒。

在上述三大类GATS禁止的限制服务贸易措施中，由市场失灵引发的一国国内规制是影响服务贸易自由化发展的关键因素。如表1-8所示，市场失灵主要源于三种情况：自然垄断或寡头垄断、信息不对称和外部性，以及政府寻求非经济目标。服务部门的差异性体现了不同市场失灵状态下的规制选择。为确保一国为实现国内政策目标实施的服务业监管措施不致构成服务贸易壁垒，近十几年来，WTO开始完善第6条国内规制条款，构筑新的服务贸易监管国际框架。

近年来，信息技术的发展带来的可贸易产品的增加，以及全球经济一体化发展对现行国内规制的挑战，催生了实行国内规制改革，扩大服务贸易自由化的新动力。

表1-8　　　　服务监管原理和潜在的GATS相关规则

市场失灵	相关服务部门	可能的GATS准则
垄断/寡头垄断（防止市场势力滥用，如网络服务的价格过高）	网络服务，包括电信、运输（终端和基础设施），以及能源服务（分销网络）	透明度（第3条和第4条第2款）和非歧视性（第2条，日程安排行业的第17条）
信息不对称（保护用户免受不可靠供应商和低质量服务的侵害）	中介和知识服务，如金融服务、各种专业服务	透明度和非歧视性相关措施以"合理、客观和公正"的方式实施（第6条第1款）
外部性（保护第三方和公众利益免受污染或阻塞的影响）	运输、旅游、建筑等	对会计准则，包括实行必要测试的可能概括

续表

市场失灵	相关服务部门	可能的 GATS 准则
公共政策目标（确保社会平等，分配公平，区域准入等）	卫生、教育、电信、运输等	透明度和非歧视性 相关措施以"合理、客观和公正"的方式实施（第6条第1款）

资料来源：［美］阿迪特亚·马图、罗伯特·M. 斯特恩、贾尼斯·赞尼尼主编：《国际服务贸易手册》，上海人民出版社 2012 年版。

1. 规制缺位。随着信息技术的发展，不仅在会计、金融等传统服务领域出现了监管缺位问题，导致安然公司破产，金融危机以来，在消费者数据保护、跨境数据流动等新兴服务业也产生了监管需求。新业态的发展，需要新的监管框架保护消费者和公共利益。

2. 规制壁垒。虽然 GATS 下的市场准入条款（第 16 条）、国民待遇条款（第 17 条），国内规制条款（第 6 条）禁止限制服务贸易的措施，但国内规制下的资格要求与程序、许可要求与程序、技术标准往往成为变相或隐蔽的服务贸易限制壁垒。如许可程序时间过长、程序复杂，阻碍外国服务提供者进入 WTO 成员方市场；监管措施缺少客观性、透明度等，限制了服务贸易自由化发展。

3. 规制协调。新产业发展受到碎片化规章和监管的挑战。如移动支付服务，既涉及电讯业，也涉及金融业，产业融合发展的新趋势对建立新的监管制度，促进不同服务业规制协调，处理交叉监管问题提出了新的要求。同时，在国际标准难以推行的情况下，通过签署相互认可协议（MRAs），进行规制协调，有利于促进监管路径的一致性，避免监管重复和监管冲突，减少交易成本。

4. 规制合作。服务贸易的多样化、复杂性和异质化的特性，要求 WTO 与银行、电信、航空等相关产业的国际组织，如国际清算银行、国际电信联盟、民间航空组织等合作。同时，经济全球化的深化，区域与跨区域经济一体化的发展，也对发达国家与发展中国家，以及发展中国家之间的规制合作提出了新的要求。

研究显示，在服务业开放中，与改变所有权，即由公有改为私有相比，增加竞争能带来更大的福利收益（Armstrong，1997）。适应上述挑战与变化，WTO 从 1999 年开始谈判建立全球性国内监管体制。

二 WTO国内规制改革的进程、基本框架与方向

1995年生效的《服务贸易总协定》第6条第4款（国内管制）是一个临时条款。1999年WTO决定建立"国内监管工作组"取代"专业服务工作组"，并根据GATS第6条第4款，"工作组应发展任何必要的准则，以确保有关许可要求和程序、技术标准、资格要求和程序的各项措施不构成服务贸易壁垒"，制定新的国内监管准则。新准则必须满足以下要求：①基于客观和透明的标准，如提供服务的资格和能力；②管制措施不能负担过重，超过提高服务质量所需的限度；③如果是许可程序，程序本身不能限制服务的供给。

在国内规制改革进程中，WTO经历了先建立部门性准则，再建立水平准则的过程。1998年WTO制定了针对特殊服务部门会计服务的《会计部门国内监管准则》，它仅适用于已实行会计行业特定承诺的成员。目前正在谈判的《国内监管准则》不是针对特殊服务部门建立的部门性准则，而是在GATS范围内适用于所有服务部门的水平准则。制定《国内监管准则》的难点在于，如何在不削弱国家管制自由的情况下，消除服务贸易壁垒，提高服务的质量和效率，促进服务贸易自由化。

根据WTO规制工作组规制改革的进展报告，目前国内监管准则有2009年和2011年两个版本。1999年版《国内监管准则》确立了新准则的基本框架，2011年版《国内监管准则》在保持1999年准则框架的基础上，对相关条款进行了修改。2011年版《国内监管准则》（修改稿）包括11个条款，分别是：①介绍、②定义、③总则、④透明度、⑤许可要求、⑥许可程序、⑦资格要求、⑧资格程序、⑨技术标准、⑩发展、⑪机构条款。

与GATS第6条国内规制相比，2011年版《国内监管准则》（修改稿）明确了五种监管形式的内涵，强调建立《国内监管准则》的目的是：在保证成员国有权建立国内规制实现公共政策目标的同时，确保有关许可要求和程序、资格要求和程序、技术标准建立在客观和透明的标准上，且不构成变相的服务贸易壁垒。从2011年版《国内监管准则》（修改稿）来看，未来国内监管改革将侧重以下几个方面。

1. 明确国内监管形式

GATS所指的国内规制包括许可要求、许可程序、资格要求、资格程序、技术标准五种形式。2011年版《国内监管准则》（修改稿）明确了

每一种形式的定义和内涵。如"许可程序"是指自然人或法人为了证明其符合许可要求，获准提供服务所必须遵守的管理或程序上的规则；"资格要求"是指证明自然人具备提供服务能力，以批准其提供服务的大量要求；"资格程序"是指自然人为了证明其符合资格要求，获准提供服务所必须遵守的管理或程序上的规则。

2. 透明度

透明度原则是世界贸易组织的重要原则。坚持服务贸易监管透明度原则的目的是保证贸易环境的稳定性和预见性。在引入、管理和执行新的或修订的规章方面坚持透明度原则，不仅有助于阻止不必要的贸易壁垒，消除官僚主义和腐败行为，而且有利于减少不必要的、烦琐的管理程序，提高经济效率。近期研究表明，监管的透明度也是实现政府高效治理的关键。

《服务贸易总协定》第3条透明度原则要求成员方：一是及时公布相关措施。即"每一成员应迅速公布有关或影响本协定运用的所有普遍适用的措施，以及一成员方为签署方的有关或影响服务贸易的国际协定"。二是及时通知服务贸易理事会。即"每一成员制定或变更法律、法规、行政准则，应迅速通知服务贸易理事会"。三是建立咨询点。即"应迅速并及时答复其他成员就任何普遍适用的措施或国际协定的具体信息的所有请求。"

GATS下的第6条（国内规制）第4款（a）中指出，为保证有关资格要求和程序、技术标准和许可要求的各项措施不致构成不必要的服务贸易壁垒，服务贸易理事会制定任何必要的纪律，必须要"依据客观和透明的标准"。

根据GATS的透明度要求，2011年新版《国内监管准则》（修改稿）专门设立了第4条透明度，第13条、第14、第15条三个条款。其核心内容：一是及时公布相关措施。即每一成员应通过出版或电子信息方式迅速公布有关许可要求和程序、资格要求与程序和技术标准、普遍适用的所有措施。信息包括：许可要求和程序（包括申请或修改的要求、标准、程序，以及申请费）、资格要求和程序、技术标准，申请进程时间表等。二是建立咨询点。即每一个成员应建立适当的机构回应任何服务提供者对有关认证要求与程序、资格要求与程序、技术标准的咨询。三是事前公布。即每一个成员应保证提前公布列入监管范围内的拟采取的普遍适用的所有措施。对拟采取的措施，每一个成员应为服务提供者提供发表意见和建议的公平机遇，并与服务提供者共同解决这些书面意见。

3. 必要性测试

必要性测试是建立国内监管准则谈判讨论的主要条款。主要是检验成员国采取的相关监管措施是否真有必要，检测的目的是为了消除不必要的服务贸易壁垒。

必要性测试并不是首次出现在国内监管准则谈判中，在讨论新的国内监管准则之前，已经出现在管理货物贸易的 GATT 第 20 条；GATS 第 14 条和第 6 条 (4)、第 12 条的 2 (d)、电信附件 5 (e)；TBT (2.2 和 2.5) 和 SPS (2.2 和 5.6) 协定，以及《会计部门国内管制准则》中。如《会计部门国内管制准则》总则要求，"成员方应确保制定、正式通过或者应用有关许可要求与程序、技术标准、资格要求与程序的措施，不以对会计服务贸易产生不必要的障碍为目标，并产生贸易限制结果。措施实施带来的贸易限制程度不得超过实现合理目标的必要程度，其合理目标是对消费者、服务质量、专业竞争力和专业完整性的保护。"[①]

对于必要性检测是否纳入新的准则，一直存在争议。其争议的关键点或难点在于，如何定义必要性？是否有必要定义必要性？以及是否应将必要性测试以规范标准的形式纳入准则中。争议的结果，2011 年新版《国内监管准则》（修改稿）在 2009 年的基础上只是以成员国建议的方式，而不是以标准规范的方式出现在相关条款内。新增的"必要性检测"分别出现在引言、总则、资格程序、技术标准中。如在总则中指出："成员方应确保制定、正式通过或应用的有关许可要求与程序、技术标准、资格要求与程序措施的目的不是为了建立不必要的服务贸易壁垒，或产生不必要的服务贸易限制效果"。在技术标准条款中，也以成员国建议的方式提出，将必要性检测纳入技术标准条款中，即"禁止成员国制定、通过、保持或应用技术标准的目的是为了给成员间贸易造成不必要的障碍，或者产生了阻碍成员国间贸易的效果。为此，成员应保证该措施对贸易的限制不超过实现国家政策目标，以及不履行会造成风险所必需的限度。国家政策目标特指：保护人类健康和安全、动植物生命或健康；保护公共道德和维护公共秩序；国家安全要求；重要服务部门的市场准入；服务质量；专业技能；职业完善；或者预防欺诈。"[②]

---

① Disciplines on domestic regulation in the accountancy sector 1998.

② Disciplines on domestic regulation to gats article VI 4 2011 Chairman's Progress Report, S/WP-DR/W/45 14 April 2011.

4. 国际标准与一致性

国际标准会简化必要性测试，提高贸易便利化的效率，有助于多边贸易体制的发展，主要体现在GATS第7条（认证）、第6条第5款、《会计国内监管准则》（第8条技术标准）中。其中，GATS第7条（认证）不要求使用国际标准，但主张在适当情况下尽可能使用国际标准。即"只要适当，认证应基于多边协议准则。在适当的情况下，各成员应与有关政府间组织或非政府组织合作，以制定和采用关于认证的共同国际标准和准则，以及有关服务贸易和专业惯例的共同国际标准。"《会计国内监管准则》第8条技术标准要求"成员国应确保制定、通过、应用与技术标准相关的措施实现合法目标"。并指出技术标准是国际公认标准，而不是国际标准。即在决定该措施对贸易的限制没有超过实现合法目标的必要限度时，应考虑这是其他成员国应用的相关国际组织确立的国际公认标准。

2011年新版《国内监管准则》（修改稿）在第9条技术标准中提出了国际标准问题。一是强调标准制定的程序尽可能透明。即"非政府组织鼓励成员国确保更新和应用国内和国际标准相关程序的透明度最大化"。二是指出确立和履行技术标准要求和相关的国际标准的紧迫性，即"成员国在制定技术标准时，应考虑到国际标准或国际标准相关部分，除非该国际标准或相关的部分不利于或不适合国内政策目标的实现"。

5. 发展中国家

GATS提出发展中国家要通过增强其国内服务能力、效率和竞争力，更多地参与服务贸易和扩大服务出口。为鼓励发展中国家更多地参与，GATS专门设立了第4条（发展中国家的更多参与），强调应该对最不发达国家成员给予特别优先。即"鉴于最不发达国家的特殊经济状况及其发展、贸易和财政需要，对于它们在接受谈判达成的具体承诺方面存在的严重困难应予特殊考虑。"并提出要对发展中国家提供援助，如在电信服务的附件第6条技术合作中指出："在与有关国际组织进行合作时，各成员在可行的情况下，应使发展中国家可获得有关电信服务以及电信和信息技术发展情况的信息，以帮助其增强国内电信服务部门。"

GATS第6条国内规制没有专设"发展"条款，但在前言中强调，"各成员为实现国家政策目标，有权对其领土内提供的服务进行管理和采用新的法规，同时认识到由于不同国家服务法规发展程度不平衡，发展中国家特别需要行使此权利"[①]。由于发展中国家在出口能力、规制建设、国家治理能力上落后于发达国家，2011年版《国内监管准则》（修改稿）专设了第10条（发展），提出分阶段逐步推动贸易自由化，并在准则适用，以及对发展中国家的技术援助上制定了相关条款。

（1）在准则是否适用，以及适用时间上提出，不要求发展中国家在准则生效时立即适用，发展中国家可以有一个5—7年的过渡期安排。在过渡期结束前，如果发展中国家履行准则有困难，服务贸易理事会可根据发展中国家的要求和经济状况，在过渡期结束前再次延长准则执行时间，最多两年。

（2）要求发达国家对发展中国家特别是最不发达国家提供技术援助。提供技术援助的目的是：发展和加强发展中国家机构和监管能力以管理服务供给和执行准则；在出口市场帮助发展中国家特别是最不发达国家的服务提供者符合相关的要求和程序；通过公共或私人组织以及相关的国际组织，帮助发展中国家成员的服务提供者在本国市场培育他们的服务供给能力和执行国内规制。

（3）不要求最不发达国家适用该准则，但鼓励最不发达国家应用该准则，以适应它们特殊的经济状况、发展、贸易和金融需求。

6. 规制协调和国际合作

GATS协议下的国际合作包括国际组织间、国家间，以及国际组织与国家之间的合作。（1）在国际组织间合作方面，GATS协议第26条（与其他国际组织的关系）提出"总理事会应就与联合国及其专门机构及其他与服务有关的政府间组织进行磋商和合作作出适当安排。"（2）在国家间合作方面，强调发达国家和发展中国家之间，以及发展中国家之间的合作。如在电信服务的附件第6条技术合作中，为增强发展中国家电信服务水平，倡导"各成员应鼓励和支持发展中国家之间在国际、区域和次区域各级开展电信合作。"（3）在国家与国际组织合作方面，GATS协议第7条（认证）第5款提出："在适当的情况下，各成员应与有关政府间组织或非政府组织合作，以制定和采用关于认证的共同国际标准和准则，以及有关服务贸易和专业惯例的共同国际标准。"在电信服务的附件第6条技术合作中提出，"各成员赞成和鼓励发达国家和发展中国家、其公共电信传输网络和服务的提供者以及其他实体，尽可能全面地参与国际和区域组织的

---

① GATS前言。

发展计划，包括国际电信联盟、联合国开发计划署和国际复兴开发银行。"

关于国内监管的协调和国际合作，2011年新版《国内监管准则》（草拟稿）虽然没有设立专门的条款，但在经济全球化深化，服务贸易监管交叉的情况下，2012年OECD对全球规制改革，以及监管政策和治理提出的12点建议中强调要加强国际监管合作。即2008年金融危机暴露了金融监管的缺失，以及能源、健康、环境、运输和消费安全领域跨监管的协调问题。在经济全球化深化的背景下，国际监管合作必须成为系统性风险管理和长期政策计划不可缺少的部分，国内监管政策议程必须考虑到跨境风险问题，防止国际系统性问题的发展对一国国内的影响。同时，政府规制体系的建立也应考虑到对国家边界以外成员的潜在影响，与其他国家合作促进监管政策和治理的创新……[1]这些建议最后能否纳入《国内监管改革准则》值得进一步关注。

2011年以后，服务贸易国内监管工作组陆续就技术性问题，以及"部门监管问题和模式4"展开讨论。如2013年成员国就93个技术性问题交换了意见。这些问题包括：资格的确认与评估、技术标准、总则和与发展有关的准则等。同时讨论了"部门监管问题和模式4"，如计算机和相关服务、电信服务等。2014年完成"部门监管问题和模式4"讨论后，专门研究了发展中国家面临的与服务有关的监管挑战等问题，同时关于区域贸易协定中的国内监管问题从2014年开始也纳入了研究日程。

三 TISA谈判与国际服务贸易自由化发展趋势

目前服务业投资占世界外国直接投资的2/3，随着经济全球化深化带来的服务全球化，在全球价值链的形成中，服务发挥了重要作用。联合国贸发会议数据显示，2010年在贸易总出口中，虽然制造业占总出口的71%，服务业占总出口的22%，服务业出口占比不足制造业的1/3，但按照新的增值贸易统计方法，在出口增加值的创造上，服务业（46%）大大高于制造业（43%），出口增加值的几乎一半（46%）来自服务业。服务贸易已经成为拉动经济增长和扩大就业的重要驱动力。

（一）国际服务贸易谈判（TISA）的主要议题和最新进展

国际服务贸易谈判（TISA）是由美国、澳大利亚倡议实行的新一轮服务贸易谈判。它与1994年《服务贸易总协定》（GATS）不同，不是由

---

[1] Recomendation of the Council of the OECD on reglatory Policy and Governance, 2012.

WTO 主导的多边协议谈判，而是由美国、欧盟和澳大利亚主导，23 个 WTO 成员参与的诸边协议谈判。

目前国际服务贸易谈判首先在 WTO 服务业真正之友集团（Real Good Friends of Services, RGF）中开展。23 个谈判成员，既包括发达国家和地区，也有发展中国家和地区。分别是：澳大利亚、加拿大、智利、哥伦比亚、哥斯达黎加、欧盟、中国香港地区、冰岛、以色列、日本、列支敦士登、墨西哥、新西兰、挪威、巴基斯坦、巴拿马、巴拉圭、秘鲁、韩国、瑞士、中国台湾、土耳其和美国。它们代表了全球服务贸易的 2/3，30 万亿美元的服务市场，占全球经济的一半。

从 2013 年 4 月开始，TISA 共密集地开展了十轮谈判，依次由美国、欧盟和澳大利亚轮流主持。新服务贸易谈判将覆盖所有的服务部门，包括金融服务、ICT 服务（包括电信和电子商务）、专业服务、海上运输服务、空中运输服务、快递服务、能源服务、商人临时进入、政府采购、国内管制的新规则等。

（二）国际服务贸易自由化新趋势

2013 年世界经济论坛发布研究报告指出，如果世界各国都能降低供应链壁垒，全球 GDP 可以增长 4.7%，世界贸易增加 14.5%。降低供应链壁垒对全球 GDP 增长的贡献度要比消除所有进口关税的做法提高 6 倍。在服务贸易多边谈判进展缓慢的情况下，TISA 谈判进程的加快，将推动国际服务贸易自由化进入新的发展阶段。

1. 以美国为代表的发达国家积极推动 TISA 谈判，将加快国际服务贸易自由化的步伐

美国是全球最大的服务贸易国。服务业占美国 GDP 的 3/4 和就业的 4/5。2013 年出口达到 7000 亿美元，服务业的从业人口超过 3/4。每 10 亿美元的服务出口能带动 5900 个美国就业。2013 年 1 月美国服务产业联盟致信奥巴马，认为服务贸易谈判是未来 20 年促进美国服务贸易发展的重要机会。在 2014 年《美国贸易议程》中，美国提出：力促服务贸易谈判的目的是消除国际服务贸易壁垒，进一步开放服务业市场，建立公平、开放的竞争市场，促进美国服务贸易在全球扩张和扩大就业。

欧盟服务业占 GDP 和就业的 3/4。跨境服务贸易占欧盟贸易的 30%。服务业占外国直接投资流量的 70%、存量的 60%。欧委会提出欧盟加入国际服务贸易谈判的目的是发展服务贸易的新规则，如服务业的政府采

购、通信网络的许可证发放和市场准入等。

在多哈服务贸易谈判受阻的情况下,美欧积极推动TISA,将加快国际服务贸易自由化步伐。

2. TISA谈判覆盖服务业的所有领域,国际服务贸易自由化领域将进一步扩大

WTO多哈服务贸易谈判的主要议题为:市场准入、国内管制、GATS紧急安全措施、政府采购和补贴等。本次TISA谈判美欧共同提出要覆盖服务业所有领域,通过谈判改善市场准入机会,制定新的规则并改进原有规则。从十轮谈判的内容来看,谈判核心集中六大议题:金融服务、电信与电子商务、国内管制与透明度、专业服务、海运服务与自然人移动、外国人服务供给。服务业对外开放不仅限于传统服务业,而且扩大到电子商务、信息服务等新兴服务业,这表明顺应全球信息技术的发展,国际服务贸易自由化领域将进一步扩大。

3. TISA谈判由诸边协议转向多边协议的目标指向,意味着国际服务贸易自由化发展将步入新的时代

TISA从脱离WTO多哈谈判开始,其动议并非是保持诸边协议的永久性。TISA谈判的目的是更新1994年《服务贸易总协定》,促使WTO成员实现服务贸易自由化。主导谈判的美国、欧盟希望新达成的服务贸易协议与WTO《服务贸易总协定》(GATS)兼容,WTO其他成员特别是发展中国家积极参与,以便未来其他WTO成员加入,并最终由诸边协议变成多边协议。这意味着随着发展中国家的加入,服务贸易自由化将具有全球性和世界性。

第二章　美国服务贸易政策

在服务贸易领域，美国一直居于世界领先地位。一方面，美国拥有强大的服务业，为服务贸易的发展提供了坚实的产业基础；另一方面，美国拥有完善的服务贸易政策体系，包括健全的服务贸易管理体制和法律体系、有效的服务业监管体系、强大的服务贸易出口促进体系等。

第一节　美国服务贸易发展现状

一　美国服务贸易在全球服务贸易中的地位与竞争力

美国在服务贸易方面处于全球领先地位，服务贸易进出口额均为世界第一位，顺差额也居世界第一位。

从图 2-1 和图 2-2 可以看出，美国在服务贸易出口方面优势更为明显，2013 年美国服务贸易出口额为 6620 亿美元，占全球服务贸易出口额的 14.25%，是英国的 2.26 倍。

我们用 TC 指数来测度美国服务贸易的竞争力。TC 指数（Trade Competitiveness），是指一国进出口贸易的差额占其进出口贸易总额的比重，反映一国的贸易竞争力，计算公式为 $TC = (X_{ij} - M_{ij})/(X_{ij} + M_{ij})$，$X_{ij}$ 为 i 国家第 j 种商品的出口额，M_{ij} 为 i 国家第 j 种商品的进口额。TC 指数的取值范围为 [-1, 1]，当取值大于 0 时，说明该商品的比较优势较大，且取值越接近 1 竞争力越强；当取值小于 0 时比较优势较小，取值越接近 -1 竞争力越弱。用该指数测算美国整体服务贸易的竞争力，2005—2013 年美国服务贸易的 TC 指数如表 2-1 所示。

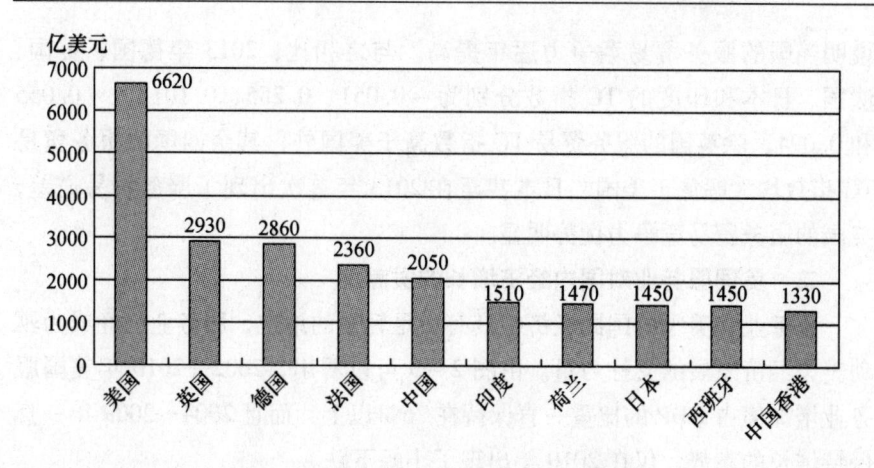

图 2-1 2013 年世界服务贸易出口排名

资料来源：WTO "*Trade Report* 2014"。

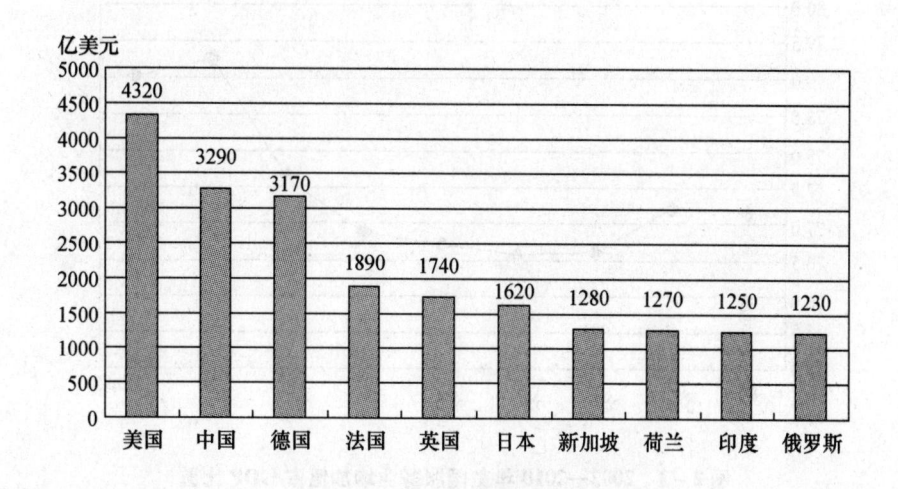

图 2-2 2013 年世界服务贸易进口排名

资料来源：WTO。

表 2-1   2005—2013 年美国服务贸易 TC 指数

年份	2005	2006	2007	2008	2009	2010	2011	2012	2013
TC 指数	0.142	0.136	0.165	0.162	0.167	0.182	0.199	0.205	0.21

资料来源：根据美国商务部经济分析局网站（www.bea.gov）数据计算。

可以明显看出，自 2008 年开始，美国服务贸易的 TC 指数持续上升，说明美国的服务贸易竞争力逐年提高。与之相比，2013年德国、英国、法国、日本和印度的TC指数分别为 -0.051、0.255、0.1011、-0.055和0.094，除英国的服务贸易TC指数高于美国外，其余四国的服务贸易TC指数均大幅低于美国，日本甚至在2013年首次出现了服务贸易逆差，美国的服务贸易竞争力优势明显。

二 美国服务业对国内经济增长的贡献度

服务业在美国的国民经济中具有举足轻重的地位，服务业已经成为驱动美国经济发展的支柱力量。由图2-3可以看出，2002—2010年美国服务业增加值占GDP的比重一直保持在76%以上，而且2004—2009年一直保持增长的态势，仅在2010年出现了小幅下跌。

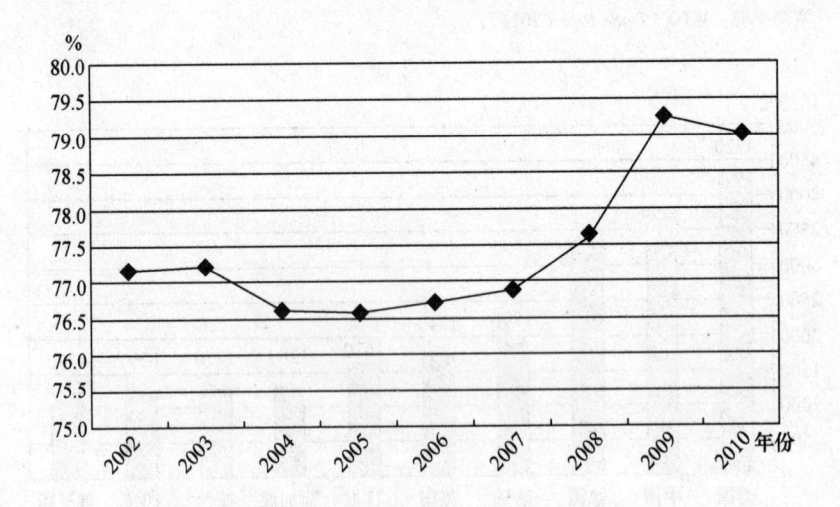

图2-3　2002—2010年美国服务业增加值占GDP比重

资料来源：世界银行（World Bank）数据库。

美国服务业在驱动经济增长的同时，也提供了大量的就业岗位。由图2-4可以看出，2002—2010年，美国服务业就业人口占总就业人口的比重一直处于增长态势，由2002年的75.5%增长到2010年的81%，即五个就业人口中有四个在服务行业就业。在现阶段奥巴马政府强调创造就业的政策背景下，服务业吸纳就业的能力将会得到进一步的加强。

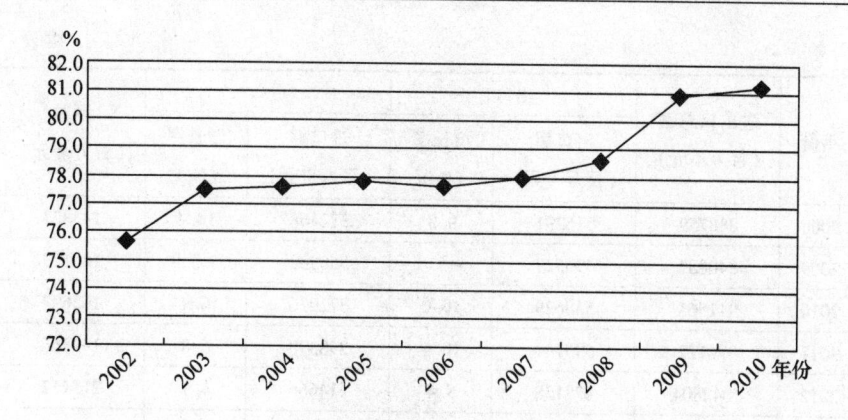

图 2-4　2002—2010 年美国服务业就业占总就业比重

资料来源：世界银行（World Bank）数据库。

不但服务业能够有效带动经济增长，服务贸易作为美国具有高度竞争力的贸易部门，对经济发展也有举足轻重的作用。从表 2-2 可以看出，美国服务贸易顺差额除 2009 年外，均保持了增长的态势，与之相伴的是美国服务贸易对经济的贡献率也逐年增加。

三　美国服务贸易规模

2013 年，美国服务贸易进口额约 4368 亿美元，占全球服务进口总额的 9.97%；服务贸易出口额 6629 亿美元，占全球服务出口总额的 14.27%；全年服务贸易顺差 2261 亿美元。由表 2-2 可以看出，2005—2011 年美国服务贸易进出口一直处于增长态势，特别是服务贸易出口，大多数年份保持了两位数的增长速度。2012 年美国服务贸易进出口速度均出现了较大幅度的下滑，其中 2012 年美国服务贸易出口增速下滑了 5.2 个百分点，进口增速下滑了 2.7 个百分点；2013 年服务贸易进出口增速稍有提高。

表 2-2　　　　　　2005—2013 年美国服务贸易进出口额

年份	进出口总额（百万美元）	出口额（百万美元）	增长率（%）	进口额（百万美元）	增长率（%）	顺差（百万美元）
2005	636260	363363	—	272897	—	90466
2006	712119	404475	11.3	307644	12.7	96831
2007	807606	470289	16.3	337317	9.6	132972

续表

年份	进出口总额（百万美元）	出口		进口		顺差（百万美元）
		出口额（百万美元）	增长率（%）	进口额（百万美元）	增长率（%）	
2008	888759	516291	9.8	372468	10.4	143823
2009	840885	490527	-5.0	350358	-5.9	140169
2010	911565	538629	10.0	372936	6.4	165693
2011	994122	595744	10.6	398378	6.8	197366
2012	1042804	628138	5.4	414666	4.1	213472
2013	1099679	662888	5.5	436791	5.3	226097

资料来源：美国商务部经济分析局网站（www.bea.gov）。

四 美国服务贸易结构

（一）服务贸易行业结构

美国服务贸易发达，从表2-3可以看出，2006—2012年，各项服务出口均保持增长态势。美国商务部经济分析局（Bureau of Economic Analysis，BEA）更新了统计中的服务贸易分类方法，在最新的服务贸易统计中将服务贸易分为维护服务，运输服务，旅游服务，保险服务，金融服务，知识产权使用费，电信、计算机和信息服务，以及其他商业服务。其中，BEA扩展了旅游服务的范围，将所有目的的旅游服务囊括在内（包括以教育为目的的旅游）。其中，运输服务和旅游服务在美国服务贸易出口中一直占据主要份额；美国的服务贸易出口优势主要集中在资本和技术密集型服务业部门、知识产权使用费、金融服务，以及电信、计算机和信息服务等附加值较高的服务项目。

表2-3　　　　2006—2013年美国服务贸易分行业出口额

单位：百万美元

年份	出口总额（不包括政府服务）	维护服务	运输服务	旅游服务	保险服务	金融服务	知识产权使用费	电信、计算机和信息服务	其他商业服务
2006	393955	7673	57462	105140	9445	47882	83549	17184	68619
2007	466517	9062	65824	119037	10841	61376	97803	20192	82382
2008	513165	10019	74973	133761	13403	63027	102125	23119	92738

续表

年份	出口总额（不包括政府服务）	维护服务	运输服务	旅游服务	保险服务	金融服务	知识产权使用费	电信、计算机和信息服务	其他商业服务
2009	491398	12077	62189	119902	14586	64437	98406	23816	95984
2010	542859	13860	71656	137010	14397	72348	107521	25038	101029
2011	603433	14279	79830	150867	15114	78271	123333	29171	112568
2012	630583	15115	83592	161249	16534	76605	125492	32103	119892
2013	662888	16295	87267	173131	16096	84066	129178	33409	123447

资料来源：美国商务部经济分析局网站（www.bea.gov）。

在进口方面，美国大部分服务贸易项目的进口也呈现逐年增长的趋势，仅有金融服务、保险服务和维护服务的进口在2012年出现了小幅下跌。

表2-4　　　　　　2006—2013年美国服务贸易分行业进口额

单位：百万美元

年份	进口总额（不包括政府服务）	维护服务	运输服务	旅游服务	保险服务	金融服务	知识产权使用费	电信、计算机和信息服务	其他商业服务
2006	313812	4583	77962	84206	39382	14733	25038	19776	48130
2007	344315	5209	79326	89235	47517	19197	26479	22384	54968
2008	380172	5742	83988	92545	58913	17218	29623	24655	67488
2009	355341	5938	64133	81421	63801	14415	31297	25784	68553
2010	377353	6909	74628	86623	61478	15502	32551	29015	70646
2011	404468	8236	81377	89700	55654	17368	36087	32756	83289
2012	422499	7970	85029	100317	53203	16975	39502	32156	87347
2013	436791	7620	90754	104677	50454	18683	39015	32877	92710

资料来源：美国商务部经济分析局网站（www.bea.gov）。

表2-5　　　　　　2013年美国各服务部门贸易差额占比

单位：%

	运输服务	旅游服务	保险服务	金融服务	知识产权使用费	电信、计算机和信息服务	其他商业服务	维护服务
贸易差额占比	-1.54	30.28	-15.20	28.92	39.88	0.24	13.59	3.84

注：分行业贸易差额占比的计算公式为：（某行业服务出口 - 服务进口）/（美国服务贸易出口总额 - 美国服务贸易进口总额）。

资料来源：根据表2-3和表2-4数据计算。

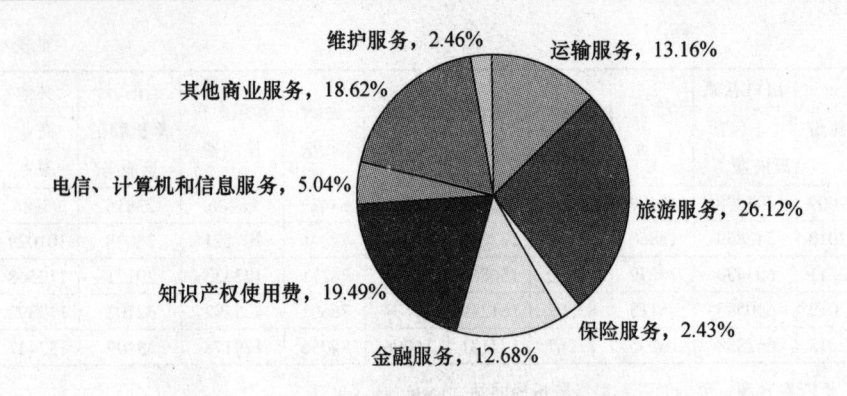

图 2-5 2013 年美国服务贸易出口行业结构

资料来源：根据表 2-3 数据计算并绘制。

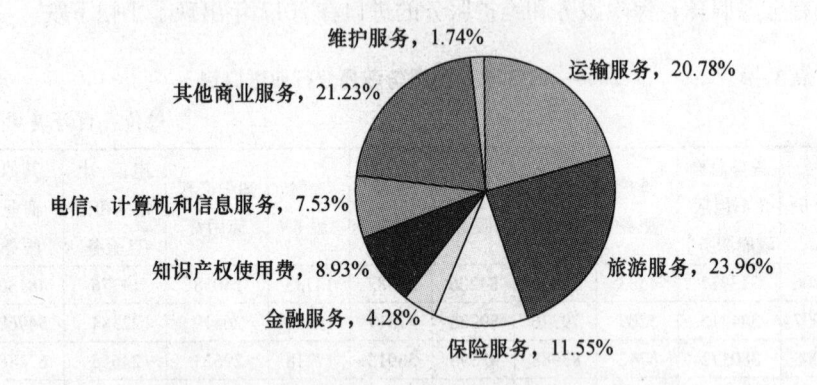

图 2-6 2013 年美国服务贸易进口行业结构

资料来源：根据表 2-4 数据计算并绘制。

由表 2-5、图 2-5 和图 2-6 可以看出，旅游服务、知识产权使用费、其他商业服务、运输服务是美国主要的服务贸易出口部门；旅游服务、其他商业服务、运输服务、保险服务，是美国主要的服务贸易进口部门。由分行业贸易差额占比这一数据可以看出，在各服务行业中，运输服务和保险服务处于逆差状态，其中运输服务的逆差较小，保险服务的逆差额较大（2013 年保险服务逆差额为 343.6 亿美元）。知识产权使用费、旅游服务、金融服务是美国服务贸易顺差的主要来源，其中除旅游服务外，其他两个行业均为新兴和高附加值服务业，体现了美国在新兴和高附加值服务出口方面的优势。

(二) 服务贸易地理结构

由图 2-7 和图 2-8 可以看出，美国的出口和进口方向均以发达国家为重点，十大出口和进口市场占据了进出口总额的50%以上。在美国服务贸易出口伙伴国中，加拿大和英国分居第一位和第二位，各占9.75%和9.29%的份额，第三位的日本占据了7.4%的份额，第四位至第八位的国家所占份额相当，在4.19%到4.78%的区间内。可以看出，美国的服务贸易出口方向比较分散，即使是排名第一位的加拿大也仅仅占据了9.75%的份额。在美国各进口来源地中，英国占据了第一位，为11.16%，领先第二名的加拿大4个百分点，除这两个国家外，排名第三至第十的国家所占份额差距不大，较为平均。

加拿大、英国和日本是美国最大的服务贸易伙伴，是美国最大的三个出口和进口伙伴国，均是发达国家。在美国的十大服务贸易出口对象国中，有中国、墨西哥及巴西三个发展中国家和地区；在美国的十大服务贸易进口来源国中，有百慕大、印度、中国和墨西哥四个发展中国家和地区。美国的服务贸易出口地理结构很好地体现了美国"服务先行"策略中的以传统发达国家为主，积极开拓新兴市场国家的出口策略；其服务贸易进口地理结构体现了发展中国家日益成为美国服务贸易进口的重要来源。

五 美国服务贸易收支状况

美国服务贸易常年处于顺差，由图2－9可以看出，2005—2013年美国服务贸易一直处于顺差状态，且顺差额处于不断上升的趋势。由图2－10可以看出，仅有运输服务贸易和保险服务贸易处于逆差状态，其余各行业服务贸易均处于顺差状态。

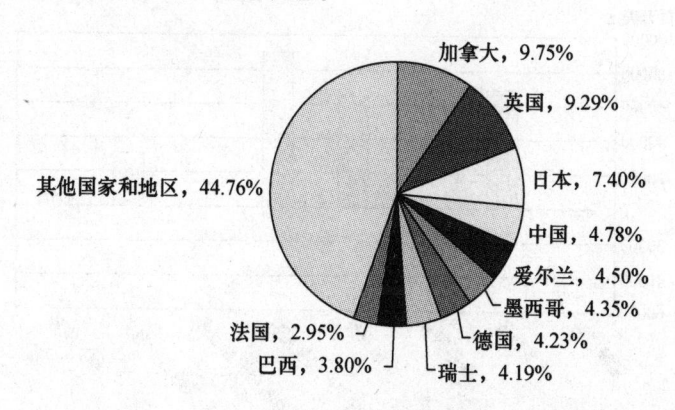

图2－7　2012年美国前十位服务贸易出口目的地

资料来源：美国商务部经济分析局网站（www.bea.gov）。

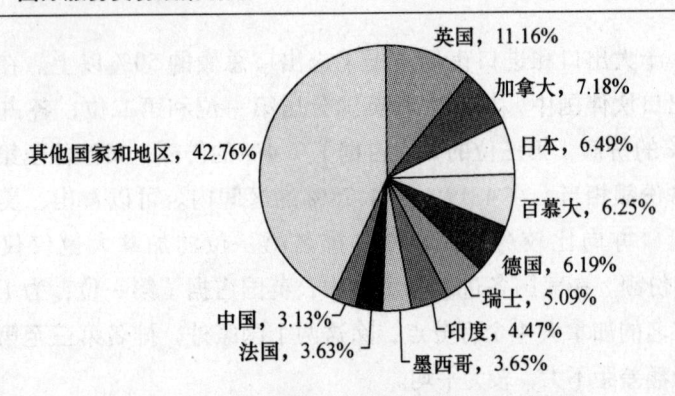

图 2-8　2012 年美国前十位服务贸易进口来源地

资料来源：美国商务部经济分析局网站（www.bea.gov）。

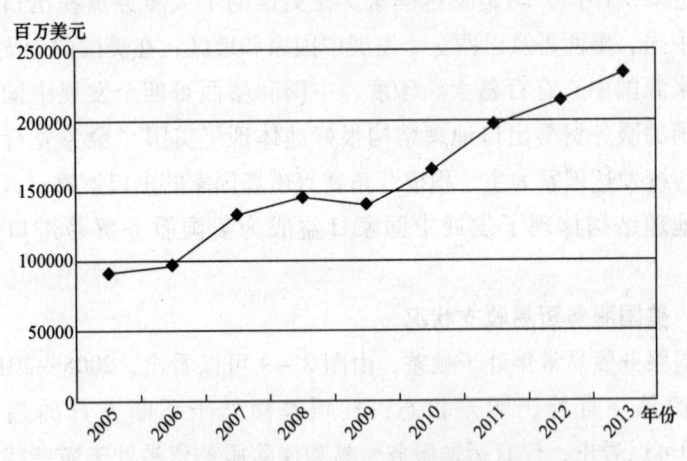

图 2-9　2005—2013 年美国服务贸易顺差额

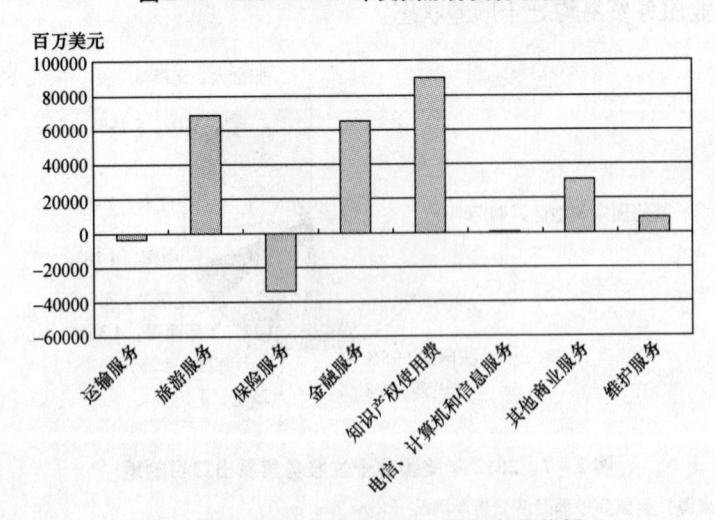

图 2-10　2013 年美国分行业服务贸易差额

第二节 美国服务贸易发展的历史演变和主要特点

一 美国服务贸易发展的历史演变

（一）第二次世界大战后至20世纪70年代：以传统服务贸易为主，服务贸易对经济贡献逐渐增强

第二次世界大战后到20世纪70年代的三十多年时间里，美国的服务贸易一直以运输服务贸易和旅游服务贸易为主。在出口方面，1946年美国运输服务出口占总服务出口的62.86%，旅游服务出口占11.14%；1970年这两个数据分别变化为36.86%和23.36%。运输服务出口的份额下降，旅游服务出口的份额上升，但二者所占份额仍然超过了60%，美国服务出口仍然是以运输服务和旅游服务为代表的传统服务为主。在进口方面，1946年美国运输服务进口占总服务进口的37.94%，旅游服务进口占28.94%；1970年这两个数据均出现了上升，分别为41.21%和40.68%，二者所占份额超过了80%，美国服务进口同样是以运输服务和旅游服务为主。20世纪70年代以前，美国的服务贸易统计只分为运输服务贸易、旅游服务贸易和其他服务贸易，这在另一方面也体现在20世纪70年代以前美国以运输和旅游为主的服务贸易结构。

在这一时期，美国服务贸易对美国经济的贡献也逐渐增强。1950年美国服务出口占美国GNP的比重为1.3%，1960年提高到1.7%，1970年提高到2.1%，1980年已经达到4.4%。

（二）20世纪80年代：美国政府开始重视服务贸易作用，新兴服务行业发展迅速

20世纪80年代，美国服务业发展迅速，服务产业已经成为美国的支柱产业，美国服务业增加值占GDP比重超过60%，并不断增加，到1990年已经达到70%（见表2-6），服务业已经成为美国的支柱产业。

表2-6　　　　1980—1990年美国服务业增加值占GDP比重

单位:%

年份	1980	1981	1982	1983	1984	1985	1986	1987	1988	1989	1990
比重	63.6	62.7	64.2	66.3	65.5	66.7	68.3	68.5	68.3	69.3	70

资料来源：世界银行（World Bank）数据库。

在这一时期，美国政府逐渐认识到服务贸易对美国经济的重要作用，在政府层面与法律层面均为服务贸易的发展提供了保障。1980年，美国商务部国际贸易管理局正式设立国际金融与服务贸易办公室，负责促进服务贸易。1984年《贸易与关税法》和1988年《综合贸易与竞争法》均将服务贸易与货物贸易同时作为扩大出口的重要内容。服务贸易在美国得到了空前的重视。

在服务贸易结构方面，20世纪80年代中期开始，旅游服务已经超越运输服务成为美国第一大服务出口部门，专利服务等资本和技术密集型服务行业在服务贸易中的比重不断增加。1980—1989年，美国的旅游业出口发展迅速，但其所代表的传统服务出口比重逐渐下降。这一阶段出口额排在前五的服务部门分别是运输、旅游、专利特许经营、其他商业性服务和金融服务；进口额排在前五的服务部门分别是运输、旅游、专利特许经营、其他商业性服务和保险。

（三）20世纪90年代：服务贸易顺差扩大，服务贸易优势明显

20世纪80年代末开始，美国的服务贸易顺差急速扩大，1987年至1992年美国服务贸易顺差分别为130亿美元、200亿美元、326亿美元、390亿美元、525亿美元和606亿美元，平均年增长率为37.4%；1993年到2000年美国服务贸易顺差的增速趋缓，处于小幅曲折增长的阶段。

在服务贸易结构方面，旅游服务和运输服务由逆差转为顺差，其中，旅游服务贸易自1989年开始由逆差转为顺差，且顺差额一直保持小幅曲折增长的态势，增长幅度较小；运输服务方面同样由1989年开始转为顺差，但是顺差额较少。这一现象说明虽然旅游和运输服务贸易在美国服务贸易结构中仍然占据主体，但以它们为代表的传统服务贸易并不是美国服务贸易优势的来源。在这一时期，专有权利使用费和特许费服务贸易、教育服务贸易以及金融服务贸易是美国主要的优势产业，一直保持较快的增长速度和较高的顺差额。

（四）21世纪以来："服务先行"策略卓有成效，服务贸易迅猛发展

1995年美国正式提出"服务先行"的策略，将促进服务出口放在美国贸易政策的首位，服务贸易出口大幅增加。

由图2-11可以看出，除2001年和2009年美国服务贸易出口出现负增长外，其余年份美国服务贸易出口都处于增长状态。特别是进入21世纪以来，除2009年因全球金融危机影响美国服务贸易出口增速为负，

2001—2004年增速处于急速增长阶段，2005—2008年、2010—2013年增速均处于5%的高位以上。在服务贸易顺差方面，2004年后美国服务贸易顺差开始进入一个高速增长阶段，2004年美国的服务贸易顺差额为782亿美元，到2013年这一数字变为2260亿美元，八年间增长了接近2倍。2013年，无论是服务贸易出口额、进口额还是顺差额，美国均居全球第一。

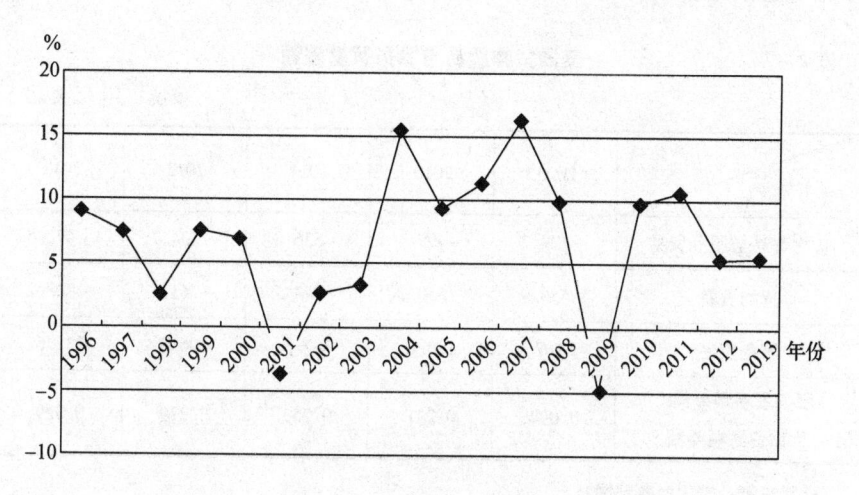

图2-11 1996—2013年美国服务贸易出口增长率

资料来源：美国商务部经济分析局（www.bea.gov）。

二 美国服务贸易发展的主要特点

（一）美国服务贸易的整体水平较高，服务贸易结构合理

美国的服务贸易一直处于世界领先水平，出口额和顺差额均居世界首位。在服务贸易结构方面，以旅游服务和运输服务为代表的传统服务贸易一直占据美国服务贸易的主体地位，但运输服务贸易却一直处于逆差，旅游服务贸易是美国服务贸易顺差的主要来源。与此同时，知识产权使用费、金融服务等高附加值的资本和技术密集型服务竞争力不断增强，而且在美国服务贸易中所占比重越来越高。2013年，知识产权使用费及金融服务在美国服务贸易出口中所占比重分别为19.49%和12.68%，对服务贸易顺差的贡献度分别为39.88%和28.9%，已经成为美国服务贸易发展的中坚力量。

（二）服务贸易顺差弥补了货物贸易逆差

长期以来，美国在货物贸易领域为逆差，在服务贸易领域为顺差，服务贸易在很大程度上抵消了货物贸易的逆差。

近年来美国货物贸易的逆差保持增长的态势,但是 2011 年以后货物贸易逆差有小幅下降的趋势。我们用服务贸易顺差额/货物贸易逆差额来测算服务贸易顺差对货物贸易逆差的抵消作用,该数值越大则表示服务贸易顺差的抵消作用越大。从表 2-7 可以看出,该数值是逐年增加的,且近年来增加幅度有所上涨,所以美国服务贸易顺差对货物贸易逆差的弥补作用是逐渐增强的。

表 2-7　　　　　　美国货物贸易与服务贸易差额

单位:10 亿美元

年份 项目	2003	2010	2011	2012	2013
货物贸易与服务贸易	-499.2	-499.4	-556.8	-534.7	-471.5
货物贸易	-550.9	-650.2	-744.1	-741.5	-703.2
服务贸易	51.7	150.8	187.3	206.8	231.6
服务贸易顺差额/ 货物贸易顺差额	0.094	0.231	0.252	0.279	0.329

资料来源:美国商务部网站。

(三)强调促进服务贸易出口,确立了"出口先行"的策略

1994 年 10 月,美国发布了第二个《国家出口战略》(National Export Strategy),系统报告了服务贸易出口的促进战略,进而在 1995 年 6 月,美国商务部正式发布"服务先行策略"方案,将促进服务出口上升到国家战略地位。美国"服务先行"策略主要包括以下几个方面的内容:加强对外谈判,扩大市场准入;巩固传统市场,打开新兴市场,两个市场兼顾;确定重点服务行业,进行重点支持;加强各部门之间协调,提高工作效率等。

奥巴马上台后,更加注重促进服务贸易出口。2010 年 9 月,美国出口促进内阁就出口促进倡议向总统提交的报告[1]中指出,美国是世界上最大的服务市场和服务贸易出口国,美国服务出口商具有极强的竞争力而且美国在服务贸易方面持续拥有顺差。但是,美国服务贸易出口在 2009 年

---

[1] Report To The President On The National Export Initiative: The Export Promotion Cabinet's Plan for Doubling U.S. Exports in Five Years, http://www.whitehouse.gov/sites/default/files/nei_report_9-16-10_full.pdf.

只占美国全部出口的32%，对美国出口的贡献较小。美国方面认为来自贸易伙伴的市场进入壁垒和贸易壁垒是造成美国服务贸易出口和对外投资难以进入国外市场的主要原因。

正是美国"服务先行"的理念造就了美国服务贸易在全球的领先地位，保持了美国服务贸易出口十几年的高速增长，也带动了国内服务产业的快速发展。

（四）美国服务贸易的出口方向集中于发达国家，但近年来对新兴市场国家的重视程度不断提高

2012年美国前十位的服务贸易出口对象国中，发达国家占据了7席，且加拿大、英国和日本三个发达国家占据了前三位。加拿大作为美国的邻国，是美国首要的服务贸易伙伴，而且是美国最大的旅游和运输服务出口目的地。美国在《北美自由贸易协定》中的服务业开放承诺要高于美国在多边体系下的服务业开放承诺，客观上促进了美国和加拿大的服务贸易往来。日本的服务业发展特别迅速，对服务的进口需求也特别旺盛，现阶段已经是美国第三大服务贸易出口目的地，日本从美国进口较多的服务为运输、旅游和专利使用费和特许费。

同时，美国也十分注重对新兴市场的出口，1994年《国家出口战略》已经指出美国服务贸易出口主要巩固欧洲和日本等传统市场，并积极打开新兴市场。2012年美国10大服务贸易出口目的地中除7个发达国家外，还有中国、墨西哥和巴西三个新兴市场。中国现阶段已经是美国第四大服务贸易出口目的地，在货物贸易方面中国是美国最大的贸易逆差来源国，但美国凭借其在服务贸易方面的巨大优势，保持了对中国的服务贸易顺差。

第三节 美国服务贸易自由化

由于美国在服务业领域具有较强的竞争力，美国有强烈的开拓国际服务市场的意愿，因此美国一直是服务贸易自由化强有力的支持者。美国倾向于开展服务贸易谈判，通过双边、区域和多边的贸易协定，在开放本国服务市场的同时，力求打开其他国家的服务市场，推动本国服务出口。

一　多边和区域框架下的美国服务贸易自由化

在多边框架下，美国一直是服务贸易自由化的积极推动者。在《服

务贸易总协定》(General Agreement on Trade in Services, GATS)中，美国做出了较高水平的服务开放承诺。例如，美国在环境服务及分销服务方面开放度较高，在 GATS 中针对四种服务贸易提供方式未有明显的市场准入和国民待遇限制。由表 2-8 可以看出，美国计算机服务、环境服务和分销服务的市场开放度在 GATS 和 PTA 框架下均为 100，达到了完全开放。

在区域框架下，1994 年 1 月 1 日，由美国、加拿大和墨西哥三国签署的《北美自由贸易协定》(North American Free Trade Agreement, NAFTA)正式生效，在生效之后 15 年的过渡期之内，美、加、墨三国逐步取消商品、服务和投资领域的所有关税和非关税壁垒。《北美自由贸易协定》涉及了较多服务贸易自由化的内容：第十二章"跨境服务贸易"覆盖了绝大部分服务领域及绝大多数服务贸易措施；第十三章和第十四章就电信服务和金融服务的内容进行了专门规定；第十六章就商务人士的临时入境做了具体规定。

WTO 对美国在 GATS 框架和贸易协定框架下的服务贸易开放程度进行评估，评估结果如表 2-8 所示。美国在 GATS 和 PTA 框架下服务市场开放度平均值分别为 61 和 68，达到了较高的程度，中国在这两个方面的得分仅为 37 和 51，说明美国的服务市场开放度较高。可以看出，美国在环境服务、分销服务和计算机服务方面达到了完全开放，其他开放程度较高的部门包括电信服务、视听服务、娱乐服务、建筑服务和旅游服务等。美国在空运服务、海运服务和健康及社会服务方面开放程度极低，其中海运服务在 GATS 框架下完全不开放。值得注意的是，在专业服务、教育服务、保险服务、银行及其他金融服务、海运服务、空运服务、辅助运输服务方面，美国在 PTA 框架下的服务市场开放度要高于 GATS 框架下的开放度，而且美国 PTA 框架下的服务市场开放度平均值也要高于 GATS 框架下开放度平均值，说明美国在区域、双边贸易协定中做出了更高程度的服务开放承诺。

表 2-8　　GATS 和 PTA 框架下美国服务市场开放度

服务部门	服务市场开放度 GATS	服务市场开放度 PTA	服务部门	服务市场开放度 GATS	服务市场开放度 PTA
专业服务	58	63	保险服务	40	50
计算机服务	100	100	银行及其他金融服务	29	33

续表

服务部门	服务市场开放度 GATS	服务市场开放度 PTA	服务部门	服务市场开放度 GATS	服务市场开放度 PTA
邮政速递服务	63	63	健康及社会服务	8	8
电信服务	94	94	旅游服务	83	83
视听服务	98	98	娱乐服务	94	94
建筑服务	83	83	海运服务	0	44
分销服务	100	100	空运服务	5	29
教育服务	30	55	辅助运输服务	43	64
环境服务	100	100	平均值	61	68

注：服务市场开放度取值0—100，0表示完全不开放，100表示完全开放。PTA分值指美国在其贸易协定中的最高开放度。

资料来源：WTO网站（www.wto.org）。

二　美国服务贸易自由化的特点

（一）"主动出击"的服务贸易自由化策略

美国的服务贸易自由化战略具有很强的主动性，通过双边、区域和多边的服务贸易谈判为本国服务企业打开市场。

在双边谈判中，美国推动与欧洲国家、日本和中国等主要服务业市场达成服务业开放的双边协定，并不断开拓新兴的服务市场。美国十分注重通过双边的服务贸易谈判和协定来打开贸易伙伴的服务市场，在美国与以色列签订《美以自由贸易协定》时首次提出了服务贸易自由化能够促进双边贸易的发展，通过双边协定打开国外服务市场已经成为美国服务贸易自由化的重要手段。美国第二份《国家出口战略》指出，美国服务贸易出口发展的市场战略方针是服务业出口要巩固传统市场，打开新兴市场，"两个市场"兼顾。传统市场主要指欧洲和日本；新兴市场主要指北美的墨西哥，南美的阿根廷、巴西，亚洲的中国、中国香港、中国台湾、印度、印度尼西亚、韩国，欧洲的波兰、土耳其，以及南非等市场。[①] 这也成为美国服务贸易自由化的战略性指导方针。在这个方针的指导下，美国极为重视双边谈判，采取强力施压、各个击破的策略，逐步打开贸易伙伴的服务市场。

---

① National Export Strategy.

在区域谈判方面，美国先后达成了《美加自由贸易协定》和《北美自由贸易协定》，极大地提高了北美地区的服务业开放程度，并不断地在 APEC、泛大西洋经济伙伴和 OECD 等国际组织中就服务业开放加强磋商与沟通。

在 WTO 框架下，美国也依靠自己在服务业方面的强大竞争力，极力推动服务贸易自由化。1982 年 11 月，在关税与贸易总协定（GATT）部长级会议上，美国首先提出了服务贸易自由化的问题，并要求将其作为会议的优先议题，但是最终由于发展中国家的反对而未能如愿。乌拉圭回合多边贸易谈判启动后，美国继续极力推行其服务贸易自由化的主张，于 1986 年埃斯特角部长级会议上将国际服务贸易正式纳入乌拉圭回合谈判的 15 个议题之一。美国由于在货物贸易领域遭受欧盟、日本等国家和地区的巨大挑战，已逐渐丧失优势，但美国在服务贸易领域却迅速发展，顺差不断扩大。为了弥补其在货物贸易领域的巨大逆差，美国急于在服务贸易领域打开其他国家的市场，扩大服务贸易出口。然而大多数的发展中国家由于服务业刚刚起步，担心过早开放服务业会对仍在起步阶段的服务业造成毁灭性的打击，因此极力反对将服务贸易问题纳入乌拉圭回合的谈判框架。在这种情形下，美国联合欧盟、日本等主要发达国家，积极游说 GATT 相关成员，最终于 1994 年 4 月 15 日在摩洛哥签署了《服务贸易总协定》，该协定于 1995 年 1 月生效。

美国这种"主动出击"的服务业开放策略建立在本国高水平竞争力的服务业基础上，不保守地保护本国服务业，而是主动出击，在开放本国服务市场的同时打开他国服务市场，促进本国服务业的发展，带动服务贸易的自由化。

（二）美国在区域和多边框架下服务业开放程度均较高，且美国对周边国家的开放程度超过了多边框架下的水平

在 WTO 框架下，美国针对各服务行业的市场准入限制和国民待遇限制等做出了具体承诺，从其承诺中可以看出，除金融与保险服务外，其他服务行业开放度较高，特别是在分销、环境和建筑服务业领域开放度极高。在金融与保险服务方面，美国在市场准入与国民待遇方面均做出了较多限制。

在《北美自由贸易协定》中，在国民待遇、市场准入及透明度原则等方面均做出了比 GATS 更大程度的开放承诺，在服务业开放方面的成果

超过了多边服务谈判所能达到的程度，使得北美地区成为服务开放度较高的区域。可以看出，美国十分重视北美市场，北美市场的服务贸易自由化水平较高。

（三）作为服务业发展的领先者，美国力图主导服务业开放和服务贸易自由化规则的制定，为其他国家进入美国服务市场设立了无形障碍

在推动全球服务业开放的过程中，美国凭借其较强的服务业竞争力，掌控服务业开放和服务贸易自由化规则制定的主导权，积极推行其高水平的服务业标准。这就导致一些国家因自身服务业发展水平滞后，无法达到美国所主导的服务业高标准，从而在进入美国服务市场时面临无形的障碍。

三　美国金融服务贸易自由化

美国是世界上金融服务业最为发达的国家，但是美国的金融服务贸易自由化程度并不高。自20世纪70年代以来，美国不断推进服务贸易自由化进程，完善服务贸易自由化的管理和法律体系。

（一）国内金融服务自由化管理的进程

在20世纪初期，美国对国内金融业进行了一定程度的管制，如1933年《银行法》（《格拉斯—斯蒂格尔法》），其核心内容是要求商业银行和投资银行实行分业经营，禁止吸收存款的机构单独或联合发行、承销、出售股票、政府债券、企业债券或其他证券。1956年《银行控股公司法》规定，银行控股公司的设立必须得到美国联邦储备委员会的批准；禁止银行控股公司跨州并购银行；对商业银行和保险公司实行分业经营。

1978年，美国通过了《国际银行法》，正式确定了对外资银行实行国民待遇的原则，要求在美国境内的外资银行也必须和美国银行一样接受联邦的监督管理。

1981年6月，美国联邦储备委员会决定自1981年12月起，允许美国的存款机构以及外国银行在美国的分行和经理处建立"国际银行业务机构"，并规定"国际银行业务机构"可以接受外国居民（包括银行）和其他"国际银行业务"机构的存款而无须缴纳存款准备金，也不受存款利息率最高限的限制，还可以接受外国非银行居民定期存款；此外，还可以接受美国银行海外机构、外国银行及其他国际银行业务机构或自己的母公司发放贷款。联邦储备委员会关于设立国际银行业务机构的决定是取消美国银行国际市场金融活动管制的重要步骤，它对推动美国金融服务贸易的

自由化和国际化产生了深远的影响。该举措极大地促进了外资银行和外国资本进入美国市场的积极性，1973 年外国银行在美国的机构数仅有 111 家，到 1979 年上升到 315 家（《联邦储备公报》，1979 年 10 月），而 1993 年这一数字达到了 591。

美国的金融服务开放强调对等开放的原则，保护本国金融机构在国外享受同等国民待遇，而且不断加强对外国金融机构的管理和监督。

1991 年美国通过了《对外国银行加强监督法案》，主要内容包括：要求在美国经营的国外银行必须达到一定的财务和管理实力；外国银行必须允许管理机构获取必要的信息；外国银行进入美国境内经营前须首先通过联邦的审查；外国银行通过代表机构进入美国市场时也须接受联邦的监督；当监督机构认为外国银行在美分支机构有违法行为时可以终止其在美业务等。

1995 年《金融服务公平竞争法》旨在保证使所有从事银行、证券和保险业务的机构能够享有国民待遇。根据此法，美国将为从事金融活动的外国机构提供与本国金融机构相同的待遇，其条件是外国机构的母国也向美国在该国的金融机构提供同等待遇，否则美国将对这类外国金融机构实行制裁，包括不允许它们设立新的营业网点，不许从事新的业务活动或扩充现有的活动等。

1999 年，美国通过了《金融服务现代化法案》，极大地促进了金融自由化。该法案中关于促进金融自由化的内容主要有：银行控股公司可以与任何保险或证券公司联合跨行业销售任何金融产品或服务；允许资本充足且管理良好的全国性银行的分支机构承销证券，但所有这类分支机构的资产总额不得超过银行总部资产的 45% 和 500 亿美元；任何允许州银行销售财产保险的地方，全国性银行不需经州监管当局许可，可直接销售财产保险；现有银行除按照证券交易法注册为经纪人外，可以参与信托、人寿保险、财产保险、职工福利计划、通过网络为客户提供经济服务等；银行可以继续进行衍生产品交易，不包括向零售客户提供的信贷互换和股权互换等内容。

（二）多边框架下的美国金融服务贸易自由化

1997 年 12 月 12 日，包括美国、欧盟和日本在内的世界贸易组织 102 个成员方在无条件最惠国待遇原则的基础上做出了金融服务承诺，签订了《全球金融服务协议》。

美国早在1995年就承诺保证已设立的外国金融机构可在非歧视条件下运营。1997年签署《全球金融服务协议》后，美国做出了更进一步的承诺：（1）承诺对新的进入者扩大其现有的经营活动范围，并在最惠国待遇基础之上实施新的措施。（2）承诺对外资银行的联邦储备监测收费实施国民待遇。（3）除了重新设立分支机构情况外，对外资的州内银行及分支机构给予市场准入和国民待遇。（4）取消一些州对外资银行或代理机构办理许可证的限制，也取消一些州对外资银行设立代表处的限制。（5）附加承诺遵守与日本达成双边协议中有关保险、银行及其他金融服务提供的规定。（6）原则上允许在整个银行业从事所有形式的商业活动，但如涉及信贷协会、储蓄银行、国内债务或储蓄业务，以及接受少于100美元的小额零星存款，则需以地方股份有限公司作为分支结构。

虽然美国在金融服务贸易自由化方面做出了很多努力，但是美国在金融服务业方面的承诺相对于其他服务业部门仍然较为保守，在很多方面仍然做了一定的限制。例如，部分州禁止外国人通过并购或成立商业银行分支机构的方式首次在美国开展业务或进一步扩张；对部分州的外国存款机构的董事会中美国公民人数做出一定限制；外国银行在部分州成立直属机构或代理机构受到一定限制。所以，即使美国的金融服务业十分发达，但其服务业并不是完全开放的，服务贸易也不是完全意义上的自由化。

第四节 美国服务贸易管制

在服务贸易发展的过程中，开放与管制是并存的，是否能对服务业进行有效的监管同样是影响本国服务业和服务贸易发展的重要因素。美国在服务业开放和服务贸易自由化过程中强调对等原则，即双方对等开放，而且不断加强服务开放过程中的监管力度；服务贸易也不是完全意义上的自由化，在现实中存在相关管制，在其开放承诺中也做出了一定限制。

一 美国对各服务行业的管制

（一）建筑服务

在企业设立方面，外国承包公司进入美国，通常应事先在某一州注册一家或多家公司，可以是独资、合资、合作等方式。如果以国外母公司名义直接承包工程，需在当地进行登记；当外国公司成立了一家美国当地公司后，该公司的一切待遇就等同于当地公司，外国公司准入问题等同于外州公司准入问题；当外国公司在美国成立的子公司或与当地公司合资成立的公司把经营利润汇回外国母公司时，美国税法要求扣留一部分。

在公司资质方面，多数州对建筑公司不实行分级资质管理，但有些州也有资质管理规定，主要表现在对公司净资产的要求，如南卡罗来纳州规定净资产在25万美元以下的公司所签合同额有限制；从事设计工作、有图纸签字权的设计师执业需要取得专业执照。

在企业经营方面，几乎所有的招标文件都要求投标者在美国注册，受美国法律制约。对公共投资项目实行强制性保证担保，保函由经批准从事担保业务的保险公司和专业担保公司出具，主要担保品种为：投标担保+100%履约担保+100%付款担保；联邦或州政府项目招标中，通常要求提供保函的保险公司是美国财政部授权的公司；政府公共性工程对外国公司进行总承包有限制，但对要求较高的大型项目或如果国内施工力量有限，也进行国际招标。

（二）商业服务

在法律服务方面，以跨境交付、境外消费和自然人流动方式提供服务，仅限于由自然人提供服务，且在夏威夷、爱荷华州、堪萨斯州、马萨诸塞州等16个州需要提供州内或美国居住证明，在哥伦比亚特区、印第安纳州、密歇根州等9个州设立办公室需要持续获得许可证；以商业存在提供服务，合伙制律师事务所仅限于有律师资格的人，而且在美国专利和商标局注册的人必须是美国公民。

在会计、审计和簿记服务方面，以商业存在提供服务，独资企业或合伙企业仅限于具备会计证书者，爱荷华州除外，爱荷华州会计企业必须是公司制；以自然人流动提供服务，在阿肯色州、康涅狄格州、爱荷华州、堪萨斯州等13个州要获得许可证必须在州内设有办公室，在北卡罗来纳州要获取许可证必须是美国公民，而且在阿肯色州、康涅狄格州、哥伦比亚特区、堪萨斯州等26个州，要获取许可证必须具备州内居住权。

在房地产服务方面，佛罗里达州房地产公司必须在佛罗里达拥有办公室和注册代理商，在密西西比州和纽约州要获得房地产经纪人许可证必须是美国公民，在南达科他州获得房地产经纪人许可证必须具备州内居住权或者是美国公民。

（三）保险服务

跨境交付方式： 对于以美国风险为标的、向不在美国注册成立的公司赔偿，所有寿险费用均征收1%的联邦税，非寿险费用征收45%的联邦税，但支付给美国公司办公室或非独立代理人的费用除外。

商业存在方式： 政府所有或政府控制的保险公司，无论是美国公司还是外国公司，都不得在亚拉巴马州、阿拉斯加州、阿肯色州等25个州从事业务；非美国政府所有或控制的保险公司，不得在北卡罗来纳州、北达科他州和田纳西州从事业务；不允许分支机构为美国联邦证券提供保证；明尼苏达州、密西西比州和田纳西州不为非美国保险公司在本州成立子公司提供许可证，除非该公司已在美国其他州取得许可证。

（四）金融服务[①]

市场准入限制： 国有银行的所有高级管理人员都必须是美国公民，除非该国有银行是外国银行的分支机构或子公司，对于后者仅要求半数以上高级管理人员为美国公民；亚拉巴马州、阿肯色州、加利福尼亚州等21个州禁止外国人（非美国公民）通过并购或成立商业银行分支机构的方式首次在美国开展业务或进一步扩张；各州对于成立存款机构有董事会中美国公民人数的限制；外国银行成立直属机构或代理机构在各州会受到分公司许可证、分支机构许可证或代理许可证等限制。

国民待遇限制： 外国银行需要根据1940年《投资顾问法》注册，以便在美国从事证券咨询和证券管理服务，国内银行不受此限制，注册要求包括：记录维持、检查、提交报告、支付费用；外国银行不能成为联邦储备体系的成员，因此可能没有资格选举联邦储备银行管理人员，但外资银行分支机构不受此限制；外资银行的分公司、代理机构、代表处需要缴纳费用来支付联邦储备检查成本；亚拉巴马州、加利福尼亚州、哥伦比亚特区等11个州要求直属分支机构或代理机构对证券经纪—自营或投资顾问条款进行注册，银行子公司不受此限制而且该限制不适用于联邦注册的分支机构或代理机构。

二　美国对服务业的监管——以信息服务业为例

在服务贸易自由化的过程中，加强对相关服务业的监管对于确保服务业的健康发展，促进服务贸易的增长具有重要作用，因此需要建立完善、

[①] 该金融服务指除银行和保险之外的其他金融服务。

有效的监管体系。信息服务业作为新兴的高附加值服务业，也是关系国家安全的重要行业，美国在信息服务业方面建立了完善的监管体系。

信息服务业由电子信息传输服务、计算机服务和软件业、其他信息相关服务构成，具体包括电信相关服务、互联网信息服务、广播电视传输服务、卫星传输服务、计算机相关服务、软件相关服务、广播、电视、电影和音像相关服务、新闻出版相关服务、图书馆与档案馆相关服务等。美国是当今信息产业最为发达的国家，其信息技术、计算机技术和网络技术等均处于世界领先地位，为其信息服务业的发展奠定了坚实的基础，信息服务业发展迅速，已经成为驱动美国经济增长的重要动力。

(一) 美国信息服务业监管的法律体系

信息服务业是一个新兴产业，需要相应的法律法规对市场交易行为进行有效的调节，涉及很多方面的法律规则。

美国服务业监管的法律体系十分完善，在产业管理、产业秩序维护等方面形成了完善的法律体系，包括《信息公开法》、《联邦政府信息资源管理条例》、《信息自由法》、《电子情报自由法》、《电信法》、《计算机安全法》、《计算机软件保护法》、《版权法》、《计算机欺诈与滥用法》和《消费者互联网隐私保护法》等。

作为信息服务业发展领先的国家，美国积极推动信息服务业开放，鼓励竞争，《电信法》不仅允许美国各类型的电信公司在关键通信和信息领域相互竞争，同时开放了美国电信市场，引入国际竞争。

美国在信息服务方面竞争优势明显，为积极引导信息技术的发展方向，并推动其信息技术标准在全球的推行，美国政府还在技术层面立法，如1991年的《高性能计算法》和1995年的《联邦技术转移促进法》。

(二) 美国信息服务业的管理机构

美国十分重视信息服务产业的发展，将信息服务业的发展提高到战略层次，1993年成立了国家信息基础结构顾问委员会和信息基础结构特别工作小组，下设信息政策委员会，指导相关政策法规的基础研究。其主要目的是从宏观上把握信息产业的发展趋势，制定信息产业和信息服务业的国家战略。

在具体的管理层面，美国的信息服务业监管职能主要由联邦通信委员会（Federal Communications Commission，FCC）和商务部下属的国家电信与信息管理局承担。联邦通信委员会是独立的监管机构，其监管范围包括公共电信、专用电信、广播电视、无线频率及互联网接入等，主要职责包括基本服务、资费审查、网络设施建设管理、频率分配、标准审批、许可证颁发、产业秩序维护等。FCC 不隶属于美国政府，直接向国会汇报，兼有立法、司法和行政职能。国家电信与信息管理局是美国总统在电信与信息政策方面的主要咨询机构。

行业协会在美国信息服务业的发展与监管中扮演了重要的角色，信息服务业中比较重要的行业协会有国家公用事业监管委员协会（NARUC）、电子协会（AeA）、通信产业协会（TIA）、软件与信息产业协会（SIIA）、半导体产业协会（SIA）、信息技术委员会（ITI）等。其中，NARUC 是由各个州的公用事业监管委员会组成，针对电信政策问题进行独立的调查取证活动，为联邦通信委员会提供决策参考，其他协会也均积极发挥企业和政府的纽带作用，积极反映企业和行业诉求，并进行行业自律，促进信息服务行业的有序发展。

第五节　美国服务贸易管理体制

一　美国服务贸易政策的制定

美国服务贸易政策的制定是一个多机构共同决策，多利益集团共同博弈的复杂过程。服务贸易由于其涉及部门的广泛性与复杂性，服务贸易政策的制定涉及的机构与程序更加复杂。图 2-12 描述的是美国贸易政策的制定流程，涉及国会与行政部门两套体系，双方交互影响促成了贸易政策的制定，然而对于服务贸易政策的制定，还涉及相关的服务行业管理部门，国会中其他相关委员会以及复杂而庞大的服务行业利益集团。本部分仅就服务贸易政策制定中的国会与政府部门进行论述。

众议院筹款委员会是涉及对外贸易问题的重要机构之一，下辖六个小组委员会，分别是社会保障委员会、贸易委员会、监管委员会、卫生委员会、收入保障及家庭养老委员会、选择性财政税收委员会。其中，贸易委员会的职能涉及贸易法案及相关事项，包括进口贸易事项，如反倾销和反补贴规定；双边和多边的贸易谈判、贸易协定；市场准入问题；出口政策和出口促进等。参议院财政委员会下辖包括国际贸易与全球竞争力委员会在内的 5 个委员会，在贸易政策方面具有较强的影响力。

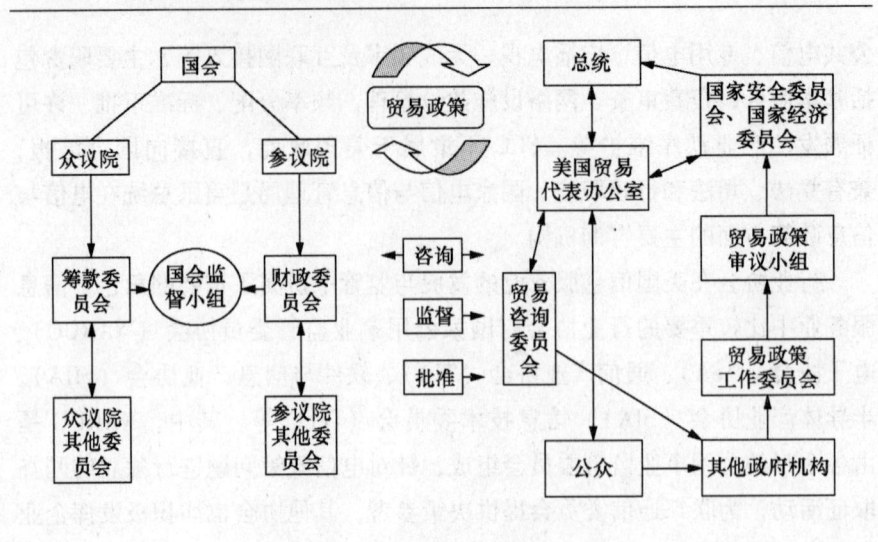

图 2-12　美国贸易政策的制定流程

资料来源：WTO 对美国的《贸易政策审议报告（2013）》。

国家经济委员会是 20 世纪 70 年代创立的贸易与经济政策的跨部门协调机制，由多个部门的代表组成，总统亲自担任主席，协调贸易与经济政策。国家安全委员会在贸易政策方面负责就贸易政策中的国家安全问题协调国防部与其他贸易政策制定部门的关系。

贸易政策审议小组（TPRG）和贸易政策工作委员会（TPSC）由美国贸易代表办公室管理。TPSC 是一线的执行小组，共有 80 个附属委员会就相关议题为 TPSC 提供建议。TPSC 通常通过《联邦公告》和听证会来听取公众对于贸易政策制定和协商的建议。

美国国会 1974 年创立了咨询委员会体系，以保证美国贸易政策和贸易谈判目标能够充分反映美国公众和私有部门的利益，这个体系包括了 28 个咨询委员会，共有 700 多个咨询专家。USTR 的政府间事务办公室同其他相关部委一起管理这些咨询委员会。这些委员会大多与贸易和行业事务相关，如贸易政策与协调咨询委员会（Advisory Committee for Trade Policy and Negotiation，ACTPN）等[1]。

二　美国服务贸易的主要管理机构

美国的服务贸易管理是以商务部为核心，其他各政府部门分工协作，

---

[1]　具体内容参见美国贸易代表办公室网站：www.ustr.gov。

有效沟通，进行服务贸易的管理。与此同时，行业协会和中介组织在美国服务业发展当中同样具有很重要的地位，主要发挥自律功能，规范和约束企业行为。

（一）政府机构

1. 商务部（Department of Commerce）

美国商务部致力于促进就业、经济增长、可持续发展以及生活水平的改善，涉及的领域包括贸易、经济发展、技术、企业和商业发展、环境管理和统计研究与分析。在国际市场方面，增强美国的国际贸易竞争力，为美国产品和服务打开新的市场。

在商务部的架构中，与服务贸易管理相关的机构主要有五个。分别是隶属于国际贸易管理局（International Trade Administration）的贸易促进与对外商务服务司（Trade Promotion and DG of the U. S. Foreign & Commercial Service）、制造业与服务业司（Manufacturing and Services）以及市场准入与条约执行司（Market Access and Compliance），以及商务部直属的经济分析局（Bureau of Economic Analysis）和普查局（Bureau of the Census）。

贸易促进与对外商务服务司主要负责美国的出口促进，其职能覆盖了几乎所有面向企业的出口促进事务，包括对服务业出口的促进。

制造业与服务业司主要负责行业贸易分析，制定贸易政策和贸易市场扩张计划，评估相关国内外经济政策对行业贸易的影响等。该司下设三个与服务贸易管理相关的办公室，分别是旅游办公室、金融办公室和服务业办公室。旅游办公室主要负责与国际旅游服务相关的工作；金融办公室负责美国金融服务的出口促进工作；服务业办公室主管除旅游和金融外的所有服务贸易出口。

市场准入与条约执行司主要负责监督美国对外签订的贸易条约的执行情况，保证各条约、协定能够得到良好的执行，确保国外市场对美国企业开放，并就美国企业在条约执行中所遭遇的问题提供援助。

商务部普查局负责对外贸易统计及与贸易统计相关的各种调查，负责服务贸易的部分统计。商务部经济分析局，负责对外贸易 FATS 统计及相关分析。

2. 美国国际贸易委员会（International Trade Commission，ITC）

美国国际贸易委员会是国会设立的一个独立的、无党派的，介于行政部门和司法部门之间的准司法机构，由总统任命，具有与贸易相关的广泛法定职责。ITC 在服务贸易方面的职责主要有两点：（1）ITC 负责执行《1974 年贸易法案》授予总统的"301 条款"，调查贸易伙伴不公平的贸易行为；（2）作为政府在国际贸易方面的智囊团，ITC 进行贸易数据收集与分析，将情报与分析结果提供给美国总统与国会，协助其制定美国贸易政策。ITC 通过提供有关服务贸易问题的专业知识与客观信息，来支持行政机构与国会的贸易政策决策。ITC 每年会定期发布《美国服务贸易近期趋势》(Recent Trends in U. S. Services Trade) 及其他服务贸易相关的研究报告，为贸易政策的决策者提供参考。

表2-9　　　　　　　2001—2013 年 ITC 有关服务贸易的报告

序号	报告名称	时间
1	Recent Trends in U. S. Services Trade (Various Years) 《美国服务贸易近期趋势》	每年发布
2	Environmental and Related Services 《环境服务及其相关服务》	2013 年 3 月
3	Property and Casualty Insurance Services: Competitive Conditions in Foreign Markets 《财产保险服务：在国外市场的竞争情况》	2009 年 3 月
4	Renewable Energy Services: An Examination of U. S. and Foreign Markets 《可再生能源服务：对美国和国外市场的考察》	2005 年 10 月
5	Natural Gas Services: Recent Reforms in Selected Markets 《天然气服务：相关市场的近期改革》	2001 年 10 月

资料来源：美国国际贸易委员会网站（www.usitc.gov）。

3. 美国贸易代表办公室（Office of the United States Trade Representative，USTR）

USTR 是美国总统代表办公室之一，负责协调美国国际贸易和直接投资政策，审查同国外的谈判，对外引导或指导与其他国家的谈判，并代表美国利益。通过跨部门的机制，协调贸易政策，协调各政府机构，为总统提供谈判方案和意见。

在服务贸易方面，服务贸易谈判已经成为贸易代表办公室的工作重点，其致力于扩大服务市场准入谈判，为美国的服务出口和服务企业开拓更为广阔的国外市场。USTR 下设服务与投资办公室（Office of Services &

Investment，SI），负责服务贸易双边、区域和多边协定的谈判、监控和实施，协调各部门的谈判利益，其负责领域涵盖了所有的服务部门，特别是金融、电信、能源、环境、快递和分销服务等核心基础设施部门。

总之，美国贸易代表办公室有关服务贸易的职能领域包括：

（1）为美国服务开拓国外市场，扩大市场准入；

（2）双边、区域和多边服务贸易议题；

（3）有关影响美国进口政策的协商、谈判；

（4）世界贸易组织议题；

（5）由国际组织（如经合组织和联合国贸发会议等）管理的服务贸易事务。

4. 参与美国服务贸易政策制定和管理的其他政府机构

国家经济委员会是有关贸易与经济政策的跨部门协调机构，直接指导经济与贸易政策。总统经济顾问委员会负责向总统提供有关国内和国际经济政策的信息和建议。总统出口理事会成立于1973年，负责向总统提供关于促进出口的建议。由于服务贸易涉及广泛，联邦机构中如美联储、联邦通信委员会、交通部等均负责管理相关的国内服务产业，也会参与到对应产业的服务贸易政策制定中。

（二）行业协会和中介组织

行业协会和中介组织在美国服务业发展当中具有很重要的地位，每个协会都代表本行业或本地区的利益。协会通过各种方式向政府反映本部门诉求，提出建议，影响服务贸易政策的制定；同时向企业提供咨询服务，帮助企业经营发展和开拓国际市场；协会还扮演了政府与企业桥梁的角色，在政府与企业之间传递双方信息与意见。

全美服务行业联合会（Confederation of Services Industry，CSI）成立于1982年，是美国全部服务行业的一个联合会，是美国最主要的服务贸易利益团体，其主要宗旨是减少美国服务业出口的障碍，提出美国服务业发展政策，以增强美国服务业企业的全球竞争力。与此同时，各个行业均有相应的行业协会，如美国旅游业协会（TIA），软件及信息产业协会（SIIA），美国信息技术协会（ITAA），服务雇员国际工会（SEIU）等。

（三）各管理机构之间的协调机制

美国各政府机构和行业协会并不是孤立工作的，由于服务业涉及的部门众多并且存在许多职能交叉，各部门之间已经形成了十分成熟与有效的协调体系，注重跨部门的合作，联合促进服务业和服务贸易的发展。以出口促进为例，在联邦政府内与出口相关的机构就多达几十个，各机构之间职责不清，功能重叠。为协调不同的出口机构，1993年，根据《1992年出口扩大法》，美国成立了联邦贸易促进协调委员会（Trade Promotion Coordination Committee，TPCC），现阶段TPCC由商务部、国务院、财政部、交通部、农业部、能源部、国防部、劳工部、内政部、国际开发署、贸易开发署、环境保护署、信息署、小企业管理局、海外私人投资公司、美国进出口银行、贸易代表办公室、经济顾问委员会、管理与预算办公室、国家经济委员会和国家安全委员会等21个部门组成，由商务部长担任主席。TPCC研究协调联邦政府各部门有关出口促进政策的重大事宜，提交年度《国家出口战略报告》，对各成员机构及其执行的出口贸易促进计划的绩效进行评估。1995年6月，TPCC成立了"服务出口工作组"，负责联邦各相关机构服务出口的协调，制订并协调落实"服务先行策略"方案。

美国各服务贸易管理部门之间有效的沟通协调机制为美国服务贸易的发展提供了强有力的保障。

三 美国服务贸易管理的法律体系

在服务贸易管理方面，美国已经形成了完善的法律体系，在贸易层面有综合性的贸易法案，在产业层面有各个服务行业的行业性法律法规。

（一）综合性贸易法案

美国的综合贸易法案较少涉及服务贸易体制的具体内容，主要针对服务贸易不公平行为、服务贸易谈判、服务贸易协定履行与实施等方面进行规定，并对服务贸易的谈判权、制裁权等作出明确的界定。

《1974年贸易法》（Trade Act of 1974），首次明确提出国际贸易既包括货物贸易也包括服务贸易，该法案的"301条款"授权总统可以对设置服务贸易壁垒的国家实施报复。

1984年的《贸易与关税法》（Trade and Tariff Act of 1984），对《1974年贸易法》"301条款"进行修改，明确规定国际贸易内容包括服务贸易、尖端技术贸易和投资活动，要求政府对外谈判时，把服务贸易与货物贸易摆在同等重要的位置。

1988年《综合贸易与竞争法》（Omnibus Trade and Competitiveness Act of 1988），将服务贸易与货物贸易并列作为扩大出口的两项重要内容，要求外国取消"不公平"、"不合理"和歧视性的贸易措施，否则将实行报复。

1992年《扩大出口法》(*Export Enhancement Act of* 1992),成立由商务部牵头的、跨部门的联合出口促进协调机构"贸易促进协调委员会"(Trade Promotion Coordination Commission,TPCC),负责加强美国产品与出口促进政策的制定与协调事务。1993年9月,克林顿政府公布了以TPCC名义向国会的第一份出口促进报告,即第一份《国家出口战略》(*National Export Strategy*),1994年10月第二份《国家出口战略》便提出了服务出口促进策略的系统报告。

(二)服务行业法律法规

美国还制定了十分广泛的服务行业法律法规,如1978年的《国际银行法》、1984年的《航运法》、1995年的《金融服务公平交易法》、1996年的《电信法》等。

各行业法规系统规定了该服务行业的管理方针,特别是对外国相关服务企业和行业进入美国市场做出了具体的限制和承诺,具有保护国内服务市场、限制外国竞争的作用,是美国相关服务业开放和服务贸易自由化的法律准则。每个具体的服务行业领域均有比较完善的法律法规体系,涵盖了行业管理、行业监管甚至技术层面。以美国信息服务业为例,其法律体系包括《联邦政府信息资源管理条例》、《信息自由法》、《电子情报自由法》、《计算机软件保护法》、《版权法》、《计算机欺诈与滥用法》与《高性能计算法》等。

四 美国服务出口促进体系

为了促进美国产品与服务更好地进入国际市场,美国一直致力于建立一个完善的出口促进体系,而且自20世纪90年代确立"出口先行"的策略以来,服务出口促进已经成为美国出口促进体系的重要内容。

(一)美国出口扶助中心

作为"国家出口战略"的一项举措,美国商务部在各州成立出口扶助中心,现已成立108个出口扶助中心,几乎覆盖了美国主要的贸易城市。各个州根据各自的外贸情况,有1—6个扶助中心,而且各个州之间已经建立了比较完善的服务中心网络,一般每两到三个州会有一个负责协调的中心,协调管理各中心的事务。这些中心与商务部国际贸易管理局、海外商务中心和全国的其他出口促进机构连成一个巨大的服务网络。

这些扶助中心的服务内容包括帮助提供目标市场定位建议,制定营销策略，提供出口前后的融资指导，代办出口信用保险，提供各种出口促进和出口资助方面的信息与咨询服务等。这些中心虽然由商务部直接管理，但往往与小企业管理局和进出口银行及国际开发署等机构联合开展业务，对简化出口影响和贸易融资支持的手续和程序有很大作用。

（二）美国贸易开发署

美国贸易开发署是根据1961年《美国对外援助法》由国会直接批准成立并且提供资金的独立机构，其主要使命是围绕美国的外交政策目标，通过向美国公司为国外规划的重大基础设施项目和开放贸易体系提供开发研究赠款，以及与多个跨国开发银团的合作，实施对外援助，同时帮助美国企业产品和服务出口，为美国创造就业机会。

由于美国贸易开发署提供的项目主要集中在与美国服务贸易出口关系密切的交通、能源、水利与环境保护、医疗、矿业、资源开发、电信和信息技术与服务上，其对美国服务出口的作用不断增强。

（三）进出口银行

美国进出口银行是按照《进出口银行法》经国会批准成立的独立机构，是美国官方的出口信用机构。其职责是通过向美国企业提供出口融资、出口信用保险等促进美国商品和服务的对外出口。近年来，进出口银行专门开办了面向中小服务企业服务出口的专项贷款。

五 美国服务贸易统计体系

1985年美国颁布了《国际投资与服务贸易调查法》，规定从事服务贸易的美国企业定期申报服务贸易额，不履行申报义务将会受到民事处罚，对于故意不履行该义务的，可以追究其刑事责任。该法案的颁布为美国的服务贸易统计奠定了法律基础，也显示出美国对于服务贸易统计的重视。

（一）BOP统计

该项统计由商务部经济分析局负责。美国服务贸易的BOP统计主要通过进行企业调查获取数据。首先，通过相关的政府机构、协会组织等获取调查企业的名录。其次，在获取名录后，统计部门会根据调查对象的不同确定不同的调查模式和调查期限，对于年营业额50万美元以上的企业，进行每5年一次的基准调查；对于年营业额100万美元以上的企业每年进行全面的调查；对于年营业额100万美元以下的企业每年进行目录抽样问卷调查。最后，对收集的数据进行整理和推算。

(二) FATS 统计

美国自 1977 年起对外国附属机构服务贸易统计数据进行连续采集，采取外国附属机构服务贸易 (Foreign Affiliates Trade in Service, FATS) 统计体系，由商务部经济分析局负责，主要内容是对境内外商投资企业、境外投资企业的境内母公司进行调查，汇总其中绝对控股的外商投资企业、境外投资企业在境内外的服务交易数据，这样能统计出外国附属机构中居民与非居民、居民与居民之间的服务交易。

该统计调查采取基准调查与年度调查相结合的形式，基准调查每 5 年进行一次，年度调查在非基准调查年度进行。服务贸易的数据在首次发布一年后进行初步修订，两年后再次修订。

美国的服务贸易统计制度具有法制化、统计机构与队伍专业化、统计方法科学化等特点，完善的服务贸易统计体系为美国服务贸易的发展提供了翔实、准确的统计资料，为美国服务贸易的发展提供了保障。

第六节 美国服务贸易发展的最新动态

一 在美国"重返亚太"和促进出口的战略背景下，促进服务出口成为当前美国政府在服务贸易领域的主要趋向

奥巴马上台以后，其主要的贸易政策取向是"重返亚太"和促进出口，前者主要目的是帮助美国重新夺回在亚太地区的经济和贸易优势，后者主要致力于通过促进出口带动美国本土经济复苏和就业增长。

美国贸易代表柯克在 2009 年 3 月明确表示，奥巴马政府将致力于确保现有贸易规则与协定的严格实施，而不是致力于签订新的贸易协定。而在双边与区域贸易关系方面，奥巴马政府则一如克林顿与小布什总统的贸易战略，十分重视亚太市场，注重利用双边与区域贸易协定打开亚洲太平洋市场。2009 年 11 月，奥巴马在东京关于亚洲政策的演讲中指出，美国可以在亚太地区出口更多的产品，在向亚太地区出口的过程中也可以为美国国内创造就业机会。

在 2010 年的国情咨文中，奥巴马总统确定了未来五年中使出口量翻番并且为美国增加 200 万个工作岗位的目标;[①] 随后奥巴马又在美国进出口银行的年会上指出,美国需要通过各种贸易协定打开其他国家市场与行业的大门以促进就业,并宣布成立"国家出口倡议"(National Export Initiative,NEI),该倡议将集中美国政府的所有资源用以促进美国的货物与服务出口。为配合该计划,美国政府还成立了由国务卿、财政部长、农业部长、商务部长、劳工部长、贸易代表以及进出口银行行长及其他出口相关部门首脑组成的出口促进内阁,并重新成立总统出口委员会,极力促进出口增长。骆家辉在关于 NEI 的讲话[②]中指出,除成立出口促进内阁以加强贸易支持之外,NEI 还将加强对中小企业的信贷支持并加强贸易法规的执行,以消除阻止美国公司自由、公平地进入外国市场的壁垒。

  2010 年 9 月,美国出口促进内阁就出口促进倡议向总统提交的报告[③]中指出,美国是世界上最大的服务市场和服务贸易出口国,美国服务出口商具有极强的竞争力而且美国在服务贸易方面持续拥有顺差,现有的 1320 亿美元顺差已经超过了其他国家的总和。但是,美国服务贸易出口在 2009 年只占美国全部出口的 32%,对美国出口的贡献较小。美国方面认为来自贸易伙伴的市场进入壁垒和贸易壁垒是造成美国服务贸易出口和对外投资难以进入国外市场的主要原因,据其估算,美国服务业所面临的贸易壁垒是商品出口所面临贸易壁垒的数倍。为了扩大美国服务贸易出口,TPCC 向政府提出了三点建议。

  第一点是优化美国服务业数据统计和测算。第二点是继续优先发展重点服务贸易行业和开拓重点市场,评估对美国经济增长具有重要潜力的服务业,并把这些部门与主要海外市场上不断增长的销售机遇相匹配。中国服务市场自然是美国方面关注的重点目标,该报告提出要通过中美战略与经济对话以及中美商贸联委会,商讨服务贸易议题,扫清中国对美服务贸易壁垒。第三点是消除阻碍美国服务出口的壁垒。美国服务出口对于美国经济的扩张极其重要,为了促进美国各服务行业的出口,美国联邦政府将

[①] Remarks by the President in the State of the Union Address, January 27, 2010, http://www.whitehouse.gov/the-press-office/remarks-president-state-union-address.

[②] "National Exports Initiative Remarks".

[③] *Report to The President on The National Export Initiative: The Export Promotion Cabinet's Plan for Doubling U. S. Exports in Five Years*, http://www.whitehouse.gov/sites/default/files/nei_report_9-16-10_full.pdf.

加强贸易促进措施帮助美国服务企业进入重点的国外市场。该报告还特别强调,同主要贸易伙伴的双边对话,如中美商贸联委会、中美战略与经济对话、印度贸易政策论坛以及美欧跨大西洋经济委员会等,为相关的服务议题提供了磋商方式。这三点建议既体现了美国传统的服务业和服务贸易战略,也体现了美国在后危机时代促进服务贸易特别是服务出口的决心。

表2-10描述了"美国—哥伦比亚自由贸易协定"、"美国—韩国自由贸易协定"和"美国—巴拿马自由贸易协定"三个近期签署的自由贸易协定对相关美国服务贸易进出口及GDP的影响,可以看出这三个自由贸易协定的签署对美国服务贸易进口影响很小,但是在一定程度上促进了美国服务贸易出口和GDP的增加。这说明美国通过自由贸易协定促进出口,进而带动经济复苏的做法是有效的。

表2-10 近期签署的自由贸易协定对美国服务贸易及经济的影响预测

自由贸易协定伙伴	对美国向伙伴国服务出口影响	对美国自伙伴国服务进口影响	对美国GDP影响
哥伦比亚	小幅增加	无可测度影响	+25亿美元
韩国	增加	无实质影响	+101亿~119亿美元
巴拿马	小幅增加	无明显影响	影响较小

资料来源:WTO对美国的《贸易政策审议报告(2013)》。

二 美国力图通过TISA、TPP和TTIP树立服务贸易谈判的模板

《国际服务贸易协定》(Trade in Services Agreement,TISA)、"跨太平洋伙伴关系协议"(Trans-Pacific Partnership Agreement,TPP)和"跨大西洋贸易与投资伙伴协议"(Transatlantic Trade and Investment Partnership,TTIP)是美国现阶段着力推动的三大贸易谈判。在这三大贸易协定中,服务贸易占据了重要的地位,美国更是期望通过这三大贸易协定为今后的服务贸易谈判树立模板。

TTIP是由美国和欧盟发起的双边自由贸易协定,于2013年6月签订,该协议覆盖了全球1/3的货物和服务贸易以及一半的经济产出。在服务贸易方面,TTIP致力于消除不必要的境内非关税壁垒以及形成迄今为止在贸易协定中最高水平的自由化。

TPP实际上是美国"重返亚太"战略的一项重要举措,它是由美国

和 11 个太平洋国家签署的多边贸易协定，该协定覆盖了全球百分之四十的货物与服务贸易以及百分之三十九的经济产出。在服务贸易方面，TPP 各参与国已经在原则上达成一致，致力于构建公平、开放以及透明的服务贸易市场，包括以电子方式提供的服务。

TISA 是关于服务贸易的一个多边协定，2014 年 3 月，共有 50 个国家在日内瓦进行 TISA 协商，这 50 个国家覆盖了全球 70% 的服务贸易额和 67% 的经济产出。TISA 实际上是目前服务贸易新的多变格局的产物，首先，WTO 框架下的服务贸易自由化谈判基本停滞，TISA 即在此背景下成为美国和欧盟等发达国家重新构建服务贸易多边框架与规则的工具；其次，发达国家在服务业与服务贸易方面具有显著的优势，对于其在后危机时期恢复本国优势，弥补货物贸易颓势具有重要作用，因此发达国家借助 TISA 构建于其有利的新的服务贸易体系与规则。TISA 被认为能够解决服务贸易中的主要壁垒，并能建立现代服务贸易治理体系。

TISA、TPP 和 TTIP 实际上是美国在后危机时代构建符合美国利益的多边贸易体系和多边贸易规则的工具，而服务贸易又是其中的关键内容，对于美国开拓国外市场、促进出口具有重要作用。

第七节 美国服务贸易发展对中国的启示与借鉴

一 高度重视服务贸易，确立"服务先行"的出口策略

美国一直以来对服务贸易十分重视，较早认识到国际贸易的竞争优势将会从货物贸易转向服务贸易，服务贸易出口的增加能够带动美国经济增长，带动国内就业增加。1994 年的《国家出口战略》系统报告了服务出口的促进策略，并于 1995 年由美国商务部制定了"服务先行"的出口策略方案，极力促进服务贸易出口。事实证明，"出口先行"策略极大促进了美国的服务贸易出口，继而带动了国内服务产业的发展，确立了美国在服务业和服务贸易方面全球领先的地位。

长期以来，中国对服务贸易不够重视，不能有效认识服务贸易对促进外向型经济发展的重要作用，导致货物贸易和服务贸易发展极不平衡。虽然中国的对外贸易一直处于顺差状态，但服务贸易却一直处于逆差，且逆差额逐年扩大，形成了货物贸易和服务贸易发展不均衡的不合理局面；服

务贸易出口结构不合理，出口以传统服务业为主，高端服务出口占比过低，服务贸易竞争力低下。

中国应改变片面重视货物贸易，忽视服务贸易的观念。现在全球已经进入服务经济阶段，未来的全球经济甚至制造业都将由服务业推动，而服务贸易是一国服务业竞争力的体现。因此，中国应将促进服务贸易发展放到国家贸易战略的高度，制定国家层面的服务贸易出口的发展战略；合理确定服务贸易的发展目标，在财税政策、机构设置等方面给予服务贸易发展有力的支持。

二 重视国内服务业发展，确立重点发展的服务产业，筑牢服务贸易的基础

1994年的美国《国家出口战略》报告指出，为了促进美国经济发展和就业增长，美国应重点支持部分行业发展，特别是服务产业，比如环保、信息、运输、医疗保健及金融服务等。而且美国在金融服务、信息服务、专有权利使用费和特许费服务等方面均处于国际领先水平，为服务贸易的发展奠定了坚实的产业基础。

一国的服务贸易结构、服务贸易发展水平往往是该国服务产业结构、服务业发展水平的直观反映。2012年美国服务业占GDP的比重为68.4%，占比较高的服务产业分别为金融和保险服务业、专业和商业服务业、教育和医疗服务业以及分销业，强大的服务产业为服务贸易提供了坚实的基础。而现阶段我国服务业发展滞后，服务产业结构不合理，资本和技术密集型服务贸易所占比重偏低，占比较高的运输和旅游服务贸易则处于粗放型的发展阶段，自然导致服务贸易发展滞后。

我国现在仍处于服务业发展的初期，首先应加大对服务业的绝对投入，包括基础设施投入、人力资本投入等，为无论是传统服务业还是新兴服务业的快速发展奠定坚实的基础；其次应当大力发展高附加值服务产业，正如美国依靠其强大的高端人力资本和高科技能力，在专有权利和特许权、金融服务业等高附加值产业中占据绝对优势，中国也应重点发展特色型和高附加值的服务产业，加强运输和旅游服务业的集约化发展模式，重点支持电子信息服务业、金融服务业等一批高端服务业，优化服务业结构，增强我国服务业的国际竞争力；与此同时，应大力发展生产性服务业，形成服务业和制造业的良性互动，进而带动货物贸易和服务贸易的共同发展。

三 完善的服务贸易管理体系和协调制度

完善的服务贸易管理体制是美国服务贸易快速发展的一个重要支撑。从贸易政策制定到服务贸易管理，再到相关的行业管理，美国在联邦政府及地方政府层面均有完善的、分工明确的服务业和服务贸易管理机构，而且建立了有效的部门间沟通协调机制。美国实行联邦和州两层分工、并行监管的体制，二者不是垂直管理，当职能分工存在交叉时，坚持"联邦优先"的原则。与此同时，美国还有发达的民间服务行业组织，这些行业组织很好地起到了行业自律和协调政府与企业关系的作用。

现阶段我国服务贸易管理面临的首要问题是缺乏统一、完善的服务贸易管理体系。在商务部系统仅有服务贸易和商贸服务业司，其并非专门管理服务贸易且行政级别较低；服务贸易根据其所涉及的服务行业归属不同的部门管理，形成了服务贸易多头管理的局面；各贸易管理部门与服务业管理部门之间在服务贸易政策方面协调程度较差，难以形成统一、有效的服务贸易管理体制。

我国应成立全国性、高级别的服务贸易管理机构，并根据服务贸易涉及管理部门较多的特点形成有效的服务贸易政策协调机制或成立服务贸易政策协调机构。同时，我国应借鉴美国经验，重视行业协会的作用，成立由服务业企业组成的全国性和行业性的联合会，并消除行业协会的行政色彩，由各行业和企业进行组建和管理，而由政府对其加强指导。

四 完备的服务业和服务贸易法律体系

美国拥有完善的服务业和服务贸易的法律体系，全面涉及服务贸易、行业监管甚至技术层面。这些法律法规具有保护本国服务市场，限制外国竞争，进行服务业监管的性质，为服务业和服务贸易的发展创造了良好的法律环境。

相较于美国，我国服务业和服务贸易立法严重不足。我国在服务贸易管理方面仍然是以《对外贸易法》为主，而该法案仅有少部分内容涉及服务贸易，而且只是针对服务贸易的法律原则，缺少服务贸易管理的法律细则；在行业层面，虽然在中国加入WTO以后陆续颁布了《商业银行法》、《保险法》等相关的服务行业法律，但是在不少领域还是处于法律空白，许多方面无法可依，无法对外国在华服务企业及其分支机构进行有效的管理和监督，也无法为经营者提供有效的保护；即使在已经完成立法的服务业领域，法律也不尽完善，仅侧重某一方面的规定，缺乏对于行业管理、外资监管等全方面的法律保护。

我国应尽快完善服务业和服务贸易法律体系，在贸易领域，应当制定一部专门的服务贸易法律，作为服务贸易管理的根本制度；在行业领域，加快各服务业部门立法进度，形成内容完备、层次分明的服务业法律体系。

五 重视并不断改进服务贸易统计体系

相较于美国完善的服务贸易统计体系，我国的服务贸易统计体系尚未完善，BOP 统计体系尚处于初级阶段，FATS 统计体系也未建立。完善而强大的服务贸易统计体系是服务贸易发展的基础，美国已经形成完善的 FATS 统计体系，但是鉴于认识到服务贸易统计的重要性，TPCC 在向美国政府的建议中仍然强调要优化美国服务业数据统计和测算。

作为服务贸易统计的后进者，我国应借鉴美国的先进经验，完善服务贸易的统计调查方法，建立高质量的统计团队，设定符合国际标准的服务贸易统计分类标准，扩大与完善服务贸易统计数据的采集渠道，提高服务贸易统计数据的质量，尽早形成完备、切实可行的服务贸易统计体系。

六 重视双边、区域和多边服务贸易谈判，主动出击，努力拓展海外服务贸易市场

美国依靠自身高水平的服务业，主动出击，通过双边、区域及多边服务贸易谈判，迫使贸易伙伴消除服务贸易壁垒，开放服务贸易市场，为美国的服务出口创造机会。而且根据不同国家和不同服务行业的特点，美国制定有针对性的方针政策，给谈判对手施压，确保谈判对手尽量地向美国开放服务市场。这种主动出击，各个击破的服务贸易谈判策略不断地为美国打开新的服务市场，极大地促进了本国服务业和服务贸易的发展。与此同时，美国还积极推动 TISA、TPP 和 TTIP 等贸易协议，并通过这些协议积极推行由其主导的服务贸易规则，构建新的服务贸易体系。

在服务业开放程度不断提高的国际背景下，虽然中国的服务业和服务贸易发展较为落后，但国际经验已经证明，保守地封闭本国市场只能使自身孤立于全球服务贸易体系之外，错失服务贸易发展的国际环境。因此，中国应积极参与服务贸易谈判，争取于我有利的国际服务业和服务贸易规则；在服务业开放的同时，最大限度地保护国内服务业的发展，获取服务贸易自由化的利益。

第三章　德国服务贸易政策

德国是一个高度发达的工业化国家，人均 GDP 已超过 4 万美元。作为欧洲第一大经济体，德国 GDP 约占欧洲的 20%，被称为欧洲发动机。2013 年德国 GDP 在全球居第四位，排在美国、中国和日本之后。服务业在当今世界的发达经济体中占 GDP 比重最高，即使是以工业立国的德国也不例外，其服务业和服务贸易发展迅速，在国民经济中占有举足轻重的地位。作为欧盟经济体系的核心成员，德国积极推动欧盟内部服务贸易自由化和一体化，同时推动欧盟作为一个整体在全球开展自由贸易谈判，德国对服务贸易的开放和监管可为中国服务贸易的发展提供启示和借鉴。

第一节　德国服务贸易发展现状

一　德国服务贸易在全球服务贸易中的地位

德国既是传统意义上的工业大国，因其"德国制造"享誉全球，同时德国也是国际贸易强国，其货物贸易总额、出口总额、进口总额居世界第三位，排名在中国和美国之后。在服务贸易方面，德国现在是仅次于美国的世界第二服务贸易大国，自 1980 年以来，德国一直位居世界服务贸易出口的前五名，2005 年德国服务贸易出口超过法国，成为美国、英国之后第三大服务出口国。2013 年，德国服务贸易总额达到 6030 亿美元，占全球服务贸易总额的 6.68%，仅次于美国；服务贸易出口额为 2862 亿美元，排在美国和英国之后，居世界第三位；服务贸易进口额为 3168 亿美元，排在美国和中国之后，居世界第三位。

表3-1　　　　　　德国服务贸易在全球贸易中的地位

单位：亿美元,%

年份	总额 排名	总额 金额	总额 全球份额	服务贸易出口额 排名	服务贸易出口额 金额	服务贸易出口额 全球份额	服务贸易进口额 排名	服务贸易进口额 金额	服务贸易进口额 全球份额
2010	2	5101	6.9	3	2425	6.3	3	2676	7.4
2011	2	5420	6.5	3	2530	6.1	2	2890	7.3
2012	2	5400	6.0	3	2550	5.9	2	2850	7.1
2013	2	6030	6.9	3	2862	6.2	3	3168	7.2

资料来源：WTO.

德国在建筑、海运、通信、快递、技术服务、金融服务、保险服务和环境服务方面，具有较强的国际竞争力。德国建筑业历史悠久，同时在开发创新服务方面扮演重要角色，因此德国是世界主要的建筑和规划服务出口国。

按照世界银行2014年"物流业绩指数"，德国物流业的高质量基础设施排名第一，在2007—2014年的物流业绩指数汇总排名中，德国同样高居榜首。就物流运输业而言，作为欧洲最大的物流市场，德国的物流业营业额超过2200亿欧元，占有30%市场份额，为名列欧洲第二和第三的法国和英国的总和。

德国的技术密集型服务发展最迅速，专业技术服务占有极大优势。商业服务和个人服务部门则借助现代信息技术的发展超越了时间和空间的界限，并且全球化和国际服务贸易的自由化强有力地推动了德国的商业服务和基础设施建设，德国的保险和金融服务在世界上以其专业性著称。

二　德国服务业对国内经济增长的贡献度

服务业一直是德国经济的重要支柱产业，在整个国民经济中的地位举足轻重。德国的服务业包含进行无形商品交易的所有商业活动，涉及以下行业：建筑业、批发零售业、物流业、咨询业、金融服务、酒店和餐饮业、房地产业、健康服务、创意产业、教育和公共服务。德国代表性的大型服务企业包括：德国安联集团（Allianz Group）、德意志银行（Deutsche Bank）、麦德龙股份公司（Metro AG）、德国电信（Deutsche Telekom）、汉莎航空股份公司（Deutsche Lufthansa）、贝塔斯曼（Bertelsmann）等。

自 20 世纪 80 年代末以来德国逐渐向服务经济转型，服务业在德国经济中的作用日益重要，服务业增加值占 GDP 的比重由 1991 年的 62%上升到 1999 年的 69%，进入 21 世纪以来相对稳定地保持在 70% 左右。

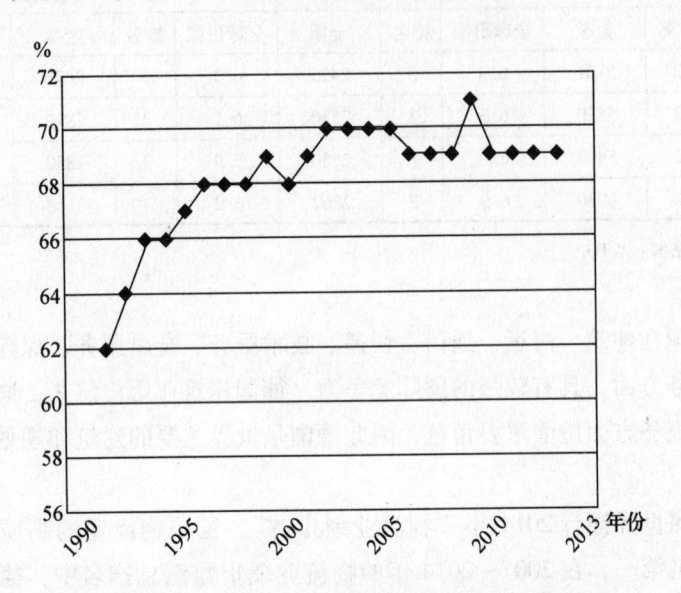

图 3-1　1990—2013 年德国服务业增加值占 GDP 比重

资料来源：World Development Indicators 1990-2013, http://www.worldbank.org.

德国的贸易、金融、保险、旅游和会展业非常发达，这些优势产业的快速发展在引导生产、促进消费、扩大内需和创造效益方面发挥了重要作用。交通运输、电信、邮政、物流等领域随着原有垄断的打破和市场管制的逐渐放宽，企业活力不断增强，推动德国服务业整体实力的提高。此外，新技术的发展也在第三产业中形成了全新的分支，尤其是以知识驱动的服务业对德国经济具有重要影响，其增加值占德国 GDP 的比重约为 30%。IT 服务、研发以及创意产业也成为德国主要的经济发展动力。而且，德国人口的老龄化发展趋势也催生了对家政服务和健康服务的强劲需求。

表 3-2　　　　　　　　2011—2013 年德国各行业附加值

单位：10 亿欧元

行业	2011 年	2012 年	2013 年
农业、林业和渔业	18.46	19.98	19.06
工业（不包括建筑）	607.80	616.94	626.46

续表

行业	2011年	2012年	2013年
制造业	529.79	534.36	535.46
建筑	109.18	111.32	114.76
贸易、交通、酒店和餐饮	339.09	347.48	355.24
信息和通信	94.66	96.02	96.21
金融和保险	101.47	94.42	99.68
房地产活动	283.15	289.29	299.15
商业服务	253.94	264.51	280.12
公共服务、教育、健康	421.87	438.11	450.55
其他服务	105.27	108.72	112.62
总计	2334.89	2386.79	2453.85

注：表中数据按当前价格计算。

资料来源：http://www.bundesbank.de.

德国科隆经济研究所2007年对德国经济中34个行业的发展进行了排名，在发展前景排名前12的行业中，服务业占5个，包括商业服务、物流、保健与社会服务、金融服务、教育与科研等，而且商业服务业高居榜首，超过了汽车、化工和机械制造等传统龙头行业。德国服务业的良好发展前景创造了很多新工作，2013年德国新注册企业755048家，其中服务业企业达70581家。

表3-3　　　　2011—2013年德国各行业企业注册数量统计

企业注册	2011年	2012年	2013年
总数	821207	757371	755048
建筑	112103	110789	116026
批发零售，汽车、个人和家庭物品修理	180230	165934	166627
酒店和餐饮	59305	56196	55362
房地产和租赁业务	18953	18170	18094
专业服务和科技服务	80508	73667	73932
管理和支持服务	105081	95436	93171
其他服务	74538	70281	70581
其他经济活动	190489	166898	161255

资料来源：http://www.bundesbank.de.

2012年各行业在德国GDP的占比如下：金融服务、租赁、商业服务占27.2%，工业占22.4%，商业、餐饮业和交通占14.6%，建筑占4.7%，信息和通信占4.0%，其他占27.1%。现在大约有73%的就业人口从事服务业。

表3-4　　　　　2003—2012年德国就业人口的产业分布

年份	总人数（千人）	农业、林业和渔业（第一产业）占比（%）	生产行业（第二产业）占比（%）	其他服务活动（第三产业）占比（%）
2003	34800	0.9	28.0	71.1
2004	34777	0.9	27.5	71.6
2005	34559	0.9	27.0	72.1
2006	34736	0.8	26.6	72.6
2007	35359	0.8	26.6	72.6
2008	35868	0.8	26.6	72.6
2009	35900	0.9	26.0	73.1
2010	36110	0.9	25.6	73.5
2011	36625	0.9	25.7	73.4
2012	37076	0.9	25.7	73.4

资料来源：https://www.destatis.de.

表3-5　　　　2012年德国服务业主要部门的就业人数和营业额

经济部门	就业人数（百万）	营业额（10亿欧元）
交通运输业和仓储业	2.0	275.6
信息和通信业	1.1	234.2
专业、科技服务	2.1	239.2
管理和支持服务	2.9	162.9

资料来源：https://www.destatis.de.

三　德国服务贸易规模

德国经济具有明显的外向型特征，国民经济对外贸的依存度高达60%以上，而服务贸易占贸易总额的近20%。如表3-6所示，2003—2013年，德国服务贸易出口在GDP中的占比稳步上升，从4.9%上升到7.9%；服务贸易进口在GDP中的占比除在2009年较前一年略有下降外，基本呈上升趋势，从7.0%上升到8.7%。2013年德国国内生产总值36360亿美元，服务贸易额占GDP的16.6%，其中出口依存度为7.9%，进口依存度为8.7%。

表 3-6   2003—2013 年德国服务贸易进出口在 GDP 中的占比

单位:%

年份	服务贸易出口占比	服务贸易进口占比
2003	4.9	7.0
2004	5.3	7.1
2005	5.8	7.6
2006	6.4	7.7
2007	6.5	7.7
2008	6.9	7.9
2009	7.1	7.7
2010	7.3	8.0
2011	7.3	8.2
2012	7.6	8.6
2013	7.9	8.7

资料来源：https://www.destatis.de.

德国作为世界第二服务贸易大国，在全球服务贸易中占比较高。2013年，德国服务贸易出口规模居全球第三位，出口额占全球服务贸易出口总额的 6.16%（如图 3-2 所示）；服务贸易进口规模居全球第三位，进口额占全球服务贸易进口总额的 7.23%（如图 3-3 所示）。

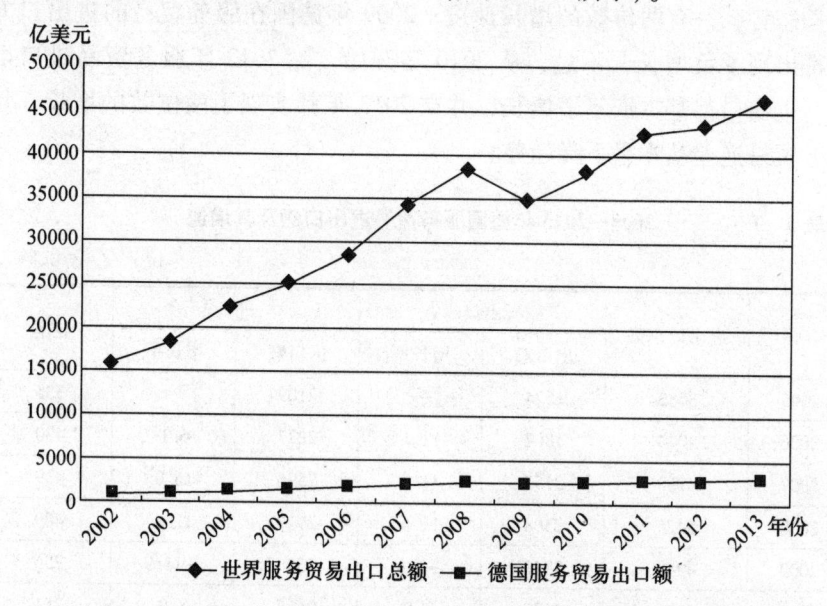

图 3-2   2002—2013 年德国服务贸易出口额与世界服务贸易出口总额

资料来源：WTO.

·120· 国际服务贸易政策研究

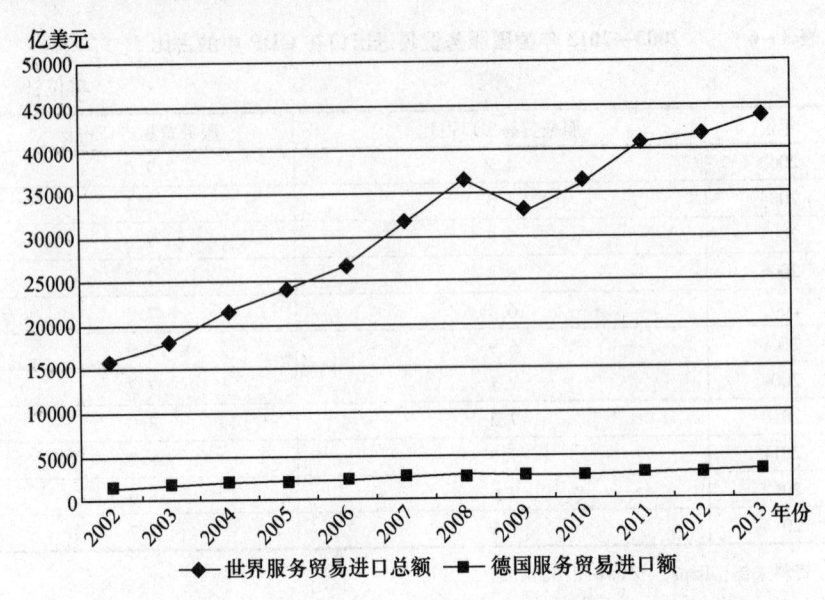

图3-3 2002—2013年德国服务贸易进口额与世界服务贸易进口总额

资料来源：WTO.

如表3-7所示，2005—2008年，德国的服务贸易进出口保持了稳定增长态势，并有两位数的增长速度；2009年德国在服务贸易的进出口方面都出现了负增长，不过，从2010年开始，除2012年服务贸易进口以外，进出口都基本恢复了增长，并在2013年都实现了两位数的增长，且服务贸易逆差基本呈下降趋势。

表3-7　　　　2005—2013年德国服务贸易进出口额及其增速

单位：亿美元，%

年份	进出口总额	出口额	增长率	进口额	增长率	逆差
2005	3683	1574	—	2109	—	535
2006	4044	1807	11.5	2237	6.1	430
2007	4753	2157	11.9	2596	16.0	439
2008	5425	2508	11.6	2917	12.4	409
2009	4940	2342	-6.7	2598	-11.9	256
2010	5101	2425	3.5	2676	3.0	251
2011	5420	2530	4.3	2890	8.0	360

续表

年份	进出口总额	出口		进口		逆差
		出口额	增长率	进口额	增长率	
2012	5400	2550	0.8	2850	-1.4	300
2013	6030	2862	12.2	3168	11.2	306

资料来源：WTO.

四 德国服务贸易结构

(一) 德国服务贸易行业结构

1. 出口行业结构

联合国贸易和发展会议（UNCTAD）的统计将服务贸易分为运输服务、旅游服务和其他服务三大类，在其他服务中又包含通信服务，建筑服务，保险服务，金融服务，计算机和信息服务，专利和许可证费，其他商业服务，个人、文化和娱乐服务以及政府服务。

2000—2012年，德国旅游服务出口额增加缓慢，而其他服务出口额增长迅速，2012年其他服务出口额已达到2000年出口额的3.9倍（见表3-8）。

表3-8　　　　　　2000—2012年德国三大类服务出口额

单位：百万美元

年份	运输服务	旅游服务	其他服务
2000	19801.916	18647.503	44688.594
2001	20492.881	18043.686	49983.445
2002	23369.252	19152.040	59067.548
2003	26897.388	23053.291	73205.994
2004	34301.217	27618.533	84973.894
2005	40816.047	29161.070	93836.741
2006	44842.757	32772.119	109438.610
2007	53517.611	35990.463	132521.170
2008	63353.719	39750.980	152788.660
2009	51880.757	34510.303	152856.940
2010	58083.955	34645.617	154797.400
2011	61320.210	38816.718	173713.950
2012	57879.156	38116.701	174446.930

资料来源：UNCTAD 数据库。

如图 3-4 所示，就三大类服务出口占总出口的比重而言，旅游服务出口为三者最低，且其比重在 2000—2012 年间持续下降；运输服务出口所占比重居中，保持基本稳定，略有波动；而其他服务出口所占比重最高，总体保持上升趋势，从 2000 年的 54% 上升至 2012 年的 65%。

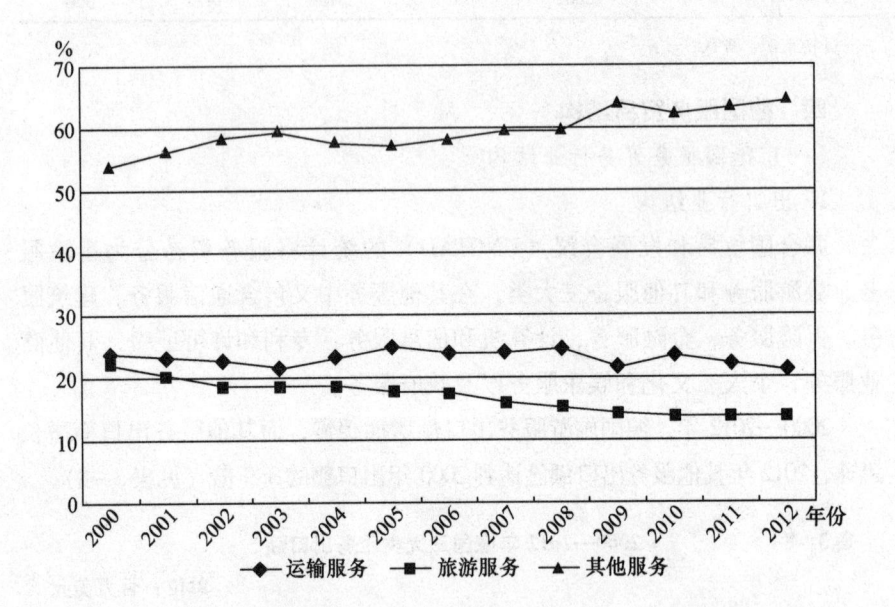

图 3-4　2000—2012 年德国三大类服务贸易出口占比

资料来源：UNCTAD 数据库。

在其他服务中，德国的其他商业服务出口占服务贸易总出口的比重远远超过其他行业，甚至已超过运输和旅游出口，并且除 2002 年略有下降外，2000—2012 年一直保持稳定增长态势（见图 3-5）。

如图 3-6 所示，2012 年德国服务贸易出口中其他商业服务所占比重最高，达 33.99%，其次是运输服务，占 21.40%，排在第三位的是旅游服务，占 14.09%。

2. 进口行业结构

德国服务贸易进口行业结构与其服务贸易出口行业结构略有不同，运输服务进口所占比重为三者最低，这与德国运输业具有明显行业优势相关；旅游行业进口占比居中，近年来呈下降趋势，但是其比重和数额均高于旅游出口，表明旅游业为德国逆差行业；其他服务进口占比最高，基本

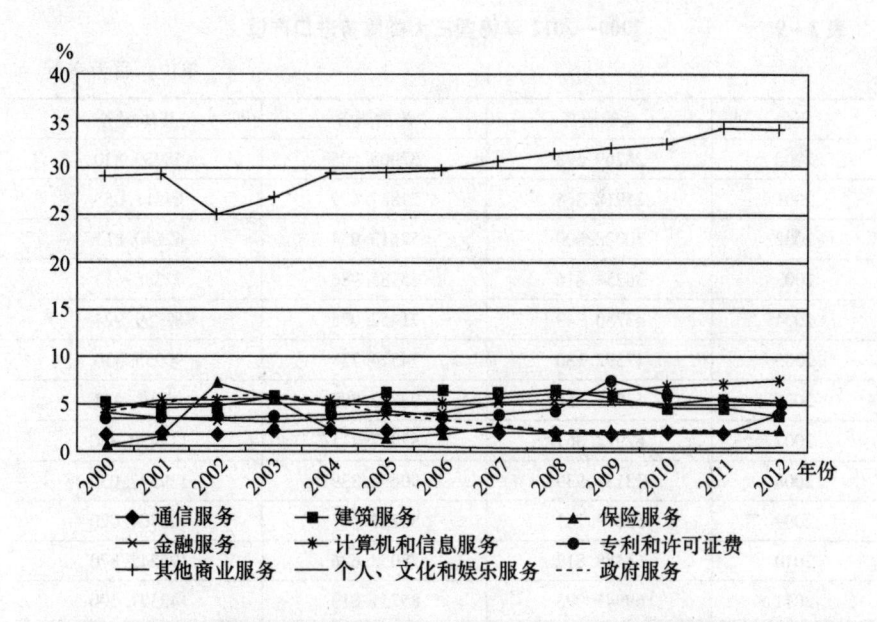

图 3-5　2000—2012 年德国其他服务中各类服务出口占服务贸易总出口的比例
资料来源：UNCTAD 数据库。

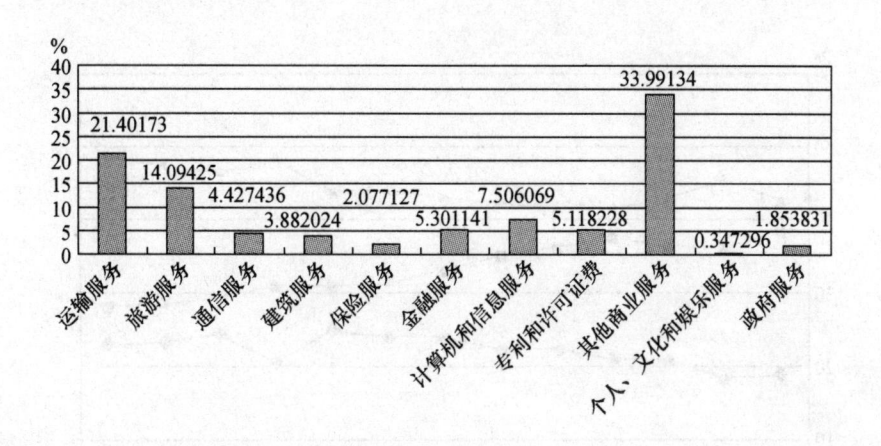

图 3-6　2012 年德国服务贸易出口行业占比
资料来源：UNCTAD 数据库。

保持上升趋势，但低于其出口占比，表明德国其他服务方面拥有行业优势（见表 3-9 和图 3-7）。

表3-9　　　　　　2000—2012年德国三大类服务进口产值

单位：百万美元

年份	运输服务	旅游服务	其他服务
2000	26269.578	52908.605	58959.830
2001	25918.336	51887.679	64811.053
2002	30008.000	52613.054	62640.817
2003	36254.816	65185.986	72386.613
2004	43750.349	71452.075	82769.924
2005	47392.180	74324.728	90955.330
2006	53853.455	73882.789	97598.974
2007	62972.361	82967.215	115490.840
2008	73151.939	90605.339	129577.030
2009	53679.761	80827.347	126704.020
2010	65488.812	78053.626	125242.870
2011	69945.993	85751.819	142327.500
2012	67839.403	83444.046	144464.690

资料来源：UNCTAD数据库。

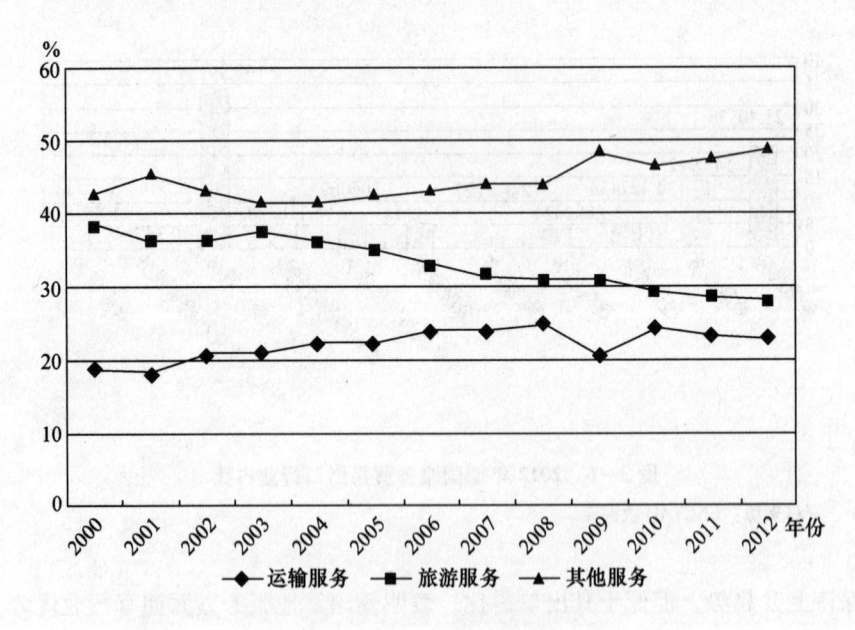

图3-7　2000—2012年德国三大类服务贸易进口所占比重

资料来源：UNCTAD数据库。

在其他服务中，其他商业服务进口在德国服务贸易总进口中占比最高，基本保持在25%左右，但低于其他商业服务出口占比，表明德国其他商业服务具有行业优势。

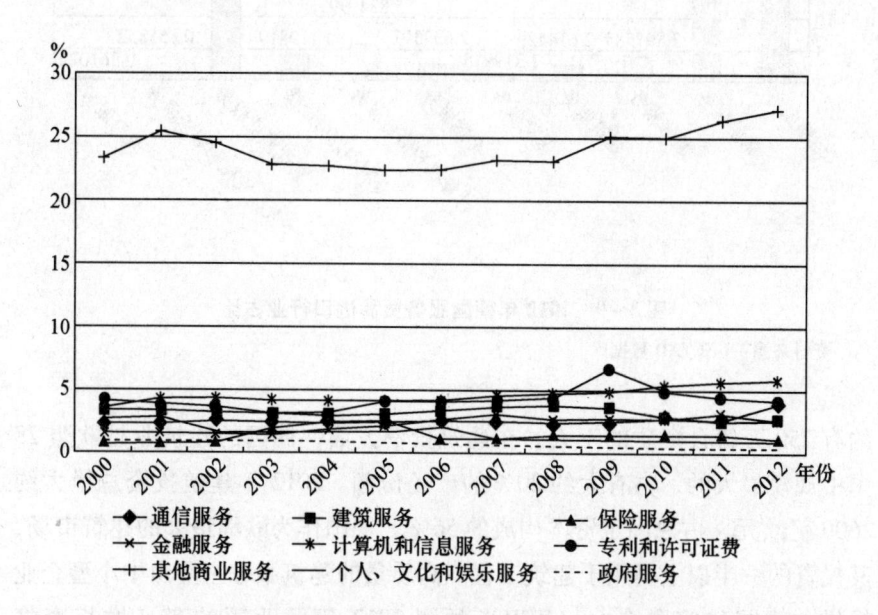

图3-8　2000—2012年德国其他服务中各类服务进口占总服务贸易进口的比例
资料来源：UNCTAD数据库。

如图3-9所示，2012年德国服务贸易进口中旅游服务所占比重最高，达28.21%，紧随其后的是其他商业服务，占27.25%，排在第三位的是运输服务，占22.94%。

3. 进出口重要行业

德国服务贸易的各行业中，建筑业、运输业、保险业、金融业和旅游业具有重要地位，在德国服务贸易进出口中占有很大比重（见图3-8和图3-9）。

（1）建筑业①

建筑业是德国最重要的经济部门之一，是德国最大的就业行业，2011年有大约391000家公司，2012年达到大约501800家建筑公司，并雇用大

---

① http://www.ixpos.de/IXPOS/Navigation/EN/Your-business-in-germany/Business-sectors/Service-industries/construction.html.

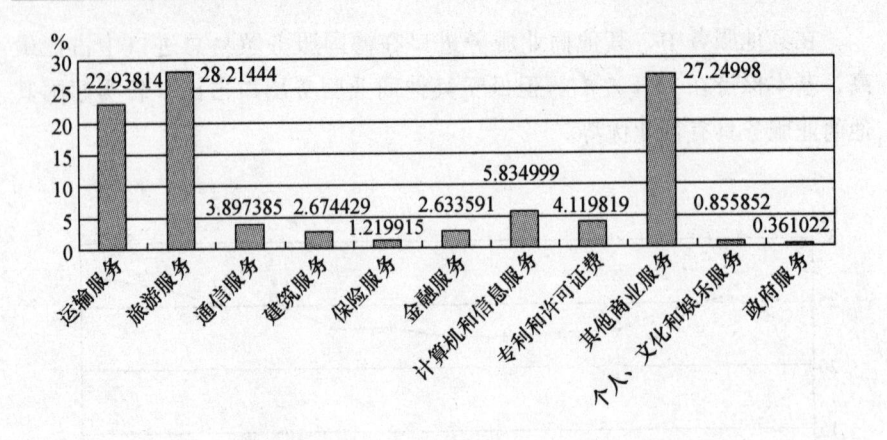

图 3-9　2012 年德国服务贸易进口行业占比

资料来源：UNCTAD 数据库。

约有 250 万符合资质的工人。在建筑投资方面，德国的建筑业是欧盟 28 国中规模最大的，占有大约 20% 的市场份额，2012 年建筑投资总量大约 2600 亿欧元，占总固定资本构成的 56%。德国作为欧洲最大的建筑市场，其投资的一半以上是用于建筑工程。高质量的建筑服务主要由中小型企业提供。德国建筑联合会（ZCB）预测 2013 年营业额的名义增长率将达 1.9%。

(2) 运输业[①]

德国地处欧洲中心，是欧洲最大经济体和最重要的物流中心枢纽，德国有全球闻名的大公司（如敦豪快递），也有很多中小型企业，总计 60000 多家德国物流公司雇佣工人超过 280 万，共同提供一流的物流服务。德国优越的地理位置使德国物流公司可以便利地在全欧洲范围内组织分销，为欧盟超过 5 亿的消费者提供服务。

德国拥有世界一流的交通基础设施，包括 12000 公里的封闭式高速公路，40000 公里铁路，7450 公里水路，以及一些著名海港、国际机场和 30 多个货运村。

①公路运输。德国公路系统是其高效的交通基础设施的支柱。2011 年，德国 77% 的货物运输是借助于公路，货物重量超过 30 亿吨。德国

---

① http://www.ixpos.de/IXPOS/Navigation/EN/Your-business-in-germany/Business-sectors/Service-industries/logistics.html.

政府高度重视公路网的投资。2005—2015 年，政府计划投资大约 800 亿欧元用于一系列重要工程，包括新建 1900 公里封闭高速公路，升级另外 2200 公里收费公路，并新建或升级约 5500 公里其他重要的联邦公路。

②铁路运输。德国的铁路运输占其货运市场的 9% 左右，这一部分也增长迅速。2010 年至 2011 年增长率达 5%，达到 3.75 亿吨。同一时期，国内的铁路运输达 2.57 亿吨，增长率为 6.2%。周边国家通过铁路进入德国的货运增长 8.2%。

③水路运输。德国的航运市场为欧洲最大。欧洲四大海港中有两个位于德国。汉堡是德国最大港口，可处理 9000 万集装箱的货物量，不来梅港可处理 6000 万集装箱货物量。两个港口在 2010 年至 2011 年都表现出很强的增长率。2011 年，共计有超过 5 亿吨货物通过德国的海港和内陆港运输，海港和内陆港承运货物量分别占德国航运货物市场的 7% 和 5%。海运增长最迅速，2010—2011 年增长 7.3%，达 2.93 亿吨。99% 以上的货运经过国际港口，包括莱茵河、多瑙河、威悉河、易北河在内的内陆水路也有重要作用。德国水路运输的大约 25% 是借助运河，包括北海—波罗的海运河，美因河—多瑙河运河和莱茵河—奥德河运河。这些运河保证了德国东部和西部之间、南部和北部之间的通畅、有效联系。这是一个很广阔的网络，德国几乎所有的主要城市都与港口和/或内陆水路相连。

④航空运输。德国的航空货运业在欧洲首屈一指，2011 年达到 450 万吨，比 2010 年上升 4.8%。法兰克福机场可承担全德国空运的 50% 左右，位居第二和第三的莱比锡和科隆分别可承担 17% 和 16%。全国的 60 个机场中，17 个机场已开通国际航班，13 个机场拥有至少一个长度超过 3000 米的跑道。这些机场分布于全国，使位于德国各个地区的企业都可获得便利的空中运输。

（3）保险业

德国保险服务贸易收入主要靠其实力雄厚的再保险业务。早在 1852 年德国就诞生了世界上第一家专营再保险业务的公司，至今德国仍保持着再保险大国的地位，在世界 20 强再保险人排名榜中，德国独占四家，其中慕尼黑再保险公司（Munich Rt.）长期保持世界第一再保险人的地位。该公司业务广泛，世界各国保险人每当遇到技术含量高的保险业务，都会不约而同地选择该公司作为后盾。近年来，该公司购并了美国非寿险再保险第三大公司的美国再保险公司，进一步巩固了其在世界再保险业中的领导地位。

此外，德国其他保险业务也在世界上占有一席之地，如安联保险（Allianz）和格宁保险（Gerling）是德国第一、第二大保险集团公司，它们都在全球几十个国家拥有营业网点。安联集团是欧洲最大的保险公司，全球最大的保险和资产管理集团之一。安联保险集团于1890年在德国柏林成立，至今已有120多年的悠久历史，现总部设于德国巴伐利亚州首府慕尼黑市，是目前德国最大的金融集团，也是欧洲最大的金融集团之一，2012年位居世界500强企业第28位。格宁保险是全球唯一一家由家族拥有的大型保险集团，它在2001年通过与瑞士再保险公司合作，成为世界第二大信用保险公司。

(4) 金融业

自20世纪60年代起，德国银行开始向海外拓展，德国银行以谨慎的经营风格受到各国储户和投资者的好评。70年代是德国银行国际化步伐最快的时期，例如，德国最大的私人银行德意志银行从70年代开始将该行机构发展的重点逐渐转向海外，相继在米兰、莫斯科、伦敦、巴黎和东京开设分行。之后，又把发展的重点放到意大利、美国和亚太地区，成为业务活动区域广泛的跨国银行。德意志银行股份公司现已成为全世界最大的投资银行和全球十大外汇交易商之首，市场占有率超过15%。

与美、日等其他国家分业经营的银行体系不同，德国的商业银行大都是全能银行。全能银行制度被认为具有以下优势：第一，全能银行同时经营商业银行业务和证券业务，可以做到优势互补。第二，全能银行制度由于改变了银行的收入来源结构和利润结构，因而有利于降低和分散银行自身的风险，同时确保银行实现有别于规模经济的范围经济。第三，可促进银行业务的创新，增强银行的综合竞争力。德国的全能银行制度并没有影响银行经营的稳定性，实际上，德国银行倒闭的数量却一直低于分业经营的美国和日本的银行业。在历次金融危机中，虽然包括美国在内的许多国家金融受到很大影响，但德国金融业却能相对稳定。

(5) 旅游业[①]

德国拥有 37 处联合国教科文组织认定的世界遗产,在世界经济论坛《2011 年旅游和旅游业竞争力报告》中排世界第二,仅次于瑞士。由于德国在陆路交通、航空和信息、通信和技术（ICT）基础设施、文化资源、健康、卫生和环境的可持续发展方面都表现突出,并能为国内外游客提供一流的旅游机会,因此是旅游业的巨大市场。

旅游业是德国服务贸易最主要的逆差部门。2011 年赴德国旅行的游客为德国带来 279 亿欧元收入；与之形成巨大对比的是德国人赴海外旅行的消费达 606 亿欧元。2012 年旅游业逆差达 352.78 亿欧元。根据欧盟欧洲统计局（EUROSTAT）的报告,德国拥有欧洲最大的国内旅游市场,每年德国人平均在德国的宾馆住宿 4 晚。2011 年,德国人旅行的目的地中有 66% 是在德国境内,其境内旅游消费达 667 亿欧元。大部分旅行的行程超过 4 天。根据德国在线旅行门户（VIR）的数据,33% 的旅行是经由网上预定的,这表明国际旅游业和旅行社也很容易对德国游客推广旅游产品。德国是世界著名的旅游目的地之一。2011 年,绝大多数的国际游客来自荷兰、瑞士、美国、英国和意大利。一些旅游目的地对于全世界的游客都有特殊的吸引力,例如,2010 年,国际游客和国内游客都选择了巴伐利亚、柏林、北莱茵—威斯特伐利亚和巴登符腾堡。2011 年,游客最喜欢参观游览的 5 个德国城市是柏林、慕尼黑、法兰克福、汉堡和科隆。

根据德国商务旅行协会（VDR）的报告,商务旅行已成为旅游业的重要组成部分。2011 年,880 万来自海外的商务旅行者赴德国旅行共计 1.639 亿次,在德国消费共计 448 亿欧元；商务旅行的日平均消费达 148 欧元,每次商务旅行的总消费平均约 300 欧元。尽管网上旅行社的发展趋势强劲,但 2010 年,规模在 500 名员工以上的德国企业中有 57% 的企业和 53% 的小型企业,都通过实体经营的旅行社组织了商务旅行。同时,商务旅行的市场规模吸引了国内外的旅行社。2011 年,德国商务旅行者在德国旅馆住宿总计 4.34 千万晚,在国外旅馆住宿共计 1.39 千万晚,91% 的住宿选择了中高档旅馆,表明这一类型旅馆的市场潜力

---

① http：//www.ixpos.de/IXPOS/Navigation/EN/Your-business-in-germany/Business-sectors/Service-industries/tourism-and-hospitality.html.

巨大。

(6) 酒店业

根据德国旅馆和餐馆协会（DEHOGA）提供的数据，酒店业超过23万家企业在2011年创造收入共计达653亿欧元；德国酒店住宿的平均价格是每晚92欧元，价格最高的城市是法兰克福，平均每晚116欧元，与之相比，巴黎平均每晚237欧元，因此，德国的酒店业很有竞争力。低消费的品牌旅馆和专业化服务的旅馆吸引力正在上升。

(二) 德国服务贸易地理结构

欧盟《服务业指令》的执行，为欧盟范围内服务跨境贸易提供了便利，有效地促成了欧盟统一内部市场的形成。德国服务出口有一半针对欧盟28国，进口也有超过一半以上源自欧盟28国。根据2012年德国联邦银行的收支平衡表，2012年德国对欧盟的服务贸易出口占其总出口额的50%，来自欧盟的服务贸易进口占其总进口额的56.08%。

1. 进出口区域分布

德国在欧洲内部的服务贸易进出口所占份额最大，2012年对欧洲各国的服务贸易出口占其总出口额的62.66%，来自欧洲各国的服务贸易进口占其总进口额的66.76%。德国其他的重要贸易伙伴位于美洲和亚洲，2012年德国对美洲的服务贸易出口占其总出口额的18.51%，来自美洲的服务贸易进口占其总进口额的16.71%；对亚洲的服务贸易出口占其总出口额的15.14%，来自亚洲的服务贸易进口占其总进口额的12.90%。

2. 进出口贸易伙伴

美国是德国最大的服务贸易伙伴。2012年，德国对美国的服务贸易出口占其总出口额的13.20%，来自美国的服务贸易进口占其总进口额的13.06%。欧洲各国中，德国2012年服务贸易出口的主要目的国前8名依次为：英国、瑞士、法国、荷兰、卢森堡、奥地利、意大利和比利时；服务贸易进口的主要来源国前8名依次为：英国、法国、奥地利、荷兰、瑞士、意大利、西班牙和波兰。

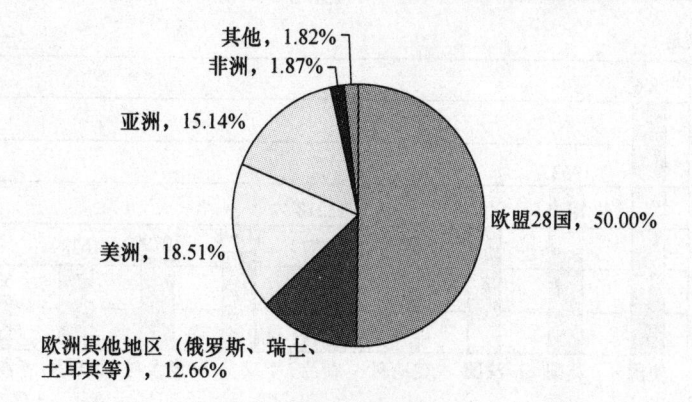

图 3-10　2012 年德国服务贸易出口区域分布

资料来源：http://www.bundesbank.de.

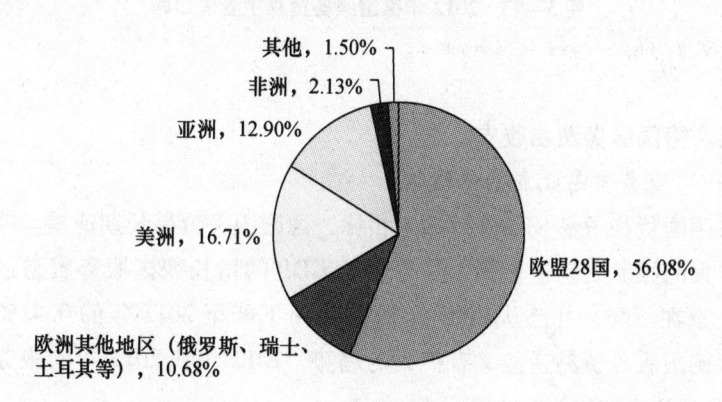

图 3-11　2012 年德国服务贸易进口区域分布

资料来源：http://www.bundesbank.de.

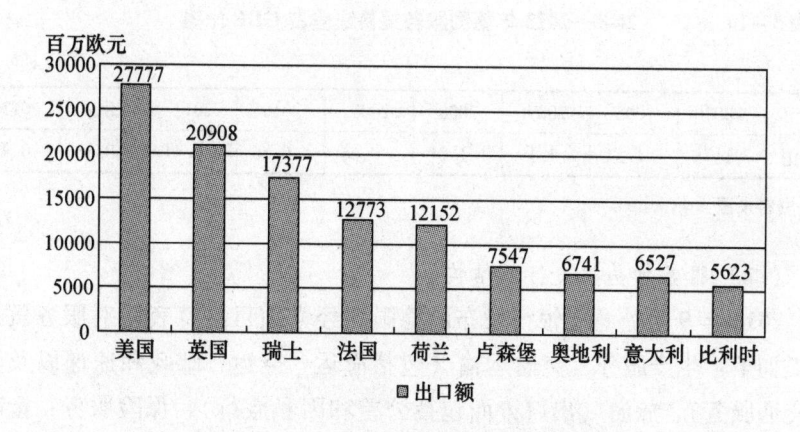

图 3-12　2012 年德国服务贸易主要出口国

资料来源：http://www.bundesbank.de.

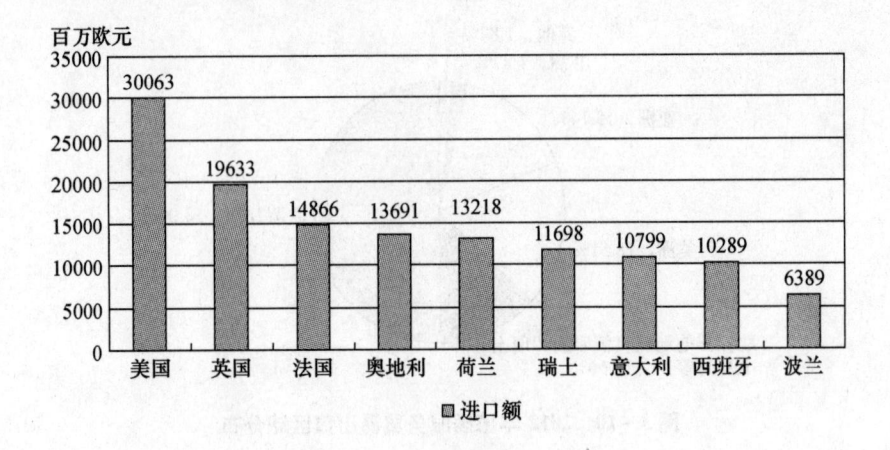

图 3-13　2012 年德国服务贸易主要进口国

资料来源：http：//www.bundesbank.de.

五　德国服务贸易收支

（一）服务贸易收支总体结构

与德国货物贸易长期保持顺差相比，德国服务贸易长期逆差。德国是欧洲最大的服务贸易逆差国，尽管由于 GDP 的增长德国服务贸易逆差占 GDP 比重在下降，并已从 2005 年的 1.75% 下降至 2011 年的 0.41%，但近两年德国服务贸易逆差又有扩大的趋势，2012 年和 2013 年的服务贸易逆差占 GDP 比重均为 0.48%。

表 3-10　　2005—2013 年德国服务贸易逆差占 GDP 比重

单位：%

年份	2005	2006	2007	2008	2009	2010	2011	2012	2013
占比	-1.75	-1.34	-1.19	-1.01	-0.66	-0.56	-0.41	-0.48	-0.48

资料来源：www.oecd.org.

（二）服务贸易收支行业结构

2014 年 9 月德意志银行发布的德国"经常项目结算表"对服务贸易分类如下：生产服务，交通运输（包括海运、空运、邮政和速递以及其他交通服务），旅游（出口方面包括公差和因私旅行），保险服务，金融服务，知识产权使用费，维护和修缮服务，建筑，通信、计算机和信息服务，其他商业服务（包括研发、专业服务和管理咨询服务以及技术服务、

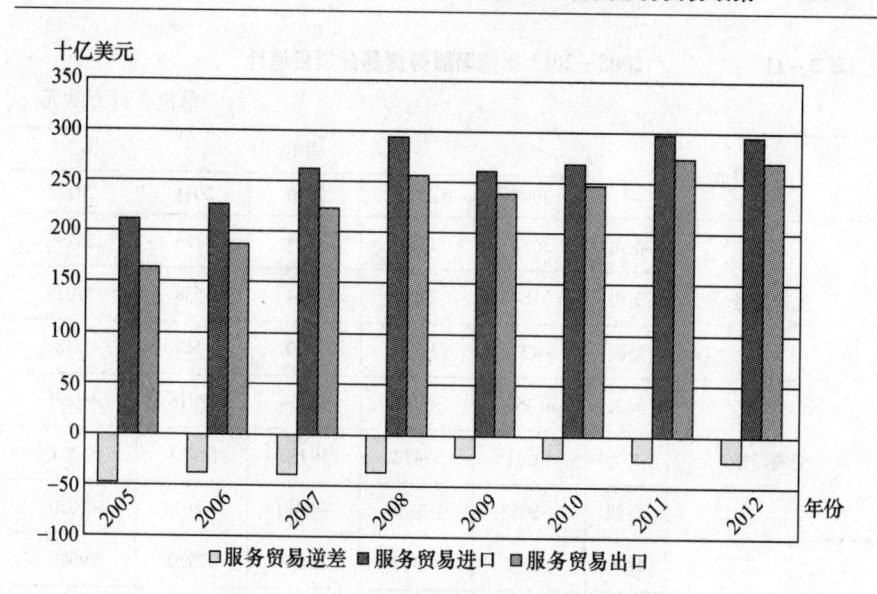

图 3-14 2005—2012 年德国服务贸易收支

资料来源：www.oecd.org.

贸易相关和其他商业服务)、个人、文化和娱乐服务、政府服务。①

从表 3-11 可以看出，德国服务贸易顺差主要来自金融服务、保险服务、维护和修缮服务、生产服务及知识密集型的研发以及通信、计算机和信息服务，其中，金融和保险服务在 2012 年的顺差分别为 68.06 亿欧元和 22.13 亿欧元，通信、计算机和信息技术服务的历年收入均大于支出，2012 年其贸易顺差达到 13.56 亿欧元。

政府服务的顺差也是德国服务贸易收入的重要组成部分，并呈现逐年上升态势，2008 年为 23.76 亿欧元，2012 年达 31.17 亿欧元。在知识产权使用费方面，德国仅在 2008 年出现逆差 8.89 亿欧元，从 2009 年开始收入超过支出，至 2012 年顺差已达 27.53 亿欧元。

旅游业是德国最大的逆差部门，2008—2012 年的逆差额基本稳定在 335 亿欧元左右。

---

① 之前德国对服务贸易的分类大致如下：a) 旅游（出口方面含公差和因私旅行）；b) 交通运输（包括海运、空运、铁路、港口和机场服务）；c) 过境贸易；d) 保险；e) 金融；f) 专利与许可证；g) 研发；h) 工程及其他技术服务；i) EDV 服务；j) 建筑、安装、修缮；k) 管理费用；l) 其他服务贸易（包括商业服务、广告与展会、信息、影视、其他个人活动酬劳、政府服务及其他各种服务）。

表 3-11 2008—2012 年德国服务贸易分项目统计

单位：百万欧元

行业		年份				
		2008	2009	2010	2011	2012
生产服务	收入	3641	3584	4934	4125	3879
	支出	3164	2320	2964	3558	3701
	差额	+477	+1264	+1070	+567	+178
交通运输	收入	41453	36213	42069	42816	44050
	支出	50541	39472	50450	51431	54251
	差额	-9088	-3259	-8381	-8615	-10201
旅游	收入	27137	24842	26159	27930	29683
	支出	61854	58183	58934	61686	63249
	差额	-34718	-33341	-32775	-33755	-33566
保险服务	收入	5391	7463	5565	4216	4465
	支出	2980	3013	2482	2265	2252
	差额	+2411	+4370	+3082	+1951	+2213
金融服务	收入	17309	16224	16174	17796	17202
	支出	8750	7775	8827	10963	10396
	差额	+8559	+8449	+7347	+6833	+6806
知识产权使用费	收入	5010	5144	6226	7708	7640
	支出	5818	5024	5355	5300	4886
	差额	-889	+120	+871	+2407	+2753
维护和修缮服务	收入	2215	2530	2378	2114	2481
	支出	570	914	855	785	769
	差额	+1646	+1616	+1524	+1329	+1712
建筑	收入	—	—	—	—	—
	支出	—	—	—	—	—
	差额	—	—	—	—	—

续表

行业			年份				
			2008	2009	2010	2011	2012
通信、计算机和信息服务		收入	13181	13246	15734	16920	19329
		支出	12860	12315	15063	16103	17974
		差额	+321	+932	+670	+817	+1356
其他商业服务	研发	收入	8572	8598	10222	11539	12597
		支出	5739	6858	7430	7901	9097
	专业服务和管理咨询服务	收入	15401	15110	16609	18069	19677
		支出	19520	19538	21939	24201	27417
	技术服务贸易相关和其他商业服务	收入	20473	20381	20124	20612	21546
		支出	21049	20815	21499	24990	27323
	合计	收入	44446	44089	46955	50221	53820
		支出	46308	41211	50867	57092	63837
		差额	−1862	−3122	−3912	−6871	−10017
个人、文化和娱乐服务		收入	748	899	850	782	771
		支出	2007	2004	2100	2045	1972
		差额	−1259	−1105	−1250	−1263	−1201
政府服务		收入	3494	3637	3753	3786	3948
		支出	1118	993	890	847	831
		差额	+2376	+2644	+2863	+2939	+3117

注：建筑行业：2014 年起，存在不足一年的建筑工地被计入服务业。存在超过一年的建筑工地投资和撤资计入营业收入。直到 2013 年末为止，建筑工地不按其存在时限分类，都被计入直接投资。

资料来源：http://www.bundesbank.de.

德国的运输业除其传统优势行业的海运继续带来贸易顺差外，在空运、邮政和速递，以及其他交通服务方面都出现了逆差，尤其是其他交通服务在 2012 年的贸易逆差达到 124.22 亿欧元（见表 3-12）。

（三）服务贸易收支地理结构

根据德国联邦银行提供的德国"经常项目结算表"，德国服务贸易针对不同的贸易伙伴，其贸易收支状况有所不同。

表 3-12　　　　　　　　2008—2012 年德国运输业收支

单位：百万欧元

交通运输		年份				
		2008	2009	2010	2011	2012
海运	收入	24479	19321	22697	23240	23694
	支出	16095	11588	15911	16459	18471
	差额	+8384	+7733	+6787	+6781	+5224
空运	收入	13256	13179	15277	14920	15441
	支出	16021	13235	16527	17604	18433
	差额	-2765	-56	-1251	-2684	-2992
邮政和速递	收入	951	1096	1398	1761	1955
	支出	1360	1520	1664	1712	1965
	差额	-409	-424	-265	+50	-11
其他交通服务	收入	2767	2618	2696	2895	2960
	支出	17064	13129	16348	15657	15382
	差额	-14297	-10512	-13652	-12762	-12422

资料来源：http://www.bundesbank.de.

德国是欧盟最大的服务贸易逆差国，如表 3-13 所示，对于欧盟 28 国的服务贸易表现为逆差逐年扩大的趋势。2010 年为 197.26 亿欧元，2011 年为 212.37 亿欧元，2012 年为 237.92 亿欧元。德国对中国的服务贸易始终保持顺差，且顺差迅速扩大。2010 年德国对中国的服务贸易顺差为 13.97 亿欧元，2011 年上升至 21.85 亿欧元，2012 年继续上升达到 28.80 亿欧元。德国对美国的服务贸易为逆差态势，2010 年逆差总额为 6.60 亿欧元，2011 年略有下降，为 4.41 亿欧元，2012 年急剧上升，达 22.86 亿欧元。德国对日本的服务贸易始终表现为顺差，2010 年顺差为 9.95 亿欧元，2011 年下降至 4.67 亿欧元，2012 年恢复至 9.93 亿欧元。

表 3-13　　　　　德国 2010—2012 年服务贸易收支情况

单位：百万欧元

年份	收入	支出	差额
所有国家			
2010	186892	202944	-16052
2011	196996	214386	-17390
2012	210483	230180	-19697
欧盟 28 国			
2010	96610	116336	-19726
2011	101872	123110	-21237
2012	105287	129078	-23792
中国			
2010	5333	3936	+1397
2011	6382	4197	+2185
2012	7920	5040	+2880
美国			
2010	23367	24027	-660
2011	25666	26107	-441
2012	27777	30063	-2286
日本			
2010	4632	3637	+995
2011	4048	3581	+467
2012	4912	3919	+993

资料来源：http://www.bundesbank.de.

第二节　德国服务贸易发展的历史演变和主要特点

1945 年 5 月 8 日，纳粹德国战败投降，由美、英、法、苏四国共管，后分裂为东德、西德。当时德国[①]境内民生凋敝，生产停滞，完全是短缺

---

① 此部分德国指联邦德国。

和管制经济。以 1948 年 6 月 21 日西方占领区的币制改革为标志，德国充分利用了冷战造成的东西方竞争气氛，并借助马歇尔计划等援助输入大量资本和先进技术，依靠其高素质的人力资本，克服了两德分裂带来的产业和地区性结构断裂，在很短的时间内恢复了国民经济的运行和发展，达到并超过了战前水平，成为世界经济强国。

与大多数高度发达的国家一样，战后的德国经济也经历了长期而且影响深远的服务化过程。德国经济结构的演变是朝着农业比重不断下降，工业比重先上升后下降，服务业比重不断上升，同时就业由农业、工业转向服务业的方向发展变化的。德国服务贸易的发展既有类似于其他发达国家的方面——服务贸易的增长以国民经济的服务化为基础，同时又呈现出其独特的本国特点。

一 德国产业结构变化和服务贸易的发展

1. 第一阶段：1950—1970 年

这一阶段是德国的国民经济恢复建设时期。在第二次世界大战中德国受到重大打击和破坏，只能依靠迅速发展工业恢复其经济。当时的德国资源匮乏，国土面积狭小，只有采取"加工贸易"型的经济发展战略。在这一阶段，以大规模内需为主导的恢复性建设，使钢铁工业、建筑业、机械制造业、化学工业和汽车工业成为德国的支柱产业，第二产业在三大产业中占有明显的优势地位。到 1970 年，德国第一产业占 GDP 比重已经从 1950 年的 10.1% 下降到 3.9%，第二产业占 GDP 比重则从 1950 年的 50.1% 上升到 57.6%，超过第一产业和第三产业之和。在此 20 年间第三产业增长缓慢并有波动，1970 年第三产业占 GDP 比重较 1950 年略有下降。

2. 第二阶段：1971—1989 年

进入 20 世纪 70 年代以后，德国劳动力成本较高的劣势日益凸显，使得劳动密集型制造业大量向外转移，经济产业结构发生转变。1975 年，德国第三产业占 GDP 比重达到 49.4%，超过第二产业的比重 47.7%，成为德国经济中占比最高的产业。1980 年，德国第三产业占比达到 53%，超过第一、第二产业占比之和。20 世纪 80 年代后，德国工业部门和服务部门进一步融合，逐渐向服务经济转型。从 1980 年起，德国的服务贸易出口一直稳居世界前五位。

3. 第三阶段：1990—2004 年

1990 年，两德统一。经过最初几年短暂的景气后，德国经济长期停滞，曾出现连续5个季度同比零或负增长。为应对高福利低增长的"德国病"，德国进入了以科技创新为动力，以推动工业社会向服务和信息社会转变为主线，以发展新经济产业为核心的结构调整阶段。德国重点发展微电子技术、计算机和信息技术，专业技术服务出口迅速上升。同时，工业和服务业的相互依存日益加深，生产性服务业增长迅速，在此阶段，德国服务出口排在美国、英国、法国之后，位居世界第四位，2004年德国的服务出口额已是1990年的3倍以上。

4. 第四阶段：2005年以来

2005年德国服务贸易出口额超过1400亿美元，首次超过法国，成为继美国、英国之后全球第三大服务贸易出口国。2005年，在建筑、邮政服务等行业，德国出口额居世界首位，交通运输业居世界第二位，德国的物流、金融服务、电信企业也进入了全球最主要供应商行列。之后的2006年至2008年，德国的计算机相关专业技术服务位居世界第一，与金融保险、通信服务、物流运输和文化创意产业的出口一起保证了德国服务贸易出口保持每年大约15%的增长率，其中，2006—2007年的增长率达到19.33%。2008年国际金融危机之后，德国的服务贸易出口出现波动，2009年出现6.61%的负增长，但在2010年开始恢复，增长3.57%，2011年增长10.73%，2012年略有下降（-1.18%），在2013年则取得了7.83%的增长。

二　德国服务贸易主要特点

1. 德国服务贸易结构性逆差长期存在

德国是最为国际化的经济体之一，是全球第三大贸易国，2001年以来贸易收支一直保持顺差。但德国的贸易顺差主要来自货物贸易，每年德国的汽车、机械、电子、化工产品出口为德国带来巨额收入，与之形成鲜明对比的是德国的服务贸易出口远远小于进口，使得德国成为欧洲最大服务贸易逆差国和发达国家中除日本之外仅有的一个服务贸易逆差国，而旅游业是德国最大的逆差部门。在当今国际服务贸易持续发展且服务贸易占全球贸易量已达20%的背景下，2012年德国服务出口仅占其贸易总出口额的15.5%，服务贸易增长潜力尚未得到完全开发。

2. 德国服务贸易出口以制造业为基础，工业产品和服务完美结合形成较强竞争力

德国的服务业具有浓厚的制造业色彩。德国拥有扎实健全的制造业基础，制造业在德国经济中仍占据重要地位，目前发达国家中只有德国和日

本的制造业在 GDP 的占比超过 20%。占比较高的德国制造业不仅创造了高附加值、高技术含量的产品，也为高附加值的服务业奠定了基础，服务业产出很大部分来自制造业的中间需求。与工业相关的服务在价值创造中的占比也越来越大。德国制造业公司提供的服务出口占德国整个服务贸易出口的将近 25%，从而使德国服务贸易出口具有以制造业为基础、工业产品和服务完美结合，形成较强竞争力的特点。

3. 优势产业从传统的运输、建筑转向研发、计算机、金融、保险等高端服务业

近年来，德国服务贸易的发展体现出以高新技术为核心、以技术进步为基础的特征。高新技术的发展和应用，促进了世界经济发展中以服务生产为核心的新的国际分工格局，同时扩大了服务的领域，改变了传统的服务提供方式，在一定程度上增加了服务的可贸易性。银行、保险、医疗、咨询和教育等原来需要供需双方直接接触的服务，现在可以通过采用远距离信息传递的方式进行。

德国服务贸易结构从运输、工程建筑等传统领域转向知识、技术和数据处理等不断涌现的新兴领域。现代科技的发展使得物质生产和服务生产中的知识、信息投入比重不断提高，从而推动了德国服务贸易结构的变化。以劳动密集为特征的传统服务贸易地位逐渐下降，以资本密集、技术密集和知识密集为特征的新兴服务贸易逐渐发展壮大。根据 Markus Kelle 和 Jorn Kleinert 2010 年对德国服务贸易公司所做的研究，德国服务跨境出口的 56% 源自交通、金融、保险和通信，商业、研发和计算机三大行业，上述三大类行业的服务进口则占跨境进口的 50%。[①]

4. 德国的服务贸易出口主要集中于大公司，贸易方式包括跨境销售和商业存在

根据 Markus Kelle、Jorn Kleinert、Horst Raff 和 Farid Toubal（2012）对德国服务贸易公司微观数据的研究，德国的服务贸易出口主要集中于大公司：10% 的规模最大的出口公司占总服务出口的 94.2%。平均而言，大型出口公司销售至更多的国家，其服务产品的种类更多，而且德国公司的服务出口集中于熟练工人工资较高的国家及邻近国家。在贸易方式上，

---

① Kelle, Markus and Kleinert, Jorn, German Firms in Service Trade, *Applied Economics Quarterly* 56, 2010: 51 – 72.

研发、广告、管理服务的主要出口渠道是跨境销售，辅助交通、建筑、数据处理行业则更多地采用设立海外分公司的方式。[①]

第三节　德国服务贸易自由化

服务业在德国整个国民经济中的地位举足轻重，德国服务业的强势发展又奠定了其在世界服务贸易体系中的重要地位。德国大力发展服务业，积极推行自由化政策，近年来德国的服务贸易自由化进程获得了很大发展。

一　多边和区域框架下的德国服务贸易自由化

作为世界重要的发达经济体，德国一直重视国际贸易，并积极推进贸易自由化。在《服务贸易总协定》中，德国承诺开放的服务业部门为115个。德国积极推行欧盟服务贸易统一大市场原则，服务业开放较早，总体开放程度较高。但是，专业服务，尤其是会计、建筑设计、工程和法律服务，准入条件相当严格。

表3-14　德国各行业服务贸易限制指数（STRI）（2014年）

部门	指数	部门	指数
会计	0.208	建筑设计	0.167
工程	0.166	法律	0.225
电影	0.1	电视广播	0.158
音像	0.081	电信	0.093
空运	0.346	海运	0.135
公路运输	0.158	铁路运输	0.158
快递	0.088	分销	0.05
商业银行	0.102	保险	0.118
计算机	0.082	建筑	0.056

注：服务贸易限制指数（Services Trade Restrictiveness Index）衡量各国国内服务贸易政策对于服务贸易的限制程度，其取值范围从0到1，其中0表示完全开放，1表示完全不开放。

资料来源：www.oecd.stat.

---

① Kelle, Markus; Kleinert, Jorn; Raff, Horst; Toubal, Farid, Cross-border and Foreign-affiliate Sales of Services: Evidence from German micro-data, *Kiel Working Papers*, No.1771, 2012.

由于近年来 WTO 框架下的多边贸易谈判进展缓慢，德国积极主导欧盟开展区域贸易谈判，签订区域自由贸易协定。截至 2012 年末，德国作为欧盟一员，已签署 35 个自由贸易协定，其中，与阿尔巴尼亚、加勒比论坛国家、智利、克罗地亚、韩国、马其顿共和国、墨西哥和黑山共和国的自由贸易协定既涵盖货物贸易，又涵盖服务贸易。2011 年 7 月 1 日起生效的欧盟—韩国自由贸易协定利用正面清单的方式对服务业开放部门进行规定（见表 3–15）。

表 3–15　　欧盟—韩国自由贸易协定下的服务部门开放承诺与GATS 下开放承诺比较一览

服务部门	GATS	欧盟—韩国自由贸易协定
1. 商业服务		
A. 专业服务	√	改进
B. 计算机服务	√	改进
C. 研发	√	改进
D. 房地产	√	相似
E. 租赁服务	√	相似
F. 其他	√	改进
2. 通信服务		
A. 邮政	—	新增
B. 速递	—	—
C. 电信	√	改进
D. 视听	—	—
E. 其他	—	—
3. 建筑和相关工程服务	√	改进
4. 分销服务	√	改进
5. 教育服务	√	改进
6. 环境服务	√	改进
7. 金融服务		
A. 保险及相关服务	√	改进
B. 银行及其他金融服务	√	改进
8. 健康及社会服务	√	改进
9. 旅游及相关服务		

续表

服务部门	GATS	欧盟—韩国自由贸易协定
A. 旅馆和饭店	√	改进
B. 旅行代理	√	改进
C. 旅游导游	√	改进
D. 其他	—	—
10. 娱乐、文化和体育服务	√	改进
11. 运输服务		
A. 海上运输	√	改进
B. 内河运输	√	改进
C. 航空运输	√	改进
D. 航天运输	—	—
E. 铁路运输	√	改进
F. 公路运输	√	改进
G. 管道运输	—	新增
H. 辅助运输服务	√	改进
I. 其他	√	相似
12. 他处未包括的其他服务	√	相似

注:"√"表示在 GATS 中做出承诺(完全或部分);"—"表示未做承诺;"新增"表示本协定下新增承诺;"改进"表示本协定下较 GATS 下改进承诺;"相似"表示本协定下与 GATS 下相似承诺(但略有改进)。

资料来源:www.wto.org.

目前,德国正积极参与欧盟的其他区域自由贸易协定谈判,正在进行的包括与加拿大、印度、马来西亚、越南、南方共同市场(MERCOSUR)、海湾国家合作理事会(Gulf Cooperation Council)的 FTA 谈判。同时还有与亚美尼亚、格鲁吉亚和摩尔多瓦进行的包含深度全面自由贸易协定(DCFTA)在内的联系协定(Association Agreement)谈判。

二 德国主要服务行业自由化进程

(一)商业与贸易[①]

贸易是德国对外开放最早的服务行业,外国企业享受国民待遇,在德

---

① 资料来源于中华人民共和国商务部网站,原文出自中国驻德国使馆经商参处。

国经营外贸进出口不需要审批。外资企业在德国投资实行登记制度，首先到选择地的地方法院进行商业注册，之后去地方政府（工商局）进行工商注册，满足一些基本条件，如常设办公地点、资本金（有限公司为2.5万欧元，分支机构没有资本金要求）等后，公司即告成立。在商贸方面，德国目前没有针对外国投资者的限制性措施，但以下几点必须注意：

1. 如果投资于药品、武器、动力燃油、危险品及某些有毒物品等的贸易，需要经有关主管部门审批。

2. 如果准备投资于批发、零售业，建立大型零售或批发市场，根据"建筑使用法规"，当地的建筑局将对建筑方案进行审批，审批的内容包括建筑计划、开发费用、对环境的影响等。另外，新设市场不得损害已有零售企业的利益，对其形成排他性竞争。

3. 为保证企业间的公平竞争，德国通过实施一系列法律对变相压价的无序竞争进行限制，主要有《反不正当竞争法》、《折扣法》、《赠品法》等。此外，还有《商场营业时间法》对批发和零售企业的营业时间进行限定。该法规定，除火车站、机场、加油站等场所的商店外，其余商场只能在法定时间营业；只有餐饮和客服业可以在周末和假日营业。

外国公司在德国成立的企业以生产型为主，专业外贸公司不多。德国的批发和零售市场已经形成了完整的体系，且极具封闭性，外企很难进入。此外，由于营业时间的限制以及人员、税务等各项费用过高，外企在这方面的投资都相当谨慎。

（二）电信业[①]

德国电信市场的开放通过多个步骤分别在固话、移动电话和互联网接入等不同领域逐步进行，主要经历了以下几个阶段：

1. 1989年7月开放互联网增值服务，此后不断允许数以千计的网络接入服务公司经营该项业务。

2. 1990年2月开放移动电话业务，私营公司曼内斯曼移动通信（Mannesmann Mobkil funk）获得了数字移动电话（GSM900）OGTL的运营许可证；1993年5月，E-Plus公司获得移动电话业务（GSM1800）运营许可证；1997年5月，VIAG Interkom公司获准进入该领域；1999年英国沃达丰公司通过收购进入德国电信市场。

---

① 资料来源于中华人民共和国商务部网站，原文出自中国驻德国使馆经商参处。

3. 1998 年 1 月开放普通电话市场。同年 6 月，无线本地环路（WLL）即地方电话市场开放。

从法规方面看，1995 年 9 月，德国联邦邮电部通过了"加快自由化进程"法令。德国电信市场实现自由化的标志是 1996 年制定并颁布新的《电信法》。此外，德国作为欧盟成员国加入了 1998 年 1 月启动的在欧盟范围内实现全方位电信市场开放的进程，其主要目的是打破垄断，使电信市场自由化，以促进高科技产业的发展。2012 年 5 月，德国修订《电信法》，改进宽带扩展和新网络投资条件，旨在进一步加强电信市场的竞争。① 但事实上，德国将电信业视为涉及国家安全的产业，市场基本上只对欧盟国家的电信企业开放。尽管德国电信市场自由化已实施多年，但到目前为止，德国电信公司（Deutsche Telekom AG）等以前的垄断企业仍然在德国的电信市场上占据统治地位。

（三）邮政

欧盟 1991 年颁布《邮政服务单一市场发展绿皮书》，启动了欧洲各国邮政自由化的进程。根据之后欧盟颁发的 1997 邮政指令，德国于 1998 年起逐步开放德国的信件投寄业务，但是直到 2005 年末，德国邮政公司（Deutsche Post AG）仍保有投递 100 克以下邮件的独家经营权。2006 年起，德国邮政公司的独家经营权缩减至 50 克以下邮件（50 克以下的邮件占德国总邮件量的 2/3），此部分垄断到 2007 年 12 月 31 日才结束。德国的邮政市场先于欧盟设定的 2011 年期限，于 2008 年全面开放。② 根据德国《邮政法》，任何公司经营 1000 克以下信件投递需申请许可，未经许可而经营此业务的公司将被处以最高 50 万欧元的罚款。现在的德国邮政市场上，德国邮政公司仍占据统治地位，竞争者只占有 10% 的市场份额。③

（四）铁路和公路

欧共体理事会 1991 年通过"关于共同体铁路发展"的 91/440 指令，开始进行铁路改革，旨在"推动作为市场重要组成部分的共同体铁路运输一体化"和"恢复铁路相对于其他运输方式的效率和竞争力"。根据此

---

① National Reform Programme 2013, www.bmwi.de.
② The Liberalisation of European Postal Markets and the Impact on Employment and Working Conditions, Christoph Hermann, 12, 2013.
③ http://www.bundesnetzagentur.de/cln_1931/EN/Home/home-node.html.

指令，德国于 1993 年通过《基本法》修正案和《铁路新秩序法》，1994 年 1 月 1 日开始实施。2006 年，德国设立联邦网络局，依据《铁路监管法案》对铁路市场的开放进行监管，监督阻碍市场竞争的行为。2006 年 1 月，开放铁路基础设施。德国铁路运输对外开放至今，铁路货运部门竞争者占有市场份额大约 26%，地区铁路客运部门竞争者占有市场份额大约 13%，长途铁路客运部门竞争者占有市场份额不到 1%，德国铁路路网股份公司（DB Netz）仍拥有并经营大多数基础设施。

公路方面，从 2013 年 1 月 1 日起，长途客车运输大规模开放。

（五）能源

德国能源市场自由化的启动来自 20 世纪 80 年代欧洲创建欧洲单一能源市场战略。根据欧盟对电力和天然气市场一体化指令，1998 年德国修订《能源法》。同年，原来的国有地区电力供应商的垄断地位被取消。2003 年，天然气市场也开始改革。2005 年 7 月，德国再次修订《能源法》，加速能源市场转型。现在，德国有超过 1100 家电力供应商及 800 多个天然气供应商，但是，四大电力企业（瑞典瀑布能源公司、德国意昂集团、莱茵集团、德国巴登符腾堡州能源公司）仍垄断全德国 75%—80% 的电力供应，另外有 10% 则被像 Stadtwerke 这样的国有电力企业控制。2011 年，德国启动能源转型计划，政府加大力度推广可再生能源发电，降低能源转型的成本，并希望借此进一步推进能源市场自由化。

（六）银行业[①]

随着 1999 年 1 月 1 日单一货币——欧元的引入和欧盟统一大市场的逐步深化，欧盟各国间银行业自由贸易的障碍已被打破。根据欧盟金融一体化的有关协议，德国已将欧盟国家在德分行的监管权转交给母国的有关监管机构，不再将其作为独立法人机构予以监管。德国的《银行法》中订立了专门条款，明确对外资银行的管理规定。《银行法》还为欧盟以外的第三国银行留有一个改善待遇的空间。第三国的分行可以享受提供给欧盟国家的部分或全部待遇，只要相互间存在对等协议，并且满足下列三个条件：（1）母国的监管符合国际标准；（2）德资银行分行在该国享有同等的放宽条件；（3）母国的监管局与德国银行监督局合作良好。

按照德国《银行法》规定，外国金融企业分支机构归类为信贷机构

---

① 资料来源于中华人民共和国商务部网站，原文出自中国驻德国使馆经商参处。

和金融服务机构,其在德国境内多个分支机构被视为一个机构。对于外资银行在德国设立分行要注意以下几点:

1. 外资银行分行应拥有足够的资本金,其金额按《银行法》第33条第1款第1段第1点规定执行,投资信贷机构至少500万欧元。

2. 聘任至少两名居住在德国的自然人为分支机构或分行领导人,其人(1)必须符合专业要求且诚信可靠;(2)在金融信贷机构从事3年以上领导工作及一年以上与《银行法》规定的金融业相关的银行业务。其中一人必须掌握德语,其他领导人必须掌握德语或其他国际通用语言(如英语)。

3. 无论是以子公司、分支机关或分行、代表处,还是以跨境服务形式在德国境内从事银行或金融服务业务,外国机构必须按相关设立条件和程序向金融监管局申请书面许可并在注册地进行商业登记后方可经营经许可批准的银行或金融服务业务。

(七)保险业①

德国保险业发达,体制完善,联邦保险监督局依照《保险监督法》对境内的各种保险公司进行监管。外国保险公司如想在德国设立分支机构,联邦保监局一般会提出对等原则,即要求对方国家也同意德企在其境内设立公司。但也有少数例外,如中国保险公司于1995年获得在德国境内经营保险业务的许可,但当时中国政府还没有同意德国保险公司进入中国市场。外企要进入德国,至少满足以下几个条件:

1. 公司董事会至少要有两位德国董事,且此二人必须具备曾在德国其他保险公司担任过董事的资历。

2. 外方董事、总经理的条件:(1)要懂德语,并通过保监局的面试;(2)要有在德国从事保险业务的经验,至少要了解德国保险的实践知识;(3)要有在其他保险公司担任过董事的资历。

3. 要提供母公司注册资本的证明,母公司所在国经营业务的许可证明以及有关母公司经营规模、营业情况等文件。

4. 提供申请营业范围。如拟同时经营财险和寿险业务,则须获得两个经营许可。

此外,一旦申请获得批准,须立即筹备开业。若在收到营业许可一年

---

① 资料来源于中华人民共和国商务部网站,原文出自中国驻德国使馆经商参处。

后还未具备开业条件，保监局有权收回营业许可。

保险公司开业后，其业务不得超出获批许可范围，各种保险条款均采用德国统一条款。如有单独设计的，则须在向市场推出之前，报请保监局认可。

保险公司须每季度向保监局报送各类业务报表，从保险费收入、赔付、投资种类直到固定资产增加以及银行存款等均须逐一列明，接受监督。一旦发现异常，保监局随时查明并限期更正。

（八）物流运输

按照欧盟统一大市场原则，德国在该领域执行欧盟的共同法规。根据有关规定，非欧盟国家的运输和货运企业原则上享受与欧盟企业同等的经营自由。也就是说，欧盟在该领域制定的所有法规均同时适用于德国企业和外国在德国设立的企业。①

德国运输业市场准入要求包括：

公司业主如使用重量超过3.5吨的卡车提供运输服务，需取得所在地的工商业联合会的官方授权。工商业联合会还负责提供有关欧洲跨境交通许可以及运送危险品司机的培训要求的相关信息。在德国，禁止重量超过7.5吨的交通工具在周日和公共假日上路。跨境拖运后，一周内该货物只可运输三次。最大重量超过12吨的卡车（包括拖车），使用德国公路要交费。②

（九）旅游业③

在德国，旅游业一直被列入保护性行业之中，直到1986年才对欧共体成员国开放。1990年以前，德国政府实施"外国人从事旅游业规定"，对拟在德国从事旅游业的外国公司或个人进行限制。根据该规定，成立旅游公司首先要向当地的工商局提出申请，陈述成立旅游公司的理由。工商局依据当地旅游业发展情况、是否损害已有旅游公司利益等标准，审查是否有设立新旅游公司的必要。通过审查的公司获得所谓的旅游业就业卡。就业卡的期限与申请者的居留许可期限相同，最多为1年，对不需要居留许可的国家（欧盟成员国），期限也是一年。如果申请者已经在德国居住

---

① 资料来源于中华人民共和国商务部网站，原文出自中国驻德国使馆经商参处。
② http://www.ixpos.de/IXPOS/Navigation/E N/Your-business-in-germany/Businesssectors/Service-industries/logistics.html.
③ 资料来源于中华人民共和国商务部网站，原文出自中国驻德国使馆经商参处。

5年以上，就业卡的期限最多为3年。就业卡到期前应及时申办延期手续，并重新接受审查。申请到就业卡的外国公司或个人只能在证书限定的地区和经营范围内提供旅游服务。

1990年11月，德国政府取消了上述限制，对外国企业开放旅游市场，并给予其国民待遇。目前，外国企业或个人可在德国从事旅游业，没有限制。

第四节 德国服务贸易管制

德国政府利用财政、金融以及产业发展政策等手段促进本国服务业迅速发展和扩大服务贸易出口的同时，也采用法律、政策手段限制服务进口，阻止外国投资者和外国服务供应商的进入，并在自然人移动方面设置壁垒，以免对国内服务行业构成竞争威胁，从而使本国服务业在国内及国际服务市场竞争中处于有利地位。

一 监管注重保护德国的公共利益和国家安全

2004年7月德国通过的《对外贸易与支付条例》规定，外国公民或外国公司如果对生产武器或坦克发动机或从事密码技术的德国公司的收购达到25%或更高股份时，必须上报联邦经济和能源部。经济部在收到通知的一个月内，有权以保护德国的国家利益为由对收购加以禁止。

德国2009年4月修订了《对外贸易和支付法》，扩大了对外国投资的审查范围。该修订案对德国公司将股份转让给欧盟之外或欧洲自由贸易区（EFTA）之外的国家规定了更为严格的限制。当非欧盟或者非欧洲自由贸易联盟的投资者对当地公司的收购达到25%或者更多的股份时，交易审查即会启动。如果有证据显示可能存在权利滥用或者规避行为，在欧洲注册公司的相关交易，如果非欧盟股份达25%或者更高的表决权股份时，也需要审查。德国联邦经济和技术部会根据联邦银行监管局的信息和联邦竞争局发布的每周交易名单，来决定外商投资项目是否属于法律规定的审查范围。审查决定会在交易发生3个月内作出，有关公司会收到审查的行政通知，投资者需在收到通知后提交相关文件。德国经济和能源部可以在收到投资者提交的相关文件的2个月内，对外商投资项目禁止或者增设条件。如果审查认定外国投资威胁德国的"国家安全"，联邦政府享有广泛权力加以禁止。在德国，收购一家当地营业公司之前，外国投资者需要出具一份证书，证明收购不会危害德国的公共安全。申请材料包括收购计划的梗概，投资者和投资活动的相关信息。若经济和能源部未在1个月内对上交的申请材料做出审查决定，视为通过审查自动获得证书。证书具有法律效力。

中国在德所设金融机构在德国开展业务过程中遭遇的规制壁垒包括：

1. 设立机构方面

由于非欧盟银行在欧盟的分行只是其总行的附属机构，不具备法人资格，欧盟银行法律并不将这类分行视为欧盟银行，所以无法享受欧盟相关银行法律规定的优惠政策。非欧盟银行在欧盟国家设立分行要向东道国金融监管局申请银行执照，市场准入的标准和条件同东道国国内金融机构相同，其银行执照也只在东道国有效，而不得在其他欧盟成员国经营业务，所以非欧盟银行的分行不能享受《第二号银行指令》所倡导的单一银行执照所带来的优惠政策。

2. 业务经营方面

（1）资本充足率必须达到8%，业务经营规模受到限制。德国要求外资银行无论是分行或子行均应保持8%的资本充足率，并且各项信贷业务都与资本规模挂钩。

（2）"Intercompany Balance"对资本金有单方的递减影响。

（3）由母行提供担保和安慰函的方式：如果欧盟成员国银行在德国设立分行，在母行出具安慰函的前提下，分行可在一定程度上享有放松业务规模限制的优惠。但我国不在此列，无法享受其优惠待遇。

3. 人员流动方面

外派人员来德国手续复杂，等候时间较长。

二 德国关于"自然人移动"的主要贸易壁垒

根据OECD在2012年对德国经济所做的评议，德国在接受外国移民和工人方面有诸多限制和障碍，即使在2011年5月德国开放劳动力市场以后，来自欧盟其他国家及欧盟以外国家的劳动力数量仍然很低。

（一）德国关于"自然人移动"的法律和法规完善，要求严格

1. 相关法律齐全

德国关于"自然人移动"的法律和法规非常完善，主要有《外国人法》、《就业条例》、《移民法》、《居留法》、《社会法典》、《就业促进法》、《外籍劳工工作许可发放条例》及《停止招募外籍劳工条例》，还有

德国劳工部制定的《停止招募外籍劳工的例外安排条例》。同时还有各个行业的管理条例被用来作为抵御外籍劳工进入德国的规制壁垒，如《建筑业管理条例》和《联邦律师规定》等。[①]

德国《就业促进法》规定，德国公司、企业、学校、团体、个体雇主等如有雇用外籍劳工的需要，必须先以广告等形式在国内寻找，确定无适合者后再向劳工部门提出申请，经德国劳工部门、外国人事务管理局批准同意，才能允许外籍劳工来德国工作。此项对德国人就业优先权的审查直到2007年10月才被取消。

2. 语言要求高

到德国工作的外国人要达到很高的语言要求。德国《就业条例》规定，语言是维护自身权益和便于工作上与同事和业主沟通的必备工具和基础条件。德国要求即便是到中餐馆工作的厨师也要进行德语培训，必须掌握工作上用的词汇，能进行简单的交流；建筑工人要通过协会考核，能看懂德文图纸和施工条例；掌握德语对于其他高端人才也是必要条件之一。

3. 签证手续复杂烦琐

外籍劳工进入德国工作的签证手续复杂烦琐。按照德国的《外国人法》和《就业条例》等相关法律，原则上一个外国人要进入德国就业，必须向所在国德国使领馆申请入境签证，德国使领馆再将申请转德国外国人管理局，后者征询劳工局及行业协会意见后作出给予或拒绝签证的决定。比如中国厨师赴德，先要经过中国对外承包商会审查签证申请材料、预约面试时间，然后由本人前往德国驻华使领馆进行面谈。面谈之后，德国机构要通过电话联系厨师培训过的学校和工作单位进行确认，然后再将申请材料寄到德国外国人管理总局。在德国的流程大体是：外国人管理总局→签约地劳工局、移民局→外国劳工职业介绍中心→签约地劳工局、移民局→外国人管理总局→德驻华使领馆。完成整个程序，也就是获得签证所耗时间短则3—5个月，长则半年以上。不但签证周期长，而且拒签率相当高。

4. 对熟练技术服务专业资格要求高

到德国从事手工业和工艺服务的外籍劳工还要达到德国对其专业资格

[①] 资料来源于中华人民共和国驻德意志联邦共和国大使馆经济商务参赞处，http://de.mofcom.gov.cn/article/ztdy/201303/20130300070757.shtml。

的要求。德国手工业和工艺服务领域的职业有 100 多种,这类服务职业通常生产个人制作的产品或提供为顾客量身定做的服务,包括建筑和室内装修、电器和金属加工、木工和塑料加工、服装、纺织和皮革制作、食品业、健康和身体护理、化学和清洁,以及平面设计等。德国本国的从业者接受独特的双元职业培训体系,既包括职业学校的理论培训,也包括在工匠师傅监督指导下的在职培训实践。德国的手工业和工艺协会以及地方行业工会负责确认受训者具有与其水平相符的技术资格,并为他们注册。2003 年,这些要求有所放松,但是在德国仍需获得德国的专业资格"工艺大师"才能从事其中 41 种熟练技术职业或手工业,这是因为这些职业涉及消费者的健康和安全。在这些职业中,从业者需提供其专业资格证明并在工艺师登记处注册。在欧盟其他国家获得的职业资格需经德国认证。提供此类熟练技术服务或手工业服务的合股企业或股份有限公司必须雇用至少一名工艺大师。[①]

(二)专业服务准入条件严格

由于对于国外资历认证的程序和标准定义尚不够明晰,德国的专业服务,尤其是建筑、工程和法律服务,准入条件相当严格。在经合组织(OECD)对 30 个国家 2013 年专业服务开放度排名中,德国列第 27 位。德国专业服务的行业执照和工作许可体系比其他国家更严格,还包含对职业间合作的限制,以及对广告和专业服务收费的规定。提供专业服务的外国企业的市场准入还受到行业协会成员资格和股份所有权规定的限制。

1. 建筑业工作许可体系严格

德国《建筑业管理条例》规定,进入德国从事建筑业工作的人必须通过德国技师考试,具备技师资格,才能获得从业许可。技师考试用德语进行,考试分专业技能、专业理论知识、企业经营和法律知识以及职业和劳动教育知识四个部分。《手工业条例》第三部分第一章第 46 条和《建筑工程发包条例》第三部分都对之有详细规定。

2. 法律服务准入条件限制明确

德国《联邦律师规定》对从事律师职业、提供法律咨询服务进行了严格的限制。其中,第 206 条对外国公司或个人拟成立法律咨询公司作了

---

① http://www.ixpos.de/IXPOS/Navigation/EN/Your-business-in-germany/Eu-servicemarket/service-occupations.html.

以下限定：欧盟成员国的公司或个人需向事务所拟在地的律师协会递交申请，同时出具该国政府开具的从事相应职业的证明，由律师协会转呈州财政主管部门审批。其业务范围不得超出该国法律和国际法。来自第三国的申请者可从事的业务范围更窄，仅为本国的法律。获得开业许可后，必须在获准加入当地的律师协会3个月内设立公司或事务所，否则不能再加入该协会。律师事务所的名称必须标明来自哪个国家，并不得经营限定范围之外的业务，否则将被处以罚金甚至吊销营业执照。

（三）德国正逐步放宽对自然人移动的限制

近年来，为应对国内人口老龄化、人口减少和人才外流等问题，提升国家竞争力和维持经济高速增长，德国政府开始逐步放宽对自然人移动，尤其是高素质人才到德国工作的限制。

1. 加快和简化对国外职业证书的评估和认证

2012年4月1日起实施《改进国外专业资历评估认证法案》，同时联邦州一级进行相关立法以共同加快和简化对国外职业证书的评估和认证。[①]

2. 降低高素质人才入德门槛

2012年8月1日开始实施《转换实施欧盟高素质人才条例》。按照此法规定，在德国高校学习的外国大学生毕业后找工作的期限将由12个月延长至18个月。在这一期间为了维持生计，他们可以不受限制地从事任何工作。此外，当他们找到与大学所学专业相关的工作后，不必再申请工作签证，就可以继续留在德国。这些措施为德国高校外国毕业生进入德国劳动力市场扫清了障碍。

为提高移民政策的吸引力，德国政府还规定，德国高校外国毕业生从事与所学专业相关工作两年后就可以获得在德国永久居留的定居权。此法进一步降低了外来人才入德门槛。凡外国高素质人才，只要其具备德国承认的高等学历，且能在德国找到一份年薪超过4.8万欧元的工作，他（她）即可获得"欧盟蓝卡"。高素质人才短缺的行业，如数学、计算机科学、自然科学、IT和医学领域的人才甚至可降至年薪3.3万欧元。此法还规定：①外国高校毕业生只要符合相关条件，可先在德国驻其所在国使领馆申请6个月签证来德找工作，但必须提供这6个月的生活保障证

[①] National Reform Programme 2013, www.bmwi.de.

明；②来德创办企业的高素质人才，再申请签证时不再要求投资额必须达到 25 万欧元和创造至少 5 个就业岗位；③来德从业 3 年后，欧盟蓝卡持有者原则上在德国可获得长久居留权，如具备较好的德语语言知识，在德逗留两年后即可获得长久居留权；④家属可以随行来德，且首次入境不需要证明掌握德语，入境后可不受限制从业。①

3. 促进欧盟内部专业人员流动

2013 年 1 月 1 日起，开始推行 MobilPro-EU 计划，目的是提高促进欧盟内部专业人员的流动性，吸引其到德国工作。②

第五节　德国服务贸易管理体制

一　管理体系③

1. 法律体系

德国服务业法制健全，采用一系列法规而非单一法规的形式。既有《对外经济法》、《反限制竞争法》等联邦一级法律，也有行业法规，如《电信法》、《建筑法》、《招投标法》、《银行法》、《信贷法》、《保险法》、《统计法》、《餐饮业法》等。此外，还有涉及"自然人移动"的法律和法规。所有的法律或法规都对服务行业的运行和服务贸易的活动准则做出了严格而细致的规定，真正做到了有法可依、有法必依。

2. 统计体系和方法

德国的服务业统计体系由联邦统计局、各州统计局、地方统计局、联邦银行和统计顾问委员会等官方统计机构和行业协会、咨询公司等非官方统计机构组成。该统计体系旨在为政府和企业提供制定产业发展政策的依据和行业信息的咨询。统计体系内部分工明确：官方统计机构主要统计服务业基本指标，而非官方统计机构则在官方统计的基础上，通过对市场的调查，为企业提供咨询服务。

德国服务业统计的法律依据是欧盟 1996 年 12 月 20 日颁布的关于企

---

① 2012 Annual Economic Report, Boosting confidence – generating opportunities – continuing to grow with Europe. www. bmwi. de.

② National Reform Programme 2013, www. bmwi. de.

③ 参见于中华人民共和国商务部网站，原文出自中国驻德国使馆经商参处。

业结构统计的欧共体理事会58/97号法令、德国2000年12月19日颁布的《服务业统计》和2005年6月的《服务业统计法修订》、1987年1月22日的《联邦统计法》、1998年5月19日欧盟理事会1165/98号景气统计法令（附件D"其他服务业"）及德国2002年8月颁布、2005年修订的《特定服务业景气统计调查法令》等。

依据《联邦统计法》对联邦统计局和各联邦州统计办公室的业务分工，德国各类经济、商务数据在采集方式上实行统分结合的原则，即各州分散采集和联邦统一采集相结合。在贸易领域，除批发贸易数据是由联邦统计局统一采集外，其余数据均由各州统计办公室采集后提交给联邦统计局汇总发布。在具体各项数据采集过程中，联邦统计局遵照样本总体分析—抽样调查—结果预测相结合的统计学原则，将统计过程分为数据采集—汇总加工—结果评估三个主要步骤。根据统计目的的不同，统计数据分为月度统计数据和年度统计数据两类，月度统计数据主要用于观察宏观经济面的发展趋势，而年度数据则用于分析该统计领域内企业结构、经营情况及竞争力。

目前联邦统计局主要采用纸面问卷、互联网问卷和直接通过企业的EPR系统三种方式采集基本数据。随着德国政府推行的e-Goverment计划的推进，数据采集日趋电子化和网络化；同时，联邦统计局和各州统计办公室也在大力推进eStatistik.core系统的建设和推广，从2006年起参加抽样调查的企业已可以通过该系统提交月度数据。所有对外服务贸易数据则由德国联邦银行提供。德国联邦银行采用的是世贸组织《服务贸易统计手册》规定的"国际收支"（BOP）统计方法。国际收支一般由经常项目和资本金融项目组成。经常项目主要是计算货物和服务的流入和流出情况。

经济与能源部通过对联邦统计局提供的关于德国服务行业的统计数据和德国联邦银行提供的服务贸易数据进行整理、分析，然后对服务贸易实施宏观调控。

二　管理机构

德国联邦政府的14个部中，与服务业相关的部各自主管其对应行业：财政部主管金融、保险和证券；交通部主管运输；教育部主管教育；卫生部主管医疗卫生和社会服务；其余基本划归经济与能源部管理。经济与能源部第五司，即"对外经济政策司"，在服务贸易方面具有立法、行政管理和协调职责，承担职权包括：收集全德国服务贸易信息，全面掌握德国服务贸易情况，协调政府各部门和经济与能源部内部在服务贸易领域的政策和促进措施，代表德国政府在欧盟和世贸组织内参与谈判和协商，负责德国服务贸易的统计和信息发布。

经济部下设的一些机构具体负责德国服务贸易的发展和促进工作。

1. 德国联邦外贸与投资署（Germany Trade & Invest）

德国联邦外贸与投资署（GTAI）是德国促进外贸和吸引外商在德投资的官方机构，通过60名驻外专家的业务支持以及与德国驻外商会开展合作。其主要职责是：在海外推广德国作为经济与技术投资目的地的优势；为德国企业提供海外市场信息；为有意在德国投资的外企提供信息和咨询。

德国联邦外贸与投资署为德国企业所提供的海外市场信息包括：市场与行业分析、经济与税法信息、海关与关税条例、国际项目、招标和商业联系及实用商业建议。外贸与投资署为外国企业提供的德国市场信息和数据包括：市场与行业分析、市场进入分析、企业法与税法信息、经济法与劳动法信息及激励措施与融资信息。同时外贸与投资署为外企提供免费服务，包括：与项目相关的法律与税务事宜的咨询和支持、与项目相关的补贴咨询与融资可能性分析、组织选址参观、协助建立与当地合作伙伴和网络的联系，并陪同前往与他们会面，以及协调与公共和私人合作伙伴的谈判。

2. 经济与出口控制局（BAFA）

经济与出口控制局在对外贸易、促进经济发展和能源领域承担重要的管理职责。经济与出口控制局作为行政审批机构，与其他政府机构合作。基于国家安全需求和保护德国在国外的政治利益，参与联邦政府出口管制政策的制定，并执行出口管制和进口监控管理。经济与出口控制局同时负责为促进中小企业发展制订计划，采取措施推进能源节约和可再生能源的使用。

3. 联邦网络局（BNetzA）

联邦网络局的中心任务是对电力、燃气、电信、邮政和铁路部门进行监管，减少贸易壁垒，确保这些部门为消费者提供可靠服务，并实现市场准入公平、无歧视和市场上各公司间的公平竞争。

三 行业协会

德国中介组织和商协会组织体制健全,服务业各个行业都有其专业协会,在行业发展、法律法规制定及促进内外交流、提供信息等方面发挥着重要作用。

1. 德国工商大会(DIHK)

德国工商大会是德国最重要的协会组织之一,由全德 80 个工商会联合组成。其主要任务是维护工商业主的整体利益,促进工商业经济的全面发展。德国工商大会的主要工作是开展经济调查,为企业提供信息;与联邦政府和联邦议会及欧盟等国际组织保持联系,对重要经济和法律政策表态,参与和影响德国经济政策的形成和制定;设立海外商会,促进双边贸易合作。

德国工商大会打造了一个名为"DEinternational"的遍及全球的服务网,帮助德国企业开拓国际市场。该服务网的工作方式类似于一个特许经营方案,其服务内容包括咨询、范围广泛的地址搜索、有关国家的详细信息、联系安排与当地政经界的接触,以及为企业提供详尽的市场分析、销售与法律咨询、重要的博览会展览会活动概况等。

2. 德国贸易展览协会(AUMA)

德国贸易展览协会是德国展览业界的代表性组织,其成员包括展览组织、观众协会和展览会公司。AUMA 的主要任务是:向国内外对德国展览会感兴趣的个人或团体提供信息和咨询服务、维护展览业界的利益、推广德国各展会的项目、提高展览市场透明度、代表官方参与海外展会等。AUMA 拥有广泛的展览信息和来自各方面的对展览业的支持,出版多种刊物,同时还对个体参展商在选择展览项目方面提供咨询。

3. 德国中小企业联合会(ZDH)

德国中小企业联合会立足于社会自由市场体系,通过构建合理的经济活动框架促进德国的中小企业获得竞争优势,发挥中小企业在提供就业机会、职业教育和继续培训机会方面的潜力。ZDH 反对过度的国家控制、限制私人财产和滥用市场权力。在经济政策方面,ZDH 倡导清除或避免竞争劣势、保护德国熟练手工业中小企业可持续发展的金融基础,以及将可由私人部门提供的公共服务私有化。

此外,德国外贸批发商协会(BGA)、德国零售业外贸协会(AVE)、德国直销联合会(HDE)、德国联邦采购与物流协会(BME)、德国建筑行业总协会（ZDB）、德国信息经济、通信与新媒体协会（BITCOM）等众多协会组织，在促进德国服务贸易发展中也发挥重要作用。

第六节 德国服务贸易发展的最新动态

作为欧盟经济体系的核心成员和全球服务贸易第二大国，德国积极参与多边谈判推动贸易自由化，并采取多种措施，力图通过创新和服务业标准化建设推动本国服务贸易的发展。

一 德国政府积极参与并推动 TTIP 谈判

德国政府将 TTIP（Transatlantic Trade and Investment Partnership，跨大西洋贸易与投资伙伴协议）谈判视为推动德国出口和扩大就业的重要机遇。美国是德国在欧洲之外的第一大出口市场，也是德国公司的首选投资地点。尽管多年来一直努力推动世界贸易自由化，但在跨大西洋贸易中仍然存在包括关税和非关税壁垒在内的诸多障碍，德国政府希望可以通过 TTIP 谈判，促使美国的公共服务部门扩大对德国公司的开放，从而使德国企业，尤其是中小企业，可以从全面的服务贸易自由化中获得新的市场空间。

自从美国总统奥巴马和欧盟主席巴罗索于 2013 年 6 月 17 日 G8 峰会宣布 TTIP 谈判开始以来，已举行五轮谈判。其中，2014 年 5 月 19 日至 23 日在美国弗吉尼亚州的阿林顿举行的第五轮谈判讨论了以下内容：

（1）双方讨论了监管合作，致力于促进双方对于彼此法律和制度环境的理解。双方讨论了贸易的技术壁垒和关于各个行业的附件。在德国的要求下，欧盟发起了对包含机械工程行业附件的讨论。

（2）双方就市场准入（免除关税，开放服务业和公共部门市场）进一步明确了双方的关注点。

（3）双方集中讨论了美国公共服务部门的市场准入，欧盟希望美国的联邦、地区公共服务部门可以给予欧洲公司非歧视性市场准入。

（4）双方继续就为中小企业消除贸易壁垒和提供更好市场准入进行讨论。

谈判开始以来，德国致力于确保 TTIP 谈判的最大透明度，并保护德国投资者和消费者的利益。2014 年 5 月 21 日，德国联邦经济与能源部成立了TTIP顾问小组（TTIP Advisory Group），这一顾问小组的成员是来自创意艺术和其他领域的工会、福利组织、环境组织和消费者协会的代表，其目的是讨论正在进行的TTIP谈判，并将小组讨论结果反馈至TTIP谈判草案以反映德国立场。

二 促进企业国际化

为帮助开拓国际市场，德国联邦经济部自2010年起针对知识密集型中小企业推出"国际化"促进措施。从事电信，数据处理和建立数据库，传媒服务，法律、经济、税务、企业咨询、广告，工程和建筑及相关服务，行业培训和进修的企业，在举办信息推介、市场营销、经营管理培训等活动时，可获得政府资金补助。德国联邦经济与能源部委托德国联邦经济与出口控制局负责这类项目的实施。

三 推行"高科技战略"以促进研发、革新

由联邦教育研究部主导，德国联邦政府曾于2006年首度推出"德国高科技战略"，提出了今后关系德国经济繁荣和就业的17个技术领域。这17个领域包括：卫生医疗、安全、植物学、能源、环境、信息和电信、汽车和交通、航空、航天、航海、现代服务业、纳米、生物技术、微系统、光学、新材料、装备工艺。在每个领域，德国都要整合科技、产业、教育界力量，形成具体"创新战略"和"行动规划"。

2010年7月，德联邦内阁通过教研部主持制定了更新版《思想、创新、增长——德国高科技战略2020》，提出该战略重点领域将瞄准全球面临的重大挑战，包括气候/能源、健康/营养、汽车、安全、电信，并明确分布在这五大领域和交叉领域的"关键技术"，包括生物、纳米、微电子、纳米电子、光学、微系统、材料、装备、服务业、航天、信息和通信等方面。服务业被列为"高科技战略"的重要领域，力求通过现代科技保持德国服务业的国际竞争力。[①]

四 加快服务业标准化建设

为推动德国服务供应者进军国际市场，促进德国服务出口，德国政府于2009年在德国工业标准（DIN）框架内成立服务业标准委员会（NADL），负责在企业服务和客户服务领域制定服务标准，并为在德国、欧洲和国际范围实现标准化完成基础工作（NADL不负责已归属其他已有

---

① Ideas. Innovation. Prosperity. High-tech Strategy 2020 for Germany. www.bmbf.de.

DIN 委员会的服务标准化，如邮政、社区服务、建筑服务或娱乐体育设备操作等）。德国联邦经济与能源部作为该机构咨询委员会成员，协同配合其相关事务。① 同年还成立了服务业协调机构（KDL）专业委员会，其职责是：作为中心机构，对德国工业标准框架内服务业领域与标准化相关的所有活动进行整合、系统化和协调统一。服务业标准化相关议题包括：教育服务、革新管理、房地产经纪服务、工程学服务、评级服务、中医和旅游业。②

德国联邦经济部与德国工业标准组织于 2011 年 1 月 25—26 日在柏林组织召开了"服务标准化大会"，讨论的主题包括：服务业标准化的前景和战略、服务业可持续发展、优质服务、标准化与自由职业。2014 年 3 月 17 日，来自 14 个行业的 120 名专家参加了在柏林举行的服务业标准化研讨会，讨论主题是各服务领域标准化带来的机会和挑战，动力和障碍。

五 发展文化创意产业

2010 年联合国贸发会议（UNCTAD）所做的《创意经济》报告指出，德国是创意产业的重要出口国，并在表演艺术和出版印刷分行业的出口中位居第一位。③ 2011 年，德国文化创意产业增加值为 627 亿欧元，占经济总量的 2.4%，销售额达 1430 亿欧元，占总销售额的 2.6%。文化创意产业增加值从 2008 年起已超过化工业，仅低于机械制造和汽车业，在国民经济中占有举足轻重的地位。11 个分行业中，2009—2012 年，软件和游戏、表演艺术、建筑、音乐和设计的销售额增长较快，但相对于英国和法国创意产业巨大的出口额，德国仍有提高空间。为此，德国政府计划大力推动国内的文化创意企业开拓国际市场，经济部指出要充分利用德国发达的贸易展会，有针对性地参加特定产业展会，以便在更大范围内联系客户、扩大销量。④

六 发展服务贸易展会

德国会展业居世界第一位，各行业的领先国际性展会中，2/3 来自德

---

① http://www.nadl.din.de/cmd?contextid=nadl&languageid=en&workflowname=InitCommittee&search_committee=nadl.
② http://www.kdl.din.de/cmd;jsessionid=BIKGDSYNXH3Z7FJSXEIPYVOL.4?level=tpl-home&languageid=en.
③ Creative Report 2010, www.unctad.org.
④ Monitoring of Selected Economic Key Data on Culture and Creative Industries 2011.

国。德国境内每年举办约 150 场国际性的展会。总计约 16 万参展商（50%来自国外）和 900 万到 1000 万的参观者（其中 20%来自国外）。每年参展商和参观者在德国支出 100 亿欧元，总体经济生产效益达到 230 亿欧元，创造 25 万个就业岗位。① 根据德国贸易展览协会数据，2012 年参加德国展会的外国游客数量创下历史新高，达到 265 万，占所有游客的 26.3%。海外展商的比例更高，达 54.7%。2012 年总计有 99000 名外国参展商参加了德国举行的 160 个国际国内展会。其中，最大的代表团来自中国。②

德国知名的服务贸易展会都经过了较长时间的培育，逐步发展成为在全球业界享有盛誉的展会。每年展会不仅吸引了领先企业，也有众多的新兴企业参展，展会的主题展现了行业前沿成果，是行业发展的风向标。现有的服务贸易领域的展会主要涉及旅游、物流运输、创意发明、酒店餐饮、广告推广等，其中包括：

（1）柏林旅游展（ITB）。ITB 是全球旅游业盛会，柏林展会公司每年在旅游展期间举办长达三天的国际旅游大会（ITB Congress），来自全球旅游界的精英，如政府和国际组织高层官员、旅游经济研究人员、旅游企业高管聚集一堂，研讨旅游业的新趋势、新产品以及新的合作方式。

（2）慕尼黑国际物流展（Transport Logistic）。慕尼黑国际物流展是世界最大的物流展，除了专门的运营机构，也设有咨询委员会，通过该委员会与德国物流协会进行紧密的合作，近年来开展期间的各类专业论坛超过 30 个。

（3）纽伦堡国际创意发明新产品展（iENA）。iENA 是全球领先的展会，以"创意、发明、新型"为主题，共有 12 个展览馆，其中第十二馆全年无休轮流展出各行各业之产品，因规模最大，人潮最多，因此成为全球众多工商人士，贸易商等采购及相关厂商前往参观之国际性发明展。德国联邦经济部在国家"高科技战略"项下，拨付专项基金资助发明者参加展会，促进发明转化为产业成果。

德国服务贸易展会注重专业性的同时，覆盖面较广，与之关联的上下游产业链均涵盖其中。例如，柏林旅游展涵盖了旅游地区、旅游产品、旅

---

① 参见中华人民共和国商务部网站，原文出自中国驻德国使馆经商参处。
② Markets Germany, 2014 Vol. 1.

游方式、旅游科技和信息共享、旅游服务等多方面；慕尼黑物流展涵盖了各种形式的物流、信息传输、物流管理和网络控制、物流安全、物流研究等；纽伦堡创意展涵盖了机械制造、能源科技、建筑、休闲、体育、机动车科技、医药技术、环保技术和美容等领域，斯图加特餐饮展则涵盖了酒店装修、布置和保洁，厨房科技和厨具、餐厅餐桌装饰、食品、饮品等。

德国的会展业以地区为中心，主要的公司由地方政府持有。德国的展馆全部由各州和地方政府投资兴建，展会公司由政府控股实行企业化管理，地方政府把展览业作为当地的支柱产业之一，并不着重于某一展会一时的盈亏，而是将培育展会、发展地方经济，带动当地服务业的增长以及增加就业岗位作为长期的目标。政府不参与展会公司具体的决策，但通过监事会对其进行监督。

德国会展业不仅被视为商务促进的重要载体，更被看成是一个非常重要的服务贸易发展龙头。会展业既在引导生产、促进消费、扩大内需、增加就业、创造效益等方面发挥重要作用，又为商业活动中的各种交易活动提供信息和服务平台，直接促进商品流通与服务交换，为展会所在地的服务行业，如交通、酒店、餐饮、物流等创造了更多的盈利机会，产生了较大的"乘数"效应。服务贸易专业展的成功举办不仅为展会公司带来声誉和收益，还进一步巩固了德国在该服务贸易领域的世界领先地位。

七　修订法律促进竞争[①]

德国《反限制竞争法》第 8 次修订案从 2013 年 6 月 30 日起生效。新法案的目的在于使德国的竞争法案与欧盟法案协调一致，使其应用更具动态性，并提高竞争法执法的效率。

此次德国反限制竞争法第 8 次修订的重要变化主要体现在合并控制的审查以及市场支配力滥用的规制两方面。

（1）关于合并控制的审查，此次修订着眼于将德国现行的并购审查判断标准同欧盟的标准进行协调和一致，即正式接受了欧盟的"严重妨碍有效竞争标准"（SIEC）。未来德国反垄断机构将直接使用欧盟自 2004 年引入的 SIEC 标准来判断一项合并是否会显著地妨碍有效的竞争。针对媒体企业，此次修订也降低了对印刷媒体企业并购的监管力度。例如，营

---

① 8th Amendment of the Act Against Restraints of Competition in Germany, Gibson Dunn & Crutcher LLP, Kai Gesing, Hartmut Kamrad and Michael Walther, http：//www.lexology.com/library/detail.aspx? g =69097a9e-cd8d-4a21-b226-0694ffc2b6f8.

业额的计算将不再按照过去的 20 倍营业额进行累计，新法案仅规定了 8 倍的营业额来进行计算。由此，对印刷媒体行业的合并监管的门槛被提高，监管力度被弱化，这有利于促进该行业的并购重组。

（2）关于市场支配地位的滥用，新法案在结构上以及在适用程序方面进行了调整和优化。例如，作为判断市场支配地位的市场份额标准由原来的 1/3 提高到 40%。尽管这一调整在数量上并不十分显著，但是对可能被涉及审查的企业而言则是一个非常显著的解脱。多数观点认为，原有的 1/3 的标准与实际的市场状况和法律适用已不完全相符。此外，对于此前一直适用的不当获得竞争优势这一判断标准，在未来将被弱化，且仅适用于具有市场支配地位的企业，或者具有相对市场力的企业。

新法案在其他方面的修订还涉及反垄断法在公共健康保险和公共水供应等公共部门的应用。德国反限制竞争法的此次修订，提高了德国反垄断执法与欧盟法和国际竞争法在执法方面的可对话性和可比较性，并有助于保障德国市场的竞争环境。

第七节　德国服务贸易发展对中国的启示与借鉴

一　完善服务贸易监管的法律体系和管理体系

德国服务贸易的法律体系健全，每部法律或法规都对行业的运作和行为作出了严格规定，企业既受法律约束，也受法律保护。服务业的立法工作，由所涉行业主管部门负责收集信息、征询相关行业协会意见、提交法案，交由立法机构经过立法程序变成正式法律付诸实施。

在促进我国服务贸易发展的过程中，我国服务贸易和服务业的主管部门应深入分析当前世界及中国服务贸易发展的趋势和重点，立足于我国服务贸易发展现状，按照立法程序，协助制定和完善相关法律、法规，为我国服务贸易创造出有法可依的竞争环境，并切实有效促进中国服务贸易产业有序、健康、快速发展。

二　制定适度保护的服务贸易政策，同时加快提高中国服务行业的竞争力

德国发展服务贸易，开放与保护并重。德国的政府机构、中介组织和行业协会以及企业三方有机结合，共同促进服务业发展。政府机构和行业

协会除履行管理职能积极构筑信息平台，多层面、多渠道地提供广泛的信息支持外，还帮助企业积极开拓海外市场。与此同时，德国也设置服务市场准入壁垒，在资历认证、颁发许可、投资主体，以及股权比例方面对跨境提供服务进行限制，以免服务进口对国内服务行业构成竞争威胁。

中国的服务贸易常年逆差，可以借鉴德国的成功做法，在为服务行业提供适度保护的同时，依据国际服务贸易规则和国内立法，一方面，对外国服务和服务提供者的市场准入进行必要限制，防止因外国服务者进入太多、竞争过度而给国内服务业发展造成巨大冲击；另一方面，允许一定数量的外国服务和服务提供者进入国内服务市场，鼓励竞争，提高本国服务业的国际竞争力。此外，政府可采取财税、金融等政策，鼓励服务企业出口。

三　注重人力资源培训，夯实中国服务贸易发展的人力资本基础

优秀的劳动力决定了德国服务行业较高的生产率。德国具有世界一流的教育水平，因而能够在知识经济的时代培养出适合知识密集型服务的高级人才。同时，在职业培训领域，德国拥有独特的双元制教育体系，该体系将学校培训和在职培训的优势有机结合，充分满足了社会对服务行业的需求。

服务业的价值创造主要来源于从业人员的技能。随着信息和通信技术的发展，建立在高层次人才基础上的知识密集型服务业是提高服务业出口竞争力的关键。[①] 对此，中国有必要进一步注重高级专业技术人才的教育和培训，使其能熟练掌握新知识、专业知识，并具有革新、创新、沟通的能力。

四　积极参与国际服务贸易规则制定和谈判，创造有利于中国服务贸易发展的环境

德国政府在世界贸易组织、经合组织、国际清算银行等多边机构中发挥着推动贸易自由化的重要作用，主导欧盟与经济高速发展的主要地区签订双边自由贸易协定。目前德国政府优先考虑的地区是东南亚和拉丁美洲，尤其是想进一步促进新兴经济体开放金融服务、计算机服务、电信、海运、物流、快递、环境服务、工程承包、自由职业（比如建筑师、工

---

① 戴翔、郑岚：《发达国家服务贸易中政府行为及经验借鉴》，《天津市财贸管理干部学院学报》2009年第1期。

程师、律师、企业咨询师）和旅游等，以拓展服务业出口市场，促进本国服务业进一步发挥比较优势。

面对全球经济一体化的发展，中国应进一步发挥其在各种多边、双边组织中的作用，积极参与国际贸易规则制定，提高中国在国际贸易规则中的话语权，为我国服务型企业走上国际化道路消除贸易壁垒，为中国服务型企业开拓海外市场营造有利的国际环境。

第四章 英国服务贸易政策

作为欧盟的主要成员国之一，英国服务贸易一直处于世界前列，近年来，其服务贸易出口仅次于美国，稳居世界第二。英国发达的服务贸易离不开本国具有较强竞争力的服务业，更离不开其促进服务贸易的国内政策。本章在系统分析英国服务贸易发展状况的基础上，详细梳理了英国服务贸易政策，包括对外开放政策、监管政策、管理体制等，提出了英国服务贸易发展对中国开放服务业的启示与借鉴。

第一节 英国服务贸易发展现状

英国政府大力促进服务业的发展，并通过各种渠道支持服务业"走出去"，扩大服务贸易出口。在此过程中，英国始终注意提高本国服务业的国际竞争力，因此得以保持其服务贸易大国和强国的地位。

一 英国服务贸易在全球服务贸易中的地位

联合国贸发会议公布的数据显示，2010—2013年，英国服务贸易从全球排名第三位下降到第四位，落后于美国、德国和中国，其全球份额也一再降低，主要原因是由于中国服务贸易的飞速发展（见表4-1）。然而，即使英国服务贸易总额、进出口额占全球总额的比重有所下降，英国服务贸易仍具有较强的国际竞争力，尤其是在金融服务、专业服务和商业服务、旅游服务等部门，其服务贸易出口长期居世界第二位，仅次于美国。2013年，英国服务贸易总值居世界第四位，出口值居世界第二位，进口值居世界第五位，低于美国、德国、中国和法国。英国最大的服务贸易伙伴是欧盟，其次是美国。

表 4-1　2010—2013 年英国服务贸易进出口情况及世界排名变化

单位：亿美元，%

年份	总额 排名	总额 金额	总额 全球份额	出口额 排名	出口额 金额	出口额 全球份额	进口额 排名	进口额 金额	进口额 全球份额
2010	3	4385	5.7	2	2674	6.9	4	1712	4.6
2011	3	4775	5.6	2	2964	6.8	5	1811	4.3
2012	4	4733	5.4	2	2919	6.5	5	1814	4.2
2013	4	4771	5.2	2	2967	6.3	5	1804	4.0

资料来源：根据 UNCTAD 数据库相关数据制表。

英国最具竞争力的服务部门是金融服务业，伦敦作为国际金融中心，有着重要的地位。（1）伦敦是十大国际金融中心之首，英外资银行数世界第一；（2）是世界最大的外汇市场；（3）有最国际化的股票和债券市场，约占国际债券交易市场的 70%；（4）是全球最大的金融衍生品交易市场和金属交易所，也是欧洲最大的商品交易市场；（5）是全球第二大基金管理中心，是私募基金、对冲基金和主权财富基金运营中心；（6）是全球最大的保险市场，是全球唯一聚集了世界前 20 大保险和再保险公司的金融中心；（7）是世界主要的航空险和海事险中心；（8）是最大的海事服务中心，设有国际海事组织；（9）是世界最大的黄金市场和黄金交割中心；（10）是最大的碳交易市场；（11）是两大国际法律服务中心之一；（12）是全球主要的会计服务中心和教育培训中心，也是领先的商业服务提供者。

二　英国服务业对国内经济增长的贡献度

2012 年，英国服务贸易顺差值为 740 亿美元，占 GDP 的 4.8%。从表 4-2 中可以看出，2011 年，服务业增加值在 GDP 中占比为 71.6%，服务业就业人数占到总就业人数的近 3/4，是英国解决就业的主要力量。

表 4-2　英国服务贸易基础情况（2011 年）

项目	2011 年	年增长率（%） 2005—2011 年	年增长率（%） 2011 年
基础指标			
GDP（百万美元）	2431589	1	8

续表

项目	2011年	年增长率（%）	
		2005—2011年	2011年
服务增加值（%总增加值，2010）	71.6	0	0
基础设施服务	15.8		
服务业就业人数（千人）	21092		1
占总就业人数之比（%）	72.5		0
商业服务出口			
占GDP之比（%）	11.3	4	3
占总出口之比（%）	36.4	1	-3
服务业直接投资—存量（百万美元）			
对内投资（2010）	646620	8	4
对外投资（2010）	935708	6	9
GATS承诺开放服务部门总数	115	—	—
已报WTO的服务经济一体化协定	10	—	—

资料来源：WTO 服务贸易数据库。

表4-3 显示了2005—2013 年英国服务贸易进出口总额占 GDP 的比重，从表中可以看出，2005 年到2013 年间，该比重呈持续上升趋势。

表4-3　　　　2005—2013 年英国服务贸易值占 GDP 比重

单位：亿美元，%

年份	GDP	服务贸易总额	服务贸易总额占 GDP 的比重
2005	24127	3706	15.36
2006	25769	4112	15.96
2007	29594	4904	16.57
2008	27693	4878	17.61
2009	24388	4283	17.56
2010	24833	4385	17.66
2011	25886	4745	18.33
2012	25468	4635	18.20
2013	26614	4771	17.93

从表 4-4 中可以看出，英国服务业就业人数占总就业人数的比重超过 3/4，说明服务业是解决英国就业的最主要产业，远远超过第一产业和第二产业。其中，批发和零售、房地产租赁和商业服务，以及健康和社会工作三大类的就业人数居分行业的前三位。

表 4-4　　　　　　　　2005—2009 年英国服务业就业情况

单位：%，千人

年份 项目	2005	2006	2007	2008	2009
总就业人数	28774	29030	29222	29443	28979
就业率	60.1	60.2	60	60	58.6
服务业就业人数	22023	22256	22411	22574	22140
服务业就业人数占总就业人数比重	76.5	76.7	76.7	76.7	76.4
服务业分行业就业人数					
批发和零售	4597	4554	4553	4583	4435
宾馆和餐馆	1855	1840	1826	1835	1787
运输、储存和通信	1594	1588	1582	1596	1530
金融中介	1062	1059	1064	1049	1002
房地产租赁和商业服务	4336	4533	4698	4766	4504
公共服务（行政、国防、社会安全）	1516	1514	1509	1474	1465
教育	2348	2384	2401	2420	2460
健康和社会工作	3298	3345	3364	3421	3527
其他社区和个人服务、个体化、境外组织	1417	1440	1414	1431	1430

注：英国统计局统计就业时对服务业行业细分方法不同于 WTO 和联合国的行业细分方法。
资料来源：《2010 年英国统计年鉴》。

三　英国服务贸易规模

2013 年，英国服务贸易进出口总额为 4771 亿美元，占全球服务贸易总额的 5.2%，其中出口 2967 亿美元，占全球份额为 6.3%；进口 1804 亿美元，占全球的 4%。从表 4-5 可以看出，英国服务贸易顺差总体呈增长态势，其中，服务贸易出口增长率整体高于进口增长率。除去金融危机时期和 2012 年，英国服务贸易进口和出口增长率均为正数。自 2006 年以来，服务贸易顺差增长快且数额巨大。

表 4-5　　　　2005—2013 年美国服务贸易进出口额

单位：亿美元，%

年份	进出口总额	出口额	增长率	进口额	增长率	净出口
2005	3706	2077	5.1	1629	8.7	448
2006	4112	2360	13.6	1752	7.6	608
2007	4904	2891	22.5	2013	14.9	878
2008	4878	2854	-1.3	2024	0.5	830
2009	4283	2581	-9.6	1702	-15.9	879
2010	4385	2673	3.6	1712	0.6	961
2011	4745	2938	9.9	1807	5.5	1131
2012	4635	2836	-3.5	1799	-0.4	1037
2013	4771	2967	4.6	1804	0.3	1163

资料来源：UNCTAD 数据库。

四　英国服务贸易结构

（一）英国服务贸易行业结构

在英国的标准产业分类（SIC）中，服务业类主要包括批发与零售贸易，酒店与餐厅，运输及通信，金融中介，房地产、租赁及商业和商业活动，公共管理及防卫，教育，卫生与社会工作，其他社会、个人及私人家政服务等。

1. 英国服务贸易进口结构

在联合国贸发会议（UNCTAD）的统计中，服务贸易分成三大类，分别是旅游服务、运输服务和其他服务，在商业服务中包含通信服务、建筑服务、保险服务、金融服务、计算机和信息服务、专利和许可证费、其他商业服务以及个人、文化和娱乐服务 8 小类。

表 4-6　　　　2000—2013 年英国三大类服务产业进口值

单位：百万美元

年份	运输服务	旅游服务	其他服务
2000	24165.91	38407.94	36808.68
2001	23443.29	37969.93	38432.03

续表

年份	运输服务	旅游服务	其他服务
2002	25469.75	41510.86	42275.22
2003	28435.59	47928.72	50849.67
2004	33596.98	56525.32	59802.63
2005	36176.49	59602.03	67171.15
2006	35152.63	63094.43	76940.20
2007	37623.16	71416.57	92230.06
2008	35342.28	68489.57	98576.01
2009	27977.05	50143.40	92081.71
2010	28778.75	50001.62	92379.39
2011	31965.53	50998.09	97737.53
2012	31929.91	52731.96	95209.54
2013	33967.12	52443.72	94002.02

资料来源：UNCTAD 数据库。

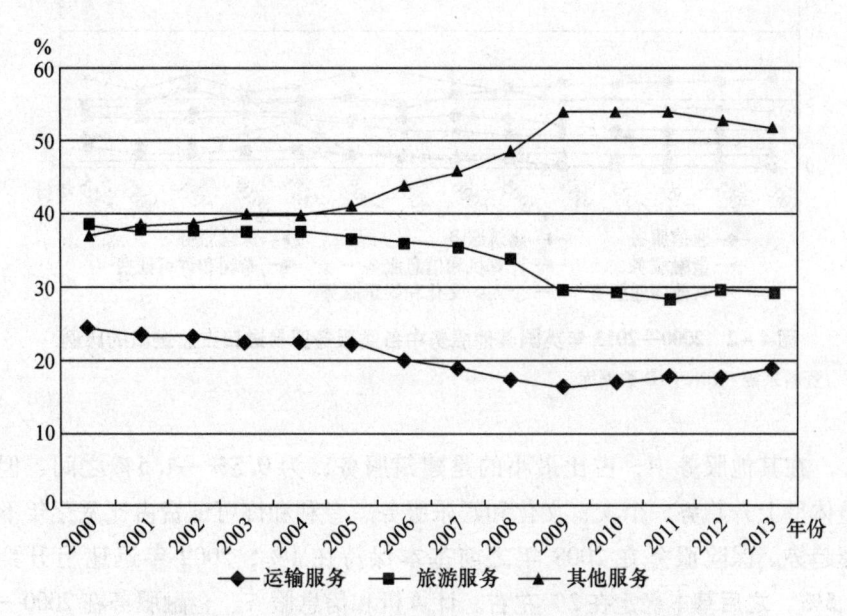

图 4-1　2000—2013 年英国三大类服务贸易进口占比

资料来源：UNCTAD 数据库。

从三大类产业进口值来看，英国服务贸易中的运输服务进口值增加缓慢，2007 年达到最大值后回落，2010 年之后逐渐回升；旅游服务进口在金融危机之前呈上升趋势，2008年金融危机后开始下降，2011年之后有所回升；其他服务2007年增加迅猛，2008年达到峰值，之后有小幅回落并呈波动态势（见表4-6）。从比重来看，运输服务在三大类产业中占比最小，2000年之前旅游服务占比略高于其他服务，2001年二者并驾齐驱，此后其他服务占比逐年上升，而旅游服务占比则逐年下降，2009年之后其他服务占比超过50%，旅游服务在30%左右波动，运输服务则接近20%（见图4-1）。

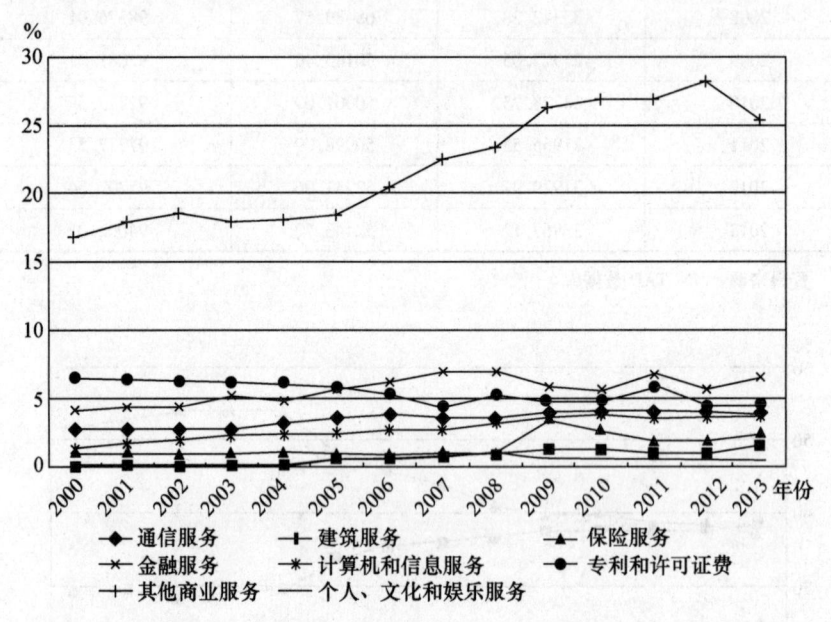

图4-2　2000—2013年英国其他服务中各类服务贸易进口占总进口的比例

资料来源：UNCTAD数据库。

在其他服务中，占比最小的是建筑服务，为0.5%—1.5%之间，但整体呈上升趋势。个人、文化和娱乐服务、专利和许可证费占比呈逐年下降趋势。保险服务在2008年之前基本保持在1%，2009年迅速上升到3.5%，之后基本稳定在2%左右。计算机和信息服务、金融服务在2000—2013年增长均超过2个百分点。通信服务整体呈增长态势。其他服务中占比最多且增加最迅速的是其他商业服务，14年间增加8个百分点，2012年曾一度占英国服务贸易总进口的28%，约占其他服务进口的半壁江山（见图4-2）。UNCTAD数据库统计中的其他服务和英国许多统计文件中的"专业和商业服务"有诸多重合的领域,如专利和许可证费、其他商业服务中的大部分都属于"专业和商业服务"。

2. 英国服务贸易出口行业结构

从英国服务贸易出口产值来看,金融危机之前,三大类服务贸易出口呈增长趋势,且2003年到金融危机之前增速较快。运输服务于2008年达到最大值,旅游服务和其他服务均于2007年达到最大值,2010年,三类服务贸易出口均恢复增长,到2012年,所有服务贸易出口均恢复到接近金融危机前的水平(见表4-7)。

表4-7　　　　　2000—2012年英国三大类服务出口产值

单位:百万美元

年份	运输服务	旅游服务	其他服务
2000	19086.71	21857.05	79206.45
2001	18265.18	18872.68	82433.73
2002	18767.34	20375.50	93397.56
2003	22252.45	22655.73	113592.13
2004	29288.88	28221.47	140188.22
2005	31516.48	30674.66	145480.53
2006	31450.61	34596.96	170002.23
2007	35688.27	38601.60	214791.94
2008	39428.94	36027.99	209919.37
2009	30930.69	30148.66	197024.86
2010	31943.25	32400.62	203005.66
2011	37042.91	35069.00	221677.47
2012	37217.16	36614.22	209776.34

资料来源:UNCTAD数据库。

从三大类服务贸易出口占比来看,运输服务和旅游服务在所有服务贸易出口中所占的比重相当,且走势相似,从2000年的15%以上下降到12%左右,其他服务出口比重非常高,约为75%,远远高于进口的占比(见图4-3)。

作为英国服务业的龙头产业,金融服务在英国服务贸易出口中占据重要地位,从图4-4中可以看出,金融服务和其他商业服务占服务贸易出口的比重遥遥领先其他部门,作为广义金融服务的一部分,保险服务出口

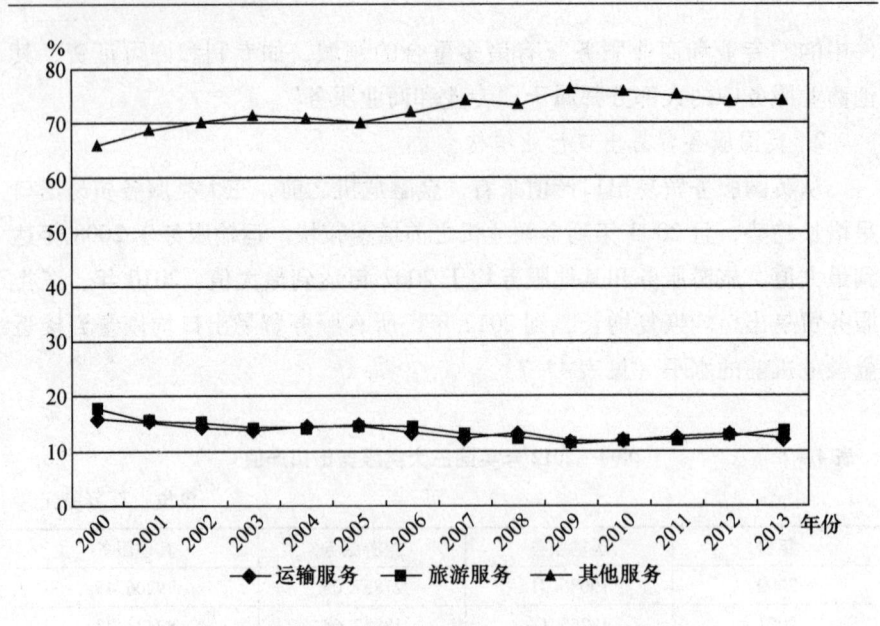

图 4-3　2000—2013 年英国三大类服务贸易出口占比

资料来源：UNCTAD 数据库。

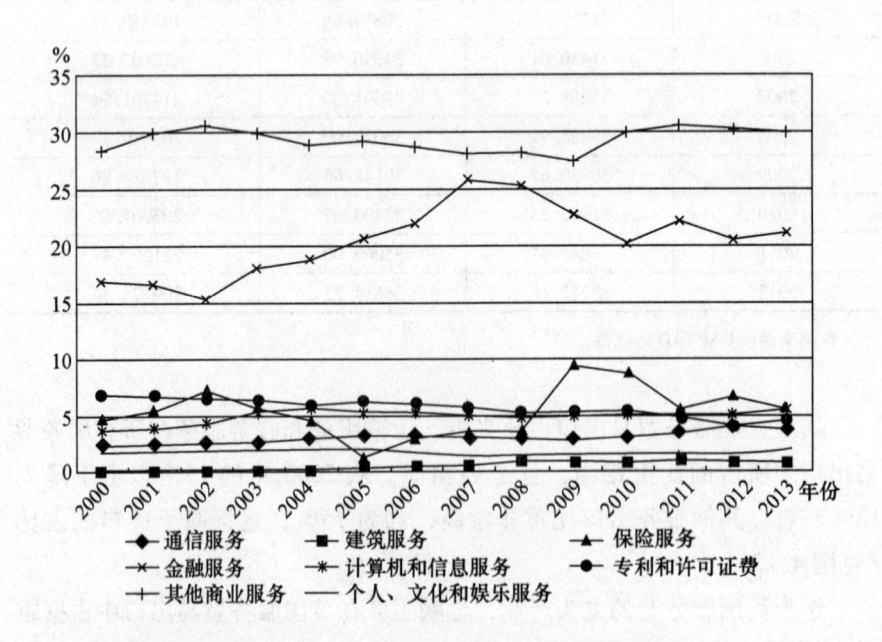

图 4-4　2000—2013 年英国其他服务中各类服务贸易出口占比

资料来源：UNCTAD 数据库。

占服务贸易出口比重波动较大，但整体比重较高。金融危机后的保险服务比重上升，在2009年达到顶峰，随后开始回落。通信服务、建筑服务出口比重一直平稳小幅增长，个人、文化和娱乐服务基本保持不变，计算机和信息服务增长大约2个百分点，专利和许可证费所占比重较高，但其比重一直有小幅下降趋势。

（二）英国服务贸易地理结构

1. 出口地理结构

根据WTO的统计，将欧盟作为一个整体。无论是服务贸易总额还是运输、旅游和商业服务，欧盟服务贸易出口市场比较集中，前三位的国家均为欧盟（28）、美国和瑞士，且占比超过65%。除了"金砖五国"（巴西、俄罗斯、印度、中国、南非）外，欧盟出口前十的市场均为发达国家或地区，且"金砖五国"所占比重较低，说明欧盟对新兴市场的服务出口水平仍然较低（见表4-8）。

表4-8　2012年欧盟服务贸易出口前十名国家和地区及所占份额

单位:%

序号	运输服务 国家和地区	比例	旅游服务 国家和地区	比例	商业服务 国家和地区	比例
1	欧盟	51.1	欧盟	68.4	欧盟	53
2	美国	10.9	美国	5.9	美国	12.2
3	瑞士	4.7	瑞士	4.4	瑞士	6.9
4	中国	2.9	俄罗斯	2.9	中国	1.9
5	俄罗斯	2.0	挪威	2.9	日本	1.8
6	日本	2.0	澳大利亚	1.4	新加坡	1.5
7	澳大利亚	1.6	加拿大	1.3	俄罗斯	1.3
8	挪威	1.5	中国	1.2	挪威	1.1
9	印度	1.4	巴西	1.1	加拿大	1.1
10	加拿大	1.4	日本	0.8	澳大利亚	1.0
	总计	79.5	总计	90.3	总计	81.8

资料来源：《WTO国际贸易统计2013》。

在商业服务的细分部门中，除欧盟的半壁江山外，美国和瑞士仍然占据较大份额，其出口国家分布同整体类似，但各部门有细微差别（见表

4-9)。如建筑服务中中国所占比重较高，专利和许可证费中新加坡所占比重高于瑞士。此外，除建筑服务和电信服务之外，其他部门欧盟出口的前十位国家占比总计均超过80%，专利和许可证费占比达到89%，说明其出口市场集中，这一特征也和服务业总体出口一致。

表4-9　　　　2012年欧盟商业服务细分部门出口
前十位国家和地区及其占比　　　　单位:%

序号	电信服务		建筑服务		保险服务		金融服务	
	国家和地区	比例	国家和地区	比例	国家和地区	比例	国家和地区	比例
1	欧盟	55.6	欧盟	41	欧盟	51.5	欧盟	55.4
2	美国	9.0	俄罗斯	3.8	美国	21.4	美国	13.5
3	瑞士	5.6	中国	3.6	瑞士	3.7	瑞士	5.6
4	俄罗斯	1.8	美国	3.1	加拿大	3.1	日本	2.8
5	南非	1.8	巴西	2.4	澳大利亚	1.9	俄罗斯	1.6
6	挪威	1.4	瑞士	2.0	巴西	0.8	中国香港	1.2
7	土耳其	0.9	挪威	1.9	日本	0.8	加拿大	1.2
8	巴西	0.8	澳大利亚	1.9	南非	0.8	新加坡	1.1
9	新加坡	0.8	尼日利亚	1.8	挪威	0.8	澳大利亚	0.9
10	摩洛哥	0.8	委内瑞拉	1.7	墨西哥	0.7	中国台湾	0.8
	总计	78.5	总计	63.2	总计	85.5	总计	84.1
序号	计算机和信息服务		专利和许可证费		其他		个人、文化和娱乐服务	
	国家和地区	比例	国家和地区	比例	国家和地区	比例	国家和地区	比例
1	欧盟	56.8	欧盟	47.3	欧盟	53	欧盟	59.3
2	美国	9.4	美国	18.8	美国	11.4	美国	11.8
3	瑞士	6.8	新加坡	6.9	瑞士	8.7	瑞士	7.1
4	日本	2.3	瑞士	4.1	中国	2.2	俄罗斯	1.9
5	印度	1.7	日本	3.0	日本	1.4	日本	1.7
6	俄罗斯	1.7	中国	2.9	新加坡	1.2	挪威	1.5
7	中国	1.6	巴西	1.8	挪威	1.1	澳大利亚	1.0
8	挪威	1.6	韩国	1.6	俄罗斯	1.0	巴西	0.9
9	澳大利亚	1.2	加拿大	1.4	加拿大	0.9	中国	0.8
10	加拿大	1.0	俄罗斯	1.2	土耳其	0.8	南非	0.7
	总计	84.1	总计	89	总计	81.7	总计	86.7

资料来源：《WTO国际贸易统计2013》。

表 4-10　　　　　　　　2011 年英国服务贸易总体状况

项目	总值 2011 年	年增长率 2005—2011 年	年增长率 2011 年	2011 年排名
贸易—收支平衡（百万美元）				
商业服务进口	170426	1	6	4
运输	33003	-2	14	8
旅游	50163	-3	0	4
其他商业服务	87261	6	7	5
商业服务出口	273733	5	11	2
运输	35276	2	12	9
旅游	35706	3	10	8
其他商业服务	202751	6	11	2
净商业服务贸易	103307	—	—	—
主要目的地（2010）				份额
1. 欧盟（28）	97310	3	0	39.5%
2. 美国	49248	3	1	20.0%
3. 瑞士	13188	10	15	5.3%
外国分支机构服务销售额（百万美元）				
内销（2009）	368198	—		
外销（2009）	562728	—		

资料来源：WTO 服务贸易数据库。

根据 WTO 发布的 2011 年英国服务贸易总体状况（见表 4-10），可以看出英国服务出口同欧盟出口状况基本保持一致，即前三位的主要目的地是欧盟、美国、瑞士。就 2011 年的数据来看，略有区别，英国对欧盟服务贸易出口份额相对较少，而对美国出口份额相对较大，总体上来说，对欧盟和美国出口份额之和约为 60%，和欧盟的情况类似。

2. 进口地理结构

从进口来看，总体上来说，欧盟服务贸易进口前三位的国家和地区仍然是欧盟、美国和瑞士，所占比重超过 65%，其他商业服务的比重甚至超过 75%。其他国家所占比重非常小（见表 4-11）。

表4-11　2012年欧盟服务贸易进口前十位的国家和地区及其占比

单位:%

序号	运输服务		旅游服务		其他商业服务	
	国家和地区	比例	国家和地区	比例	国家和地区	比例
1	欧盟	55.0	欧盟	64.2	欧盟	58.6
2	美国	8.3	美国	6.6	美国	15.8
3	中国	3.5	土耳其	3.4	瑞士	5.1
4	瑞士	3.0	瑞士	2.9	日本	1.7
5	俄罗斯	2.7	克罗地亚	1.5	中国	1.1
6	日本	1.9	泰国	1.1	印度	1.1
7	新加坡	1.6	澳大利亚	1.1	新加坡	1.1
8	土耳其	1.6	埃及	1.0	加拿大	0.9
9	挪威	1.5	挪威	1.0	俄罗斯	0.9
10	中国香港	1.1	中国	0.9	挪威	0.8
	总计	80.2	总计	83.7	总计	87.1

资料来源:《WTO国际贸易统计2013》。

五　英国服务贸易收支状况

1. 服务贸易总体收支状况

根据英国国家统计局红皮书,服务贸易包含英国居民向非居民以及非居民向英国居民提供的服务。还包含发生交易但并未运出国境的货物交易,如在英国的外国企业或个人购买且在本地使用、在外国的英国企业或个人购买且在当地使用,以及游客产生的交易。

英国服务贸易顺差总体呈上升趋势(见图4-5)。2012年服务贸易顺差减少,在11个主要服务贸易部门中,9个部门表现出顺差,2个部门(旅游和政府服务)表现出逆差。而服务贸易顺差的减少主要是由于金融服务、其他商业服务和保险服务顺差的减少。2013年,服务贸易顺差为781亿英镑,比2012年的745英镑增加了4.8%,其中,服务贸易出口增加了4.5%,进口增加了4.4%,仍然是旅游和政府服务出现逆差,其他部门均为顺差。服务贸易顺差的增加主要是由于金融服务顺差的增加。

2. 服务贸易各部门收支状况

红皮书分析了英国服务贸易三个分部门的进出口情况,红皮书的统计口径同WTO不同,分别统计了旅游服务、金融服务以及其他商业服务三大类。

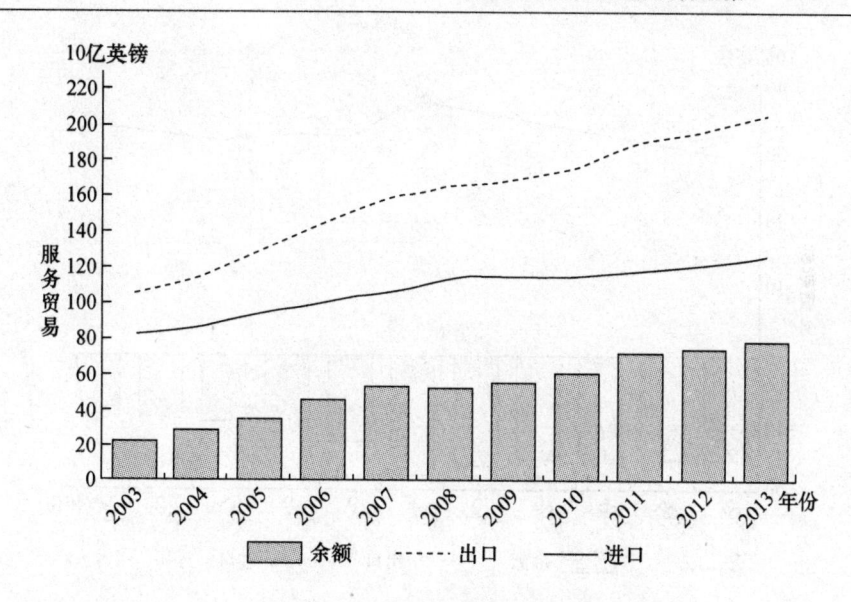

图 4-5　2003—2013 年英国服务贸易总体收支状况

（1）旅游服务。旅游涵盖商务旅行（包括季节性和边境工人的支出）和个人旅行（包括与健康相关的和教育相关的旅游）。英国旅游服务一直呈逆差状态（见图 4-6），2008 年逆差达到最大值，随后逐年降低，2013 年，旅游服务出口从 2012 年的 232 亿英镑增加到 262 亿英镑，主要包括其他个人旅游、商务旅游以及教育相关的旅游，其中，非居民在英国旅游的支出占全部旅游服务出口的 12.8%。进口从 2012 年的 326 亿英镑增加到 337 亿英镑，主要是个人旅游的增加，其中，居民去其他国家旅游占旅游服务进口的 26.7%。

（2）金融服务。英国金融服务总体为顺差，且顺差差额较大，金融危机前（2007）顺差达到顶峰，危机后又呈上升趋势（见图 4-7）。金融服务占英国全部服务贸易收支余额的 48.8%。2013 年，金融服务出口占服务贸易总出口的 22.9%，进口仅占 6.8%。出口从 2012 年的 451 亿英镑增加到 467 亿英镑，主要是其他金融机构借贷和金融中介服务的增加，而货币金融机构的佣金和费用的降低部分抵消了这一增加。进口从 2012 年的 91 亿英镑降低到 86 亿英镑，主要是由于其他金融机构进口的减少。

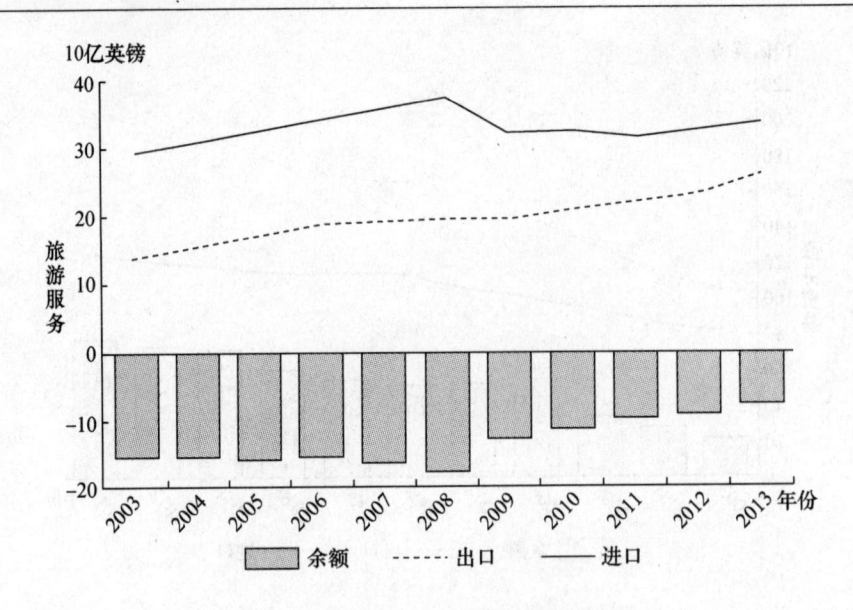

图 4-6　2003—2013 年英国旅游服务收支

资料来源：《英国国家统计局红皮书》。

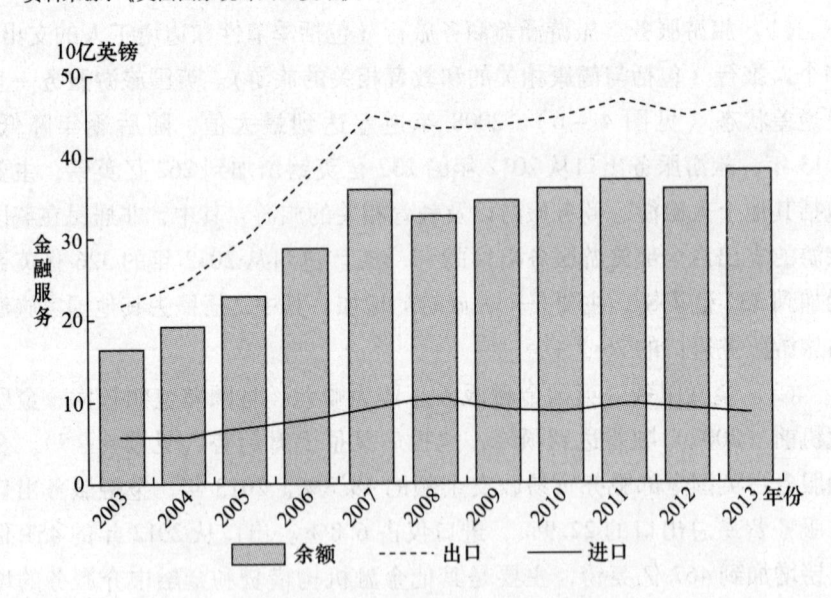

图 4-7　2003—2013 年英国金融服务收支

资料来源：《英国国家统计局红皮书》。

（3）其他商业服务。其他商业服务范围广泛，包括旅游相关的服务如商业、经营租赁，以及咨询服务如广告、工程和法律服务。英国其他商业服务一致保持顺差状态，顺差金额小于金融服务顺差金额，且一直有小幅波动（见图4-8）。2013年，其他商业服务出口占服务贸易总出口的24.4%，进口占服务贸易总进口的29.1%。出口从2012年的504亿英镑降低到499亿英镑，主要是商务管理、管理咨询服务和其他商务服务的减少。进口从334亿英镑增加到368亿英镑，主要是其他商业服务进口的增加，尤其是分支机构之间服务进口的增加。

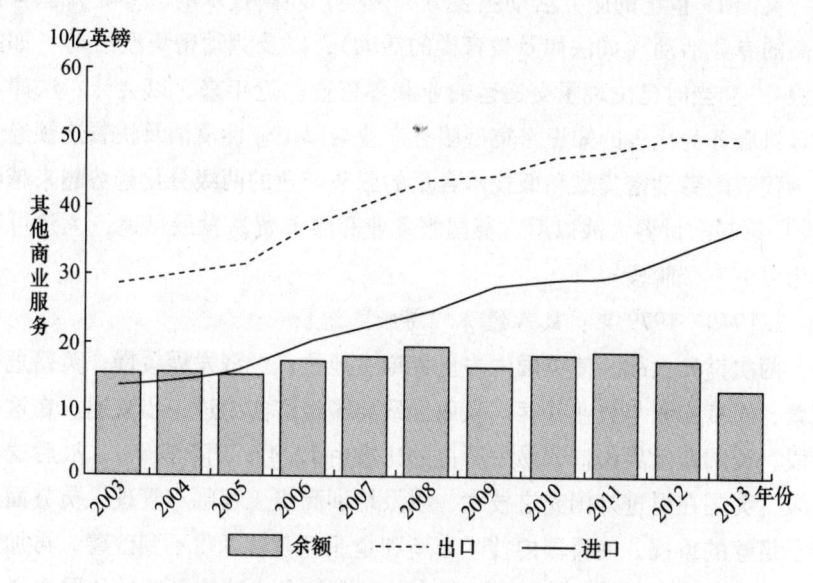

图4-8 2003—2013年英国其他商业服务收支

资料来源：《英国国家统计局红皮书》。

第二节 英国服务贸易发展的历史演变和主要特点

第二次世界大战后，英国商品贸易呈逆差状态，为了扭转经济萎靡的局面，进行产业结构调整，向服务业倾斜。同时，英国率先进入后工业化时代，服务业较早成为英国的支柱产业之一。在对外贸易中，英国一直奉行以自由贸易为主的政策，形成了以促进服务贸易为主的管理体系和法律框架，因此，英国服务贸易迅速发展，建立起具有比较优势的竞争力较强的服务产业。

一 英国服务业和服务贸易发展的历史演变

在英国，服务业的发展有较长的历史。1861年的人口普查显示，专业性服务（如律师等）行业、家政及商业的就业人口占总人口的25%，而这几个行业目前也都归类为服务业。到1901年，就职于这几个行业的人口比例增长到36%。在此期间，农业就业人口比例从22%下降到8%，而工业行业的就业人口比例增长也非常有限，仅从53%增长到56%。

英国19世纪的服务活动主要分为两类，即高技术的、专业知识含量较高的专业活动（如法律及教育类的活动），以及劳动密集型活动（如家政服务）。当时已出现了交通运输业和零售业。近年来，以会计、法律和计算机服务为代表的知识密集型服务产业与以工业性清洁及快餐连锁经营类为代表的劳动密集型和低技术含量的服务产业的两级分化趋势越来越明显。[①] 第二次世界大战以后，英国服务业和服务贸易发展迅速，大致可以分为以下三个阶段。

1. 1945—1979年：战后经济"滞胀"阶段

两次世界大战，使英国失去世界霸主地位，经济发展缓慢，英镑危机频繁，通货膨胀与失业并存，从而导致英国经济实力进一步衰退。在这一阶段，英国在世界出口贸易中所占的比重由12.4%下降至6%。战后这一阶段，英国在引进外国先进技术，以及培训高级工程师和管理人员方面未给予足够的重视，使得国内技术革新和企业经营管理得不到改善，再加上国内经济衰退，20世纪60年代开始出现大量人才外流，这导致国内科技和管理人才不足，缺乏改革动力，妨碍经济增长。

自1947年以来，英国服务贸易一直保持顺差，这对于弥补商品贸易的逆差起了关键作用。这一阶段形成了英国新的经济结构，第一产业和第二产业比重下降，第三产业比重上升，由46.3%上升到57.6%。

2. 1979—2000年：调整经济结构向服务业倾斜

1979年5月，英国保守党竞选成功，决心振兴国内经济，以货币学派理论为指导，推行了一套减少国家干预、鼓励自由竞争的经济政策，进行产业结构调整，实现国企私有化。为了增强出口能力，政府基本上实行奖出限入的外贸政策。1979年出口贸易占国内生产总值的26.9%，远高于1949年的14.9%。1980年英国经济危机导致进口锐减，北海油田的开

---

① 中国服务贸易指南网。

发，石油出口带动出口增加，扭转了战后商品贸易长期逆差的局面。但也正是由于北海石油投产，外资石油公司将利润大量调出英国，而英国海外公司调回国内的利润锐减，同时英镑汇价较高，旅游业和海运业收入不断下降，再加上其他原因，服务贸易顺差出现下降趋势。1982年开始，英国经济出现持续增长，跳出了上一阶段"走走停停"的旋涡。服务贸易顺差也逐年增加。1990年下半年，英国经济衰退，11月，撒切尔夫人辞职。英国陷入战后第四次经济衰退，政府实行刺激经济增长的政策。1993年，英国政府在其发表的题为《实现我们的潜能》的科技发展白皮书中特别强调科学技术对发展公共服务事业和提高公众生活质量做出应有贡献，这一年，经济开始增长。1998年，英国政府发表了题为《我们的未来：建立竞争的知识经济》的白皮书，强调企业必须以本国知识、技能和创造力等压倒性的竞争优势参与经济竞争。英国政府为了进一步提高科技进步对本国经济和社会发展的贡献率，于2000年发表了题为《卓越与机遇——面向21世纪的科学与创新政策》的白皮书，强调利用本国基础科研和技术创新方面的优势，力争在国际竞争中拔得头筹。

这一阶段，有着深厚基础的英国金融服务业蓬勃发展，1981年，英格兰银行不统一规定最低贷款利率而改由伦敦清算银行自行确定基本利率。20世纪80年代之后，英国金融业发生了许多变化，即筹集和融通资金的证券化，证券市场业务活动的国际化，以及交易工具和方式的多样化。90年代英国工党政府执政以来，宣布了一系列加强、简化和改革金融管制计划，使英格兰银行朝着独立于政府控制的方向改革，并于1997年建立金融服务管理局，1998年该管理局开始接管英格兰银行监督英国商业银行和其他金融机构的职责。

由于人均可支配收入的提高，社会对服务业的需求上升，使得服务行业加快发展。90年代初期，英国服务业占GDP的65%，提供超过70%的就业，服务业出口占世界服务出口的10%。各服务行业已建立起属于自己的行业协会。到2000年，英国已基本完成由第一、第二产业转向第三产业，有健全的商品营销、送货上门和售后服务网络以及先进的餐饮、旅游等服务业。服务业占GDP比重超过70%，提供77%的就业。

1982年以来，英国货物贸易一直处于逆差状态，而服务贸易自1966年以来一直处于顺差状态，自1985年开始顺差增加，1986年之前，英国服务贸易出口额始终在300亿美元左右徘徊，1987—1995年，服务贸易出口额稳步攀升，到 1997 年已接近 800 亿美元，1996 年服务贸易额飞速增长，仅 1996 年增长了超过 100 亿美元，且于 1997 年服务贸易出口额超过 1000 亿美元，顺差超过 200 亿美元（见图 4-9）。

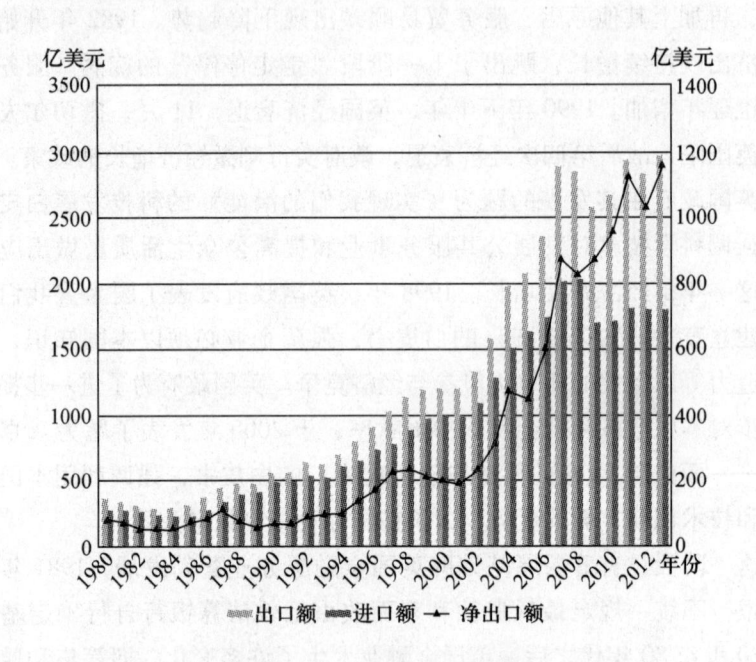

图 4-9　1980—2013 年英国服务贸易进出口情况

资料来源：UNCTAD 数据库。

3. 2000 年至今：服务业成为英国经济主要支柱

2000 年以后，服务业飞速发展。2007 年，受金融危机的冲击，英国经济明显放缓。其中金融业受到的冲击最大，同年，英国旅游业净收入出现逆差。2011 年，政府发表《为了增长的贸易和投资》（以下简称《贸易和投资白皮书》），直接将贸易作为书名，在书中详细介绍了政府为促进英国的贸易和投资应采取的措施。为了创造平等、稳定的贸易环境，英国政府与外交部门、军事部门、经济管理机构以及行业协会形成庞大的贸易促进和服务网络，为英国企业出口服务和投资海外提供信息咨询、财务管理和运输保障等协助服务。

自 2000 年起，服务贸易出口额呈"井喷式"增长，从 2000 年的 1200 亿美元增长到 2013 年的接近 3000 亿美元，顺差也从 200 亿美元增加到超过 1100 亿美元（见图 4-9）。

在这一阶段，虽然英国在经济和贸易方面的地位远不如战前，但服务贸易仍保持了全球第四的位置。2008 年即使受金融危机的冲击，其服务贸易顺差仍然来自金融服务部门，旅游业发展势头良好，拥有全球顶级的包括法律服务在内的专业商业服务，服务业比重继续上升（见表 4-12），并成为英国经济增长的主要支柱。①

表 4-12　　　　　　　英国服务业产出占 GDP 比重演进

单位：%

年份	1871	1881	1901	1935	1970	1980	1990	2000	2004
比重	47.8	52.1	53.5	58.1	52.3	55.2	63.1	70.3	72.7

资料来源：李相合：《中国服务经济——结构演进及其理论创新》，博士学位论文，吉林大学，2007 年。

二　英国服务贸易发展的主要特点

1. 金融服务、专业和商业服务以及旅游服务是英国最具优势的服务贸易部门

第一次世界大战之前，英国号称"日不落帝国"，是世界上率先完成工业革命的国家，也是第一批进入后工业化时代的国家。200 年前，英国服务贸易就处于顺差状态，其服务贸易产业基础雄厚，伦敦作为世界金融和保险中心，在英国金融服务行业中一直保持领先地位。自 1985 年开始服务贸易顺差增加，到 2013 年达到 781 亿英镑的最高值。进入 21 世纪以来，英国服务贸易顺差增速迅猛。

英国服务业具有较强的比较优势。整体上来说，欧盟开放度最高的三个部门也是英国具有比较优势的部门。其最具优势的服务贸易部门分别是：金融服务、专业和商业服务、旅游服务。英国商业及金融咨询服务出口位居第一。专业和商业服务是英国最大的部门，具有很强的国际竞争力。入境旅游是英国第三大出口产业，该部门仍然有较大的增长空间。

2. 英国服务贸易进出口相对集中，欧盟和美国是最大服务贸易伙伴

英国在加入欧共体之前，最大的贸易伙伴是英联邦，之后是西欧国

---

① 本节数据来源于《世界经济年鉴》系列。

家。欧盟成立之后，英国最大的贸易伙伴是欧盟。2010年英国服务贸易前两位的国家和地区均是欧盟、美国（见表4-10）。其中，欧盟所占份额超过一半。除此之外，俄罗斯、加拿大、澳大利亚等发达国家所占比重相对较高，中国和巴西也是英国主要的服务贸易伙伴之一。无论是进口还是出口，排在前十位的国家占总额约90%。

英国服务贸易进出口目的地相对集中。其主要原因，一是英国是欧盟成员国，在欧洲统一市场内有许多跨国贸易无法比拟的优惠政策。二是历史上英国的主要贸易伙伴均是在地缘、文化、历史或语言上相似的国家。

3. 英国是服务贸易促进型国家

服务业的发展离不开政府的支持。1979年以撒切尔夫人为首相的英国保守党政府执政之后，政府推行经济的自由化，实现经济的自由竞争，大量国有企业被私有化，使英国成为私营经济比重最高的经济体。同时，政府大力推动产业结构调整，经济政策向服务业倾斜。政府设立了许多促进服务贸易的政府机构，民间有帮助服务业企业发展的行业协会，同时还有各种政府和民众的合作项目。

第三节 英国服务贸易自由化

在世界经济发展进程中，自由贸易和贸易保护主义总是互相交织，各有拥趸。一国往往根据其国内产业的发展情况和竞争力决定采取何种贸易政策，对于发展较为成熟、国际竞争力较高的产业往往采取自由的贸易政策，对于幼稚产业大部分采取一定的保护措施。随着服务贸易的快速发展，英国将发展服务贸易，尤其是提高服务贸易出口作为提升经济增长的主要战略，大力推行服务贸易自由化，呼吁新兴国家打开本国市场。

一 英国服务贸易自由化概况

欧盟作为一个整体同其他国家签订服务贸易协议，英国作为欧盟的成员国之一，无论是在多边（GATS）框架下还是在区域和双边（PTAs）框架下，英国同欧盟成员国之外的国家之间的服务贸易自由化水平均以欧盟签订的协议为标准。

1. 多边框架（GATS）下的服务贸易自由化

在WTO公布的基于贸易协议中开放承诺的开放度中，欧盟在《服务贸易总协定》(GATS) 下的跨境交付（模式1）开放度为50.9，商业存在（模式3）开放度为59.7，平均开放度为55.3。在WTO公布的53个国家和地区中排第六位（见表4-13）。

表4-13　GATS下部分国家（地区）基于承诺表的开放度

序号	国家（地区）	平均	模式1	模式3
1	中国台湾	61.6	58.3	65
2	瑞士	59.5	52.8	66.3
3	挪威	58.6	51.9	65.3
4	澳大利亚	56.9	51.8	62
5	美国	55.4	54.2	56.6
6	欧盟	55.3	50.9	59.7
7	新西兰	54.3	50.7	57.9
8	冰岛	53.7	51.1	56.4
9	日本	52.6	43.5	61.7
10	约旦	50.3	50.7	49.8

注：1. 开放度100表示完全开放，即没有限制。2. 欧盟代表的是欧盟15国。
资料来源：WTO数据库。

从部门来看，欧盟开放度最高的三个部门分别是：计算机、电信和旅游服务。开放程度都达到80以上，其中计算机部门达到了100。从表4-14中可以看出，开放度较高的国家和地区中，以上三个部门的开放度均较高，除视听服务（在前六位的国家和地区中美国、中国台湾开放度很高，其他国家和地区均为0）外，欧盟其他部门的开放度基本位于中等水平。

表4-14　GATS下部分国家（地区）各部门基于承诺表的开放度

部门	中国台湾	瑞士	挪威	澳大利亚	美国	欧盟
专业服务	55	73	88	80	58	59
计算机服务	100	95	90	100	100	100
邮政快递服务	25	50	50	0	63	63
电信服务	93	97	100	93	94	88
视听服务	70	0	0	0	98	0

续表

部门	中国台湾	瑞士	挪威	澳大利亚	美国	欧盟
建筑服务	83	79	100	83	83	71
分销服务	100	66	75	69	100	72
教育服务	55	45	55	30	30	40
环境服务	75	44	81	50	100	72
保险服务	65	65	60	65	40	58
银行和其他金融服务	40	76	38	33	29	43
健康和社会服务	50	0	0	8	8	25
旅游服务	58	67	100	75	83	83
娱乐服务	38	38	25	38	94	59
海运服务	43	36	62	45	0	48
航空运输服务	55	50	68	60	5	66
辅助运输服务	64	71	29	71	43	57

资料来源：WTO 数据库。

2. PTAs 框架下的服务贸易自由化

在特惠贸易协定（PTA）中，模式1最高开放度为59，模式3最高开放度为69.7，平均开放度为64.4。由此可见，欧盟在双边或区域贸易协定下的开放度远高于多边体系下的开放度（见表4-15）。

目前，除了欧盟成员国之间的服务贸易协定之外，欧盟已与韩国、智利、秘鲁、墨西哥、阿尔巴尼亚、克罗地亚、马其顿共和国、黑山共和国以及加勒比论坛等国家和地区签订了服务贸易协定，其他国家主要集中在中美洲地区。为建立世界高水平的服务贸易规则，欧盟正积极和美国、加拿大、印度、日本等11个国家和地区进行服务贸易谈判。

表4-15　PTAs 下部分国家（地区）基于贸易协议中开放承诺的开放度[①]

国家（地区）	平均	模式1	模式2
澳大利亚	82.5	80.3	84.6
新加坡	81.5	77.5	85.3

---

① 注：这部分选取的均为发达经济体，中美洲国家如哥斯达黎加、萨尔瓦多、危地马拉、洪都拉斯和尼加拉瓜以及多米尼加共和国签订了《中美洲自由贸易协定》，拉丁美洲地区（古巴除外）成立了南美自贸区，因此，这些国家在PTA框架下的开放度远高于表中列出的国家。

续表

国家（地区）	平均	模式1	模式2
瑞士	76.8	72.7	80.9
中国台湾	71.5	68.3	74.8
韩国	70.5	64.7	76.2
日本	69.6	62.9	76.2
美国	68.8	67.5	70.1
欧盟	64.4	59	69.7
新西兰	63.5	59.5	67.4
挪威	62	55.9	68

注：在WTO的统计中，PTAs下的开放度代表的是一国或地区同其他国家或地区签订的服务贸易协定中开放度的最高水平。

资料来源：WTO数据库。

从部门来看，欧盟开放度最高的三个部门是计算机服务、电信服务和分销服务，有别于在GATS框架下的部门。欧盟在PTAs下的各部门开放度普遍高于GATS框架下的开放度，但视听服务开放度仍然较低，且大部分部门的开放度远低于澳大利亚和新加坡（见表4-16）。

表4-16　PTAs下部分国家地区各部门基于贸易协议中开放承诺的开放度

部门	澳大利亚	新加坡	美国	韩国	欧盟
专业服务	86	88	63	81	63
计算机服务	100	100	100	100	100
邮政快递服务	50	44	63	63	63
电信服务	96	85	94	90	94
视听服务	50	80	98	80	10
建筑服务	100	100	83	100	83
分销服务	84	86	100	84	88
教育服务	55	80	55	39	40
环境服务	100	75	100	67	73
保险服务	73	75	50	78	58
银行和其他金融服务	35	61	33	42	43
健康和社会服务	13	48	8	0	33

续表

部门	澳大利亚	新加坡	美国	韩国	欧盟
旅游服务	100	100	83	100	83
娱乐服务	72	88	94	53	59
海运服务	71	69	44	93	63
航空运输服务	95	71	29	84	73
辅助运输服务	100	86	64	54	71

资料来源：WTO 数据库。

从欧盟签订的自由贸易协定中可以看出，英国在负面清单中所做出的承诺高于欧盟平均水平，远高于发达国家平均水平。目前，在欧盟已签订的38个涉及服务贸易的自由贸易协定中，欧盟—韩国自由贸易协议开放度最高，而英国在该协议的承诺表中除了由于技术原因不做承诺的小部门外，基本不单独做出限制（见表4-17）。

表4-17　欧盟—韩国自由贸易协议中英国和欧盟开放承诺水平的异同

	模式1	模式2	模式3	模式4
由于技术原因单独不做承诺	10大部门32小部门	8大部门14小部门	7大部门8小部门	和欧盟完全相同

注：在欧盟—韩国自由贸易协议中，欧盟承诺表部分的模式1表示跨境交付，模式2表示境外消费，模式3表示商业设施（establishment），模式4表示关键人员、毕业培训生、商业服务销售人员的跨境流动。

二　英国促进服务贸易自由化措施

英国服务业有较强的比较优势，希望在保持现有优势的情况下，扩大优势行业的国际市场占有率，尤其是要打开新兴市场的大门。为此，一方面，对内改善其营商环境，改进税收系统，完善监管体系、培育人才、加强基础设施的建设等，以吸引更多的外国企业进入英国市场，加强竞争。另一方面，不仅在欧洲统一市场中发挥作用，而且要打开新兴市场的大门，在WTO的多边框架下实现更高水平的服务贸易标准，以保证其高水平的服务贸易在国际市场上的竞争优势。

（一）改善营商环境

良好的营商环境不仅可以培育优秀的本土企业，也可以吸引外国企业的直接投资。英国政府主要在以下四个方面改善营商环境。

1. 理顺税收体制，减少税收，降低税率

一国税收环境的吸引力对服务业非常重要。约80%的大型商业在参与毕马威（KPMG）组织的英国税收竞争力调查时表示，一国的税收制度是他们决定其公司选址的重要方面。英国政府承诺创造在G7和G20中最具竞争力的税收系统，并将英国打造成欧盟区域内最优的总部聚集地。采取的措施包括建立税收简化办公室、改善制定税收政策的途径，减少公司税、工资税、雇佣和工作税，将收入税和国家保险融合，废除部分税收救济、减少税收法律，进行税收改革，减少扭曲、负担，提升公平性、加强竞争力等。

2. 建立更加智能的监管体制，凸显英国的优势

减少企业的运营成本，如简化企业使用资源融资的方式，减少对小微企业的会计要求，并努力降低企业和政府获得信息的双重性。在保证法律发挥其应有作用的同时，确保其不会增加企业不必要的成本或额外的程序，司法部和商业部同企业合作，以保证企业理解法案的要求，并只在合适的时候使用合适的措施。

3. 多方面、多渠道培养高质量人才

英国一直有吸引高质量人才的传统，当前，发展中国家，尤其是新兴市场服务贸易得到发展，有大量的人才需求，英国可以通过各种方式培养高质量人才，在维持本国服务业竞争力的同时为其他国家提供人才支持。

第一，加强高等教育，创造欧洲受教育程度最高的劳动力市场，使英国成为除美国之外名校最多的国家。第二，和职业市场接轨。让毕业生更好地发展"商业准备"技术，包括沟通、识字、数字，较强的科学、技术、工程、数学基础和语言，对职业上游的价值和目标有较清晰和早期的认识。第三，开展"学徒计划"。支持更多的学徒，尤其是"高级学徒"，以拓展进入服务业的渠道，缩小教育程度差距，让每个人都实现其潜力。

4. 加强实体和网络的基础设施建设

英国从两方面入手加强基础设施建设。一方面，加强实体基础设施建设。主要在交通运输方面，加大道路网络、本地交通的投资，引进高铁和城铁；为航空运输制定新的政策框架，引入现代化管理体制，维持希斯罗机场的国际枢纽地位；大规模投资港口，在港口引进"贸易单个窗口"政策，减少贸易商进出口程序。另一方面，投资网络建设。网络是信息化

时代进行服务贸易的重要平台和工具，目前，英国企业在网络安全产品和网络服务方面有世界领先的技术，支持其在国外市场的发展；此外，努力建设成熟完善的网上市场，目前英国是 OECD 国家中个人网上购买物品和服务份额最多的国家，为保持这一优势，政府加大扶持力度，并进一步完善网络信息服务。

（二）消除壁垒，改善市场准入

英国贸易投资署（UKTI）在 2012 年对企业发起有关贸易壁垒的调查，结果显示主要壁垒包括：法律和监管壁垒、缺乏联系、关税壁垒、资源匮乏、对国内供应商的偏爱、语言和文化壁垒、信息缺乏等。

监管壁垒是服务贸易壁垒中最主要的也是最难以解决的壁垒。在欧盟，成员国共有约 3000 条监管要求，尤其是在其具有较强竞争力的专业和商业服务（PBS）领域，进入统一市场壁垒较高。麦肯锡报告显示，2009 年，在商业服务中，美国和欧盟生产力差距达 43%，进入壁垒是形成这一差距的原因之一。

为解决这一问题，欧盟和英国通过各种渠道消除进入壁垒。目前，欧盟正通过欧洲统一市场的执行各种自由贸易协定（FTA）、TTIP 的谈判等，制定全球服务贸易新的高标准，消除不必要的贸易壁垒，提高市场准入，推进更加广泛的服务贸易自由化。英国在金融服务、法律服务、专业和商业服务方面具有世界领先的优势，但国外进入壁垒较高，为了发挥英国的比较优势，消除进入壁垒，英国积极促进服务贸易自由化，并通过更加集中的贸易促进行动和在欧洲及国际上更多的政府介入，促进服务贸易发展。

（三）扩大海外市场

为增加对主要市场的出口，加强对新兴市场的出口，UKTI 集中支持那些可以给英国带来最高经济价值的部门、企业和市场，其中包括信息与计算机技术（ICT）、金融和专业服务、创新产业等部门；创新和研发密集型的企业、在海外经营中有最大潜力的企业；高增长的新兴市场。为开拓对新兴市场的出口，英国政府积极开展同主要新兴和高增长市场的双边经济和贸易对话，如巴西、中国、印度、俄罗斯、土耳其和阿拉伯联合酋长国（UAE），加强与新兴经济体的经济联系，密切关注这些国家的贸易壁垒。

如上所述，英国出口市场主要在欧洲和美国，在亚洲和远东地区的出口都较低。印度、中国、巴西以及亚洲和非洲许多高速增长的经济体有快速扩张的消费者和基础设施建设需求,英国有许多世界级商业领袖。为了在目标海外市场提升英国的服务竞争力,促进出口,UKTI 每年至少派两个贸易代表团,从指定市场带回高价值的内向投资,并在每个主要市场落实指定合同。

(四)巩固并扩展欧洲统一市场

作为欧盟成员国之一,英国遵守欧盟统一市场的服务贸易指令及其他服务贸易政策,在此基础上,为提高欧盟区内服务贸易自由化水平以及扩展欧洲统一市场做出贡献。

第一,高质量执行现有框架内的服务业政策。目前,欧盟区内服务业指令并未很好地完成,该指令的目的是去除法律和监管壁垒,在欧盟实现服务贸易自由化。英国认为欧盟若要鼓励其成员国全面完成服务业指令,应该考虑解决一些限制措施,必要时可以通过附加立法,如放松资本要求的限制,解除地理限制等。

第二,重视欧盟内中小企业发展。欧盟内中小企业比重较高,尤其是旅游、餐饮等服务部门以中小企业为主,鼓励中小企业在全球范围内发展,支持其扩大服务出口。

第三,扩展统一市场向新的服务贸易领域发展。如建立数字化统一市场、达成专利方面的协议、构建欧盟跨境版权许可证的框架以及电子商务指令的发展等。

(五)加强多边体系

目前,欧盟—加拿大协议(《欧盟—加拿大综合经济和贸易协定》)已经达成,等待双方正式签字,这一协议将会进一步提升双方服务贸易自由化水平。目前,欧盟开始了和新加坡、日本的贸易谈判,和美国的跨大西洋贸易和投资伙伴关系协议(TTIP)谈判,并参加了服务贸易诸边协议(TiSA)谈判,这些谈判都包括新的服务贸易高标准,欧盟多次重申,这些谈判,尤其是 TiSA 谈判,其目的是要发展一个多边的服务贸易规则协议,扩大市场准入、加强监管融合,以在多边水平上实现更高水平的服务贸易自由化。

除此之外,英国也强调在欧盟框架内,加强同其他国家的合作,不仅包括发达国家如 OECD、G20 等,还包括发展中国家,尤其是新兴经济体,在 WTO 的规则之中提高双边和区域经济和贸易联系。

三 英国部分行业服务贸易自由化

自1957年《罗马条约》订立以来,欧盟一直致力于推进服务贸易自由化,由于服务业的复杂性和各成员国之间监管体系和政策不统一,欧盟区内的服务贸易自由化水平远低于货物贸易自由化。但在"内部贸易自由化优先"的原则下,各成员国对市场准入和国民待遇都做出了较高的承诺,其服务贸易自由化总体水平高于WTO发达国家平均水平,其中,英国金融服务、电信服务等部分优势行业服务贸易自由化水平较高。

(一) 金融服务业

金融服务是英国最具竞争优势的部门,也是英国经济的重要组成部分,目前有员工约1400万人,2010—2011财年,税收高达630亿英镑。伦敦是英国金融服务业的"心脏",对英国金融服务业发展发挥重要作用。

在多边框架下,欧盟保险服务对外开放度为58,而银行和其他金融服务对外开放度为43,远高于美国的开放度(分别为40、29)。在双边和区域框架下,欧盟保险服务、银行和其他金融服务开放度也高于美国的开放度。

由于英国未加入欧元区,因而英国在货币、股票、证券等金融市场上未实现同欧元区国家的一体化,但伦敦作为国际金融中心的特殊地位使英国金融服务自由化水平较高。在英国境内,金融机构可以从事几乎全部的离岸国际业务,且可以交易几乎所有种类的国际金融产品。这源于英国金融业的两次"大爆炸",第一次发生在撒切尔夫人执政期间,英国通过实现筹集和融通资金的证券化,证券市场业务活动的国际化,以及交易工具和方式的多样化,形成了开放性的竞争市场。第二次发生在21世纪初,成立了FSA,通过监管机构的改革,金融机构业务不断扩张,大量收购外国银行,进军美国市场,实现了大量的利润。此后,英国政府通过同新兴市场(包括中国和印度)的经济和金融对话,提升伦敦作为世界顶级金融中心的地位,积极拓展新兴经济体的市场。

(二) 电信服务

欧盟电信服务业对外开放度较高,多边框架下开放度为88,略低于其他发达国家水平,但双边和区域框架下高达94。在GATS承诺表中,除对自然人流动限制外,在市场准入和国民待遇方面,英国均无限制。

为打破英国电信公司的垄断,建立自由竞争的电信服务市场,1984

年，英国政府颁布《电信法》。20 世纪 90 年代，一些新的电信运营商获得牌照，使电信市场进一步开放。2002 年，欧盟构建了新的电信发展框架，在电信市场的许可、准入、连接和全球服务等方面形成了指导规定，英国将这些规定纳入新版的《电信法》，大大提高了同欧洲其他国家电信服务的一致性，并推动了电信业的发展。

(三) 专业和商业服务

专业和商业服务 (Professional and Business Services, PBS) 部门覆盖的范围很广，包括法律服务、会计和审计、总部和管理咨询活动、广告、市场调研、租赁、雇佣、计算机服务、建筑和设计咨询、科技研发、科技服务以及其他商务和管理活动。2010—2011 年该部门的年增加值约为 1660 亿英镑，是英国最大的部门。许多专业服务包括英国商业法和仲裁专业服务等有着世界级的声誉。

英国是 G7 集团中最大的商业服务净出口国。在多边框架下，欧盟的专业服务开放度略高于美国。

1. 降低准入门槛。在自然人移动方面，英国边境管理局 (UKBA) 为可信的商业签证服务使用者、企业家和高净值的投资者开放在线签证程序，并出版多种语言的使用指南。同时，简化专业和商业服务业自然人移动申请表格、减少申请程序等。

2. 减少监管条例。监管机构过度以程序为基础，且结构复杂，有时和部门监管机构重叠，造成了不必要的成本和进入壁垒。因此，废除超过 20 条洗钱规则下的监管违例，且对有较低营业额的企业实行豁免，使企业减少遵守负担。

3. 寻求在欧盟外新兴市场的更高准入。如在多哈回合和其他双边自由贸易协定谈判中，通过与欧盟伙伴合作，寻求消除在非欧盟市场的 PBS 贸易壁垒。

(四) 旅游服务

旅游是英国第三大出口产业，一般是英国第五或第六大经济部门，有 20 多万家企业，提供了 150 万就业岗位，为英国 GDP 贡献了 520 亿英镑和 4.4% 的就业率。2010—2011 年国内旅游占该部门旅客支出的 59%，入境旅游占 14%，出境旅游占 27%。2012 年奥运会为吸引新的游客和展示最好的英国提供了绝佳的机会。

在多边框架下，旅游是欧盟对外开放度最高的三个部门之一，开放度为83，在开放度最高的六个国家中，与美国相同，仅次于挪威。在区域和双边框架下，开放度仍为83，和美国相同，但一些发达国家开放度达到100。因此，英该部门仍有许多自由化的空间。

近年来，该部门采取了许多提高竞争力和扩大开放的措施。如加快申请签证速度。英国签证申请程序较为复杂，且速度较慢，因此，英国边境管理局（UKBA）在全球增加生物统计身份签证中心，转移到在线申请签证，并出台多种语言的应用指导。根据旅游服务业的性质，出台《灵活工作规则》，为雇员灵活更换工作场所和工作岗位提供法律保护。

第四节 英国服务贸易管制

一国在对外开放的过程中，可以从自由开放的世界市场中获得利益，但同时也面临着外部冲击带来的风险。英国在服务业开放中始终伴随着管制和监管措施，在监管过程中不断完善法律体系，调整监管规则，强调风险防范和对监管措施的评估，确保监管公开、透明、高效。

一 监管者法则

英国为了保证监管者在监管的过程中做到公开、透明，保证监管效率和质量，发布《监管者法则》，约束监管者，保证监管者和被监管者之间发展透明的、有效的对话和理解，寻求合适的、一致的、有目标的监管活动。

（一）在实施监管活动时，必须本着支持被监管者遵守和成长的态度

采取监管措施之前，应评估是否可以最小的成本获得相似的社会、环境和经济成果。在设计和审议政策、操作程序时，监管者应该理解并最小化监管行为的负面经济影响、最小化被监管者遵守的成本，并通过提供更多的确定性，提高被监管者遵守的信心、鼓励并促其遵守。同时，还应该保证执行监管的官员有必需的知识和技术，以使其可以理解规则和法律原则，从而做到准确执法。

（二）在同被监管者沟通时，应该简单、直接、清晰，合理听取意见

在改变政策、实践或服务标准之前，监管者应该考虑对企业的影响并同企业代表沟通。对于企业的不遵守行为，监管者应该清楚地解释其不合格之处，并给予建议、要求和原因。除非监管者可以证明必须立刻采取行

动，以阻止某些严重违反行为，监管者应该本着保证其行为一致的态度，就提出的建议、要求或决定同企业沟通。

监管者应该给予被监管者发表意见的途径，以便其对某些监管决定或违反监管者法则的行为提起上诉。监管者应该以书面形式为上诉的权利和程序提供即时的、清楚的、实用的解释。监管者也应该同消费者进行有效沟通，如设立定期接受消费者反馈的机制，调查被监管者的顾客满意度等。

（三）在风险的基础上实行监管行为

在证据确凿的情况下，监管者要判断其负责领域的主要风险，并合理配置资源以解决这些风险。在决策的每一个阶段都要进行风险评估，选择最合适的干预方式，对被监管者的行为进行检查，包括被监管者的遵守记录、相关的外部证明以及其他所有可能的相关数据。因此，监管者需要设计风险评估框架，就该框架同利益相关者沟通，并定期审议做出调整。

（四）分享信息

监管者在从被监管者处收集信息时，应该集体遵守"一次收集，多次使用"的原则。在法律允许的情况下，监管者应该同意安全机制，互相分享信息，以帮助目标资源和行动最小化重复。

（五）提供明确的信息、指导和建议，使被监管者理解他们的责任

在提供指导和建议时，应该区分法律责任和建议，不应该施加不必要的负担。监管者公布的指南应该是清楚的、容易获得的、目标明确的、语言平实的。监管者应该保证沟通渠道畅通，使被监管者充分理解他们提供的建议，并引导被监管者积极寻求建议。还应该考虑其他领域监管者提供的建议，并同其讨论以达到最优。

（六）保证监管行为的透明

监管者应该公布其行为标准，包括如何同被监管者沟通；如何提供信息、指导和建议；检查的方式；风险评估框架和行为准则的细节；执行政策和对不遵守行为的反映；如何投诉以及上诉途径；收费情况等。

《监管者法则》规定，公布的信息应该是合法的且容易获得的，需要在相关网站公布并适时更新。要保证官员的行为同其公布的标准一致。要定期公布其执法细节、从被监管者方面得到的反馈、消费者满意度调查、投诉的相关数据等。[①]

---

① Regulator's Code. BIS. April 2014.

二 英国对部分服务行业的监管

(一) 金融服务业

英格兰银行是英国金融业的主要管理部门,其核心目标是要保持货币稳定——将通货膨胀控制在2%之内,保证央行有合适的政策、工具以及基础设施来执行货币政策和发行纸币;保持金融稳定——维持金融系统的稳定并提高其弹性,通过金融政策委员会发布宏观审慎的政策,将微观审慎监管融入央行,影响并执行政策以促进PRA的目标。英国金融服务业监管的原则是:高效、透明,最小化竞争带来的不利效应,要求法人披露相关信息等。

1. 金融服务业门槛条件

PRA规定金融业企业必须符合"门槛条件"(最低要求):若某公司在英国成立,其总部尤其是决策和管理部门必须在英国。公司经营必须是审慎的,应该有合适的金融和非金融资源。其中,金融资源必须符合:(1)该公司资产应该和其债券相符合;(2)资产流动性应该和债务相符合。非金融资源应该满足:(1)该公司应该愿意且有能力恰当地评估其资产和债务;(2)该公司必须能确认、监控、度量且采取行动,以消除或减少其安全和稳定所面临的风险;(3)该公司必须能确认、监控、度量且采取行动,以移除或减少其在评估资产和债务的精确性方面的风险;(4)该公司经营管理的效果必须满足有效性的合理标准;(5)该公司的非金融资源应该充足,以使其可以实现PRA在运行过程中对其作出的要求或可能做出的要求。

英国监管者会对金融企业进行压力测试并持续评估其是否符合门槛条件,对其企业管理、公司治理、文化、竞争力、结构、内部监管等方面做出具体要求。

2. 对外国企业的监管

市场准入:对于银行和其他金融服务,欧盟规定只有在欧盟有注册办公室的企业可以作为投资基金资产的储蓄金融机构。若要建立一个专业的管理公司,其总部及注册办公室必须在欧盟的同一成员国中,且要求行使共同基金和投资公司的职能。

英国要求外国企业必须符合上述门槛条件以及金融监管机构的审慎要求,且在需要的情况下会对某些企业进行压力测试。对于欧洲经济区的企业,一般要求母公司派驻高级人员,保证获得适当的有关企业风险的信息。对于非欧洲经济区的企业，在英国建立新的分支机构之前，英国金融监管机构会对其母国监管体系进行考察，并参考第三方监管者的意见，若同英国差别较大则拒绝该分支机构的建立，但可以建立独立的子公司，为了有效监管，限制甚至隔绝该子公司同母公司的联系。此外，针对银行服务业，英国将其分为全能银行和批发银行，其中批发银行牌照限制银行只能从事批发性融资业务。

国民待遇：对于欧盟企业在英国的分支机构，英国在欧盟的法律下进行监管，同该企业母公司所在国的监管者合作，防范风险，保持金融体系安全和稳定。对于非欧盟的外国企业，英国金融监管机构会密切关注其流动性、风险防范计划、问题解决方案等。

（二）专业和商业服务

欧盟对专业和商业服务贸易有一定的限制，如自然科学研发服务中，无论是跨境交易还是商业存在，对于公共资助的研发服务，只对欧盟成员国公民和总部设在欧盟的法人授予专用权。对于不带操作员的租赁服务，欧盟内的空运企业使用的飞机必须在欧盟成员国内注册，且空运企业必须在欧盟内取得许可证。短期租赁合同或其他特殊条件可给予豁免。

除了遵循欧盟的准入标准外，英国服务贸易监管部门在某些行业有具体要求，例如，在法律服务部门，法律服务委员会要求法律机构通过以下四个方面进行自我评估并向委员会提交行动计划：成果导向的指南、风险确认框架、适当的风险监管目标、合适的遵守和执行监管的方式。委员会审议其报告并监管其行为。

对于国内企业来说，除了英国大企业的审计市场和部分法律服务外，进入门槛较低。该部门的国际流动性较高，对于非欧盟企业或企业的非欧盟员工来说，获得签证较难。

（三）旅游服务

与其他发达国家相比，获取英国签证较难。英国签证费为76英镑，6个月多次入境，欧盟申根国家签证费用52英镑，只允许最多6个月内一次入境。英国对文件要求较复杂，所有西方国家均要求提供经济状况和旅游计划，英国还要求得到申请入境的准许，婚姻状况证明，若探访亲友，还需要被探访人的移民状况，所有文件都要求用源语言。此外，若游客从英国转机，即使不离开登机区，都需要申请中转签证，花费51英镑，文件要求和申请签证一样。

三 英国对欧盟的监管建议

英国认为欧委会已经在解决欧盟的监管负担方面做出了努力，但这仅仅减少了管理成本，并未减少企业的遵守成本。因此，主张欧委会应该发布独立的、经过检验的声明，解释相关监管对企业造成的总净成本，包括政策建议的主要变化、对政策影响进行评估的结果、中小企业测试和竞争力校正产生的建议等。当政策建议引起企业成本增加时，欧委会应该承诺在其他地方减少企业的负担。

英国在改进监管的过程中着重减少企业负担，尤其是要消除不必要的负担。英国政府根据本国监管经验，对欧盟加强智能监管提出以下具体措施的建议。

1. 加强欧盟立法的质量

第一阶段：评估监管措施。

立法前期，欧盟应该收集相关信息和监控监管的方法，然后在成员国之间讨论。影响评估委员会（Impact Assessment Committee）对提出的监管措施进行评估，需要考虑该措施是否必要、是否可以用其他成本更低的措施替代，并将评估计划的详细信息公之于众，接受公众监督。

欧委会进行影响评估（Impact Assessment）的主要工具是 IAs（Impact Assessments）和适用性检查。当前欧盟采取的适用性不足，相关程序条款缺乏透明度，使得某些适用性检查被约束。欧委会应该发展适用性检查的一套标准方法，建立并坚持结果导向的、透明的程序条款，使分析的数据和结果都具有可比性。

第二阶段：咨询公众。

英国的许多法律和规则出台之前，会发布该法律和规则的相关细节，邀请利益相关者和公众参与提出意见，即公众咨询阶段。欧委会的某些立法已经使用了公众咨询，但许多立法和规则制定之前并未寻求利益相关者的意见，这些意见可以帮助欧委会更好地了解该项立法和规则面临的收益和成本。因此，欧委会应该更多地引入公众咨询，并在此阶段发布 IAs，邀请公众尤其是利益相关者给出评价和意见，并就提议进行影响评估。这一程序可以为委员会提供更多、更详细的数据，以便将影响评估更好地量化。

在这一阶段，咨询范围应该尽可能开放，通过不同途径寻求广泛的利益相关者的意见，包括雇主代表、公会、学术圈等。需要注意的是，第一，大企业和贸易协会有较多资源游说并影响政策制定者，这会对小企业和新进入者造成影响；第二，若只在成员国的欧委会代表和贸易协会范围内咨询，当某个提议影响某一特殊部门时，很难找到足够多的专家观点。鉴于这两种情况，欧委会应该和成员国政府合作，直接咨询相关产业，并尽可能多地联系中小企业代表。

2. 保证欧盟相关法律和规则的有效执行

在法规生效之前，要充分考虑实际的营商经验，根据成员国和企业的实际情况适当确定法规生效和截止日期，使得成员国执法部门有足够的时间实行有效执法，考虑企业，尤其是中小企业的需求，使其有足够的时间适应新的法规。最恰当的方法是为所有新的法规建立普通生效日期（CCDs）。

在执行法律和规则时，要提高透明度，在最小的成本下产生最小的负担，并保证执法的准确性。欧委会在起草法律时，应该考虑到各成员国执法方式的区别，给成员国选择执法方式的自由并形成一套标准程序，使得企业更好理解新的法规，降低遵守新法规的难度和成本，提高法律法规执行的效率。

第五节 英国服务贸易管理体制

英国的服务贸易管理体制为服务促进型，即以服务贸易促进为主，服务管理为辅的管理模式。政府的作用主要是制定相关服务贸易管理政策，创造高效、平等的贸易环境，提供咨询、信息、财务协助等方面的协助。

一 政府机构

2009年6月，英国政府内阁改组，原商业、企业和制度改革部（BERR）和创新、大学和技能部（DIUS）重组为商业、创新和技能部（BIS），该部门的主要目的是促进经济增长，在技能和教育方面投资，以推动贸易、促进创新，在政府中为企业代言，以及保护消费者和降低管制的影响。

英国贸易投资署（UK Trade & Investment，UKTI），是英国政府专门从事贸易投资促进工作的部门，接受商业部和外交部双重领导，从这两个上级部门调用工作人员和管理经费，但也拥有自己的项目资金。其主要职责是制定相关贸易促进政策，创造高效、公平的贸易环境，为企业和投资者提供广泛的咨询、信息、财务等方面的服务,向企业和其他部门提供贸易政策咨询。UKTI 前身为英国贸易署（BTI）,2003 年 10 月更正为现名。

英国在各个行业都有专门的贸易促进机构。英国商业部负责对服务贸易的管理,参与制定酒店及餐饮服务行业标准,但不直接参与企业的经营管理。英国文化、媒体和体育部及项下的机构负责制定英国的旅游政策,向政府通告该行业所关注的事宜,同时研究、发布旅游业相关数据等。英国金融服务管理局负责管理英国金融服务业,是英国唯一授权管理和监督银行、保险和投资活动的机构。1997 年,英国成立金融服务管理局（Financial Services Authority, FSA）,负责管理英国金融服务业。作为独立的非政府机构,直接向英国财政部负责。2001 年,英国颁布《金融服务与市场法》（Financial Services and Market Act 2000）,赋予其法定权力。其目标是维护英国金融市场及业界信心；促进公众对金融制度的理解,了解不同类型投资和金融交易的利益和风险；确保业者有适当经营能力及财务结构是否健全。同时,教育投资者正确认识投资风险；监督、防范和打击金融犯罪。2013 年,该部门重组为两个新的监管机构,即金融行为监管局（Financial Conduct Authority, FCA）和审慎监管局（Prudential Regulation Authority, PRA）,其中 PRA 隶属于英格兰银行（Bank of England）。

英国政府在服务贸易管理方面的作用主要是制定相关服务贸易管理政策,创造高效、平等的贸易环境,提供广泛的咨询、信息、财务等方面的服务。英国每个服务行业都有不同的管理及监管机构负责某行业的贸易促进相关事宜,并不是由某一个部门集中管理（见表 4-18）。

表 4-18　　　　　　　　英国服务贸易管理政府相关部门

部门	职能和权限	备注
商业、创新和技能部（商业部,BIS）	目的是促进经济增长,在技能和教育方面投资,以推动贸易、促进创新,在政府中为企业代言,以及保护消费者和降低管制的影响	2009 年 6 月,英国政府内阁改组,原商业、企业和制度改革部（BERR）和创新、大学和技能部（DIUS）重组为商业、创新和技能部（BIS）

续表

部门	职能和权限	备注
英国贸易投资署（UK Trade & Investment, UKTI）	制定相关贸易促进政策，创造高效、公平的贸易环境，为企业和投资者提供广泛的咨询、信息、财务协助等方面的服务，向企业和其他部门提供贸易政策咨询	前身为英国贸易署（BTI），2003年10月更正为现名
金融服务管理局（Financial Services Authority, FSA）	目标是维护英国金融市场及业界信心；促进公众对金融制度的理解，了解不同类型投资和金融交易的利益和风险；确保业者有适当经营能力及财务结构是否健全。同时，教育投资者正确认识投资风险；监督、防范和打击金融犯罪	作为独立的非政府机构，直接向英国财政部负责。2013年，该部门重组为两个新的监管机构，即金融行为监管局和审慎监管局，其中PRA隶属于英格兰银行，主要负责监管储蓄银行、保险公司和指定的投资公司
英国文化、媒体和体育部（Department for Culture, Media and Sport, DCMS）	负责制定英国的旅游政策	

资料来源：根据英国政府网站整理。

二 行业协会和中介组织

英国政府资助的机构或者行业组织在服务贸易的协调与管理中发挥重要作用。主要的机构和组织包括：（1）国家消费者委员会（National Consumer Council），消费者保护是欧盟的重要基本政策之一，成员国都要遵守欧盟在这方面的规定，该委员会代表所有消费者的利益，与英国及欧盟的政策制定者、管理者和服务提供者联系，是消费者和其他利益相关者之间的桥梁；（2）金融巡查官服务（Financial Ombudsman Service），向消费者提供免费的咨询服务，以解决他们与金融公司之间在保险、抵押、养老金和投资等领域的争端；（3）金融服务补偿计划（The Financial Services Compensation Scheme）是根据《金融服务与市场法2000》设立的独立非营利机构，主要针对存款、保险和投资活动进行补偿；（4）英国市场研究协会（British Market Research Association）致力于向英国市场研究公司提供专业服务；（5）英国管理咨询会（Management Consultancies Association）提供管理方面的专业服务；（6）文化部主办的访问英国（Visit Britain）以及设在苏格兰、威尔士和北爱尔兰地区的旅游办（National Tourist Boards）向政府通告该行业所关注的事宜，同时研究、发布影响旅游业的趋势等问题。

英国有一些官方参与管理或赞助的对外经济贸易服务机构，如英国小企业服务局（SBS）、专门技能基金会（KHF）、英国食品协会（FFB）、英联邦发展公司（CDC）、工商联合会（CBI）等众多的机构，它们与遍布全球200多个国家和地区英国驻外使领馆一起，形成了一个庞大的贸易促进和服务网络，通过其专业人员为英国企业提供出口和海外投资方面的信息和咨询服务。同时，也加大了引资的功能。

英国的服务贸易管理几乎包含了各个领域、各个环节。各行业协会、市场研究协会、管理咨询协会等，负责提供相关领域的专业服务，使整个服务贸易发展形成了一个健全、有序的管理链（见表4-19）。

表4-19　　　　　　　　　英国服务贸易相关协会组织

协会	职能
国家消费者委员会	代表消费者利益，与英国及欧盟的政策制定者、管理者和服务提供者联系
金融巡查官服务	向消费者提供免费咨询服务，解决他们与金融公司之间在保险、抵押、养老金和投资等领域的争端
金融服务补偿计划	对存款、保险和投资活动进行补偿
英国市场研究协会	向英国市场研究公司提供专业服务
英国管理咨询会	提供管理方面的专业服务

资料来源：笔者整理。

三　英国服务贸易法律体系

服务业的性质决定了对服务业的监管涉及政府多个部门，其监管较为复杂，英国政府几乎所有的部门都参与对服务业的管理，其贸易管理部门为商业、创新和技能部（BIS）。

英国服务业法律体系健全。对于不同的服务贸易行业，都有相关的法律，且会不定期更新，并对旧版法律中条款的变动逐一解释。如《金融服务法2012》、《金融服务（银行业改革）法2014》、《教育法2011》、《民用航空法2012》等。一些涉及服务贸易监管的法律，如《企业和监管改革法2013》，主要针对市场存在的进入壁垒、规划和审批程序的繁文缛节等进行简化和改革。针对基础设施建设的如《增长和基础设施建设法2013》，旨在加强英国基础设施建设，增加服务业的国内投资，促进经济增长。

以旅游服务业为例，除了欧盟的服务业指令外，英国旅游业涉及的法律和规则包括：《火灾消防令》、《监管改革指令》、《健康和安全指令》、《洗钱规则》、《许可证法（费用规则)》、《跟团游和套餐游规则》、《民用航空（航空承办者许可证）规则》、《金融服务和市场法》、《庇护和国籍法》、《灵活工作规则》、《产假规则》、《就业权利法》、《工作时间规则》、《公平法》、《食物标签法》、《酒精液体责任法》等。

四　英国服务贸易统计体系

英国服务贸易统计由英国国家统计局归口管理，不同行业分别提供统计数字，由国家统计局统一对外发布统计公报。英国国家统计局发布的初期服务贸易统计数据一般都会进行修正，最终统计数字通过年度红皮书（Pink Book）对外出版。英国国家统计局对服务贸易的统计分类基本遵循国际货币基金组织的分类标准，结合本国服务业实际情况进行了微调，主要包括11类，具体如下：运输、旅游、通信、建筑、保险、金融、计算机和信息、版权和专利费、其他商业、私人文化及娱乐、政府。

英国国家统计局定期向国际组织报告其BOP统计数据，此外，还进行FATS统计，但FATS统计尚不完善。[1]

（一）BOP统计

英国在BPM5框架下完成居民与非居民之间的国际服务贸易统计，遵循欧盟议会和理事会关于国际收支统计的立法和《国际贸易统计手册》（MSITS）的方法。采取三种方法采集BOP数据。

1. 银行结算法

主要是逐笔采集跨境服务贸易交易数据，包括国内银行客户及银行间服务贸易交易数据，也包括国内企业直接通过国外银行进行结算的交易数据。国家统计局还会要求居民直接申报其在国外银行账户的交易数据，并

---

[1] 沈大勇、金孝柏：《国际服务贸易：研究文献综述》，人民出版社2010年版。

开展定期调查收集直接投资或再投资收益及境外资产的负债数据。

2. 抽样调查法

抽样调查数据直接来自从事交易的企业，但对跨境证券投资的调查不针对交易企业而是托管机构。在编制国际收支平衡表时，利用这种方法获取的数据不利用任何银行外汇结算数据，但结算数据可以用来更新抽样调查方法中的企业样本。

3. 银行结算和抽样调查相结合

在国际收支平衡表编制中同时利用两种方法。其中，对小企业的服务贸易交易数据大多通过银行结算系统收集，而大企业的数据则更多地采用抽样调查的方法。

(二) FATS 统计

英国 FATS 统计主要依赖抽样调查的方法，基于"年度商业调查"获得数据。数据主要来自四种渠道：与商业部合作取得企业及跨国公司数据，从其他调查如并购、破产调查中获取有价值的数据，依靠国际统计局内部的调查机构从各类媒体中搜索相关信息，从私人公司购买相关数据等。

其统计指标包括：企业营业额、产值、增加值、总购买、以转售为目的的不经加工的货物购买、总雇佣成本、购置成本、年均雇佣人数、年均雇员，以及诸如研发开支、研发人员数量等与研究和开发相关的指标。

第六节 英国服务贸易发展的最新动态

后工业化时代的服务业逐渐成为许多国家的支柱产业，随着全球经济一体化深化，英国作为全球服务贸易强国之一，积极参与诸边贸易谈判，并加强对服务业监管体制改革。

一 服务贸易谈判

对于欧盟来说，维持并加强多边贸易体系是欧盟的一贯原则。目前，欧盟正在推动诸边服务贸易协定谈判 (TISA) 和跨大西洋贸易与投资伙伴关系 (TTIP) 谈判。

(一) 服务贸易协定谈判 (TISA)

多哈回合停滞不前，多边服务贸易自由化举步维艰，GATS 的条款已经不能满足当前服务贸易发展的需要，为了进一步推进服务贸易自由化，欧盟和其他 WTO 成员一起参与了诸边服务贸易谈判，以推动服务贸易更高标准规则的建立，但参与谈判的国家可以根据本国经济发展水平逐步推进开放水平。欧盟主张 TISA 应该和 GATS 兼容，最终实现 TISA 的多边化。

作为欧盟的成员国之一，英国政府在许多文件中表示要在欧盟同其他国家的双边或多边谈判中发挥更重要的作用。新的高标准的服务贸易规则一旦建立，将会对国际服务贸易市场产生很大影响，具有较强国际竞争力的英国服务业将会在更加开放的市场和更高的规则中获益。

（二）跨大西洋贸易与投资伙伴关系（TTIP）

2013 年 2 月 12 日，美国总统奥巴马发表国情咨文时说："为了推动美国的出口，支持美国的就业，并使不断扩大的亚洲市场变成一个公平的市场，我们希望达成一个跨太平洋战略经济伙伴关系协定。今天晚上我还要宣布，我们将与欧盟启动'跨大西洋贸易与投资伙伴关系'的谈判，因为大西洋两岸的更为自由和公平的贸易有助于创造数以百万计的高薪就业机会。"

2013 年 6 月，美国和欧盟宣布就 TIIP 展开谈判。以双方同韩国的自由贸易协定为蓝本，双方力图使贸易自由化程度达到目前双方所有贸易协议中的最高水平，寻求新的市场准入，以解决长期存在的市场准入壁垒，协调统一包括金融服务在内的在不同部门的监管政策。TTIP 谈判一方面可以削减不必要的规则和监管，为企业提供更好的营商环境；另一方面同美国更紧密的合作可以使欧盟的监管更加有效，欧盟和美国可以互相借鉴，减少重复监管。

美国和欧盟认为对于双方国内现存的监管措施，可以采取以下三种方式合作：第一，对于有相似效果的监管措施，企业只需遵循一套准则即可；第二，对于可以探讨和修改的措施，双方尽力依照国际惯例调整；第三，对于那些完全不同的措施，只能依靠双方监管者通力合作、实施监管。双方合作并不意味着对国内（区内）政策选择的限制，欧盟及其成员国依然能够根据区内和国内情况选择合适的政策措施。

近年来，英国一直在进行监管改革，在削减不必要的规则和监管、为企业提供更好的营商环境以及同其他国家合作方面有着丰富的经验，这些经验可以为欧盟在服务贸易谈判中提供有效参考。

二 服务业监管改革

完备的管理体系，复杂的程序和过多的监管造成英国企业运营成本增加、生产周期拉长，妨碍技术创新，影响企业发展。许多新的监管规则出台后，由于术语复杂、指导方案出台不够及时或不够明确，使企业在理解和遵守规则方面出现困难，增加成本。为了减少监管规则带来的时间和经济成本，创造更加公平的竞争环境，在新一轮的服务贸易规则制定中夺得更多的话语权，制定更加有效的监管规则，英国近年来陆续进行了一系列的服务业监管改革。

（一）"一进一出"体系和日落条款

2011年，英国开始实行"一进一出"（One-In，One-Out）的去监管化体系。即要求各部门遵循以下三个步骤：（1）在新规则出台之前，衡量该规则将会带来的净成本（IN）；（2）这一成本必须由独立的监管政策委员会确认；（3）若成本为正，必须找出一个去除监管措施（OUT），以抵消该新规则带来的净成本。该规则出台之后，每隔半年进行审议，成效卓著。2013年1月开始实行"一进两出"计划后，每年节省2.11亿英镑。

2011年秋，政府提出"日落条款"（Sunset Clause），即在新规则提出时，需要注明该规则的有效期，若在有效期满之前未采取更新该规则的措施，则到期作废。

（二）改革过度的、冗繁的规定，引入公共主题审议，废除过时的法律

立法方面，引入修正繁复的欧盟规则和指令的主要动议，主要包括欧盟的贸易规则、产假和陪产假的权利、临床试验指令、劳工信息和咨询指令等，促进欧盟立法的整体影响，比如废除破产公司的提前解除破产，所有破产企业将会在1年后自动解除，除非有特殊的限制或者推迟解除，保证一个清晰的连贯的破产解除程序。

监管方面，消除某些特别监管提议，采取更多的针对小企业的去监管化措施，改革支持小企业的监管规则，给小企业提供更好的营商环境。比如改革公共部门采购，25%的政府合同必须和小企业签订，去除低于10万英镑的中央政府采购的质量问卷。

引入公共主题审议，加强政府同利益相关方的沟通。使企业可以更多地参与规则制定过程、更好地了解监管措施，以提高企业遵守规则的能

力、减少遵守的成本。同时通过咨询各方利益相关者,废除公众认为不再需要的规则。

(三) 加强竞争监管,创造更加公平的市场体系

一个良好的竞争体系应该允许最好的企业进入新的市场,保证最有效率的、具有创新的企业获得良好发展。因此,英国政府建立独立的竞争和市场权力机构,简化并加强竞争工具,赋予监管机构跨市场调查的权力,解决反竞争行为,在调查竞争问题的同时调查公共利益问题,给市场兼并、救济引入法定时间限制。创造一个更强健的反托拉斯体制,使反托拉斯调查更有效,充分发挥公平贸易办公室和竞争委员会的监管参考、申诉和其他功能。

第七节 英国服务贸易发展对中国的启示与借鉴

英国服务贸易具有较强的比较优势和国际竞争力,其发展服务贸易的监管政策以及管理体制等对我国发展服务贸易具有重要的启示与借鉴。

一 建立高效完备的服务贸易管理体制

英国建立了完善的服务贸易管理体制,各主管部门分工明确,例如,商业部负责统筹对外贸易,文化、媒体、体育部主管旅游服务贸易,金融服务管理局主管金融服务贸易等,其他部门如外交部、财政部、工作和养老金部等进行辅助工作。此外,相关行业协会、中介等服务贸易促进机构,连接消费者、企业和政府,在扩大服务出口中也发挥了重要作用。

中国目前的服务贸易管理体制尚不完善,服务业相关部门权责不明,管理混乱。中央和地方在服务贸易政策和规章方面的差异,导致地方在执行商务部有关服务贸易政策和规章方面存在偏差。

完善服务贸易管理体制,应该借鉴英国的管理经验,同中国服务业发展实际和国情相结合,统筹规划,做到政府、协会、企业之间的协调。第一,建立以商务部为核心、相关行业政府部门具体负责、其他部门辅助的服务贸易管理体系。即由商务部统一管理和统筹服务贸易,制定服务贸易发展总体战略、承担服务出口促进工作;相关行业政府部门根据商务部的方针制定本行业发展战略并监督其执行。第二,建立健全各服务部门的行业协会。完善行业协会的自律性管理机制,发挥其协调服务市场、维护竞

争的作用。第三，实现政府、协会、企业之间的"三级联动"。政府应该及时公开相关法律法规、国际服务贸易市场的动向和需求；协会作为政府和企业之间的桥梁，应该积极参与政策制定、为企业提供优质服务；企业应该遵守政府的法律法规、遵守市场规则，及时和政府以及协会互动交流，共同推动服务业和服务贸易的发展。

二 完善服务贸易法律和规则体系，形成良好的服务贸易促进机制

完善的服务贸易法律和规则体系是英国服务贸易发展的重要保障。英国有关服务贸易法律规范均形成了体系，很少有领域处于立法真空地带，每一个行业涉及的法律和规则多达十几部甚至几十部之多。其立法和制定规则的过程具有相当高的透明度，立法之前提出咨询、征集意见、对意见作出公开反馈，在实施的过程中也做到公开化和程序化。由于涉及的法律和规则较多，英国监管部门在执行监管时注重各项法律和规则之间的协调，及时调整相冲突的规则，并注意与时俱进，削减过时的和冗杂的法律和监管规则，做到和欧盟立法以及多边、区域和双边协定中的规则相适应。

中国目前的服务贸易法律体系主要以《对外贸易法》为基础，包括《商业银行法》等行业法律，《外资金融机构管理条例》等规则，其他法律如《反不正当竞争法》为补充，服务贸易法律体系初步建成，但尚不完善，同英国相比仍存在较大差距。

尽快建立并完善相关法律和规则体系对于服务贸易的健康发展十分重要。我国应加强对 GATS、WTO 等有关条款的研究，密切关注 TTP、TTIP、ISA 等谈判的最新进展，学习西方发达国家制定相关法律的经验，建立健全符合我国经济发展目标且不违背国际法律准则的法律和监管规则。及时公布新的服务贸易法律或监管规则，在执行法律和规则时做到公开、透明，真正实现服务贸易的制度化和规范化。此外，应制定有关服务行业的保护性法律，以保护并培育国内服务业的发展，最大限度缓和并减少冲击。

三 从本国市场入手，提高服务贸易国际竞争力

政府对服务贸易进行管理与干预的目的，是为了给服务贸易创造公平的竞争条件。只有当一国国内市场竞争有序、公平且充分，该国的服务业才能面对开放后全球其他国家服务业带来的更加激烈的竞争。英国根据本国市场发展情况，积极创造条件，改善营商环境，尽力减少政府干预，在多个服务部门实行监管改革,为企业"走出去"创造有利条件。

我国服务贸易竞争力不强且开放程度较低,为了适应未来服务贸易高标准的国际规则,我国应该从本国市场入手,提高服务业的国际竞争力。一是放开部分行业的市场准入,如电信、保险等,改变其垄断经营的状态,鼓励民营企业的发展。二是建立健全市场规则,规范市场主体行为,鼓励有序的、规范的、公平的市场竞争。

四　加快培养服务贸易人才

服务业的特殊性质决定了人是服务业发展最关键的要素之一。英国重视人才的培养,并注意培育各个层次的人才。"学徒计划"和各种培训为服务贸易提供基层人才,他们具有服务业需要的基本的工作技能。世界一流的高等学校以及政府和高校合作的研发项目为服务贸易提供高素质人才,具备服务业需要的高层次管理技能。

我国在教育、培训、研发等方面的投入远远落后于发达国家,研发费用较低、缺乏创新和具有企业家才能的人才。我国高校毕业生逐年增加,但人才结构和市场需求严重脱节,高等教育同市场脱节,毕业生无法满足市场需求,知识和技术密集型服务业发展滞后。

为加快培养适应全球经济一体化发展的服务型人才。一是解放思想,转变观念。改变对服务行业的偏见,开展多种培训项目,鼓励更多的人尤其是失业人员从事服务行业。二是加强培训现有服务贸易从业人员,使其熟悉《服务贸易总协定》及其他区域和双边贸易协定的有关条款,理解并遵守国内相关法律法规。三是尽快开展高校教育改革,根据市场要求,培养精通语言、法律、商业和相关技术的高级复合型人才。四是通过多种渠道引进人才,有效利用国际资源,提高我国服务贸易竞争力。

五　在区域经济合作中发挥积极作用,促进区域经济一体化的发展

作为欧盟的重要成员国之一,英国积极参与欧盟事务,用本国的经验为欧盟的服务贸易自由化提供有效意见,努力促进欧洲统一市场的发展,积极推动欧盟同美国、日本等国的服务贸易谈判。

中国作为全球最大的发展中国家,是亚洲乃至全球经济增长的重要引擎,我国应该抓住本轮服务贸易谈判的机遇,通过加快中日韩自贸区和东盟"10+3"谈判,促进东亚经济一体化的发展。

第五章　法国服务贸易政策

法国是世界贸易大国之一，对外贸易在国民经济中占有重要地位，其服务贸易一直保持顺差。自1958年加入欧洲经济共同体（后为欧盟）之后，法国对外贸易迅速发展，其服务贸易也保持顺差状况，成为推动法国经济增长的主要因素。法国也是世界上成熟的市场经济体制国家之一，对外开放程度较高，其在实行自由贸易政策的同时，也对服务贸易进行严格的监管，特别是对文化贸易的保护政策尤其具有特点，可为我国推进服务贸易的大力发展提供有益的政策启示。

第一节　法国服务贸易发展现状

一　法国服务贸易在全球服务贸易中的地位

2013年，在世界经济格局中，法国是世界第五大经济体、第五大贸易国、第四大服务贸易进出口国、第一大旅游目的地国；2013年法国有27家企业入围财富世界500强。在世界政治格局中，法国是联合国安理会的五大常任理事国之一，对推动世界和平与稳定起着重大作用，在欧盟具有十分重要的地位和话语权。

就服务贸易而言，第二次世界大战以后，随着第三次科技革命的产生，跨国公司的大量出现以及金融、信息技术革命的全球化发展，世界服务业和服务贸易取得了迅速发展。在国际服务贸易中，发达国家是主体。2013年，在国际服务贸易出口排名前十位的国家中，除中国和印度外均为发达国家。自1980年以来，法国一直位居世界服务贸易出口的前五名，2013年进入第四名，在全球服务贸易中发挥着非常重要的作用。

2013年，法国服务贸易出口额为2360亿美元，占当年全球服务贸易出口总额的5.08%，排在美国、英国、德国之后，位居世界第四位；服务贸易进口额为 1890 亿美元，占当年全球服务贸易进口总额的 4.31%，排在美国、中国、德国之后，位居世界第四位；服务贸易进出口总额为 4250 亿美元，占当年全球服务贸易总额的 4.71%，排在美国、中国、德国之后，位居世界第四位。①

法国在旅游服务、运输服务、保险、金融服务、建筑服务、零售业等部门具有较强的国际竞争力。自 2005 年至今，法国一直保持着世界第一大旅游目的地国的地位；法国平均每年接待外国游客 7000 多万人次，超过该国总人口（2012 年为 6386 万人），2012 年到法国旅游的外国游客达到 8300 多万人次，旅游收入超过 770 亿欧元。

法国航运物流业发展具备较好的基础。法国在地理位置上处于西欧的中心，拥有欧洲最大的公路网，连接欧洲所有国家和主要城市；有 8500 公里的河流运输网络，与欧洲其他国家的内陆河相连；拥有 27 个航运港，其中 7 个国际航运港口，每年可以运载 9920 万吨的航运物流货物。法国拥有世界第三大集装箱全球承运公司——法国达飞海运集团，2012 年，达飞集团在全球运营集装箱船舶 414 艘（其中自有船只 84 艘），在全球 150 个国家和地区设立了 650 家分公司和办事机构，航迹遍及全球 521 个商业港口中的 400 个港口，2012 年营业收入达到 159 亿美元。

法国金融市场发达。巴黎以其高度发达的银行业、保险业和证券市场，成为全球最重要的金融中心之一；法国的巴黎国民银行、里昂信贷银行和法国兴业银行进入了世界 15 强，全球约有 1000 家法国的银行分支机构；巴黎的保险业在世界金融中心专项排名中位居前十强；由巴黎、阿姆斯特丹、布鲁塞尔和里斯本等多家证券交易所合并组成的，位于巴黎的欧洲证券交易所（Euronext），是欧洲第一大、世界第二大证券交易所。

2012 年，法国建筑服务出口为 36.9 亿美元，占当年世界建筑服务出口额的 10% 左右，排名世界第五位。法国零售业十分发达，大型零售超市众多，拥有家乐福（Carrefour）、欧尚（Auchan）等诸多世界著名品牌。

二　法国服务业对国内经济增长的贡献度

服务业在法国国民经济和社会生活中占有举足轻重的地位，其在法国经济中所占比重也在逐年上升。根据法国国家统计局数据，服务业增加值

---

① WTO: World Trade Report 2014.

占各行业总增加值的比重，由 1975 年的 62% 上升到 2009 年的 79.02% 和 2012 年的 79.23%（见表 5-1 和图 5-1）。法国本土服务业吸纳就业人数约 2000 万人，占总就业人口的 78%，远高于 1990 年 30% 的就业比重。

法国服务业门类齐全发达，涵盖金融、电信、软件和信息、旅游、零售、运输、房地产、住宿餐饮等多个行业。其中，旅游、流通、交通、电信、金融部门业务量较大。法国旅游业占全国 GDP 的比重高达 7%，年创外汇净值约 150 亿欧元，是创汇最多的经济部门；流通行业（批发、中间商、零售、汽车维修）拥有 59 万家企业，占全国企业总数的 1/4，吸纳就业超过 300 万个，占就业总数的 17%。此外，法国交通运输网络密集和发达程度居世界前列，电信产业竞争使得法国互联网入网价格为 OECD 国家最低，银行和保险体系发达并在全球金融危机中表现相对稳固。

法国服务业对法国经济作出了重要贡献，即使在法国经济不振的情况下，法国服务业增加值占 GDP 的比重一直是上升的。法国服务业在国民经济中的作用：一是缓冲了经济危机；二是减轻了就业压力。因此，其服务业对经济危机的缓冲作用表现在该部门具有反经济周期增长的特征。通过表 5-1 和图 5-1 可以看出，1970—2012 年法国服务业增加值占 GDP 比重从 58.96% 一直上升到 79.23%。

表 5-1　　　　　1970—2012 年法国服务业增加值占 GDP 比重

单位：%

年份	服务业增加值占 GDP 比重	年份	服务业增加值占 GDP 比重
1970	58.96	1992	70.76
1971	59.14	1993	72.09
1972	58.95	1994	72.75
1973	58.96	1995	72.58
1974	61.10	1996	73.45
1975	62.00	1997	73.86
1976	62.67	1998	73.98
1977	63.25	1999	74.43
1978	63.44	2000	74.71
1979	63.72	2001	75.05

续表

年份	服务业增加值占 GDP 比重	年份	服务业增加值占 GDP 比重
1980	64.26	2002	75.69
1981	65.08	2003	76.45
1982	65.14	2004	76.66
1983	65.89	2005	77.07
1984	66.75	2006	77.52
1985	67.00	2007	77.55
1986	67.55	2008	78.04
1987	68.36	2009	79.02
1988	68.78	2010	79.28
1989	69.14	2011	79.22
1990	69.22	2012	79.23
1991	70.01		

资料来源：WTO 和 IMF。

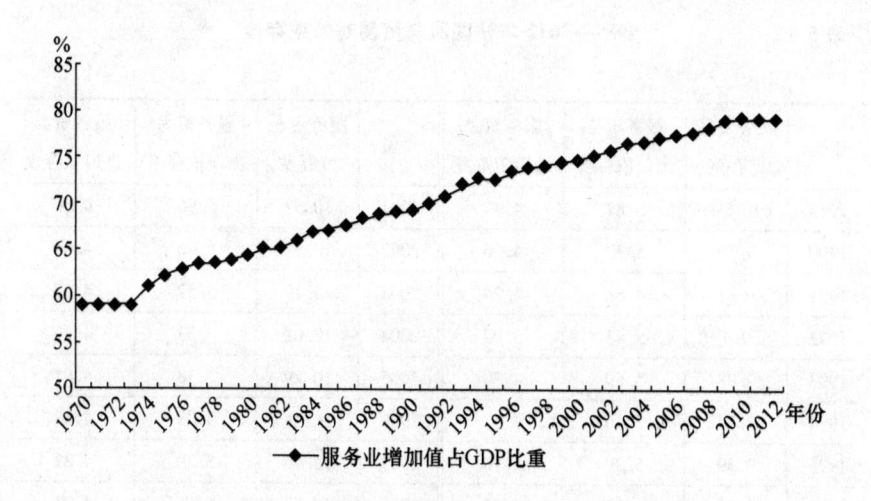

图 5-1 1970—2012 年法国服务业增加值占 GDP 比重

资料来源：WTO 和 IMF。

三 法国服务贸易规模

法国服务贸易规模较大，在全球服务贸易中占比较高。2013 年，法国服务贸易出口额列全球第四位，其出口额占全球服务贸易出口总额的

5.08%；服务贸易进口额列全球第四位，其进口额占全球服务贸易进口总额的4.31%；服务贸易进出口总额列全球第四位，其进出口总额占全球服务贸易进出口总额的4.71%。

法国服务贸易对国内经济增长发挥着重要作用。自20世纪90年代至今，法国服务贸易的对外依存度一直保持在10%左右，并且服务贸易出口依存度一直高于进口依存度1—1.5个百分点。特别是在2012年，服务贸易进出口依存度、出口依存度和进口依存度均达到历史最高值，分别为14.66%、8.08%和6.58%，这表明服务贸易对法国经济增长的贡献度稳中有升（见表5-2、图5-2、图5-3）。特别是2008年全球金融危机爆发以来，在法国经济持续低迷（2009年实际国内生产总值同比出现负增长，为-2.2%，2012年全年国内生产总值出现零增长）、法国货物贸易逆差自2000年起持续扩大的态势下，服务贸易的持续增长，特别是服务贸易顺差的持续扩大，对于法国经济的稳定起到了重要作用。

表5-2　　　　　　　1989—2012年法国服务贸易对外依存度

单位:%

年份	服务贸易依存度	服务贸易出口依存度	服务贸易进口依存度	年份	服务贸易依存度	服务贸易出口依存度	服务贸易进口依存度
1989	10.29	5.82	4.47	2001	10.57	5.96	4.60
1990	9.39	5.33	4.06	2002	10.61	5.96	4.60
1991	9.87	5.63	4.24	2003	10.19	5.52	4.67
1992	9.4	5.43	3.98	2004	10.02	5.33	4.69
1993	9.98	5.69	4.30	2005	10.29	5.38	4.91
1994	9.57	5.46	4.11	2006	9.90	5.08	4.82
1995	9.39	5.29	4.10	2007	10.10	5.29	4.81
1996	9.43	5.25	4.17	2008	10.59	5.67	4.92
1997	10.02	5.65	4.37	2009	10.27	5.46	4.81
1998	10.21	5.76	4.45	2010	10.68	5.61	5.06
1999	10.00	5.67	4.33	2011	11.15	6.01	5.14
2000	10.76	6.12	4.64	2012	14.66	8.08	6.58

资料来源：根据WTO和IMF数据自行计算所得。

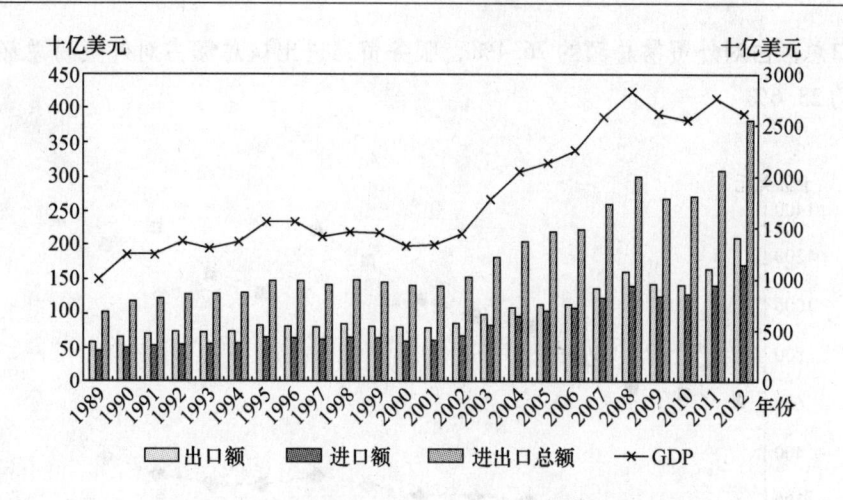

图 5-2　1989—2012 年法国 GDP 和服务贸易进出口额

资料来源：WTO 和 IMF。

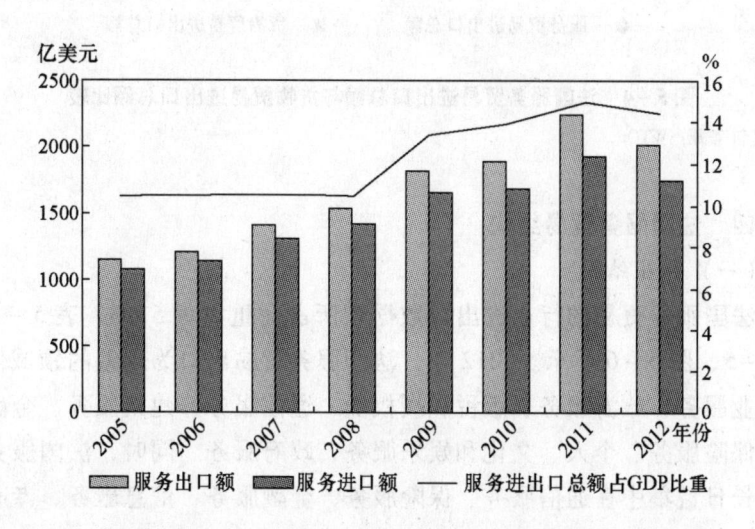

图 5-3　2005—2012 年法国服务贸易进出口额及进出口总额占 GDP 比重

资料来源：UNCTAD 数据库。

与货物贸易比较，法国服务贸易总额占法国对外贸易总额的比重在不断上升（见图 5-4）。根据此图提供的数据计算，2000 年，货物贸易进出口总额占对外贸易总额的 80.1%，服务贸易进出口总额占对外贸易总额的 19.9%；2010 年，货物贸易进出口总额占对外贸易总额的 75.3%，服务贸易进出口总额占对外贸易总额的 24.7%；2012 年，货物贸易进出口总额占对外贸易总额的76.4%，服务贸易进出口总额占对外贸易总额的23.6%。

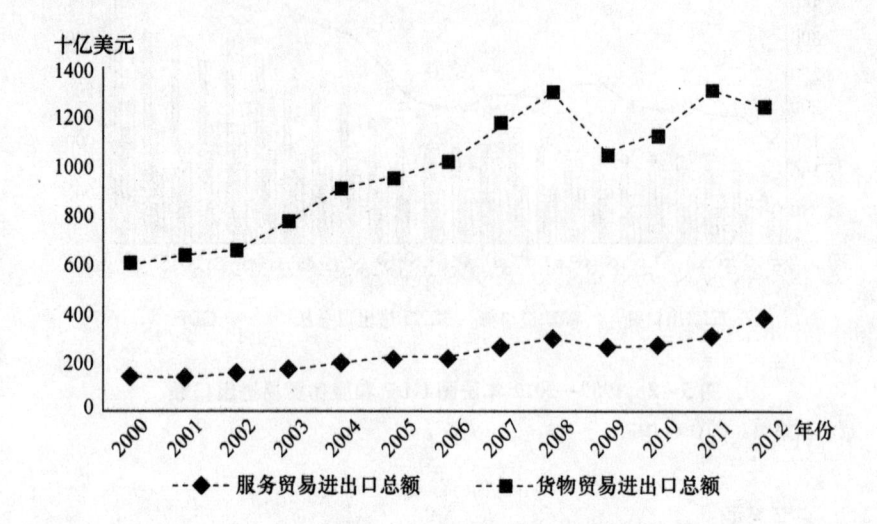

图5-4 法国服务贸易进出口总额与货物贸易进出口总额比较
资料来源：WTO.

四 法国服务贸易结构

（一）行业结构

法国服务贸易的行业进出口数据和所占比重如表5-3、表5-4和图5-5、图5-6所示。2012年，法国服务贸易出口为顺差的领域依次是商业服务、旅游服务、版税和授权费、通信服务、建筑服务、金融服务、保险服务、个人、文化和娱乐服务、政府服务。同时，法国服务出口增长日益集中在通信服务、保险服务、金融服务、信息服务、专有权利使用费等领域，这些行业对法国服务出口增长的贡献从2000—2002年的70%上升至2006—2008年的90%。

商贸性服务业在法国服务业以及服务贸易中稳居第一。根据法国统计局发布的《法国服务业》（2012年版）数据，2009年法国服务业占国民经济的比重为75.8%，其中商贸性服务业和非商贸性服务业所占比重分别为46.9%和28.9%。商贸性服务业中，运输、贸易、住宿餐饮、信息通信、金融、不动产服务、科学及行政、其他服务占国民经济的比重分别为5.2%、13.1%、3.7%、2.9%、3.4%、1.0%、12.0%和5.6%。

表 5-3　　2000—2012 年法国服务贸易出口结构

单位：百万欧元

年份 行业	2000	2001	2002	2003	2004	2005	2006	2007	2008	2009	2010	2011	2012
服务业	89890	91992	93745	89887	92428	98373	102490	109035	112891	137277	148220	169408	168287
运输服务	20077	20133	19814	19066	21256	22711	25385	27552	27659	26992	32179	33503	35190
——海洋运输	4115	4864	4767	4855	5835	6431	8435	9940	10136	8246	10917	10921	12401
——航空运输	9898	8925	8755	8510	9281	10235	10645	11078	11449	10582	11755	12321	12337
——其他运输	6064	6344	6292	5701	6140	6045	6305	6534	6074	8165	9508	10260	10454
旅游服务	35705	36091	36898	34895	36409	35384	36911	39601	38464	35509	35463	39334	41680[①]
通信服务	1444	1763	2274	2209	2471	2834	3025	3222	3080	3480	5328	5747	5672
建筑服务	3105	3122	3276	2477	2552	2922	3292	3855	4531	7691	4946	4314	3690
保险服务	1443	997	1155	1873	718	910	646	763	564	2780	2369	2955	2486
金融服务	1366	1220	1183	948	1167	1153	1072	1310	1338	1609	2197	5335	5064
计算机和信息服务	874	1248	1265	1113	1192	1370	1561	1394	1256	2602	3071	5015	4861
专有权利使用费	2511	2910	3534	3593	4133	5014	4967	6461	7594	10091	10348	11605	9638
其他商业服务	20995	22327	21871	21363	20004	23666	23532	22682	26075	43760	47910	57200	55488[②]
——商业	3149	3860	3275	2591	3324	5864	6213	6031	8717	9889	9552	13067	15028
——其他贸易相关服务	1841	1869	1818	1853	1521	1777	1544	1589	1969	3318	3705	3353	3292
——经营租赁服务	499	551	589	711	651	607	574	566	488	1157	888	1124	1204
——其他商业服务	15506	16047	16189	16208	14508	15418	15201	14496	14900	29394	33766	39657	35964
个人、文化和娱乐服务	1731	1596	1606	1653	1834	1720	1394	1434	1517	1913	3656	3610	3876
——视听和相关服务	1221	1089	1078	1138	1309	1138	776	737	792	850	1949	1658	1847
——其他个人、文化和娱乐服务	510	507	528	515	525	582	618	697	723	1067	1706	1951	2029
政府服务	639	585	869	697	692	689	705	761	812	846	752	789	638
不包含旅游的服务	54185	55901	56847	54992	56019	62989	65579	69434	74425	101768	112754	130075	126607

资料来源：法兰西银行《法国国际收支平衡表》。

表 5-4　2000—2012 年法国服务贸易进口结构

单位：百万欧元

年份 行业	2000	2001	2002	2003	2004	2005	2006	2007	2008	2009	2010	2011	2012
服务业	71270	74931	77302	77439	80245	86068	90223	94607	96430	118958	126836	137918	135658
运输服务	19438	19209	18900	18829	24209	26130	27265	27809	28769	29043	32837	36032	35581
——海洋运输	5155	5544	5403	5558	8584	9591	9955	10157	11129	9535	11106	12351	12183
——航空运输	9268	8725	8023	8269	10162	10987	10952	11012	10868	9284	10629	11168	11505
——其他运输	5015	4940	5474	5002	5463	5552	6358	6640	6774	10222	11102	12514	11895
旅游服务	24501	25328	25019	24813	24248	25583	25965	27898	27927	27509	29243	32260	30405
通信服务	1244	1697	1803	1760	1554	1753	1715	1978	2144	3331	3500	3445	3756
建筑服务	1658	1778	1689	1192	1401	1309	1414	1538	1754	4186	3117	2246	1866
保险服务	-328	703	1640	2121	1137	1813	1860	1513	1380	2136	2373	1394	1148
金融服务	1583	1635	1646	1699	2005	1914	1650	1420	1306	1339	1714	3267	3508
计算机和信息服务	808	1081	1276	1099	1158	1433	1582	1667	1534	3626	3019	5757	6455
专有权利使用费	2222	2110	2010	2150	2456	2486	2636	3447	3742	6445	7449	7932	7448
其他商业服务	16795	18060	20295	20755	19066	20604	23153	24148	24667	38341	40254	41850	41678
——商业	0	0	0	0	0	0	0	0	0	0	0	0	0
——其他贸易相关服务	3060	2682	4323	4491	4118	3875	3984	4269	3885	6277	5525	4680	4443
——经营租赁服务	948	1187	1288	873	828	854	1792	1822	1783	2196	2403	2466	2674
——其他商业服务	12787	14191	14684	15391	14120	15875	17377	18057	18998	29868	32325	34705	34563
个人、文化和娱乐服务	2140	2296	2198	2069	2108	2255	2148	2292	2498	2305	2759	3162	3504
——视听和相关服务	1685	1818	1714	1569	1451	1471	1282	1287	1413	1267	1541	1559	1754
——其他个人、文化和娱乐服务	455	478	484	500	657	784	866	1005	1083	1037	1220	1604	1753
政府服务	1209	1034	826	952	903	788	835	897	710	700	575	568	305
不包含旅游的服务	46769	49603	52283	52626	55997	60485	64258	66709	68506	91448	97593	105656	105251

资料来源：法兰西银行《法国国际收支平衡表》。

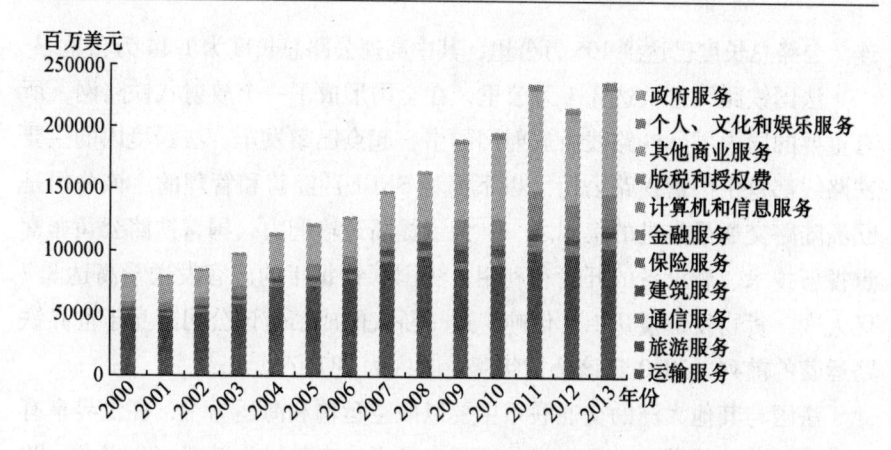

图 5-5　2000—2013 年法国服务贸易出口行业结构

资料来源：UNCTAD 数据库。

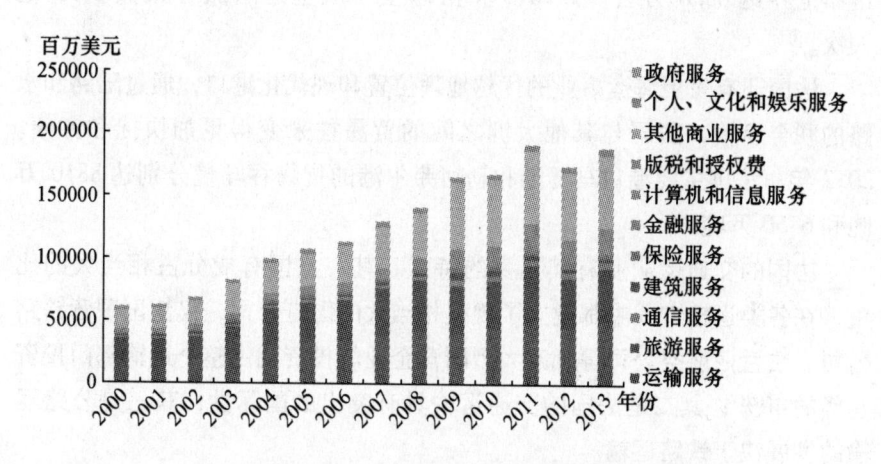

图 5-6　2000—2013 年法国服务贸易进口行业结构

资料来源：UNCTAD 数据库。

以下，我们以两个较典型的行业为例，从中可了解法国服务贸易某些行业的具体情况。

1. 法国运输服务业

法国是世界上交通运输较发达的国家之一，交通运输业以公路运输为主，铁路次之，水路最后。

法国拥有世界上最稠密、最多样化的公路网络之一，且与周边国家相连。公路总长度已达到 105 万公里，其中高速公路总长度为 1.14 万公里。①

法国铁路线总长达 3.1 万公里，在全国形成了一个放射状铁路网，所有重要的国内国际铁路线由放射网的中心起点巴黎发车。法国境内的主要铁路线都是由国营铁路公司（以下简称 SNCF）经营和管理的。该公司是欧洲陆路交通最先进的集团之一。为了提高运输能力，国营铁路公司非常重视新技术、新设备的开发和利用。法国国铁每年的旅客发送量高达 8.7 亿人次，货物发送量达 1.4 亿吨，这一骄人的成绩使该公司跻身于世界铁路运营的前列。2010 年该公司年营业收入为 187 亿欧元。

法国与其他大洲的交通联系主要以航空运输和海运为主，在世界享有空中中转站的美誉。世界上仅与巴黎有空中往来的城市就有 480 多个，80 多个国家的 170 多个航空公司与巴黎机场有直接的业务关系。法航的航线遍布世界达 63.6 万公里。2012 年法国全年航空运送旅客人数 1.57 亿人次。②

法国还有发展海运事业的优越地理位置和现代化港口，通过陆路和水路的联合运输，法国与其他大洲之间的贸易往来变得更加快捷和方便。2012 年，法国主要港口马赛港和勒阿弗尔港的货物吞吐量分别达 8810 万吨和 6750 万吨。③

法国的交通运输业有其自身的特点。其一是国有成分占相当大的比重，在各类运输方式中都建立了规模相当大的国有公司，仅法国国营铁路公司、法兰西航空公司等几家大型国营企业的投资就占整个运输部门投资总额的 40%；其二是法国的交通运输具有突出的国际性；其三是公路运输的发展快于铁路运输。

2. 法国旅游服务业

法国旅游服务业门类齐全发达。旅游业是法国经济的重要产业，占全国 GDP 的比重高达 7.12%，作为世界第一大旅游目的地国，2012 年法国接待外国游客数超过 8300 万人次，外汇收入达 770 亿欧元，排名全球第三。

旅游业共涉及餐饮、住宿、旅行社等 24 万家企业，其中大部分为中

---

① 《世界经济年鉴》编辑部主编：《世界经济年鉴2013》，中国社会科学出版社 2014 年版，第 405 页。
② 同上。
③ 同上。

小企业，占法国全部企业总数的7.9%；其为200万人直接或间接提供工作岗位，2012年旅游业收入约占法国GDP的7%。[①]

（二）地理结构

根据OECD的统计，2012年法国服务贸易进出口额为3905.27亿美元，其主要贸易伙伴为欧盟成员国、美国以及中国（见表5-5），德国、英国、美国分别位居第一、第二、第三。

2012年法国服务贸易出口额为2162.27亿美元，其出口贸易伙伴大部分为欧盟成员国、美国以及中国（见表5-6）；其中，德国、比利时、英国分别位居第一、第二、第三。

2012年法国服务贸易进口额为1743.00亿美元，其进口贸易伙伴大部分为欧盟成员国、美国以及中国（见表5-7）；其中，德国、美国、英国分别位居第一、第二、第三。

表5-5　　　　　　　2012年法国服务贸易主要贸易伙伴

单位：百万美元，%

排名	国别	进出口额	占比
1	德国	41855	10.7
2	英国	38032	9.7
3	美国	37872	9.7
4	比利时	31865	8.2
5	西班牙	20096	5.1
6	瑞士	19944	5.1
7	意大利	18896	4.8
8	荷兰	18340	4.7
9	中国	11357	2.9
10	爱尔兰	10956	2.8

资料来源：OECD Statistics on International Trade in Services Volume 2014/2.

---

① 《世界经济年鉴2013》，中国社会科学出版社2014年版，第406页。

表 5-6　　　　　　　2012 年法国服务贸易出口主要贸易伙伴

单位：百万美元,%

排名	国别	出口额	占比
1	德国	22514	10.4
2	比利时	21434	9.9
3	英国	20270	9.4
4	美国	19624	9.1
5	瑞士	10802	5.0
6	意大利	10636	4.9
7	荷兰	9878	4.6
8	西班牙	8699	4.0
9	中国	6846	3.2
10	爱尔兰	6807	3.1

资料来源：OECD Statistics on International Trade in Services Volume 2014/2.

表 5-7　　　　　　　2012 年法国服务贸易进口主要贸易伙伴

单位：百万美元,%

排名	国别	进口额	占比
1	德国	19341	11.1
2	美国	18248	10.5
3	英国	17762	10.2
4	西班牙	11397	6.5
5	比利时	10431	6.0
6	瑞士	9142	5.2
7	荷兰	8462	4.9
8	意大利	8260	4.7
9	中国	4511	2.6
10	爱尔兰	4149	2.4

资料来源：OECD Statistics on International Trade in Services Volume 2014/2.

此外，我们还可以通过法国对外投资和引进外资的国别、行业，以及法国国际旅游业的出境游和入境游进一步分析其服务贸易的地理结构。

1. 法国对外投资与引进外资的地理结构

（1）法国对外投资的地理结构。从对外投资的行业看，银行和金融业在法国对外直接投资中居于首位，其次是电机和电子设备、化工、能源和商品服务业等。因此，可以认为，法国对外直接投资的主要行业是化工、能源和商业服务业等，而主要的受益部门是第三产业，尤其是持股公司和商业服务部门。以2005年为例，法国企业在服务业之中的投资额占境外投资总额的60%，而在严格意义上的工业制造业之中的投资额仅占投资总额的27%。

从投资形式看，法国企业的境外投资活动大多采用企业兼并或购买公司股份的形式，而采用直接新建企业的形式所占的比例则比较少。

（2）法国引进外资的地理结构。从引进外资的行业结构看，法国引进外资的领域主要集中在商品服务、信息服务业、制造业、房地产、能源等。其中，第三产业的外资在法国外资总额中所占比重最大——商品服务业外资占46%，非商品服务业占3.7%，两者相加约为50%，占法国FDI的1/2。在吸引外资对产业的投资中，外资对服务业的投资超过工业的投资增长速度。

总之，从法国投资的地理结构看，无论是吸引外资还是对外投资，均以欧美地区为主。同时，法兰西银行的统计也显示：从法国商品性第三产业国际收支的资本流动方向看，法国国际服务贸易的主要伙伴国为欧洲国家。其中，又以欧元区国家为主。例如，2003年，法国商品性第三产业企业的国际资本流动，在资本收入部分中，70%来自欧洲国家。其中，42%来自欧元区。在资本支出部分中，75%流向欧洲国家。其中，43%流向欧元区。由此可以看出，法国以商业存在的服务贸易方式所开展的服务贸易活动，尽管已开始重视向亚洲、美洲等地区拓展，但目前在地理结构上还是以欧盟、美国为主。

2. 法国旅游业的地理结构

法国是世界最大的旅游目的地国，从1984年起，一直保持国际第一大旅游目的地国的地位。2010年，法国国际旅游收入为760亿欧元，接待国际旅客7680万人次。2012年，法国接待外国游客8300多万人次。2013年，法国共吸引外国游客8470万人次，比2012年增长2%。

旅游业的区域结构，从入境游来看，主要体现在客源国上。法国国际旅游的主要客源国集中在欧洲地区（占84.7%），特别是集中在西欧地区,例如,1993年,法国最大的10个旅游客源国分别是德国、英国、比利时、荷兰、意大利、西班牙、美国、日本、瑞典和丹麦。到1994年,除西班牙外,其他9国赴法旅游人数仍保持增长,尤其是丹麦、美国、荷兰、英国和瑞典的旅法游客人数增幅都在两位数以上,从13%至17%不等。美洲地区游客占法国国际旅游客源国的7.3%,亚洲地区占4.3%。2011年到法国的中国游客超过100万人次;2012年,到法国的中国游客人数又增加了15%,来自欧洲、亚洲游客数增长明显,而美国、非洲游客数则下滑,德国取代英国成为赴法旅游人数最多的国家。2013年,共有450万人次的亚洲游客到法旅游,比2012年增长13%。

从出境游来看,法国人出国旅游也主要集中在欧洲地区,例如西班牙、奥地利等。1994年,法国游客赴美国游85万人次,赴加拿大33.8万人次。20世纪90年代中期之后,赴东南亚(如柬埔寨、印度)和中国的旅游开始增多,其中,1994年赴越旅游人数约为9.7万人次;2005年,法国赴华旅游人数为37.20万人次,同比增长17.34%;2013年,法国赴华旅游人数已升至53.35万人次,同比增长1.66%。

总之,从法国国际旅游业的地理结构,即服务贸易方式之一的境外消费地理结构看,无论是进口还是出口,仍主要集中在欧盟地区。

五 法国服务贸易收支状况

与货物贸易常年逆差不同,法国服务贸易一直保持顺差。根据法兰西银行《法国国际收支平衡表》的统计,2012年,法国服务贸易出口1682.87亿欧元,进口1356.58亿欧元,顺差为326.29亿欧元。

法国服务贸易顺差主要来自旅游服务业和商业服务业,自2000年以来,这两个行业一直保持顺差状态,2012年,旅游业顺差占服务贸易顺差总额的34.6%,商业服务顺差占服务业顺差总额的42.3%。一直保持顺差的行业还有通信服务、建筑服务、专有权利使用费(版税和授权费)。近些年来,保险服务、金融服务、文化和娱乐服务等行业也开始出现顺差。

法国服务贸易的逆差情况:(1)运输服务业自2004年以来一直为逆差,但其中的航空运输(2004—2006年除外)一直为顺差;海洋运输2012年也开始出现顺差;其他运输自2006年以来一直为逆差。(2)计算机和信息服务业,自2005年以来逆差多年出现(见表5-8和图5-7)。

表 5-8　2000—2012 年法国服务贸易差额

单位：百万欧元

年份 行业	2000	2001	2002	2003	2004	2005	2006	2007	2008	2009	2010	2011	2012
服务业	18618	17058	16445	12448	12184	12306	12267	14428	16460	18320	21384	31490	32630
运输	639	924	914	237	-2953	-3419	-1880	-257	-1112	-2049	-656	-2530	-391
——海洋运输	-1040	-680	-636	-703	-2749	-3160	-1520	-217	-991	-1291	-188	-1426	217
——航空运输	630	200	732	241	-881	-752	-307	66	580	1299	1127	1154	834
——其他运输	1049	1404	818	699	677	493	-53	-106	-700	-2057	-1595	-2256	-1444
旅游	11202	10760	11881	10082	12162	9802	10946	11703	10540	8000	6220	7075	11275
通信	200	66	471	449	917	1081	1310	1244	936	149	1826	2306	1921
建筑服务	1447	1344	1587	1285	1151	1613	1878	2317	2773	3506	1828	2067	1827
保险服务	1771	294	-485	-248	-419	-903	-1214	-750	-814	647	-4	1561	1340
金融服务	-217	-415	-463	-751	-838	-761	-578	-110	31	271	480	2066	1555
计算机和信息服务	66	167	-11	14	34	-63	-21	-273	-279	-1026	53	-743	-1591
专有机权利使用费	289	800	1524	1443	1677	2528	2331	3014	3856	3648	2900	3675	2187
商业服务	4200	4267	1576	608	938	3062	379	-1466	1409	5419	7657	15351	13809
——商业	3149	3860	3275	2591	3324	5864	6213	6031	8717	9889	9552	13067	15028
——其他贸易相关服务	-1219	-813	-2505	-2638	-2597	-2098	-2440	-2680	-1915	-2959	-1821	-1327	-1152
——经营租赁服务	-449	-636	-699	-162	-177	-247	-1218	-1256	-1294	-1038	-1515	-1340	-1469
——其他商业服务	2719	1856	1505	817	388	-457	-2176	-3561	-4098	-473	1440	4951	1402
个人、文化和娱乐服务	-409	-700	-592	-416	-274	-535	-754	-858	-980	-389	897	445	371
——视听和相关服务	-464	-729	-636	-431	-142	-333	-506	-550	-620	-420	408	99	94
——其他个人、文化和娱乐服务	55	29	44	15	-132	-202	-248	-308	-361	30	490	347	278
政府服务	-570	-449	43	-255	-211	-99	-130	-136	99	146	178	221	331
不包含旅游的服务	7416	6298	4564	2366	22	2504	1321	2725	5920	10318	15162	24418	21356

资料来源：法兰西银行《法国国际收支平衡表》。

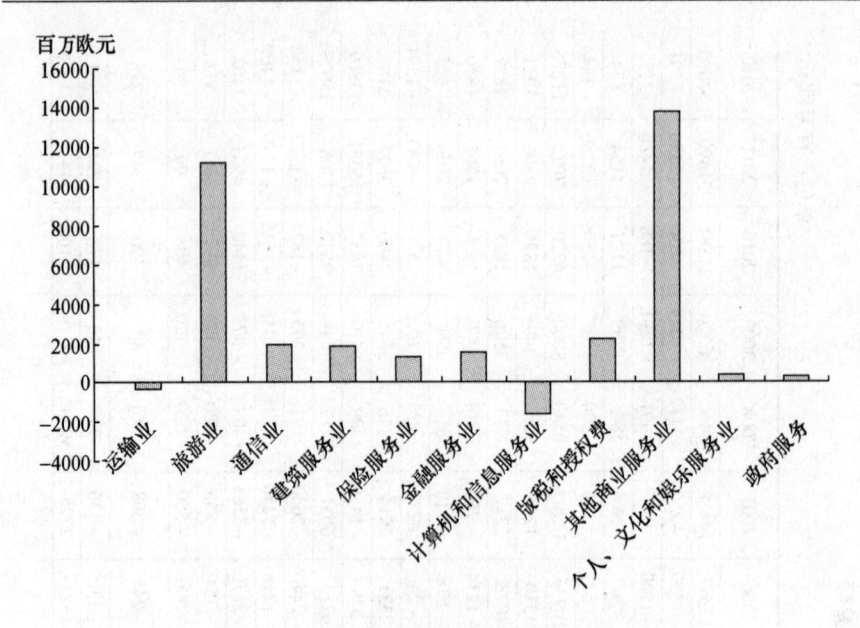

图 5-7 2012 年法国服务贸易各行业差额

资料来源：笔者根据表 5-8 数据计算绘制。

第二节 法国服务贸易发展的历史演变和主要特点

一 法国服务贸易发展概述

从服务贸易发展规模的角度来看，第二次世界大战以来，法国服务贸易发展大致经历了两个历史阶段（见图 5-8 和图 5-9），前一阶段是 1946—1974 年，这一阶段的主要特点是服务贸易进出口规模增长缓慢，且基本保持平衡状态，其中有几年出现小幅逆差；后一阶段是 1975—2012 年，在此期间法国服务贸易一直保持顺差，并且顺差额持续迅速扩大，法国服务贸易在全球的重要地位也是在这一时期逐步建立的。法国服务贸易总额，特别是服务贸易出口额，在 20 世纪 80 年代甚至一度超过美国位居世界第一位。

二 法国服务贸易发展阶段

法国服务业的对外开放及其发展是在法国经济发展的背景下进行的。第二次世界大战后，法国服务贸易的发展阶段经历了以下三个阶段。

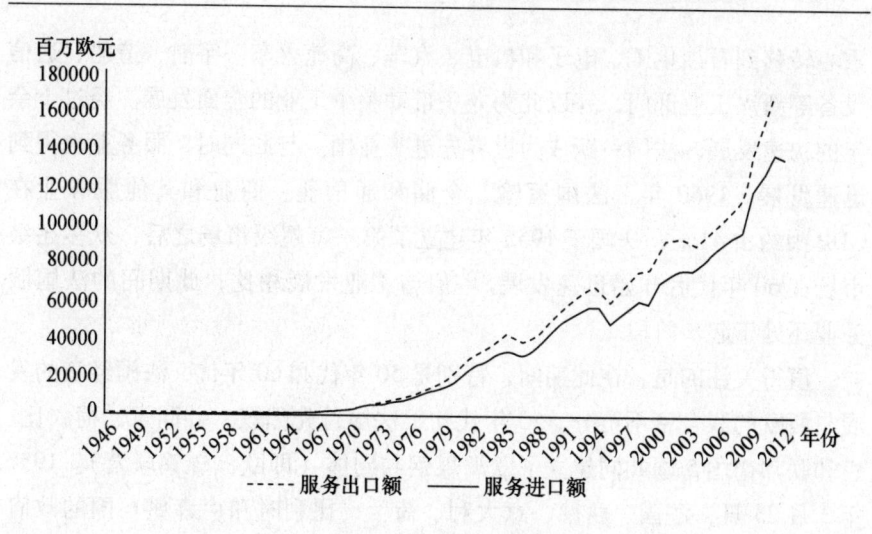

图 5-8 1946—2012 年法国服务贸易进出口情况

资料来源：法兰西银行网站（Banque de France）。

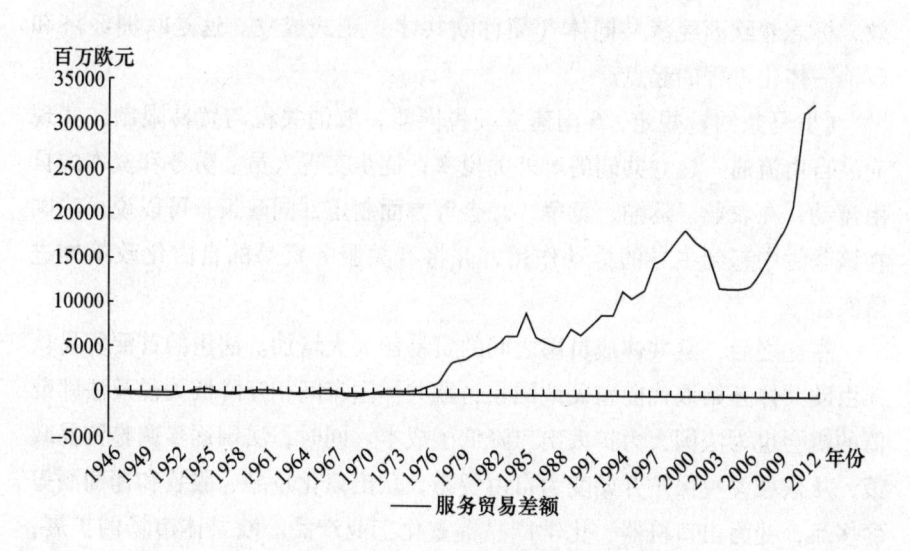

图 5-9 1946—2012 年法国服务贸易差额情况

资料来源：法兰西银行网站（Banque de France）。

（一）20 世纪 50—70 年代（服务业与服务贸易起步阶段）

20 世纪 50 年代末至 70 年代初，是法国经济的起飞时期。在继续实施第三个经济计划的基础上，法国计划总署相继制定了第四个（1962—1965 年）和第五个（1966—1970 年）经济计划。在此期间，法国把发展重心转移到石油化工、电子和机电、汽车、高速火车、宇航、造船、通信设备等新兴工业部门，并以此为龙头带动整个工业的全面发展。经过十余年的快速发展，法国一跃成为世界先进工业国。与此同时，服务业也得到迅速发展。1960年，法国运输、仓储和通信业、商业和其他服务业在GDP中约占41%；法国于1955年建立了第一家超级市场之后，众多超级市场在60年代后开始迅速发展。[①] 但与工业发展相比，此期间的法国服务业还处于起步阶段。

值得关注的是，在此期间，特别是50年代和60年代，法国经济的发展与西欧的联合密不可分。50年代初，法国首先倡议，并同意、荷、比、卢和联邦德国5国共同建立了欧洲煤钢共同体（即欧洲煤钢联营）。1957年3月25日，法国、西德、意大利、荷兰、比利时和卢森堡6国的政府首脑和外长在罗马签署《欧洲经济共同体条约》和《欧洲原子能共同体条约》（两个条约合称为《罗马条约》）；该条约于1958年1月1日起生效，标志着欧洲经济共同体（简称欧共体）正式成立。这是欧洲经济和政治一体化进程的起点。

《罗马条约》规定，6国建立关税同盟，取消关税与贸易限制，实现商品自由流通，建立共同的对外关税率；逐步实现人员、劳务和资本的自由流动；在农业、运输、竞争、社会等方面制定共同政策。可以说，法国在该条约中起到主导的推动作用，并将有关服务贸易的自由化政策推进落实。

在此之后，欧共体成员国之间的贸易额大大增加。法国的首要贸易伙伴由欧共体开始取代前殖民地国家，欧共体国家间相互降低关税及法郎贬值的机会也为法国大力扩大出口降低了成本。同时，法国逐步调整贸易政策，从依靠关税保护开始变为自由贸易，从出口化妆品、服装和葡萄酒等奢侈品，变为出口机器、化学产品等重化工业产品。欧共体市场的扩展，对促进法国经济的发展起了很重要的作用。同时，60年代，法国实施冻结物价、限制信贷规模和严格预算制度的国家经济计划，也进一步振兴了对外贸易。

（二）20世纪70—90年代（服务业与服务贸易迅速发展阶段）

20世纪70年代以后，法国经济进入缓慢增长阶段。在石油危机引发

---

① 《当代世界经济实用大全》，中国经济出版社1990年版，第344页。

的世界性经济危机中,法国经济衰退,物价上涨,失业人数不断增加。历届政府采取了各种措施,不断进行经济结构调整,计划总署也先后制定了第六个至第十个经济计划。例如,1989年第十个计划规定1989—1992年国家总体经济发展战略是:努力促进经济增长,扩大就业,增强法国产品在国际市场上的竞争力,加快经济适应性调整,为迎接1992年欧洲内部统一大市场建立做准备。为此,计划还确定了5个"优先行动项目":教育和培训、科研和产品竞争力、团结互助、国土整治和生活质量以及公共服务业。1989年3月10日法国《政府公报》发表法令,宣布取消1968年颁布的关于恢复外汇管制的法令,从而结束了自第二次世界大战以来几乎一直实施的外汇管理制度。

在此期间,虽然经济缓慢增长,但法国的服务业——运输、仓储和通信业、商业、金融保险业以及其他服务业却发展迅速,其在GDP中的比重从1970年的58.96%上升到1980年的64.26%,1990年已达69.22%,服务业产值为41893亿法郎。特别是其中的商业发展表现突出,不仅商业铺面增加1倍多(1960—1985年),而且就业人数增加约1/3;截至1987年,法国超级市场已有5496家,拥有职工13万人;特级市场645家,拥有职工12万人;同期,超级市场和特级市场分别占全国食品零售总额的近1/4,无人售货营业形式约占整个零售市场的1/3以上。

法国服务业的主要部门有回收业、修理业、饮食业、旅游业、研究咨询业、保险业、不动产推销与代理业、租赁业、影视业以及美容、殡葬业等。其中,旅游业、动产与不动产租赁业是当时发展最快的部门,企业效益及人均劳动生产率均处前列。1987年,旅游业企业的平均营业额和人均营业额分别为1506.9万法郎和108.9万法郎,动产与不动产租赁业分别为2042.2万法郎和273.5万法郎。

法国服务业一直是为社会提供就业机会的主要部门之一,即使在经济衰退时期,服务业就业人数的增长率一直保持较快速度。1984—1985年,在其他产业人员就业人数均出现负增长之时,服务业仍为2.5%。服务业发展为阻止法国经济进入严重的衰退起到了"缓冲器"作用。

自20世纪80年代以来,法国国际收支一直处于逆差状态,而到1986年才首次出现经常项目为202亿法郎的顺差。其中,无形贸易(服务贸易)为法国国际收支经常项目顺差做出了贡献,且一直保持了下去,尤其是旅游业每年都有巨额顺差。

此外，从法国商业服务业的对外投资和引进外资的案例也可以看出，在1992年年底欧洲统一市场建立前后，法国与欧洲商业界的跨国投资和经营发展迅猛。1990年第一季度法国在国外共开设121家特级市场，相当于1989年全年的总数，其中以在南欧投资最多。法国积极向外投资的同时，外资也对法国踊跃投资——西德里尔商业集团在法国已拥有20家超级市场，1990年第一季度又开设15家，平均规模为680平方米。[①]

（三）21世纪后（服务业与服务贸易继续发展阶段）

进入21世纪后，法国经济呈现出"三高一低"的特点（即高赤字、高货物贸易逆差、高失业率、低经济增长率）。2008年，受国际金融危机等影响，法国GDP增长率仅为-0.1%，受冲击最大的是金融和银行业；同时，汽车制造业、钢铁业、化工行业、房地产和建筑业、房屋出租业、旅游和酒店业、玩具零售业以及电信、收费电视和报刊业等也都受到影响。

但尽管如此，法国服务业仍在经济恢复中发挥重要作用。以法国商业服务业为例，2010年，法国商业产值3446亿欧元，拥有职工329万人，1/2以上是零售业，1/3为批发业。法国零售业1999—2007年，销售额保持2.9%的增速，其中，非食品大型商业专营企业占45%，其就业占40%。

进入21世纪后，法国经济与欧盟经济的一体化关系更加密切。据欧盟统计，欧盟服务业是欧盟经济中最重要的部门，占GDP总值和就业的2/3，服务贸易历年保持顺差，其中，法国服务贸易也为之做出了很大贡献。2005年，欧盟服务贸易差额为529亿欧元，而法国服务贸易差额为123亿欧元，在27个成员国中占到23%；2012年，欧盟服务贸易差额上升为1530亿欧元，法国服务贸易差额上升为326亿欧元，占比为21%。从服务贸易额来看，2000年，欧盟服务贸易额为5772亿欧元，法国服务贸易额为1612亿欧元，占比为28%；2012年，欧盟服务贸易额上升为11710亿欧元，法国服务贸易额上升为3039.45亿欧元，占比为26%。

欧盟在建立统一大市场初期，即提出包括服务在内的"四大基本自由流动"。2004年5月，欧委会提出了"关于服务业内部市场的指令"

---

① 中国社科院《世界经济》编辑部主编：《世界经济年鉴1979—2012》，中国社会科学出版社2013年版（电子版）。

(以下简称服务业指令），希望通过该指令建立一个有效地消除盟内阻碍服务领域自由化壁垒的法律框架，以促进盟内服务业市场一体化进程。但鉴于欧洲各国经济社会发展的不平衡，尤其是2004年5月1日欧盟东扩以后，经济相对落后、劳动力价格相对便宜的中东欧10国也将享受欧盟市场一体化的好处，这使许多老欧盟成员国心存忧虑。作为老欧盟国家的代表，法国提出了"社会倾销"的概念，即如果通过了服务业指令后，中东欧国家廉价的劳动力将会"倾销"到欧盟高工资、高福利的国家，从而将加剧其失业率的上升，并使产业受损，危及其社会福利和保障制度。事实上，尽管法国等成员国强烈反对开放服务业，2006年2月16日欧洲议会最终仍通过了欧盟服务业指令。

进入21世纪之后，作为欧盟的主要成员国之一，法国服务业和服务贸易的发展基本上与欧盟经济共进退。

三 法国服务贸易发展的主要特点

1. 服务贸易进出口增长放缓。法国服务贸易进出口呈增长放缓态势，1999—2002年，法国服务出口、进口年均增幅为7.7%，而2005—2008年的年均增幅分别下降到3.3%和5.5%，2011年法国服务贸易出口虽大幅增加了11.6%，但2012年出口增幅回落为0.1%（见图5-8）。法国在全球服务贸易中的份额持续下降，从1990年的10%直线下滑到2000年的4.8%，此后降幅有所放缓，2011年占全球份额的4%，2013年为4.71%。

2. 服务贸易的出口以知识密集型服务业为主。知识密集型服务业指那些主要依赖专业知识（如与某些专门领域相关的知识或技能）来提供知识型的中间产品和服务的组织（Den Hertog, 2000），是具有高增值性、高渗透性、高度顾客导向的新型服务产业，主要包括通信服务、保险服务、金融服务、计算机和信息服务、专有权利使用费等服务业。法国服务贸易的出口增长日益集中在通信服务、保险、金融服务、信息服务、专有权利使用费、旅游服务、运输服务等知识密集型服务业领域，这些行业占法国服务出口的比例从2000—2002年的70%上升至2006—2008年的90%。

3. 服务贸易主要在欧盟地区进行，但开始向发展中国家转移。法国是欧盟最主要的创始国之一和主要的成员国之一，与欧盟有着天然的政治与经济关系。因此，从20世纪50年代起至今，法国服务贸易主要的贸易伙伴仍在欧盟内部（见表5-5）。但近些年，法国服务贸易的出口方向开始由欧盟向非洲等发展中国家转移。传统欧元区及英国等邻近贸易伙伴在法国服务贸易出口的地位不断下滑，贡献率从2000—2002年的3.3%降至2004—2008年的-0.3%，而石油国家和其他非洲国家在法国服务贸易出口中的比重不断上升，2008年超过六成的法国建筑服务出口至这些国家。

4. 服务贸易持续保持顺差。长期以来，法国货物贸易表现为逆差，而服务贸易则表现为顺差。特别是自2000年起，法国货物贸易逆差额呈逐年扩大态势，同期，法国服务贸易年年保持顺差（见图5-8、图5-9）。20世纪90年代后，法国服务贸易对填补货物贸易产生的巨额逆差发挥了重要作用（见图5-10）。

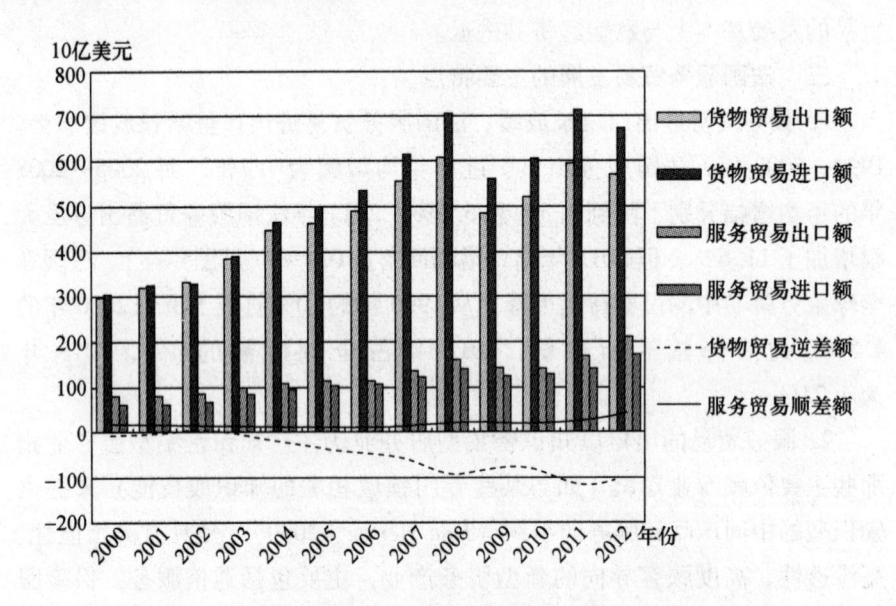

图5-10 2000—2012年法国货物贸易和服务贸易进出口额
资料来源：WTO。

第三节 法国服务贸易自由化

服务贸易自由化，即一国政府在对外贸易中，通过立法和国际协议，对服务和与服务有关的人员、资本、货物、信息等在国家间的流动放松管制，扩大本国服务市场的准入，最终使服务业在各国或各地区间自由流动的过程。服务贸易自由化是一种状态，更是一个过程。事实上，不存在绝对的自由化；自由化步伐的快慢取决于贸易双方的态度。虽然法国始终是自由化的积极倡导者和推动者，但法国服务贸易自由化也经历了由被动到主动、由垄断到开放并逐步融入欧洲服务贸易自由化乃至全球服务贸易自由化之中的过程。

一　法国服务贸易自由化的进程

历史上，法国政府并不欢迎来自外国的投资。法国服务贸易的对外开放，经历了一个循序渐进的过程。第二次世界大战后，出于恢复经济的需要，加上美国援助欧洲国家"马歇尔计划"的实施，法国才开始引进外资，但一直到20世纪70年代末期，法国对外资的开放态度仍然是被动的，属于"带有疑虑"的开放，所有外国企业在法国国内的投资项目，事先均必须获得法国政府主管部门的批准。

20世纪80年代后，随着欧盟共同市场的建设，对来自欧盟国家的外资开放市场成为必然。如果拒绝外国投资，法国企业就不可能进入欧盟其他国家市场。随着法国继续融入欧洲经济一体化进程的加快，法国开始主动对外开放，加快了吸引外资的步伐。

（一）外商投资管理法律

法国关于外商投资管理的法律渊源是《货币和金融法典》（*Code Monétaire et Financier*），其中涉及外商投资管理的条款已体现出"服务贸易自由化"的理念。其具体原则如下：

（1）外商投资审批原则。

（2）"法国和外国资金往来自由"的基本原则。

（3）为保障国家利益，法国政府有权要求申报、事先审批或审查的事项，包括：①跨境外汇操作、资本往来、结算业务；②法国在境外的资产构成、变更或清算；③外国在法投资或清算；④黄金及其他贵金属进出口。

（4）明确规定了必须预先提交法国经济部审核批准的外商投资项目范围，任何违反 L153-3 条规定擅自订立的外商投资项目合同均无效。

（5）关于外商投资管理细则，其中包括关于欧盟外第三国投资管理规定；关于欧盟成员国投资管理规定；共同条款。

（6）处罚规定。

(二) 吸引和鼓励外国投资的法律

法国现行吸引和鼓励外国投资的法律文件分别是1966年12月28日的第66-1008号法令、1996年2月14日的第96-117号政令和2000年12月14日的第2000-1223号法令。法国政府对外国直接投资实行"国民待遇"。法国的法律和法规，如《商业法典》、《公司法》、《劳动法》、《税收法》、《合同法》、《保险法》等，不仅适用于本国的企业，也同样适用于外国直接投资企业。

关于外商投资准入（审查、审议、批准、登记）制度。在法国，除某些领域外来投资需强制性申报和许可之外，法国政府对外来投资没有任何行政限制。外国投资者来法投资需办理的手续具体如下：

(1) 对于外来投资者收购法国公司10%或以上的股权或投票权的交易，为统计目的，须向信贷机构提交申报表，对相关交易进行详细说明。

(2) 以下情况须向法国经济财政部提交行政申报表：①在法设立投资额超过150万欧元的新公司；②收购一家法国公司的全部或部分业务，或收购一家法国公司的直接或间接股权的交易，交易额超过该法国公司股份或投票权的1/3（除非该投资者已成为该法国公司的大股东）。

通过制定一系列的法律，法国逐步放松了对外资进入的限制，放宽了对外资项目的行政审批手续，并逐步放开了一直由国家垄断经营的电信市场和运输行业。目前，法国已经对外开放的服务行业包括贸易、通信、银行、保险、运输、货运代理、中介服务、旅游等。

二 法国服务贸易自由化的现状

在WTO框架下，法国服务业对外开放承诺分为水平承诺和行业承诺。

法国服务业对外开放水平承诺，主要包括服务贸易的模式三（商业存在），即法国在投资待遇、不动产及补贴等方面做出了承诺；以及模式四（自然人流动），即法国在16个行业对关联交易、商务来访人员、依据合同提供服务人员、自由职业者以及毕业后实习生5类人开放，但在11个行业有配额限制。

法国服务业对外开放行业承诺，主要包括对法律服务、电信服务、信息服务、旅游服务、环境服务、银行服务业及建筑业服务等承诺完全开放；对运输服务业、分销服务业、邮政服务业等承诺完全开放，但有个别条件限制；对保险服务业基本开放，但限制条件较多；对新闻媒体服务业、教育和社会医疗服务业承诺有限，特别是文化领域没有任何承诺（但在视听方面有最惠国的例外，见表5-9）。

表5-9　　法国主要服务贸易行业对外开放情况

序号	行业名称	开放承诺内容
1	法律服务业	完全开放，允许法律咨询和代理出庭，外国的律师和律师事务所可从事法律服务
2	其他人员服务业	会计师、工程师、建筑师等可以在法国从业，但必须符合一定的学历要求，并在相关行业工会注册，对药剂师的限制还较多
3	运输业	航空运输和陆路运输完全放开，但铁路运输因是国家垄断而承诺有限
4	分销服务业	完全开放，但对设立大型超市以及销售烟草和药品，需接受经济需要测试
5	邮政服务业	完全开放，但对快递业以及包裹和350克以上信件邮寄业务需进行满足公共服务测试
6	新闻媒体服务业	承诺有限，特别是在文化领域没有任何承诺，但在视听方面有最惠国的例外
7	教育和社会医疗服务业	承诺有限
8	银行服务业	完全开放
9	保险服务业	基本开放，但设立公司须经认可。设立子公司须经行政认可（认可内容包括：子公司领导的信誉、技能和经验；公司的技术和资金支撑；资本的分配和股东数量），设立分公司除经行政认可外还须特殊认可（认可内容包括：有足够的承保资金额度，这些资金必须放到指定的机构或法国银行；分公司向总公司汇出资金，必须经过法国监管部门批准；若法国保险企业在第三国须提供担保，法国对此实行对等原则）
10	电信服务业	完全开放
11	信息服务业	完全开放
12	旅游服务业	完全开放
13	环境服务业	完全开放
14	建筑业	完全开放

资料来源：笔者根据相关资料整理而得。

三 欧盟服务贸易自由化对法国的影响

法国是欧盟的主要成员国之一，欧盟服务贸易自由化对法国的影响不言而喻。法国关于外国投资现行规定的主要法律基础是《商法典》和《货币与金融法典》。这两部法典对外国投资进行了区分：一是应获得法国经济财政部（简称经财部）部长事先批准的交易；二是应向经财部（经财部长）申报的交易；三是应向海关申报的交易；四是应向法兰西银行申报的交易。

同欧盟国家相比，法国对外资的行政审批手续和管制一直较多，政府对部分行业实行行政管理并限制外国人从事某些行业的经营，尤其对军工和国防等涉及国家安全的敏感领域，对外资更是设有严格的特殊限制措施。欧洲法院于 2000 年曾裁决法国 1996 年的外资法违反欧共体法律，影响外国投资者在法国投资。为此，法国在 2004 年制定了 2004－1343 号法案，修订了外国投资审查程序。随后，在 2005 年颁布的部长法令中，规定在 11 个经济部门的投资，如果外国投资者欲获得法国公司的控股权或特定的比例，则需要经过法国经济财政部的事前批准。2008 年，法国修改了对外国投资进行审批的法律程序，降低了外资进入的门槛，规定在影响公共政策、公共安全或国防利益等特定领域，在法国建立的外资公司只有获得 33.33% 以上的股份，才需要事先履行审批程序。

在服务贸易自由化方面，法国按照欧洲《统一市场法案》实施开放。

1. 关于人员在共同体范围内自由流动方面的措施

（1）1987 年颁布了关于自由定居权和互相承认某些职业技术资格的规定。（2）1988 年 6 月已商定，在欧共体任何一国工作的权利是 1992 年后欧洲统一大市场的一项基本原则。届时，每个成员国将承认并尊重在其他国家获得的各种职业的技术资格，包括相互承认学历和文凭。（3）为了加强人员流动，采用欧共体通用的新旅行护照。

2. 关于服务自由流通方面的措施

由于服务业在欧共体各成员国占有特别重要的地位，欧共体委员会特别关心落实关于海运、空运和汽车运输的自由化措施和开放通信活动的措施。（1）1988 年 6 月通过了于 1990 年 1 月 1 日起生效的新保险政策，使原来受严格保护的保险市场在欧共体范围内开放，使企业能在欧共体内取得最便宜的保险。（2）在运输政策方面商定，由于成员国间贸易的 1/2 以上是依靠公路运输，1992 年底欧共体范围内的公路运输实行市场开放。

(3) 1988年4月颁布了在欧共体范围内开放通信活动、逐渐改变通信市场分散的情况。

3. 关于资本自由流通和人员自由流动

1988年，欧共体曾建议在8个经济实力较强的国家（含法国）尽早实行资本自由流动，希腊、爱尔兰、西班牙因需要解决许多经济问题，金融领域的管制可延长到1995年。1995年3月26日，以实现"资本、货物、服务和人员的自由流通"为宗旨的《申根协定》开始生效。法国、德国、比利时、荷兰、卢森堡、西班牙和葡萄牙7个签约国率先取消各国之间的边界检查，实行人员自由流动。

四 法国服务业的开放

法国的金融服务业和电信服务业较发达，其对外开放市场具有代表意义。

（一）金融业市场的开放

第二次世界大战后至20世纪80年代中期，法国一直实行国家垄断资本主义的经济模式，国民经济的命脉由若干垄断资本集团操纵，金融业几乎完全在国家控制之下。20世纪80年代中期以后，法国金融业开始进行国有银行私有化、金融自由化和银行业重组等一系列重大变革。1982年2月11日通过的国有化法令将法国5家工业集团、36家最重要的法国银行及两大私营金融集团（巴黎巴和苏伊士）都实行了国有化。法国银行业也形成了它的一大特点，即国有化银行占主导地位，这与其他西方国家大不相同。80年代后，为跟上时代的发展和需求，法国制定了新银行法（1984年1月24日生效），即现行的银行法。这部"关于信贷机构经营与监管"的法律以为信贷机构提供现代化的法律框架、改革银行机制、统一可实施的法律以及改进信贷机构与其顾客的关系为主要目标。新银行法的颁布标志着法国金融自由化和以市场为导向的金融业变革的开始，对推动银行业重组和结构调整产生了深远的影响。

新银行法颁布后，法国即启动了国有银行私有化和金融自由化进程。从此，法国经历了十多年的国有银行私有化、金融自由化和银行业重组与集中化等重大的变革，其基本特征是：

1. 国有银行私有化

1986—1988年，首先对法国原有的四大银行集团（即兴业银行、商业信贷银行、巴黎巴银行和苏伊士金融公司）、农业信贷银行集团和其他较小的银行集团实行私有化。1993—1999 年，又对巴黎国民银行以及里昂信贷银行和地产信贷银行实行私有化。

2. 金融机构或业务重组

（1）同类信贷机构合并。1985—1998 年，此类合并案共 1275 起。（2）互补性信贷机构并购。如农业信贷银行集团收购东方汇理银行；大众银行集团收购 Natexis 集团（Natexis 之前是由国民信贷银行与法国外贸银行合并而成的）；储蓄银行收购地产信贷银行。1999 年，巴黎国民银行收购巴黎巴银行集团。（3）业务重组。东方汇理银行将其在法国本土经营的全部分支机构及大部分经营零售业务的银行出售；兴业银行于 1997 年对巴黎巴银行集团属下的北方信贷银行进行收购。

3. 在国际上率先形成"银行保险业"

由于新银行法允许银行向全能银行转变，法国银行业开始进军保险市场，致使银行很快成为人寿保险产品的主要销售网络。其主要形式为：（1）在较大银行设有人寿保险分支机构；（2）银行与保险公司签订销售协议；（3）入股、联合成立保险公司。截至 1998 年，法国的银行在人寿保险市场所占份额已达到 60%。

4. 银行部分业务外包

如将某些资金流量管理和资产存量管理业务部分或全部外包给其他非银行金融机构办理。

在国有银行私有化的过程中，法国金融当局也逐步放松了对银行业的管制（如 1986 年，即取消了直接信贷管制）；同时，欧洲经济货币一体化进程的加快，也是促进并加速欧盟内部资本跨国界流动的重要因素。如法国银行规章委员会（CRB）1992 年 7 月 16 日被赋予一项新职能：允许欧盟其他成员国的信贷机构不需事先特别申请便可在法国建立分行或自由提供服务。此外，根据法律规定，经法国银行审核外资企业资信后，外资企业可以自由在法国设立外汇账户。

（二）电信业市场的开放

1. 经营体制由垄断转为竞争

1996 年以前，法国电信行业实行垄断经营体制。随着电信业的发展，特别是在欧盟电信大市场自由化的背景下，法国电信市场不断引入竞争机制，逐步建立了开放式的经营体制。

1996 年，法国政府制定并出台了 7 月 26 日电信法令，建立了该领域的法律框架。这一法律框架建立在与欧盟的协调统一基础上，即在特许和汇报程序的框架内不对电信活动进行限制，区分法规、制度、网络运营和电信服务，在某一特定市场具有相当影响的运营商需要满足特定要求以及高水平的公共服务和保护消费者等原则。

同年，法国电信公司为应对市场开放的挑战，从股份公司改制为集团公司。集团公司分国外和国内两大部分。国内部分实行母公司和子公司体制。在法国国内的多家子公司中，按业务分成固定电话、移动电话、互联网和多媒体、CATV 和数据通信四大块。

新框架是为了使电信业向全面竞争的市场开放，提高法国的经济竞争力，保证高质量的公共服务和消费者的最大利益。之后，法国的电信市场于 1998 年 1 月 1 日向竞争市场开放。其目的是通过法规推动竞争，保证高水平的公共服务，同时保护消费者的利益。从 1998 年开始，法国话音市场（长途和国际）实现自由化。在网络解绑、定价、码号便携等方面引入竞争机制，这些措施加剧了市场竞争，使用户有更多的选择空间，促进了电信业的发展。

2. 与欧盟协调一致的法律框架

2000—2003 年，欧盟公布了一系列涉及电信开放的分类指令，包括《管制框架指令》、《接入指令》、《互联指令》以及《关于电子通信产品和服务相关市场的建议》等。这些《指令》和《建议》总的精神就是要求各成员国进一步降低电子通信的市场准入壁垒，实施公平、透明和无歧视的网络互联，鼓励发展新技术、新业务。根据这些指令，法国对相关管制内容进行了调整，以便与欧盟框架接轨。截至 2004 年 6 月，法国按照欧盟指令完成了国内相关立法程序，通过了与电信相关的三个法律，即《电子通信和图像通信业务法》、《数字经济信任法》和《法国电信对公众电信业务的义务法》，由此确定了法国电信行业的管理新体制。

第四节　法国服务贸易管制

法国服务业对外开放与监管的法律法规主要体现在 WTO 多边服务贸易体系规则、欧盟与第三方自贸区谈判达成的协议、作为欧盟成员国履行的义务、根据本国外资政策及对等原则实施的规则之中。法国服务贸易监管的核心特点为：一是其服务业对外开放与监管同欧盟的法律协调一致；二是坚持"文化例外"立场以保护本国文化服务业的发展。

一　欧盟共同贸易政策和相关法律

关于市场准入、自贸区协定等由欧盟统一制定。法国作为欧盟成员国，执行欧盟共同贸易政策和相关法律。法国已转化欧盟理事会和议会2006年12月12日颁布的有关《内部市场服务业指令》（Directive 2006/123/CE），该指令作为一个总体法律体系，要求2010年前实现欧盟服务业统一大市场。法国作为欧盟的主要成员国之一，其许多法律受欧盟法律的制约。例如，该指令规定，将有关教育、公共卫生、社会服务等领域排除在服务业开放的范围之外。法国在服务业对外开放中，就要按照欧盟的基本规定执行具体的措施和开放承诺。受欧盟共同贸易政策的约束，法国不能单独与第三国签订贸易协定，而欧盟与第三方签订的国际贸易协议则可以直接适用于法国。

二　法国服务业的相关法律法规

（一）相关法律

（1）1807年制定并于1808年实施的《商业法典》（Code de Commerce）标志着大陆法系民商分立体例的确立，是法国规范商业活动的根本大法。其现存有效的140条管辖范围涵盖服务业的所有领域，既规范政府的服务业管理体制、组织机构、职能权限，也规范企业的具体商业经营活动。

（2）涉及自然人流动的《外国人进入与逗留法典》。

（3）涉及外国直接投资企业的法律文件。其分别是1966年12月28日的第66-1008号法令、1996年2月14日的96-117号政令、2000年12月14日的第2000-1223号法令和2005年12月30日的第2005-1739号法令。以上法律也适用于外商投资服务业企业。

（4）涉及服务业等具体领域的法律。例如，《劳动法典》、《港口法典》、《金融与货币法典》、《邮政与电子通信法典》、《旅游法典》、《拉法兰法》（Loi Raffarin）、（商业规划法规）和《电影工业法典》。

（5）涉及反垄断与反不正当竞争的法律法规。例如：《消费法典》、《价格与竞争自由法》，禁止低价倾销行为的《加朗法》（Loi Galland）、《新经济调整法》、《关于确定实施〈商法典〉第四部分有关价格自由化与竞争条件的政令》、《加朗法修正案》、《赋予执法机构在打击假冒行为、保护消费者权益方面职能的第 2005 – 1298 号政令》等。

（6）法国经济中普遍适用的法律。例如，《公司法》、《劳动法》、《税收法》、《合同法》、《保险法》等。

（二）限制外资进入的行业以及对从业人员的限定

法国对服务贸易的监管包括学历和职业经验审查、事先行政申报、特别资格或许可制度及商人证制度等。此外，在法从事某些行业的人员须拥有法国国籍，或是欧盟成员国、欧洲经济区成员国或与法签订双边协议国家的公民。

（1）实施行政管理并限定从业人员国籍的行业主要有：私人侦探、保险、赌场、市场和公共道路上的商业、运输代理、视听通信、保险经纪人、货物代理、饮料和烟草零售、法语报刊、保安、通信、演出、药品零售等。

（2）实施行政管理但不限定从业人员国籍的行业包括：模特公司、旅行社、艺术品经营、商业、房地产、驾校、旧货、技术检测、理发、金融信贷、影院经营、展览、汽车维修保养、旅馆、车辆租赁、眼镜店、电影制作、饭店、公路客运和货运等。

（3）对其他行业，原则上外资可以自由进入，但外国人在法执业必须事先申领商人证（除非有特例，所有拟在法国从事工业、商业活动的外国人均需申领标有"商人"字样的特别身份证）。

（三）外商投资特定行业的特别管理措施

（1）外国投资者直接或间接收购全部或部分业务前，须事先获得法国经济财政部（以下简称经财部）批准。这些须获批的与服务贸易相关的领域有：博彩、私人保安服务；信息技术行业系统评估和鉴定；信息系统安全产品和服务；军民两用产品和技术；数字应用加密和解密系统；向国防部提供研究或供应设备等"特定业务"领域。

（2）法国对来自非欧盟国家的投资金融业者，制定了严格的门槛保护。一是收购直接或间接权益超过股权或投票权 1/3 前，应获得批准。批准将于 2 个月内由法国经财部做出。如外国投资者未收到回复，将被视为默认同意。二是投资银行业，需要特别许可和法国银行的介入。三是投资保险业，要根据《法国保险通则》办理特别许可手续。[①]

[①] 商务部国际贸易经济合作研究院、商务部投资促进事务局：《对外投资合作国别（地区）指南》（2011 年版），中国驻法国经商参处网站，2011 年 7 月 7 日。

(3) 按照法国 2010 年 3 月颁布的 R226 法律，要求任何设备制造商进口、销售、展示、使用包括合法侦听功能的通信设备必须首先获得法国政府的 R226 认证；任何一家运营商进口、购买、使用包括合法侦听功能的通信设备必须首先获得 R226 认证；所使用的通信设备有大的软件新版本更新必须重新获得 R226 认证；所使用的硬件平台更新也需获得新的 R226 认证。

(4) 法国政府设立战略投资基金（FSI），对能源、汽车、航空、高技术等所谓"战略性"企业，往往采取各种方法进行干预，避免这些企业在遭遇危机或经营不善时被外资并购。这种行为被称为法国的"经济爱国主义"。[1]

三 法国的"文化例外"原则

1. "文化例外"的概念和由来

"文化例外"是法国针对文化全球化提出的概念，它最早出现在 20 世纪 90 年代，即美国通过好莱坞电影将"美国梦"输送到全世界的时期。针对美国经济全球化带来的无孔不入的文化渗透，特别是好莱坞电影和影音产品在世界范围内的广泛传播，法国于 1993 年在关贸总协定乌拉圭回合谈判中正式提出"文化例外"的概念，强调文化产品不同于其他一般商品；除了经济属性，其对人类社会发展和意识形态的形成有独特的作用。在法国的倡导下，2005 年 10 月 20 日，联合国教科文组织第 33 届大会以压倒性多数通过了《保护和促进文化表现形式的多样性公约》。

2. 对文化服务业对外开放实行严格监管和保护

法国对文化服务业的对外开放实行严格监管和保护。从 20 世纪 80 年代起，法国一直推崇"文化例外"的信念，以保护法国的文化和语言。

法国一直呼吁在自由贸易的同时遵循"文化例外"原则，主张政府介入文化管理，保障各国公民持续享有丰富文化生活的权利。在提出"文化例外"概念的背景下，在国内文化产业的管理方面，法国政府出台了系统的文化政策和规划，每年用庞大的政府支出补贴电影、音乐等文化产业。在国际文化贸易方面，法国是美国自由贸易政策的反对者。在乌拉

---

[1] 刘伟、陈奕薇、戴俊鹏：《法国外商投资法律制度体系调研》，中国驻法国经商参处网站，2013 年 12 月 6 日。

圭回合谈判中,法国以"文化例外"为由,坚决反对文化市场的自由贸易;在 WTO 谈判中,法国进一步将"文化例外"演变为"文化多元化"原则,提出文化产业不同于一般产业,指责美国文化产品"低俗化"和文化发展"商业化"对于他国文化构成了毁灭性的威胁,并担忧全球文化"美国化"的发展趋势。

同时,法国在欧盟内部也积极推动"无国界电视"等政策的实施。1989 年,欧洲议会通过"无国界电视"指令,确保播放欧洲影视作品的时间额度;为限制好莱坞和美国其他视听产品的入侵,对于欧盟视听媒体中"欧洲内容"所占比例也做了规定。1992 年,欧盟认同法国的"文化例外"概念,并确定了界定"文化例外"的六条标准。

2013 年 6 月,在"跨大西洋贸易与投资伙伴协定谈判"(TTIP)中,法国坚持"文化例外"的立场,提出欧盟成员国的影音产业不能包含在欧美自贸协定谈判的范围之内。在法国的一再坚持下,欧盟委员会最终认同法国"文化例外"的观点,达成了以上的一致意见。

因此,虽然法国对绝大多数服务业承诺完全开放或基本开放,但由于历史和文化的渊源,唯独在文化服务业没有任何承诺,这有效地保护了本国的文化市场。

四 法国服务业对外开放与监管的主要特点

(一)服务业对外开放与监管同欧盟的法律协调一致

在共同利益的基础上,法国服务业对外开放与监管同欧盟的法律基本保持协调一致。其主要表现在:(1)法国按照欧盟指令完成了国内相关立法程序。例如,2000—2003 年,欧盟公布了一系列涉及电信开放的分类指令,包括《管制框架指令》、《接入指令》、《互联指令》以及《关于电子通信产品和服务相关市场的建议》等。这些《指令》和《建议》旨在各成员国进一步降低电子通信的市场准入壁垒,实施公平、透明和无歧视的网络互联,鼓励发展新技术、新业务。根据这些指令,截至 2004 年 6 月,法国完成了国内相关立法程序,修订了《电子通信和图像通信业务法》、《数字经济信任法》和《法国电信对公众电信业务的义务法》,确定了法国电信行业的管理新体制。(2)欧盟按照法国的提议修改了相关的法律条文。例如,在欧盟"服务业指令"批准过程中,以法国为代表的老欧盟国家一直持反对态度,认为如果通过这项"服务业指令",中东欧国家廉价的劳动力将会"倾销"到高工资、高福利国家,造成法国等国家的劳动力失业增加，危及其社会福利和保障制度。欧洲议会为满足法国等老欧盟国家的要求，对"服务业指令"做了大量修改，才最终以投票的方式通过了该指令。

(二) 坚持"文化例外"立场以保护文化服务业发展

从20世纪80年代起，法国一直推崇"文化例外"的信念，以保护法国的文化和语言。无论是在1993年WTO乌拉圭回合的谈判中，还是在的2013年的"跨大西洋贸易与投资伙伴协定谈判"（TTIP）中，法国政府都坚决地提出"文化例外"的原则立场，并取得了预期的成果。为保护本国丰富的历史和文化资源，法国坚持在文化服务业对外开放上不做任何承诺，以全力保护和促进本国文化的繁荣发展。

第五节 法国服务贸易的管理体制

法国没有一个专门分工管理广义服务业的政府机构，但其模式却形成了一个"四位一体"的管理体制，即政府部门的执法、协调机构的监督、行业协会的自律管理体系，以及经济统计机构。

一 法国服务贸易的管理体制

(一) 制定"游戏规则"的政府部门

法国管理服务贸易的部门主要包括经济财政部，外贸部，中小企业、贸易、手工业和自由职业部，以及运输、装备、旅游和海洋事务部。这些部门的职能是制定各行各业的法律、法规以及相关的政策措施，并负责监督规则的执行与实施。特别是经济财政部为法国"超级大部"，主管法国财政和经济事务，职责几乎涵盖整个经济活动。

(1) 经财部是法国政府中的"超级大部"，除经济财政部部长外，还设置了三位部长级代表（正部级），均为内阁成员，分别主管预算、外贸和工业事务。经财部的主要职能包括制定和执行国家宏观经济政策、管理国家公共资金、帮助和支持企业发展、制定和执行能源政策、管理和促进商品及服务贸易的便利化、开展对外经济交往等。经财部下设26个司局级单位，包括14个总司以及12个直属司局级机构。在上述司局级单位中，与服务业有直接关系的机构是：税务总司、关税及间接税总司、竞争消费与反欺诈总司、对外经济关系总司和全国统计及经济研究所（IVS-

FE)，上述 5 个司局分别负责制定和执行税务政策、产业和消费政策，以及执行经济统计职能。

（2）法国中小企业、贸易、手工业和自由职业部。该部为管理国内贸易的政府行政部门，职能为制定并实施手工业、商业和旅游业的政策；监督手工业和商业运行情况，监管手工业行业商会，同工业振兴部一同监管工商会组织，会同其他部门共同制定中小企业政策；跟踪支持居民服务业发展；跟踪支持旅游业发展并推广法国旅游遗产等。该部规模建制相对较小，仅设一个业务司局，即工业和服务业竞争力总司（DGCIS），该总司同属工业振兴部管辖，是 2009 年 1 月 12 日时任法国总理菲永签发法令（Decret 2009 - 37）于次日成立的。其法定职能是"提升工业和服务业企业竞争力和增长，发展企业服务和个人服务业，支持并推广创新，促进可持续增长和就业"。总司下设 4 个业务司局：信息技术和通信司、工业司、旅游商业手工业和服务司，以及中小企业竞争力和发展司。

（3）法国外贸部。其主要职能为：制定及实施国家外贸政策；促进对外贸易，支持法国企业国际化发展；与经财部共同负责多双边经贸合作，负责双边、欧盟及世界贸易组织框架内的国际经贸谈判。内部机构设置为：国库总司（该总司同时从属于经财部、外贸部和工业振兴部）、海关及间接税总司、法律事务司、经济财政部委协调司（协调经财部、工业振兴部等部门）。

（4）法国运输、装备、旅游和海洋事务部。其下设 4 个职能总司，分别为海洋与运输总司（DGMT）、道路总司（DGR）、民用航空总司（DGAC），以及城镇化住宅及建筑总司（DGUHC）。该部另设 2 个协调职能司，分别为道路交通与安全司和旅游司（DT）。这些政府主管部门所制定的法律法规以及有关政策措施，大多是对相关行业的管理政策和措施，并没有针对"服务业"整体的法律法规以及政策措施。

（5）法国政府于 2009 年成立国家信息系统安全局，取代国家总秘书处下属的信息系统安全总局，专门负责加强国家通信系统的安全，并于 2010 年 3 月颁布出台了 R226 法律。

（二）承担跨行业的政策协调职能机构

在法国政府经济主管部门的机构设置中，专门有一些协调机构，其不承担某个行业的管理职能，但被法律赋予了协调多个政府职能部门政策制定的任务，是跨行业的政策协调职能机构。

法国政府很注重各部门的协作，建立了各个层次的协调机制，且运作有序。在政府经济部门体制内，设置有参与跨部门跨行业的政策协调和协同管理职能的司局；在国家经济体制内，存在独立的协调委员会，可直接与政府对话。这类机构不是某一个行业的职能部门，不承担为某一个行业制定"游戏规则"的工作，但是承担跨行业的政策协调职能，从而间接地对各行业"游戏规则"的制定施加影响。

(1) 在国家经济体制内，最高级别的类似机构是经济社会委员会（CES），其在法国国家机构中的地位，仅次于总统和议会，可直接与总理、参议院和众议院对话，并与法国各个利益集团进行沟通、谈判。CES由233名成员组成，来自经济和社会各个领域，任期5年，通过与全社会各个利益集团的沟通、对话，参与政府经济社会政策的制定并对政府施加影响。此外，与流通有关的国家级协调机构还有消费者委员会，负责商品流通安全及消费者权益保护。法国此类委员会涉及各个行业领域，有权起草计划草案、监督计划实施、接受行业特殊委托，并充当政府顾问，其影响力很大。

(2) 在政府经济部门体制内，也有类似的协调机构。由于法国是世界第一旅游大国，旅游业在法国经济中的地位举足轻重，同时，旅游业又是典型的跨行业的经济活动，因此，法国政府在运输、装备、旅游和海洋事务部内，设置了一个职能协调司——旅游司，负责协调制定、执行国家旅游政策。为了加强该司的协调功能，甚至为该部设置了负责旅游事务的部长级代表（正部级、内阁成员）。在运输、装备、旅游和海洋事务部内，除了旅游司，还设置了一个旅游总稽核署（IGT），直接隶属于旅游事务部长级代表办公室，其职责是稽查、审核并监督全国旅游服务业的经营状况。同时，IGT还代表旅游部，开展国际旅游合作事务，进行有关的国际谈判。此外，该部还设有国家旅游咨询委员会（CNT），由旅游部长级代表亲自担任主席。CNT目前有200名成员，代表了全国涉及旅游业的各行各业，主要职责包括：参与制定国家旅游政策；为旅游部长提供相关咨询；为制定与旅游业相关的法律法规提供咨询。

(三) 行业自律的中介组织

法国市场经济历史悠久，中介组织健全，各个行业都有自己的协会组织，在行业内外有较大影响力。一类为工商会，是法国最重要的市场中介组织，属于国家公共事业机构；另一类为行业协会，包括全国服务业联合会、法国特许经营联合会等。特别应关注的是，行业协会制定的行业规范或行业公约履行立法程序经政府部门公布后，具备法律效力。

（1）工商会。包括农会、商会和手工业会，是法国最重要的市场中介组织，属于国家公共事业机构，也是地方经济权利的代表机构，履行企业登记注册及变更、服务咨询、教育培训、重要商业基础设施建设、经营及管理等职能，并受政府委托管理商校。工商会的预算主要来自专门税种、会费和有偿服务收入，政府定期进行财务审计、组织选举、检查内部规则等工作，并听取工商会的政策建议。目前，法国有近183个工商会，成立于1803年的巴黎工商会是法国和欧洲最大的工商会组织。

（2）行业协会。包括全国中小工业联合会、法国商业和零售业企业联合会、全国服务业联合会、法国特许经营联合会、法国酒店业联合会、法国精品行业联合会等。行业协会主要从经营环境方面为企业服务，其主要作用为：代表企业与各级政府就规划、法规制定、安全等方面的决策进行对话；代表会员企业与供应商、生产企业或其行业协会进行谈判；制定行业规范或行业公约，开展行业自律；交流信息和经验等。行业公会制定的行业规范或行业公约履行立法程序经政府部门公布后，具备法律效力，企业必须执行，否则将受法律追究；未经政府部门公布的行业规范或行业公约，企业（不限于会员企业）自愿执行。行业协会通过工作组和工作委员会开展工作，由成员企业提出具体课题，出现问题或危机时，成立专门危机小组，作为政府和相关企业的联系单位，共同研究应对措施。

（四）经济统计机构

在法国的统计系统中，涉及服务业数据收集、分析和公布的机构，主要是法国全国统计及经济研究所（INSEE），以及法兰西银行。

（1）法国全国统计及经济研究所（INSEE）。INSEE是法国服务业统计体系的主管单位，也是最主要的执行单位。INSEE隶属于经财部，相当于该部所属的一个总局，经费开支列入政府财政预算。INSEE下属机构遍及全国各地，雇员总数多达6400人，其中包括国家公务员和非公务员。INSEE的统计，主要涉及宏观经济趋势，包括各主要行业在整体经济结构中的地位，该行业运行状况，及其对整体经济产生的影响。INSEE不仅负责服务业的统计，实际上，它是法国政府统计系统的核心，其使命是收集、处理、分析和发布关于法国社会和经济的各种信息，用于对经济社会问题进行研究和预测，并做出相应的决策。这些信息的服务对象包括政府管理部门、企业、研究机构和个人。INSEE 同时负责全国公共统计系统的协调运作，并代表法国开展相应的国际合作。

（2）法兰西银行。法兰西银行是法国的中央银行，创建于 1800 年。法兰西银行总行设于巴黎，由 9 个职能机构组成，对外营业的机构网由 200 多个分支行构成。最高权力机构为董事会，其董事皆由总统任命。法兰西银行除履行"贯彻执行经济财政部、国家信贷委员会制定的货币与信贷政策"等主要职能外，还以国家信贷委员会的名义编制并公布有关货币、信贷方面的统计资料，收集有关经济、金融和银行各方面的情报。其中，在法国的国际收支项下，统计并公布涉及服务贸易的国际资本流动状况。此外，法兰西银行还负责法国银行规章委员会（CRB）的秘书处工作。

二 法国有关服务贸易的管理政策

1. 为服务业出口提供出口信用保险

法国采取将出口融资与出口信贷保险（担保）分开的运行模式，以支持和服务于特定的政策性金融领域和对象，特别是扶持中小企业的发展。在提供出口融资方面，法国政府为了提高政策性金融机构支持企业出口的积极性，采取了许多措施，其中包括贴息贷款，设立专项基金，如"经济与社会发展基金"等。此外，贷款担保、提供优惠资金来源、控股等也都是法国政策性金融业参与运作的方式。在提供出口信用担保方面，政府专门设立了政策性的出口信用保险公司，以降低企业进入国际市场初期的风险。其中，最著名的有中小企业资金风险保险公司和法国对外贸易保险公司。法国这些给制造业提供的出口信用保险，目前已更多地用来考虑怎样为服务业提供出口信用保险。[①]

2. 鼓励外商到法国投资

为鼓励外商到法国投资，法国政府制定了一系列的优惠政策，这些政策同样适用于外商投资服务业企业。（1）"总部"（QG）特殊税收待遇。为鼓励跨国公司将欧洲地区总部设在法国，法国政府给予其税收便利，即"总部"型企业可以和法国税务当局谈判，共同拟订应税基数（一般为总

---

① ［法］弗朗克斯·莱科夫斯：《法国服务贸易促进与发展的经验》，中国服务贸易指南网，2007 年 11 月 27 日。

部日常支出的8%）。（2）法国中央和地方政府为吸引外商投资提供资助。在法国国家确定的某些落后地区，凡在工业、商业领域投资300万欧元以上，创造20个就业岗位的企业可享受国家领土整治奖金，每个雇员1万欧元左右；法国一些大区设立了"创造就业奖励金"，规定对年营业额在4500万欧元以下，新创1—30个就业岗位的中小企业提供"创造就业奖励金"，每个新增就业岗位补贴额1500—6000欧元不等。

3. 实行对影视服务业的税收优惠

影视服务业是法国重要的服务行业，为繁荣法国文化，政府加强了税收优惠的管理政策：（1）凡从事电影、电视和相关多媒体经营活动的企业，只要正常缴纳企业所得税，均可享受与生产支出相关的税收抵免。电影税收抵免按会计年计算，抵免金额相当于生产支出的20%。一部电影作品税收抵免金额最高不超过100万欧元。故事片电影或电视按放映时间计算，每分钟放映时间的生产支出税收抵免额不超过1150欧元，动画片每分钟税收抵免不超过1200欧元。（2）视频游戏行业税收抵免。对从事视频游戏开发业务的企业，按照缴纳企业所得税的支出总额，给予一定比例的税收抵免。税收抵免金额为该企业设备折旧费、版权费、员工成本以及管理费等支出费用总额的20%。每年最高税收抵免金额不得超过300万欧元。

4. 促进旅游业进一步发展

法国运输、装备、旅游和海洋事务部制定了一系列鼓励发展旅游业的政策措施，并直接参与促进活动，例如，鼓励推动旅游展览会，举行一系列政策研讨活动，推动国际旅游活动等。（1）加强对文化遗产的保护。2013年，法国政府在编制预算时，计划为文化、科研及传媒产业共投入35.5亿欧元，其中文化遗产保护7.76亿欧元，属于文化遗产保护之列的历史性建筑保护3.22亿欧元。[①] 法国文化部于1984年首创文化遗产日活动，至今已举办30届。（2）加强对旅游行业的管理。为了推行旅游服务标准化建设和国际质量体系认证，政府于2009年通过了对旅游住宿分类的改革，实施国际通行的"五星级"制度，提升对游客的现代化服务，包括上网、残障人士服务以及售后服务等。（3）加强对重要旅游景点的治安管理。在重要的旅游景点建立视频监控平台和监控报警点，以加强治

---

① 胡志仙：《法国旅游业发展之理念探讨》，《旅游管理研究》2013年8月下半月刊。

安管理；推出包括中文在内的 16 种文字的简化报案应用程序；同外国使领馆、酒店、旅游和公共交通部门建立合作机制，提高对外国游客报案受理水平。

第六节　法国服务贸易发展的最新动态

一　法国积极参与 TISA 谈判和其他区域服务业自由贸易谈判

TISA，即《服务贸易协定》（Trade in Service Agreement），是由少数 WTO 会员国组成的次级团体（Real Good Friends of Services，RGF）展开的、致力于推动服务贸易自由化的贸易协定。由于 WTO 多哈回合谈判自 2001—2013 年仍无法就服务业市场开放达成具体共识，该次级团体于 2011 年底起成立，并开展 TISA 谈判。欧盟作为谈判成员之一，参与 TISA 的谈判，法国则是欧盟的主要成员。现有研究显示，与美国不同的谈判路径是，欧盟主张 TISA 谈判需严格按照现有《服务贸易总协定》（GATS）条款进行；而美国主张用"负面清单"的方式来确定各方服务业的市场准入。此外，欧盟更愿意接纳中国为 TISA 的谈判成员。总之，欧盟致力于确保 TISA 与 GATS 兼容，以便未来其他 WTO 成员加入，使 TISA 融入 WTO 法律框架。

2013 年 7 月初，"跨大西洋贸易与投资伙伴协定谈判"（TTIP）正式开始谈判，目标是制定新的全球贸易投资规则。在 TTIP 正式谈判之前，如前所述，法国一直坚持"文化例外"的立场。2013 年 6 月，欧盟委员会终于认同法国"文化例外"的观点，提出欧盟成员国的影音产业不能包含在欧美自贸协定谈判的范围之内。这是法国始终坚持"文化例外"态度的重要成果。此外，欧盟与美国的态度不同，他们呼吁加强对欧盟数据的监管，而不是降低其数据保护的等级。[①]

二　出台吸引外资和鼓励发展服务贸易的政策

1. 启动旨在吸引外资的"对法国说是"（Say oui to France）行动

为应对国际竞争，吸引和鼓励外国投资者到法国投资，法国政府于

---

① 陆振华：《TTIP 谈判融合美欧：跨大西洋统一监管影响深远》，《21 世纪经济报道》2014 年 1 月 2 日。

2012年底启动了一项名为"对法国说是"的行动。这项行动由法国国际投资署和法国工业知识产权局发起,以"创新"和"减税"为主题,重点吸引美国、加拿大、中国、印度和巴西5个国家对法国的投资。计划从2013—2017年,每年新增吸引外商投资项目数达到4位数。行动目的是要改变外国投资者眼中对法国税负较重、法国人工作效率低下等问题的看法,减少外国企业对奥朗德政府提高社会分摊金和资本金所得税等政策的担心。这项行动同样也将吸引国外的服务业到法国进行投资。

2. 推出"人才通行签证"

法国内政部和外交部于2013年3月联合宣布,将简化外国人才申请签证的手续,这种签证正式名称为"人才通行签证",有效期最短6个月,最长5年。联合公报称,法国政府已给所有外交机构和领事部下达指令,只要有可能就提高这种签证的频发率,增加有效期时间。人才通行签证持有者每6个月可在法国和申根国家[①]自由居住和通行90天,其间若返国,无须重新申请签证。新签证主要针对艺术家、教育工作者、商人和外来投资者等。这对国际服务贸易提供方式之一的"自然人流动"方式是一个积极的推动。

三 制定服务业行业发展和对外投资战略

1. 制定邮政服务业的新战略

2013年7月,法国邮政提出2013—2018年的5年邮政服务业发展目标,即向数字化转型以及整合公司实物网络与数字信息网络的未来发展战略。(1)打造邮件上门投递的全国领先地位;(2)开展世界范围的包裹和快递业务;(3)提供个人储蓄、结算、支付和转账的金融服务。具体目标是:到2018年,传统信函邮递业务占法国邮政总营业额的比重要从2013年的50%降至42%;邮政银行营业额比重从目前的24%升至28%。

2. 电信服务业的突破性业务

据法国经济类报纸《论坛报》网站2013年5月26日报道,法国Free移动通信公司率先将其无限制通信套餐(19.99欧元/月)延伸至海外,该套餐用户每年可以有35天在葡萄牙享受无限制通信套餐服务,而不收取任何额外费用。这是法国运营商首次将其免费套餐涵盖范围延伸至国

[①] 1985年6月14日,由5个欧盟国家在卢森堡的小城市申根签署了《申要公约》,并于1995年7月正式全面生效。《申根公约》的成员国亦称申根国家。根据该条约,申根国家之间人员流动免签。截至2011年底,申根国家已增加至26个。

外，此举具有颠覆性意义，打破了在海外收取高额"漫游费"的市场规则。由于法国居住的葡萄牙人日益增多（巴黎有400万葡萄牙人，成为世界上继里斯本和波尔图之后第三大葡萄牙人聚居城市），法国电信服务业才将此业务的首次对国外开放选择在葡萄牙。

3. 对酒店服务业增加投资

据法国《回声报》网站2014年2月14日报道，房地产服务机构仲量联行公司日前发布年度研究报告，称2013年欧洲—中东—非洲地区的酒店业投资为132亿美元，比2012年增长了18.7%，预计在未来两三年内将保持"合理"增长。其中，法国酒店业投资额从2012年的17亿欧元增加至22.9亿欧元，增幅达25%。这预示着法国酒店服务业将向外投资，以进一步扩大国际服务贸易的份额。

4. 进军中国养老服务业

法国《解放报》2014年6月7日报道，由于中国养老市场的潜力巨大，而法国养老产业拥有公认的先进管理模式和丰富经验，目前本土养老市场却几近停滞，法国退休养老领域的企业集团看好中国养老市场的巨大潜力，纷纷到中国开拓养老院及相关服务项目。法国几家大型养老企业，如高礼泽（Colisee）、奥佩阿（Orpea）、多缪维（Domus Vi）都在制订进一步开拓中国市场的具体计划。高礼泽集团在法国拥有54个养老院共计3000张床位，规模并不算大，但8年前该集团在中国设立了分公司，率先进入中国养老市场，当前计划是未来5年内在中国开设50家养老院。奥佩阿是欧洲第二大养老产业集团，2014年3月底与南京市公共服务社区以及鼓楼医院签订了合作协议，2015年上半年将在当地建设拥有180张床位的高端养老康复院，另有两个项目也将在上海和北京启动，从而成为首家在华开展实体运作的外资养老企业。作为法国第三大养老企业的多缪维集团2014年6月与中国汉富投资基金签署了成立合资企业的协议，规划未来5年内在法国开设100家养老院和20家居家养老协助机构。

四　出台增强服务业出口能力的规划和财税政策

（一）新的财税政策助推服务贸易的发展

2014年4月8日，法国总理瓦尔斯在国民议会发表了政策演讲，全面阐述了新政府在法国经济社会各领域的改革政策和施政纲领。其主要的内容为减税、节支。我们认为，这些财税政策的实施，不仅能促进法国经济的振兴，也将促进法国服务业以及服务贸易的发展。

（1）减少企业赋税。截至2016年，政府将推进一项总值为300亿欧元的企业劳动成本减免计划，其中包括从2015年1月1日起取消企业主的社会分摊金、将目前为33%的企业标准税率从2016年起逐步下调，到2020年降至28%、取消雇主为领取最低工资的员工缴纳额外福利税等一系列政策，以减轻企业负担，为社会创造更多就业岗位。

（2）降低个人税负。从2015年起，法国最低工资收入者的工资税将会下调。从2016年1月1日起，法国全国以家庭为单位缴纳的社会分摊金部分也将共计减少45亿欧元，以此促进国民购买力的增长。

（3）减少公共开支。为落实总统奥朗德提出的"责任公约"中2015—2017年3年内减少公共开支500亿欧元的目标，中央政府将承担当中的190亿欧元，而地方政府和医疗保险基金将分别承担100亿欧元。事实上，法国不会实施财政紧缩政策，但将向欧盟承诺降低财政赤字。

（二）"工业化新法国"计划促进制造业与服务业协同发展

2014年5月7日，法国总统奥朗德呼吁加速推行2013年9月公布的"工业化新法国"计划中的34个项目。

"工业化新法国"计划旨在使法国重返"全球竞争的第一行列"，在巩固已有工业的基础上，加强关键技术的长期投资。重振计划的工业领域总体可归为能源转型、医疗健康、数码技术、交通运输4大类。法国政府研究结论显示，4大类所含34个项目将在未来10年内为该国创造近48万个就业岗位，预计创造出455亿欧元的附加值。政府将为此投入37亿欧元的资金，随后的资金由私营企业负担。雷诺、欧洲宇航防务集团以及阿尔斯通等，将在这项重振工业计划的具体执行中扮演"火车头"的角色，同时中小企业也会参与。

我们认为，虽然这次振兴计划名为"工业化新法国"，但其中主要的领域如能源转型、医疗健康、数码技术、交通运输等，都与服务业密切相关，因此"工业化新法国"计划必将促进制造业与服务业协同发展。可以预见，在这些工业领域中，为其服务的环保服务业、医疗服务业、信息服务业以及交通运输业都将随着法国工业化的重振而进一步快速发展。

五 贸易保护主义抬头

在法国经济竞争力下降、经济濒临衰退、税收不断增加、政府又无法兑现削减赤字承诺的背景下，法国贸易保护主义有所抬头。

2014年5月14日，法国经济工业部长阿诺·蒙特堡签署了一项新的法令,将给予法国政府阻止海外机构收购法国企业的权利。该法令已于2014年5月16日正式生效。法令要求外国投资者在收购法国能源、水资源、交通、电信和健康卫生等核心领域企业时,需先得到法国政府的审批,法国政府对此拥有否决权。

例如,2014年上半年,美国通用电气、德国西门子公司和日本三菱重工集团均拟收购法国阿尔斯通能源资产,法国此项法令的颁布将对此次收购产生重大的影响。同样,2013年5月,法国生产振兴部长阿诺·蒙特堡在"经济爱国主义"理念的指导下,致使美国互联网服务公司雅虎收购法国视频分享网站"每日视频"的计划失败。

法国政府对这两项重要跨国并购案的干预,已经引起国际特别是欧委会对法国保护主义倾向的关注。欧委会委员米歇尔·巴尼耶提出,每个成员国保护安全和公共秩序等战略利益是条约规定的,但如果超过一定的界限,就会成为保护主义,欧委会必将介入调查。

第七节 法国服务贸易发展对中国的启示与借鉴

一 健全服务贸易相关法律体系

法国服务贸易相关法律,主要体现在 WTO 多边服务贸易体系规则、欧盟与第三方自贸区谈判达成的协议、作为欧盟成员国履行的义务、根据本国外资政策及对等原则实施的规则之中。一方面,法国作为欧盟成员国,执行欧盟共同贸易政策和相关法律;另一方面,法国服务业相关法律健全,且不断结合经济发展的实际进行及时修订和补充。

法国服务贸易相关法律规范已形成完整的体系,全面覆盖服务贸易各个领域,同时在法律实施过程中还做到了透明化、公开化和程序化。此外,法国服务贸易相关法律规范之间不存在明显的冲突,各地方、各部门均遵照统一的原则来制定相关法规。

目前,我国服务贸易立法还不够健全,虽然已颁布了一批涉及国际服务贸易领域的重要法律法规,如《海商法》、《保险法》、《中央银行法》等,但与我国服务贸易的发展需要相比还存在很大差距,且未形成体系。同时,我国服务贸易立法还缺乏协调性和统一性,因此亟须在《外贸法》的指导下,建立完善不同层次、内容齐备的服务贸易法律体系,为中国服务贸易的迅速健康发展提供可靠的法律支撑。

二 加快完善服务贸易管理（监管）体系

法国服务贸易出口管理体制可以分为四个层次，第一层次是制定服务贸易政策的政府主管部门，第二层次是承担跨行业政策协调职能的机构，第三层次是行业自律的中介组织，第四层次是专业统计机构。由此形成了一个"四位一体"的管理（监管）体系，即政府部门的执法、协调机构的监督、行业协会（工商会）的自律管理以及专业统计管理。特别是行业协会不仅主要从经营环境方面为企业服务，还负责制定行业规范或行业公约等。一些行业公约制定后具备法律效力，企业必须执行，否则将受法律追究。一旦出现问题或危机时，行业协会将成立专门危机小组，作为政府和相关企业的联系单位，共同研究应对措施。

我国应借鉴法国的成熟经验，加紧构建由政府部门、促进协调机构、行业协会和专业统计机构组成的系统、协调、高效的服务贸易管理（监管）体制。具体而言，一是由商务主管部门统筹实施全国服务贸易管理工作；二是发挥各服务行业主管部门的协调作用；三是发挥相关行业协会的自律作用；四是建立服务贸易的统计体系。在"四位一体"的管理体制下，加强对服务贸易的管理与监管，形成对服务贸易的政府管理式监管、行业自律式监管、统计式监管以及消费者监管的多层次管理与监管。

三 实施自由化与保护相结合的服务贸易开放政策

虽然法国服务贸易竞争力很强，对外开放程度也很高，但法国对于自身竞争力较弱的服务业，也采取了一定的保护措施。比如，"文化例外"原则以及上文所述对《欧盟开放服务业指令》的一度抵制。

既然服务业比较发达的法国都采取适度保护措施，中国作为发展中国家，服务贸易竞争力比较弱，服务贸易部门结构、地区结构也发展不平衡，理应坚持有序扩大服务业对外开放的原则，并充分利用《服务贸易总协定》条款的灵活性，处理好对外开放与适度保护的关系，要在逐步放松对服务市场的直接管制的前提下，率先开放服务产品市场，再逐步开放服务要素市场。特别是对中国文化的保护和"走出去"，要制定可行的规划和措施，在国内外两个市场推动中国优秀的传统文化贸易发展。

四 努力打造中国服务贸易名牌企业

法国是一个名牌产品荟萃的国家，根据全球知名的综合性品牌咨询公司 Interbrand 所发布 2012 年全球 100 品牌（名牌企业）价值排行榜显示：

来自法国的名牌企业总共占据了 6 位。就服务业而言，法国在零售、电信、交通运输、银行和金融等行业也拥有一些知名度较高的名牌企业。例如，在零售业中，有家乐福超市（Carrefour）和欧尚超市（Auchan）；在电信业中，有 Orange 和阿尔卡特（Alcatel）等；在交通运输业中，有法国航空公司（Air France）和法国国营铁路公司（SNCF）等；在银行和金融业中，则有巴黎国民银行（Bnpparibas）、法国兴业银行（Société Générale）、法国农业信贷银行（Crédi tAgricole）、安盛保险公司（Axa）等名牌企业。

在我国服务业中，也有许多优势名牌企业。我们应重点保护和发展这些优势名牌，打造一批主业突出、具有核心竞争力、能够发挥龙头骨干作用和参与国际竞争的服务企业和企业集团。应全面研究规划现有服务出口品牌和名牌企业，从中确定一批有影响、有发展潜力的品牌，在市场开拓、跨国经营、信息服务等环节予以重点扶持，逐步做大做强"中国服务"。

第六章 日本服务贸易政策

第二次世界大战后,日本经济在短时期内迅速崛起,很快步入世界经济强国和货物贸易大国之列。但日本服务业的发展长期处于滞后状态,导致日本经济结构处于明显的内在性的失衡状态。日本经济结束高速增长期后,日本政府开始重视服务业和服务贸易的发展,在促进产业高端化的同时,更加注重产业高位化发展,并制定出一系列的产业促进规划和产业发展计划,着力推进服务业和服务贸易快速发展,将发展服务业和扩大服务贸易进出口作为促进经济复苏和维持经济稳定发展的新的增长点,取得了较为显著的成效。

第一节 日本服务贸易发展现状

20世纪80年代以来,随着国际分工的深入发展,人们对服务的需求日益加大,从而使服务产品在国际间的流动性大大加强,服务贸易也由此成为各国关注的焦点。日本与其他西方国家相比,服务贸易发展起步较晚,特别是经济高速增长期结束后,日本产业结构处于严重失衡状态,经过多年调整后才逐步理顺。虽然日本服务贸易与其他发达国家相比发展较为滞后,但后发性较强,凭借其强大的经济实力和有效的政策引导,在较短的时间内步入了世界服务贸易强国之列。

一 日本服务贸易在全球服务贸易中的地位

第二次世界大战后,日本经济经过恢复期和高速增长期后,很快成为仅次于美国的第二大经济强国。1995年国内生产总值达到了47126亿美元,位居世界第二。但是,当时日本的服务贸易发展水平却较为落后,1995年,美国的服务贸易进出口在西方七国位居首位;日本的服务出口收入652亿美元,高于加拿大的218亿美元,仅排在西方七国中的倒数第二。在 20 世纪 90 年代后半期，日本加快了经济结构调整步伐，在产业结构不断优化过程中，第三产业获得了较快发展，进而带动日本服务贸易快速增长，日本服务贸易在世界贸易中的地位也迅速提高。

进入 21 世纪后，发达国家牢牢占据了世界服务贸易的主导地位。日本作为亚洲地区唯一发达国家，其服务贸易发展无论是规模还是结构以及在全球服务贸易中的比重都有了显著提升。经合组织（OECD）研究报告指出，2000—2005 年，其成员服务出口和进口的年均增长率分别为 9.8% 和 9.3%。发达国家在世界服务贸易的高端，包括知识、技术密集型服务贸易方面，奠定了强大的竞争优势。2000—2005 年，发达国家的计算机和信息服务、金融、保险等服务进出口增长最快，而旅游、建筑、通信等服务进出口增长相对缓慢。不过，即使在传统服务贸易项目上，发达国家仍占有绝对优势。欧盟、美国和日本一直是世界运输服务出口的三巨头，2000 年三者合计占世界运输服务出口总额的 64.4%，至今这一比重仍保持在 60% 以上。

2013 年，日本服务贸易出口占贸易出口总额的比重为 16.7%，在发达国家中居于较低水平，甚至不及世界平均水平。同年，日本服务贸易出口占全球服务贸易出口总额的比重为 3.1%，不及美国 14.3% 的 1/4，仅相当于英国 6.3% 的 1/2，甚至低于中国的 4.4%，与印度基本持平（见表 6-1）。

表 6-1　　　　　2013 年主要国家服务贸易规模及占比

单位：亿美元

国别	出口额	进口额	服务贸易出口占该国贸易出口总额比重（%）	服务贸易出口占全球服务贸易出口的比重（%）
美国	6620	4315	29.5	14.3
英国	2927	1740	35.0	6.3
德国	2862	3168	16.5	6.2
日本	1454	1623	16.7	3.1
法国	2363	1885	29.0	5.1
意大利	1102	1073	17.5	2.4
爱尔兰	1253	1176	52.3	2.7
中国	2047	3294	8.5	4.4
荷兰	1467	1274	17.9	3.1
印度	1509	1246	32.4	3.2

资料来源：WTO 数据库。

再从 2013 年世界主要国家服务竞争力指标的国际比较中来考察日本服务贸易的国际竞争力。一般而言，一国服务贸易国际竞争力可以从 RCA 指数、TC 指数和 CA 指数三项指标加以评价（见表 6-2）。

RCA 指数（比较优势指数）是通过贸易数据来衡量一国出口产品的相对比较优势，可以判定出各国相对出口竞争力的强弱或国内各产品竞争力的大小。[1] 它通过该产业在该国出口中所占的份额与世界贸易中该产业占世界贸易总额的份额之比来表示，剔除了国家总量波动和世界总量波动的影响，可以较好地反映一个国家某一产业的出口与世界平均出口水平比较来看的相对优势。如果一国 RCA 指数大于 2.5，则表明该国该产业具有极强的国际竞争力；RCA 介于 2.5—1.25 之间，表明该国该产业具有很强的国际竞争力；RCA 介于 1.25—0.8 之间，则认为该国该产业具有较强的国际竞争力；RCA 小于 0.8，则表明该国该产业的国际竞争力较弱。2013 年日本的 RCA 指数为 0.84，显示日本服务产业和服务贸易居于较强国际竞争力的区间，但竞争优势并不明显。日本的这一指标要远远低于美国的 1.47 和英国的 1.75，并低于西班牙的 1.43 和法国的 1.45，稍高于德国的 0.82。这表明，日本的服务产业和服务贸易在国际上具有一定的比较优势，但与其他西方发达国家相比，比较优势明显不足。

TC 指数（服务贸易竞争优势指数）是对一国（地区）服务贸易国际竞争力分析时较常使用的测度指标之一，它表示一国进出口贸易的差额占其进出口贸易总额的比重，常用于测定一国某一产业的国际竞争力。该指标作为一个与贸易总额的相对值，剔除了经济膨胀、通货膨胀等宏观方面波动的影响，即无论进出口的绝对量是多少，它均在 ±1 之间。指数值越接近 0 表示竞争力越接近于平均水平；指数值越接近于 1 则竞争力越大，等于 1 时表示该产业只出口不进口；指数值越接近于 -1 表示竞争力越薄弱，等于 -1 表示该产业只进口不出口。2013 年日本的 TC 指数为 -0.06，不仅与美国的 0.21 和英国的 0.25、西班牙的 0.22 相去甚远，与法国的 0.11 也有一定的差距。该指标在这里只反映日本与其他发达国家相比竞争优势较低。但这并不等于日本的服务贸易在国际市场中的竞争优势低，如果与大多数发展中国家进行比较，日本的优势还是十分明

---

[1] 于津平：《中国与东亚主要国家和地区间的比较优势与贸易互补性》，《世界经济》2003 年第 5 期。

显的。

CA 指数（显示性竞争比较优势指数），即从出口的比较优势中减去该产业进口的比较优势，从而得到该国该产业的真正竞争优势。因为，一个产业内可能既有出口又有进口，而 RCA 指数只考虑了一个产业出口所占的相对比例，并没有考虑该产业进口的影响。如果一国 CA 指数大于 0，说明该国服务贸易具有比较优势；若 CA 指数小于 0，则说明该国服务贸易不具有比较优势。该指数越高，该国服务贸易国际竞争力越强；反之，该指数越低，该国服务贸易国际竞争力越弱。2013 年日本 CA 指数为 -0.02，大大低于美国的 0.65，英国的 0.65，西班牙的 0.31，法国的 0.31。表明日本的服务贸易竞争力在发达国家中处于较低的位置。

表 6-2　　　　　　主要国家服务竞争力比较（2013 年）

国家	国际市场占有率（%）	TC 指数	RCA 指数	CA 指数
美国	14.3	0.21	1.47	0.65
英国	6.3	0.25	1.75	0.65
德国	6.15	-0.05	0.82	-0.28
日本	3.1	-0.06	0.84	-0.02
法国	5.08	0.11	1.45	0.31
西班牙	3.1	0.22	1.43	0.31
中国	4.4	-0.23	0.42	-0.34

资料来源：根据 WTO 数据库计算得出。

从近年来日本服务贸易发展速度来看，无论是服务贸易的出口还是进口，均低于国际平均水平，甚至在发达国家中也处于最低的位置（见图 6-1 和图 6-2）。

在 2005—2013 年间，日本服务贸易出口年均增长率为 4.3%，低于同期世界年均增长 10.6% 水平，低于美国的 10.2%，更低于印度的 23.6%，中国的 22% 和俄罗斯的 19.5%。再从服务贸易进口情况来看，2005—2013 年间，日本年均增长速度为 2.9%，这一数据低于欧盟 27 国的 6.9% 和美国的 7.3%，更低于同期印度的 21%，中国的 37% 和俄罗斯的 29%。但单从 2013 年来看，日本服务贸易的出口增长速度为 2.1%，低于世界平均速度的 5.6%，并与美国的 5.1%、欧盟 27 国的 6.9%、俄罗斯

10.3%的增速相去甚远。在进口方面，2013年日本增速为-7.4%，大大低于世界5%的平均水平，更与中国的17%和俄罗斯的18%相去甚远。

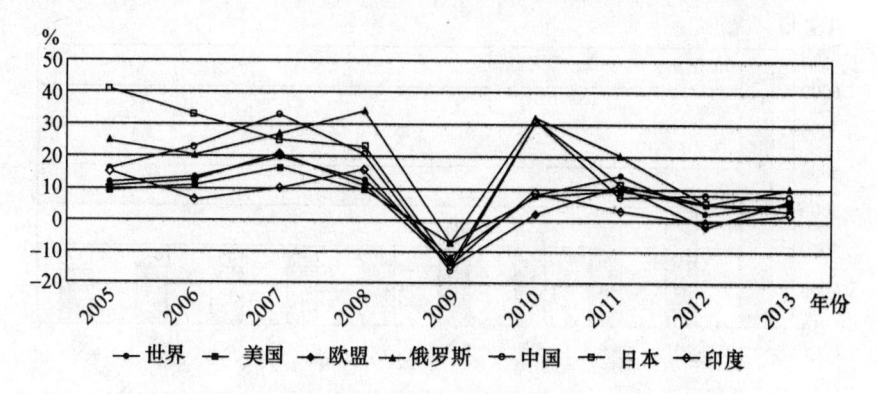

图6-1 2005—2013年世界主要国家服务贸易出口增速

资料来源：WTO数据库。

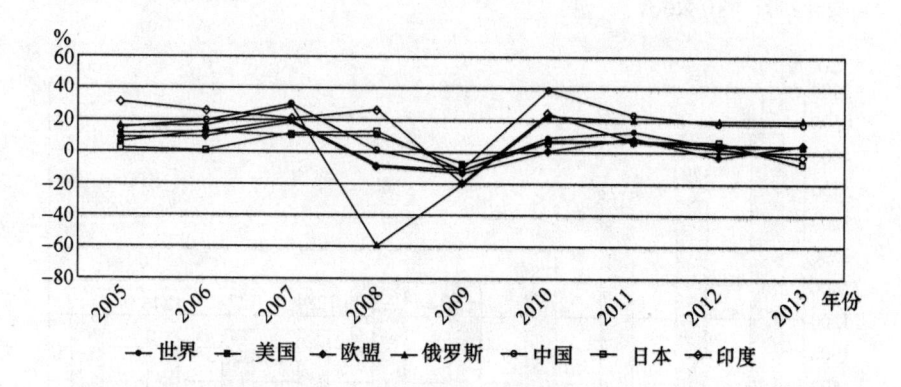

图6-2 2005—2013年世界主要国家服务贸易进口增速

资料来源：WTO数据库。

从世界服务贸易进出口额排名来看，近年来日本虽然不及美国、英国和德国等传统服务贸易强国，但在贸易规模上仍居于世界前列：2013年出口排名世界第8位，进口排名世界第6位（见图6-3和图6-4）。较之前有所下降，主要原因有两个：一是日本受金融危机影响，服务贸易大幅度下滑；二是受日本地震和海啸灾害影响，服务贸易的进口和出口均受到拖累。另外，中国服务贸易迅速发展也是日本位次降低的一个重要因素。值得关注的是，近年来日本服务贸易总额占世界服务贸易总额的比重处于下降状态，2008年为4.3%，2010年下降到3.7%，2012年略有上升,达到 3.75%,2013 年降至 3.4%。

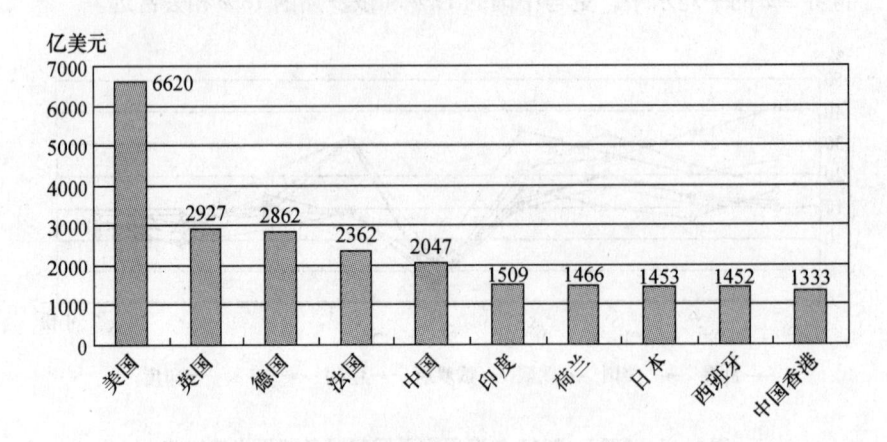

图 6-3 2013 年世界服务贸易出口排名

资料来源:WTO 数据库。

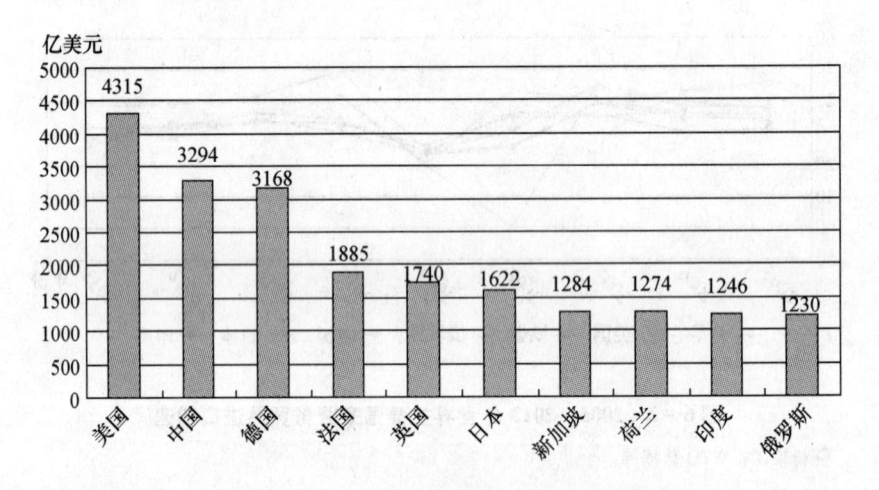

图 6-4 2013 年世界服务贸易进口排名

资料来源:WTO 数据库。

二 日本服务贸易规模、结构及对国内经济增长的贡献

整体来看,日本产业结构经过较长时期的调整与优化,服务业成为主导产业,而服务业的快速发展又带动了服务贸易规模不断扩大,服务贸易日益成为推动日本经济恢复和稳定发展,增加就业,扩大内需的重要力量。

(一)日本服务贸易规模及对国内经济增长的贡献

日本产业结构变迁与其他发达国家一样遵循第一产业下降第三产业上

升、第二产业先升后降的规律。相比之下，在第三产业内部，日本各行业间的变动幅度较小。行业所占比重明显上升的仅有房地产服务业和其他门类；批发零售业、运输通信业、电水气工业均呈下降趋势；政府服务、金融保险、私人服务所占比重变化不大。进入21世纪，日本服务贸易在低迷的日本经济环境下，能够呈现较好的增长势头，主要得益于服务业地位的稳步提高，为服务贸易发展提供了良好的产业基础和内生动力。2000年日本服务业在国内生产总值中的占比为66.2%，2001年升至67.8%，2002年提升到68.4%之后进入一个相对稳定的阶段。2002—2006年，日本服务业占GDP的比重稳定在68.1%—68.4%之间。日本的服务业在GDP中长期保持较高比重，表明服务业已成为日本国民经济的重要产业。世界金融危机爆发以后，日本经济受到严重影响，但日本服务业表现尚可，成为稳定经济、提振市场的重要动力，服务业产值在GDP中的占比进一步超过70%，达到世界领先水平。在这一时期，日本实际GDP增长的90%都由服务业提供。不仅如此，日本服务业在雇用劳动力方面也保持在70%左右的比重，相对制造业雇用人数不断下降，服务业却呈增长趋势，基本吸收了制造业裁减的劳动力，对日本经济发展起到了重要推动作用。

从日本服务贸易拉动国内经济增长贡献来看，2003年日本服务贸易占GDP的比重为4.49%，2005年增加到5.4%，2007年达到最高幅度的6.4%。2009年受世界金融危机影响，这一比重下降至5.4%。近几年，日本服务贸易占GDP的比重有所起伏，2010年下降为5.0%。2012年出现止降回升态势，恢复到5.3%水平。如果从日本服务贸易规模增长来看，近几年呈现稳定增长的态势，服务贸易进出口总额2010年为2928亿美元，2011年突破3000亿美元关口达到3080亿美元，2012年创历史新高，升至3140亿美元，2013年回落到3076亿美元。

（二）日本服务贸易结构

服务贸易结构反映一国的服务贸易整体质量和综合竞争力。进入21世纪以来，日本服务贸易结构变化并不是很大，这与日本服务业生产效率较为低下，长期难有根本性改观有着直接关系，这不仅直接影响到日本服务贸易结构的快速提升，也为日本服务贸易出口的扩张带来了相当大的难度。

1. 服务贸易部门结构

从日本各部门服务贸易的比重来看，运输为第一大服务贸易进出口行业。1999—2013年，运输服务出口在日本服务贸易出口总额中的年均占比达30%，进口的年均占比为27%。进入21世纪以来，运输服务贸易表现较为平稳，贸易额在日本整个服务贸易总额的比重保持在30%左右，但近几年份额已跌破30%。

在日本服务贸易中，专有权利使用费和特许费进出口表现较为强劲。2013年，日本专有权利使用费和特许费出口额为316.2亿美元，为1999年的3.9倍，占比也由1999年的13.32%上升到21.38%。2013年，日本专有权利使用费和特许费进口额为178.2亿美元，为1999年的1.81倍，所占比重为10.86%。专利进出口在服务贸易总额的占比由1999年的10.23%，上升至2013年的15.83%。

在日本，旅游服务贸易占有较为重要的地位，但21世纪后在整个服务贸易总额的占比中趋于下降，特别是近几年下滑更为明显。1999年旅游服务贸易占比为20.57%，2001年下降到17.27%，2007年进一步下降至12.83%，2013年更是降至11.79%。但总体来看，日本旅游服务的出口降速要远远小于进口降速，旅游服务的国际收支有所改善。日本旅游进出口逆差由2008年的170.6亿美元下降至2013年的67.6亿美元，降幅超过50%。

近年来，日本的金融服务贸易发展也较为显著，2013年，金融服务出口45.6亿美元（在服务贸易出口总额中占有3.1%的份额），为1999年的2.28倍，金融服务进口36.2亿美元，为1999年的1.34倍。1999年金融服务贸易在整个服务贸易总额中的比重为2.7%，2005年上升至3.16%，2007年进一步上升至3.51%，2013年回落至2.6%（见表6-3）。

表6-3　　　　1999—2013年日本各部门服务贸易的占比

单位:%

年份	运输	旅游	其他服务	通信	建筑	保险	金融	计算机	专利	其他商业	个人文化娱乐
1999	30.42	20.57	49.01	1.23	5.69	1.28	2.70	2.40	10.23	23.75	0.78
2000	32.62	18.95	48.44	1.06	5.29	1.18	2.55	2.49	11.40	22.57	0.75
2001	32.64	17.27	50.08	1.03	4.97	1.47	2.52	2.35	12.48	23.19	0.87
2002	31.99	17.37	50.65	0.95	4.72	1.64	2.74	1.89	12.36	24.24	0.87
2003	32.09	19.99	47.91	0.77	4.19	2.07	2.99	1.68	12.31	21.77	0.57

续表

年份	运输	旅游	其他服务	通信	建筑	保险	金融	计算机	专利	其他商业	个人文化娱乐
2004	32.12	21.24	46.64	0.46	5.00	1.93	3.03	1.38	12.58	19.97	0.50
2005	31.14	20.45	48.41	0.41	4.90	1.13	3.16	1.46	13.22	21.99	0.50
2006	31.83	13.98	54.19	0.46	6.01	2.43	3.62	1.62	14.09	23.90	0.57
2007	32.57	12.83	54.60	0.57	6.53	1.95	3.51	1.64	14.30	24.25	0.53
2008	31.75	12.17	56.05	0.50	7.86	1.89	2.92	1.51	13.77	25.59	0.41
2009	26.00	12.78	61.14	0.61	8.60	2.13	2.82	1.63	13.87	29.32	0.4
2010	28.57	13.73	57.64	0.57	6.16	2.65	2.24	1.51	15.17	27.29	0.33
2011	28.04	12.17	59.78	0.51	5.94	2.68	2.36	1.69	15.37	29.11	0.32
2012	29.63	13.13	57.18	0.62	5.96	2.17	2.42	1.77	16.01	26.06	0.37
2013	27.72	11.79	60.38	0.71	5.48	2.22	2.60	2.11	15.83	29.49	0.38

资料来源：日本振兴贸易机构网站（www.jero.go.jp）。

2. 服务贸易地理结构

2003年，日本服务贸易十大进口国家和地区分别是美国（323.2亿美元）、英国（83.8亿美元）、韩国（52.7亿美元）、新加坡（48.1亿美元）、中国（47.7亿美元）、中国香港（45.9亿美元）、德国（40.4亿美元）、澳大利亚（30.3亿美元）、法国（29.8亿美元）和中国台湾（28.5亿美元）。从日本服务贸易进口国家或地区看，主要集中在北美、欧洲和亚洲。而美国占有重要地位，日本对美国的服务贸易进口额占日本服务贸易进口总额比重达31%。2012年，日本服务贸易进口贸易额排在前十位的国家和地区是美国（533.4亿美元）、新加坡（115.8亿美元）、中国（98.5亿美元）、韩国（98亿美元）、英国（95.1亿美元）、德国（63.1亿美元）、中国台湾（58.5亿美元）、中国香港（54.8亿美元）、荷兰（43.7亿美元）和瑞士（36.4亿美元）。中国由2003年排名第五位上升至2012年的第三位，占比由2003年的4.4%上升到2012年的5.6%。（见表6-4）

表 6-4　　2003—2012 年日本服务贸易主要进口国家或地区情况

单位：亿美元

年份 国家或地区	2003	2004	2005	2006	2007	2008	2009	2010	2011	2012
世界	1088.1	1318.1	1342.7	1355.5	1502.3	1694.2	1486.9	1574	1674.8	1768
美国	323.2	384.7	405.7	420.1	430.4	463.9	422.3	451.8	508.4	533.4
澳大利亚	30.3	36.4	34	32.3	37.6	36.4	34.7	36.7	29.8	27.9
韩国	52.7	72	74.5	66.2	71.8	82.3	59.1	66.9	80.2	98.0
法国	29.8	33.9	31	27.9	29.9	31.6	28.5	30.4	31.4	27.1
德国	40.4	52.3	54.6	59.3	69.1	70.7	61.2	57.8	59.8	63.1
荷兰	23.2	28.3	28.2	24.4	28.7	34.9	36.2	41.1	46.1	43.7
瑞士	21.6	22.3	22.1	22.5	29.1	31.5	26.7	28.0	30.9	36.4
英国	83.8	97.3	87.6	97.5	109.9	111.6	102.3	98.6	93.7	95.1
中国	47.7	65.2	80	71	81.4	89.4	88.2	89.6	97.9	98.5
中国台湾	28.5	41.4	41.3	36.6	41.6	44.6	37.6	46.6	48.1	58.5
中国香港	45.9	59.4	61.8	54.4	59.5	66.4	48.7	55.0	56.6	54.8
新加坡	48.1	58.8	60.8	67.1	80.9	92.3	70.6	82.1	91.7	115.8
泰国	21.1	28.4	29.3	26.6	27.9	31.0	28.9	30.7	33.8	38.8

资料来源：www.OECD.org.

再从日本服务贸易出口情况来看，2003 年日本服务贸易出口排在前十位的国家和地区为美国（244.9 亿美元）、英国（52.3 亿美元）、中国台湾（41.5 亿美元）、中国（41.4 亿美元）、韩国（41.1 亿美元）、新加坡（39.1 亿美元）、荷兰（33.2 亿美元）、德国（32.9 亿美元）、中国香港（30.2 亿美元）和泰国（18.6 亿美元）。其中，排在前三名的比重分别为：美国 31.5%、英国 6.7%，中国台湾 5.4%。可见，美国对日本服务贸易出口占有绝对优势，而其他国家和地区对日服务贸易出口较为分散。2012 年对日本服务贸易出口排在前十名的国家分别为美国（361.5 亿美元）、新加坡（150.5 亿美元）、中国（137.9 亿美元）、中国台湾（100.6 亿美元）、英国（95.2 亿美元）、德国（65 亿美元）、荷兰（57 亿美元）、中国香港（54.2 亿美元）、韩国（39.5 亿美元）、澳大利亚（31.1 亿美元）。美国仍然牢牢占据第一位（见表 6-5）。

表6-5　　2003—2012年日本服务贸易主要出口国别/地区情况

单位：亿美元

年份 国家 或地区	2003	2004	2005	2006	2007	2008	2009	2010	2011	2012
世界	775.7	975.6	1103	1173.4	1290.3	1487.4	1282.4	1412.8	1455.1	1455.9
加拿大	24.7	24.9	27.1	21.6	21.0	34.5	20.5	21.2	18.3	19.2
美国	244.9	286.9	305.1	328.4	349.1	384.2	360.7	380.6	351.2	361.5
澳大利亚	16.6	17.8	20.4	16.2	16.64	22.5	27.6	26.3	28.2	31.1
韩国	41.1	50.2	63.6	57.8	76.2	48.6	40.1	37.1	34.6	39.5
法国	14	16.7	21.2	17.4	16.7	16.4	19.2	15.5	19.7	18.2
德国	32.9	42.1	45.6	53.3	77.9	114.0	91.3	78.4	77.0	65.0
荷兰	33.2	44.9	40.3	39.3	38.4	42.0	36.6	43.4	54.6	57.0
瑞士	11.7	12.8	11.7	14.7	17.3	27.2	18.6	22.6	24.0	23.9
英国	52.3	73.1	104.7	106.5	119.4	141.2	110.6	119.5	108.5	95.2
中国	41.4	64.4	70.5	75.7	81.6	90.8	78.8	101.7	126.1	137.9
中国台湾	41.5	69.8	71.4	76	90.0	67.1	67.3	92.6	135.5	100.6
中国香港	30.2	35.6	34.7	31.5	2.7	-10.0	-7.2	20.9	35.9	54.2
新加坡	39.1	50.3	63.4	86.3	99.7	139.1	104.7	128.9	147.8	150.5
泰国	18.6	20.9	30.7	37.2	42.2	50.4	25.8	29.6	30.2	26.1

资料来源：www.OECD.org.

（三）服务贸易收支状况

第二次世界大战后，日本大力推行"贸易立国"方针，货物贸易获得了跨越式的发展，日本一跃成为世界上最大的货物贸易顺差国和最大的债权国。然而，与其货物贸易的地位相比，服务贸易发展状况却与其经济地位极为不称。日本服务市场的长期封闭性，不仅拖累了服务贸易的充分发展，而且也牵制了第一产业和第二产业向高端化的发展。目前，日本与主要服务贸易伙伴之间存在着较大的贸易逆差。但在货物贸易方面，日本大都表现为顺差。按照国际货币基金组织1996年《国际金融统计年鉴》的数字显示，日本服务贸易1995年收入为652亿美元，支出1227亿美元，逆差575亿美元；1994年收入为605亿美元，支出为1101亿美元，逆差496亿美元。

1999年受亚洲金融危机影响，日本服务贸易进出口跌入低谷，出口和进口的降幅均超过10%；2000年出口转跌为升，进口虽仍处跌势，但跌幅比上年回落6.9个百分点；自2003年起，出口和进口均呈现波浪式上升趋势。2003—2013年，日本服务贸易出口和进口的年均增速分别为4.3%和2.9%，出口的增势强于进口，服务贸易逆差规模总体呈缩减之势，从2003年的338亿美元降到2007年的212亿美元，2009年进一步缩减至211亿美元，2010年降幅更为明显，服务贸易逆差降至174亿美元，2012年逆差增加到311亿美元，2013年又降至162亿美元（见图6-5）。

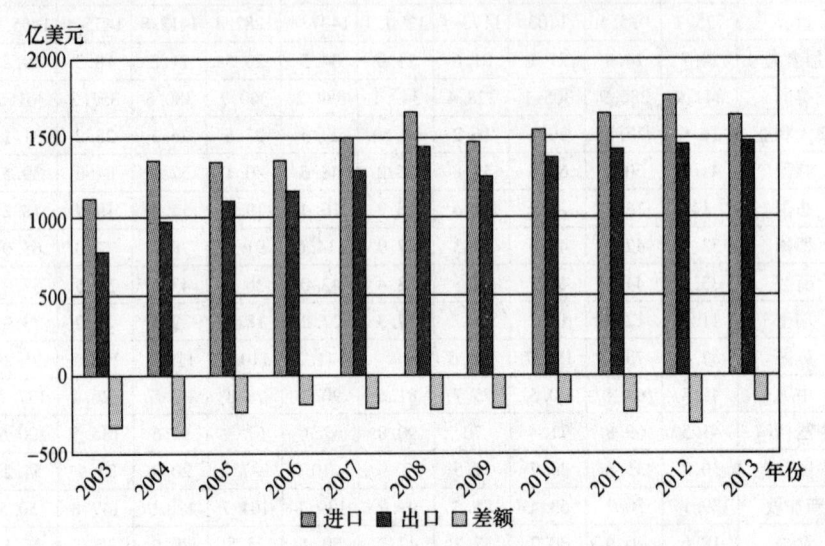

图6-5 2003—2013年日本服务贸易出口、进口和差额

资料来源：www.OECD.org。

在日本服务贸易结构中，建筑、金融、专有权利使用费和特许费进出口收支情况较为理想。2003年建筑行业顺差额为11.8亿美元。随后建筑顺差稳步增长，2013年顺差增加到21.5亿美元。这与日本作为一个岛国的建筑市场特性相一致，也充分显示出日本建筑的国际竞争力。专有权利使用费和特许费贸易顺差增长速度最快，由2003年的12.9亿美元发展到2013年的137.9亿美元，充分体现出日本作为技术强国的国际竞争力不断提高。从日本服务贸易逆差项目来看，旅游、运输和保险居于前三位，2003年三者的逆差分别是200亿美元、52.3亿美元和31.6亿美元。2013年，旅游、运输和保险服务贸易逆差分别为67.6亿美元、74.4亿美元和65.8亿美元。其中，旅游服务贸易逆差呈现波动式下降态势，运输服务贸易逆差波动也较大，保险服务贸易逆差起伏最大，2005年已降至10.6亿美元，随后几年逆差额又逐步扩大，2012年猛增至77.7亿美元，而2013年逆差略降为65.8亿美元（见表6-6）。

表6-6　　2003—2013年日本服务贸易收支分项目统计

单位：亿美元

年份		2003	2004	2005	2006年	2007	2008	2009	2010	2011	2012	2013
服务贸易总额	差额	-312.4	-342.5	-239.7	-182.1	-212.1	-206.9	-204.5	-161.1	-220.7	-312	-161.8
	出口	775.7	975.6	1103.0	1173.4	1290.3	1487.4	1282.4	1412.8	1455.1	1455.9	1479.4
	进口	1088.1	1318.1	1342.7	1355.5	1502.3	1694.3	1486.9	1574.0	1675.8	1768.0	1641.2
运输	差额	-52.3	-69.2	-45.6	-51.9	-70.2	-70.8	-89.6	-75.5	-111.3	-151.8	-74.4
	出口	264.6	321.4	357.9	376.5	419.5	469.7	315.6	389.0	383.2	401.7	395.6
	进口	316.8	390.5	403.4	428.4	489.7	540.5	405.2	464.5	494.5	553.5	470.1
旅游	差额	-200.0	-269.8	-250.9	-184.1	-171.5	-170.6	-148.4	-146.8	-162.4	-133.1	-67.6
	出口	88.2	112.7	124.4	84.4	93.3	108.2	103.0	132.0	109.7	145.8	150.9
	进口	288.2	382.5	375.3	268.8	264.9	278.8	251.4	278.7	272.1	278.8	218.5
通信服务	差额	-1.3	-1.7	-2.2	-3.0	-4.7	-4.2	-4.5	-2.9	-2.1	-2.1	-4.4
	出口	6.7	4.5	4.0	4.4	5.5	6.5	6.7	7.4	7.6	9.7	9.2
	进口	8.0	6.2	6.2	7.3	10.3	10.7	11.2	10.3	9.7	11.8	13.6
建筑服务	差额	11.8	20.6	24.5	27.9	23.9	24	10.1	27.6	32.6	38.3	21.5
	出口	45.5	68.6	72.3	89.9	103.2	137.2	124.5	106.4	109.6	115.9	96.7
	进口	33.7	48.0	47.8	62.0	79.3	113.2	114.4	78.8	77.0	77.6	75.2
保险服务	差额	-31.6	-23.7	-10.6	-29.9	-27.8	-41.8	-42.7	-55.2	-51.6	-77.7	-65.8
	出口	3.8	10.7	8.7	15.8	13.5	9.41	8.68	12.73	16.58	-3.95	1.67
	进口	35.4	34.4	19.3	45.7	41.3	51.2	51.4	68.0	68.1	73.8	67.5

续表

年份		2003	2004	2005	2006	2007	2008	2009	2010	2011	2012	2013
金融服务	差额	13.0	17.5	23.7	31.6	26.0	14.7	17.7	4.6	7.6	14.2	9.4
	出口	34.7	44.1	50.7	61.5	62.1	54.5	48.2	36.1	41.1	46.4	45.6
	进口	21.7	26.5	27.0	29.9	36.1	39.8	30.5	31.5	33.5	32.2	36.2
计算机和信息服务	差额	-10.3	-11.5	-13.2	-21.6	-26.3	-30.1	-29.1	-25.2	-30.2	-31.4	-32
	出口	10.7	10.4	11.3	9.7	9.7	9.5	8.7	10.5	12.0	13.6	17.9
	进口	21.0	21.9	24.4	31.3	36.0	39.6	37.8	35.7	42.2	45.0	49.9
专有权利使用费和特许费	差额	12.9	20.6	29.8	46.1	65.6	74	48.4	79.1	99	120	137.9
	出口	122.7	156.9	176.2	201.0	232.2	256.87	216.69	266.83	290.58	318.9	316.20
	进口	109.9	136.3	146.3	155.0	166.6	182.92	168.31	187.74	191.58	198.97	178.27
其他商业服务	差额	-50.6	-27.2	8.2	9.3	-19.2	6.5	36.1	33.1	-5.2	-90.3	-84.7
	出口	180.6	218.8	273.5	307.0	329.0	410.8	424.7	424.7	453.7	375.2	418.1
	进口	231.2	246.0	265.2	297.7	348.2	404.3	388.6	391.6	458.9	465.5	502.4
个人、文化娱乐服务	差额	-8.0	-10.1	-10.2	-11.6	-11.6	-10.7	-8.9	-7.9	-8.2	-10.2	-9.7
	出口	1.4	0.7	1.0	1.4	1.6	1.5	1.6	1.5	1.6	1.8	1.6
	进口	9.4	10.8	11.1	13.0	13.2	12.2	10.5	9.4	9.8	12.0	11.3
别处未提及的政府服务	差额	4.1	11.7	6.7	5.0	3.7	2.1	6.6	8	11.1	12.3	7.5
	出口	16.8	26.8	23.2	21.6	20.6	23.1	24.2	25.8	29.6	31.0	25.9
	进口	12.7	15.0	16.5	16.5	16.8	21.0	17.6	17.8	18.5	18.7	18.4

资料来源：日本振兴贸易机构网站（www.jero.go.jp）。

第二节 日本服务贸易发展的历史演变和主要特点

日本服务贸易的发展历程与战后日本产业政策的实施有紧密联系。与其他西方国家相比，日本服务业和服务贸易具有较强的后发性，并在国家政策的引导和推动下发展十分迅速。但受日本整体的产业结构影响和制约，在服务业和服务贸易发展过程中，遇到了固有的体制性、制度性障碍，发展并非一帆风顺，其中既有成功的经验，也有失败的教训。

一 日本服务业的发展历程

战后日本经过经济复苏后，日本政府实施以大力发展重化工业来带动经济腾飞的政策，从而促进日本经济在较短时间内一跃跨入世界经济强国之列。但进入20世纪70年代后，日本经济发展的国内国际环境发生了巨大变化：一是经济高速增长带来的体制性和结构性矛盾日益凸显，包括经济失调、生态环境恶化、生产集中带来城市人口拥挤，城市化带来公共基础设施不足以及通货膨胀不断加剧等"增长的代价"集中暴露出来；二是日本国际收支顺差扩大导致国际贸易摩擦频繁以及日元面临严重的升值压力，"大量生产"、"大量流通"和"急风暴雨式出口"模式难以为继，而1973年和1979年的两次石油危机又对日本经济形成了重大打击。

为走出经济发展困境，日本政府开始实施新的产业政策，对现行经济结构进行重大调整。一是加大节能技术和高技术开发，发展节能产业。制定了《公害损害健康赔偿法》、《自然环境保护法》，重点产业选择标准中增加了"过密环境标准"和"劳动内容标准"，加快"工业化型结构"向"后工业化型结构"转换。二是加快"高加工度化"、"知识集约化"和"产业高位化"。1970年公布的《70年代的通商产业政策》（70展望）提出，产业结构将从以资本密集程度高的重化学工业为中心转向以知识密集程度高的加工装配工业和第三产业为中心的结构。1975年公布的《产业结构长期展望》（75展望）进一步加大了对尖端技术和"服务型经济"的扶持政策力度。1980年公布的《80年代的通商产业政策》（80展望）提出，建立以尖端技术领域为中心的产业结构。1978年制定的《特定机械产业振兴临时措施法》明确规定加强对集成电路、电子计算机、飞机等产业的扶持，对尖端技术领域的开发提供政策补贴、税收和金融优惠。三是对石油危机之后处于衰退的产业，为了防止过度竞争，政府于1978年5月制定了《特定产业安定临时措施法》，允许成立"萧条卡特尔"，帮助停产转产，鼓励海外转移。

在日本产业政策的引导和刺激下，原来失衡的产业结构得到了明显优化。1970年，日本第三产业在国内生产总值中的比重仅为47.3%，到了1988年已升至56.1%。第三产业的总就业人口约500万人，其中约60%从事商品批发和零售业，30%从事饮食服务业，其余的10%从事金融、保险、不动产、运输和通信业。服务业已经成为日本经济发展的支柱性产业。

日本在20世纪80年代初期开始实现"服务经济化"政策，其主要标志是服务产业的就业人数占总就业人数突破50%。在整个80年代，日本产业政策的一个侧重点是大力发展"新服务业"。所谓新服务业，主要指以下四个领域的服务业：一是"精神的、知识的服务业"，包括文化中心、图书馆、影剧院、旅游俱乐部等；二是"家务代理服务业"，包括24小时营业的便利商店、家庭餐馆、饮食配送店、配菜送货上门店、婴儿旅馆等；三是"健康服务业"，包括健身俱乐部、体育场馆、户外活动社、医疗服务社、健康食品公司、健康器具公司、健康咨询公司等；四是"安全服务业"，包括综合保安公司、家庭保安服务公司、家庭医疗急救服务公司等。日本新服务业的明显特点是服务内容广泛、服务方式灵活、服务贴近人们生活，深受广大城乡居民的欢迎。

20世纪90年代以后，随着经济全球化的迅猛发展，世界经济格局发生了巨大变化。日本作为战后后起的发达国家之一，由于泡沫经济崩溃和日元持续升值等因素的影响，经济持续衰退。为重振经济，日本政府进一步加大了经济体制改革和经济结构调整力度。在这一时期，不同产业的增长形势的差异明显扩大，第三产业规模进一步扩大，服务业成为稳定和拉动经济增长的重要动力。从三大产业来看，1990—2000年，第三产业的年均增长速度虽然低于70年代和80年代，但是仍然保持了年均2.5%的增长速度，是拉动GDP总体实现增长的积极因素。与此相反，同期第一产业和第二产业的年均增长速度均为负增长，成为造成总体增长水平明显降低的主要影响因素。

在1990—2000年期间，日本的主要产业发展态势可以划分为以下几种类型：第一类是增长快于80年代或90年代平均水平的产业，主要包括政府服务业和运输及电信业。政府服务业在这期间年均增速达到2.3%，虽然低于70年代，但高于80年代的年均增速。运输及电信业在90年代的年均增速达到2.4%，虽然低于80年代增速，但是略高于70年代年均2.3%的增速。这与90年代以来全球范围内IT产业带动下快速发展的信息产业有直接关系。第二类是增速明显回落，但是仍然保持了高于经济总体增速的产业。包括电力水供应业、批发零售业、金融保险业、房地产业、服务业等，其中多数属于第三产业。第三类是增速明显低于总体平均增速甚至出现负增长的产业。主要是农业、矿业、制造业和建筑业。1998年，第三产业收入就已经占到所有产业总收入的61.17%，远远超过1970年的47.3%，真正成为日本经济发展的主要来源。

进入21世纪，日本仍将深化产业结构调整作为促进经济持续平衡发展的重要策略。2000年通商产业省发表《21世纪经济产业政策的课题与展望》认为，支撑日本半个世纪发展的"自给自足式"经济模式已经不适应新时代的要求，而应当建立一个"更开放的、相互联系的模式"，将未来的可持续发展产业重点放在技术创新、信息产业、老龄化社会服务和环保产业上。自2001年初开始，日本积极实施了"电子日本"（e-Japan）战略，极大地推进了信息服务业的发展。而日本现代物流业的发展也日趋完善，它能为企业提供完整的物流系统服务。而信息服务业、现代物流业等行业的发展又促进了通信服务、金融服务、计算机和信息服务以及其他商业服务等领域服务贸易的增长。

2000年，在日本按照大类分组的行业中，服务业和批发零售商业、房地产业的增加值所占比重最高，合计占全部增加值的45.9%。2000年各主要产业的比重与1990年比较，可以说明20世纪90年代产业结构变化的趋势和特点。第一，在GDP中比重上升幅度最大的行业是批发零售、金融保险、政府服务、房地产、运输、通信等行业，全部属于第三产业，表明这一时期结构变化的主要特点是第三产业的地位明显上升。第二，制造业、农业、建筑业、矿业等行业的比重有所下降，其中建筑业的下降幅度达到3.7%，在所有行业中下降幅度最大，其次是制造业。说明90年代日本泡沫经济破灭后，民间建筑投资尤其是住宅建设投资一蹶不振，成为制约经济增长的主要因素之一。制造业也因为国内消费需求收缩和出口增长放缓等因素的影响面临调整压力。第三，政府服务和居民非营利服务、电力煤气供应等公共服务类行业的比重有所上升，说明在通货紧缩条件下，民间产业部门的经济活动增长缓慢，地位下降，公共支出在经济增长中的作用有所加强。从以上特点可以看出，在经济持续低迷的背景下，日本的民间产业部门增长放缓，公共支出对经济增长的带动作用提高。而日本制造业大国地位逐渐发生了变化，传统产业的竞争力面临挑战和竞争压力，服务业的地位明显上升，经济转型的趋势加快。

进入 21 世纪后，日本经济重新进入了恢复性增长阶段。截至 2005 年日本的 GDP 已经连续 6 年实现增长，年均增长速度达到 1.5%，其中 2000 年、2004 年、2005 年的三年中实际增长速度都在 2% 以上。这一期间，日本加快了结构调整和改革进程。首先，将消费结构升级作为带动消费增长的主要来源。例如采取增加节假日，刺激旅游和其他相关服务消费的措施。2001 年日本政府修改"节假日法"，合理增加法定假日，方便外出旅游或各种休闲活动，向居民提供更为宽松的各类假日服务消费机会，以刺激酒店、餐饮、交通、通信等服务消费的快速增长。其次，在政府重点支持 IT 产业发展的产业政策引导下，夏普、东芝、NEC 等电子厂商投入巨额资金用于扩大数码关联部件生产，带动了可录放 DVD 机、超薄电视、数码相机、可视移动通信工具等新产品技术开发和生产，刺激了内容服务和通信服务消费，适应了居民消费结构升级的需要，为新的商品和服务消费增长提供了动力。

日本政府在 2006 年颁布实施的"新经济成长战略"中提出：要依靠服务业与制造业双引擎带动日本经济实现可持续发展，重点发展商务服务业、内容产业、健康服务业、旅游业等服务业。为此，日本政府通过建立服务业研究中心，完善服务业统计体系，协助拓展服务业领域和国际市场，扩大服务业需求，制定政策措施推动服务人才培养和信息通信技术应用，大力提高服务业的劳动生产率和服务质量。

综合来看，2000—2005 年，日本产业结构变化的特点主要表现在以下几个方面：一是服务业、运输通信、金融、保险等行业作为重要服务产业，具有持续增长的潜力，在国民经济中的地位明显上升，并带动整个第三产业比重提高到占 GDP 近七成的水平；二是受益于国际国内市场需求增长，制造业作为国民经济支柱产业之一的地位在这一时期有所上升，但成长潜力低于第三产业中的服务业；三是电气机械、运输设备、普通机械作为制造业中支柱产业的地位进一步加强，也是这一时期最具成长性的行业，对制造业保持国民经济支柱产业地位发挥了重要作用；四是目前仍然以巨大产业规模为背景高居支柱产业地位的批发零售商业、食品等传统行业，由于比较优势的变化，正在面临结构调整的压力，产业成长性表现不佳。总之，第三产业作为经济增长中心的地位进一步加强。

  与其他西方发达国家一样，日本第三产业无论是在实际GDP占比还是雇佣劳动力方面都呈稳步发展态势。近年来，日本服务业占实际GDP的比重一直保持在70%左右，雇佣劳动力也保持在70%左右；在雇佣方面，相对制造业雇佣人数不断下降，服务业却呈增长趋势，基本吸收了制造业裁减的劳动力，对日本经济发展起到了重要的推动作用。面对老龄化社会的到来，人口减少、劳动力缺乏、服务经济化一些新形势，2006年6月日本政府制定并公布了《新经济成长战略》、2008年发布《制造业、信息业、服务业产业政策》以及今后10年发展服务业的部分政策措施评估报告。提出要通过创造并扩大消费者的潜在需求，开展提升劳动生产率运动来促进日本服务业的发展。并根据日本的国情和优势，确定今后要重点发展以对人服务为中心的"生活充实型服务业"和以提升制造业竞争力为中心的"事业充实型服务业"。前者主要指与健康、保健、育儿、旅游、餐饮娱乐、内容产业等相关产业；后者主要指生产性服务业，包括流通、物流业。根据日本"国民经济计算"结果，2009年，日本服务业占其实质GDP的比例由2000年的69.8%升至74.9%。另外，根据总务省统计局"国势调查"结果，服务业占日本就业总人数的比例从2000年的65.5%升至2010年的70.2%。2012年，日本第三产业产值42729亿美元，占其实质GDP比重达到75.4%，服务业占日本就业总人数达71.4%。

  2000年至今，日本政府相继制定出"经济成长战略大纲"、"未来开拓战略"、"新成长战略"、"日本再生战略"，这些规划和战略的重点，均旨在促进日本服务业发展。如作为推进"安倍经济学"重点措施的"日本再兴战略"，着重提出今后产业促进的重要领域包括观光旅游、医疗、社会福利、金融、教育及人才培育等服务业态，期望通过服务业的发展来摆脱通货紧缩的困境，以达成2%的经济增长目标。但日本服务业在发展过程中，始终受制于日本经济固有和内在的制度、体制等因素影响。特别是日本服务业经过量的增长和扩张后，质的提升较为缓慢，表现不尽如人意，无论是传统服务业还是新兴服务业在国际市场的地位，均面临着西方国家和新兴经济体的严重挑战。

二 日本服务贸易发展的演进及特点

战后相当长的时期内，日本对外贸易体现为货物贸易一方独大，服务贸易被忽略不计。这样为日本服务贸易发展留下了先天不足的隐患，服务市场封闭和服务出口能力低下以及体制上的僵化，一直成为困扰日本服务贸易发展的主要障碍。

（一）战后日本服务贸易的发展

第二次世界大战后，日本实行的是出口导向型外贸战略。随着日本经济的高速发展，原材料进口和产品出口成为推动日本经济快速发展的重要支撑。在"贸易立国"的国策支持下，日本的重化工业、加工业与货物贸易相互作用、相互促进，形成合力，共同创造出"日本经济神话"。而与发达的第二产业和货物贸易相比，日本的第三产业和服务贸易发展则处于相对滞后状态，导致服务贸易起步较晚，支撑服务贸易发展的产业基础较为薄弱。较之其他西方国家，日本服务贸易无论在质量上还是在国民经济的地位中都处于明显的劣势。日本服务贸易在20世纪60年代开始起步，当时主要围绕和促进货物贸易出口而零星展开。

日本1980年的服务贸易总额为187.60亿美元，1990年上升到416.84亿美元，是1980年的2倍多。到了20世纪90年代，虽然日本的服务贸易不及货物贸易的规模和发展速度，但一直居于世界服务贸易出口的前五名之列。2007年日本服务贸易出口额达到1291.04亿美元，占世界服务贸易出口总额的4.2%，同比增长11%，列居世界第四位。国际货币基金组织1996年《国际金融统计年鉴》的数字显示，日本服务贸易1994年收入为605亿美元，支出为1101亿美元，逆差496亿美元。1995年收入为652亿美元，支出1227亿美元，逆差575亿美元。这种状况在西方主要发达国家中表现得相当落后。

1997年亚洲金融危机爆发，1998年和1999年日本服务贸易出现了较大的滑坡，进入2000年后，服务贸易出现了回暖的迹象，服务贸易总额从2003年的1863亿美元增加到2013年的3120亿美元。2003—2013年11年间，日本服务贸易规模不断扩大，总量不断增加。其中，出口额由2003年的775.68亿美元扩大到2013年的1479亿美元，增幅为91%。进口额由2003年的1088亿美元扩大到2013年的1641亿美元，增幅为51%。这期间，日本的服务贸易出口规模迅速扩大，进口规模基本维持稳速增长,这也是导致日本服务贸易进出口的比重不断趋于平衡的原因。伴随着服务贸易出口规模的不断扩大,日本服务贸易逆差差额不断减少,从 1999 年的 541.89 亿美元降到 2007 年的 211.75 亿美元。

世界金融危机以来,日本服务贸易进入稳步增长期,2010 年日本服务贸易进出口总额为 2927.9 亿美元,世界排名第五,其中出口 1375.6 亿美元,排名第六;进口 1552.4 亿美元,排名第五。服务贸易逆差进一步减少为 176.8 亿美元。2012 年日本服务贸易总额增加到 3140 亿美元,但排名有所下降,由前几年连续排名世界第五下降到排名第六。近两年日本服务贸易世界排名被挤出世界前 5 名,主要原因是中国服务贸易显现出的强劲的后发优势,继货物贸易总量、经济总量之后,服务贸易总量又超过日本。虽然目前日本已跌落出长期保持的服务贸易世界排名前 5 名的位置,但作为世界服务贸易大国和强国的地位仍无法撼动,其服务产业和服务贸易的核心竞争力仍居世界前列。

(二)日本服务贸易的主要特点

日本的服务贸易长期处于逆差地位,表明日本服务贸易国际竞争力相对于其他发达国家较弱,这就决定了日本在服务贸易政策选择上相对有限。在服务市场开放的进程中,日本政府一方面承诺开放市场,另一方面则坚持逐步开放的原则。但在欧美国家不断的压力之下,日本也成了少数几个承诺在 100 多个服务贸易领域放宽限制的国家之一。由于日本服务业国际竞争力相对较差,日本政府一方面大力促进服务业出口,另一方面对国内服务市场采取一定的保护措施,实行渐进式的开放。

(1)日本服务业国际竞争力相对低下不在于服务业本身。日本服务贸易存在长期和持续性的逆差,这与其服务业国际竞争力低下有着直接关系。实际上,决定日本服务业国际竞争力的因素主要并不在于服务业本身,因为目前日本服务的发展规模、质量和水平与其他发达国家不相上下,总体来看已居于世界领先水平。影响日本服务业国际竞争力的不是服务产品本身,而是服务产品的价格。在日本,受资源、地租和劳动力成本等因素影响,商品价格和服务价格始终远远高于国际市场平均价格,甚至大大高于主要发达国家同类产品的价格,这就导致日本服务产品虽然优质,但价格过高而失去了相当一部分市场,特别在世界经济处于不景气时期及在发展中国家市场上,高昂的价格导致日本服务产品很难占有更高的市场份额。这种现象被一些日本学者称为"日本病"。而这种深深根植于日本经济肌体的"日本病",很难通过经济体制改革和经济结构调整来根治,这也是日本服务贸易多年来出口小于进口,国际收支难以有效根本改善的主要原因。

(2) 日本服务业的国际产业链具有封闭性特征。长期以来,日本政府大力鼓励企业开展服务产品出口和服务业海外投资,但在构建服务业国际产业链中,大都以本国海外生产基地为中心,将服务贸易作为连接国内产业和海外产业的纽带,遵从和服务于日本整体国际分工布局的需要,从而形成封闭性的经济体系。在这种经济体系中,很多生产性服务和生活性服务的贸易转化为产业内贸易。特别是具有制造、贸易、研发和金融等多种功能的日本综合商社,企业内贸易在服务贸易中占有很大比重。一些日本企业利用本国服务产品价格与东道国服务产品价格的差异,在产业内贸易中大做手脚,获取高额利润。

(3) 日本服务市场无形壁垒仍然较多。日本服务市场虽然实行的是渐近式开放政策,但从20世纪后期欧美开始对日本商品市场和服务市场开放持续性施压,迫使日本政府大幅度放宽市场管制,服务市场的开放度已经很高。比如在交通运输领域,日本已成为世界上最开放的国家之一。在公路运输中,已开放的业务包括货物运输、公路运输设备的保养和维修、仓储服务(有关石油和石油产品除外)、货物管道运输服务(燃料除外)等。在海上运输方面,货物代理早已放开,对外资出资比例也取消了限制,明文规定的歧视性原则并不明显。但这只是表面现象,在市场管制放宽和关税壁垒消除的情况下,很多国外服务产品和直接投资在进入日本市场过程中仍然障碍重重,不时遇到防不胜防的软障碍。在现实中,日本企业间以及企业与行业组织间通过交易惯例、商业习俗、特有的企业组织结构和价格形成方式等,结成了团结一致、共同对外的防御网络,使国外服务产品和投资在日本市场步履维艰。比如很多海外企业不知道如何与日本的政府、雇员进行沟通,很多在日本企业看起来很容易做到的事情,海外投资者却难以企及。目前,日本政府已深刻认识到日本服务市场闭锁性的负面影响,力图通过"将日本打造成最适合做生意的国家",破除这些无形壁垒。

第三节 日本服务贸易自由化

日本在服务贸易自由化过程中采取的是由保护到渐进式开放的政策,由于日本在服务贸易自由化过程中所处的国际环境和经济发展历程,是与目前中国经济发展状况相似的,因此日本服务贸易自由化的发展经验可以为中国服务贸易的发展提供借鉴。本节从政策和重点领域两个层面来探讨日本服务贸易自由化。第二次世界大战后,日本度过经济恢复期后,确立了"贸易立国"的战略,当时的贸易主要以货物贸易为主,而服务贸易规模有限,只是作为货物贸易的附属,围绕加大促进货物贸易出口而展开。20世纪70年代,随着日本经济结构的不断调整和完善,国民消费水平大幅度提高,不仅对生产性服务的需求不断扩大,生活服务需求也急剧增长,推动了服务产品的进出口总量的增加,服务贸易的地位显著提升。特别是20世纪70年代中期以后,日本推行"贸易自由化"政策后,日本政府开始放松对服务贸易的管制。到20世纪90年代,日本逐步由制造业支撑的货物贸易为主,向服务贸易转型,服务贸易自由化水平不断提高。总体来看,日本服务贸易政策的演变主要经历以下三个阶段:

第一阶段,政府管制阶段。1955年日本加入CATT,日本经济全面纳入世界经济体系。日本为了兑现加入CATT的承诺,被迫有限度地开放市场。但为了缓和贸易自由化带来的冲击,又采取了一系列有针对性的措施,加强政府管制,保护本国的弱势产业和弱质企业。日本政府在服务市场准入方面设置了重重关口,确立起政府主导型的服务贸易政策体系。日本政府对服务贸易和服务市场的管理主要以法律、法规方式体现,包括如银行法、保险法、外汇及外贸管理法、外汇管理令、旅游法、公共会计师法、海上运输法等法律,以及关于报告航空公司事业收支的大藏省省令、关于报告轮船公司事业收支的大藏省省令等一系列行政法律和法规。在这一阶段,日本政府对服务贸易政策的特点主要体现为:在日本高度封闭的经济中,服务市场更为封闭,国内服务市场是政府管制与政策保护的重中之重。

第二阶段,政府管制放松阶段。20世纪70年代中期开始到90年代中期,日本推行贸易和投资自由化政策。在这一阶段,日本对已有的服务贸易政策进行了一些调整与修改，在遭受两次石油危机冲击后，日本开始将放松规制作为政府一项重要任务正式提出。一方面，政府对服务出口和服务机构向海外发展采取力度更大的鼓励性措施；另一方面，从对外国服务产品和外国服务业投资的规制来看，在放松政府管制的同时，也附加了相应的保护性措施。

以银行业为例。当时，尽管日本对外国银行的进入也放宽了限制，但外国银行在日本的机构数量以及金融业务等处处受到日本政府的控制，外资银行当地筹资比率不及日本银行的1/2。总体来看，政府在金融领域逐步放松管制，但由于日本极力规避自由化给本国金融业带来的冲击，一直采取渐进式的改革，并没有触及金融体制。再从日本零售业市场开放来看，长期以来日本政府通过《大店法》来保护本国企业特别是中小商业企业。日本政府一方面组织协调竞争力较差的中小商业企业和个体商店联合起来，实行规模经营，增强竞争力，以对抗大型百货商店和连锁商店的扩张和挤压；另一方面《大店法》还规定设立大型商业零售企业，必须征得所在地中小商业企业和个体商店的同意，只有经过协商并达成协议后，地方政府才批准其成立。1991年以前，受《大店法》限制外国零售业很难进入日本市场，1991年后，日本对开设大型百货商店的限制放宽，准许一定数量的符合条件的外国零售商业进入日本，但是受到《大店法》反垄断条款的约束，不准外国零售商在日本设立超过规定营业面积的企业。正因为这一限制，把许多国际零售商业巨头拒之门外。

与货物贸易相比，对服务贸易的自由化日本政府依然较为保守谨慎，尤其是对外国服务提供者，依然存在较多管制类措施。当然，日本政府也相应采取一定的措施试图改变这种状况，如1993年的《紧急综合经济对策》中明确提出放松服务业管制。[①]

总体来看，进入20世纪90年代，日本服务贸易政策的特点是放松管制，主要表现为减少、取消或简化政府在商业活动中的法规，以鼓励竞争。涉及信息技术、竞争机制、法律体系、经济服务、教育、医疗服务、福利和儿童保健、劳动力市场、农业、分配、能源、住房、交通、环境、安全，以及标准等行业。

第三阶段，适度开放阶段。20世纪90年代中期以后至今，日本加大

---

① 徐梅：《日本规制改革》，中国经济出版社2003年版，第91—99页。

国内服务市场开放力度。这一时期，日本经济发展虽然时有起伏，但总体而言依然低迷。欧美诸国与日本的贸易摩擦开始加剧，在内外交困形势之下，日本政府开始加快体制改革步伐，加大国内市场开放力度，松动贸易与投资规制，尤其1997年亚洲金融危机后，日本政府宣布了一系列旨在减少服务业规制壁垒以及加强服务市场稳定性的措施，涉及电信、国内航空改革、证券市场自由、土地使用配置的调整、金融市场稳定等方面。

1998年日本金融体制全面改革正式进入实施阶段，日本政府从放松资本交易，推进资本交易自由化，打破业界限制，修改垄断法，改革监管机制等方面入手，加大金融市场开放水平，推进金融市场与国际全面对接。同年，日本政府承诺在年底前实现人寿保险和非人寿保险市场自由化。2001年日本大幅度修改《旅游业法》，新法除对外国人在日本兴建旅游设施有所限制外，在国民待遇和市场准入等方面全面撤销管制，国外公司或团体通过资格考试后便可开办旅行社。旅游业的开放领域还包括宾馆和饭店服务、餐厅服务、旅行社和旅游经营者服务、导游服务等。2004年3月，日本公布"加快规制改革三年计划"。2005年3月，日本对其进行了第一次修改。其中包括引进市场测试系统，引进公开投标制度。2006年3月，日本政府对该计划进行了第二次修改。这次修改扩大了放松管制的范围，逐步减少对主要服务部门的外贸管制。[①]

近几年来，面对世界金融危机后新的世界经济格局，日本政府以大力发展服务贸易为抓手，通过服务贸易出口的增长力量，弥补货物贸易出口增速下降的压力，实现服务贸易与货物贸易相辅相成，双轮驱动；同时，以开放服务市场为重心，着力构建国际协调型的贸易政策体系。

第四节 日本服务贸易管制

日本服务贸易体制与日本货物贸易管理体制一脉相承，对促进日本服务贸易快速发展起到了有效性和持续性的支撑作用。但进入21世纪以来，全球服务贸易发展在科技进步的推进下，规模迅速扩张，结构也在急速调整，国际服务市场的产品结构和竞争格局处于不断变化之中。日本政

---

① WTO. Trade Policy Review Japan 2007. Geneva：World Trade Orgnization，2007：175.

府主导型的服务贸易管理体制的僵硬化日益显现出来,政府政策引导与市场千变万化的形势出现错位,这一方面要求日本政策导向更为科学和更为具有预见性,另一方面也需要对日本现有的服务贸易管理体制进行反思。

日本是发达国家中对服务贸易管制较严格的国家。近年来,日本一方面对服务贸易领域的管制进行改革,积极倡导贸易自由化政策,放宽进出口限制,服务贸易准入环境总体上有所改善;另一方面又在某些行业设置服务贸易壁垒,保护本国产业,防止国际服务产品和投资对日本市场造成过度冲击。日本主要是通过立法进行限制和采取各种措施限制外资的经营行为,从而达到对服务市场进行贸易管制。

(一)海运服务业

根据日本《船舶法》的有关规定,日本国内海运市场原则上只对日籍船只开放,虽然不限制外国企业对国内海运事业的直接投资,但必须在日本国内设立企业后方可进入该行业。目前日本对海运企业外资出资比例上没有限制;但对外资公司获得船籍有限制:一是船公司总部必须设在日本。二是公司董事必须全部是日本人;外方代表或外方表决权占1/3以上的公司,在利用船舶或者航空器从事国际货物运输时,适用不同于日本人或日本法人的许可制度。三是在现行港运体制中,外国船公司只能租用码头,无权经营码头的装卸等业务,这给外国船公司的经营造成了障碍。另外,根据日本的事前协议制度,船舶公司在新开航线、增加停靠港和更换船名时须向该协会提出申请。该协会接到申请后与中央及地方的码头工会进行"事前协议"。这导致日本港口装卸费较高,并且外国航运公司无法自由选择服务水平较高、费用相对较低的装卸公司。四是外资货运代理公司签发提单问题。如日本对外商独资的货运代理公司使用对等原则,即如果外商政府不批准日本在其国内独资代运公司签发提单,则日本也不同意外商独资货代公司签发提单。五是在港口装卸服务方面对外资的限制,按日本的现行港运体制规定,外国船公司只有同特定的日本装卸公司建立长期合作关系才可以进入日本码头装卸服务市场。这一规定排斥了新从业者的加入并且增加了外国从业者的成本,因此目前在日本的大多数港口都没有外国公司从事装卸业务。

(二)金融服务业

尽管日本金融服务竞争力相对较强,但是政府对金融服务的管理却并不放松。20世纪90年代以来，随着美国等发达国家施加压力的增大和国际金融市场趋于同质化、一体化，以及长短期金融市场、国际市场和国内市场之间的联系进一步加强，迫使日本政府逐步对外开放金融市场，随之日本的外国金融机构的数量和业务也出现了较大增长。但是，尽管外资进入日本金融服务业在法律上的限制大幅度减少，且外国投资者完全享受国民待遇，但由于日本市场存在很强的行业壁垒以及一些特有的商业惯例，外资真正进入日本市场并不容易。特别是日本的金融检查制度在实际运用中有时也会对外资金融企业造成实质上的影响。日本还对外资银行加入日本国债托管和清算系统会员资格规定了不合理的限制，日本政府在依托管理服务领域存在非审慎性的措施，如规定投资依托管理服务必须由在日本注册的法人机构提供；外资银行的分支机构吸收存款未纳入到日本存款保险的覆盖范围内。

（三）建筑与工程服务业

日本是一个岛国，其建筑与工程服务市场具有天然的封闭性，加之日本政府对该市场的严格管理，导致市场准入机制极为繁杂，使日本建筑与工程服务市场基本处于"孤岛"状态。由于日本劳动力缺乏和建筑工程领域人工成本过高，对国外劳务一直有着强劲的需求。而日本的《出入境管理》规定：禁止单纯劳务进入日本市场，只允许中标的外国建筑公司的管理、技术人员和工人赴日。但这项规定的用人权掌握在日本公司手里，劳务输出国相关机构很难插手和操作，只能转包给日本建设商委托的本国中介机构办理。另外，日本建筑业的管理机制为纵向管理体制，由中央政府和各地方都道府县垂直管理，表现为政府行政力量对市场活动有着极强的干预力，导致市场制度僵硬化和市场的封闭化。

（四）电信服务业

日本政府长期以来对电信服务业始终保持较为严格的管理方式。日本该服务业的相关法律主要由《日本电信商法》、《日本电气通信事业法》、《日本电报电话公司法》等一系列法规所构成，表现为法律管理规范，法律条例严密，法律监管严厉。长期以来，日本的电信服务业属于垄断行业，日本电报电话公司（NTT）便是这一行业中的垄断性龙头企业。日本邮电省为了打破电信服务市场过于封闭状况，逐步松动对电信业的管制，取消用户收费授权的办法，并于2000年5月出台了《电信企业法》，其目的在于通过法律规范引入竞争机制，搞活电信服务市场，并通过日美超高速国际互联网络技术和国际联合试验的开展来提高电信服务市场的国际化水平，但效果并不尽如人意。2006 年 4 月，日本又推出电信服务基金制度改革措施，以补贴那些提供电信服务的运营商，用以提高国内企业的国际竞争力和促进电信服务贸易的发展。

（五）会计服务业

日本的会计服务市场较为封闭，存在一系列的管理壁垒和市场准入壁垒。日本法律规定，只有获得了注册公共会计师（CPAS）资格的个人或审计公司才能提供受管制的会计服务。如果一名外国会计师想成为日本的注册会计师，就必须通过一个专门为外国人设立的考试后，经过审查合格才能获得从业证书。但是，日本相关部门对于举办针对外国从业人员资格认证的考试并不热心。另外，按日本相关法律规定，只有日本注册会计师才可以建立、拥有审计公司或成为其董事，而外国注册公共会计师仅能受雇于日本的审计公司，但不能单独进行审计活动。

（六）法律服务业

日本目前对外国律师在日本提供国际法律服务设有多种限制。如对外国律师设立专业公司进行限制，对没有设立专业公司的外国律师不允许其在日本境内设立多个分支机构；对申请外国法律顾问许可要求有三年执业经验，但未把该律师所有执业时间都计算在内，而且外国法律顾问新申请的注册程序过于繁复和冗长。日本法律和日本律师协会还对日本律师与日本境外律师合伙从事国际法律服务规定了限制。外国法律顾问目前尚不能提供非诉讼纠纷解决方式，并且不能在日本境内的国际非诉讼纠纷解决方式程序中代理当事人。

（七）邮政服务业

长期以来，日本对邮政服务市场一直监管较为严格，市场开放度较低。进入 21 世纪以后，一方面，欧美等国强烈要求日本政府放松管制，消除市场壁垒和提高政策的透明度；另一方面，邮政市场受电子技术和网络技术的冲击，体制性弊端日益显露出来，迫切需要通过开放市场引进外部力量来实现邮政市场的再造，面对这种国内国际形势，日本政府开始逐步开放邮政服务市场，以开放促改革，以开放增加市场活力。2010 年 4 月，日本内阁通过了邮政改革方案。根据该方案，日本邮政分为保险公司、储蓄银行、邮递、邮局管理四大公司并推行民营化，但公司仍由日本政府控股 1/3。这一系列改革措施，大大促进了本国市场与国际市场的对接,提高了邮政市场的开放水平。但总体而言,此次日本邮电服务业的改革并没有完全到位,是一次不彻底的改革。表现为改革后民营化的日本邮政企业仍维持政府持股,并保持了日本邮政企业在改革前享受的日本政府优待。这对于国外企业进入该领域形成了障碍,限制了同业者的公平竞争。

(八) 分销服务业

在 2000 年 10 月美国针对日本分销服务市场提出非管制化建议前,日本政府对分销市场一直采取严格的管制政策。进入 21 世纪以来,日本大力推进分销服务市场国际化,目前在日本,对于国外分销服务提供者来说,相关的准入限制与日本本国服务提供者已相差无几,但这更多表现在形式上。实际情况则不尽然,对外国企业进入该领域的限制往往是无形的。如在日本开设一家零售企业,不论是内资还是外资,都要经过一个严格审批过程,审批通过后,还要征求所在地的行业协会、同类企业和社区民众的意见,取得一致意见后方可开办企业。在这一过程中,往往会遇到来自各方的阻力,耗费企业开办者大量的时间和精力。即使外国企业建立并成功进入运营,也会处处受到当地日本消费者个人、团体和行业组织的歧视和排挤。实际上普遍存在于日本的这种隐性壁垒较之法律的和体制的壁垒更难对付。

(九) 文化服务业

日本文化市场的行政主管部门是文化厅。日本文化市场较之其他服务市场壁垒更多。以日本的影视市场为例,按照日本相关规定,日本的纪录片和动画片制作企业或个人都可获得政府提供的相应补贴基金,并根据影片的预算和等级确定补贴额度。日本影片所享受的补贴比例占全部预算成本的 25%—30%。其中,预算在 1000 万—8000 万日元的 B 级影片,最多可获得 300 万日元的补贴。预算在 5000 万—8000 万日元的 A 级影片,最多可获得 2000 万日元的补贴。预算达到 2 亿日元的特级影片,最多可获得 5000 万日元的补贴。这种高额的补贴,大大促进了日本影片、纪录片和动画片走向世界,在国际市场中占据了可观的份额。与此同时,也抬高了日本国内的文化市场门槛,阻碍了国外文化产品和投资的进入。

第五节 日本服务贸易管理体制

在政府对服务贸易管理方面，日本的管理体制与西方其他各国有着明显的区别，政府的宏观导向、政策和管理机制在服务贸易发展中起到主导作用，服务贸易企业主要体现为政府意志的执行者，企业一般都遵循政府政策所设定的方向运转，甚至在特殊情况下，政府管理部门可以通过行政指导，直接介入企业的微观层面进行干预和引导。

日本服务贸易管理组织体系部门齐全、功能完善、分工明确、协调运作，有着极高的行政效率和服务管理水平。日本服务贸易管理组织体系主要由行政管理机构、贸易咨询和服务机构所构成（见图6-6）。

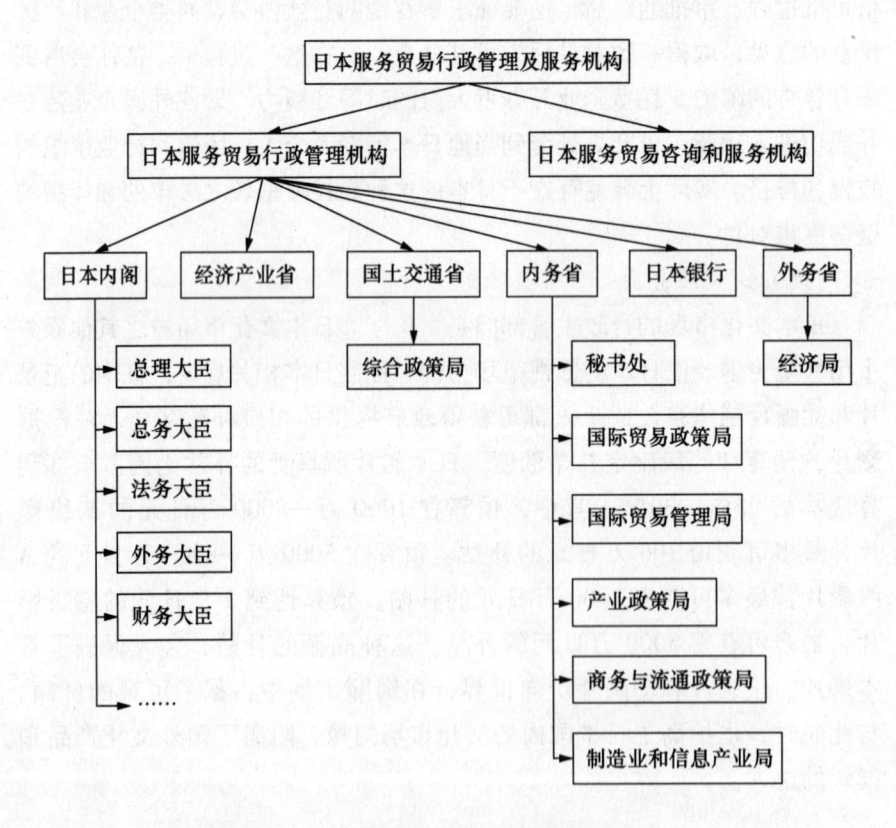

图6-6 日本服务贸易行政管理组织体系

一 服务贸易立法机构

在日本，国会是服务贸易法律、法规的唯一立法机构，也是日本最高权力机关。其中，日本首相由国会推选产生，国会议员也可兼任内阁阁员。日本服务贸易立法程序大致表现为，首先由相关主管部门与贸促和咨询机构进行细致调查和深入研讨，根据国内外环境和日本服务贸易发展实际情况，制定出有针对性的法律草案提交给日本内阁。内阁组织政府各主管服务贸易的部门、政府咨询机构、行业组织代表和企业代表对法律草案进行商议、修正、补充和判定后，再由内阁府审查通过，最后报日本国会批准，并通过相应法定程序完成相关立法工作。在日本服务贸易立法中，起关键作用的是起草法律文件的行政主管部门，这些行政机构对所管辖的领域最为熟悉，对法律制定、法律修正最有发言权。而相关立法是否科学合理或受到管理对象的认可，则是通过各利益方广泛参与和充分讨论，最终形成"合意"。这样，法律一旦经过国会通过，实施起来也会较为顺利。

二 服务贸易行政管理机构

日本服务贸易行政管理机构由一套完备的纵向组织体系与横向协同机关而构成，相互间既分工负责，各司其职，又相互交叉，互为依托，构成有机整体，通过政策引导和依法管理，确保日本服务贸易按部就班，有序和高效地运行。日本服务贸易行政管理机构由以下几个部门组成。

（1）日本内阁。日本内阁是日本最高行政管理机关，也是日本各项服务贸易政策的最终制定机构。日本内阁主要由总理大臣以及总务大臣、法务大臣、外务大臣、财务大臣等十七个内阁成员组成，每一内阁成员都具体分工负责某一中央政府行政部门的管理职责。内阁总理负责对内阁的其他组成人员进行任免。在日本，内阁的主要职责是制定有关服务贸易的大政方针。有关服务贸易政策的制定和出台，一般是先由一个或几个行政主管部门起草相关文件提交给内阁，由内阁组织包括政府部门官员、学术界人士、行业代表等人员参加的"议政会"，经过对草案进行充分讨论，再将修正后的文件提交"内阁会议"，并经"内阁会议"进行审议通过后才可实行。因此，日本内阁作为政策制定机关，对于日本服务贸易发展的路径和方向发挥着决定性作用。由于日本服务贸易管理部门众多，管理权限相对分散，因此协调部门的作用就很重要。日本内阁的"内阁会议"制度，很好地解决了日本各省厅之间的协调问题。同时，日本政府在制定和颁布一项贸易政策或者法律的过程中，通常会广泛地吸收社会各界和各方面人士的意见，以实现科学决策的目的，突出体现在官产学一体的政策决策过程。上至内阁会议，下至经济产业省的专业小委员会，都是官产学结合的最好典范。

（2）经济产业省。经济产业省是日本服务贸易职能行政管理部门，也是服务产业和服务贸易政策的制定及实施者。1949年以前，日本政府管理对外贸易的专门机构是贸易厅。1949年以后，随着美国对日占领政策的转变，日本对外贸易由以往的"政府贸易"转变为"民间贸易"。1949年5月日本政府将原先的商工省和贸易厅合并为"通商产业省"（简称通产省）。"通产省"是集贸易与产业管理职能于一身的行政机构。2001年"通产省"更名为"经济产业省"。日本的经济产业省是一个综合行政管理部门，对贸易和投资包括服务贸易的行政管理是其重要职能之一，日本大多数与服务贸易相关的政策都出自其手，并负责政策的落实和实施。

（3）国土交通省。在日本，国土交通省也是日本服务贸易的一个重要行政管理部门。2001年，日本出于精简机构、提高工作效率的考虑，将运输省、国土厅、建设省以及北海道开发厅四个部门合并，组成现在的国土交通省。其主要业务覆盖广泛，包括对日本的国土资源、日本河川等修葺完善、日本民宅和都市的建设以及港湾等的建设规划和日常管理。其中，国土交通省下设的综合政策局，主要负责日本工程建设、交通运输和旅游服务等方面的政策制定和执行工作。由于日本的工程建设、交通运输和旅游在日本服务贸易中占有重要地位，国土交通省所制定和实施的相关服务贸易政策，不仅对本部门的服务贸易发展，而且对整个日本服务贸易的走向和结构变动都会产生重大影响。

（4）内务省。日本的内务省不仅仅管理本国的内部事务，其一些下设部门的管理权限很多，涵盖了服务贸易领域：一是秘书处，担当协调经济产业省有关服务贸易基本的政策职能；二是国际贸易政策局，主要负责设计、实施双边、区域及多边一体的服务贸易政策；三是国际贸易管理局，主要负责与服务贸易有关的管理事务，如对市场准入、国际贸易保险与证券出口控制等的法律和政策的落实情况和法律法规解译；四是产业政策局，主要负责规划实施服务贸易政策来达到促进经济增长以及推动全面的经济结构改革；五是商务与流通政策局，主要负责与服务贸易相关的消费者保护及商务事宜的政策落实；六是制造业和信息产业局。主要负责培育有利于制造业与信息产业和服务贸易发展的环境。总体来看，日本内务省对于服务贸易的管理主要侧重于市场准入和进口产品的质量及安全方面。

（5）日本银行。日本银行是日本的中央银行，承担着国内金融建设任务，负责处理有关外汇业务的报告审查审批等，编制公布有关金融统计。并在日本政府发展服务贸易的方针指导下，制定和实施金融服务贸易相关政策，运用利率杠杆促进相关政策的落实，保证政府有关方针和政策的顺利实施。近年来，日本银行为提振服务贸易出口和对外直接投资，出台了一系列金融支持措施，起到了明显的效果。

（6）外务省。日本外务省下设的经济局，负责对外签署与服务贸易及投资相关的多边条约和协定，处理国际贸易纠纷。同时，作为日本政府的对外联络窗口，外务省也向相关的省厅提出制定与服务贸易相关的政策、法律、法规的建议。近些年来，日本外务省加强与各服务贸易伙伴国的合作，通过经济援助和低息贷款等方式，为日本扩大服务贸易出口的对外直接投资铺路架桥，并将经济的、政治的和外交的各种手段结合起来，为日本服务贸易的发展营造良好国际环境。

三　服务贸易咨询和服务机构

在日本，为服务贸易企业提供各项服务的官方、半官方和民间机构种类和数量众多，其中日本贸易振兴机构最具典型特征，在世界很多国家和地区均设有分支机构，其前身是成立于1958年的日本贸易振兴会，以全面振兴日本贸易为宗旨，并于1998年与亚洲经济研究所合并为特殊法人，其工作重心由战后为获得外汇的"振兴出口"，到在贸易盈余扩大、与欧美各国之间产生经济摩擦条件下的"促进进口"，再到"开展针对发展中国家的经济合作与研究"，始终紧扣时代脉搏。2002年12月13日，日本出台《日本贸易振兴机构法》，按这部法律规定，自2003年10月1日起，日本贸易振兴机构正式取代原日本贸易振兴会，属于独立行政法人，行使贸易促进职能，资本金由政府出资。其主要任务是为外国企业对日投资提供支援，帮助日本中小企业扩大出口，扩大日本市场准入，对发展中国家进行经济援助，收集分析海外经济贸易投资信息，提供贸易洽谈咨询服务，为日本企业开展海外业务提供支援，对发展中国家进行相关调查研究，收集并提供发展中国家的信息人才培养等。可以看出，日本贸易振兴机构实质是一个官办咨询和服务及研究机构，不具有行政职能，但对政府的政策制定具有强大的影响力，同时在沟通企业与政府的联系，实现下情上达方面发挥重要作用。特别是其利用强大的影响力，通过咨询和服务引导部门、行业和企业的发展方向，为政府的各项方针政策的落实提供支持和保障。最近几年，日本贸易振兴机构在咨询内容调整和研究重点定位中，加大了对服务贸易和投资的研究倾斜力度，将日本服务贸易的主要对象国和投资的东道国的市场环境、风险、潜力和前景作为重要研究内容，以更好地服务于日本服务贸易的出口和投资。

四 服务贸易促进机构

在日本，服务贸易促进机构指能够为有意向进行服务贸易的企业和机构提供相应的业务咨询，能够拓展服务贸易的参与者范围，并促进服务贸易的发展。在日本，国际协力银行充当了这个角色。国际协力银行是一家政策性金融机构，由政府出资维持其运营。该银行的主要职能包括：第一，开展海外经济合作，促进服务贸易发展；第二，稳定国际金融秩序；第三，对发展中国家的经济发展开展各项政策性金融服务；第四，为发展中国家的基本建设提供资金。

第六节 日本服务贸易发展的最新动态

进入21世纪以来，日本各界对服务在国民经济中的地位和作用有了更深的认识，普遍认为20世纪日本从追求经济总量到追求高科技，21世纪则要追求"高质量的服务"，不仅要将服务产业和服务贸易作为新世纪经济增长的引擎，还要将大力振兴服务产业和提高服务质量及国际竞争力作为日本21世纪的核心理念和民族精神。2010年以后，日本服务业和服务贸易发展呈现出新的趋向。

一 促进国内服务市场与国际服务市场对接，以积极和主动的姿态开放市场

近年来，日本更加主动地参与多边区域贸易合作。由于多哈谈判停滞不前，日本转而对地区自由贸易谈判表示出积极态度，其具体选择谈判对象的标准来自于2004年12月制定的"推进今后的经济合作协定（EPA）的基本方针"。日本希望通过日本—新加坡EPA的签订而借助新加坡在信息技术领域的领先地位，共同主导东亚信息技术的发展，并借此机会扩宽自己在金融服务贸易领域的交易范围。① 2006年5月18日经济财政咨询会议提出的"全球战略的要点"。将东南亚国家、印度、澳大利亚、智利、瑞士作为FTA和EPA谈判重点。在此之前，日本已与新加坡、马来西亚签订自由贸易协议，而后又与菲律宾、泰国签署自由贸易协议，2008年日本与东盟签署了自贸区协定，同年与中国和韩国开展了中日韩自贸区首轮谈判，2013年7月加入TPP（泛太平洋经济合作协定）。日本广泛开展区域贸易合作，是积极和主动开放市场的一个信号，必然大大促进市场开放，对于服务产业来说，会大大放宽国际资本进入的限制，扩大服务产品进口和吸引更多外资。最近，日本政府提出了"将日本打造成最适合做生意的国家"的口号，释放出积极、主动开放市场的信号。

二　更加强调政策的体系性和协调性，注重政策效应的整体性、综合性

近年来，日本逐步改变了以往在服务业和服务贸易政策中过度强调专业性和行业与部门间利益的调整。一方面继续加强各职能主管部门在制定相关政策的作用；另一方面又注重于不同行业和部门间政策的统一性和协调性，致力于构建跨行业、跨部门的全产业统一政策体系。政府对于某一服务市场的开放及服务贸易法律法规的制定与修正，不以局部利益的得失而取舍，而是强调政策导向及利益平衡，从而使日本服务市场开放水平有一个明显的提升。并在发展服务业和服务贸易中，更加关注"人"的需求和强调以人为本，在大力促进"生活充实型服务业"的同时，将生活性服务业与生产性服务业并行发展，通过服务贸易的有效进口，来丰富日本民众的精神生活。

三　服务业及服务贸易发展由量向质转换，着力提升服务业生产率和服务贸易的国际竞争力

目前，日本的服务业比重和总量与欧美发达国家大致相当，但服务业的劳动生产率和服务产品国际竞争力却较为低下。近年来，日本政府将政策调节的重心放在提高服务业生产率和服务产品国际竞争力上面。日本政府专门成立产学官（政府）三者组成的政策研究和政策效果测量机构，同时设立国家级"服务研究中心"，专门对难以量化的服务质量及其生产

---

① 陈虹：《日本贸易政策的历史性转变——提高服务贸易领域的比较优势》，《世界经济与政治》2001年第6期。

率测定方法、服务标准、商务模式和产品国际竞争力等进行研究，促进服务业和服务贸易发展政策、措施的科学合理制定和贯彻落实。日本政府还提倡将科学方法和工学方法引入服务业，建立连接服务提供者和消费者的机制，在满足服务市场需求的同时，创造新的服务需求，灵活利用 IT 技术等高科技手段，提高服务业的生产效率和产品质量，通过制度创新和技术创新来提高服务业的国际竞争力。在《新经济成长战略》中，日本政府描述了今后服务业的发展目标，预计至 2015 年日本的实际 GDP 年均增长率将达到 2.2%。其中，服务业（狭义）的贡献率要达到 0.4%。

四　大力培育市场主体，提高本国企业的市场核心竞争力

鼓励综合商社、大型专业贸易公司、大型零售批发企业和物流公司开拓国际市场，在服务领域积极推进内外贸一体化经营，政府和行业组织通过提供综合性服务，帮助企业规避风险，提高开拓海外服务市场的能力。此外，进一步实行倾斜式政策，全方位扶持中小企业服务和贸易企业。政府对中小企业采取了多项支持措施，除了资金、税制方面的扶持外，还从经营、技术、市场开拓方面对中小企业进行扶植。采取设立大奖、评选优秀服务企业等方式充分发挥成功、优秀企业的示范作用。政府进一步加强服务业和服务贸易专门人才的培养，鼓励并支持服务业各领域专业人才的继续教育，大力进行教材软件开发及利用。

五　积极谋划海外扩张

日本贸易振兴机构发布研究报告提出："日本服务贸易要积极向海外市场扩张。逐步进入海外市场，并创造当地的需求。"[①] 日本研究广大亚洲国家，认为亚洲诸多国家的服务业普遍不发达，服务贸易开展较晚，占 GDP 的比重都很小。但是随着经济的发展和中产阶级的兴起，市场潜力巨大，发展前景良好。日本提出要抓住机会，尽早向海外扩张，抢占市场份额。研究中国、印度、印度尼西亚、越南、泰国、菲律宾等国在外资服务业进入该国的规定，便于日本的服务产品能更便利地进入和拓展该国市场，并提出要注重营销和品牌形象的建设。

日本计划通过放松签证，希望到 2020 年每年会有 3000 万外国游客到日本旅游，并通过推动旅游来带动医疗服务等相关领域。除此之外，其他

[①] 2010 JETRO Global Trade and Investment Report: A Global Strategy for Japanese Companies to Open New Frontiers in Overseas Markets. Tokyo: Japan External Trade Organization, 2010: 98 – 109.

服务贸易行业也开始向国外市场进军。比如，日本著名的国内酒店"Kagaya"计划在中国台湾地区开设分店，希望能吸引台湾地区游客体验，并进一步创造机会让台湾地区游客到日本去感受 Kagaya 酒店的氛围。

总体来看，进入 21 世纪以来日本政府围绕优化产业结构，有效促进第三产业和服务贸易发展，相继出台了一系列政策，包括《经济成长战略大纲》、《未来开拓战略》、《新成长战备》、《日本再生战略》及《日本再兴战略》等，构成了一个较为持续性的完整战略体系，这些经济战略体系的一条主线便是大力发展观光、医疗、金融、教育、文化、旅游等服务业，并通过不断扩大服务贸易方面的进出口，达到扩大内需、重振经济，实现 2% 的年均增长率目标。

第七节 日本服务贸易发展对中国的启示与借鉴

近年来，中国服务贸易快速发展，成为我国对外贸易的新亮点，在新兴经济体中十分耀眼。但是逆差的绝对额仍然在不断扩大，中国服务贸易的国际市场占有率远远小于发达国家，总体优势还不明显，国际竞争力较弱。目前，我国服务贸易状况与 20 世纪 90 年代日本服务贸易发展阶段大体相似，因此，日本在发展服务贸易方面的一些经验和方法很值得我们学习和借鉴。

一 大力发展服务业，夯实服务贸易发展的基础

要发展服务贸易，首先要明确服务贸易的战略地位。服务贸易的发展不仅是经济发展到一定阶段、服务业在经济中所占比重上升后的需要，更是我国经济转型和结构调整、实现可持续发展的必由之路。要把服务贸易放在我国对外贸易的重要位置，在政府和企业之间达成共识。因此，当前发展我国服务贸易的关键是加速产业结构调整，大力发展第三产业，推进服务贸易的发展。

日本在发展服务贸易过程中充分评估了自己的优势和劣势。日本根据产业竞争力变化适时调整其产业结构，大力发展知识和技术密集型行业，充分发挥了自己的优势。中国在大力发展服务贸易过程中，对于竞争力弱的产业应给予适当保护，以避免部分服务业在发展初期就承受强大的国际竞争压力，而导致以后的一蹶不振，应该根据服务业的发展情况定期评估，等有了初步竞争力以后再调整产业结构，比如通过引进知识和技术含

量高的产业来带动相关弱势产业的发展。

目前,我国服务业重点领域包括:一是投资少、收效快、效益好、就业容量大、与经济发展和人们生活关系密切的行业,如商业、物资业、对外贸易业、金融业、保险业、旅游业、房地产业、仓储业、居民服务业、饮食业和文化卫生事业等;二是发展农村第三产业,主要是为农业产前、产中、产后服务的行业,以及为提高农民素质和生活质量的服务行业;三是发展对国民经济发展具有全局性、先导性影响的基础行业,主要是交通运输业、科学研究事业、教育事业和公用事业等。

二 明确服务贸易重点,优化服务贸易结构

日本在知识密集型服务贸易发展经验对我们有许多启示,最重要的启示在于政府的大力支持和政策的倾斜。虽然目前中国知识密集行业发展滞后,但可以学习日本的国家战略政策,即采用制定有利于高科技发展的种种优惠和扶持政策,选择目前具有比较优势的产业进行大力发展,从而发挥其产业联动效应。

日本金融服务贸易就是在政府的大力支持下发展起来的,日本政府通过向国外金融机构开放市场,允许它们在日本经营,从而促进日本并不发达的金融机构进行结构性调整,在金融自由化的同时,对一些存在的问题政府有的放矢地去解决,从根本上大力提升了金融业的国际竞争力。

而中国服务贸易以旅游、运输等传统性行业为主,在资本密集型、知识密集型服务方面较为薄弱,导致我国整体服务贸易的国际竞争力不强,还处于比较劣势。近年来,尽管中国计算机、保险、金融服务等高附加值服务贸易增速很快,但其在中国服务进出口总额中比重依然较低。中国服务贸易出口仍有约一半集中在运输、旅游等传统服务业领域,而金融、保险、计算机和信息服务、通信服务四类高附加值和高技术含量的服务贸易占比较低。

要提高我国服务贸易国际竞争力,应尽量发挥我国服务贸易在传统的劳动密集型行业中的比较优势。中国作为发展中大国,在吸引服务贸易方面具有劳动力成本低廉、人力资源储备较充足、基础设施较完备等一系列优势。[①] 除了保持旅游、运输等传统服务贸易部门的稳定增长外,我国必须大力发展资本密集型、技术密集型和知识密集型的服务项目。包括我国

---

① 陈贺菁:《国际服务贸易自由化:理论路径及收益分配》,厦门大学出版社 2009 年版,第 192 页。

仍处于初级发展阶段的金融、保险、通信、咨询等技术密集型和知识密集型行业，必须加快发展，不断优化结构，加大力度培养这些领域的应用性人才，吸取国外先进的、成功的经验，一步步提升它们的竞争力。日本的"官产学"一体化的方式值得我们借鉴，即政府、企业、大学联合研发，促进技术和知识密集型服务业的发展。

三 有步骤、分层次地放开国内服务业市场

日本对服务业采取渐进式的开放方式，逐步开放金融和保险等领域。在引进欧美发达国家先进的管理经验和技术的同时，加强了日本金融、保险业的竞争，提升了金融、保险业的国际竞争力。同时，为防止金融、保险市场开放引起国外投资者的大量涌入，冲击本国产业发展，日本增加了海外投资者在东京金融市场的金融交易手续费，由此增加了金融服务的出口额，扩大了金融、保险等行业服务的出口。鉴于我国的服务贸易规模还比较小，处于成长阶段，服务贸易的发展对于对外贸易和国民经济增长意义重大，渐进式的开放策略有助于服务贸易的健康发展。

根据我国服务业的发展状况和 GATS 的规定，统筹规划并协调各行业市场准入政策。稳妥、慎重、有重点、分阶段地开放国内服务市场。在既考虑国际惯例，又考虑本土国情的基础上来确定服务业的开放度和保留度。一是分行业有选择地进行开放。积极推进旅游、水上运输等领域利用外资试点；扩大国内商业、外贸、会计、法律咨询的开放试点范围；有步骤、有控制地进行开放金融和通信领域的试点。二是分地区有选择地开放。我国各地服务业发展并不均衡，东南沿海地区尤其上海、深圳，服务业占 GDP 的比重比其他地区较大，应在开放服务贸易市场方面先行一步；在后进地区，可通过试点试验，减少开放服务贸易市场的风险。

四 按照国际化标准，打造我国服务贸易法律体系

日本在推动服务贸易发展过程中，均是以相应的法律作为依托来加以实施的。以电子产业为例，为促进电子产业的发展，在 1957 年 6 月，日本政府就颁布了第一部促进信息产业发展的法律——《电子工业振兴临时措施法》，接下来又分别在 1970 年、1971 年、1978 年颁布了《信息处理振兴事业协会法》、《特定电子工业及特定机械工业临时措施法》、《特定机械信息产业振兴临时措施法》等。

我国"入世"以来，相继颁布了《商业银行法》、《保险法》、《海商法》、《律师法》、《外贸法》等 40 多部开放服务贸易领域的法规和规章，

涵盖了金融、分销、会计、法律、物流、旅游、医疗、建筑等几十个领域，基本完成了服务业对外开放的法律法规体系的构建。这些法律法规，拓展了外国服务提供者进入中国内地的领域和地域范围，降低了行业准入门槛，为国外服务产品和投资进入中国市场提供了坚实的法律保障。但是，与服务贸易的广泛内涵、与国际服务贸易发展的要求相比，这些法规更多体现在规范市场准入方面，而服务贸易走出去的法规很少，目前尚没有一部关于服务业的一般性法律。因此，目前加快构建一套完善的法律法规体系，是大力促进我国服务贸易正常开展和快速发展的必备条件。为促进我国的服务贸易能够健康有序地发展，应加强对 GATS（服务贸易总协定）有关条款的研究，尽快建立健全既符合我国经济发展要求，又不违背国际规则的法律制度的法律法规体系。另外，还应加快各服务部门的立法进度，按照国际标准完善服务贸易法律体系，增加相关政策法规的透明度，使我国的服务贸易立法能与国际接轨。

五　加快服务企业"走出去"和"引进来"步伐，到国际市场开拓发展空间

长期以来，日本政府不仅大力促进服务贸易进出口发展，也大力鼓励服务业市场主体面向海外，大力开展对外直接投资，实现海外直接投资与海外生产基地的有机对接，大大促进了生产性服务贸易的发展。

日本的这些有效经验值得我们学习，应创造条件鼓励服务型企业到境外投资，建立境外技术研发、采购分销、物流代理等机构。支持大型专业市场和贸易公司，到国外开办分市场，健全营销网络，提高我国服务业的国际市场份额。积极支持基础教育、汉语培训、民族文化、传统医疗等行业扩大服务出口。同时，积极推进银行、电信、外贸、商业、文化、旅游等服务领域的对外开放，扩大引进外资。积极引导外资投向服务领域的基础设施和高新技术服务业，吸引跨国公司总部、跨国采购中心、国际会展业知名公司、国外市场中介机构、行业协会或商会等来华设立分支机构。

六　适应我国服务贸易快速发展需要，加快人才队伍建设

21 世纪的竞争是人才的竞争，要想取得服务贸易的长足发展，提高服务贸易在国际贸易中的竞争力，必须建立完善的人才培养机制，造就一支具有服务专业素养并熟悉服务贸易业务的复合型人才队伍。日本在发展服务业以及服务贸易方面十分重视人才的培养，包括采取诸多鼓励措施，如实行高工资、培训、派员出国交流等。这些举措的确对吸引和培养优秀人才投身于服务贸易领域发挥了积极作用。

目前，我国比较缺乏服务贸易方面的专业技术人员，如熟悉服务贸易的研究人员、工商企业家、金融家、会计师、审计师、律师和工程承包商等，尤其缺乏新兴服务业和知识型服务业的外向型复合人才，这对服务贸易的国际化经营是极为不利的。另外，整个服务部门从业人员的素质不高，这也大大削弱了我国服务贸易的竞争能力。因此，应该从以下几方面着手：第一，应在一些有条件的高校和科研院所筹建国际服务贸易专业，培训更多、更高层次的熟悉国际服务贸易的复合型人才。在现有各个高等院校（含高职院校）国际贸易和国际金融专业中加开国际服务贸易课程十分必要。这可为中国服务贸易的发展不断输入新生力量。第二，应加大对相关教育产业的投资，建立门类齐备的服务贸易培训机构，通过产学研结合，加快服务贸易人才的培养。要加强对现有人员的短期业务培训，让其尽快地了解和把握我国服务业面临的挑战和机遇，以提高我国际服务贸易的市场竞争力。要多层次多渠道培养人才，应成立一个全国性的服务贸易人员培训机构，重点从外语和专业技术方面培训高层次的服务人员，同时在各地各行业也设立一些培训机构，并由国家级的培训机构进行宏观指导，形成一个全国性的服务人员培训网络。第三，应开展"海外引智"工程，通过优惠政策增加国内服务业对海外人才的吸引力，积极引进人才；完善人才的激励机制，并充分调动人才的积极性，发挥其创造性。

七　推动服务贸易品牌竞争战略

中国服务企业在国际市场上认知度较低，一定程度上是因为中国服务企业没有或较少拥有自己的品牌。服务产品本身就具有很大的差异化，因此，关键在于差异化服务产品的供给，特别是高端服务产品的供给。品牌是实行差别化战略的重要手段。消费者通常只通过口碑、信誉和品牌等来购买服务产品。因此，提高中国服务产品国际竞争力的重要手段就是实施品牌竞争战略。日本在这方面做得非常成功，像全球十大寿险公司日本就占了四个，分别是日本邮政保险有限公司、日本生命保险公司和日本明治安田生命保险公司和日本第一生命保险株式会社。品牌强大的力量，支撑着它们的保险产品快速地发展。此外，我国在推动服务贸易的过程中，一定要注重品牌战略。在服务产品销售领域，注重广告、包装和售后服务等差别增加服务产品附加值。同时，培育一批有核心竞争力、起带头作用的服务龙头企业，形成品牌优势。

第七章 印度服务贸易政策

作为世界上第二大发展中国家，印度经济的快速崛起引起了国际社会的广泛关注，针对印度经济发展模式的研究也逐渐成为热点。从其经济发展特征看，服务业无疑是对其经济增长贡献最为突出的产业部门，而服务业的对外开放及对外贸易也已成为印度经济增长的主要动力。目前，印度服务业自由化进程已走在发展中国家前列，其在服务业和服务贸易的监管及管理体系构建等方面的政策举措，也对我国有着较强的借鉴意义，可供我国在制定服务贸易政策时参考。

第一节 印度服务贸易发展现状

经过数次经济改革以后，印度对外贸易政策得到了相应的调整，贸易和投资自由化成为推动的重点。不同于其他发展中国家，印度将服务业和服务贸易作为支柱产业大力培育和发展，来提升国际竞争力，以及巩固其世界经济大国的地位。

一 印度服务贸易在全球服务贸易中的地位

在国家宏观发展战略和相关经济政策推动下，印度的服务业和服务贸易取得了引人注目的成就。印度并没有沿袭其他发展中国家"先制造业后服务业"的路径安排，而是借助国内外一系列优势资源，优先发展服务业，特别是信息技术产业，并积极推动该产业的开放与对外贸易，从而实现了印度经济的跨越式发展。在印度政府的大力推动下，印度的IT产业具备了较强的国际竞争力，计算机软件出口规模激增，多年来均保持快速增长态势。

世界贸易组织和联合国国际贸易中心等国际机构发布的官方数据显示，从2010年至2013年，印度服务贸易额占全球服务贸易的份额基本上保持在3.2%左右,服务贸易规模及服务贸易进口稳居世界第7位。同时,作为服务贸易规模第二大的发展中国家,2013年,印度服务贸易出口额继续扩大,有效巩固了世界第六大服务贸易出口国的地位(见表7-1)。不过也要看到,印度服务贸易规模的绝对值与美国、英国、德国和法国等发达国家及中国相比,还有相当大的差距,但其在服务出口方面的竞争力不容小觑。

表7-1　2010—2013年印度服务贸易进出口情况及世界排名变化

单位:亿美元,%

时间	总额			出口额			进口额		
	排名	金额	全球份额	排名	金额	全球份额	排名	金额	全球份额
2010	7	2264	3.2	10	1095	3.0	7	1169	3.3
2011	7	2610	3.2	8	1370	3.3	7	1240	3.1
2012	7	2730	3.2	6	1480	3.4	7	1250	3.0
2013	7	2809	3.3	6	1531	3.4	7	1278	3.1

资料来源:根据世界贸易组织数据库相关数据制表。

此外,印度在软件与信息服务业及服务外包产业上有明显的国际竞争优势,是仅次于美国的世界第二大软件出口国,同时还是全球最大的服务外包接包国。

二　印度服务业对国内经济增长的贡献度

近年来,印度服务业和服务贸易对国民经济的贡献程度不断提高。印度并未沿袭发达国家先工业后服务业的一般性发展规律,而是在工业化程度相对滞后的情况下,率先发展服务业,并最终实现了国民经济的快速增长,这种发展模式自然成为印度经济的亮点。多年来,服务业始终保持着高于工业和农业的增长速度,并成为印度国民经济中所占份额最大的产业。根据世界银行公布数据,自20世纪90年代起,印度服务业增加值占GDP比重呈上升趋势。如图7-1所示,1990年印度服务业增加值占GDP比重为44%,1999年首次达到50%,随后稳步提升至2013年的57%。

同时,自2004年以来到次贷危机发生之前,印度服务部门对国民经济的贡献度也每年高达60%左右,特别是软件与信息技术服务业对国民经济的贡献尤为显著。虽然服务贸易以服务业为基础,但其也在较大程度

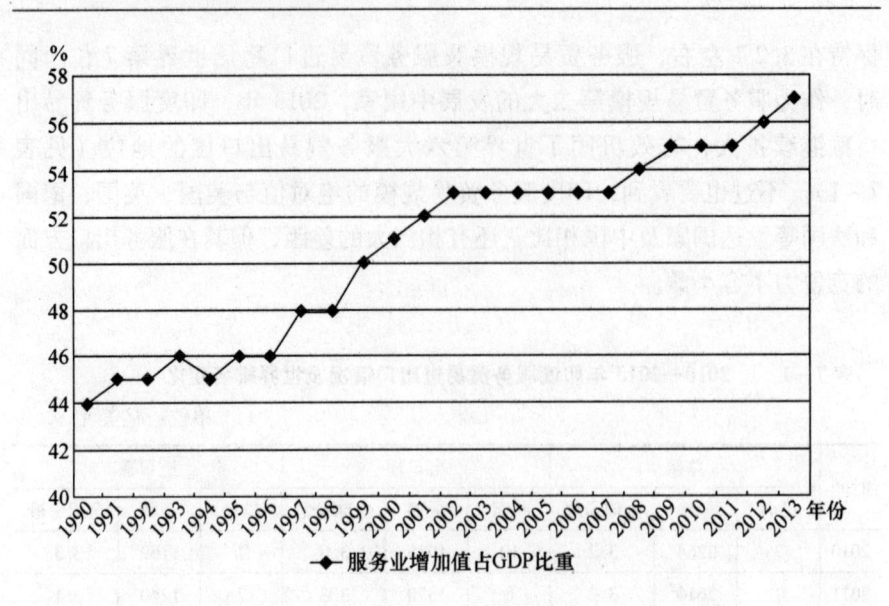

图 7-1　1990—2013 年印度服务业增加值占 GDP 比重

资料来源：World Development Indicators 1990-2013，http://www.worldbank.org.

上拉动了印度国内服务业的发展，使得印度服务业的增长呈现出"外需拉动型"的特征。同时，服务贸易在推动国民经济快速增长中的作用凸显，服务贸易已成为印度对外贸易顺差及外汇储备金增加额的最主要来源。可见，印度的服务业和服务贸易有效促进并保障了其国民经济的持续快速增长，成为印度经济社会发展不可或缺的关键部门。

三　印度服务贸易规模

印度结合本国资源禀赋优势，紧跟世界经济发展潮流，将服务业和服务贸易作为国家扶持的重点部门和产业，从而促进了服务业和服务贸易的快速发展，其在世界服务贸易中的地位逐步提升，对经济的贡献率也在不断增强。同时，依托坚实的服务产业基础，伴随经济全球化趋势的推进，印度也非常重视服务业的开放与合作，服务贸易保持了快速增长的势头。

从总规模看，印度的服务贸易总量不断扩张，已经从 1990 年的 105 亿美元增长到 2013 年的 2809 亿美元，23 年里增长了近 27 倍。具体来看，2004 年之前，印度服务贸易增长相对平缓，服务贸易常年保持逆差状态。2004 年之后，这一状况开始出现改变，服务贸易进出口总额首次突破 500 亿美元，达到 739 亿美元，贸易收支也由逆差变为顺差；随后，服务贸易进出口总额又于 2006 年突破 1000 亿美元大关，贸易顺差也突破 100 亿美元，达到 110 亿美元；2010 年服务贸易进出口总额更是突破 2000 亿美元，但受国际金融及主权债务危机的影响，在世界经济低迷的背景下，服务贸易出现逆差；不过，随着政策调整与世界经济回暖，印度服务贸易始终保持着良好的增长态势，并于 2013 年取得 253 亿美元的顺差额（见图 7-2）。

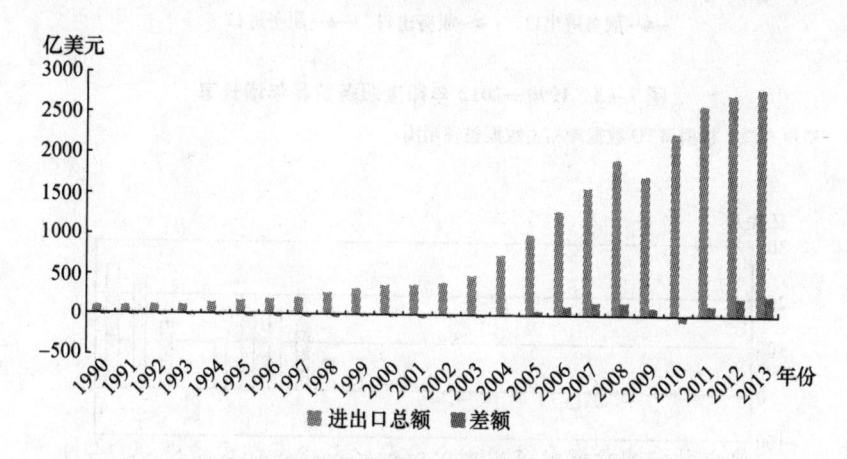

图 7-2　1990—2013 年印度服务贸易进出口规模与差额

资料来源：根据 WTO 数据库相关数据整理制图。

毋庸置疑，印度的服务贸易顺差在很大程度上得益于其服务贸易出口规模的扩大。1990 年，印度服务贸易出口仅为 46 亿美元，但随着服务业的发展及相关政策的推动，印度服务出口长期保持快速增长态势，大体上从 1996—2007 年及 2011—2013 年两个阶段均高于服务进出口与服务进口的增长速度（如图 7-3 所示）。2004 年，印度服务出口首次超过服务进口，实现顺差额 27 亿美元。此后，除 2010 年外，均保持服务贸易顺差。2013 年印度服务出口更是达到 1531 亿美元，并实现历史最高顺差额 253 亿美元（见图 7-4）。

四　印度服务贸易结构

（一）行业结构

运输与旅游等传统服务行业仍占据较大比重，其中，运输服务为印度第二大服务贸易行业。数据显示，2013 年印度运输服务进口达到 571 亿美元，规模较上年有所下滑，占印度服务贸易总额的比重也在不断回落。如

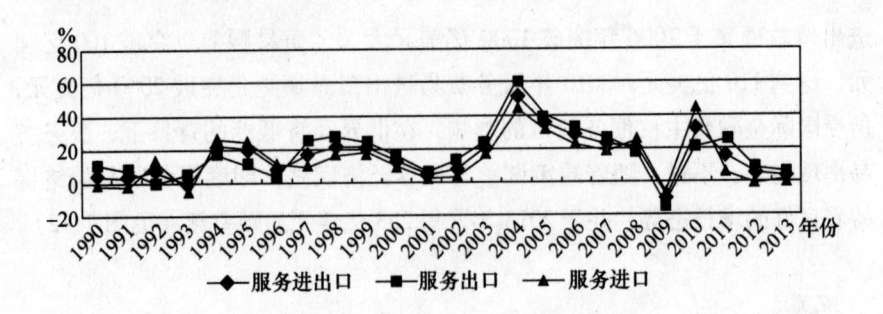

图 7-3　1990—2013 年印度服务贸易年增长率

资料来源：根据 WTO 数据库相关数据整理制图。

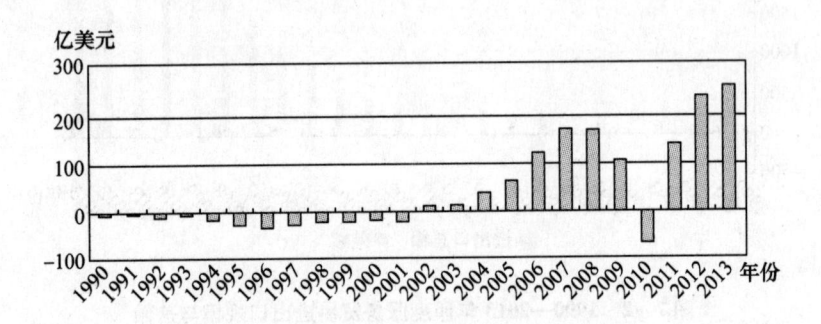

图 7-4　1990—2013 年印度服务贸易差额

资料来源：根据 WTO 数据库相关数据整理制图。

表 7-2 所示，2013 年运输服务占比为 26.3%，较之 2012 年下降了 2.8 个百分点。而另一传统服务贸易行业旅游服务的占比也出现下滑，由 2011 年的 12.6% 下降到 2013 年的 10.8%。

与此同时，其他商业服务的规模则在逐年扩大，其占比也有所增加，由 2011 年的 26.2% 提高到 2013 年的 28.1%，超过运输服务，成为印度第一大服务贸易行业。其中，2013 年该行业出口规模达到 509.09 亿美元，为印度最大的服务出口行业；进口规模达到 279.52 亿美元，仅次于运输服务进口，整体上保持贸易顺差状态。

作为印度服务贸易的特色行业，计算机和信息服务占服务贸易总额的比重相对较大，这也是印度最富有国际竞争力的服务出口部门。一直以来，计算机和信息服务都是印度第一大的服务出口项目（见表 7-2），2013 年其出口规模更是达到 495.18 亿美元，占印度当年服务出口的 32.3%，仅次于其他商业服务出口。值得一提的是，印度的软件服务外包占全球市场的份额也在逐年扩大，2012年就已经达到58%的国际市场份额，并且，软件服务外包产业的价值链也在不断向高附加值、高技术含量的方向延伸。

此外，通信服务、建筑服务、保险服务及金融服务等行业所占份额较小，分别为1.1%、0.8%、2.8%和4.0%，近些年并未有太大发展变化（见图7-5）。

表7-2　　　　　印度服务贸易进出口行业结构　　　　单位：亿美元

行业	2005年 出口	2005年 进口	2010年 出口	2010年 进口	2011年 出口	2011年 进口	2012年 出口	2012年 进口	2013年 出口	2013年 进口
运输服务	57.2	201.4	132.4	462.37	174.8	566.41	170.9	588.77	169	571
旅游服务	74.93	60.13	141.6	105.49	175.18	137.22	177.81	123.56	184	118.1
通信服务	19.73	6.67	15.48	11.66	16.72	14.06	16.47	10.19	22.03	10.63
建筑服务	10.09	6.65	5.25	9.92	8.38	11.32	9.33	10.85	—	—
保险服务	9.29	22.37	17.81	49.81	25.73	60.52	22.28	62.6	21.44	59.35
金融服务	14.69	11.44	58.34	67.87	62.34	82.11	55.31	54.34	59.35	55.32
计算机和信息服务	220.05	15.66	402.36	25.31	436.34	18.56	473.23	24.97	495.18	26.48
专利与特许费	1.31	7.67	1.28	24.38	3.02	28.2	3.16	39.98		
其他商业服务	146.34	142.31	349.57	255.47	395.24	254.58	450.09	302.96	509.09	279.52
个人文化服务	1.46	1.14	3.27	4.61	3.43	3.47	7.7	5.55	12.32	—

资料来源：根据UNCTAD网站及WTO International Trade Statistics 2014数据制表。

（二）海外市场分布

印度基本形成了以欧美发达国家为主导，亚太新兴市场经济国家为补充的多元化格局。以印度最具代表性的软件信息服务贸易为例，目前其软件已经出口到全球100多个国家或地区，而欧美市场占据绝对比重。如图7-6所示，美国是印度的第一大软件进口国，占到印度全部软件出口的61.5%，其次是英国及欧洲大陆。但近年来，随着亚太新兴市场国家和地区的繁荣，印度也加快了对亚太地区的软件出口，保持了40%左右的年均出口增速。

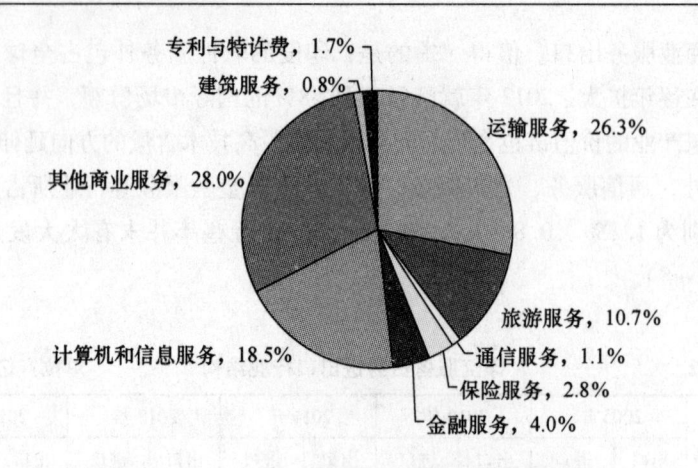

图7-5 2013年印度服务贸易主要行业结构

资料来源：根据表7-2数据计算制表，其中建筑服务、专利与特许费等行业数据为2012年数据。

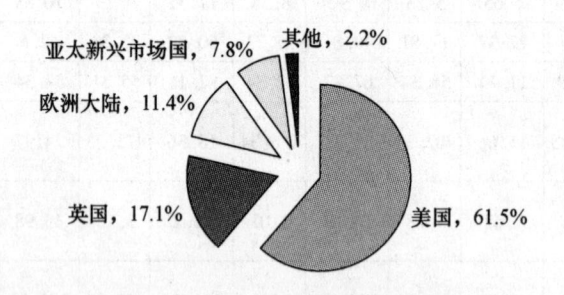

图7-6 印度软件出口海外市场分布

资料来源：埃森哲咨询公司报告《印度软件产业发展现状分析》，2014年。

五 印度服务贸易收支状况

总体上，印度服务贸易保持长期顺差，特别是从2004年起，顺差额增加显著，尽管受2008年国际金融危机的影响，2010年出现服务贸易逆差，但随后经过一年的调整，于2011年又恢复顺差，并呈现出逐年递增的态势，2013年实现顺差额253亿美元（见图7-4）。

从行业上看，印度服务贸易顺差主要来自计算机和信息服务、其他商业服务、旅游服务及通信服务，上述四个行业的贸易顺差额呈逐年上升趋势。其中，2013年计算机和信息服务与其他商业服务的顺差额之和为698.27亿美元，是其服务贸易顺差总额的2.76倍（见表7-3及图7-7）。

表7-3　　2000—2013年印度各服务贸易行业进出口差额　　单位：亿美元

年份 行业	2000	2005	2010	2011	2012	2013
运输服务	-67.25	-144.2	-329.97	-391.61	-417.87	-402
旅游服务	7.7	14.8	36.11	37.96	54.25	65.9
通信服务	4.94	13.06	3.82	2.66	6.28	11.4
建筑服务	3.75	3.44	-4.67	-2.94	-1.52	—
保险服务	-5.56	-13.08	-32	-34.79	-40.32	-37.91
金融服务	-10.01	3.25	-9.53	-19.77	0.97	4.03
计算机和信息服务	41.5	204.39	377.05	417.78	448.26	468.7
专利与特许费	-2	-6.36	-23.1	-25.18	-36.82	—
其他商业服务	-1.73	4.03	94.1	140.66	147.13	229.57
个人文化服务		0.32	-1.34	-0.04	2.15	—

资料来源：根据 UNCTAD 网站及 WTO International Trade Statistics 2014 数据制图。

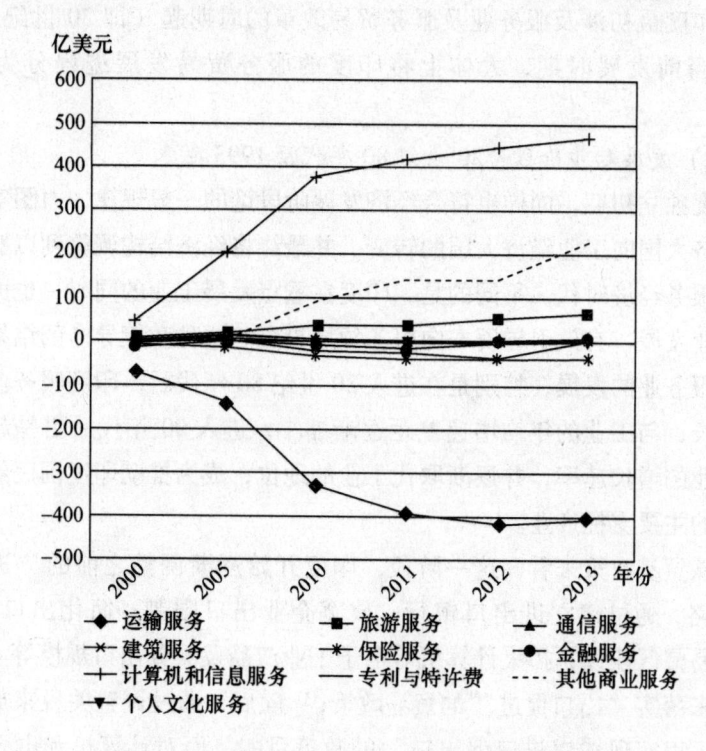

图7-7　2000—2013年印度服务贸易收支状况

资料来源：根据表7-3相关数据制图。

第二节 印度服务贸易发展的历史演变和主要特点

印度在服务贸易领域取得的成就,离不开多年来逐步推进的经济体制改革,以及对外贸易政策的一系列调整。印度对服务业及服务贸易领域的改革与中国的改革开放基本同期,大体上始于20世纪80年代,当时印度服务业基础较为薄弱,服务行业众多门类也基本上处于起步阶段,对国民经济增长的拉动作用并不显著。基于上述情况,印度对服务业进行了重点扶持,并伴随着贸易自由化改革的步伐,实现了服务贸易的持续快速增长。

一 印度服务贸易发展的历史演变进程

从印度最初涉及服务业及服务贸易改革的时期起(即20世纪80年代)到当前发展时期,大体上将印度的服务贸易发展进程分为四个阶段:

(一)发展起步阶段:20世纪80年代至1993年

印度独立初期,同样也符合经济发展阶段论的一般规律,力图实现从农业经济大国向工业经济大国的转变,并最终将经济结构调整到以服务业为主的服务经济时代。不同的是,印度在重点发展工业的同时,也大力鼓励服务业发展,有效引导资本向服务领域投资。这种政策导向的结果加速了印度服务业的发展,特别是在进入20世纪80年代后,印度服务业保持快速增长,与工业的年均增速差距逐渐缩小,进入90年代后更是超过工业和农业的增长速率,并逐渐取代工业的地位,成为推动印度国民经济稳步发展的主要支柱产业。

而从贸易政策来看,这一阶段,印度开始逐渐调整之前的"进口替代"战略,通过建立进出口银行,放宽企业出口限制,简化出口程序,加强贸易园区建设,扩大计算机等电子工业产品及服务出口规模等一系列举措,来落实"出口促进"的贸易政策;[1] 随后,通过调整关税来放松进口限制,以实现"以进口促出口"的政策目的,而对计算机和电子工业

---

[1] 卢欣:《印度对外贸易政策选择研究》,博士学位论文,东北财经大学,2011年。

设备进口关税的免除，在很大程度上促进了电子信息及计算机产业的发展。

在上述贸易政策调整的背景下，伴随着服务业的日益繁荣，印度服务出口规模也在迅速上升，并在该时期达到年均9%的增长速率，远远超过同期世界5.6%的平均增长水平，成为当时服务出口增长最快的国家之一。但从服务贸易总量来看，规模仍偏小。1993年印度服务贸易额仅为116亿美元，其中，服务出口51亿美元，进口65亿美元。同时，服务出口的增速也从1990年始呈放缓态势，从1990年的11.71%下滑到1993年的3.51%（见图7-3）。

（二）快速发展阶段：1994—2003年

1991年，拉奥政府推动了印度经济的全面改革，过去以政府政策为主导的经济发展模式，逐步向以市场为主导的经济发展模式转变，作为改革的重要组成部分，外贸政策的调整也朝着自由化方向迈进。同时，印度政府也注意到了其在软件和信息技术产业方面的优势，并通过一系列政策调整来增强软件出口的便利化程度，促进软件出口规模的扩大。整体上看，该阶段初期印度贸易自由化政策推动较为谨慎，关税下降水平相对缓慢，实施反倾销的频率也相对较高，但1998年随着新政府执政理念在经济自由化及全球化进程中的突破，印度的产业结构得到优化调整，信息技术产业和服务业成为印度重点扶持的出口产业。

该阶段，随着服务产业基础的不断夯实，以及贸易自由化的稳步推进，印度服务贸易发展规模与速度都得到了较大程度的提升。具体来看，服务贸易规模由1994年的142亿美元达到2003年的488亿美元，年均增速保持在15%以上，服务贸易逆差也在2003年缩小到10亿美元。

（三）迅猛发展阶段：2004—2011年

进入2004年，印度新一届政府继续深化外贸领域的改革，并出台《2004—2009年对外贸易政策报告》，逐步放松外贸管制，促进外贸便利化程度。同时，还建立"服务业出口促进会"（Services Export Promotion Council），拓展印度在IT和软件出口领域的优势地位，制定包括品牌建设在内的战略市场准入计划，并为印度服务业出口在全球范围内寻求商机[①]。2009年，印度商工部又发布了《2009—2014年对外贸易政策报

---

① 卢欣：《印度对外贸易政策选择研究》，博士学位论文，东北财经大学，2011年。

告》，以促进外贸出口，实现贸易平衡。

该阶段，印度服务产业及贸易政策改革的成效逐渐显现，服务贸易增长迅猛。数据显示，2004年印度服务贸易额达到739亿美元，其中，服务出口383亿美元，服务进口356亿美元，分别实现51.43%、60.16%和42.97%的增长速度，较之2003年均取得较大突破。并且，2004年印度服务贸易账户首次实现盈余，取得了27亿美元的贸易顺差额。之后数年，印度服务贸易规模不断扩大，服务出口和进口于2010年均突破1000亿美元。而从这一阶段的增长速度看，除2009年受国际金融危机影响出现负增长外，其后数年服务贸易均保持快速增长，年均增速保持在20%以上。因此，2004—2011年无疑是印度服务贸易发展最快的时期。

（四）平稳发展阶段：2012年至今

自2011年始，印度服务贸易增速就开始呈现出下滑态势，原因主要包括两大方面：一是由于新一轮国际金融危机及主权债务危机的蔓延，国际经济形势不容乐观，国际服务贸易市场逐渐萎缩，主要发达国家或地区对印度服务的购买力不断下降，或者转为进口其他国家价格相对便宜的服务，或者将一部分服务转移到国内进行生产，以缓解经济疲软所引发的就业压力；二是因为印度服务贸易已初具规模，在实现更大规模的突破前可能会进入平稳增长期，通过技术创新和服务贸易结构调整等手段来破解增长"瓶颈"难题，这都需要花费一段时期以做积累与筹备，从而进入平稳调整期。

该阶段，尽管印度服务贸易规模持续增长，但增速却出现大幅回落，已由2011年的15.28%下降到2013年的2.89%。同时，服务出口和服务进口增速也均保持在个位数，但出口增速要高于进口增速，故服务贸易顺差额也在不断扩大。

二 印度服务贸易发展的主要特点

近年来，印度服务贸易发展势头良好，成为发展中国家在服务贸易领域的"领头羊"之一。印度服务贸易的发展既得益于其坚实的服务业基础，又在很大程度上推动了其国内服务业的快速增长，二者相得益彰的协调互动关系富有借鉴意义。同时，印度的服务贸易除具备规模大、增速快及有效拉动国民经济增长等特点外，还在贸易结构和收支平衡上有别于其他发展中国家，独具特色。

（一）总体上呈现出贸易规模大及增长速度快等特点

通过上文对印度服务贸易发展现状及历史演变展开详细的阐述，可清楚地总结出印度在服务贸易规模及其增长速度方面的特点：高速增长下的服务贸易规模持续扩大。20世纪80年代至今，印度的服务贸易虽时常出现阶段性波动，但总体上保持了惊人的增长态势，服务贸易规模也随之稳步扩大。同时，印度在服务出口方面的竞争力要明显高于其他发展中国家。关春华（2010）针对印度1997—2007年的服务出口RCA及RCAS指标进行了测算，得出印度服务出口RCA指标呈快速上升趋势，即其服务出口具有显性比较优势的结论。而从外贸整体发展水平看，印度的服务贸易较之货物贸易更具备国际竞争力，这完全不同于中国等发展中国家"重货物贸易、轻服务贸易"的外贸发展模式。

（二）以软件信息技术服务为代表的知识密集型行业成为出口的主导部门

从印度服务贸易结构来看，逐渐实现了由传统劳动密集型服务向知识技术密集型服务的转变。虽然从规模总量看，运输服务仍是印度第一大服务贸易行业，但高附加值和高技术含量的软件信息服务与咨询等其他商业服务，几乎占据了其服务贸易总量的半壁江山，这体现了印度服务贸易结构相对优化的特征。而从出口看，软件与信息技术服务及其他商业服务出口之和占服务总出口额的66.6%，这类知识技术密集型服务行业成为印度最具有出口竞争优势部门。特别要提及的是印度的软件与信息技术服务，在良好的市场秩序和完善的法治环境下，经过20多年的发展，无论规模还是增速都取得了不俗的成绩，同时也成为印度服务贸易的龙头行业。并且，印度的软件与信息技术服务也逐渐由价值链的低端向价值链的高端延伸，其出口竞争力的技术优势也在不断提升。

（三）调整贸易政策促进服务贸易竞争力的提升

印度服务贸易的发展得益于其贸易政策的调整，随着经济全球化的推进，印度也逐渐摒弃了进口替代战略，向出口导向型外贸政策转变，在外贸及投资领域有步骤地推行自由化改革，尤其重视服务业发展，并通过外资及先进技术引进，强化计算机和软件信息技术服务等行业的国际竞争力，扩大服务出口规模。但同时也要看到，由于印度服务业各部门发展水平不一，故相应的监管与自由化程度也不同。不过，根据印度2004年以来发布的两个外贸政策报告，可发现其近十年来外贸政策强调的重点都是为了更好地促进出口，并实现进出口平衡，利用进口贸易的作用，来共同拉动经济的增长。

(四) 实现了服务贸易账户收支盈余

一般来说，发达国家在服务贸易领域更具备竞争优势，而服务贸易顺差在一定程度上反映了该竞争优势。如美国、英国和法国等发达国家，长期以来都保持着服务贸易顺差。根据上文的分析，印度自2004年以来，也持续保持稳定的服务贸易顺差，这在发展中国家相当罕见。软件与信息服务等知识密集型行业的出口规模扩大及增速的提升，是印度能够在服务贸易领域实现账户收支盈余的主要原因，同时，这也是多年来印度经济体制改革与产业政策调整的结果。

综上所述，印度之所以能够在服务贸易领域取得不俗成就，主要归因于该国较好地把握了世界服务贸易发展的大趋势，将服务业作为国家主导产业进行扶植，并积极承接服务产业跨国转移，充分利用国内人力和技术等资源优势，以及贸易政策等手段，不遗余力地促进服务业的出口。而其针对服务业和服务贸易营建的相对宽松的政策环境，引导了国内外资本向服务行业的投入，夯实了服务贸易的产业基础，同时也培养了一大批富有竞争实力的服务提供商和服务进出口公司，并在这些市场主体的推动下，使印度服务贸易的比较优势得以充分发挥。

第三节　印度服务贸易自由化

服务贸易逐渐成为世界各国对外贸易战略与政策调整的重点领域，与货物贸易相同，服务贸易也存在自由主义和保护主义两种主要观点，反映在贸易政策上即自由贸易政策与保护贸易政策。随着贸易全球化的推进，世界各国的联系越发密切，经济贸易往来与合作成为主流，但出于对国家安全和利益的考虑，服务贸易政策多体现出自由与保护相结合的特性，而印度亦不例外。经过对外贸政策进行多次调整以及印度服务业整体水平的提高，印度逐渐加快了服务业开放步伐，积极参与多双边谈判，推进服务贸易的自由化进程。

一 印度服务业开放及服务贸易自由化进程

（一）WTO 框架下的服务贸易自由化

印度历来重视国际经贸合作，其服务业的发展离不开相关领域的开放及贸易自由化进程的推进。印度于1995年加入世界贸易组织，并在GATS出台后不久便签署加入，对国内服务业部分领域的开放做出一系列承诺。同时，印度也积极以发展中国家的身份参与WTO贸易开放谈判，为发展中国家争取权益，它强调包括该国在内的发展中国家在产业发展及国际贸易领域处于弱势，因此，在多边谈判中要求降低这类发展中国家的开放条件或给予一定的过渡保护期，并主张发达国家加大对发展中国家的开放力度。

在WTO有关服务贸易开放的谈判中，印度也保持着相对主动的态度，并在入世承诺的基础上，于2005年递交了服务承诺修改书，对初始承诺进行了补充与深化。具体上看，针对GATS所规定的服务贸易12大门类中的160多个细项，印度在其签订的初始承诺中，只对包括商业服务、通信服务、建筑及相关工程设计服务、金融服务、健康与社会服务、旅游服务6大服务部门的50个细项做出具体承诺；而在修订后的服务承诺减让表中，印度对初始承诺做了明显的改进，覆盖了11大服务部门中的87个细项，对包括商业服务、通信服务、建筑及相关工程设计服务、分销服务、教育服务、环境服务、金融服务、健康与社会服务、旅游服务、文化娱乐体育服务、运输服务等在内的各大服务部门做出了具体承诺。从修订后减让表的覆盖面看，印度做出承诺的服务细项已经达到GATS规定下全部细项的一半以上，远高于发展中经济体的开放承诺平均水平，略高于转型期经济体，但与发达经济体还存有一定差距（见表7-4）。

表7-4　印度与不同类型WTO成员服务开放承诺的对比情况

	印度	发达经济体	转型期经济体	发展中经济体
服务细项具体承诺数量（个）	87	99	80	25
占全部服务细项的比重（%）	54	62	50	15

注：发达经济体、转型期经济体与发展中经济体的具体承诺数量选取的是平均值。
资料来源：根据印度服务贸易具体承诺减让表修订版及世界贸易组织秘书处相关数据整理计算制表。

（二）RTAs 框架下的服务贸易自由化

近年来，由于WTO框架下的多边贸易谈判陷入僵局，区域贸易自由化进程不断加快，在这一大趋势下，印度也逐渐将区域及双边经贸合作作为推动其服务贸易自由化的重点方向。截至目前，印度已签署生效的区域贸易协定（Regional Trading Arrangements，RTAs）总数达到 15 个，包括综合经济合作协议（CECA）、全面经济伙伴关系协定（CEPA）、特惠贸易协定（PTA）、自由贸易协定及自由贸易区（FTA）等多种形式；正处于谈判中的 RTAs 达到了 13 个；已递交提案进入研究阶段的 RTAs 有 7 个，其中，与中国开展的 RTAs 联合研究已于 2008 年结束，两国的经贸合作亦在稳步推进。

将上述 15 个签署生效的区域贸易安排进行梳理可发现，印度在推动区域贸易自由化的早期并未给予服务贸易足够的重视。在 2009 年之前签署的 12 个 RTAs 中，只有与新加坡达成的综合经济合作协议涉及了服务贸易安排。不过，从 2009 年开始，印度逐渐重视这一问题，并力图在新的区域贸易安排中涵盖服务贸易自由化的内容。如在与日本、韩国等东亚国家的 RTAs 谈判中提供了全面的服务覆盖率，同时在与马来西亚达成的 RTAs 中提供了部分服务覆盖率等。与 WTO 框架下的服务开放承诺相比，RTAs 框架下的相关承诺涉及的范围更为广泛，承诺细节也更为深刻。

二 印度主要服务部门开放与自由化进程

各主要服务部门的对内对外开放，是推动印度服务贸易自由化进程的基础。同时，由于各服务部门的发展阶段和国际竞争力不同，各自的开放程度也有较大差异，而根据开放程度大体上可分为高度自由化部门、适度自由化部门和未开放部门。

（一）高度自由化部门

高度自由化部门是指印度服务贸易自由化力度最大的部门，主要包括软件服务业和电信服务业。

软件服务业的高度开放建立在其行业竞争优势的基础之上，早在 20 世纪 80 年代，印度政府就将软件服务业作为优先发展的战略行业，并随着印度经济自由化改革的推进，制定实施了一系列鼓励软件业发展及其出口的政策举措，如建立软件技术园区，在园区内实行相对开放的国内外引资政策，提供与国际标准接轨的基础设施条件；对相关税种实施减免政策，避免进出口软件的双重赋税，免除各种地方所得税和出口所得税；放宽外汇管制及外商投资限制，允许设立外商独资企业；简化软件出口审批手续，促进软件贸易的便利化等。

电信服务业是印度早期垄断程度比较高的行业，1991年印度政府开始着手增值业务市场对私营部门的开放，并在1994年颁布的《国家电信法》中允许私有资本进入电信市场，鼓励内外资联营企业投资电信产业，但规定外资比例不得超过49%，之后又对私有资本陆续开放本地基本电信业务、增值电信业务及移动业务市场，至此，全面放开了基本电话业务市场。随着1997年《基础电信协议》的生效，以及新的《国家电信政策》的修订完善，印度电信业市场对外开放步伐加快。虽然实际开放安排并未完全遵循原计划执行，有些计划未如期实现，如原计划于1999年向国际市场开放国内长途业务，有些计划提前实现，如网络电话业务和国际长途业务等，但电信服务业整体开放程度已经得到较大提升。目前，印度与美国AT&T公司、澳大利亚Telstra公司及中国香港和记黄埔公司等合资经营的移动公司，已在印度大中城市里提供移动通信业务。

（二）适度自由化部门

适度自由化部门主要包括金融服务、建筑及相关工程设计服务、分销服务、航空运输服务和保健与健康服务等。尽管上述行业已经逐渐对外开放，但所受到的限制还比较大，开放的广度和深度有待进一步的提高。

金融服务包括银行及其他金融服务和保险服务两大分部门。自1991年始，印度针对金融领域陆续开展了一些自由化改革，并在WTO框架下提交的金融服务协议中采取了相对谨慎的开放承诺。印度金融服务业的开放水平主要体现在WTO主体协议文本、服务贸易总协定及成员国提交的特定服务部门市场准入承诺中，虽然允许金融市场的外资准入，但在外资股权比重、投资上限、经营形式、外资股东权益等多方面进行严格限制，并强制要求外资保险公司承担农业保险和社会保险等。在建筑及相关工程设计服务方面，虽允许外资进入建筑业和房地产开发领域，但却在开发面积、资金撤回等方面设限。在分销服务领域，对零售服务进行严格限制，虽对其他部门的外资准入不设限，但在佣金代理、特许经营和批发服务等领域实行审批制度，而批发服务也受制于运输和仓储服务的准入限制。在运输服务领域，海运与公路运输适度放开，但航空运输和铁路运输的限制较为严格。在保健与健康服务部门，虽未对外资准入设置上限，且实行自动审批制度，但禁止以自然人移动的形式提供服务，并且严格规定自然人移动需向相关主管部门注册。

（三）未开放部门

没有正式对外开放的部门包括会计服务、零售服务、铁路运输服务、法律咨询服务、邮政服务等。这些都是印度发展相对滞后的行业，并不具备国际竞争力，如若开放，可能会对国内相关行业造成冲击，甚至危及国家利益与经济安全，故多采取严格的保护措施，从市场准入上加以限制。

表7-5　　　　　　　印度服务贸易各部门开放程度一览

高度自由化部门	适度自由化部门	未开放部门
软件服务业、电信服务业	银行及其他金融服务、保险服务、建筑及相关工程设计服务、分销服务、航空运输服务、保健与健康服务	会计服务、铁路运输服务、法律咨询服务、零售服务、邮政服务等

资料来源：Rupa Chanda, *Globalization of Services: India's Opportunities and Constraints*, Oxford University Press, 2002；张斌：《印度服务业市场开放的现状与趋势》，《世界经济与政治论坛》2006年第2期。

三　印度服务业开放及服务贸易自由化的特点

（一）服务业开放程度明显高于发展中国家平均水平

由于印度在服务出口方面具备比较优势，故其在服务业开放承诺方面一直保持着较为积极的态度。伴随着印度经济自由化改革的推进，印度服务业的开放水平也在逐渐深化，并对最初做出的服务承诺减让表进行了一些补充与修订，扩大了服务业开放领域。目前，其在服务业11个大类的87个细项上均做出了承诺，开放程度远高于发展中国家平均水平。不过同时也要看到，印度开放程度较高的服务部门基本上是其具有比较竞争优势的行业，如软件服务业，即使加大对电信业开放力度，目的也是为给软件服务贸易提供便利条件。当然，作为外向型经济战略主导的国家，印度很清楚服务业的开放是大势所趋，也只有稳步有序推进服务贸易的自由化，才能实现其服务业及其行业贸易国际竞争力的进一步提升。

（二）逐渐将服务业开放作为其推动区域贸易自由化的重要内容之一

在服务业开放多边谈判停滞的情况下，印度并未停止推进其服务贸易自由化的步伐，而是另辟蹊径，将区域贸易安排作为近期工作的重点和突破口。尽管印度在早期的区域贸易安排中对服务贸易重视程度不够，但随着区域贸易合作的深化，该问题已在新的区域贸易安排中得以纠正，并呈现出"GATS+"的特征,特别是在双边贸易谈判中,就某些服务部门承诺协议做出了深化和扩展。总体上,印度在签署生效的RTAs中偏好在商业服务和通讯服务部门做出扩展承诺,而深化承诺则多出现在商业服务、金融服务和运输服务部门的商业存在形式中。

(三)服务贸易提供方式不同,所受限制程度亦不同

从对服务部门市场准入和国民待遇原则的限制程度看,不同的服务贸易提供模式有所区别。其中,跨境支付和境外消费的限制程度相对宽松,没有限制的部门占比超过了发展中国家的平均水平;自然人移动不做承诺的部门占比很高,对政策充分自由的裁量作了较大保留;商业存在在市场准入方面限制极为严格,但在国民待遇方面限制程度较低。相比较而言,印度十分重视自然人移动的提供方式以及在该领域的服务贸易谈判,这是因为印度拥有大量的高技术劳动力群体,而自然人移动也是印度软件行业及软件服务外包行业最主要的提供方式之一,故多采取不做承诺的方式,一方面既可以减少对软件等优势产业自然人移动的限制,另一方面又可以保护欠发达服务部门,使其免受国外自然人流入所引致的冲击。

第四节 印度服务贸易管制

印度推行的是有管理的服务贸易自由化,既不会因为担心外资进入冲击国内市场而限制服务业开放,又不会放任服务市场的完全开放,即其对服务贸易的管制贯穿着整个服务贸易自由化的全过程。印度对服务贸易进行监管的政策目标是为了确保服务贸易的健康发展,保持服务出口的优势,以出口作为拉动国民经济增长的主要动力,并最终获取更多的国家利益。从多边框架下的服务贸易自由化,到区域贸易安排中的服务贸易协商,再到国内单边贸易政策的制定,均体现了这一政策终极目标。

一 对服务贸易的宏观监管

由于服务贸易行业本身的特殊性和多样性,使得其很难有一个统一的监管模式,而对服务贸易的开放和监管也主要集中在国内服务业市场准入标准的降低和限定上,故服务贸易监管政策与国内服务业管理政策往往交织在一起,不能分割而论。总体而言,印度对服务贸易的管制具有多层次和综合性的特点,主要体现在国内服务业部门法律及管制政策,服务贸易

部门管制法律及相关政策安排，以及服务贸易国际协议之中。

截至目前，印度并没有在国家层面出台一部涉及整个服务贸易领域的管制法案，也没有一部专门关于服务贸易管制的法律和政策，对服务贸易监管的宏观指导则多体现在国内服务产业的战略规划及监管制度中。通过对主要服务部门的未来发展与开放程度进行安排与市场规范，进而延伸到这些服务部门的贸易领域，以最终实施具有针对性的监管政策。换言之，印度服务贸易监管是以国内服务业市场监管为前提的，是国内服务业市场监管的外延形式。

同时，自2004年起，印度便开始制定外贸总体发展指导性原则，即《印度对外贸易政策》，该政策主要由印度商工贸易部负责制定，每5年为一个计划执行期，最新版是2009年发布的《2009—2014年外贸政策》，为印度对外贸易的发展指出了总的方向和纲领，而近5年外贸的工作重点是增强出口，并积极参与国际贸易谈判。虽然该阶段的外贸政策并未明确针对服务贸易的发展做出较为详尽的规定，但却为服务业及服务贸易的开放和监管提供了来自宏观层面的原则性指导，而相关服务部门也会按照该原则制定行业发展规划、监管和贸易政策，调整现有的监管政策和法律条文，为服务贸易提供便利，促进服务出口，并为新一轮的服务开放谈判做准备。

上文在论述印度服务贸易自由化时，也提及了相关的服务贸易国际协议。出于本国服务业和服务贸易发展的需要，印度对相关服务部门做出了一定的开放承诺，但很多承诺都附带着限制条件，对服务业开放和贸易实施了监管，目的也是为了保护国内服务行业，维持和稳定国内服务市场秩序，以让诸如软件服务等具有比较优势的部门参与国际竞争，获取出口利益；同时，也照顾到国内的弱势服务部门，为其发展与开放争取有效时间。

二 对主要服务贸易部门的监管

具体来看，印度对服务贸易的监管主要体现在对各主要服务贸易部门的实际监管上。

（一）电信服务

电信服务作为印度开放程度较高的部门，一方面受到国内相关行业法律规定和政策的监管，另一方面对外资的市场准入也存在一定监管。国内行业法律规定和监管政策，主要是为了打破电信行业垄断，维持良好的市场秩序，促进电信业的发展，为软件服务业提供便利的基础条件。电信业监管主要政策依据为1999年的《国家电信政策》，大体包括以下内容：

改变许可证收费机制；移动通信资费方式改为单向收费；将外资进入印度国内电信市场的持股上限由原来的49%提高到74%；鼓励私营部门参与提供各种电信服务；强化电信运营环境的公平性，引导私营提供市场进入；简化电信业税收体系等。主要法律依据是2006年的《电信管理局法案》（修订案），用来规范电信管理机构的日常监管工作。可见，在电信服务方面的监管采取的多是开放市场的态度，而非限制性的措施。

（二）软件服务

尽管印度并没有制定有关软件发展和监管的专门法律，但作为国家的主导产业，印度从宏观战略规划等多个层面对软件服务实施监管，确保软件行业及贸易的发展壮大。具体来看，从20世纪80年代开始制定了一系列发展战略规划，包括《技术政策声明》、《IT产品出口、开放和培养政策》、《软件产业园区计划》、《新技术政策说明》、《印度信息技术行动计划》、《信息技术法2000》、《IT人才资源特别工作组》、《推动宽带技术设施的建设》、《信息产业投资园区政策》等，通过调整软件行业管理机构设置、完善信息技术基础设施、健全知识产权保护制度、重视软件标准化建设、促进软件出口便利化等一系列举措来发展软件业。与电信服务相比，印度更为注重软件业的发展及其出口规模的扩大。

（三）金融服务

20世纪90年代以来，印度在金融领域开展了一系列改革，以规范所有金融部门的政府监管。大体上，政府监管措施集中在对商业存在和自然人存在形式的限制上，并体现在水平承诺表中。同时，在水平承诺表的基础上，又针对不同的金融部门采取了不同的监管措施。总体上，印度对金融服务采取的是审慎监管的态度，而在WTO框架下做出的金融服务开放承诺也相当谨慎。具体而言，对银行业监管制定的法律包括两大类，一类对政府借款、存款和行政管理进行了规范；另一类对银行管理进行了规范。在资本和有价证券市场方面，也构成了相应的监管法律体系，并对外汇管理和管制进行了设定。在保险服务方面，相关的监管法律也比较多，还配套许多修订案和辅助性法规，共同对保险业及其贸易实施监管。

（四）运输服务

运输服务包括航空运输、公路运输、铁路运输及海洋运输等，由不同的部门进行监管，同时所适用的监管法律也不同。其中，航空运输最主要的监管法律有《1934年航空器法案》，由于该法律颁布较早又未重新修订，故现在用一些新政策文件加以补充；海洋运输的主要监管法律和政策有《1958年商业运输法案》和《印度海运政策》，目的是为了引导印度海运自主性的提高；公路运输的监管法律是《1988年国家公路局法案》及机动车辆法规等。目前，印度对航空运输进行了适度开放，允许民营资本和外国资本对航空运输领域的投资，但限定外资投资上限为49%，同时，不允许外资对国有航空公司进行直接或间接投资。

（五）建筑服务

尽管印度于2005年对外资放松了建筑和房地产领域的管制，但对其进入也设定一系列条件，具体包括：（1）每个公共设施开发项目占地大于10公顷，房屋建筑面积大于5万平方米；（2）外资独资开发项目最低投资额不低于1000万美元，合资开发项目的最低投资额不低于500万美元；（3）投资必须自项目批准之日起6个月内注入；（4）注入的项目投资三年内不得撤出；（5）为防止房地产市场的投机活动，未完成开发的土地不得出让等。

（六）法律服务

无论在乌拉圭回合谈判中，还是在GATS框架下的谈判中，印度均未对法律服务领域的开放做出相关承诺。作为该部门主要的监管法律之一，《律师法》法案对"律师服务"的定义和范围进行了界定，它包括所有涉及律师和法院陈述的咨询服务，律师的辩护服务，以及公证机构做出的公证行为等。同时，《律师法》法案与另一部主要的监管法律《印度律师联合会条例》均对律师服务的提供者做出严格限制，规定在印度境内提供法律服务的自然人必须具有印度国籍，如果外籍律师服务提供者想要在印度注册律师资格，需受到多重条件制约。并且，对外资的市场准入进行严格限制，绝对禁止外资进入法律服务领域，也不允许设立国际律师事务所，印度籍律师不允许同境外律师达成利润分享协议，印度国内律师事务所可以雇用外籍服务提供商为雇员或咨询人员，但不得使其成为合伙人，也不允许其签署法律文件或代表客户等。

（七）会计、分销和健康保健等服务

关于会计服务，印度在《公司法》、《所得税法》和《合作社法》中都单独列出特殊条款对其进行了相关规定，并有专门的机构对会计服务者提供教育培训，对其相关会计资格进行认证与审核，同时也对其持有的外国资格证书的有效性进行确认，以保证国内统一的会计服务标准。

印度到目前为止并未出台专门关于分销业的监管法律或政策，其对分销业的监管法律和政策规范，主要分散在 WTO 谈判时所达成的一系列承诺文件里。不过，印度商工部在相关贸易政策中针对批发业做出规定，如若外资对出口导向型批发业务进行投资，或者外资占股达到 51% 以上的批发业务，都需要获得印度外国投资促进委员会的审批许可。此外，批发服务还会受制于其他相关服务，如运输和仓储服务的准入限制等。同时，印度的零售服务市场严格禁止外资进入，如超市、便利店以及其他业态的零售服务领域完全不允许吸收外国直接投资，也不允许外资直接持有印度零售企业的股份，这就使得诸如家乐福、沃尔玛等巨型零售业跨国企业无法进入印度零售业市场。尽管近些年印度政府也在考虑逐渐放开零售业务，但相关计划因为政治阻力过大而被搁浅，目前，只是允许国外跨国公司在印度国内市场开设品牌专卖店，但佣金代理服务和特许经营服务必须报印度储备银行进行审批。

印度对健康与卫生服务领域的监管主要依据《2002 年国家卫生政策》，该部门大体上可分为初级护理、次级护理和三级护理三大等级。其中，初级护理部门属于社会福利性质，主要由政府管理运营。印度医疗诊治及培训的标准具有多样化特征，主要由印度医学委员来制定相应的标准，但国立大学颁发的各种等级证书又被社会认同。护理领域则与医疗卫生领域不同，并没有统一的标准与培训模式，相应的标准与培训模式由各自护理协会制定。在保健服务部门的市场准入上，印度没有对外资设定投资上限，也允许自动审批，但却严格禁止以自然人移动形式提供的保健服务，若以自然人移动方式提供服务，必须报印度医疗、牙医和护理委员会等主管部门批准并进行注册，但程序特别烦琐，限制条件也比较多，有效遏制了国外自然人移动的流入，对本国保健服务市场实行保护。此外，地方政府也有权实施大量的市场准入限制，如要求医院为低收入家庭保留一定比例床位等。

三　印度服务贸易监管特点

（一）从服务业对外开放监管政策看，是一种多层次的综合型服务业开放监管政策体系

服务行业本身的特殊性决定了其对外开放监管政策的层次性，服务业国内管制政策和服务贸易监管政策交织在一起，形成了一个由国内服务业相关政策、法律规制、国际贸易协议等共同构成的集单边、双边、区域和

多边服务业政策为一体的综合型服务业开放监管政策体系。印度通过市场准入、国民待遇等限制性条件对不同服务行业的开放程度进行管理，以防止垄断，防范外资进入对服务产业及国民经济带来的风险，并促进市场有效竞争，实现服务业健康有序发展与开放。

（二）从服务业对外开放的监管法律看，主要是依据各服务部门法及相关政策分口监管

印度没有专门关于服务贸易管理和政策的法律或法案，而是通过对主要服务部门制定相关法律，来对服务业的开放实施监管，如2012年修改后的《国家电信政策》、新颁布的《信息技术法》等。同时，为与服务业开放实际运行相符，并落实监管中的执法依据，各服务部门也会参照印度商工部最新的《对外贸易政策》来规范或调整现行的法律安排。该《对外贸易政策》每五年修订一次，为未来五年内货物贸易和服务贸易发展方向、监管重点及相关政策支持提供宏观指导。

（三）从监管目的与程度来看，针对服务部门发展需要来调整行业监管方向

印度对服务部门及其行业贸易实施监管，主要是根据相关部门发展实际需要进行，而不是对服务部门一味地限制和管死。对那些国际竞争力强、具备行业比较优势、需要扩大出口规模的部门，多采取更为开放的态度，通过监管手段以促进资本和劳动力的流动，保证市场竞争机制的充分发挥，如软件服务和电信服务等；而对那些发展基础薄弱，易受外资企业冲击的行业或部门，则在市场准入方面加强限制，限定外资持股比重及投资形式等，通过强化监管来确保国内行业的健康发展。此外，印度服务贸易监管并不是一成不变的，会随着经济形势的变动进行相应调整，如一些未在国际贸易协定中做过承诺的服务部门，也可能会在实际操作中有一定程度的开放。

第五节　印度服务贸易管理体制

印度服务贸易管理体制属于分工协调型，既包括国家层面的管理机构，也包括各服务部门主管机构及服务行业协会等，这种管理体制是由服务贸易多部门的特征决定的。

一 印度服务贸易管理体制的主要架构

印度并没有一个在国家层面统筹服务贸易管理的专门机构,而是采取部门间分工把口,互相协作的模式。

涉及印度服务贸易法律制定的部门为国会及法律与司法部,国会对有关国际贸易的一切问题均拥有立法权,但必须经过修改成为国内法后,才能正式执行实施。目前,印度并没有针对服务贸易的专门立法,又由于印度实行的是议会民主制,故印度服务业与服务贸易相关立法及政策制定很大程度上取决于各利益集团的博弈。

印度的商工部是服务贸易发展运行的主要管理部门,有关服务贸易的政策制定与国际谈判基本上由该部门负责,但在实际执行中还要咨询财政部、印度储备银行及各服务主管部门的建议。具体来看,商工部的职能有:外贸政策制定,对外贸经营活动进行监管,代表国家开展贸易谈判及签订协议,负责与世界贸易组织和联合国贸发组织等国际机构的联系,保护印度贸易企业在海外市场的利益等。其中,商工部下设商业司来负责与其他相关部委对接并共同制定印度外贸政策,商业司由对外贸易综合理事会和商业情报及统计管理局两个部门组成,分别负责外贸政策的具体实施和外贸数据收集、统计整理及发布等事宜。另外,还有贸易委员会和出口促进委员会等多个自治机构或行业协会,来协助商工部完成对外贸易政策的实施(见表7-6),这些自治机构是连接政府与服务贸易行业企业的纽带。

表7-6 与服务贸易管理与政策制定有关的主要自治机构一览

自治机构	主要职能
出口促进委员会(EPCs)	提供贸易政策咨询,保障贸易政策的实施
印度出口联合组织	向政府认可的出口企业或贸易公司提供咨询
印度仲裁理事会	促进仲裁在贸易纠纷解决中的使用,向有关仲裁的事宜提供建议
印度贸易促进组织(ITPO)	促进贸易进出口发展,研究并制定贸易促进方案实施举措,从国际引进新的技术,发布相关贸易产品和海内外市场的信息
国家贸易信息中心	跟踪最新贸易动态,向印度和外国企业提供有关贸易、市场供需及机构的信息,促进贸易的发展

资料来源:WTO Secretariat, Trade Policy Review of India, May 2002.

印度在 WTO 或者 RTAs 框架下做出的服务贸易开放承诺，是通过商工部具体执行的，并且有其专门的运行机制。在对某一服务部门做出开放承诺前，商工部需要召集相关行业的主管部门共同组成专业委员会，对国际形势和行业发展状况进行研究，并最终确定该行业的开放程度。每次多边协议谈判前，商工部都会做出充足准备，与相关行业主管部门、学术界、自治机构、行业协会以及企业代表展开多次探讨，共同研究谈判策略和谈判底价等。

而具体的服务部门由相应的专门机构负责监管；如电信服务业主要由电信管理局负责；交通运输服务业由交通运输部和民航综合理事会负责；金融服务业中的银行业由财政部与印度储备银行负责，资本市场由经济事务部资本市场司负责，保险业由印度保险监管和发展局负责；软件服务业由电子部和软件发展促进局负责等。同时，印度还设有专门的出口促进机构，如单独设立电子和软件出口促进委员会（Electronic Software Export Promotion Council）负责软件出口促进；其他服务出口统一由印度出口商联合组织（Federation of Indian Exporters Organization）负责。[①]

此外，在服务业投资管理方面，印度也由多个部门分工协作。印度储备银行作为印度国家中央银行负责外汇管制；印度外国投资促进局负责外国直接投资的审批；印度外资执行管理局负责快速执行外国直接投资的审批工作并协助外国直接投资者获取必要的批准；印度投资中心负责对外发布权威的投资信息和数据，提供投资及技术合作等方面的服务等。

综上所述，国会及法律与司法部负责对服务贸易相关事项进行立法，并与印度商工部、各服务行业主管部门及外国投资各管理部门相互协作，共同对印度服务贸易发展、政策制定、贸易谈判及外国投资进行管理。

二 主要服务部门相关管理机构设置及职能

（一）电信业管理机构

印度对电信业进行改革后，原先的主要管理部门电信部已经转为企业性质，目前，印度电信业最主要的监管机构是 1997 年成立的电信管理局，其主要职能为：对电信服务实施监督和管理；确保许可证各项条款的执

[①] 陈彬：《印度服务贸易法律制度的主要特点及对我国的启示》，《2008 全国博士生学术论坛（国际法）论文集：国际经济法、国际环境法分册》，2008 年。

行；制定互联互通条款并保证条款的执行；保证网间互连费用的结算；建立电信服务业务标准并保护消费者合法权益；保证不同电信运营商之间技术兼容与互通；解决电信部门和服务提供商间的纠纷等。除电信管理局作为主监管部门外，通信委员会、电信部、电信服务部、信息与技术局和纠纷仲裁法庭等也会对电信业的正常运营进行管理。但是由于历史原因，这些电信管理部门在职能上存在交叉或者重叠的情况，这也就使得电信业在监管上多头管理和政出多门的现象时有发生，影响行业监管效率。

(二) 软件业管理机构

印度专门设立了电子部和软件发展促进局共同对软件业进行管理，其中，电子部主要负责印度软件业的政策制定和实施，软件发展促进局则侧重对软件出口的促进。同时，为了发展软件服务外包，印度成立了服务外包协会 NASSCOM，其在推动印度服务外包产业发展中发挥了巨大的作用，主要职能为：代表行业和企业与政府进行沟通，协助政府开展服务外包产业规划，协调软件科技园建设，为软件行业发展争取有利的优惠政策；国际上与 WTO 等国际组织联系，为印度软件贸易争取有利地位和条件；帮助服务外包企业与电信行业谈判，争取低价优质的电信服务，保护企业的知识产权；与大学等教育培训机构沟通合作，培养满足服务外包市场需求的人才，并设立基金向落后地区普及电脑知识；推动服务外包业务由价值链低端向金融、保险、软件研发等领域发展等。

(三) 金融业管理机构

印度的金融业由银行业、资本和有价证券市场、保险业三部分组成。其中，银行业由财政部和印度储备银行共同管理，二者在管理职能上有些重叠；资本和有价证券市场主要由经济事务部资本市场司来负责管理；保险业则主要由三个机构共同管理，分别是印度保险监管和发展局、印度保险业协会和印度精算师协会，而印度保险监管和发展局是印度保险业最主要的监管机构，负责保险业相关政策制定和实施、维护保险行业秩序、促进保险业健康有序发展等。

(四) 运输服务业管理机构

印度运输服务业包括航空运输服务、海洋运输服务、铁路运输服务和公路运输服务。

航空运输服务由民航部直接管理，其下属的民航综合理事会负责管理与航空运输服务相关规则的制定与实施，对航空运输服务贸易政策影响尤为显著，同时，相关行业协会也参与到航空运输服务的管理中，如中央考试协会涉及飞行员和飞机工程师许可证发放等。

海运服务的主要监管机构有 3 个，分别是海运局、孟买高级海运理事会和国家海运委员会。其中，海运局是印度海陆交通运输部的下属部门，主要负责船舶维修、港口和航道交通运输管理，及相关领域法律政策制定与实施；孟买高级海运理事会主要负责联系与海运政策法规、海运安全等有关的国际大会，跟进与国际海运组织相关的各项事宜，同时也参与海运服务领域的教育培训、资格考试和证书许可等活动；国家海运委员会则主要负责就海运服务领域方面的问题向政府提供咨询建议。

铁路运输服务由铁道部和铁路协商委员会协同管理，其中，前者负责铁路运输的实际运营与管理，是直接的管理与相关政策执行部门；后者则负责为铁路运输服务发展规划、相关法律政策的出台提供咨询建议。

公路运输的主要管理机构为交通运输局、印度公路协会、州政府、乡村工程协会、当地管理机构等。公路类型不同，主管机构也不同，如联邦高速公路由交通运输局主管；各州高速公路及主要公路干道由州政府管理；乡村公路和城市公路由乡村工程协会与当地管理机构负责。

(五) 其他服务部门主管机构

法律服务由印度律师职业委员会进行管理，这是一个专业性较强的机构，其主要职责包括制定法律服务教育培训标准，编订法律从业人员守则，授予律师从业资格等；分销服务归商工部管理；印度的会计服务主要是由印度注册会计师协会和印度成本与生产管理会计师协会共同管理；印度健康与卫生服务业的监管机构则主要是印度卫生与家庭福利部，而各州邦政府也会对本地的卫生健康服务进行管理，此外，印度医学委员会负责制定医疗诊治与培训标准。

综上所述，印度对服务业及服务贸易的管理体制，是一个从国家到地方，从全局到部门的庞大体系。其中，针对主要部门设立专门的管理机构，可在很大程度上促进该行业的发展，而行业协会的纽带作用也得到了充分发挥，这些都是印度管理体制的闪光点。不过，也要看到某些服务行业大量存在部门间交叉管理的现象，这增加了部门间协调管理的难度，也降低了监管效率，需要在将来的管理机构调整上加以重视。

表7-7　印度主要服务贸易部门的监管法律和监管机构汇总一览

服务部门		政策制定机构	管理实施机构	相关法律政策
电信服务业		电信管理局	电信管理局	《2006年电信管理局法案》（修订案）、《1997年电信管理局法案》
		印度国会		《1985年印度电报法案》、《1933年印度无线通讯法案》
				《1999年国家电信政策》、《2004年印度宽带政策》
交通运输服务业	航空运输	民航综合理事会	民航综合理事会	《1934年航空器法案》、《1937年航空器法案》、《民航飞行要求》、《航空信息通知》
	海洋运输	海陆交通运输部海运局	海陆交通运输部海运局	《1958年商业运输法案》、《印度海运政策》
	铁路运输	海陆交通运输部印度铁道局	海陆交通运输部印度铁道局	—
	公路运输	印度交通运输部国家公路局	印度交通运输部国家公路局	《1988年国家公路局法案》
金融服务业	银行服务	财政部和印度储备银行	财政部和印度储备银行	《1994年公共债务法案及相关规定》、《1873年政府储蓄银行法案及相关规定》、《1968年政府公积金法案及相关规定》、《1934年储备银行法》、《1955年国有银行法》、《1949年银行业规范管理法案》
	资本和有价证券市场	经济事务部资本市场司	经济事务部资本市场司	《1996年证券存管法案》、《1992年印度证券交易委员会法案》、《1957年证券合同法案（2004年作过修订）》
	保险服务	印度保险监管和发展局、英属印度政府	印度保险监管和发展局	《1999年印度保险监管和发展局法案》、《1938年保险法案》
软件服务业		电子部和软件发展促进局	电子部和软件发展促进局	《公司法》、《所得税法》、《关税法》
保健与卫生服务业		印度卫生与家庭福利部	印度卫生与家庭福利部	《2002年国家卫生政策》

续表

服务部门	政策制定机构	管理实施机构	相关法律政策
会计服务业	—	印度注册会计师协会、印度成本与生产管理会计师协会	《公司法》、《所得税法》、《合作社法》等法律条文中均有涉及
法律服务业	印度律师职业委员会	印度律师职业委员会	《印度律师联合会条例》、《1961年律师法》
旅游服务业	印度国家旅游局	印度国家旅游局	《2002年国家旅游政策》
分销服务业	印度商工部	印度商工部	—
教育服务业	印度国会	印度商工部、全印技术教育理事会、大学拨款委员会、中央政府和各州政府	《1976年宪法修正案》

资料来源：根据印度各部门公布法律文件和相关政策整理制表。

第六节 印度服务贸易发展的最新动态

近些年，针对美国发起的《跨太平洋战略经济伙伴协定》（TPP）、《跨大西洋贸易和投资伙伴关系协定》（TTIP）和《服务贸易协定》（TISA），印度主张加强同中国、俄罗斯、巴西、南非等"金砖国家"及新兴经济体的经贸往来，特别是要扩大与中国在服务贸易领域的合作。同时，印度也对现行的服务业及服务贸易政策进行调整，确定未来的发展方向，以提升服务贸易的国际竞争力。

一　服务贸易行业发展新动态

印度服务贸易发展正处在转型升级阶段，除软件信息服务等传统优势部门继续得到重点发展外，一些新兴的服务部门也逐渐引起印度政府的重视，相应的行业政策也随之进行了调整。重点分析以下行业：

（一）软件及服务外包业

软件信息服务继续保持快速增长，软件服务外包得益于世界经济复苏，特别是主要海外市场经济的回暖趋向。在这一背景下，包括银行在内的金融行业及其他行业或将提高对IT技术的需求，IT服务费用支出也会得到相应增加。印度软件及服务公司联盟（NASSCOM）基于国际经济形势的变动情况，对2014—2015财年印度服务外包增速进行预测，认为可能会达到13%—15%的增长速率。同时，印度最大的IT服务外包公司印孚瑟斯公司和塔塔咨询服务公司也认为，欧洲和美国的企业将增加对IT技术服务的需求，对2014—2015年印度服务外包的增长持较为乐观的态度。

从服务外包业务来看，软件服务外包仍是行业主导，但业务流程外包也得到了较快发展。随着商业模式的创新及新技术的出现，特别是解决方案在新兴市场经济体中的发展壮大，印度的信息技术外包和业务流程外包极有可能在未来几年继续保持世界领先的地位。同时，印度服务外包也加快了由规模向质量的转变，社交媒体、移动、分析和云技术将推动其发展，而IT业中的云服务比重也将在未来得到较大提升。目前，服务外包在印度已不单纯是一个发挥雇佣功能、解决就业的劳动密集型行业，更代表了印度技术水平的前沿发展风向标。

从印度服务外包未来发展目标看，软件产品、网络和移动产业为其提供了新的商机，印度将致力于打造分析、移动、云计算、社会协作和新兴垂直产业的中心。同时，全球越来越多的国家意识到工业和制造业的增值很大部分来自其中的服务环节，这就为供应链解决方案服务提供商创造了巨大的市场机会，也大大推动了业务流程外包的发展。针对IT和BMP（业务流程管理），NASSCOM采取了新的举措培养从业人员的技能，建造向企业输送合格熟练人才的强大渠道，以更好地满足客户的需求。

（二）医疗保健及医疗旅游产业

医疗保健及医疗旅游也是印度具有竞争力和极具发展潜力的行业，随着医疗保健领域自由化改革的推进，政府减少了对医疗保健业的管制，医疗保健行业逐渐向外国投资者开放，高科技的医院基本与国际医疗保健标准实现接轨，政府对医学教育补贴规模也在不断扩大。在政府的大力推动下，印度在较短的时期内就形成了相对成熟的医疗旅游市场，吸引了周边国家及欧美发达国家的众多患者。印度医疗保健及医疗旅游业的优势在于其费用相对低廉，技术相对可靠，尤其在心脏病治疗、整形外科手术、关节复位、骨质疏松的治疗方面已达到国际一流水平。目前，印度二、三线城市对高质量和专业医疗保健服务的需求增长较快，政府也相应出台了五年税收优惠政策，鼓励医疗机构到二、三线城市设立医院。随着印度医疗服务体系覆盖面不断扩大，医疗保险也获得发展动力。同时，印度也加大医疗基础设施的投资力度，通过完善医疗条件，来吸引更多的外国优质资产和先进的医疗设备，并最终增强其在国际医疗旅游服务上的竞争力。

（三）旅游服务行业

印度的旅游行业为其国内生产总值和外汇收入做出了较大的贡献，也为印度提供了过百万个就业机会。目前，印度正逐渐打破传统的旅游业运营模式，打造出一系列具有国际吸引力的特色旅游服务，如医疗健康旅游、宗教旅游、探险旅游、邮轮旅游及大篷车旅游等。通过推出这些特色旅游项目与流行套餐，配以优惠高质的航空旅游服务，及规范的旅游公司、游客服务公司和旅行社提供的优质服务，印度已吸引了来自全球各地的游客，入境游得到迅速发展。而这也在一定程度上带动了酒店住宿业和餐饮业的发展，酒店餐饮领域的海外直接投资额在持续增加。同时，印度看好生态旅游业的发展前景，着力打造低碳环保的生态友好型酒店，鼓励民营资本在生态旅游业的资本运营，并为生态旅游业发展提供政策支持等。

（四）影视文化服务业

作为印度国内最富生命力的产业之一，娱乐传媒业依赖技术进步和经营模式创新，规模不断加大。而印度也加强了国际交流与合作，努力将其电影和动画产业向国际推广。目前，印度已经开始承接来自迪斯尼、华纳兄弟等国际影业巨头的角色动画外包及影视后期制作等业务，借助影响传媒的力量，印度希望向外部世界宣传其文化内涵，并为其文化创意产业的发展创造优良条件。

（五）零售业

印度的零售业一直都是海外投资的"禁区"，近几年为了刺激经济增长及促进国内零售业的优化升级，有关零售业的对外开放改革方案一再被提及，但都由于政治及利益博弈而被搁置，如2011年11月，辛格总理决定向全球超市巨头开放印度零售业，允许外国多品牌零售商在印度持有合资公司最高51%的股份，这类公司将获准与印度伙伴合作开设超市，但在随后的议会讨论中遭受反对派的强烈抵制而最终搁置；2012年9月，印度政府再次提出相关改革法案，也遭到反对派和相关利益团体的强烈抵制；同年12月，以国大党为首的团结进步联盟提交的"零售业改善法案"，在印度议会下议院投票表决后勉强通过，这标志着印度全面开放零售业的法律障碍得以扫清，未来该法案将进入实施阶段。当前，出于对中小型零售商或小型农场主利益的保护，印度商工部表示暂时不会对外资开放多品牌零售业。不过，新政府上台后逐渐意识到，有活力的在线零售业可以更好地促进制造业的发展，这或许会增强废除在线零售商不得销售自己所采购商品之禁令的可能性，印度有望进一步对外资加大零售市场开放力度。

二 服务贸易合作与谈判最新进展

印度始终如一地积极推动服务贸易领域的谈判，但是其对美国主导的TiSA谈判先是持反对态度，后来则不做表态，以保护其服务贸易免受发达国家过多的干预及外部市场的冲击。与此同时，近些年印度逐渐将服务贸易谈判重点落在区域贸易安排上，逐渐推动区域特别是双边的自由贸易谈判。而印度在区域贸易安排上的特点也较为鲜明，基本上遵循了印度"向东走"的对外贸易策略，即加强与东南亚和东亚国家或地区的经贸合作，积极融入区域一体化，以探寻本国经济新的增长点。

目前，随着印度开展合作的区域范围的逐步扩展，谈判的内容也得到了拓宽，先后在与新加坡、韩国、日本和马来西亚签订自由贸易协定时，不仅涉及货物贸易的内容，还增加了与服务贸易有关的合作款项。如在2010年与日本达成的《印日全面经济伙伴关系协定》中，重点加入了与服务贸易有关的协定条款，并在之后与马来西亚达成的区域贸易协定中同样强调了涉及服务贸易的相关条款。

此后，印度政府又在只涵盖货物贸易的自贸协定基础上，积极与东盟展开磋商，以期达成印度—东盟服务贸易与投资的自由贸易协定，具体涉及的服务部门有信息技术、医疗保健、研发设计等，若该自由贸易协定达成，将在提高双方贸易额的同时，给上述所涉及的服务部门提供大量的就业机会。但由于菲律宾、印度尼西亚等国家担心对印度的开放可能会给这些国家的就业造成冲击，故谈判进程较为缓慢。不过，双方还是于2013年年底完成了自由贸易协定升级谈判，东盟和印度就双方自由贸易协定谈判中原本分歧较多的投资协定和服务贸易协定达成了初步共识，具体细节和实施日程将在未来完善制定。

2014年5月，印度驻华大使在北京举办的第三届京交会上表示，中国商务部与印度商工部2013年合作成立的服务贸易工作促进组,是中印两国合作的重要举措,两国在服务贸易领域面临新的机遇,如医疗保健服务、信息技术服务、娱乐传媒服务及旅游服务等,印度希望与中国加强服务贸易合作,实现共赢。中国香港贸易发展局也表示看好与东盟及印度在服务贸易领域的合作,未来将强化双方的经贸往来。而近日,澳大利亚也强调加强与印度的经贸往来,待澳方与中国自贸协议谈判结束后,即将与印度展开自贸谈判。

此外,新政府成立后,印度可能会加快服务业领域的开放与改革步伐,改善服务业投资环境,采取一系列措施促进服务出口,以缓解经济发展低迷的窘况,而推动区域服务贸易谈判,将会为本国劳动力提供更多的海外就业机会,故印度对达成服务贸易领域自由贸易协定具有较强的意愿,其服务贸易自由化进程也会被持续有序地推进。

第七节 印度服务贸易发展对中国的启示与借鉴

印度的服务业与服务贸易发展取得了举世瞩目的成就,其在促进服务业开放,推进服务贸易自由化等方面也走在了发展中国家的前列。尽管印度模式未必适用于中国,但其中的若干发展思路与实践经验或将给中国带来有益启示与借鉴。

一 重视服务业的发展,特别是服务外包的发展

印度模式的核心在于其摒弃了经济发展的"阶段论",而是从本国经济社会发展的实际需求出发,把握世界经济发展趋势,结合现有的优势资源禀赋,将服务业作为国家战略性产业进行扶植培养。虽然印度服务业的发展也存在结构性问题,但它抓住了最关键的行业,即软件与信息服务业,并将其做大做强。在这个过程中,印度抓住机遇,充分利用本国丰富的人力资源储备及较为先进的管理水平,大力发展服务外包产业,使其成为印度服务贸易中最重要的组成部分。政府的作用尤为显著,通过优惠的财税政策及扩大开放的策略,吸引了来自欧美的大量外包业务,也引发了服务外包行业的爆发式增长,进而推动了整个国民经济的发展。

这对于正处在结构转型期的中国而言,有较强的启发性。现阶段,不能仅看到服务外包在解决就业方面的功能,还要重视服务外包产业向价值

链高端延伸的结构转型功能。任何新兴行业的发展都需要一个从低端到高端的过程，这不仅体现在中国制造业的发展历程中，也体现在印度服务外包发展的进程中。中国应该结合制造业雄厚的经济特征，将生产性服务作为产业发展的重点加以培养，并继续大力发展服务外包，将服务外包作为服务贸易政策的试验田，以及扩大服务贸易规模的突破口。同时，还要重视技术研发与教育培训等，为重点行业的发展营造良好的软、硬环境。

二 针对国内服务业的开放，要采取选择性的开放策略

服务业的发展离不开开放水平的提高，只有将本国优势服务部门的开放广度与深度加以拓宽，才能做到与国际接轨，更好地参与国际竞争，进而发挥行业自身的比较优势。从印度服务业的开放经验看，它针对服务业领域采取的是一种选择性的开放，通过将国内服务业划分为重点行业与非重点行业，以确定不同的发展战略。其中，重点行业将以吸引民间资本和外来资本为主要政策导向，通过优惠的财税政策与贸易投资便利化举措，整合民间与外国的资本与资源，缓解国内资金不足、技术水平落后、管理经验欠缺等问题，最终促进行业的发展壮大，如软件信息行业作为印度的支柱行业，就符合上述的政策思路。而对于非重点行业，由于基础薄弱，技术含量低，对资金投入的要求相对较小，但却又极易受到国外相同行业的冲击，故印度采取限制外资进入的政策导向，以保护非重点行业。

印度对服务业开放的策略选择对我国有较强的借鉴意义，我国在推进服务业开放进程中，也应该采取有选择、渐进有序的开放策略，优先推进重点及优势服务部门的开放，为发展基础薄弱的服务部门争取时间，利用WTO与GATS相关贸易规则合理应对，并在这些部门有一定竞争力后，再进一步推动其对外开放。要最大限度地保持服务部门政策的独立性和完整性，使得服务贸易自由化与国家产业发展战略相吻合，并完全服从和服务于整个国民经济改革和发展的需要。

三 从国家层面制定服务贸易发展战略

印度服务贸易的发展很大程度借鉴了美国的经验。它虽没有专门的服务贸易法案，但却在外贸发展战略制定及国际与区域贸易谈判中将服务贸易作为重要内容。印度服务业的发展是国家战略推动的产物，它针对不同的服务部门采取了差别各异的促进政策，特别是在服务业出口上专门设立出口促进机构，以确保软件服务等优势产品在国际市场上的占有率。而在国内，印度针对各服务部门也采取了一系列的促进政策和监管措施，使得

服务业发展相对有序，弥补了服务业立法方面的不足。

鉴于此，中国要将服务业及服务贸易的发展上升为国家战略，统筹全局的同时，还要根据不同部门的特征，有针对性地实施适当的刺激政策与监管措施，并且根据服务部门的优势选取出口促进政策，及设立相应的服务出口促进机构。

四 采取分工协作的服务业开放与监管体制，提高管理运行效率

印度借鉴美国服务贸易发展经验，从国家层面制定了服务贸易发展战略，通过计划来指导服务业的开放与监管，同时，还采取了分工协调型的服务贸易监管体制，对各服务部门实施分工管理。如软件服务业的政策制定、执行及出口促进分属不同的机构，通过专门机构的管理在一定程度上提高了运行效率，有利于行业的发展。此外，还有一些行业协会和中介组织，有效地联结了企业与政府，促进了行业的发展，如印度服务外包协会等。不过，也要看到，这些部门在工作协调上会存在一定问题，并且多机构的设置也会产生职能交叉、监管重叠的问题。

这就需要我国在对各服务部门进行管理时，不仅要制定相应的发展规划，重视部门管理效率，还要提高监管部门间的协调能力，理顺各主管部门的权责，并建立一套相对完备的协调机制。当然，也要建立服务业和服务贸易相关协会，并充分发挥其作用，实现政府政策引导与市场机制调节相结合的运行机制。

五 在国际多边谈判中做出承诺要持慎重态度，并充分利用发展中国家身份

印度在国际谈判中努力争取本国权益，并充分运用发展中国家身份，在履行开放承诺时要求发达国家给予一定的过渡期，或尽可能朝自己有利的方向解释，最终为本国服务业的培养与发展壮大争取到了相对充裕的时间。印度政府认为任何改革都应该以确保经济良好发展为基础，不应该受政治缘由或谈判压力而改变初衷。因此，印度在对 GATS 承诺中突出地体现了这一主张，对服务贸易所作承诺严格按照谈判前制定的策略来执行。

鉴于此，当我国在进行国际与区域贸易谈判时，也要预先在国内经过相关主管部门间进行审慎的研究与磋商，确定出价策略与开放底线，并以国家利益为先，严格遵守经济发展与对外贸易战略。同时，要顶住国际压力，充分利用国际贸易规则及我国发展中国家的身份，据理力争，努力获取谈判主动权。

六 减少对本国民间资本的准入限制，充分发挥民间资本的主动性

服务业的发展需要民间资本的参与，民间资本在运作上的灵活性，及对市场变动的敏捷性，是国有企业所无法比拟的。民营资本可以激发各服务部门的活力，提高相关服务部门的国际竞争力，进而使得这些服务部门在应对开放后的国际冲击时，可以平稳发展。如印度的电信服务业，率先对国内的民营资本开放，允许国内私营企业有序进入基础电信服务市场，从而使之在部分经济发达地区形成真正的竞争局面。在国内市场开放与竞争趋于稳定后，又逐渐通过放松管制，减少外资参股或并购的限制等措施，吸引外资投入到具体的电信运营中来。虽然印度电信业吸引外国直接投资的规模总量不如中国，但其采取的外资准入的方式却更加有效率，更能激活本土电信企业的内部潜力，进而较好地促进了本土电信企业竞争力的提升。

我国服务业市场对内对外的开放程度偏低，准入门槛设限较多，从投资结构看，国有投资仍占主导，民营资本的投入相对不足，而外资也大部分投入房地产领域，对高新科技服务业的投入力度不够，这就严重制约了我国服务业国际竞争力的提高，不利于服务业结构的优化升级。鉴于此，我国应加快服务业管理体制机制改革，扫清体制机制障碍；改变传统的服务业投融资模式，逐步有序放开服务业市场，降低对民营资本的准入门槛，拓宽民间资本的投资渠道，并合理引导外资投向技术含量相对较高的服务业领域；同时，要平等对待民间资本与外国资本，允许民间资本进入外资可准入的服务行业，鼓励民间资金对服务业的投资等。只有形成多层次、多元化的服务业投融资渠道，逐步对内对外放开服务业市场，才能实现我国服务贸易的跳跃式发展。

七 加强区域服务贸易合作，实施服务贸易市场多元化战略

印度服务贸易的发展依托于其"向东看"的国家战略，通过与周边国家或地区签订区域贸易协定，有效推进了服务贸易自由化进程，也为服务贸易规模的扩大提供了广阔的市场及有利的发展契机。

鉴于此，中国也应该以服务贸易区域合作作为重要抓手和突破口，加快推进与包括"金砖国家"在内的重要贸易伙伴建立自由贸易区的谈判进程，并从服务贸易价值链体系构建出发，与区域合作伙伴形成服务贸易部门间的优势互补，有序开放更多的服务领域，打造相对完整的服务贸易价值链体系。如可利用新加坡和中国台湾地区的信息技术优势，合作发展高

新技术研发服务贸易；利用香港的金融服务与航运服务优势，发展金融中介与分销服务贸易；利用马来西亚优越的教育资源和旅游资源，发展与马来西亚教育和旅游服务贸易的合作交流等。通过强化区域服务贸易的错位竞争与合作，积极调整新兴服务贸易与传统服务贸易的结构，既要大力拓展新兴服务贸易领域，也要引进先进技术与现代管理理念来继续提高传统服务贸易的竞争力，进而实现服务贸易整体竞争力的提升。

综上所述，服务贸易的自由化与监管关乎国家的国际收支、经济安全与国家利益，因此，世界上并没有完全放开服务业市场的国家，但由于服务业与服务贸易的发展离不开国际竞争，故其开放步伐也在逐渐前行。通过对印度服务贸易政策的研究，可以得出以下结论：即服务贸易的发展既需要稳步推进自由化，又必须构建相对完善的监管机制，只有将二者有机结合在一起，才能确保服务贸易健康持续的发展。因此，我国也要坚持服务业开放的态度，充分利用《服务贸易总协定》所给予发展中国家的若干特殊优惠待遇措施，积极参与服务贸易多边谈判，并借助区域贸易安排来扩展服务贸易自由化的内涵，以争取更大的国家利益。

第八章　新加坡服务贸易政策

新加坡是世界上最具竞争力的经济体之一和贸易开放度最高的国家，也是新兴的服务贸易大国，服务业占 GDP 的比重超过 75%，是著名的国际航运中心、金融中心、商务中心和旅游会议中心。新加坡服务业开放程度高，服务贸易监管措施严格而高效，法律制度成熟而完善，研究新加坡服务贸易政策和发展战略，对我国制定服务贸易政策具有借鉴意义和重要参考价值。

第一节　新加坡服务贸易发展现状

一　新加坡服务贸易在全球服务贸易中的地位

新加坡以贸易立国，对外贸易在其经济中占有极为重要的地位。根据世界经济论坛发布的《2012 年全球贸易促进报告》，新加坡的贸易表现排名世界第一，继续大幅度领先，并拉大了与排名第二的中国香港的差距。其各项指标均处于领先地位，包括开放的贸易政策、优良的基础设施、运作良好的边境管理、有利于贸易和投资的商业环境。

如表 8-1 所示，2010—2013 年，新加坡服务贸易在世界的排名从第 11 名提升到第 9 名，占全球服务贸易的份额保持在 2.7% 左右；服务贸易出口的世界排名先升后降，基本处在第 12 名上下；服务贸易进口排名不断提升，从第 11 名提升到第 7 名。2012 年，新加坡运输服务出口占全球的 4.8%，排名世界第三；金融服务出口占全球的 4.9%，排名世界第四；保险、建筑和旅游服务出口额的世界排名分别是第五、第七和第十。

表8-1　　2010—2013年新加坡服务贸易进出口额及世界排名

单位：亿美元，%

年份	总额 排名	总额 金额	总额 全球份额	出口额 排名	出口额 金额	出口额 全球份额	进口额 排名	进口额 金额	进口额 全球份额
2010	11	1946.11	2.62	13	942.32	2.46	11	1003.79	2.78
2011	11	2221.15	2.66	12	1090.36	2.54	11	1130.79	2.79
2012	9	2406.87	2.81	11	1170.44	2.66	8	1236.43	2.96
2013	9	2505.67	2.78	12	1221.37	2.63	7	1284.30	2.93

资料来源：WTO网站。

新加坡地理位置优越，是全球交通枢纽之一。新加坡港是亚太地区最大的转口港，也是世界最大的集装箱港口之一。作为世界上最繁忙的港口之一，新加坡港共有250多条航线来往世界各地，约有80个国家和地区的130多家船公司的各种船舶日夜进出，有"世界利用率最高的港口"之称。新加坡樟宜机场是世界第七大国际机场，也是亚洲主要的航空枢纽，为200多个国家和地区、100多个城市和国际航空公司提供服务，以高素质的服务和安全著称。新加坡航空公司被誉为最舒适和最安全的航空公司之一，赢得了全球媒体和机构的盛赞，成为获奖最多的航空公司。

新加坡是全球第四大国际金融中心、第二大财富管理中心和第三大外汇交易中心。新加坡是亚洲地区第一个设立金融期货市场的金融中心，还拥有活跃的短期资金市场。现有各类金融机构600余家，其中银行近120家、投资银行50余家、保险公司130余家、保险中介公司60余家、基金管理公司100家、证券行60余家、期货公司30余家、财务顾问50余家。国际结算银行发布的调查结果显示，新加坡在2013年4月的日均外汇交易量达到3830亿美元，已超越日本，成为世界第三大外汇交易中心，仅排在伦敦和纽约之后，也是亚洲最大的外汇交易中心。

新加坡还是著名的国际商务中心，汇聚了4万个国际企业，包括4000多家中国企业、5000家印度企业、8000多家东盟企业，以及超过80%的世界500强企业。连续八年被世界银行选为全球最佳经商地点。

新加坡连续三次成为世界旅游业竞争力报告中唯一跻身前十的亚洲国家。在国际协会联合会公布的2012年全球排名中，新加坡连续两年获得"最佳国际会议国家"的称号，连续六年获得"最佳国际会议城市"的称号。2012年共有952场会议在新加坡举办，几乎占据国际协会联合会全部会议的10%；新加坡全年创纪录地举办了150场50人以上规模的国际会议，成为全世界前10名会议城市中唯一的亚洲城市，连续11年蝉联国际大会及会议协会的"亚洲最佳会展城市"称号。

二 新加坡服务业对国内经济增长的贡献度

高端制造业和服务业是新加坡经济发展的两大支柱，服务业占GDP的比重超过75%，对GDP和就业的贡献最大。如图8-1所示，2000—2013年，新加坡服务业增加值占GDP的比重不断提升，2001—2006年基本保持在68%左右，2007年突破70%，2013年增加到75%。分行业来看，2011年，新加坡批发与零售业对GDP的贡献达17.4%，接下来分别是商业服务（14.1%）、金融服务（11.9%）、其他服务（11.4%）、运输和仓储（8.2%）、信息和通信（3.6%）、住宿和餐饮（2.4%）。

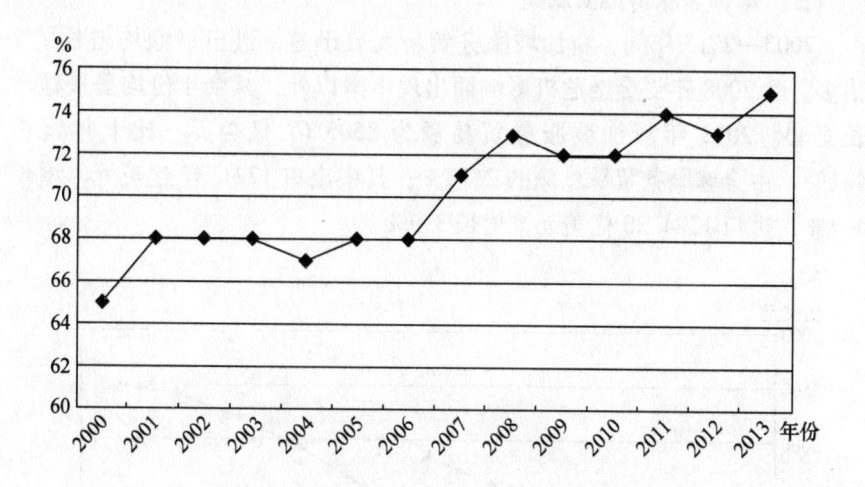

图8-1 2000—2013年新加坡服务业增加值占GDP比重
资料来源：World Bank 数据库。

如表8-2所示，2010年，新加坡实际GDP增长15.2%，制造业和服务业分别增长7.1%和7.4%；此后服务业对GDP增长的贡献度不断增加，2013年新加坡实际GDP增长3.9%，其中服务业增长3.5%，而建筑业和制造业分别仅增长0.3%。

表 8-2   2010—2013 年新加坡各产业对 GDP 增长的贡献度

单位:%

年份	2010	2011	2012	2013
实际 GDP	15.2	6.1	2.5	3.9
制造业	7.1	1.6	0.1	0.3
建筑业	0.3	0.2	0.4	0.3
服务业	7.4	4.3	1.8	3.5

资料来源：新加坡国家统计局网站。

据新加坡人力部公布的 2010 年第四季度《劳动力市场报告》显示，2010 年新加坡共创造 11.25 万个新的工作机会，其中，10.95 万个来自服务行业，约占整个就业市场的 97%。来自金融业的收入占 GDP 的比重从 20 世纪 70 年代的 5% 增加到 12% 以上，解决了 5.5% 人口的就业。

三　新加坡服务贸易规模

2003—2013 年间，新加坡服务贸易发展迅速，进出口额均增长了 2 倍多。除 2008 年受金融危机影响而出现下滑以外，其余年份均呈平稳增长态势。2013 年新加坡服务贸易额为 2505.67 亿美元，比上年增长 4.1%，占全球服务贸易总额的 2.78%；其中出口 1221.37 亿美元，增长 4.4%，进口 1284.30 亿美元，增长 3.9%。

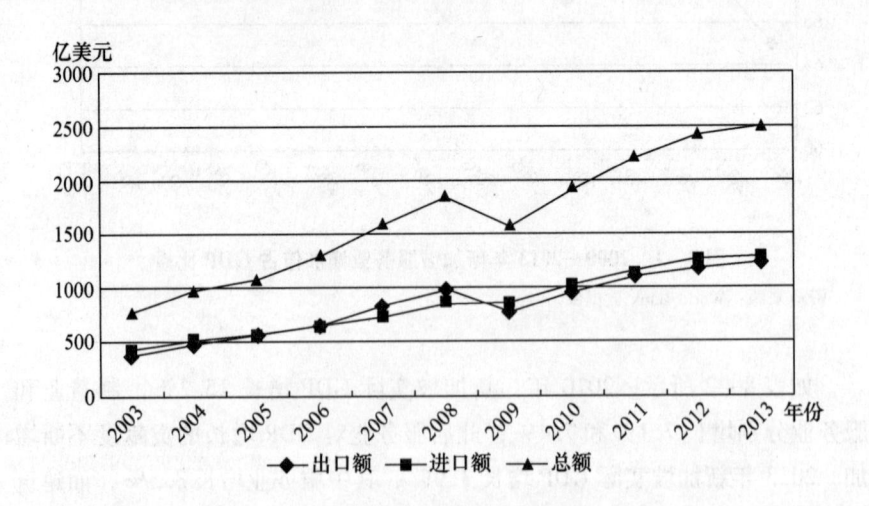

图 8-2   2003—2013 年新加坡服务贸易进出口总额

资料来源：WTO 网站。

四 新加坡服务贸易结构

1. 服务贸易的行业结构

新加坡服务贸易的支柱行业是运输、金融和保险、旅游服务。如图8-3所示，2012年，新加坡运输服务出口540.9亿新元，占服务出口总额的34.66%；金融和保险服务出口238.2亿新元，占服务出口总额的15.27%；旅游服务出口237.7亿新元，占服务出口总额的15.23%；三大行业合计占比达65.16%。其他商业服务的出口额为336.0亿新元，占比为21.54%，其中商业管理出口163.4亿新元，占服务出口总额的10.47%。

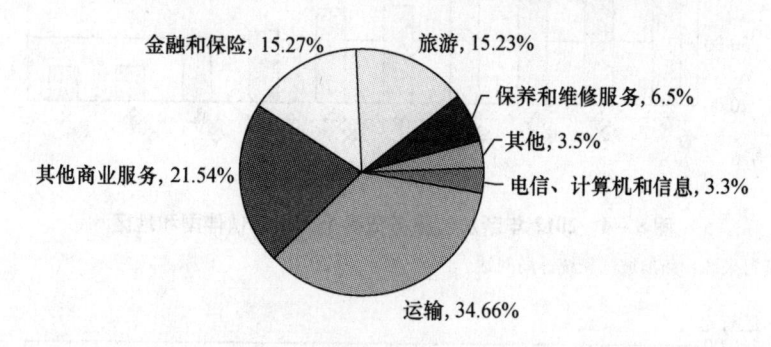

图8-3 2012年新加坡服务贸易出口行业结构

注：其他商业服务包括商业管理、工程和技术、广告和市场调研、研究与开发、法律、会计、建筑设计；其他包括建筑、政府服务、知识产权使用费以及个人、文化和娱乐活动。

资料来源：新加坡国家统计局网站。

2. 服务贸易的地理结构

如图8-4和图8-5所示，欧盟是新加坡第一大服务贸易伙伴，2012年新加坡对欧盟出口218.0亿新元，占其服务出口总额的13.97%；自欧盟进口237.1亿新元，占其服务进口总额的15.27%；新加坡对欧盟的金融服务出口占其金融服务总出口的比重达20.78%。美国是新加坡第二大服务贸易伙伴，2012年新加坡对美国出口190.1亿新元，自美国进口241.5亿新元，分别占其服务贸易总出口和总进口的12.18%和15.55%；新加坡对美国的运输服务出口占其运输服务总出口的比重达16.99%。东盟是新加坡服务贸易第三大出口市场，2012年新加坡对东盟出口156.6亿新元，占其服务出口总额的10.03%。澳大利亚是新加坡服务贸易第四大出口市场，对澳出口占其服务出口总额的7.36%。美国和欧盟是新加坡最大的两个进口服务贸易伙伴，2012年新加坡分别自美国和欧盟进口

241.5亿新元和237.1亿新元,这两个地区的进口额合计占新加坡服务贸易进口总额的40.6%。

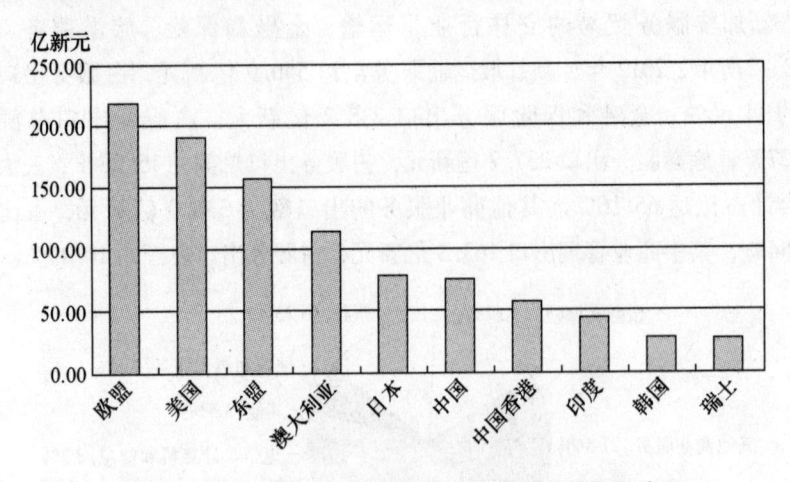

图8-4 2012年新加坡服务贸易十大出口伙伴国和地区

资料来源:新加坡国家统计局网站。

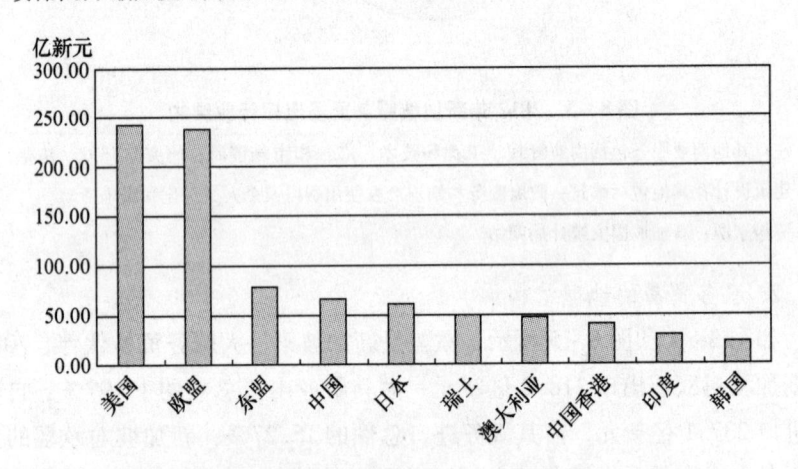

图8-5 2012年新加坡服务贸易十大进口伙伴国和地区

资料来源:新加坡国家统计局网站。

五 新加坡服务贸易收支状况

如表8-3所示,2005年新加坡服务贸易由逆差转为顺差4.4亿美元,成为服务贸易净出口国,到2008年顺差达118.1亿美元;受国际金融危机影响,2009年新加坡服务贸易出现逆差73.1亿美元,此后一直保持逆差状态,2013年逆差额为62.9亿美元。新加坡保持顺差的服务行业有：金融、运输、保养和维修服务、建筑以及其他商业服务中的商业管理、工程和技术、建筑设计、法律、会计，而知识产权使用费、旅游、保险、其他商业服务及其中的研究与开发服务则始终处于逆差状态。2012年顺差最大的行业是金融（140.4亿新元），逆差最大的行业是知识产权使用费（-223.0亿新元）。

表8-3　　　　　　2003—2013年新加坡服务贸易差额

单位：亿美元

年份	2003	2004	2005	2006	2007	2008	2009	2010	2011	2012	2013
差额	-22.7	-14.6	4.4	11.5	104.4	118.1	-73.1	-33.9	-60.8	-57.1	-62.9

资料来源：WTO网站。

从图8-6可以看出，2003—2012年，新加坡金融服务的顺差额不断增加，2012年金融服务的顺差额是2003年的3.7倍；运输服务的出口增长也较快，2007年由逆差转为顺差，2012年运输服务的顺差额是2007年的7.4倍；电信、计算机和信息服务则基本保持收支平衡，保险服务略有逆差；旅游服务的逆差额始终在40亿新元至100亿新元之间起伏；知识产权使用费的逆差额基本上逐年扩大，从2003年的113.7亿新元扩大到2012年的223.0亿新元。

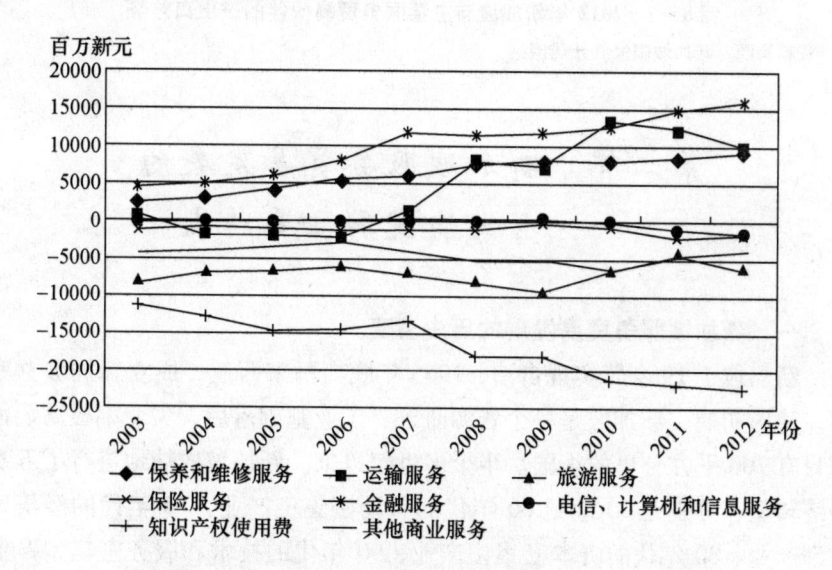

图8-6　2003—2012年新加坡各服务行业国际收支净差额

资料来源：新加坡国家统计局网站。

如图 8-7 所示，东盟是新加坡服务贸易最大的顺差来源地，其次是澳大利亚，2012 年，新加坡对东盟和澳大利亚分别实现顺差 78.6 亿新元和 67.1 亿新元；最大的逆差来源国是美国，2010 年对美逆差额达 51.4 亿新元，对瑞士和法国的逆差分别为 22.5 亿新元和 11.4 亿新元；对其余的主要贸易伙伴则基本保持 20 亿新元以下的顺差。

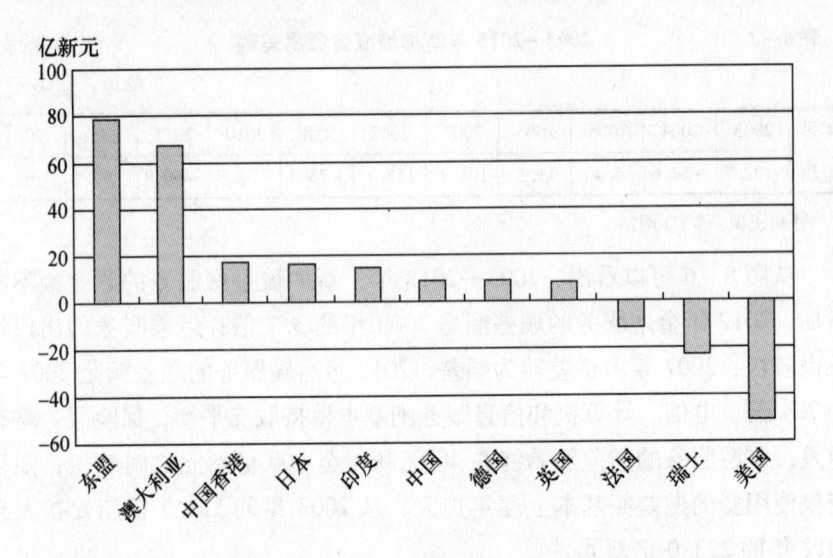

图 8-7　2012 年新加坡与主要服务贸易伙伴的进出口差额
资料来源：新加坡国家统计局网站。

第二节　新加坡服务贸易发展的历史演变和主要特点

一　新加坡服务贸易发展的历史演变

新加坡于 1959 年实现自治，1965 年脱离马来西亚，成立新加坡共和国。建国初期，新加坡是一个资源匮乏、工业基础落后、失业率极高、面积只有 700 平方公里的小国。半个多世纪以来，新加坡成功地进行了五次经济转型，分别是 20 世纪 60 年代的劳动密集型产业、70 年代的经济密集型产业、80 年代的资本密集型产业、90 年代的技术和服务密集型产业以及 21 世纪的知识和创新密集型产业。通过适时调整经济发展战略，新加坡经济不断跨上新台阶，创造了举世瞩目的经济奇迹，成为世界上经济增长最快的国家之一,步入发达国家行列。

1. 进口替代阶段:1959—1965年

建国初期,面对人口增长过快、失业率极高、严重依赖转口贸易、工业技术水平不高的经济压力,新加坡政府制定了第一个五年计划,采取工业替代战略,发展劳动密集型制造业,加强基础设施建设,通过工业化带动经济多元化,以解决失业问题,减少对转口贸易的依赖。这一时期新加坡经济的年均增长率为5.1%,制造业占经济的比重由1960年的11%增长到1964年的14%,企业数量增至100余家,提供就业岗位5万多个;纺织品、服装、电子产品、金属制品、食品、塑料制品、皮革等劳动密集型产品的出口迅速上升。

2. 出口导向阶段:1966—1978年

脱离马来西亚使新加坡失去了发展腹地,在区域内的贸易地位面临着印度尼西亚的挑战,撤销英军基地使失业率高达10%;同时全球正在进行大规模的产业转移,劳动密集型产业从发达国家转向发展中国家。1966年,新加坡政府开始实施第二个五年计划,采取出口导向型的工业化战略,大力发展劳动密集型基础工业,面向国际市场发展出口型工业,通过大力吸引外资发展制造业和金融服务业;政府还颁布了就业法规,以明确就业标准,解决工业纠纷,改善就业和投资环境。优惠的引资政策、不断完善的法律制度,以及相继建成的机场、港口、码头、高速公路、地铁等基础设施,吸引了美、欧、日等国纷纷到新加坡投资兴建大型企业,石油化工、电子电器、运输、机械等行业迅速发展。这一时期新加坡实现年均10%的经济增长率,制造业占经济的比重上升到24%,失业率降至3.6%,人均收入跃居亚洲第二,成为"亚洲四小龙"之一。

3. 资本密集型阶段:1979—1985年

70年代,西方国家经历严重的经济滞胀,新加坡本地出现劳动力短缺,工资上涨使新加坡的竞争优势有所削弱,面临区域内低成本国家与其争夺跨国公司的挑战。1979年,新加坡政府提出"第二次工业革命"计划,致力于经济重组,实行产业结构升级,发展战略由劳动密集型转向资本和技术密集型工业,引导制造业向机械化、自动化、计算机化和高度精密化方向发展;将机械、贸易、运输、服务和旅游作为五大经济支柱,发展现代工业;投资促进政策转向高附加值和技术密集型产业,鼓励投资高技术产业，将自动化器材组件、医疗器材、电脑软硬件、光学仪器、电子设备、水电控制产品等11个项目列为未来十年的发展重点；鼓励研发，对科研开发项目提供税收优惠；同时连续三年提高工资水平，加强教育和人力资源培训。这一时期新加坡经济的年均增长率保持在8.5%，技术升级速度加快，产业工人的名义增加值从1979年的平均每人18300美元增至26900美元，熟练工人占就业总量的比重从1979年的11%上升到1985年的22%，资本和技术密集型产品出口迅速增加。

4. 技术密集型：1986—1997年

80年代中期，受全球经济衰退的冲击，新加坡经济急剧下滑，失业率攀升，1985年出现1.7%的负增长。新加坡政府再次及时做出调整，将服务业和制造业确立为推动经济增长的两大动力，在继续发展资本和技术密集型产业的同时，优先发展资讯、金融、物流、商贸等具有增长潜力的服务业。具体措施包括：提出"全商务"概念，着力打造"全商务"产业链，通过各种税收优惠政策，鼓励跨国公司在新加坡从事生产以外的业务；推出商业总部计划和营业总部计划，奖励外资在新加坡注册公司或企业，为其提供商业、技术和专业服务，吸引跨国公司集团在新加坡设立地区运营总部，从"制造基地"发展为"总部基地"；政府加大科技资金投入，成立专门的科学技术局等部门，推动和实施高科技计划；积极帮助本地企业进行海外拓展，加强与亚太地区的经济合作。这一时期新加坡经济的年均增长率为8.5%，金融和商业服务占经济的比重从1986年的20%上升至26%，研究型科学家和工程师的数量从1987年的3361人增长到1997年的11302人，外商直接投资从1990年的136亿新元增长到1997年的572亿新元，"第二次工业革命"的目标全面实现，成为著名的国际航运中心和亚洲地区的金融中心。

5. 知识密集型阶段：1998年至今

1997年爆发的亚洲金融危机给新加坡经济带来了严重冲击，1998年新加坡经济增长率仅为1.5%。新加坡政府反思其过度依赖制造业和外贸出口的发展思路，在继续发展先进制造业、加大吸引外资力度、提高劳动者素质和技能、推动本地企业与大企业合并为跨国公司的同时，确立发展现代服务业的经济战略，将知识经济作为核心竞争力加以培育，在生物医学、环境及水务科技、互动与数码媒体科技等领域投入巨资。目前，新加坡服务业和高端制造业发达，是世界硬盘驱动器的主要供应国、世界第三大炼油中心和重要的区域石油交易中心,还是跨国企业重要的亚太区域物流与后勤管理中心、国际金融中心、航运中心以及著名的国际商务中心。

二 新加坡服务贸易发展的主要特点

1. 服务贸易始终保持平稳快速增长

1980 年,新加坡服务贸易进、出口额只有 29.1 亿美元和 48.6 亿美元,到 2013 年进、出口额分别增长了 42 倍和 26 倍,服务贸易总额增长了 32 倍。从表 8-4 可以看出,新加坡服务贸易始终保持平稳快速增长,1980—2013 年各阶段的年平均增速基本处于 10%—13%。2002—2012 年,新加坡的旅游收益取得了 10% 的年均增长率,游客人数增幅高达 6.6%。2005—2012 年,新加坡运输和旅游服务出口的年均增长率分别为 12% 和 18%。

表 8-4　　　　　　　　新加坡服务贸易年均增速

单位:%

年份	1980—1990	1990—2000	2000—2010	1980—2013
出口	10.19	8.34	12.70	10.31
进口	11.49	13.30	12.49	12.26
总额	10.69	10.58	12.59	11.17

资料来源:UNCTAD 数据库。

2. 适时调整产业和贸易政策,优化服务贸易结构

新加坡政府能够准确判断经济形势,立足本国实际,适时调整产业和贸易政策,推动产业结构升级,优化贸易结构。纵观新加坡经济发展历程,可以发现,新加坡平均每十年进行一次经济转型,而且每次转型都使新加坡经济迈上一个新台阶。20 世纪 70 年代,面对区域内低成本国家的挑战,新加坡开始经济重组,将运输、服务、旅游作为经济支柱;80 年代中期全球经济衰退,新加坡再次做出调整,将服务业确立为经济增长的第二大动力;90 年代亚洲金融危机后,新加坡进一步提出发展现代服务业和知识经济的战略,逐渐成为诸多服务领域的国际中心。2008 年国际金融危机后,新加坡政府提出通过技能和创新巩固已有的经济增长,并在短时间内走出经济低谷,实现高速增长。

3. 充分发挥自身比较优势发展服务贸易

新加坡虽然地域狭小、资源匮乏，但是拥有十分优越的地理位置，是连接东西方商贸的航运要道，并且有着优良的深水港。新加坡政府充分利用这一地理区位优势，通过港口发展现代物流业。时区的特殊性为新加坡连接欧美金融市场、实现 24 小时不间断交易提供了可能，新加坡政府把握机遇，通过各种税收优惠政策吸引大批金融机构和跨国公司入驻，极大地推动了金融和商务服务的发展，并进一步带动旅游业的发展。新加坡政府因地制宜，利用临海、城市设施良好、人种和习俗多元化等特色，开发当地旅游资源，发展游轮度假、园林绿化旅游和美食购物等，从而成为国际主要的旅游胜地之一。

4. 服务贸易依存度高

新加坡服务业发达，服务贸易额占 GDP 比重大，外贸依存度高，主要出口市场集中在美国、欧盟和东盟，对这三大贸易伙伴的出口占服务贸易出口总额的 36.18%。如表 8 – 5 所示，近年来，新加坡服务贸易依存度不断上升，从 2003 年的 63.1% 提高到 2012 年的 88.8%，出口和进口依存度都分别超过了 40%；服务贸易占外贸总额的比重一直保持在 20% 左右。这一方面体现了新加坡经济开放程度高，服务贸易对经济增长贡献大；另一方面也反映出新加坡经济对外部市场依赖性强，易受世界经济波动的影响。

表 8 – 5　　　　　　2003—2012 年新加坡服务贸易依存度

单位：%

年份	2003	2004	2005	2006	2007	2008	2009	2010	2011	2012
出口依存度	27.4	31.5	33.1	37.0	40.3	44.9	42.5	42.5	42.7	44.5
进口依存度	35.8	39.4	40.1	41.9	42.2	46.2	44.0	42.4	42.0	44.3
依存度	63.1	70.9	73.1	78.9	82.4	91.1	86.4	84.9	84.7	88.8

资料来源：新加坡国家统计局网站。

第三节　新加坡服务贸易自由化

新加坡倡导自由贸易，积极参与多边、区域和双边经济合作，被世界经济论坛评为当今世界贸易开放度最高的国家。新加坡政府能够顺应国际经济形势,适时、主动地选择开放本国服务业。在开放过程中,本着渐进、可控的原则,分阶段、按计划地进行,取得了预期效果,服务贸易自由化程度较高,为本国经济发展做出巨大贡献。

一 新加坡的多边和区域服务贸易自由化

(一) WTO 框架下的服务贸易自由化

新加坡是 WTO 创始成员,在 1995 年《服务贸易总协定》(General Agreement on Trade in Services, GATS) 产生时签署加入,并全面参与了 WTO 服务贸易总协定的谈判工作,不但在许多领域做出开放承诺,而且对所有贸易伙伴给予最惠国待遇。如表 8-6 所示,在服务贸易 12 个大类、154 个分部门中,新加坡在 GATS 中承诺开放了 7 个大类、62 个分部门,对银行、保险、旅游、电信、速递、计算机及相关服务则基本上开放了所有的分部门。

表 8-6　　　　　新加坡承诺开放的服务部门数量

单位:个

服务部门	服务分部门	承诺开放的服务分部门 GATS	承诺开放的服务分部门 AFAS
一、商业服务			
A. 专业服务	11	7	9
B. 计算机及相关服务	5	5	5
C. 研究与开发服务	3	2	3
D. 房地产服务	2	0	1
E. 无经纪人介入的租赁服务	5	0	4
F. 其他商业服务	20	6	15
二、通信服务			
A. 邮政服务	1	0	0
B. 速递服务	1	1	1
C. 电信服务	15	14	14
D. 视听服务	6	3	3
E. 其他	1	0	0
三、建筑及相关工程服务	5	1	1
四、分销服务	5	0	3
五、教育服务	5	0	1

续表

服务部门	服务分部门	承诺开放的服务分部门 GATS	承诺开放的服务分部门 AFAS
六、环境服务	4	0	2
七、金融服务			
A. 保险及相关服务	4	4	4
B. 银行服务及其他金融服务	12	12	12
C. 其他	1	0	0
八、健康和社会服务	4	0	3
九、旅游及相关服务	4	3	4
十、娱乐、文化和体育服务	4	1	1
十一、运输服务			
A. 海运服务	6	2	2
B. 内河航运	6	0	0
C. 空运服务	5	0	2
D. 空间运输	1	0	0
E. 铁路运输服务	5	0	0
F. 公路运输服务	5	0	2
G. 管道运输	2	0	0
H. 所有运输方式的辅助性服务	4	1	1
I. 其他运输服务	1	0	0
十二、其他服务	1	0	0
合计	154	62	93

资料来源：WTO网站。

在需要保护的服务领域，新加坡采取的措施是不做承诺或承诺开放、但有一定的市场准入限制或国民待遇限制。如表 8-7 所示，在 GATS 开放的 62 个分部门中，对跨境交付没有市场准入限制的分部门有 35 个，无限制给予国民待遇的分部门有 50 个；对境外消费基本没有限制；对商业存在模式没有市场准入限制的分部门有 28 个，无限制给予国民待遇的分部门有 46 个；对自然人流动的市场准入，除水平承诺外，全部不做承诺，对 38 个分部门不承诺给予国民待遇。

表 8-7　　新加坡在 GATS 中对 4 种模式的承诺情况统计

单位：个

服务模式	开放承诺	市场准入限制	国民待遇限制
跨境交付	没有限制	35	50
	有限承诺	18	2
	不做承诺	9	10
境外消费	没有限制	59	62
	有限承诺	3	0
	不做承诺	0	0
商业存在	没有限制	28	46
	有限承诺	34	12
	不做承诺	0	4
自然人流动	没有限制	0	0
	除水平承诺外，不做承诺	62	24
	不做承诺	0	38

资料来源：WTO 网站。

（二）RTAs 框架下的服务贸易自由化

新加坡非常重视区域经济合作，目前已与世界上 26 个国家（地区）签订了 20 个区域或双边贸易协定，主要包括东南亚国家联盟（ASEAN）、亚太经合组织（APEC）、跨太平洋伙伴关系协定（TPP）以及作为欧盟成员国与澳大利亚—新西兰、中国、日本、韩国、印度签订的贸易协定。从表 8-8 可以看出，在 2008 年以前，新加坡签订的大部分是双边贸易协定，2008 年后则以区域贸易协定居多。2013 年新加坡与欧盟签订全面自由贸易协定，双方承诺开放服务市场，涵盖领域包括环境服务、电脑和相关服务、专业和商业服务、金融服务以及海事运输服务等，新加坡的银行、金融服务部门和政府采购市场将进一步放开，内容堪称全球涵盖范围最广泛的自由贸易协定之一。

新加坡是东盟创始成员国。1995 年 12 月，东盟各国在 GATS 框架下正式签署《东盟服务贸易框架协定》（ASEAN Framework Agreement on Services，AFAS），开启了东盟区域内服务贸易自由化进程。1996 年至今，东盟已开展 6 轮服务贸易谈判，完成 9 个阶段的承诺减让实施草案，服务贸易框架"一揽子"协议也随之不断升级。在 AFAS 中，新加坡开放了除其他服务之外的全部 11 个大类、共 93 个分部门，覆盖率高达 62%。

表 8-8　　　　　　　新加坡签订的区域或双边贸易协定

国家（地区）	ASEAN-FTAs	双边贸易协定
新西兰	2010	2001，2006
日本	2008	2002，2007
澳大利亚	2010	2003
欧洲自由贸易联盟		2003
美国		2004
印度	2010	2005
约旦		2005
智利		2006
韩国	2009，2010	2006
巴拿马		2006
中国	2006，2007	2009
秘鲁		2009
欧盟		2014
中国台湾		2014

注：本表未列出东盟国家；表中时间为协定生效时间。
资料来源：WTO 网站。

二　新加坡主要服务部门开放情况

（一）金融服务

1. 银行服务

1999 年，新加坡金融管理局推出 5 年内开放本地银行业的计划，主要内容包括：逐步增加不同类型牌照的外资银行数量，放宽各类牌照下外资银行的业务经营权；在改进本地银行公司治理的前提下，取消对外资投资本土银行 40% 的股权限制，但要求本地银行董事会的主要成员必须是新加坡公民或永久居民，必须设立提名委员会负责银行高管和关键职位的人选；同时加强对本地银行累计重大持股的审批规定，在现有的 5% 和 20% 的股权审批门槛以外，增加 12% 的股权审批门槛。开放分两个阶段，第一阶段为开放零售银行业务，以银行的财务实力、信贷评级、资本与全球资产规模、经营记录等为评选条件，给符合全面银行牌照资格的银行以优先权，从而加强银行业的竞争，提高本地银行的竞争力；第二阶段为开放批发银行业务，扩大外资银行在国内批发市场的参与，允许国内银行批发业的自由加入，建立新的批发银行许可证和零售银行许可证，提高零售银行的竞争力，为更自由的银行环境创立谨慎的保护措施。

对银行服务，新加坡开放了除其他服务之外的所有分部门，具体包括：①接受公众存款和其他应付公众资金；②所有类型的贷款，包括消费信贷、抵押信贷、商业交易的代理和融资；③金融租赁；④支付和汇划服务；⑤担保和承诺；⑥在交易市场、公开市场或其他场所的自行或代客交易；⑦参与所有种类证券的发行；⑧货币经纪；⑨资产管理；⑩金融资产的结算和清算服务；⑪咨询和其他辅助金融服务；⑫提供和传输其他金融服务提供者提供的金融信息、金融数据处理和相关软件。

2. 保险及相关服务

早在20世纪70年代末，新加坡就对外开放了本国保险市场。2000年，新加坡金融管理局宣布全面开放保险业，政策包括：开放直接险市场，撤销外国投资者在本地保险公司持有股权不能超过49%的限制，鼓励新加坡保险公司合并或与其他金融机构结盟；继续开放再保险和自保险市场，力图将新加坡建设成区域性再保险和自保险中心；加强对保险公司财务及守法性的监管，放松对保险公司业务的直接、具体监管；提升保险公司的企业监管和营业行为水平；规定本地保险公司以新加坡人、独立和非执行董事为主；实施保险中介信息披露制度，这是新加坡保险业的一项重大改革。

新加坡开放了保险及相关服务的所有分部门，具体包括：①人寿险服务，包括年金险、伤残收入险、意外险和健康险服务；②非人寿保险服务，包括伤残收入险、意外险、健康险服务和忠诚保险契约、履约保证保险或类似保证合同；③再保险和转分保；④保险中介，包括经纪和代理服务；⑤保险附属服务，包括精算、损失理算、海损理算及咨询服务。

（二）通信服务

新加坡在 GATS 和 AFAS 中对电信服务、速递服务和视听服务的开放承诺相同。

1. 电信服务

新加坡于2000年开始实行全面开放的电信市场政策，政府完全解除对国外企业直接或间接的资产禁入，取消外国公司在电信业持股不能超过49%的限制。对基于设施的基础电信服务和移动服务，外资股份最高可达73.99%；除要求提供增值网络服务必须获得新加坡电信局许可外，其他基本没有限制。这意味着外国公司可以拥有本地电信公司的控股权。由于国内运营商全部是私有化企业，对外资的控股、投资等完全由企业自主决定，政府没有任何干预。政府的职责仅是利用各种监管手段，保证新加坡电信市场的自由、平等、高效。尽管政府对电信企业的数量和类型不加限制，新进入者可自由决定所需设立的网络、系统和设施，以及计划提供的服务项目，但对于牌照的发放非常严格，以避免某些业务出现过度竞争。

新加坡电信业开放历程：（1）电信设备市场：1986年起部分开放，1989年成立私营的电信设备公司，市场完全开放。（2）移动电话和寻呼业务市场：1994年发出第二张公用移动信息服务营业执照，同时为移动电话和寻呼业务执照公开招标；1997年开放寻呼和移动电话服务市场；2000年移动电话由3家公司竞争经营。（3）互联网业务：1995年互联网上网业务ISAP经营执照公开招标；1998年ISAP市场进一步开放，任何符合基本条件的法人都可以申请经营执照；1999年取消对外资股份的限制。（4）基本电信业务：1996年4月，新加坡电信对基本电信业务服务的特许独家经营权期限从2007年提前到2002年；5月又进一步将基本电信服务市场的开放日期提前到2000年。

新加坡对电信服务开放的分部门包括：（1）基础电信服务（基于设施）：①公共交换服务（本地和国际），包括语音、数据和传真服务；②电路租用服务（本地和国际），不包括《广播法》所规制的服务。（2）移动服务：①公共移动数据服务（PMDS）；②公共集群无线电服务（PTRS）；③公共无线电寻呼服务（PRPS）；④公共蜂窝移动电话服务（PCMTS）。（3）基于转售：①公共交换服务（本地和国际），不包括使用接入公共交换网的租用网络；②电路租用服务（本地与国际），不接入公共交换网；③公共蜂窝移动电话服务；④公共无线电寻呼服务。（4）增值网络（VAN）服务：电子邮件、语音邮件、在线信息和数据库检索、电子数据交换、在线信息和/或数据处理。

2. 速递服务

新加坡开放了与文件和包裹相关的速递服务（不包括信件和明信片），不过对其跨境交付和商业存在模式的市场准入限制均不做承诺。

3. 视听服务

新加坡对视听服务开放的部门包括电影、录影、录音的生产、分销及公共展示，但所有广播服务及与广播相关的视听服务及材料除外，如免费收视广播、有线和收费电视、通过卫星的直接广播、图文电视。对其跨境交付、境外消费和商业存在模式均没有市场准入限制和国民待遇限制。

（三）运输服务

1. 海洋运输服务

新加坡在 GATS 中开放了海运的客运和货运服务、船舶代理和船舶经纪服务，对其跨境交付、境外消费和商业存在模式均没有市场准入限制和国民待遇限制。在 AFAS 中，新加坡在 GATS 基础上增加了船级社（不包括悬挂新加坡国籍船舶的法定服务）、船舶救援服务、船舶维修和保养服务等部门。海运服务的附加承诺是：即使根据 GATS 第 28 条（c）(ii)条款所规定的义务没有涉及，下列港口服务以合理和非歧视的条款和条件使国际海运服务提供者可获得：领航；拖带和牵引辅助；物资供应、供油和供水；垃圾收集和压舱废物处理；驻港船长服务；紧急助航设备；提供维修设备；锚地停泊；其他船舶运营所必需的岸基运营服务，包括通信、水、电供应。

新加坡国内对外资参股建立航运公司没有相关法律规定或限制性条件，也没有制定调整海运行业市场关系的竞争法以及有关海上运输定价的法规或批准要求，不实行运价备案制度，由航运公司自主决定运费。对于民间货物的运输，新加坡各航运公司完全依靠市场展开竞争，国内的市场主体没有选择本国航运公司的义务。但对于政府货物运输，则要按照政府提名的承运人方案选择航运公司，不过就运输能力和成本竞争力而言，被提名的航运公司仍然要与所谓未被提名的航运公司展开竞争。

2. 航空运输服务

新加坡在 GATS 中没有对航空运输服务做出开放承诺。不过根据 GATS 关于空运服务附件的规定，空运服务中的航空器维修和保养服务、空运服务销售和营销服务、电脑订票系统（CRS）服务适用于 GATS 规则。新加坡在 AFAS 中开放了这三个部门，但开放程度不高。此外，新加坡已同世界 100 多个国家和地区签订了双边航空服务协定，包括大约 40 份开放天空协定。新加坡还是世界上第一份多边开放天空协定《关于国际空中运输自由化的多边协定》的创始成员和国际航空运输协会（IATA）

的自由议程多边政策原则声明的签署国。

3. 公路运输服务

新加坡在 GATS 中没有对公路运输服务做出开放承诺，在 AFAS 中则开放了配驾驶员的小客车、公共汽车和大客车、商业货运车辆的出租服务，以及冷冻货物、液体或气体、集装箱装运的货物、家具的运输，对其商业存在模式没有市场准入限制和国民待遇限制。

（四）旅游及相关服务

新加坡对旅游及相关服务的开放程度较高，在 GATS 中开放了旅馆和餐馆、旅行社和旅游经营者服务以及导游服务，除要求旅行社和旅游经营者必须是私人有限公司外，基本没有限制。在 AFAS 中则取消了这一限制，并进一步开放了现场食用的餐饮服务和其他旅游服务（包括国际酒店经营者、旅游咨询服务、会议中心、旅游度假区、酒店管理、专业会议组织者），对其跨境交付和境外消费没有限制，对商业存在则除了允许外资参股可达 49% 外，没有做出承诺。

（五）商业服务

新加坡在 GATS 中开放了专业服务中的会计和审计服务、税收服务、建筑设计服务、医疗服务、牙医服务、兽医服务、室内设计服务（不包括建筑），计算机及相关服务中的信息技术咨询服务和计算机服务（包括软件开发、系统整合服务、数据处理、数据库服务），研究与开发服务中的生物技术服务和工业研究、经济和行为学研究，以及其他商业服务中的广告咨询服务、商业市场研究、管理咨询服务、会展管理服务、公共关系咨询服务、与农林渔业和采矿业有关的专业咨询服务、建筑和设施管理服务（包括建筑物清洗服务）、笔译/口译服务。

新加坡在 AFAS 中开放了更多的商业服务部门，具体包括：专业服务中的簿记服务、综合工程服务和风景建筑物服务，研究与开发服务中由教育机构承办的跨学科研发服务项目、经济研究及试验开发服务，其他商业服务中的市场调研服务、管理咨询相关服务、技术测验与分析服务、人员提供与安排服务、警报监控服务、设备的维修和保养服务（不包括海运船舶、航空器或其他运输设备）、摄影服务、包装服务和复印服务，无操作人员的租赁服务中的船舶租赁、航空器租赁、建筑机械设备租赁、录音设备出租、个人和家庭用品租赁，房地产服务中基于收费或合同的住宅或非住宅地产管理服务。

三 新加坡服务贸易自由化的主要特点

1. 服务贸易自由化程度高

作为著名的自由港，新加坡在 WTO 中对服务业做出了较高水平的开放承诺，对银行、保险、旅游、电信、速递、计算机及相关服务基本上开放了所有的分部门。在 AFAS 中，新加坡服务业的开放程度更高、承诺范围更广，比在 GATS 中多开放了 4 个服务大类（分销服务、教育服务、环境服务、健康和社会服务）、31 个分部门，进一步取消了部分市场准入和国民待遇的限制条件。在区域经济一体化效应的带动下，新加坡的服务贸易稳步快速发展，不愧为发展外向型经济最为成功的国家之一。

2. 适时、主动地开放服务业

新加坡能够顺应全球贸易自由化的趋势，根据本国国情，适时、主动地开放本国服务业市场。20 世纪 90 年代末，全球化和 IT 技术的发展改变了银行业的竞争格局，新加坡政府认为，本地银行在政府的保护和扶持下已经逐步发展起来，但与国际大型银行相比仍存在一定差距，要进一步提升本地银行的竞争实力，打造强大的新加坡银行体系，应该选择主动开放，以夯实其国际金融中心的地位。新加坡对电信业的开放同样紧紧抓住了有利时机。1996 年，新加坡决定将先前制定的为期 15 年的电信自由化改革缩短 7 年，将基本电信服务市场的开放日期提前到 2000 年，因为新加坡政府意识到，全球信息产业发展的速度和电信业全球化的程度已经远远超出预期，若不迅速采取措施，新加坡将被其他更为开放的经济体所超越，无法保持其在通信领域的优势。事实证明，新加坡对银行和电信业的开放取得了预期效果，为本国经济增长做出了巨大贡献。

3. 分阶段、渐进式地开放服务业

本着稳妥、渐进、可控的原则，在正式开放各服务行业之前，新加坡政府对市场竞争情况进行充分论证和前瞻性研究，制订出周密的开放计划，明确目标，并提前公布开放的时间、步骤和主要内容。在实施过程中，不断对上一阶段的开放成果进行评估和总结，并根据情况随时调整下一阶段的开放进程。尽管新加坡经济高度开放和自由，但事实上，这种开放和自由的程度是在政府主导下、按照政府设计的方向发展的。联合国开发计划署 2010 年发布的《新加坡成功案例》报告指出：自由市场在新加坡的概念是，自由的程度是由政府决定的。渐进式开放保证了开放的可控性和经济的稳定性。

第四节 新加坡服务贸易管制

新加坡对服务贸易的管制主要包括其在多边、区域和双边经济合作中有一定限制的开放承诺，以及有关国外企业进入国内服务行业的政策法规，这些措施有利于新加坡保护国内产业、维护行业经营秩序、保持经济稳定。新加坡采取了一系列金融、税收优惠政策吸引外资，对外国企业的准入相对宽松，对外籍劳务保持着较大的需求。

一 新加坡服务贸易监管严格而高效

新加坡在高度开放服务业的同时，制定了一系列谨慎、严密、可操作性强且符合本国国情的管制措施，对服务业的监管严格而富有成效，从而保证了新加坡经济的稳定性和服务贸易的可持续发展。1997年时任新加坡副总理的李显龙在一次演讲中表示：外界称香港的金融法规是"法无禁止即为允许"，在新加坡则是"法无许可则为禁止"，"这是一种夸张，但是体现了两地监管风格的不同"；"如果新加坡放松了监管同时引发丑闻，银行家们会对我们失去信心，建设金融中心的努力就会失败"。

在开放金融市场的过程中，为防止离岸金融交易冲击本国货币市场，避免外资金融机构进入引起过度竞争，削弱本国金融机构的实力，新加坡政府严格规定外国银行的经营范围，使境外货币业务与本地金融业区分开来，从而形成了两个金融体系，确保了国内金融市场的稳定。新加坡金融管理局素来以监管严格而著称，对银行的资本要求比《巴塞尔协议》的标准更为保守，有关法令和处罚措施相当严厉。例如，新加坡规定商业银行的资本充足率最低应达到12%，比《巴塞尔协议》的标准高4个百分点，而在实际管理中这一比率甚至高达20%。

二 新加坡主要服务部门对外资的市场准入限制

新加坡在GATS中对银行、保险、专业服务、建筑及相关工程服务规定了具体、严格的市场准入限制和国民待遇限制，统一、公开、透明的外资准入制度，为新加坡服务贸易监管提供了有力的依据。

（一）银行服务

1. 市场准入限制

只有批准为银行、商人银行及金融公司的机构可以接受存款。如果某家外国金融机构根据其国内法律，在财务清算和清盘程序方面对其母国存款人实行优于国外分支机构存款人的待遇，新加坡金融管理局就可以对该外国金融机构设在新加坡的分支机构采取适当的差别措施，以保证新加坡存款者的利益。

符合新加坡金融管理局指导原则并获得许可的银行卡发行者，可以发行信用卡和签账卡。本地和外国金融机构对非居民、非居民控制的公司的贷款以及对新加坡居民用于境外使用的贷款，需经新加坡金融管理局批准。允许设立所从事业务无须新加坡金融管理局批准的信用公司。

投资咨询服务提供者可以设立分公司、子公司或代表处；但代表处不能开展业务或担当代理机构。允许路透社、彭博咨询等机构提供金融信息服务；对银行和商人银行提供的数据处理服务需要遵循相关的国内法律，以保证银行和商业银行顾客信息的私密性。

（1）商业银行。不允许设立新的全面银行和限制性银行；新的外国银行只能以海外支行或代表处的形式设立；代表处不能开展业务或担当代理机构。获得新加坡金融管理局的许可后，银行只能从事针对非本地居民的外币现金存款账户业务。一名或一群有关联的外国股权持有者在一家本地银行的持股比例上限为5%；每家国内银行的外国股权总量限制从20%提高到40%。

（2）商人银行。外国银行和商人银行可以设立为商人银行子行或商人银行分行。

（3）金融公司。不允许设立新的金融公司。对于外资收购金融公司的股份以及现有金融公司将股份转让或出售给外方，不做承诺。所有的金融公司，不论是本地的还是外国所属的，都只能开展新加坡元业务；但在事先获得新加坡金融管理局许可的情况下，合格的金融公司也可以从事外币、黄金或其他贵金属业务，获取外币存款、股票或债务/可交换有价证券。

2. 国民待遇限制

每家离岸银行对新加坡居民的贷款总和不应超过2亿新元。离岸银行不应借与其相关的商人银行规避2亿新元的贷款总额。对信用卡和签账卡在公司场地以外设立银行柜员机不做承诺。

（1）商业银行。外国银行只能在一个办公地点开展业务（不包括后勤业务），而且不能设立银行外部的自动柜员机和自动柜员机网络，也不能设立新的支行；对提供所有的电子银行服务不做承诺。银行和分支机构的选址或重新选址都需要事先获得新加坡金融管理局的许可。限制性银行只能从事本地居民或非本地居民的外币定期存款以及现金账户业务；对于新加坡元存款业务，只能接受每笔不少于 250000 元的新加坡元定期存款。离岸银行可以接受本地居民或非本地居民的外币定期存款；但在新加坡元存款业务方面，离岸银行只能接受非本地居民的定期存款，而且每笔存款的金额不能少于 250000 新加坡元。

(2) 商人银行。商人银行只能在一个办公地点开展业务（不包括后勤业务）。商人银行的选址或重新选址都需要事先获得新加坡金融管理局的许可。在新加坡金融管理局的授权下，商人银行可以在本地居民和非本地居民中发行外币基金，经营针对非本地居民的外币现金存款账户业务，也可以在其股权持有者、股权持有者控股的公司、银行、其他商人银行和金融公司中发行新加坡元基金。

(3) 金融公司。金融公司的选址及其分支机构的重新选址，需要事先获得新加坡金融管理局的许可。外国金融公司不能在公司场所以外的地方设立自动柜员机和自动柜员机网络，也不能设立新的分支机构。

(二) 保险服务

对于人寿和非人寿险服务，要求外国投资方在本地企业中的股权比例上限为 49%，任何一个外国投资方都不能是该企业最大的股权持有者；对新保险牌照的颁发和新代表处的设立不做承诺。再保险公司的商业存在是设立分支机构或子公司。对于保险中介服务，除再保险和由船舶保赔协会投保的保险之外，要求保险经纪人对新加坡国内的风险销售至国外必须经过新加坡金融管理局的批准；再保险经纪人可作为本地注册的子公司开展业务。

(三) 专业服务

1. 会计和审计服务、税收服务。要求公共会计师或公司合伙人之一需有效居住在新加坡；唯有通过新加坡公共会计师局注册的公共会计师，才可就本地税务法担当税务顾问。

2. 医疗服务。每年可新注册的外国医生人数依据医生的总供应量而受限制。

3. 建筑设计服务和工程服务。新加坡对建筑设计服务和工程服务的商业存在模式有以下市场准入限制。

(1) 有限责任公司。①只有注册建筑师/注册专业工程师或类似的专业人士可以担任公司董事；②公司各类股权中不少于 2/3 的部分或国家发展部长就某个公司规定的略低比例的部分，应由作为公司董事、经理或雇员的注册建筑师/注册专业工程师或类似的专业人员实际拥有，并以其名字进行登记；③在新加坡进行的建筑工程项目/专业工程项目必须处于一名董事的控制和管理下，该董事需是一名通常居住于新加坡的注册建筑师/注册专业工程师，拥有有效的执业证书，并且是拥有该公司至少一份股份的登记股东。

（2）无限责任公司。①只有注册建筑师/注册专业工程师或类似的专业人士可以担任公司董事；②公司章程应规定任何非注册建筑师/注册专业工程师、非类似的专业人员，并非由这些人员提名的人员或者并非该公司的董事、经理或雇员的人员，不能登记成为该公司的成员；③该公司在新加坡与建筑设计/专业工程有关的业务必须处于公司一名董事的控制和管理之下，该董事需是一名通常居住于新加坡的注册建筑师/注册专业工程师，拥有有效的执业证书，获授权从事建筑工程/专业服务，并且是该公司的一名成员或该公司至少拥有一份股份的登记股东。

（3）合伙制企业。①合伙人必须是拥有有效执业证书的注册建筑师/注册专业工程师或类似的专业人员；②在新加坡提供建筑设计服务/进行专业工程项目，必须处在一个合伙人的控制和管理下，该合伙人必须是拥有有效执业证书的注册建筑师/注册专业工程师，并通常居住在新加坡。

（四）建筑及相关工程服务

新加坡通过注册制度对建筑承包企业实行资质等级管理。外国企业在新加坡承包工程，需要注册分公司、个人所有或合伙制的企业，并向新加坡国家发展部建设局申请相应的建筑资质。承包企业的资质被评定为两个部分：一部分是承包企业所能从事的工程类型；另一部分是承包企业从事该工程类型的资质等级。承包企业注册制度对参与公共工程的承包企业是强制执行的，参与私人工程的承包企业可自愿申请。外国承包商可承揽与其建筑资质相符的工程项目，无禁止领域。

新加坡对建筑业实行从业人员职业资格管理，新加坡建筑承包商新聘请的非传统来源国（中国、印度、泰国等）建筑劳工，必须拥有最少一种获得鉴定的技能；拥有两种或以上技能的劳工，可享有缴纳较低劳工税的待遇；要聘请非传统来源国建筑劳工的承包商，必须先向新加坡建设局和建筑商协会注册；这两个机构将根据承包商的财务状况、人力需求和过去的营业记录，决定是否接受他们的注册。

三 新加坡对外籍劳务的管理

目前，外籍劳动力占新加坡总劳动人数的比例高达1/3，主要集中在服务业、建筑业、海事业和制造业等行业。新加坡外籍劳务管理法律制度完善，涉及工作准证、劳动关系、职业安全和劳动保护等各个方面。

1. 工作准证制度

进入新加坡就业的外籍人员必须持有工作准证，分三种类型：(1) 就业准证（Employment Pass, EP），适用于持有认可学历、具备专业资格或专业技能，担任较高管理或行政职位的外籍人员，月薪在2500新元以上；(2) S准证（S-Pass, SP），适用于拥有大专学历和工作经验、具备中等技术的外籍工人，月薪在1800新元以上；(3) 工作准证（Work Permit, WP），适用于从事重体力劳动的非技术性或半熟练外籍工人，月薪在1800新元以下。

2. 外籍劳工税

在新加坡，雇主雇用外籍劳务必须向政府缴纳劳工税，数额根据行业生产力水平和岗位技术等级来定，技术性强的岗位劳工税低，非技术性岗位劳工税高。为减少对廉价外籍劳务的依赖、保证本国公民的就业机会，新加坡从2010年7月开始逐步收紧外籍劳务管理政策，分阶段调高外籍劳工税，3年内服务业每名工作准证持有人的外劳税平均每月调高260新元，建筑业的外劳税平均每月提高320新元。对于服务业外籍人员占雇员总数30%以下的技术工人和非技术工人，外劳税分别是150新元和240新元；对于外籍人员占雇员总数30%—40%以及40%—50%的工人，外劳税分别是280新元和450新元。

3. 外籍劳务配额制

新加坡对外籍劳务实行配额制度，不同行业有不同的配额限制，服务业外籍员工的比例上限是40%，建筑业和加工业每雇用1名本地工人最多可雇用7名外籍劳务，海事业本地员工和外地员工的比例目前是1:5，到2018年将调整为1:3.5；S准证持有者中外籍员工的比例上限是25%，持就业准证（EP）的人员无配额限制。

4. 对非法就业处罚严厉

针对非法雇佣和就业行为，新加坡政府规定：对于雇主逃避劳工税、剥削工人福利，外国人采用违法手段，通过制造假文件、为获得工作准证而虚假声明工资待遇、非法买卖、转换工作准证或持有伪造工作准证等违法行为，最高可处以15000新元罚款或1年监禁，或二者并罚；在申请工作准证过程中，无论雇主或外籍工人明知向人力部提供了虚假信息而不予举报的，最高可处以5000新元罚款或6个月监禁，或二者并罚。

第五节 新加坡服务贸易管理体制

新加坡政府务实、高效，通过不断进行改革创新建设服务型政府，各部门或机构分管不同的服务行业，致力于把国家建设成为各服务领域的区域中心或全球中心，并制定了完备的法律法规，具有成熟完善的服务贸易统计体系。

一 新加坡服务贸易主要管理机构

新加坡政府的组织形式采用内阁制，下设15个部门，新加坡贸易与工业部（Ministry of Trade and Industry, MTI或贸工部）负责对外贸易政策的制定。贸工部有14个业务司和1个国家事业局（新加坡国家统计局），主要司局有：经济与战略司、工业司、企业司、资源司、贸易司、国际业务开发司、能力开发组等。其中贸易司主要负责新加坡的对外经济联系，包括WTO事务和国际贸易谈判、参加东盟和APEC等区域性经济组织以及双边关系。

依照新加坡国会通过的法案，贸工部管辖10个法定机构（见表8-9）。法定机构既隶属于贸工部，又相对独立。在业务领域，贸工部一般不直接接触企业，而是通过所辖的10个法定机构向企业提供服务，其中国际企业发展局（International Enterprise Singapore, IE Singapore或企发局）和经济发展局（Economic Development Board, EDB或经发局）分别负责贸易促进和投资促进。企发局的前身是1983年成立的贸易发展局，主要职责是协助本地企业进行海外拓展，为有意国际化的企业提供服务，增强其品牌、设计、经销、人力资源、知识产权等能力，宣传新加坡作为国际企业都会的形象，提升以新加坡为基地公司的出口能力。经发局成立于1961年，是负责制定和实施商业与投资策略的主导机构。经发局与本地企业和跨国企业联系密切，通过制造业和服务业一系列多元化的商业投资项目，协助企业适应经济知识化和创新化的要求；同时鼓励企业到新加坡设立总部和商业中心，增强新加坡作为商业和投资环球中枢的地位。

表 8-9　　　　　　　　新加坡与贸易相关的政府部门

部门	法定机构	职能和权限
贸易与工业部	国际企业发展局	协助新加坡本地企业成长和走向国际市场，"走出去"和向海外投资是该局重要职能之一
	经济发展局	打造世界商业和投资中心，保障经济持续增长，创造更多就业机会和商业机会，吸引外资是该局重要职能之一
	标准、生产力和创新局	着力提升新加坡企业的竞争能力
	旅游局	旅游业主管部门
	圣淘沙发展集团	圣淘沙岛的开发者和经营者
	旅馆执照局	负责旅馆登记，旅馆执照的发放、更新等
	科学技术研究局	打造世界一流的科学研究和人才，为新加坡"知识经济"服务
	竞争委员会	保持和强化有效市场，全面促进新加坡生产力、创新和市场竞争力
	能源市场局	为新加坡经济发展营造具有竞争力和安全的能源产业
	裕廊镇集团	新加坡工业园区早期开发者，是集规划、促进和开发高质量工业设施和标准产业使用空间的机构
财政部	新加坡海关	关税；原产地规则；贸易便利化；贸易执法
国家发展部	农粮兽医局	农业、渔业、卫生和植物检疫标准
	市区重建局	土地使用和规划，规划和管理发展项目
	建设局	对建筑业行使行业管理的职能
总理公署	金融管理局	保险；银行；证券和期货业
律政部	知识产权局	知识产权
新闻、通信及艺术部	媒体发展局	媒体（广播、电影、出版）
	资讯通信发展管理局	电信，电子商务，信息技术，邮政部门
交通部	陆路交通管理局	陆路交通
	海事和港口管理局	海运和港口
	民航局	航空运输

资料来源：WTO 网站。

1. 金融业

新加坡金融管理局（Monetary Authority of Singapore，MAS）成立于 1971 年，是根据《金融管理局法》成立的准中央银行机构，管理新加坡的金融、银行体系以及与财金方面有关的事务,兼有央行金融调控和金融监管两大职能。其主要职责包括:制定和实施金融货币政策;发行货币;作为政府的银行,接受政府存款,代理政府发行国库券和其他政府债券,管理国库和国家外汇储备;审批银行、金融公司和其他金融机构的设立和撤并,对其进行管理、监督、稽核;管理和干预金融市场;作为金融机构的银行,为银行及其他金融机构开立账户,接受其存款,并以"最后贷款人"身份向他们融通资金;对保险公司的业务实行管理和监督;代表政府参加国际金融活动;促进新加坡作为国际金融中心的发展。金融管理局对银行的管理手段主要有口头指示、书面指示、进驻银行稽查等。

新加坡有两个金融体系:在岸银行体系和离岸银行体系。早在20世纪60年代,新加坡就率先设立了亚洲美元市场,随后相继放宽对银行的外汇交易管制,开设国际金融交易所,为新加坡国际金融中心的地位奠定了基础。为避免扰乱本国金融市场,新加坡政府要求各经办行通过设立专门账户,使境外货币业务与本地金融业严格区分开来。根据《银行法》,新加坡本地和外国的银行被分为商业银行和商人银行,商业银行又分为全面银行(Fully licensed bank)、限制性银行(Restricted-license bank)和离岸银行(Offshore bank)。新加坡广义上的银行还包括邮政储蓄银行和证券公司。全面银行可以从事所有的居民和非居民银行业务,限制性银行则不得接受储蓄存款和非银行客户25万新元以下的计息存款,并只准有一个经营点。全面银行和限制性银行都可以设立亚洲货币单位开展经营活动,而离岸银行只能利用新加坡作为开展国际业务的基地,不能参与国内业务的竞争。商人银行则只允许从各金融机构、股份公司或本身的股东处筹资,不允许从社会公众手中接受存款或筹资。这样既能吸引外国银行的加入,以增强新加坡国际金融中心的地位,又可以避免国内金融业务的过度竞争破坏经济稳定。

金融管理局对保险公司的监管原则为"少度控制,自律为辅",在实际操作中主要依靠保险公司和保险中介机构的自律,金融管理局极少对其干涉,主要是对保险公司的财务偿付能力进行监管并要求其提供详细数据,对保险公司和保险中介机构的手册、财务报表及交易等进行审查。目的在于确保其财务稳健、管理运作良好、赔付程序公正、业务合乎规范。

2. 电信业

1972年,新加坡政府将电信部改组为独立核算的法定机构新加坡电信局，此后新加坡电报局和邮政部先后并入，实行公司化管理。1992年，电信局重组为具有监管职能的政府机构，专门负责电信业和邮政业的管制和政策制定，原有的商业运作职能分别由新加坡电信和新加坡邮政两家政府控股的有限公司承担。1999年，电信局与国家电脑局合并成立新加坡资讯通信发展监管局（Info-Comm Development Authority of Singapore, IDA），其主要职能是：对信息通信产业进行监管和促进，推动电信自由化进程，保证电信市场有效竞争，制定相关法律法规、政策、标准、指导方针及实施法则，培育资讯通信智库和具有全球竞争力的人力资源。

3. 运输业

新加坡交通部是新加坡管理全国交通运输的政府部门，负责航空、海事、陆路部门的发展及监管。交通部下设四个局（法定机构）：陆路交通管理局、公共交通理事会、海事及港务管理局、民航管理局。

（1）海洋运输。新加坡于1964年成立港务局，港务局是政企合一的企业局，负责新加坡港的立法、管理和经营。从1996年开始，新加坡对港口的管理体制进行改革，把港口的管理和经营职能分开。将港务局改组为新加坡港务集团，负责经营管理运作新加坡港的所有港务事宜，并对其进行股份制改革和私有化。设立新加坡海事和港口管理局（Maritime and Port Authority of Singapore, MPA）负责港口管理，行使制定法律法规方面的职能。

（2）航空运输。新加坡民航局（Civil Aviation Authority of Singapore, CAAS）是隶属于新加坡政府的政府部门，主要职责是：管理樟宜机场及其相关设施，提供空中交通管制服务、飞行和航空信息，管理航空安全，维持机场营运效率，管理新加坡的民航事务，规范和提升航空运输发展和航空航天工业，代表政府签订民航协定等。新加坡航空是新加坡最主要的航空公司，也是新加坡的国家航空公司，1985年通过在新加坡证券交易所公开上市实现私有化。

4. 旅游业

新加坡旅游局（The Singapore Tourism Board, STB）是专责推动新加坡旅游业全方位发展的经济机构，自1964年开始运作，时称新加坡旅游促进局，以合作、创新、卓越而闻名，1997年正式更名为新加坡旅游局，主要使命是引领和发展新加坡旅游业，并使旅游业成为新加坡经济增长的主要动力。新加坡旅游局确立的目标是：巩固新加坡在亚洲作为重要会议及大型展览国家的地位；成为亚洲领先的休闲度假旅游目的地；建立成为亚洲的服务中心。1996年旅游局推出"21世纪旅游业远景规划",提出把新加坡建设成为与纽约、伦敦等顶尖国际旅游城市齐名的旅游都会。在新加坡,大部分与旅游相关的企业都是私有企业,公共部门不经营任何形式的旅游住宿设施或旅行社。

5. 会计师行业

新加坡会计与企业管理局（The Accounting and Corporate Regulatory Authority, ACRC）是监管新加坡企业实体和公共会计的国家机构,于2004年由公共会计注册局（PAB）和公司注册局（RCB）合并成立,其成员由财政部长任命,下设公共会计师委员会（Public Accountants Oversight Committee, PAOC）对公共会计师和会计公司进行监管。其主要职责包括:管理公共会计师的注册登记和颁发证书,管理和规范公共会计师、会计师事务所的执业行为,制定注册会计师行业规则和职业行为标准,调查和惩戒不道德行为,举办注册会计师资格考试,审批会计公司的设立并对其进行管理。

二 新加坡服务贸易法律体系

1. 金融业

新加坡金融管理可依据的法律有:《金融管理局法》、《银行法》、《金融公司法》、《证券业法》、《期货交易法》等。《银行法》规定了银行申请设立的条件、执照的申请与撤销、银行禁止经营的业务、对银行的监督和审计及其他。在新加坡营业的银行必须根据公司法注册成立,并符合银行法规定的程序条件和实质条件,经新加坡金融管理局颁发执照。新加坡银行法令严格,政府管理高效,保证了新加坡金融市场的稳定发展和经济的持续增长。

2. 电信业

新加坡资讯通信发展监管局于2000年推出电信业竞争准则《电信竞争法案》,该法案明确了电信企业之间的竞争规则,设立了运营者必须符合的最低要求,以保护消费者和预防违反公平竞争的现象发生,并以法律形式明确制裁手段,为新加坡电信全面自由化打下良好基础。资讯通信发展监管局认为,市场力量通常能比管制条例更有效地保护消费者利益、刺激市场发展,因此这套准则主要是依赖商业洽谈和运营者自律。2001年,资讯通信发展监管局批准通过新电信制定的互联互通价格指导文件,以保障互联互通,避免由此引起的恶性竞争。2003年,资讯通信发展监管局取消新加坡电信在国际电话服务供应市场上的所有限制以及在国际电话服务零售市场上的资费申报限制，使得新加坡各运营商之间的竞争环境更加公平；通过修改电信服务供应商和电信设备供应商执照的条例，进一步降低外国公司进入电信服务业的市场准入条件。2005 年，为适应市场发展，资讯通信发展监管局对《电信竞争法案》进行了修订。新加坡政府实施的一系列电信产业促进政策和推崇自由竞争的监管措施，使得只有 400 万人口的新加坡，生存着 40 多家电信设备供应商和 1000 多家电信服务提供商，成为全球电信业最发达的国家之一。

3. 运输业

（1）海洋运输。新加坡关于海洋运输的法律主要是《商船法》和《海上货物运输法》，前者对乘务管理、船舶登记、货物交付、出租人责任、船员权利等作了详细规定；后者是新加坡履行《海牙—维斯比规则》成员国义务而制定的国内法规，明确了承运人和托运人及船舶和货物双方的责任、权利、义务等。

（2）航空运输。新加坡民航法律制度完备，内容涵盖民用航空的各个方面，执法严格，可操作性强。《新加坡航空法》是新加坡民航法律体系的重要基础，对航空器的登记注册、适航性和事故调查，以及空中航行、航空运输经营许可和机场净空保护等做了基本规定。《新加坡民航局法》对新加坡民航局的职责、权限、资金、人事以及资产移交等事项做了规定，是新加坡民航局实施监管的重要依据。

4. 旅游业

新加坡政府主要通过法律手段对旅游业实行宏观调控，并通过严格执法使旅游业得以健康发展。其主要的法律法规是《旅游促进局法》，该法规定旅游业管理机构组成和职能、各种协会的组成、旅游业的地位及其范围，以及旅游业法律制度，如赔偿金制度、旅行社申领执照制度、导游管理制度等。此外，还有旅行社法、旅游促进税法、饭店法、导游管理和颁发执照规则、旅游投诉制度等。

5. 会计师行业

新加坡《会计师法》于 1989 年正式实施，同时颁布实施的还有四个补充法规：公共会计师委员会规章、新加坡注册会计师协会规章、新加坡注册会计师协会（会员资格与费用）规章及新加坡注册会计师协会（理事会程序）规章。《会计师法》主要对公共会计师的注册、会计公司、注册会计师协会、职业行为和道德守则、惩戒程序等内容进行了详细规定，兼顾原则性和可操作性，是新加坡注册会计师行业的重要法律。

三 新加坡服务贸易统计体系

新加坡统计局负责编制《国际收支平衡统计表》和《国民经济统计表》。新加坡服务贸易统计体系相对成熟完善，先后经历了不同的历史阶段：1981年以前主要是利用银行外汇数据，1981—1996年以机构统计调查数据代替银行数据，1996年以后开展了服务贸易年度统计调查。新加坡服务贸易统计分类按照《国际收支平衡手册（第五版）》的指导原则，分为运输、旅游、保险、政府服务、建筑、金融、计算机和信息服务、专利费、社会服务和其他商业服务。

新加坡服务贸易统计数据有三大来源。一是通过问卷调查法获得的数据，这是新加坡服务贸易统计数据的主要来源。统计局针对不同产业设计不同的调查表格，分别是通用、制造业/建筑/工程、商务、财务与保险、非居民航运企业的分公司/代理人、运输及其他。调查样本覆盖所有的服务贸易企业名录，但主要是上一年的调查对象。数据输入采用光学字符识别技术和人工输入系统，并按服务类别和交易对方的国家进行分类。二是利用数据模型法估算进口货物运输及保险费、旅游服务和政府服务的数据。三是行政数据，主要包括港务费数据和政府服务数据。三大数据汇总得出新加坡服务贸易的统计数据。科学准确的统计数据为新加坡制定服务贸易政策、进行服务贸易管理和对外进行国际谈判提供了有力的依据。

第六节 新加坡服务贸易发展的最新动态

一 新加坡服务贸易谈判的最新进展

1. 新加坡积极推动TPP谈判

新加坡实行多层次贸易战略，在双边、小多边和次区域等各个层面推动建立自由贸易协定，在亚太经合组织（APEC）和跨太平洋伙伴关系协定（TPP）中均扮演重要角色。新加坡是TPP的主要发起国，利用自身优势积极推动TPP谈判和扩大，吸引大型经济体加入，以提升自己在国际经济中的地位和影响力。2013年TPP谈判在新加坡完成65%。

2. 新加坡考虑重新加入 TISA 谈判

国际服务贸易协定（TISA）由美国和澳大利亚等国发起，主张用列"负面清单"的谈判模式，推动达成更高标准的服务贸易协议，目前有48个成员，覆盖了全球约70%的服务贸易。新加坡是东盟内部唯一加入TISA谈判的国家，由于各谈判国之间交织着诸多的自由贸易协定，加上谈判存在各种多边化分歧，以及协调东盟内部利益关系等原因，新加坡于2012年宣布退出谈判；2013年7月，新加坡考虑重新加入该谈判。

3. 新加坡与东盟国家努力建成东盟经济共同体

新加坡是东盟创始国之一，也是东南亚经济最发达的国家，在推动东盟内部一体化和加强东盟与区域外国家合作方面，发挥着积极而重要的作用。目前，东盟十国正在努力建立东盟共同体，包括三方面的合作：一是东盟经济共同体（AEC），经济共同体的目标已经实现了80%；二是经济安全共同体；三是社会文化共同体。东盟国家希望通过经济共同体，将十个国家转变为统一市场的基地，促进服务贸易发展，提高竞争力，使东盟成为全球经济发展较快的地区。同时加快融入世界经济，尤其是推动与中国、日本、韩国、印度、澳大利亚以及新西兰的经济合作。

二 新加坡未来十年的经济发展战略

国际金融危机爆发后，新加坡成立了一个由政府和民间专家组成的经济战略委员会，研究未来十年国家的经济发展战略。经济战略委员提出七大战略，总体目标是在提高国人生活水平的同时，把新加坡打造成一个有活力的环球都会。

1. 提升技能与创新精神。具体措施包括成立全国生产力理事会，协调政府、企业、工会和公众的利益；调高外国劳工的劳工税；加强继续教育与培训体系；加强就业入息补助计划。2014年7月和2015年7月，新加坡将进一步提高外籍劳工税，调整后的服务业外劳税平均增加90新元，建筑业外劳税平均增加160新元。建筑业雇主若雇用熟练劳务，需支付300新元的外劳税；若雇用非熟练劳务，须支付600新元的外劳税。

2. 成为环球—亚洲枢纽。这是新加坡对自身的战略定位，其含义是新加坡力争成为国际企业进军亚洲市场、亚洲企业进军全球市场首选的商贸中心。具体措施包括巩固环球—亚洲枢纽的地位，进行经济转型，衔接环球和亚洲企业；加强区域经济合作，完成东盟经济共同体中单一市场的愿景；保持制造业的全球竞争力，发展与此相关的服务业。

3. 建立富有活力的多元企业生态。具体措施包括设立类似进出口银行的专门金融机构，为本地企业提供跨境融资方案；十年内为本地中小企业提供高达 15 亿新元的新资本；加强贸易机构和商会的权力，协助中小企业进军海外。新加坡政府为本地企业提供的支持不仅体现在优惠的融资和税收政策方面，而且覆盖公司运作、人力资源、财务管理、海外拓展和提高生产力等领域；并通过建立全球网络为企业进军海外市场提供各方面的指导。

4. 加强研发成果商品化。具体措施包括增加研发总开支，把 R&D 投入占国内生产总值的比重提高到 3.5%；普及商业创新，通过平台将研究者和使用者连接起来，开发业界适用的研发成果，实现研发成果商品化。

5. 巧用能源。探讨核能发电；进口煤炭、电能；建立智能能源系统；推广低碳交通；为碳排放定价。

6. 提高土地效益。建立土地库存；增加土地用途的灵活性；加强商业地点的多样性；加快高增值产业的增长，提高土地使用效率。

7. 打造独特环球都市。吸引和培养不同领域的人才，建立"人才生态系统"，使新加坡在城市规划、法律与会计服务、风险管理及供应链管理等领域发挥领导力；成立世界级学院，提供艺术、设计、时尚和体育科学等新的发展路径，让新加坡成为举世闻名的文化之都；使新加坡成为提供最佳生活的亚洲国家。

第七节 新加坡服务贸易发展对中国的启示与借鉴

新加坡政府在坚持对外开放、积极参与区域经济合作的同时，将服务业作为本国的经济支柱加以培育和扶持，并注重为服务贸易发展创造良好的商贸、法律和制度环境；不仅大力培养本国人才，而且充分利用自身优势吸引世界各地的优秀人才，新加坡政府的这些经验为我国制定服务贸易政策提供了参考和借鉴。

一 政府大力扶持服务业发展

新加坡经济的成功及其服务贸易在全球贸易中的重要地位，与其政府的主导和推动作用密不可分。新加坡国际金融中心与纽约、伦敦等自然形成的模式不同，是典型的政府推动型。建国伊始，新加坡就以迈向"亚洲苏黎世"为目标，着力策划将新加坡建设成为亚洲乃至世界的金融中心。没有强大的经济基础和完善的金融服务体系，新加坡政府通过制定各种税收优惠政策，吸引了大批国际金融机构进驻新加坡，从而促使金融中心在相对较短的时间内建成。为打造国际财富管理中心，新加坡专门成立了一个由银行家、咨询顾问和政府官员组成的发展咨询委员会，对高效监管进行研究。新加坡出台的措施非常具有吸引力，致使当时香港很多基金经理转道新加坡，后来新加坡的基金数量超过了香港。新加坡能在数年内迅速吸引大量亚洲甚至欧美的私人财富，使许多全球顶尖的私人银行和基金管理公司都在新加坡设立分支机构或区域总部，政府从中扮演了非常重要的角色。

服务业是服务贸易发展的基础，服务业占 GDP 的比重是衡量一国经济发达程度的重要指标，而我国服务业发展相对滞后，"金砖国家"中唯有我国服务业比重不足 50%。长期以来"重货物，轻服务"的政策导向使我国服务贸易发展远远落后于货物贸易。我国服务贸易国际竞争力较低，结构不合理，长期处于逆差状态。我国政府已经充分认识到服务业对经济增长和产业结构升级的重大意义，十分重视服务业的发展。为此，应借鉴新加坡政府的经验，从战略高度完善相关产业政策，大力扶持现代服务业发展，具体措施包括：建立并完善有利于服务业发展的税收优惠政策，专设财政基金用于支持战略性产业和尚需保护的幼稚产业；健全推动服务业发展的金融体系，拓宽服务业融资渠道，创新金融产品和服务方式；加大对服务贸易外汇管理的支出力度，促进通关便利化；在保持传统服务行业比较优势的同时，优先发展现代服务业和新兴产业，使服务业成为国民经济的重要支柱。

二 服务业开放程度高，积极参与区域经济合作

新加坡始终坚持对外开放，服务贸易自由化程度高，重视与周边国家建立区域经济联盟，实现区域经济一体化。近年来，东盟区域服务贸易自由化不断推进，在旅游、空运与物流服务、健康服务、电子商务等优先合作部门已经实现较高程度的一体化，服务出口市场的扩大带动区域内贸易额快速增长。新加坡还注重与世界主要经济体开展区域经济合作，与美国、欧盟、中国、日本和澳大利亚等国家和地区都签订了自由贸易协定，并相互做出较高程度的开放承诺，以促进服务贸易发展，扩大交流与

合作。

目前，我国服务业开放涵盖了 GATS 中的 10 个服务大类、100 多个分部门，与制造业开放相比，我国服务业整体开放程度相对较低，开放时间较晚，在外资准入资格和进入形式等方面还存在较多限制。我国应继续积极稳妥地推进服务业对外开放，在部分区域和领域试点先行开放，提高开放水平；对比较幼稚的产业实行渐进式开放。同时，积极推动区域经济合作，在中国—东盟自由贸易区建设中，鼓励我国企业在金融、电信、旅游、建筑、医疗、教育等领域实行国际化经营，推进与东盟在服务贸易领域的交流与合作；积极参与中日韩自由贸易区谈判，加强与周边主要国家的经贸联系和经济融合；进一步扩大对港澳地区服务业的开放度，通过《关于建立更紧密经贸关系的安排》（CEPA）实现内地与香港、澳门地区服务贸易的自由化；增进海峡两岸服务业合作，扩展服务贸易合作的广度和深度。

三 为服务贸易发展创造良好的商贸环境

新加坡政府长期致力于营造全球最好的亲商和服务环境。新加坡政府清廉、透明，有着世界一流的行政工作效率，重视对企业和投资者的服务，着力维护公平竞争、有序和可持续发展的市场环境，劳资关系和谐。经济发展局可为本地和海外投资者提供"一站式"服务，包括企业设立、招聘员工、与相关商业团体联系等。新加坡法律制度完备、严密、可操作性强，且执法必严、违法必究，是个高度法治化的国家，其以法律形式体现的知识产权保护机制被列为世界最佳机制之一。新加坡政府还十分重视基础设施建设，投入了大量资金用于港口、码头、机场等交通设施以及工业区设施、通信网络等的建设和改造，并将网络基础设施建设纳入提升国家知识层次和国际竞争力的战略高度。一流的资讯通信、金融基础设施和广泛的技术普及率，保证了新加坡现代服务业和服务贸易的快速发展。

我国目前的商贸环境不适应现代服务业发展的要求，应加强相关软环境和硬环境建设，尤其要尽快构建公平竞争的市场环境。一是完善服务业管理机构和部门间的协调机制，建设服务型政府，提高服务能力和管理水平，明确各部门职责，消除市场分割和地区封锁，为服务贸易发展提供宽严适度的发展环境。二是打破服务行业垄断，引入公平竞争和自由进出的市场机制，放宽服务领域市场准入制度，建立公开透明、公正规范的市场准入标准，鼓励各类所有制资本进入服务行业，实现公平竞争。三是加强基础设施建设，加大服务业基础设施投资力度，形成与现代服务业发展相配套的集生产、消费和公共服务三位一体的城市服务功能。四是加快信息化基础设施建设，提高信息化水平和信息管理能力，形成完整的公共信息服务系统，优化电子政务公共信息服务平台。五是完善社会诚信体系，建立信用评价机制，为服务业发展打造良好的经济发展环境。

四 培养和吸引高素质人才

人力资源是现代服务业发展的关键因素和重要保障，新加坡把人才作为"第一资源"加以开发，从建国开始就抱着"不损失一个人才"的心态来培养和吸引人才。新加坡实行精英教育制度，通过较为复杂的教育体系对学生进行分流，注重对精英人才的选拔和培养，同时提供各种职业技术培训提高劳动者素质，实行企业培训制和终身教育。新加坡每年对教育的投入费用十分庞大。2002年教育支出占其全年财政支出的19%；2006年的财政预算中，教育支出占全年财政支出的22.76%，仅次于国防。在大力培养本国人才的同时，新加坡实施开放的人口政策，以优厚的待遇、宜居的生活环境、良好的科研环境和人文环境、优惠的税收制度等综合优势吸引世界各地的优秀人才到新加坡工作，这已成为新加坡的重要国策。除此之外，新加坡还有针对性地引进外籍人才，人力资源部在海外设立了8个"联系新加坡"联络处，专门从事海外人才的招聘工作；并定期举办"新加坡职业博览会"，在全球各大城市巡回展出、现场招聘。目前，新加坡已成为世界人才的汇聚之地，为服务贸易发展提供了强有力的人才保障。

我国服务贸易人才短缺且结构不合理，尤其是发展现代服务业所需的专门人才，缺口很大，尚不能适应服务贸易发展的需要。因此，应重视对服务贸易人才的培养，一是要制定教育改革方案，加大高等院校、职业技术学校以及社会培训机构对相关课程的投入和人才输出；二是完善人才激励机制，在企业内部建立有效的职业培训计划，加强对员工的职业培训，不断提高其综合素质；三是通过各种优惠政策吸引国外人才和海外留学人员，通过人才战略为我国服务贸易发展提供人才保证。

第九章 加拿大服务贸易政策

加拿大是世界十大贸易国之一,也是工业化市场经济中八大贸易国之一。在经济全球化不断发展的进程中,加拿大积极参与国际投资,其经济与全球经济融为一体,服务业开放程度较高,每年服务贸易出口额占到 GDP 的 10% 以上。但是,加拿大的服务贸易发展水平以及竞争力仍落后于其国内的服务业发展水平,也不及美国、欧盟、英国等主要发达国家或地区的服务贸易发展水平。本章从六个方面来分析加拿大的服务贸易政策,从中总结出对中国发展服务贸易的启示与借鉴。

第一节 加拿大服务贸易发展现状

一 加拿大服务贸易在全球服务贸易中的地位

2013 年加拿大服务贸易进出口总额超过 1857 亿美元,其中服务贸易出口为 796 亿美元,服务贸易进口为 1061 亿美元。根据 WTO 数据库的统计,2013 年加拿大服务贸易出口额的世界排名在第 17 位,服务贸易进口额排在第 14 位。

表 9-1 2010—2013 年加拿大服务贸易进出口情况及世界排名变化

单位:亿美元,%

时间	出口额			进口额		
	排名	金额	全球份额	排名	金额	全球份额
2010	17	736	1.9	12	971	2.6
2011	17	807	1.8	12	1063	2.5
2012	17	798	1.8	13	1064	2.5
2013	17	796	1.7	14	1061	2.3

资料来源:根据世界贸易组织数据库相关数据制表。

从各国服务贸易进出口额占世界服务贸易进出口额比重来看，加拿大服务贸易进口占世界服务贸易总进口的比重呈下降趋势，1992年比重为3.1%，到2002年该比重下降到2.8%，2012年下降到2.5%；加拿大服务贸易出口占世界服务贸易总出口的比重呈先上升再下降的趋势，1992年比重为2.1%，2002年上升到2.5%，但到2007年，大幅下降到1.9%，2012年该比例仍略有降低，为1.8%。

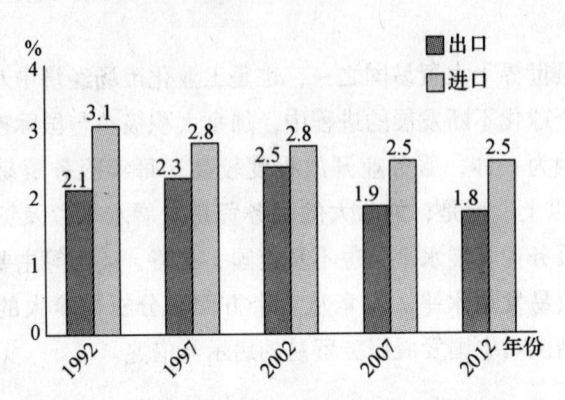

图9-1 加拿大服务贸易进/出口额占全球服务贸易进/出口比例

资料来源：Canada's Services Trade with the World, Economics, Resources and International Affairs Division. Publication No. 2013-30-E.

从各国服务贸易进出口额占本国GDP比重来看，1997年，加拿大出口额占本国GDP比重为4.9%，2002年上升到5.4%，但随后下降到5%以下，2007年为4.5%，2012年，该比重下降了一个百分点，为4.4%。从全球范围来看，世界服务贸易出口额占全球GDP的比重呈上升趋势，1997年，该比重为4.5%，随后持续增长到2007年的6.2%，近几年该比重变化不大，2012年仍维持在该比例。相比较，加拿大的此项比重远远低于全球比重。从服务贸易进口额占GDP比重来看，近年来加拿大此项比重与全球比重基本相同，2012年分别为5.8%与5.9%，从总体趋势来看，全球服务贸易进口额占全球GDP比重自1997年的4.4%以来有显著提高，而加拿大的该项比重基本维持在同一水平。一般而言，服务贸易出口额占GDP比重可以反映出一个经济体的经济发展特点，全球该项比重的持续上升，反映出全球经济发展逐步向以服务贸易为导向的趋势演变，但是，加拿大该项比重不断下降一定程度上反映了加拿大经济并没有随着全球服务贸易发展的新浪潮呈现出以服务贸易为导向的发展特点。

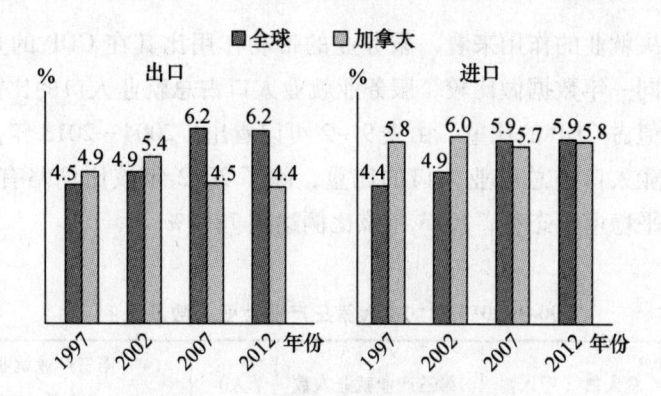

图9-2 服务贸易进出口额占 GDP 比重

资料来源：Canada's Services Trade with the World, Economics, Resources and International Affairs Division. Publication No. 2013-30-E.

二 加拿大服务业对国内经济增长的贡献度

服务业在加拿大各地区经济中举足轻重，是加拿大经济中最大的组成部分。如图9-3所示，2006年加拿大服务业在国民生产总值的比重接近69%，随后三年中该比例一直保持增长的态势，2008年达到70%；2009年，该比例显著提高到72.5%。2010年和2011年均出现小幅下滑，但仍维持在71%之上。

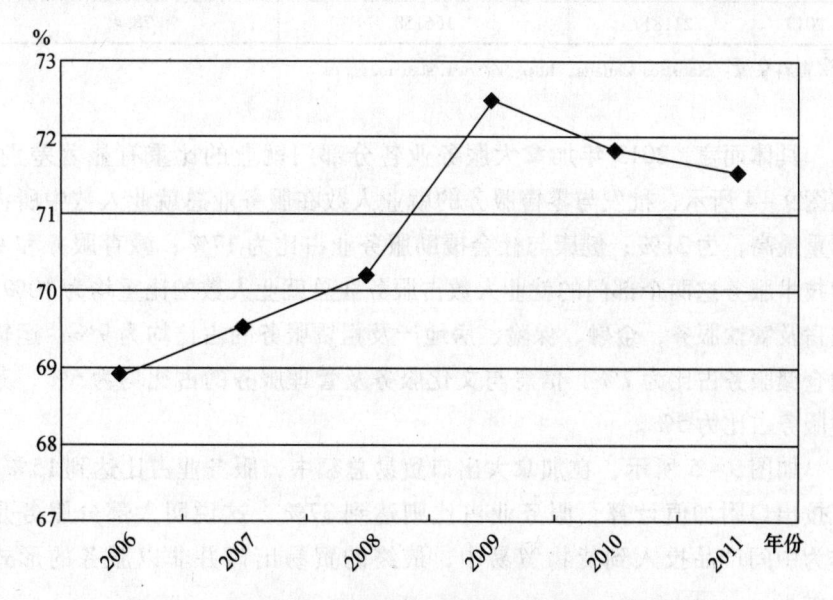

图9-3 2006—2011年加拿大服务业增加值占 GDP 比重

资料来源：Statistics Canada-Catalogue No. 15-001-X, http://www.statcan.gc.ca.

从解决就业的作用来看,服务业的带动作用比其在 GDP 的贡献更为重要,以同一年数据做比较,服务业就业人口占总就业人口的比重大于服务业增加值占 GDP 的比重。由表 9-2 可以看出,2004—2013 年,加拿大服务业就业人口占总就业人口的比重,除了 2012 年该比例略有下降外,一直处于平稳增长态势,2013 年该比例达到 78.4%。

表 9-2　　　　2004—2013 年加拿大第三产业就业人数及比例

年份	总人数(千人)	第三产业就业人数(千人)	第三产业就业占总就业人数比例(%)
2004	191120	143179	74.9
2005	193540	145445	75.1
2006	196940	149228	75.8
2007	201632	153929	76.3
2008	204985	156849	76.5
2009	201789	157104	77.9
2010	204556	159652	78.0
2011	207698	162027	78.0
2012	210108	163639	77.9
2013	211817	166158	78.4

资料来源:Statistics Canada, http://www.statcan.gc.ca.

具体而言,2013 年加拿大服务业各分部门就业的比重有显著差别。如图 9-4 所示,批发与零售服务的就业人数在服务业总就业人数中所占比重最高,为 21%;健康与社会援助服务业占比为 17%;教育服务和专业技术服务这两个部门的就业人数占服务业总就业人数的比重均为 10%;住宿及餐饮服务,金融、保险、房地产及租赁服务的占比均为 9%;运输和仓储服务占比为 7%,信息与文化服务及管理服务的占比均为 6%,其他服务占比为 5%。

如图 9-5 所示,在加拿大出口贸易总额中,服务业占比达到 15%,若按出口附加值计算,服务业占比则达到 37%,这说明大部分服务是作为中间产品投入到货物贸易中,最终的贸易出口并非以服务的形式提供。

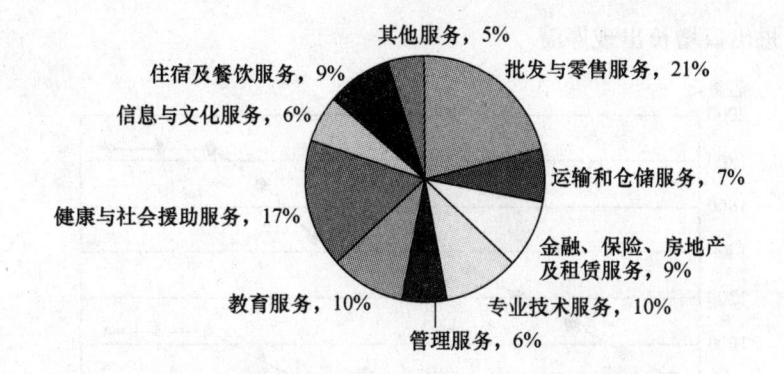

图 9-4 2013 年加拿大服务业分部门就业人数占服务业就业人数比例

资料来源：Statistics Canada，http：//www.statcan.gc.ca.

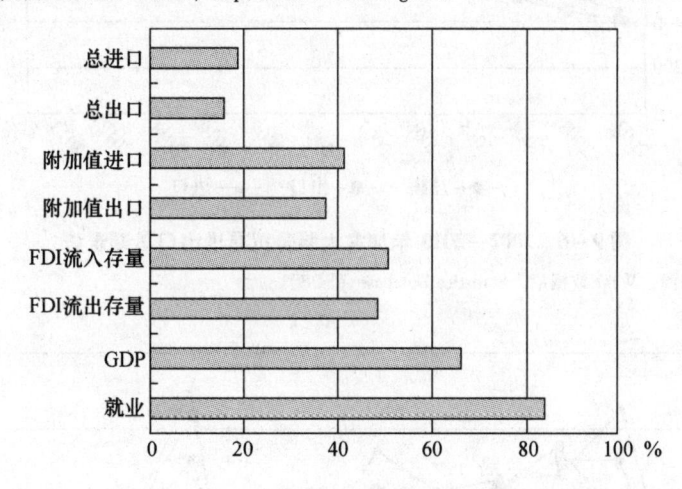

图 9-5 2012 年服务业在各指标中的贡献比例

资料来源：OECD Services Trade Restrictiveness Index (STRI)：Canada，http：//oe.cd/stri.

三 加拿大服务贸易规模

2002—2013 年间，加拿大服务贸易发展迅速，近十年的时间里进出口额增长了近 2.2 倍。2009 年，由于受到金融危机影响，进出口总额出现明显下滑。随后，2010 年与 2011 年均呈平稳增长态势。2012 年与 2013 年加拿大服务贸易额基本与 2011 年持平，为 1860 亿美元左右。

从增长率来看，2002—2013 年间，加拿大服务贸易进出口总额的平均增长率达到 7.2%。2010 年加拿大服务贸易进出口总额增长率最高，达到 16%，同时，2003 年与 2004 年的增长率也较高，均为 13%。值得注意的是，2012 年、2013 年，加拿大服务贸易进出口总额几乎与 2011 年持平，进出口增长出现停滞。

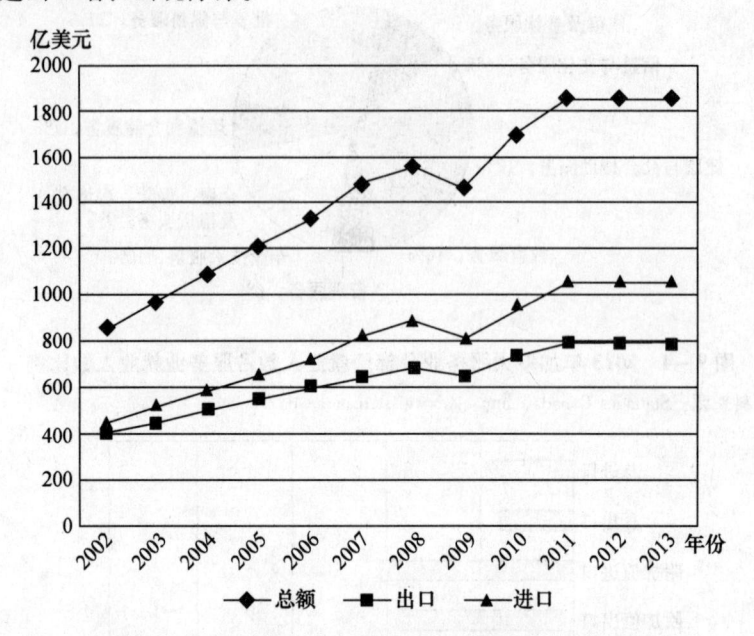

图 9-6 2002—2013 年加拿大服务贸易进出口总额走势

资料来源：WTO 数据库，Statistics Database（SDB）。

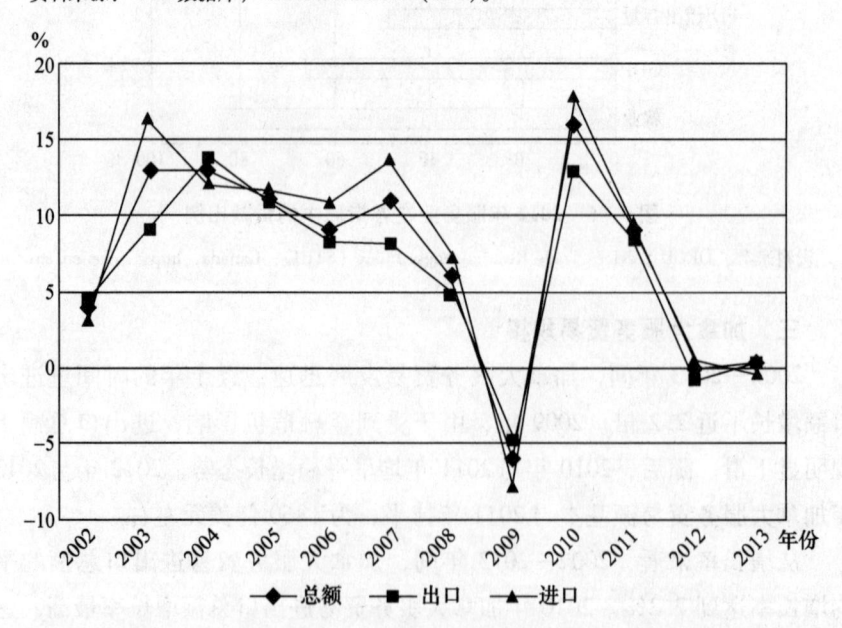

图 9-7 2002—2013 年加拿大服务贸易进出口增长率走势

资料来源：WTO 数据库，Statistics Database（SDB）。

四 加拿大服务贸易结构

（一）加拿大服务贸易部门结构

1. 加拿大服务贸易部门分类及收支总体情况

按照加拿大的统计分类，加拿大服务贸易被分为四大类，分别为旅游服务贸易、运输服务贸易、商业服务贸易、政府服务贸易，其中，商业服务是加拿大最大且发展最快的服务贸易类别，包括金融服务、建筑服务、通讯服务、计算机与信息服务、专有权利使用费和特许费、管理服务、研发服务、工程和其他技术服务等。

表 9-3 加拿大服务贸易分部门类别进出口总体情况

单位：亿美元

	年份	2002	2003	2004	2005	2006	2007	2008	2009	2010	2011	2012	2013
出口	旅游服务	167.4	147.8	169.8	165.3	164.6	166.2	165.4	155.5	163.2	166.2	173.9	182
	运输服务	110.6	99.4	120.7	128.7	130.0	128.1	132.5	116.2	127.6	135.9	135.1	139.1
	商业服务	348.8	369.7	385.3	419.2	441.4	449.9	486.1	495.0	484.9	520.7	516.0	530.0
	政府服务	13.9	15.1	15.5	16.2	16.2	16.0	16.8	18.1	16.8	15.7	15.9	14.4
进口	旅游服务	182.2	185.3	198.8	218.7	234.0	264.2	286.5	275.4	306.4	329.7	350.3	361.6
	运输服务	144.4	145.1	166.8	183.3	192.8	206.4	226.8	200.8	222.1	236.7	237.0	240.6
	商业服务	349.1	366.8	376.4	379.3	392.1	403.5	429.1	460.1	470.7	485.2	482.5	494.2
	政府服务	7.7	7.6	7.8	8.2	8.4	9.4	10.4	10.9	12.3	13.0	13.2	13.2
差额	旅游服务	-14.8	-37.5	-29.0	-53.4	-69.4	-98.0	-121	-120	-143.2	-163.5	-176.4	-179.6
	运输服务	-33.8	-45.7	-46.1	-54.6	-62.8	-78.3	-94.4	-84.5	-94.5	-100.9	-101.9	-101.5
	商业服务	-0.3	2.9	8.9	39.8	49.4	46.4	56.9	35.0	14.2	35.5	33.5	35.8
	政府服务	6.1	7.5	7.7	8.4	7.8	6.7	6.4	7.2	4.5	2.6	2.8	1.2

资料来源：加拿大统计局（Statistics Canada），"Balance of International Payments"。

如表 9-3 所示，2013 年加拿大商业服务贸易出口额高达 530 亿美元，约为 2002 年的 1.5 倍。同样，2013 年加拿大商业服务贸易进口额达到 494.2 亿美元，约为 2002 年的 1.4 倍。十多年间，商业服务贸易顺差逐步扩大，2008 年达到最高值，为 56.9 亿美元，金融危机后又有所回落，近两年基本维持在 35 亿美元左右。相比较，加拿大的旅游服务贸易在过去十年间逆差不断扩大，2002—2013 年，加拿大的旅游服务贸易出口额的增长态势并不明显，2002—2011年基本在165亿美元左右，2012年和2013年均略有小幅增长，至173.9亿美元和182亿美元，但旅游服务贸易的进口，则在十年间增长近一倍，2013年加拿大旅游服务贸易进口额高达361.6亿美元。

从各服务贸易部门占比来看，如图9-8所示，2002—2013年商业服务贸易额占服务贸易总额的比重均超过50%，2003年与2009年分别达到55%。旅游服务贸易额占服务贸易总额的比重居于第二，约为25%，自2010年开始，该比例有小幅稳步提升的趋势，2013年达到27.5%。位居第三的是运输服务贸易，占比大约为20%。占比最小的是政府服务贸易，仅仅约为1.5%。

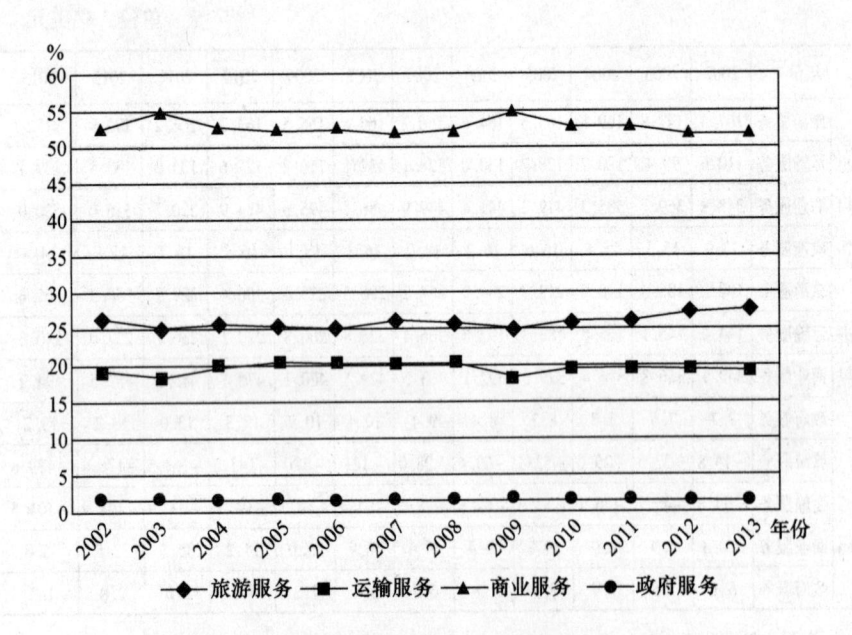

图9-8　2002—2013年加拿大服务贸易各部门占比

资料来源：加拿大统计局（Statistics Canada），"Balance of International Payments"。

2. 加拿大商业服务贸易结构细化分类

商业服务贸易总额占加拿大服务贸易总额的比例超过50%。从大类别项下的结构细化分类来看，商业服务贸易出口中（见表9-4），第一大类是管理服务，2013年达到111.6亿美元；第二大类是计算机与信息服务，2013年达到80.8亿美元；此外，金融服务、研发服务和建筑工程及其他技术服务也是加拿大商业服务贸易出口的主要领域，2013 年出口总额分别达到 78.9 亿美元、44.6 亿美元和 64.6 亿美元。2013 年度服务贸易出口总额超过 20 亿美元的商业服务贸易类别还有版税与授权费、通信服务和试听服务。

表 9-4　　2013 年加拿大商业服务贸易分部门进出口额

单位：亿美元

分部门	计算机与信息服务	研发服务	金融服务	建筑工程及其他技术服务	管理服务	维修服务	通信服务	试听服务	版税与授权费	保险服务
出口	80.8	44.6	78.9	64.6	111.6	14.4	22.7	21.3	41.9	19.4
进口	42.2	15.0	49.9	46.9	101.7	7.3	17.8	18.3	111.9	55.2
差额	38.6	29.6	29	17.7	9.9	7.1	4.9	3.0	-70	-35.8

资料来源：加拿大统计局（Statistics Canada），"Balance of International Payments"。

从商业服务贸易进口结构来看，第一大类是版税与授权费，2013 年达到 111.9 亿美元；第二大类是管理服务，2013 年达到 101.7 亿美元；此外，2013 年度服务贸易进口总额超过 20 亿美元的类别还有计算机与信息服务、建筑工程及其他技术服务以及金融服务和保险服务，分别达到 42.2 亿美元、46.9 亿美元、49.9 亿美元以及 55.2 亿美元。

可见，计算机与信息服务为加拿大商业服务贸易贡献了最多的贸易顺差，2013 年达到 38.6 亿美元，其次是研发服务也贡献了高达 29.6 亿美元的贸易顺差。从加拿大商业服务贸易进出口差额来看，版税与授权费逆差最大，高达 70 亿美元，其次是保险服务，逆差达到 35.8 亿美元。

（二）加拿大服务贸易地理结构

加拿大服务贸易地理结构有着鲜明的特点，无论是从进口还是从出口来看，加拿大的服务贸易伙伴一直较为稳定，美国和欧盟是其主要服务贸易伙伴。

1. 出口地理结构

从加拿大服务贸易出口的地区结构来看，如表 9-5 所示，美国是加拿大最大的服务贸易伙伴，2013 年加拿大对美国的服务贸易出口额占其服务贸易出口总额的 53.32%。相比较，2005 年该比例为 58.5%，2010

年、2011年随之有所下降,分别为54.8%、52.9%,2012年该比例又回升到53.4%。从增速来看,2007年至2012年这五年间,加拿大出口至美国的服务贸易总额年度增速为0.8%,对比2005—2010年年均0.3%的增速,略有提高。总体而言,加拿大服务贸易出口额超过一半到美国。

表9-5　2013年加拿大服务贸易出口前十名国家(地区)及所占份额

排名	国家和地区	总额(亿美元)	占出口总额比重(%)
1	美国	461	53.32
2	英国	46.9	5.42
3	中国	23.2	2.68
4	法国	22.7	2.63
5	德国	20	2.31
6	瑞士	16.7	1.93
7	中国香港	16	1.91
8	百慕大	15.6	1.81
9	澳大利亚	15.4	1.77
10	日本	13.5	1.56

资料来源:Statistics Canada, Office of the Chief Economist (BEA), October 9, 2014.

欧盟是加拿大服务贸易出口的第二大贸易伙伴。如表9-6所示,2005年,加拿大对欧盟的服务贸易出口额占其服务贸易出口总额的17.8%,2010年该比例有所下降,为17.3%,2013年该比例回落到16.3%。从增速来看,2007—2012年,加拿大向欧盟出口的服务贸易总额年度增速为2.3%,对比2005—2010年这五年1.1%的平均增速,略有提高。

表9-6　　加拿大服务贸易出口的主要国家(地区)情况

贸易伙伴	总额(亿美元)		比例(%)		年度平均增速(%)	
	2005年	2010年	2005年	2010年	2009—2010年	2005—2010年
美国	427	433	58.5	54.8	0.3	0.3
欧盟	130	137	17.8	17.3	-0.7	1.1
百慕大	9	18	1.2	2.3	6.1	15.2
中国	11	14	1.5	1.8	12.0	6.2
中国香港	11	12	1.5	1.6	13.5	2.1

资料来源:Canada's Services Trade with the World, Economics, Resources and International Affairs Division. Publication No. 2013-30-E.

此外，除了美国和欧盟，加拿大还将服务贸易出口到亚洲市场，2013年向该地区出口的份额大约为11%。其中主要出口到中国大陆、中国香港以及日本，2013年，对这三个地区的出口额占加拿大出口总额分别为2.68%、1.91%和1.56%。

2. 进口地理结构

加拿大服务贸易进口的地理结构与出口结构类似。美国在加拿大服务贸易进口伙伴国地区中处于绝对第一的位置。2005年，加拿大从美国进口的服务贸易额占其服务贸易进口总额的59.1%，2007年、2011年该比例有所下降，分别为57.3%、57.6%，2013年该比例回升到57.85%。从增速来看，2007—2012年，加拿大从美国进口的服务贸易总额年度增速为4.4%，对比2005—2010年年均4.3%的增速，基本持平。总体而言，加拿大服务贸易进口额近六成来自美国，且对美国的服务贸易进口增速明显高于出口增速。

表9-7 2013年加拿大服务贸易进口前十名国家（地区）及所占份额

排名	国家和地区	总额（亿美元）	占进口总额比重（%）
1	美国	461	57.85
2	英国	46.9	4.75
3	中国香港	23.2	3.10
4	法国	22.7	2.55
5	墨西哥	20	2.15
6	德国	16.7	1.98
7	中国	16	1.91
8	荷兰	15.6	1.54
9	新加坡	15.4	1.53
10	日本	13.5	1.50

资料来源：Statistics Canada, Office of the Chief Economist (BEA), October 9, 2014.

欧盟是加拿大服务贸易进口的第二大贸易伙伴。2005年，加拿大从欧盟服务贸易进口的总额占其服务贸易进口总额的16.5%，2010年，该比例有所上升，为16.8%，2013年该比例回落到15.5%。从增速来看，

2007—2012年，加拿大从欧盟进口的服务贸易总额年度增速为0.8%，对比2005—2010年年均5.3%的增速，大幅降低。可见，近几年加拿大从欧盟进口的服务贸易总额增速明显放缓。

此外，除了美国和欧盟，加拿大还从中国香港、墨西哥、中国、新加坡、日本等国家和地区进口服务贸易，2013年，从中国香港、墨西哥进口的服务贸易额占加拿大总出口额已达到3.1%和2.15%，虽然明显低于从美国、欧盟进口的服务贸易额的比例，但仍位居加拿大服务贸易进口伙伴国的前五名。

表9-8 加拿大服务贸易进口的主要国家（地区）情况

贸易伙伴	总额（亿美元）		比例（%）		年度平均增速（%）	
	2005年	2010年	2005年	2010年	2009—2010年	2005—2010年
美国	466	574	59.1	57.2	5.3	4.3
欧盟	131	169	16.5	16.8	0.4	5.3
中国香港	17	28	2.2	2.8	13.2	10.4
墨西哥	12	21	1.5	2.1	13.6	11.3
瑞士	11	20	1.3	2.0	25.7	13.3

资料来源：Economics, Resources and International Affairs Division, Canada's Services Trade with the World. Publication No. 2013-30-E, 13 June 2013.

3. 中国香港是服务贸易伙伴中增速较快地区

从加拿大服务贸易对各国的出口增速来看，加拿大出口到百慕大、中国、中国香港的服务贸易增速明显高于出口到美国与欧盟的增速。其中，2005—2010年，对百慕大出口的服务贸易额增速最高，达到15.2%。但是，金融危机以后，出口到中国内地及中国香港的服务贸易总额增速非常明显，2009—2010年，年均增速分别高达12%以及13.5%，而2005—2010年年均增速分别为6.2%和2.1%。

从加拿大服务贸易对各国的进口增速来看，金融危机后，从美国进口的增速明显高于欧盟。但是，从美国、欧盟这两大服务贸易伙伴国的进口增速远远低于墨西哥、中国香港和瑞士。三者相比较，年均增速最高的服务贸易进口国是瑞士，2005—2010年平均增速达到13.3%，2009—2010年，该比例上升到25.7%。墨西哥、中国香港紧随其后，2009—2010年，该比例分别为 13.6% 与 13.2%。

由此可见，从加拿大的服务贸易进出口额增速来看，中国香港是近几年加拿大服务贸易伙伴中增速较快地区。

表9-9　　　加拿大服务贸易出口的主要国家（地区）情况

贸易伙伴	总额（亿美元）		比例（%）		年度平均增速（%）	
	2005年	2010年	2005年	2010年	2009—2010年	2005—2010年
美国	427	433	58.5	54.8	0.3	0.3
欧盟	130	137	17.8	17.3	-0.7	1.1
百慕大	9	18	1.2	2.3	6.1	15.2
中国	11	14	1.5	1.8	12.0	6.2
中国香港	11	12	1.5	1.6	13.5	2.1

资料来源：Canada's Services Trade with the World, Economics, Resources and International Affairs Division. Publication No. 2013-30-E.

五　加拿大服务贸易收支状况

（一）服务贸易收支总体情况

如图9-9所示，总体而言，受国际金融危机的影响，除2009年外，加拿大服务贸易自1980年以来一直保持稳步增长。从服务贸易国际收支状况来看，服务贸易进口历来大于出口，1980年以来一直处于逆差状态，整体趋势在波动中逆差在扩大，具体而言，可以分为四个阶段：1980—1988年为第一个阶段，服务贸易逆差总额基本没有超过50亿美元，平均在40亿美元左右；1989—1993年为第二个阶段，加拿大服务贸易逆差开始明显扩大，自1989年的69亿美元扩大到1993年的106亿美元；1994—2002年为第三阶段，加拿大服务贸易逆差又开始缩减至100亿美元以下，1994年的逆差为84亿美元，此后一直缩减至2002年的46亿美元；2003—2012年为第四阶段，加拿大的服务贸易逆差再次明显走高，2003年的SARS以及加元持续升值等一系列因素的影响，逆差跃至82亿美元，直至2006年，逆差又一次超过100亿美元，达到124亿美元，2010年继续扩大到200亿美元以上，2012年逆差达到历史最高值，为272亿美元。2013年逆差略有缩减，为265亿美元。

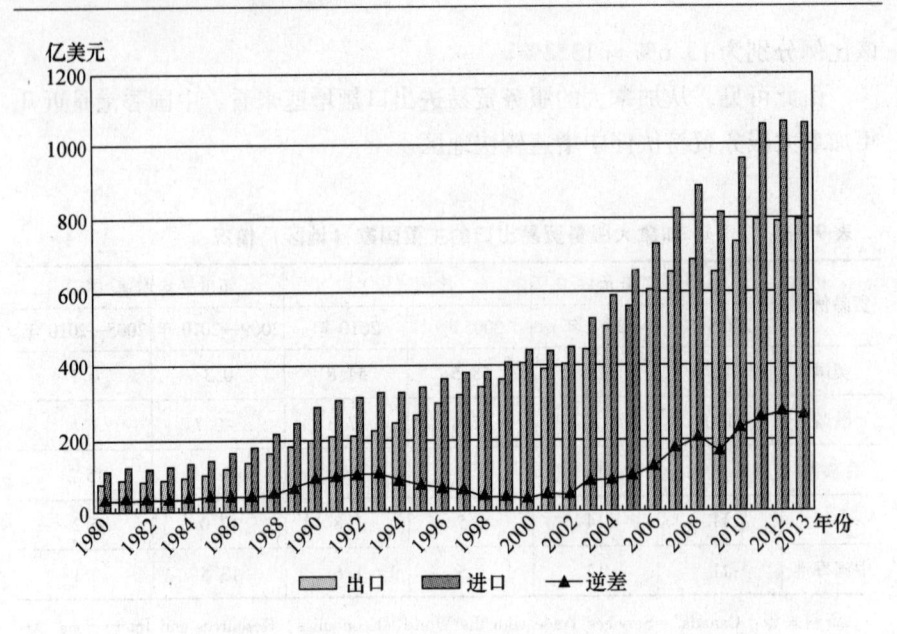

图 9-9 1980—2013 年加拿大服务贸易收支走势

资料来源：WTO 数据库，Statistics Database (SDB)。

加拿大是服务净进口国，服务贸易长期保持逆差有多方面的原因，一方面受服务贸易产品的自身特性与国际服务贸易外需市场等因素的制约；另一方面由于国内服务市场需求较大，服务贸易逆差对加拿大服务业的发展以及经济生活各个方面都有着显著的促进作用，促使加拿大引入新的服务理念，服务质量得到有效提升。

(二) 服务贸易收支部门情况

从服务贸易各部门的收支情况来看，如图 9-10 所示，2013 年加拿大服务贸易顺差部门主要是计算机和信息服务，顺差额达到 38.6 亿美元；其次是研发服务和金融服务，顺差额大致相似，达到 29 亿美元。相比较，加拿大服务贸易逆差额较大的部门主要是旅游服务、运输服务、版税和授权费以及保险服务。2013 年，旅游服务是第一大服务贸易逆差部门，差额达到 179.6 亿美元；其次是运输服务，逆差额达到 101.5 亿美元；版税和授权费以及保险服务的逆差额分别达到 70 亿美元和 36 亿美元。

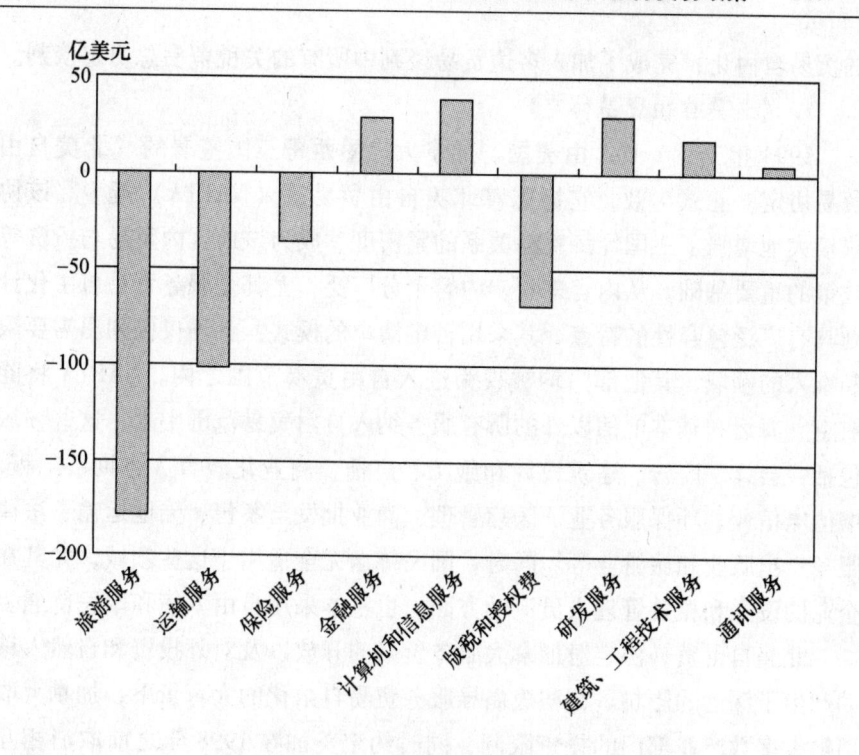

图 9-10　2013 年加拿大服务贸易各行业收支情况

资料来源：Statistics Canada, Office of the Chief Economist (BEA), October 9, 2014.

第二节　加拿大服务贸易发展的历史演变和主要特点

加拿大通过积极参与双边、多边及区域性自由贸易协定，推动服务贸易开放程度不断提高，同时也逐步形成了加拿大自身独特的服务贸易政策。

一　加拿大服务贸易政策的历史演变

（一）多边及区域自由贸易协定对加拿大服务贸易的影响

当传统的贸易障碍逐渐消除时，关于贸易自由化对国际贸易和国际投资的国内规章的影响比以往任何时候都显著。从 1949 年关贸总协定的第一轮谈判到 1973 年第一次石油危机，加拿大已通过逐渐发展多边和地区的贸易自由化，完成了加入多边贸易谈判中所有的关税贸易总协定谈判。

1. 《北美自由贸易协定》

1994年1月1日，由美国、加拿大、墨西哥三国签署的《北美自由贸易协定》正式生效，它标志着北美自由贸易区（NAFTA）诞生。该协议极大地增强了三国经济贸易关系的紧密度，成为该地区内贸易与投资等政策的重要基础。从内容来看，内容十分广泛，尤其是服务贸易自由化计划具有广泛包容性的特点，其采用否定清单的模式，各国仅仅列出需要限制准入的领域，其他部门均被视为进入自由贸易范围之内。NAFTA将除航空、海运和基本电信以外的所有服务纳入自由贸易范围中来，这些领域包括：会计、广告、建筑设计和施工、广播、商业化教育、咨询、工程、增值电信业、环保服务业、医疗管理、商业批发与零售、陆地运输、法律服务、出版业和旅游业等。同时，国民待遇完全适用于这些领域，尤其在企业的设立和相关管理人员流动方面，也基本采用自由入境和国民待遇。

北美自由贸易协定对加拿大服务贸易的开放以及对外投资和自然人移动产生了深远的影响。在积极倡导服务贸易自由化的大背景下，加拿大取消绝大多数产业部门的投资限制，同时约定美加在1998年之前取消相互间的全部关税，但在该协定的总则部分针对本国的文化产业做出了例外规定。

2. WTO《服务业贸易总协定》（GATS）

在北美自由贸易区成立一年后，加拿大政府于1995年正式签署了加入WTO服务贸易总协定（GATS）的一系列文件。这不仅推动加拿大在更大范围内提升了贸易自由化程度，而且对加拿大服务贸易政策的制定产生了重要的影响。

根据WTO贸易政策审议机制，加拿大每2—4年要接受WTO审议一次。1996年，世界贸易组织秘书处首次发表针对加拿大的贸易政策审查报告，报告将加拿大四个主要服务贸易领域，即金融服务、电信服务、运输服务以及文化服务，纳入世界贸易政策审查的范围之内，并指出在放松管制、鼓励私有化、引入竞争机制的大背景下，加拿大政府开始在金融服务领域以及航空和海洋运输服务领域逐步推行商业化经营。按照加拿大政府在GATS和NAFTA的相关承诺，服务领域的相关改革不断推行，但是在文化服务领域几乎没有推行改革措施，电信运营商和航空运输服务方面针对外商控股有严格的限制。

1998年，WTO贸易政策审议报告针对加拿大公布第二次审议报告，将服务贸易审议范围调整为金融服务、电信服务、音像服务以及专业服务（含法律、会计、建筑及工程）四个领域。加拿大加入GATS后，积极参加了世贸组织发起的基础电信和金融服务谈判。同时在这两年中，加拿大的专业服务为加拿大的商业服务出口做出显著贡献，这主要归功于加拿大对专业服务监管政策的调整。在加拿大，对于专业服务的监管是由各省以及地区组织负责，但是有关专业服务公司的注册成立则需要根据联邦和省级政府机构管辖，这使得加拿大对于专业服务监管呈现分散化的监管问题，极大地阻碍了专业服务的发展，省际劳动力的流动交易已受到影响。为此，加拿大根据GATS的有关承诺，对于专业服务的监管体制做出完善和调整，并承诺积极采取措施，在双边和区域范围内积极开展专业服务互认协议谈判，特别是在北美自由贸易协定。随后，2000年、2003年、2007年、2011[①]年WTO又发布四次针对加拿大的贸易政策审查报告。从这些报告中可以看出，加拿大政府在不断推进服务贸易自由化，逐步放开各个服务贸易领域的市场准入以及实施国民待遇。

（二）双边自由贸易协定对加拿大服务贸易的影响

自由贸易协定框架下的双边服务贸易谈判可用于获得与GATS＋模式下的同样的服务方式，这为出口商争取到更大的市场准入机会。加拿大在双边自由贸易协定框架下仅与哥伦比亚、秘鲁以及巴拿马这三个发展中国家签署了服务贸易协定。追溯到加拿大最早的双边自由贸易，是1988年9月28日与美国签署的《美国—加拿大自由贸易协定》，于1989年1月1日生效。该协议是当时全世界最全面的双边自贸区谈判协议，包含有许多突破性的规定，尤其体现在服务贸易上，例如，开放金融服务贸易，承诺向一些外国服务提供商提供国民待遇，为商务人士提供便利的跨境旅游等。[②]

从世界范围来看，主要发达国家在自由贸易协定框架下与发展中国家展开服务贸易谈判的方法多种多样。例如，2002年美国与智利谈判自由贸易协定时，曾采用更为开放的谈判态度，在模式四——自然人移动谈判议题项下，以每年1800名专业服务人员的配额予以签证。然而，此项议

[①] WTO, Trade Policy Rebiew: WT/TPR/S/246/Rev. 1.
[②] M. Angeles Villarreal, Ian F. Fergusson, NAFTA at 20: Overview and Trade Effects, Congressional Research Service 7-5700, www.crs.gov, R42965.

题遭到国会反对，导致此后的自由贸易协定均不包括有关模式四的任何承诺。相比较，加拿大则采取了更为开放的服务贸易谈判态度。加拿大与哥伦比亚、秘鲁签署的自由贸易协定中，开放了模式四下的专业服务，同时没有设置任何配额以及最长停留时间限制等，另外允许50种类别的技术人员的准入，且没有设置限制条目。由此可见，服务人员的流动已经成为服务业深度开放的一个重要谈判领域。

综上所述，在多边框架下，加拿大服务贸易提供商受到GATS以及NAFTA的约束，但二者的操作方式有所不同。二者的根本区别是服务贸易总协定是一个"自下而上"的多边协议，而北美自由贸易协定是一个三方协议，采用"自上而下"的方法。"自下而上"的方法要求成员国政府明确本国在哪些经济领域做出哪些具体的承诺，其他方面的事项则超出GATS规范的范围。相比之下，"自上而下"的方法需要成员国政府指定例外适用于哪些经济领域，即一切事项均属于北美自由贸易协定规范的范围，除非明确排除在外。由此可见，北美自由贸易协定是一个更全面的、严格的协议。

二　加拿大服务贸易发展的主要特点

（一）1980—1990年高速发展阶段

根据历年数据，加拿大的服务贸易规模整体增长趋势呈现阶段性波动特点。加拿大服务贸易进出口总额自1980年至今，总体上保持持续稳定的增长态势，如表9-10所示，到2013年进出口总额已是1980年的10倍。其中，除1982年、2001年出现小幅下滑，以及2009年受世界金融危机的影响，进出口总额下滑幅度达到前一年度的6%外，其余年度均有不同程度的增长。加拿大服务贸易进出口在20世纪80年代中后期曾经历过短暂的快速增长阶段，1986年至1990年，年度增幅均超过10%。

（二）1991—2000年平稳发展阶段

如图9-11所示，从20世纪90年代开始，加拿大的服务贸易进入相对平稳的发展阶段。从1991年至2000年，年增幅均在10%以内，只有2000年增速达到10%，1992年和1998年相对较低，分别为2%和3%，其他年份增速较为平稳，基本维持在5%—7%。

表9-10　　　　1980—2013年加拿大服务贸易进出口总额

单位：亿美元

年份	总额	增长率（%）	出口	进口	差额	年份	总额	增长率（%）	出口	进口	差额
1980	181	—	74	107	-33	1997	696	7	316	380	-64
1981	203	12	84	120	-36	1998	720	3	338	382	-43
1982	197	-3	80	116	-36	1999	767	7	361	406	-45
1983	213	8	87	125	-38	2000	843	10	402	441	-39
1984	224	5	92	131	-39	2001	826	-2	388	438	-50
1985	237	6	98	139	-41	2002	856	4	405	451	-46
1986	277	17	118	159	-41	2003	967	13	442	525	-82
1987	307	11	131	176	-46	2004	1091	13	503	588	-85
1988	367	19	157	210	-53	2005	1216	11	558	657	-99
1989	420	14	176	244	-69	2006	1331	9	604	728	-124
1990	475	13	192	283	-91	2007	1481	11	653	828	-175
1991	507	7	204	303	-100	2008	1571	6	684	888	-204
1992	517	2	208	309	-101	2009	1470	-6	652	818	-166
1993	543	5	219	324	-106	2010	1699	16	736	964	-228
1994	565	4	240	325	-86	2011	1855	9	798	1057	-259
1995	596	6	261	335	-73	2012	1856	0	792	1064	-272
1996	651	9	292	359	-67	2013	1857	0.5	796	1061	-265

资料来源：WTO数据库，Statistics Database（SDB）。

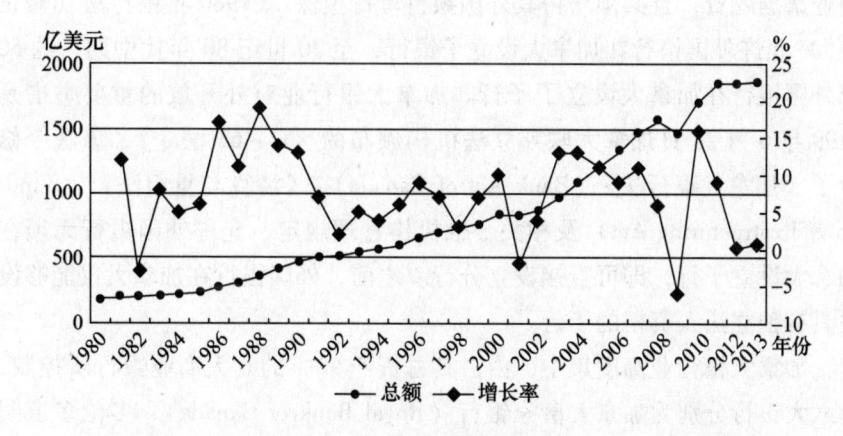

图9-11　1980—2013年加拿大服务贸易进出口总额及增长率

资料来源：WTO数据库，Statistics Database（SDB）。

(三) 2001—2012 年波动发展阶段

进入 21 世纪，加拿大的服务贸易进出口额出现负增长，增速急剧降至 -2%。在 2002 年有所抬头，增速达到 4%，从 2003 年开始，除去 2009 年金融危机，至 2011 年的平均增速超过 10%。但是，自 2012 年开始，加拿大进出口增长并不明显，几乎与 2011 年持平，增速为 0，2013 年加拿大服务贸易进出口总额增长率仅为 0.5%。

按照经济发展的波动规律，结合 1980 年以来加拿大历年服务贸易进出口额的历史走势，可以推断出自 2012 年开始，加拿大很可能再次进入服务贸易进出口低速增长期，且将持续 5 年左右的时间，增长率不超过 5% 将持续至 2017 年左右。

三 加拿大服务贸易部门发展特点

加拿大是全球主要服务贸易国，从发展历史轨迹看，加拿大对服务业的开放较早，准入门槛较低，服务贸易长期保持逆差。国际服务贸易最为活跃的领域集中在金融服务、计算机软件信息服务。

(一) 金融服务贸易的特点

加拿大金融服务贸易横跨金融四大传统支柱产业（银行、信托、保险和证券交易）的核心活动，但其主要业务集中在银行业。

1. 保守开放、高度集中

加拿大银行业经营稳健，但对外开放方面一直比较保守。1967—1980 年间，外国银行在加拿大可经营业务非常有限，仅允许通过关联企业发行商业票据融资，且必须获得其外国银行母行担保。《1980 年银行法（修正案）》允许外国银行在加拿大设立子银行，至 20 世纪 80 年代中期，约 50 家外国银行在加拿大设立了子行。加拿大银行业对外开放的重要举措是 1999 年 6 月 28 日加拿大联邦立法机构颁布的《C - 67 法令》，该法令修改了《加拿大银行法》（Bank Act of Canada）、《清算与重组法》（Wind-up & Restructuring Act）及相关金融机构管理规定，允许外国银行无须在加拿大设立子行，即可直接设立分行。之前，外国银行在加拿大仅能够设立具有独立法人资格的子行。

加拿大银行业高度集中，由占其总资产 92% 的 6 大商业银行所控制，此六大银行分别为加拿大皇家银行（Royal Bank of Canada）、多伦多道明银行（TD Bank）、加拿大丰业银行（Scotia Bank）、蒙特利尔银行（Bank of Montreal）、加拿大帝国商业银行（CIBC）和加拿大国民银行（National

Bank）六家大银行（六大银行）。截至 2013 年第三季度末，加拿大共有 27 家国内银行，51 家外国银行，其中有 23 家外国银行子行，24 家外国银行全牌照分行，4 家外国银行信贷分行。根据加拿大金融监管局网站的数据，从外国银行分支机构在加拿大的数量和资产占比来看，50 余家外资银行在加拿大资产占比不足 10%。

2. 监管严格、稳健经营

加拿大银行业监管严格，银行业稳健经营享誉世界。国际货币基金组织（IMF）2014 年 2 月发布的《加拿大金融稳定评估报告》（Financial System Stability Assessment）评估显示，加拿大银行业监管严格且有效，其银行监管已高标准执行巴塞尔 III 银行标准，近几年金融业综合评价"相当稳定"（remarkably stable）。加拿大银行业是 2008 年全球金融危机中受损较小的发达国家之一。[1]

（二）计算机、软件信息服务贸易的特点

加拿大计算机与信息服务贸易在国际市场上具有一定的比较优势，同时，也是加拿大服务贸易顺差来源的最主要部门，但近些年由于中国、印度等新兴市场的兴起，相比较加拿大的竞争力有所下降。

1. 业务流程和信息技术外包服务竞争力逐步减弱

依靠高素质的多元文化人才和创新精神，加拿大的工商服务公司在全球占有举足轻重的地位，加拿大成为信息技术和商业流程方面从事外包服务的最佳地点之一。在业务流程外包、人力资源管理、客户关系管理、金融会计、数据提取、应用开发、业务持续性和灾难救助支持等方面，加拿大开发了一系列卓越的业务操作流程。根据《2009 年全球服务业地点指数》，加拿大在业务流程外包（BPO）、知识流程外包（KPO）和信息技术外包（ITO）目的地吸引力排名上，名列第二，仅次于美国。但是，由于印度、中国、马来西亚等服务外包新兴市场的快速崛起和发展，加拿大的成本优势不再明显，同时作为发包方的美国也逐步将业务从北美市场转移至亚洲市场。根据《2011 年全球服务业地点指数》，加拿大在 BPO、KPO、ITO 目的地的吸引力排名上，已降到第 39 位。[2]

---

[1] 2011. Business Services. Invest in Canada. Canada's Competitive Advantages.

[2] Offshoring Opportunities Amid Economic Turbulence. The A. T. Kearney: The Global Services Location Index, 2011. http://www.atkearney.com/documents/10192/f062cfd8-ee98-4312-ae4f-0439afc10880.

2. 对美国市场依赖度强

加拿大借与美国在地理位置上相近，地域文化上相似，稳定安全的环境以及创新的业务实践，成为美国公司以及寻找良好成本效益的北美落脚点的海外企业的首选地点。加拿大的离岸服务外包业务对美国市场依赖度较大，是全球首个向美国提供业务流程和信息技术外包服务的国家，拥有大量技能型人才，专业从业人员超过150000名。加拿大的信息和通信技术（ICT）产业包括31500家公司，其中79%从事软件和计算机服务业。[①] 据估计，2011年加拿大ICT从业人数达545000人，其中一半从事软件开发。加拿大离岸服务业年销售额占据美国市场份额的30%。

（三）加拿大工程技术服务贸易的特点

加拿大高质量的工程技术服务享有盛誉，是世界第三大工程技术服务出口国。在资源提炼、能源、电信、运输和基础设施工程方面，加拿大公司具有较强的国际竞争力。加拿大工程技术公司的优势在于拥有技术熟练、教育程度高的工作人员，从业人员超过10万人，在众多行业和各种项目中拥有丰富的实践经验。

1. 清洁技术及咨询服务竞争力较强

清洁技术产业被加拿大政府列为21世纪的一号新兴战略性产业，近年来，该产业的增长率高达17%，远高于全国不到2%的经济增长率，目前年营收达100多亿加元，约占世界市场份额的1%。加拿大清洁技术行业主要以出口为主。约81%的厂商是出口商，53%的收入来自出口。2010年，加拿大在建筑和工程服务方面的全球出口额为30亿美元，其中许多项目涉及清洁技术或是清洁技术项目。加拿大清洁技术产业的特点是商品和服务活动的高整合度，企业在其解决方案中将这两种元素进行整合。

2. 小型企业占比高

加拿大企业约230万家，其中约98%属小型企业，约1.8%属中型企业，受雇员工超过500人之大型企业约占0.3%。小型企业中受雇员工小于5人者（又称micro-enterprises，微型企业）约占55%（见表9-11）。

小型企业的商业活动约占加拿大GDP的30%，超过2/3的小型企业从事于健康照护、建筑、旅馆餐饮业、林木业及其他服务业。若以制造业

---

① 《投资加拿大》2012版本，www.investincanada.com。

或服务业区分,约 25% 的中小企业从事制造业,其余 75% 从事服务业。例如,在加拿大 1 万家清洁技术企业中,中小企业占 93%,这些公司能够根据其专业知识,越来越多地利用全球价值链优势进入国外市场、提高生产力以及减少风险,增加营业收入。根据 Analytical Advisors 公司发布的《2011 年加拿大清洁技术产业报告》,加拿大清洁技术公司的出口额是加拿大中小企业平均值的九倍,并且在 2008—2010 年,清洁技术产业值年均增长率为 19%,达到 350 亿加元。

表 9-11　　　　　　加拿大企业雇用人数规模及产业分布

雇用员工人数	企业所占比率（%）	企业家数 总计	制造业	服务业
1—4	54.8	592054	131925	460129
5—9	20.2	218153	47104	171049
10—19	12.3	132512	27461	105051
20—49	7.9	85225	18950	66275
50—99	2.7	28859	6901	21958
100—199	1.2	13368	3442	9926
200—499	0.6	6732	1755	4977
500 以上	0.3	2991	554	2437
总计	100.0	2289329	536442	1752887

资料来源:加拿大工业部,Key Small Business Statistics,2014 年 1 月。

四　加拿大服务贸易产业布局发展特点

在加拿大服务贸易的发展过程中,越来越体现出产业集群发展的特点,逐步形成了六大商业服务产业区。这六个产业集群具有多样化、活跃的特性,并且是众多全世界顶级企业的所在地。相关企业的集群与购买者和供应商紧密合作,提供高品质服务,提升了效益,并加速了创新进程。

(1) 多伦多。多伦多是加拿大最大的城市,是众多大型加拿大公司和国际知名企业的总部所在地,拥有世界上最大的十家人力资源和福利公司。知名的 BPO 公司包括 Accenture、Capgemini、CGI、Convergys 和 EDS。另一个蓬勃发展的领域是客户服务中心。近年来该产业以每年 20% 的增速发展,有近 7000 个客户服务中心坐落于此。工程业在多伦多地区的发展迅猛，当地的企业聘用了超过65000名持证专业工程师，营业额达4亿加元。

(2) 卡尔加里。卡尔加里是加拿大西部发展最快的城市，是很多公司总部的第二大所在地，是快速扩张的商业服务公司聚集地，已拥有超过800家公司。工程服务也是卡尔加里快速增长的一个领域，反映出艾伯塔省强大的地域经济和活跃的油气市场。卡尔加里的企业专门服务于：民用、市政及结构工程学、地质及岩土工程学、机械、电力及碳氢化合物资源开发和优化方面的流程工程学；石油和水库资源工程学，以及交通和环境工程学等。工程服务领域也包括一些大型的工程服务承建商，提供工程、采购、建筑服务以及工业流程工厂项目等。卡尔加里的工程服务公司现在已占加拿大企业总数的四分之一。

(3) 温哥华。温哥华位于亚太区和北美地区之间，其战略位置使其成为加拿大的"太平洋口岸"。温哥华不仅是加拿大最大最繁忙的港口，还是一系列覆盖广泛的商业服务贸易中心，这些服务包括运输和物流、工程、高级技术、信息技术外包（ITO）、业务流程外包（BPO）以及知识流程外包（KPO）。最近易趣（eBay）、微软和PeopleSoft在温哥华的投资都是基于这个城市高技能的人才资源和在IT、教育、研究和培训方面的有力保证。

(4) 蒙特利尔。在过去十年间，蒙特利尔已经成为那些希望将应用开发和复杂内部系统外包的外国公司的理想选择。他们被蒙特利尔的高素质人才，以及在健康、人力资源、管理、物流、金融和政府在线等方面的优势所吸引。现为536家公司总部的所在地，聚集了近700家从事信息技术外包和整合的公司。这一地区主要的公司包括加拿大巨头CGI集团，跨国公司如IBM-LGS、DMR咨询、Insight公司、霍尼韦尔、佳能和IMS等。蒙特利尔是跨国工程企业SNC-Lavalin公司以及Tecsult公司的所在地，是全球范围内最繁忙的内陆港口，并且是大西洋货物往来的重要运输港。

(5) 哈利法克斯。哈利法克斯在2007年被评为北美信息技术及业务流程外包发展最强劲的地区，确保了其作为国内和国际商业流程控制及IT服务中心的重要地位。此地区具有高度吸引力的原因之一是其拥有丰富经验的劳动力资源，约有40000人口服务于此领域。提供的服务包括CRM、软件开发、工资管理服务、后方及中部办事处管理支持、财务服务，以及为国际金融产业提供的支持服务。哈利法克斯知名的企业有 Keane 公司、Minacs 公司以及 Convergys 公司。哈利法克斯的战略位置、高效的基础设施及服务使其成为加拿大大西洋的门户，是通往欧洲、地中海地区、中东地区以及南亚的最佳地点。

（6）蒙克顿。蒙克顿地区主要提供业务流程外包服务，拥有 30 多家呼叫中心。它们的首要关注是客户服务和技术支持。一些大型的中心还提供后台业务服务包括工资单，保险审批和会计服务等。该地区很低的生活成本以及很高的生活质量吸引着众多全球知名公司，包括 Exxon Mobile、Minacs、UPS、ClientLogic、Moneris Solutions、ICT、Asurion 和 Medavie Blue Cross。

第三节　加拿大服务贸易自由化

加拿大服务贸易自由化程度较高，服务业的市场准入限制较少，是世界上最自由、最透明的市场之一。加拿大政府通过签订多边以及双边自由贸易协定，不断推进服务贸易市场的开放，同时也逐步建立了一套参与贸易谈判和履行贸易协定承诺的国内立法和协调制度。市场开放承诺一方面体现了一国服务贸易市场自由化程度的高低，另一方面体现了一国服务贸易部门竞争力的强弱，部门承诺的保留能够有效保护产业安全。适度的开放与保护有助于加拿大服务行业的有序经营。

一　加拿大服务贸易市场开放的主要特点

根据 WTO 数据库公布的有关市场开放度的指数（见表 9-12），加拿大针对服务业部门开放的承诺具有三个特点：

（1）多边承诺开放程度略低于双边及区域承诺。在多边框架下，加拿大的服务业部门开放承诺更为保守，尤其在视听服务、健康与社会服务以及娱乐服务中，是限制开放的；而在双边以及区域框架下，娱乐服务业已经部分开放。

（2）高技术、高附加值领域开放程度高。加拿大在计算机与信息服务、环境服务中开放度非常高。这也反映出加拿大的服务贸易具有比较优势。实际上，加拿大的计算机和信息技术在国际上处于领先地位，与此相关的专业服务部门的国际竞争力也不断增强。虽然加拿大服务贸易总体上

表9-12　GATS与PTA项下加拿大服务贸易市场开放度评估

单位：分

服务贸易部门	加拿大 GATS	加拿大 PTA	中国 GATS	中国 PTA	美国 GATS	美国 PTA
Professional Services（专业服务）	44	51	51	67	58	63
Computer Services（计算机服务）	100	100	60	70	100	100
Postal-Courier Services（邮政速递服务）	31	66	25	25	63	63
Telecom Services（电信服务）	74	74	43	44	94	94
Audiovisual Services（视听服务）	0	0	40	70	98	98
Construction Services（建筑服务）	62	62	42	62	83	83
Distribution Services（分销服务）	53	66	53	61	100	100
Education Services（教育服务）	0	50	25	25	30	55
Environmental Services（环境服务）	75	75	50	75	100	100
Insurance Services（保险服务）	58	74	50	63	40	50
Banking and other Financial Services（银行及其他金融服务）	41	49	46	53	29	33
Health and Social Service（健康及社会服务）	0	0	0	17	8	8
Tourism Services（旅游服务）	46	63	58	63	83	83
Recreational Services（娱乐服务）	0	50	6	34	94	94
Maritime Transport Services（海运服务）	35	56	31	51	0	44
Air Transport Services（空运服务）	35	53	19	56	5	29
Auxiliary Transport Services（辅助运输服务）	50	50	29	29	43	64
平均值	41	55	37	51	61	68

注：100分表示部门完全开放，因此分数越高表示部门开放程度越高。GATS的分值表示在WTO多边框架下的承诺开放度。PTA的分值表示与加拿大签订所有特惠贸易协定中的服务贸易部门的最高开放程度。分值计算的范围仅包含服务贸易四种供应模式下的模式一（跨境交付）与模式三（商业存在），不包括模式二（境外消费）与模式四（自然人移动）的统计。最新数据更新时间是2012年4月5日。

资料来源：WTO服务贸易数据库。

一直处于逆差状态，但是计算机与信息服务，研发、建筑工程和其他技术服务等出口则大大高于进口。2013年计算机服务贸易全年出口总额80.8亿美元，进口42.2亿美元，顺差达到38.6亿美元，也是加拿大服务贸易顺差贡献最大的部门。

（3）采取睦邻就近原则实施服务贸易开放。从WTO统计数据来看，加拿大在其签订的区域及双边自由贸易协定中，有三个双边自由贸易协定（分别是加拿大—哥伦比亚自由贸易协定、加拿大—秘鲁自由贸易协定、加拿大—巴拿马自由贸易协定），以及一个区域自由贸易协定（北美自由贸易协定），这四个协定中均将服务贸易作为协定中的一部分。这些国家都集中在北美区域，且与加拿大地理位置较近。可见，加拿大服务贸易开放的对象与国家地理位置有着密切的联系，以睦邻就近原则为先，因此在北美区域预先签订了双边及区域的服务贸易协定。

二 加拿大主要服务部门开放与自由化程度

加拿大服务贸易部门自由化程度是随着加拿大签订多边、区域以及双边自由贸易协定不断深化与提高的。总体而言，加拿大的服务业开放程度较高，限制领域较少，但自由化程度各部门间有差别。根据加拿大加入WTO时提交的承诺表，加拿大在商业服务领域开放度较高，在通信服务、金融服务、运输服务领域的开放承诺有很多保留（见表9-13）。

表9-13　　　　　加拿大服务贸易部门开放承诺情况

承诺开放的主要行业	承诺开放的具体行业	未承诺开放的具体行业
商业服务	专业服务、计算机服务、研发服务、房地产服务、租赁服务及其他商业服务	
通信服务	电信服务和快递服务	邮政服务、音像服务、其他通信服务
建筑及相关工程服务	楼宇普通建筑工程、公共工程建筑施工、安装工作及楼宇装修施工、其他建筑服务	
分销服务	佣金代理服务、批发服务、零售服务、专卖服务、其他分销服务	
环境服务	污水处理/垃圾处理/卫生服务、其他环境服务	
金融服务	保险及与保险有关的服务、金融及相关服务	其他金融服务
旅游服务	旅馆饭店及旅行代理服务	旅游导游服务及其他旅游服务
运输服务	海上运输、航空运输、铁路运输、公路运输及附属服务	内河运输、航天运输、管道运输及其他运输方面

资料来源：WTO成员资料库。

从加拿大服务贸易部门开放承诺情况可以看出，加拿大对服务贸易部门开放持选择性态度，在一些涉及国计民生的重要经济部门，对外资准入有严格的规定，例如银行服务、航空运输服务等，有力地保护了国内相关产业的利益。特别是在文化服务、教育服务、健康及社会服务等领域，加拿大没有参照 GATS 的承诺，严格限制外资准入。

（一）金融服务贸易自由化程度

1. 银行服务贸易

加拿大银行业对外开放历史不长，且一直采取循序渐进的准入方式。

（1）准入立法。根据加拿大银行业准入法律法规，外国银行进入加拿大银行业市场，应当符合《加拿大银行法》、OSFI《设立银行和信托贷款公司指引》（*Guide for Incorporating Banks and Federally Regulated Trust and Loan Companies*）、《外国银行准入标准与申请程序》（*Foreign Bank Branching Bulletin*, No. 1 August 1999）、《外国银行加拿大分行指引（修正）》[①] 等相关法律规定。

《加拿大银行法》授权财政部和 OSFI 在批准分行或子行时，除明文规定的条件外，可以考虑"所有相关的情况"，包括国家安全和国际关系等，也可提出其认为可以更好保护消费者，促进银行安全稳健经营的适当附加条件。

外国银行在加拿大设立分支机构主要由财政部和金融机构监管局（OSFI）负责审批和监管。OSFI 为每个外国银行分支机构设有联络代表（relationship managers），联络代表每季度至少会晤银行一次，所有银行应每季度向 OSFI 提交资产负债表，并根据要求提交财务（financial）或非财务（non-financial）报告。财政部长根据《加拿大银行法》，依法签发授权外国银行在加拿大设立分行或子行的命令。

经与加拿大中资金融机构沟通，虽然法律程序上外国银行进入加拿大银行业需要财政部长签发授权令，但市场准入的主要审批机构依然是 OSFI，财政部主要履行相应法律程序，签发授权令。

（2）WTO 与加拿大金融自由化。加拿大在"多哈回合"（Doha Round）服务方面谈判的宗旨是追求为加拿大服务类企业提供市场，包括

---

① OSFI's Guide to Foreign Bank Branching (Revision), Criteria, Information Requirements and Procedures for the Establishment and Commencement of Business of a Foreign Bank Branch (FBB) in Canada, 2002. http://www.osfi-bsif.gc.ca/Eng/fi-if/dti-id/bnk-bnq/Pages/default.aspx.

为专业机构、金融、能源、计算机、环境服务等行业进入外国市场创造更多的机会。加拿大对世贸组织成员国银行进入银行业适用世贸规则。但区别对待非世贸组织(WTO)成员国申请人。

对于非世贸组织(WTO)成员国在加拿大设立子行或分行,其条件是:该银行母行所在国监管机构应当与加拿大适用对等和互惠原则。对于非世贸组织成员国的申请人拟在加拿大设立分行或子行,申请人(如银行)必须向加拿大财政部和 OSFI 提交本国政府与加拿大对等或互惠的文件。目前,对于世贸组织成员国金融机构在加拿大设立分支机构,除依法履行正常的申请手续外,没有发现有其他特别要求。

(3) 宽泛持股权规定限制外国银行设立子行。《加拿大银行法》第一节(Schedule 1 of Bank Act)设定了宽泛持股权(widely held financial institution)的规定,亦称"广泛持有制度":即任何人或共同行动人持有一个银行的股份不得超过10%,[①]以控制自营交易风险等。该法还规定,外国银行母行必须在10年内在本地股票市场上出让其子公司的大部分股权,使创业项目由外国母公司全部或大部分控股的外国银行子公司最终成为"没有任何个人或团体持有子公司任何类型股票数额10%以上的广泛持有银行"。在2001年,加拿大政府颁布了 C-8 法案,建立了加拿大金融消费者管理局(Financial Consumer Agency of Canada, FCAC),以修正现行的与金融机构有关的法案。[②] 该方案对宽泛持股权的限制比例作出修改,提高到20%,为银行参与真实的股权交易提供更大便利,以巩固战略伙伴关系和合资关系。

加拿大政府对于分行审批的另一点是,金融监管机构可以运用"广泛持有制度"来约束外国银行设在加拿大的子公司,而不适用于外国银行分行。广泛持有制度大大削弱了外国银行在加拿大建立子公司的意愿。虽然加拿大对跨境交付或境外银行服务消费没有限制,但是外国金融服务商必须在加拿大以商业存在的服务形式开展业务。这些规定成为外国银行在加拿大难以发展壮大的关键因素之一。

---

① "Banks must be widely held, which is defined to mean that no more than 10 per cent of any class of shares of a bank may be owned by a single shareholder, or by shareholders acting in concert", 2 Promoting Efficiency and Growth, http://www.fin.gc.ca/finserv/docs/finserv2-eng.asp.

② Directorate for Financial and Enterprise Affairs Competition Committee-Annual Report on Competition Policy Developments in Canada, 2004, 4-2005, 3.

2. 保险服务贸易

加拿大的保险业为出口导向型的，人寿保险服务贸易额半数以上来自国外（总共约 500 亿加拿大元）。相比较，仅有 2% 的财产保险和灾害保险费是来自国外。可见，海外市场准入对加拿大保险业是至关重要的。

在 GATS 金融业第五项法案中，加拿大在保险业方面没有做出新的多边承诺。总的来说，加拿大除了提供海上保险，还需要提供保险、再保险以及三重保险服务，且必须属于商业性质。外资公司可以合并为独立的资本化分支，同时服从通告和事先的政府审查。

对于保险服务的审批，除了联邦法律有规定外，各省有不同的规定，使得市场准入变得较为复杂。例如，在爱德华王子岛，只有该岛居民或在岛内设立的公司才能够获得保险代理从业资格的执照；有关保险服务和其他附属服务，魁北克省规定，未经行政审批，非居民不能获得超过 30% 的魁北克拥有执照的保险公司的表决权股份，哥伦比亚省规定，当个人控制或将控制 10% 以上的公司表决权时，设立公司、收购股份或申请营业执照均需经过行政审批。

3. 北美自由贸易协定中有关金融服务贸易的规定

《北美自由贸易协定》针对金融服务贸易作出具体规定，指出某一成员国的金融服务提供者可在另一缔约国开业，从事银行、保险、证券的交易和提供所在国确定的其他金融性质的服务。各国将允许其居民在另一国境内得到金融服务，并不对任何金融部门的跨境交易规定限制条件，也不得对已有的限制增加补充规定，但已被国家专门排除在这些义务之外的部门例外。

各国应给予在其境内的金融服务提供者以国民待遇，即给予竞争机遇以及最惠国待遇。这是使竞争机会平等的措施，它不得把其他国家的金融服务提供者置于较本国提供者不利的地位。

其中，针对加拿大金融机构有特别规定，即"外国企业和个人到加拿大经营，不允许非当地居民整体购买属联邦管辖的任何加拿大金融机构 25% 以上的股份。"但此规定不适用美国、墨西哥的企业和个人。墨西哥的银行也不受加拿大对自由贸易区以外的银行实行的不得超过资产 12% 的限制约束，在加拿大境内设立一家以上的分行时也无须得到财政部的批准。在证券市场的开放方面，与美国的承诺相同。

(二) 运输服务贸易自由化程度

根据加拿大在 GATS 中针对有关运输业的开放承诺（见表9-14），可以看出，加拿大对于运输服务贸易的开放主要体现在海运以及空运上，其中，准入限制主要针对外资所有权和航行权的限制上。例如，在海运方面，加拿大在 GATS 下的承诺仅限于提供非歧视的准入机会以及港口设施的使用。对附属设施的市场准入和国民待遇包括通关、提货方支付运费、集装箱及库房服务等，而在报关行获得商业存在许可方面，还有一定的限制。

表9-14　　　　加拿大 GATS 运输服务贸易承诺

具体部门	限制类别	跨境服务	商业存在	境外消费	自然人移动
沿海运输除外的国际货物和旅客运输	市场准入	未承诺			
	国民待遇				
	备注：以下服务不准进入拖运：补给、加油、加水；垃圾收集、废物处理、紧急维修协助；驳船；船务代理；报关经纪；装卸及码头服务；测量及分级服务；包括租赁、租借卡车、列车货柜、船只、拖船等设备在内货物的转运					
飞行器及其发动机维修/计算机订票系统	市场准入	不设限	不设限	不设限	未承诺
	国民待遇	不设限	不设限	不设限	未承诺
	备注：对于市场准入中有关飞行器及其发动机维修部门的境外消费未承诺					
海运附属服务以外的所有附属服务（集装箱处理、存储及仓储服务、货物运输代理及其他支持服务）及通关服务	市场准入	不设限	不设限	不设限	未承诺
	国民待遇	不设限	不设限	不设限	未承诺
	备注：联邦要求法人以注册成立公司或合伙公司方式存在，如在加拿大注册公司，大部分董事为公民或居民，如为合伙公司，部分合伙人为公民或居民					
旅客运输	市场准入	不设限	不设限	不设限	未承诺
	国民待遇	不设限	不设限	不设限	未承诺
	备注：市场准入项下有两项例外：1. 跨境服务：沿海运输未承诺，八省一区对市内公共汽车运输及不定期运输服务将根据公众方便及需要审批（列有具体审批标准）；2. 商业存在：含司机车辆出租服务的营业执照及许可由地方政府审批（列有具体审批标准）；九省一区对市内公共汽车运输及定期运输服务将根据公众方便及需要审批（列有具体审批标准）					

资料来源：WTO 成员资料库。

加拿大的航空运输业是加拿大第三大运输部门，仅次于公路及铁路。加拿大运输局负责颁发、保留及收回执照。加拿大运输法规定，航空公司外资持股比例不得超过25%。从承诺表中可以看出，加拿大没有对跨境维修和保养的市场准入进行限制，但是保留了要求航空公司使用本地维修和保养服务的权力。

第四节　加拿大服务贸易管制

WTO 曾在对加拿大的服务贸易政策审议报告中给予了积极评价，称其是世界上拥有最透明、最自由贸易政策的国家之一；同时也指出，加拿大仍在一些行业，特别是很多服务贸易领域的监管过于严格以至于形成贸易壁垒，不利于服务贸易的自由化的推进。从监管手段而言，加拿大对于服务贸易开放的监管主要依靠法律手段。

一　法律法规实施面广，涉及服务贸易各个领域

根据世界贸易组织（WTO）《服务贸易总协定》（GATS）、《北美自由贸易协定》（NAFTA）等有关规定，加拿大联邦及省区政府先后出台了很多有关服务贸易的法律法规，几乎涵盖了服务贸易的各个方面，如在投资方面有投资法（Investment Canada Act）；金融服务方面有银行法（Bank Act）、金融管理法（Financial Administration Act）和保险公司法（Insurance Companies Act）等；电信服务方面有电信法（Telecommunications Act）、无线电信法（Radiocommunication Act）和电信计费规则（Telecommunications Fees Regulations）等；广播服务方面有广播法（Broadcasting Act）；运输方面有运输法（Transportation Act）；建筑方面有国家住房建筑法（National Housing Act），等等。运用上述法律法规，加拿大各级政府一方面对全国的服务贸易行为加以规范，另一方面出于保护本国利益的需要，对关乎国计民生和国家政治、经济、文化主权的基础电信、广播、金融等服务领域的市场准入进行限制。

二　法律法规监管手段多，所有权、经营权等准入标准严格

加拿大法律对于服务贸易开放的监管主要表现在两方面：一是通过立法限制外国公司的所有权，例如，在航空运输服务领域、在图书出版发行领域、银行及保险等金融服务领域以及电信服务领域，均规定了外商持股

比例限制或者投资人国籍限制；二是采取各种措施对外国投资公司的经营行为加以限制和规范，例如，在运输服务、金融服务以及文化服务领域的域外投资门槛中都有具体数额以及收购资产份额的限制。

具体而言，主要在以下七个服务贸易领域中规定了严格的市场准入条件。

1. 电信业

目前除固定卫星服务及海底光缆外，加拿大仍保留了对其他所有基于设施的电信服务供应商控股不得超过46.7%的规定。除了持股比例限制外，加拿大还要求基本电信设施需要由"加拿大人控制"，因此规定董事会至少有80%的成员是加拿大国籍。这些限制妨碍了包括中国在内的全球电信服务商在加拿大设立和运营自己的电信传输设施。

2. 保险业

加拿大对外资进入保险业设置一定程度的限制。外国保险公司必须指定一名加拿大居民作为其总代理；指定一名保险精算师和审计员，而且指定金额授权信托资产。

任何个人不论国籍，在收购加拿大联邦控制的保险公司超过10%的股份时必须获得财政部的批准。同外资银行类似，外资保险公司在加拿大境内开设分公司必须获得经营特许证和从业授权令，经营特许证的申请费为32000加元。联邦级保险公司（国内或国外）的最低资本要求为500万加元。外资保险分公司至少一半的董事必须是加拿大居民；加拿大国内保险公司必须至少三分之二的董事为加拿大居民。保险公司在跨省经营业务时，需获得各省的许可证。

3. 法律服务业

获得许可证的外国律师可以作为外国法律咨询人员提供法律意见，但是所涉及的法律领域必须是其母国允许进行法律实践的领域。加拿大各省对外国律师从业有着不同的要求。

4. 建筑业

加拿大对建筑服务行业实行许可证管理。从事建筑服务的建筑师及工程师职业受省级政府管理，从业者必须从某一省或地区的建筑师协会获取许可证。各省或地区对许可证的要求不尽相同。希望获得许可证的外籍建筑师必须拥有授权机构所要求的学历资格。

5. 航空运输业

通常，经营国内航线的执照仅向事实上由加拿大人控制而且其75%以上的表决权由加拿大人持有和控制的公司签发。经营国际航线的执照可向符合资质条件的非加拿大人士签发。

6. 文化产业

加拿大禁止外国投资者直接收购对加拿大人所有的书籍出版及销售公司，除非该公司正面临财务困境等情况。加拿大法律禁止外资收购加拿大人所有的电影发行公司。外国投资设立的新的电影发行公司只能经营自有产品。外国投资者只有将其在加拿大所得收益以加拿大政府规定的特定方式进行再投资时，方可对加拿大境内的电影发行公司进行直接或间接收购。

7. 视听及通信服务

加拿大《广播法》明确了其目的是要"保障、丰富并加强加拿大的文化、政治、社会以及经济结构"。加拿大联邦传播的管理机构——加拿大广播电视及电信委员会规定，加拿大的常规节目需占电视播出总时间的60%，黄金时间（晚6时至午夜）的50%。该委员会还要求无线电广播音乐节目的35%必须符合加拿大确定的评分制度，达到"加拿大化"标准。有线电视及家庭直播节目应具有加拿大的内容优势（占50%以上）。非加拿大的频道必须由该委员会预先批准。该委员会还要求由加拿大广播公司运营的英语和法语电视网在晚间7点至晚间11点之间不能播出有外国特点的电影。这一时段唯一可以播出的非加拿大电影必须是至少2年前在影院公映过的电影。

三 监管评估区别投资主体，强调"净利益"确保国家经济安全

加拿大政府以国家经济安全为由，在《广播法》、《电信法》以及其他相关管理政策中，一方面限制在能源与采矿业、银行业、渔业、出版、电信、交通、电影、音乐、广播以及有线电视和房地产部门新设立或扩大外国投资；另一方面通过审查批准制度要求外资对加拿大有"净利益"。

加拿大对于外国投资进行筛查或审核已有近40年的历史，该审核目前根据《1985年投资加拿大法案》进行。在此之前，加拿大投资法案仅审核向加拿大投资重大项目。1985年修订后该法案的范围扩大到对任何可能引发国家安全问题的外国投资进行审核。加拿大投资法案适用于所有"非加拿大人士"，包括任何非加拿大公民或永久居民，以及任何不是由

加拿大人控制或实际拥有的实体。

加拿大投资法案包括两个独立的审核流程。这两个流程有不同的门槛和程序,而且所考虑的因素也不同。第一个流程仅审核超过一定投资额的重大投资,并考虑该投资是否"使加拿大获得纯利益",简称为"纯利益审查"。第二个流程通常适用于任何由非加拿大人士向加拿大或在加拿大进行的投资,不论规模大小,并考虑是否有理由认为该投资可能危及加拿大的国家安全,简称为"国际安全审查"。

1. 纯利益审查

根据投资主体不同,加拿大政府针对金融、出版、电信、交通、电影、音乐、广播以及有线电视等服务业部门设定的外资监管标准不同,特别针对外资国有企业的投资行为进行严格审查和监督。加拿大政府发布的《国有企业投资加拿大指南——净利益评估》于 2007 年 12 月 7 日生效,该指南涉及对外国国有企业对加拿大投资的审查和监督。该指南强调,政府在评判海外国有企业并购加拿大公司时,重点考虑其收购是否对加产生"净利益",而且对国有企业在加投资审查时更多考虑加拿大的国家安全。该指南规定加政府在审查外国国有企业在加的投资和并购活动时,将重点审查企业的管理方式和商业特征,以及并购完成后该企业能否继续在商业基础上运行,具体包括加拿大公民参与公司在国内及海外业务的程度,技术创新和研发项目是否仍然得到支持。此外,加拿大人是否被任命为公司的独立董事,或被任命担任公司高层管理职务,以及被收购公司或收购方的海外企业是否在加国上市等也是考虑因素。

尽管投资者必须完全符合加拿大投资法案的通报和信息方面的要求,目前只有两个重大的拟投资项目在"纯利益"审核后受阻。然而,这并不意味着这些审核仅仅是起到收集信息的作用。部长通常要求投资者就加拿大企业的未来经营作出某些"承诺"作为批准的条件。该承诺内容由部长和投资者协商,其条款一般对外保密。这些承诺的明确范围和条款各有不同,取决于审核申请中所列明的具体交易事宜及投资者对企业的未来计划。一旦承诺得到双方同意并成为批准的一部分,该承诺即对投资者具有约束力。投资者在交易后通常需要定期向部长报告其履行承诺的进展情况。尽管很少,但确实存在对所作出的承诺进行强制执行的案例。

2. 国家安全审核

国家安全审核程序应用更广,一般来说,通过现行的"纯利益"审核程序（如上所述）所递交的通报和审核申请，部长将会发现存在潜在的国家安全问题的交易。此外，它还适用于在"纯利益"审核程序中无须通报或审核的交易（包括少数股权投资）。

在知悉由非加拿大人士拟进行的或已实施的投资后，如果部长有理由相信该投资可能危害国家安全，他可以向投资者发出通知，告知其投资有可能受到审核。通常部长可以在知悉该投资后45日内发出此通知。此通知并非审核命令，而是根据部长的自由裁量权选择性发出。它是一个"预警"，在早期向投资者指出交易有可能引发潜在的国家安全问题。另外，如果投资者尚未实施投资，收到"预警"通知有阻止投资者实施投资的效力，直到投资者被正式告知将不进行审核或者经过审核允许后才能进行该投资。

一旦发出"预警"通知，部长有25日来考虑在此情形下是否有必要进行全面的国家安全审核。在没有预警通知的情况下，考虑是否有必要进行全面的国家安全审核的期限为投资实施之日起至少45日。部长可以要求投资者及其他交易相关人士或实体提供其所需要的信息资料。部长还必须和公共安全及紧急装备部长商议。如果部长认为投资可能危害国家安全，则可能进行全面审核，联邦内阁将根据部长的建议下达审核命令。与"预警"通知相类似，如果投资者在收到审核通知前尚未完成投资，一旦收到该通知则不得进行投资，直至收到进行投资的批准为止。

一旦下令进行全面的国家安全审核，部长可在45日内完成审核，或通过和投资者协商达成一致意见获得更长期限后完成审核。部长可在审核期间收集更多的信息资料，并且必须给予投资者适当的机会进行陈述。作为审核的一部分，部长将与许多联邦部门和机构协商，包括加拿大安全情报局、皇家骑警、加拿大边境服务署、司法部、国防部、交通部、卫生部、财政部及移民部。完成审核后，部长或者批准投资，或者将投资事项转交联邦内阁进行进一步的考量。如果该事项转交给内阁，内阁必须自转交之日起15日内，根据其认为适宜的条件就投资发布命令，包括：(a) 附条件或不附条件批准投资；(b) 指令不得进行投资；(c) 如果已投资，命令出售投资。

完成国家安全审核的期限取决于一系列的因素，包括交易的复杂性、所属产业和实体及投资者的类型及国籍。根据规定的期限，并考虑到部长和投资者双方同意的额外期限，完成审核过程可能长达130日。

四 政府管理双层监管，联邦和各省标准有区别

加拿大是联邦制体系的国家，在国内制定的服务贸易政策方面，各省政府有权制定专业服务贸易方面的规定。可以说，加拿大法律法规在联邦和各省两个层级均有对服务业领域外国投资的限制进行规定。一般而言，小部分服务项目需接受联邦级别监管（例如，金融服务、电信服务和特定运输服务），但多数服务项目接受省级监管，且各省规定通常比联邦规定更为严格。例如，工程技术服务等大部分专业服务需接受省级监管，因而通常会形成独立的自我监管专业实体。

在各省与联邦的规定发生冲突时，尤其是当各省倾向于制定可能涉嫌对相关服务领域进行保护的限制规定时，加拿大联邦政府并不承诺也无权予以清理，仅有权进行协调。这种双层管理体制为加拿大保护相关服务行业市场环境提供了一个合理路径。

第五节 加拿大服务贸易管理体制

加拿大服务贸易的管理体制呈现出多部门协调、多主体参与、多渠道促进的发展特点。多部门协调指的是中央层面多部门、中央与地方层面多部门间的协调；多主体参与指的是除了政府部门、立法部门的管理，私营部门、民间团体和学术界也积极参与到服务贸易政策的制定与执行中；多渠道促进指的是通过专家咨询小组、谈判网站的设立等多种形式来促进服务贸易发展与政策体制的有效管理。

一 加拿大服务贸易管理体制的政府协调部门

（一）联邦层面政府部门间的协调

加拿大联邦政府中负责服务贸易政策制定的部门繁多，主要包括外交、贸易和发展部、工业部、财政部、农业部、环境部、自然资源部以及文化部。对于政府部门间的协调工作则由首相办公室和枢密院负责。具体到服务贸易领域的行政决策权是属于政府内阁，由总理领导，并包括政府26个部门的正部长在内。内设各种专门负责对外贸易等经济事务的经济事务委员会。在自由贸易协定谈判与协商的过程中，主要负责部门是国际贸易部，一方面作为主管部门承担协调中央政府各部门的任务，另一方面为各谈判议题指定一个首席谈判代表。这些首席谈判代表根据议题组成一个跨部的谈判小组,并根据贸易谈判的时间表在每次谈判会议召开之前举行协调会议。另外,加拿大联邦政府还特别设立了外交和国际贸易常设委员会(SCFAIT),其主要职能是审查外交贸易法案并向内阁提出关于国家贸易和外交方面的建议,该委员会还经常召开听证会,听取社会各界的意见。在参议院,专门负责贸易事务的是外交委员会。由于加拿大执政党议员和其联盟通常占据议会的多数席位,所以内阁做出的贸易决策在议会基本上都能获得通过。

(二)联邦与省级政府部门的协调

加拿大行政管理体制虽属于联邦制,但有关对外贸易谈判的权力属于联邦政府。随着贸易自由化与便利化的不断推进,自由贸易协定所涵盖的内容在不断扩大,尤其在服务贸易领域,涉及多个产业部门,虽然所涉及的大部分产业领域属于联邦政府管辖,但也有少数领域属于地方政府的权限,如服务贸易中的专业知识服务、保险服务等。在这些少数领域,从理论上讲,省政府有自治权,可以不履行中央政府对外签署的贸易条款,这将引发联邦与省级地方间在处理国际协定中的执行冲突问题。为避免联邦与省间针对自由贸易协定执行冲突问题的产生,联邦政府在商签协议之前和整个过程中让各省充分了解进展情况,并随时提供征求意见的机会。实践中,各省迄今尚未做出拒绝履行谈判结果的行为。

联邦政府与各省级政府间的协调工作主要由联邦和各省间贸易委员会(Federal-Provincial Territorial Committee on Trade)承担。该委员会每年召开一次部长级会议和多次司局级会议,此外还就一些议题召开专门的技术会议或电话会议。该机制在谈判前和谈判过程中发挥了很好的协调作用和信息通报作用。在日常工作中,联邦和各省官员之间通过电子邮件、传真和政府内部网络交换信息,使地方政府可以紧密跟踪谈判的进展。

加拿大政府不对服务贸易进行直接的管理,其工作重心放在致力于服务贸易的自由化。因此在各双边、区域及多边贸易安排中,都积极推动服务贸易自由化的谈判,以期为服务贸易的自由进行创造良好环境。加拿大的外交和国际贸易部主要工作职责是负责加拿大各项贸易安排,服务贸易的协商与谈判,及承诺的执行。在联邦政府内,来自17个政府部门的工作人员组成了不同的工作组。这些工作组就服务业不同部门存在的问题与利益相关者进行磋商,并分析加拿大不同服务部门的目标与特权,以确定加在谈判中所处位置。加拿大政府对服务贸易谈判的重视程度由此可见一斑。

表 9-15　　　　　　加拿大服务贸易联邦政府管理部门一览

政府部门	职能
加拿大外交、贸易和发展部	主要职责是协调加拿大对外政策制定、促进加拿大对外宣传和合作。该部通过提供全球性的商务服务帮助国内企业进入国际市场，占据商业先机，积极促进国内商业活动，以及负责贸易协定的谈判和监督。其宗旨是为国内外企业服务，提供加拿大经济贸易政策信息
加拿大统计局	发布各种统计及报告的重要来源之一，其发布的贸易相关的信息主要包括加拿大国际商品与服务贸易数据库、进出口及国内外贸易数据库、贸易刊物和调研报告、进出口商数据库等
加拿大工业部	加拿大工业部负责区域经济发展、投资与创新、研发，同时负责加拿大工业产品与服务的出口促进工作。该部门同各个领域、各个地区广泛合作，改善投资条件、提高创新能力、增加加拿大在国际贸易中所占据的份额，并创建一个公平、有效和竞争性的市场体系
加拿大农业及农业食品部	主管农业生产、农场经营收入、研究、开发、检验、动植物规范等政策的部门，同时负责加拿大海产品和农产品及相关服务的出口促进工作
加拿大财政部	负责国家经济政策和财政事务的联邦机构。该部参与经济增长、资源配置、就业、收入、稳定价格和国家的长期发展等重要领域的计划
加拿大环境部	负责协调环境政策和方案，以及保护并提高自然环境与可再生资源的政府部门。环境部也负责国际环境议题（如美加空气议题）
加拿大自然资源部	负责管理自然资源、能源、矿物与金属、森林、地球科学、制图、遥测等。根据《加拿大宪法》，自然资源的管理责任属于各省，不属于联邦政府。不过联邦政府管辖近海资源、自然资源贸易、统计、国际关系和边境
加拿大文化遗产部	是加拿大最主要的文化政策制定与执行单位。扶持政策主要有：（1）金融协助，如对加拿大期刊出版者的邮费成本补助等；（2）租税减免，如书籍销售给学校及图书馆则提供租税减免；（3）海外投资协助；（4）智慧财产计算；（5）人才培育；（6）经营协助
加拿大广播电视及通信委员会	专责规管加拿大国内所有广播及电信市场的机构。《广播法案》亦由该部门负责。同时，与负责《电信法案》的联邦工业部有非正式的合作关系

二　服务贸易政策的立法机构

加拿大是实施议会制的民主联邦制国家，其贸易领域的立法权也属于议会。众议院的外交和国际贸易常设委员会负责主持加拿大国内贸易法案的讨论、投票表决和听证会，并向内阁提出关于国家贸易和外交方面的建议。该委员会由各党派的议员组成，执政党及其联盟的议员通常占大多数。参议院的外交委员会也是负责贸易事务的一个机构。由于加拿大是议会制国家，所以加拿大政府制定的贸易政策往往可以通过它与立法机构同议会的密切关系获得通过。根据加拿大宪法，加拿大政府有权代表加拿大进行对外贸易谈判和签署贸易协定，无须获得议会的授权，所签署的贸易协定也不必经过议会的审核和批准。如果所签订的贸易协定和国内法律存在冲突，国内法律仍然有优先权。如果需要修改国内法律，则由司法部负责起草修改法案并向议会提交，由议会审议通过才能进行修改。由此可见，加拿大政府在贸易事务中有更大的权力。

三 参与加拿大服务贸易管理体制治理的非政府主体与方式

加拿大还有相关的半官方贸易促进组织、金融机构等从各自的角度为服务贸易企业提供服务。加拿大联邦和省级政府部门也常常通过设立非官方、非营利性机构、委托相关非营利性机构或者商协会代其实施贸易或者投资促进项目。例如，通过设立加拿大贸易便利办公室负责实施加拿大对外援助项目、促进加拿大从发展中国家的进口。联邦政府部门为其提供经费支持、业务指导和监督，具体服务则由该办公室提供。萨斯卡彻温省政府设立萨省贸易和出口伙伴关系协会，由政府提供大部分经费，企业赞助部分经费，以企业管理模式管理该协会的运行，业务直接受该省经济部的领导。这种运作模式能够更加有效地配合政府部门开展服务贸易和投资促进工作，同时减少了政府部门的经费压力，因为他们不需要雇用长期的工作人员来负责相关项目的实施，并且能够以最经济的方式为企业提供最专业和到位的服务。

此外，商协会在加拿大服务贸易中起着重要的作用，每个产业部门都建立了自己的行业商会，例如加拿大进出口商协会（Canadian Association of Importers and Exports）、加拿大商会（Canadian Chamber of Commerce）、加拿大职业销售协会（Canadian Professional Sales Association）等，它们一方面作为利益集团的代表，通过各种手段对国家政策制定施加影响，另一方面也从事本行业信息交流和牵线搭桥的工作。这些由私营部门或民间组织自发形成的商会和协会为加拿大整个出口促进体系起到了添砖加瓦的辅助作用。

政府贸易谈判的结果最终是为国内民众服务，因此在商签贸易协定和履行协定过程中征询私营部门、民间团体和学术界的意见也是非常重要的。在加拿大，征询这些利益相关方面意见的专门渠道主要有以下三个：

一是专家咨询小组（Expert Advisory Groups），主要是分部门对贸易协定对重点行业的经济影响进行分析。这些咨询小组分别负责农业、服装鞋类、文化产业、能源化工塑料产品、环境、鱼类和水产品、林业产品、信息技术、医药产品和服务、矿业金属、服务，以及纺织品皮毛等行业，为谈判官员提供了大量的基础行业状况和前景、数据、量化分析和专业意见等，极大地帮助了谈判官员的谈判和决策过程。

二是加拿大团队公司（Team Canada Inc.，TCI）。TCI 是由 20 多个联邦政府部门（署）和各省（地区）政府部门紧密合作，致力于帮助加拿大企业成功走向世界市场的皇家公司。这个窗口大大简化了加拿大企业进入国际市场的繁杂程序，包括从新出口商的信息咨询、技巧培训和融资项目等，TCI 是加拿大企业成功实施出口的首要渠道。通过从设在各个省的地区贸易网（Regional Trade Networks，RTNs），到新的信息产品和互联网服务，遍及加拿大全国的 10 个 RTNs 都是 TCI 的成员，是企业获取出口资源的第一站，也是 TCI 的重要组成部分。它们由联邦政府、省或地区政府以及行业协会等构成，共同致力于本地区内的出口振兴活动。由联邦和省贸易部门的高级代表共同主持的这个网络负责计划如何使政府和企业在地区的层次上更好地合作，为当地企业寻找新的国际贸易契机。

三是贸易谈判网站。该网站由国际贸易部设立，主要向社会各界征求关于贸易政策问题的意见，并定期公布一些非保密的文件和报告。为了提高加拿大服务贸易政策的透明度，加拿大也建立了与 WTO 的联系点。该联系点建立的目的是，提供加拿大服务贸易市场的信息，以帮助发展中国家的服务贸易供应方能够在加拿大开展服务贸易。

在加拿大这个庞大服务贸易管理体系中，每个机构都有自己的分工和职责，但因为服务贸易所涵盖的领域广泛而复杂，其负责的工作往往是交叉的，但更多的是互相配合与协调，以顺利推进服务贸易管理与促进工作。

第六节 加拿大服务贸易发展的最新动态

从服务贸易自由化程度而言，加拿大与美洲国家之间实现的贸易自由化程度较高，而对于美洲之外的市场，加拿大近些年来才积极推进并参与双边、区域以及多边自由贸易协定。从地域结构来看，加拿大正在稳步推进欧盟以及亚洲市场的贸易合作。

一 加拿大政府的贸易战略动向——全球商贸战略

加拿大是一个贸易立国的国家，典型的出口导向型经济发展方式，且其产品主要出口美国，对美国的贸易依存度较高。从2002年起，因美国经济的变化和世界竞争的加剧，加拿大开始走多元化的出口道路，大力拓展亚洲市场，尤其是中国与印度市场。政府将进一步加大对开拓国际市场的支持，增强其竞争优势，包括：在主要市场国家巴西、中国、印度和蒙古开设15个加拿大贸易专员服务办公室，以进一步推动加拿大联邦政府正在实施的"全球商贸战略"。[①]该战略每年将提供5000万美元，用于进一步推动加拿大在海内外的贸易和投资项目。

在联邦政府的政策指引下，一些省级政府也纷纷进行贸易战略的部署，例如安大略省政府在2013年9月宣布实施《走向全球贸易战略》，帮助省内企业开拓国际市场，促进经济发展，创造就业机会。[②]省政府与出口商、商协会、研究机构及相关产业协同合作，重点在四个方面加大工作力度：一是促进出口市场多元化，协助企业更好地打入高速增长的新兴市场。面对美欧等传统贸易伙伴增长乏力的局面，安省为省内企业，尤其是中小企业提供信息、金融和贸易促进等支持，抓住新兴市场快速发展和消费需求不断扩大的机遇，促进省内经济的发展。同时，省政府将与联邦政府一道加快与欧盟、印度、日本和韩国谈判双边自贸协定。二是支持本省企业向国际市场出口更多的产品和服务。为此，将通过各类措施提高中小企业的生产效率和竞争力，并促进企业间的交流。三是宣传和扩大本省产品与服务的品牌影响，尤其是信息通信技术、生命科学、农副产品加工、汽车配件、矿业开发等诸多产业在全球具有领先优势，省政府将与各方合作，共同推动和提高安省产品与服务在全球的知名度和认知度，为企业开拓海外市场创造良好条件。四是简化各类政府出口支持项目的申请程序，便利企业更加有效地利用政府服务。

近年来，加拿大的"全球商贸战略"加紧了实施的步伐：政府目前

---

① Government of Canada, Seizing Global Advantage: A Global Commerce Strategy for Securing Canada's Growth and Prosperity, www.international.gc.ca/commerce/assets/pdfs/gcs-en.pdf.

② Going Global: Ontario's Trade Strategy, Part of Ontario's Plan for Jobs and Growth, https://dr6j45jk9xcmk.cloudfront.net/documents/665/tradestrategy-en.pdf.

继续与加勒比共同体、多米尼加共和国、约旦、新加坡和中美洲 4 国（萨尔瓦多、危地马拉、洪都拉斯和尼加拉瓜）进行谈判，同时还正在与巴拿马等国协商贸易新举措。在航空领域，加拿大与约旦、冰岛、新西兰、新加坡、墨西哥、巴巴多斯、菲律宾、巴拿马达成了新的航空协定，并与欧盟 27 国就全面开放领空协定展开谈判。此外，加拿大还分别与中国和印度在科技领域加强双边合作关系，签署了一系列科技协定。

二 加拿大贸易自由化的最新动态

为了减少加拿大在贸易上对美国的依赖，加拿大政府积极推动与其他国家签订 FTA。迄今为止，加拿大已签署并生效的自由贸易协定达到 11 个，分别是北美自由贸易协定（NAFTA）、智利、以色列、哥斯达黎加、洪都拉斯、约旦、巴拿马、韩国、欧洲自由贸易协会（EFTA）、哥伦比亚、秘鲁；尚在谈判中的自由贸易协定有七个，分别是加勒比共同体（CARICOM）、中美洲 4 国、新加坡、欧盟、乌克兰、扩大 TPP、TISA。（见表 9-16）

表 9-16　　　　　　　　加拿大自由贸易协定签署情况

已签署并已生效	北美自由贸易协定（NAFTA）、智利、以色列、洪都拉斯、约旦、巴拿马、韩国、哥斯达黎加、欧洲自由贸易协会（EFTA）、哥伦比亚、秘鲁
谈判中	加勒比共同体（CARICOM）、中美洲 4 国、新加坡、欧盟、乌克兰、扩大 TPP、TISA

资料来源：WTO 网站，浏览时间为 2015 年 3 月。

目前，加拿大最重要的自由贸易协定谈判是加拿大与欧盟的 FTA 谈判，该项谈判已进行四年有余，2014 年双方达成协议希望 FTA 协定在 2015 年前批准生效，这使得加拿大成为唯一与美欧这全球两大市场签署 FTA 的八大工业国（G8）成员，这也将为欧盟与美国签署 FTA 铺路。根据加拿大与欧盟委员会的共同研究，加拿大欧盟 FTA 一旦正式实施，双方间将取消高达 98% 的货物和服务关税，可望将每年双边贸易额提高 20%，至 257 亿欧元，这将超越北美自由贸易协定，成为加拿大迄今签署过的最大规模的自由贸易协定。同时，加拿大受惠较大，加拿大每年的国内生产总值（GDP）可因此增加 82 亿欧元，相当于加拿大年 GDP 的 0.77%。

加拿大与韩国正式宣布《加拿大—韩国自由贸易协议》（*Canada-Korea Free Trade Agreement*）已达成。加韩 FTA 内容涵盖货物贸易、原产地、通关、贸易救济、服务贸易、投资、通信、金融、电子商务、政府采购、智慧财产权保护等。在服务贸易方面，加拿大出口至韩国的服务包括交通运输、金融、旅游，以及商业服务如财务、管理、工程等专业服务，总计超过7.5亿美元，且增长潜力巨大。在自然人移动承诺方面，加拿大有关临时入境的承诺将给韩国市场提供新的准入优惠政策，为商务旅客、投资者、公司内部调派人员、专业技术服务人士等提供出入境的便利。① 在金融服务贸易方面，韩国向加拿大做出承诺，加拿大金融机构可以从事与其业务相关的投资组合管理服务、数据处理业务和信息传输服务，以便有效提高资本运行的效率。谈判始于2005年，历时9年，经14回合谈判达成协议，双方承诺尽快开展该协议草案之后续法律检视工作，以期于2015年正式签署及完成双方国内之相关批准程序。目前，韩国是加国与其亚洲贸易伙伴所达成之第一个自由贸易协议，将协助加拿大企业进入快速成长的亚洲市场。②

三　区域、多边贸易框架下加拿大的主张

当前，服务贸易领域被广为关注的两个多边协定，分别是 TISA 以及 TPP。两个协定均在谈判商议中，其中，涉及市场准入范围、国民待遇等仍是关键性议题。加拿大对于二者均表现出积极推进的态度，同时也针对一些议题和问题提出鲜明的观点和主张。

（一）在服务贸易协定（TISA）框架下的主张

多哈回合谈判（DDA）举步维艰，WTO 框架下继续开放服务贸易的谈判越来越困难。为了促进全球范围内服务贸易自由化的进一步深化，美欧等成员开始推动新的国际服务贸易协定。加拿大是所有"美式标准"谈判的积极参与者，对于 TISA，加拿大成为首批宣布加入 TISA 谈判的国家，第一回合谈判于3月18日展开，并积极参与其中。

目前有23个世界贸易组织成员加入了"真正好友集团"，分别是：澳大利亚、加拿大、智利、哥伦比亚、哥斯达黎加、欧盟、中国香港、冰岛、以色列、日本、列支敦士登、墨西哥、新西兰、挪威、秘鲁、韩国、

---

① http://pm.gc.ca/eng/news/2014/03/11/canada-korea-free-trade-agreement-ckfta-benefits.
② Riyaz Dattu, Sonja Pavic, Daniel Fombonne, Patrick Welsh, Jennifer Fairfax, Canada's Ambitious Free Trade Agenda: The Recently Concluded Canada-Korea Free Trade Agreement, http://www.osler.com/NewsResources/Canadas-Ambitious-Free-Trade-Agenda-The-Recently-Concluded-Canada-Korea-Free-Trade-Agreement/.

瑞士、中国台湾、土耳其、巴基斯坦、巴拉圭、秘鲁以及美国。

1. 否定多边化主张

目前，TISA 协定谈判的基础框架及协定内容已大致敲定，但在谈判成果是否多边化问题上还存在较大分歧。参与 TISA 谈判的多数成员承诺愿意透过 WTO 将服务贸易谈判予以多边化，以欧盟为代表极力主张协定与 WTO 服务贸易协定对接，成为 WTO 框架内的"诸边服务协定"，然而美国与加拿大主张先在 WTO 框架之外建立单独的复边"国际服务协定"协议。面对多数成员国家提出"TISA 将阻碍多哈回合谈判重新启动，并长期减损多边贸易体制"的担忧，美国、加拿大等国家与其他国家达成谈判共识，确定协定结构应以 WTO 服务贸易协定做基础，未来可成为 WTO 诸边协定之一并可使用 WTO 争端解决机制，这种安排将方便"金砖国家"等发展中国家加入。

2. 对中国加入持谨慎态度

中国政府于 2013 年 9 月要求加入 TISA 谈判，并表示认同 TISA 谈判的目标，即完成高标准的新服务贸易协议。目前，中国的服务市场高居全球第三，中国的加入必将更有助于 TISA 谈判的推进。对此，美国仍坚持对中国申请加入 TISA 谈判应审慎评估，以确认中国是否已做好准备，接受与其他 TISA 会员相同水平的服务业自由化的决心。针对美国反对中国加入服务贸易谈判的观点，多数会员表示反对，仅有加拿大赞同美国对中国予以保留的做法。相对地，智利对美国阻碍中国加入谈判提出批评，认为此举将不利于未来促使其他国家参与谈判。

（二）TPP 框架下的主张

《跨太平洋伙伴关系协定》（TPP）于 2008 年正式生效，加拿大于 2012 年 6 月被邀请正式加入 TPP 谈判。虽然已身在谈判桌上，但加拿大国内各界对 TPP 的认同也存在争议，他们主张"TPP 可能瓦解加拿大重要的乳制品业、家禽业和鸡蛋业的供应管理制度；所提出的监管方式可能引起激烈竞争；对大型制药公司极端的知识产权保护将限制人们获取用于挽救生命的药品；ISDS 将允许企业在保护环境规则上起诉政府；政府采购限制和版权规则破坏了互联网自由。"[1]

---

[1] Hugh Stephens, The TPP-Big Stakes for Canada, the Chicago Council on Global Affairs World of Cents blog on October 23, 2013.

古典经济学家的观点认为降低自身贸易壁垒的国家将获得贸易自由化带来的最大收益。加拿大作为后来者加入 TPP 已经展示了其积极的外交政策、相当大的决心、一定的政治风险和潜在的"让步"。TPP 已经为急需更新的版权法提供了新动力，同时它带来的收益将不仅仅局限于可能为加拿大出口商品和服务开拓更大的市场。

第一，利用 TPP 平台，推动多元化市场开拓。

目前，加拿大倾向于开拓多元化市场。尽管美国依然是加拿大最大的贸易伙伴，但其所占份额在下降，显然，加拿大需要开拓更为广阔的国际贸易市场。随着亚洲特别是中国经济崛起，要求加拿大加强与其他合作伙伴的关系，并将其作为优先项的呼声越来越高，其核心思想是加拿大有必要在亚洲建立或者重新建立立足点，并准备参与预期稳定的亚洲经济增长进程。尽管加拿大与新加坡的自由贸易协定谈判已于 2001 年启动，但至今未达成成果。近几年来，加拿大还启动了与印度和日本的新一轮谈判，并开始与泰国举行试探性会谈，除 2015 年 1 月 1 日刚刚生效的加拿大与韩国自贸区外，加拿大与亚洲的联系仍然薄弱。因此，来自加拿大企业界向政府施加的压力越来越大，他们要求政府采取大胆举措重新进入亚洲，TPP 恰是拓展亚太市场的有利时机。

第二，积极参与规则制定，发挥话语权。

TPP 被誉为是"21 世纪高质量、高品质"的区域贸易协定，其中包含如电子商务、数字媒体、第三方物流等新业态服务的议题。相比较，NAFTA 以及 WTO 签订较早，形成于 20 世纪 90 年代初期，因此对于这些新兴议题并没有涉及，虽然对于 WTO 与 NAFTA 有工作组定期召开洽谈会议，但是对于旧协议的谈判重启，需要很强的政治、经济等因素，困难较大。[①] 目前，美国政府更倾向于通过签署新的贸易协定来寻找新机遇，而不是选择提高已有协定的质量。[②] 通过新规则来推动旧规则的调整可能将成为未来改革的间接路径。例如，NAFTA 下的加拿大、墨西哥与美国

---

① Laura Dawson, Stefania Bartucci, Canada and the Trans-Pacific Partnership: Entering a New Era of Strategic Trade Policy, research report of The Fraser Institute, see at http://www.fraserinstitute.org/research-news/display.aspx?id=20332.

② Zoellick, Robert (2013). The Trans-Pacific Partnership: New Rules for a New Era. Unpublished speech, given at Woodrow Wilson International Center, Washington, D. C., June 19, 2013.

均是 TPP 成员，TPP 任何新规则会比 NAFTA 优先适用。同时，作为加拿大最大贸易伙伴的美国会在 TPP 框架下给予其他成员超过 NAFTA 更大的优惠。对此，加拿大积极加入 TPP 谈判议题以及规则的制定中来，以确保 TPP 的规则至少应与 NAFTA 保持一致或相差不大，从而保证加拿大政府不必为适应新的贸易规则体系而花费巨额成本推进国内市场的改革。

第七节 加拿大服务贸易发展对中国的启示与借鉴

从加拿大服务贸易发展历程来看，虽然加拿大在世界服务贸易大国中已经不再名列前茅，但加拿大在推进新技术领域的服务贸易、开拓多元化服务贸易市场、构建服务贸易管理协调体系、渐进有序地提高服务业开放度等方面，其服务贸易发展经验对中国作为新兴的服务贸易发展中国家有重要的借鉴意义。

一 重点发展知识密集型服务部门，为服务贸易结构的优化升级夯实产业基础

加拿大的服务业发达，结构较为合理，并在国内提供了大量的就业岗位，服务业已成为推动加拿大经济增长和国际竞争力提升的主要力量。加拿大在发展服务业过程中，注重技术创新，并将知识密集型服务部门作为重点领域，大力发展金融服务、保险服务、咨询管理服务、计算机信息服务等生产性服务业，在有效支撑制造业发展的同时，也为服务贸易结构的优化升级打下了坚实的产业基础。就目前发展实际来看，依托技术的不断创新和进步，加拿大在管理咨询、通信服务、研发设计、计算机信息技术等知识密集型服务贸易领域具备较为明显的竞争优势。同时，加拿大比较注重将服务业的进口转化为服务业发展的动力，通过引进国外的优质服务理念，消化吸收后来促进国内服务业结构的优化升级，进而提升服务领域的国际竞争力。

目前，我国服务贸易主体集中于运输和旅游业这两大传统服务贸易项目。而技术和知识密集型的金融、保险、咨询、专利特许、计算机及信息等知识密集型服务贸易额和比重均较低，且逆差较大。对此，在服务贸易出口方面，应重点培育通信、金融、计算机和信息服务、资讯等行业的服务贸易，积极承接服务外包；鼓励具有优势的服务企业赴境外投资，支持承包工程、建筑、运输、分销等服务企业在海外直接进行投资和本地化经营。在服务贸易进口方面，应引入战略投资者，加快中国服务业的重组，鼓励外资参与软件开发、跨境外包、物流服务等；通过引进国际上先进的技术、管理形式和经营方式，促进服务业的现代化，全面提升中国服务业在全球生产网络和价值链中的位置。

二 加强服务业和服务贸易领域立法，建立宽严适度的有效监管机制

加拿大政府根据《服务贸易总协定》（GATS）和《北美自由贸易协定》，针对服务行业不同部门，先后出台了有关服务业和服务贸易发展的诸多法律，如银行法、加拿大投资法、金融管理法、保险公司法、电信法等，并随着服务业和服务贸易部门的实际发展情况进行调整和完善，为服务业渐进式的开放和服务贸易发展创造了良好的法治基础和市场环境。同时，为保护本国服务业和服务贸易利益，加拿大采取渐进式的开放策略，对服务贸易设置了一定的壁垒，在WTO等多双边贸易框架下，针对金融服务、通信服务、运输服务、专业服务、建筑及有关工程服务等领域，通过立法限制外国服务公司的所有权，限定市场准入，以保护本国服务业，为本国居民提供更多的就业岗位。

在中国的经济与贸易立法中，服务贸易立法相对而言是最薄弱的环节，我国服务贸易法律框架也处于雏形阶段，很多服务贸易部门的法律处于空白状态，导致市场竞争过度，市场乱象频发；也有一些服务业部门法与GATS规范之间存在不少冲突，不利于我国服务部门的进一步开放。可见，法律对整个服务业的规范和保护有待加强。加快行业性基本法制定，减少服务贸易中法律规范真空状况，尽快完成服务贸易领域的各项法律制定，注重参照国际条约和国外的立法经验，对服务贸易的市场准入原则、有关服务贸易的投资、税收以及优惠条件等要以法律的形式确定下来，确保对服务业的开放以及服务贸易的监管真正的制度化和规范化。

三 优化政府管理协调机制，为服务贸易发展提供政策保障

从管理协调机制来看，加拿大作为联邦制国家，中央政府全权负责对外贸易谈判和相关贸易协定的签署，但随着贸易谈判所涉及内容越来越广泛，除大部分内容还属于中央政府的权限外，少数谈判内容也涉及地方政府的权限，这在服务贸易领域更为明显，如专业知识服务、保险服务等内容就涉及省政府的权限。为了协调中央政府和地方政府之间潜在的冲突，

中央政府会在服务贸易协议签订之前为地方政府提供征求意见的机会，并将谈判过程全面公开给地方政府，以强化中央政府和地方政府之间的沟通和协调。同时，加拿大还设有联邦和各省间贸易委员会（Federal-Provincial Territorial Committee on Trade），每年召开一次部长级会议及多次司局级会议，该机制在加拿大包括服务贸易在内的政策制定及谈判过程中，发挥着重要的协调和信息沟通的作用。此外，加拿大各省对若干服务部门的税收具有一定立法权，如不列颠哥伦比亚省为了鼓励服务贸易发展，对金融服务、环保技术服务、知识产权服务等企业采取减税或贸易退税政策，较为灵活地促进服务贸易发展。

除了官方设立的管理协调机构外，加拿大政府还批准专设负责服务贸易协调的中介组织和机构，有效促进了服务贸易的发展。加拿大服务贸易政策的制定及服务贸易谈判也比较重视征求私营部门、社会团体和专家学者的意见，并通过加拿大团队公司（Team Canada Inc.）和专家咨询小组（Expert Advisory Groups）这两个渠道来获得。其中，加拿大团队公司由联邦政府、省或地区政府以及行业协会等构成，通过提供信息咨询、金融保险、技巧培训、贸易展览和代表团等方式，为区域内从事服务贸易的企业提供便利的服务，来促进本地区内的制造业和服务业出口振兴活动；而专家咨询小组则是分部门对包括服务业在内的重点行业的发展状况和前景进行数据整理，开展量化指标及定性分析，为政策制定及贸易谈判负责官员提供大量的行业情报及专业意见，促进贸易政策制定及谈判的顺利开展。此外，加拿大国际贸易部还专门设立贸易政策制定和谈判意见征询网站，以便向社会各界广泛征求意见。

加拿大纵横联合的管理协调机制以及专设的中介组织沟通渠道值得中国借鉴。目前，我国服务贸易政府管理部门间已建立联席会议制度，但是横向的联系范围仍可进一步拓展，按照"重点促进、深入挖掘、重点关注"的原则，整合资源，协调合作，共同搭建服务贸易促进平台，研究服务贸易工作重点和推进政策措施。同时，在纵向政府部门间，加强省市商务主管部门的沟通协作，加强区域交流与合作。充分学习借鉴上海、北京等服务贸易发达地区的先进经验，跟踪了解陕西、云南、重庆等中西部地区跨越发展的措施，以经济基础相对较好和服务贸易领域具有特色的市为工作重点，积极推动各地服务贸易发展。此外，政府部门还应加强与中介机构的协作。充分发挥行业协会和商会等中介组织的桥梁作用，加强政府部门与中介组织的沟通交流与联系，在市场开拓、政策宣传、信息交流、企业培育、强化统计和行业自律等方面取得新进展。加强与高校、科研院所和职教机构的协作。依托高校和科研院所，分步开展关于服务贸易重点领域的课题调研，加强服务贸易人才培育力度，建立服务贸易人才信息库和人才服务机构，推动服务外包人才培训中心项目建设。

四 善用多双边、区域贸易协定谈判，促进服务贸易市场多元化发展

近年来，加拿大政府加紧了"全球商贸战略"实施的步伐，积极推进一系列双边经济框架协议的谈判，努力开拓北美以外的服务贸易市场，逐步与欧盟、亚洲主要国家如中国、韩国、新加坡、印度推进自由贸易协定的谈判。这些贸易协定为加拿大服务贸易发展提供了广阔的市场空间以及更便利的准入条件，并在服务贸易谈判机制的建立与协调以及服务贸易的标准与一致性、知识产权、海关程序、商业流动性等方面取得了一定的进展。

目前，中国商签和实施的多双边、区域贸易协定还存在一些明显不足：一是贸易自由化程度较低，有的条款不够完善，特别是早期签订的自贸协定。二是已签协定提供的优惠待遇利用水平不高，重谈判，轻利用，实际的经济效果还不很明显。三是自贸协定伙伴太少、发展经济贸易潜力有限。中国的自贸协定商签对象基本都是经济发展水平较低的发展中国家和经济规模较小的发达经济体，虽然降低了国内经济调整的成本，但取得的经济效益也相当有限。因此，中国要不断完善已经达成的多双边、区域贸易协定内容与合作机制，巩固已有的合作成果，加大已签署贸易协定的实施力度，设立专门机构具体研究与组织实施贸易协定战略，包括合作内容、合作方式、优惠利益的给予与获取等，借助外力推动国内改革进程，尤其是扩大和深化服务贸易开放领域。

第十章 澳大利亚服务贸易政策

推进服务贸易和投资自由化一直是澳大利亚政府的重要政策。近年来,澳大利亚致力于推动服务贸易协定(Trade in Services Agreement,TISA)谈判;同时,积极寻求通过双边及多边自由贸易协定拓展服务贸易海外市场。尽管受地理环境及人口总量等因素影响,澳大利亚服务贸易竞争力落后于美国、德国和英国等服务贸易发达国家。但是,其高度开放的服务贸易政策,以及主动寻求服务贸易自由化的理念,可以为中国服务贸易发展提供一定的启示与借鉴。

第一节 澳大利亚服务贸易发展现状

一 澳大利亚服务贸易在全球服务贸易中的地位

作为传统国际自由贸易市场的倡导者和推动者,澳大利亚政府坚信自由化市场对于经济增长的长远推动作用,因此,对服务业总体保持开放的态度。2013年,澳大利亚服务贸易总额达1270亿美元,位居世界第22位;其中出口额位居世界第25位,达520亿美元,约占世界服务贸易出口总额的1.1%;进口额位居世界第19位,达620亿美元,约占世界服务贸易进口总额的1.4%(见表10-1)。

表10-1 2010—2013年澳大利亚服务贸易进出口情况及世界排名

单位:10亿美元,%

年份	总额 排名	总额 金额	总额 全球份额	出口额 排名	出口额 金额	出口额 全球份额	进口额 排名	进口额 金额	进口额 全球份额
2010	20	103	1.4	21	53	1.5	19	50	1.4
2011	21	109	1.3	23	50	1.2	18	59	1.5

续表

年份	总额 排名	总额 金额	总额 全球份额	出口额 排名	出口额 金额	出口额 全球份额	进口额 排名	进口额 金额	进口额 全球份额
2012	21	118	1.4	23	53	1.2	18	65	1.6
2013	22	127	1.3	25	52	1.1	19	62	1.4

资料来源：根据世界贸易组织数据库相关数据制表。

总体来看，澳大利亚服务贸易增长依旧由内需拉动，进口增速高于出口。从外部环境看，世界经济依旧处于低速增长的"慢车道"，颓势短期难有改变。货物贸易的增速低迷必然对澳大利亚传统服务贸易优势产业，即与货运相关服务造成压力。尽管国际环境并不理想，但也给澳大利亚服务贸易产业结构调整与优化带来了新的契机。

虽然澳大利亚服务贸易排名不高，却对国际服务贸易自由化具有较大的影响力。第一，澳大利亚是全球服务贸易谈判的主要参与者和推动者，致力于多角度、全方位推进服务贸易自由化。在最新的国际服务贸易自由化谈判进程中，澳大利亚与美国、欧盟共同领导着服务贸易协定（TISA）谈判。其中，澳大利亚主持了2013年9月的第三轮谈判；随后，承办了2014年4月底于日内瓦举行的第六轮谈判。第二，尽管次贷危机影响了澳大利亚的经济发展，但从此前5年的服务贸易增长率来看，其服务贸易进出口额年均增长率依旧保持着1.9%的增速。从澳大利亚服务贸易总额占其全部贸易总额的比重而言，2012—2013年度为18.7%，远远高于2011—2012年度的17.6%。显然，其迅速扩大的服务贸易份额，展现出澳大利亚服务贸易对于促进全球服务贸易增长拥有着极佳的潜力。

二　澳大利亚服务业对国内经济增长的贡献度

随着贸易自由化战略整体的不断推进，服务业发展对澳大利亚经济增长举足轻重。自20世纪90年代以来，澳大利亚服务业总体保持增势，服务业增加值在GDP的占比由1990年的64.0%稳步增长至2001年的70.2%，随后一直维持在GDP的70%左右。

此外，由于澳大利亚服务业开放程度较高，受金融危机所造成的国际环境影响，服务业也不可避免地进入了低速增长调整阶段。从2000—2013

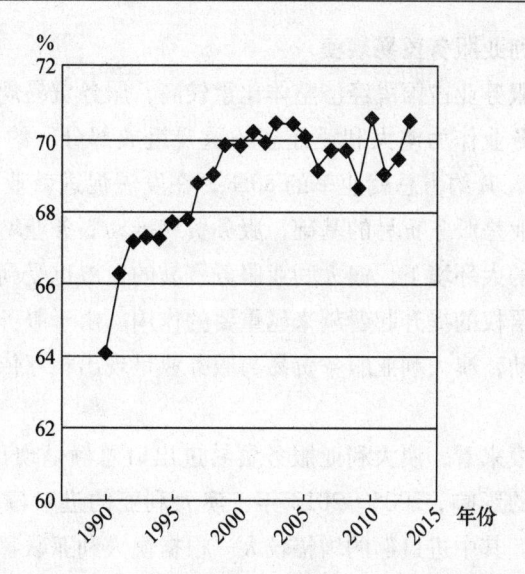

图 10 -1　1990—2013 年澳大利亚服务业增加值占 GDP 比率

资料来源：World Development Indicators 1990 -2013，http：//www.worldbank.org.

年的服务业年增长率来看，金融危机以前其增速稳定于 4% 左右，而 2007 年之后，增长规模出现一定程度萎缩，降至 2%，2011 年开始呈现一定程度的回升趋势。

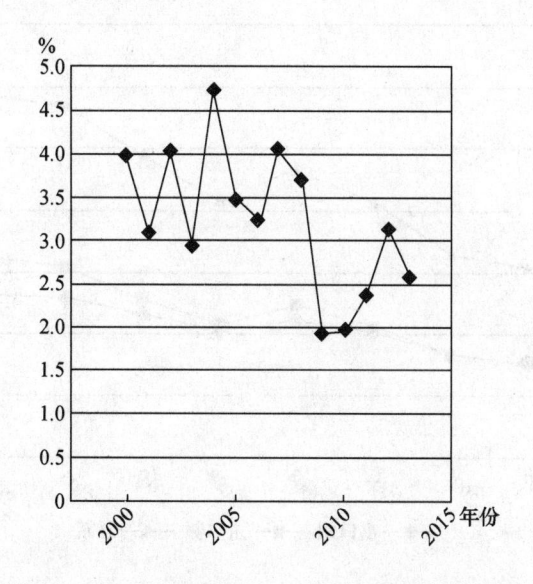

图 10 -2　2000—2013 年澳大利亚服务业年增长率

资料来源：World Development Indicators 1990 -2013，http：//www.worldbank.org.

三 澳大利亚服务贸易规模

澳大利亚服务业占国民经济整体比重较高,服务贸易规模的稳步增长功不可没。服务业作为澳大利亚经济的重要组成部分,约占其国内 GDP 的 70%。同时,其约占总就业率的 80%,在发展促进就业方面的作用尤为显著。服务业是服务贸易的基础,服务贸易推动服务业增长。在经济以服务业为支撑的大环境下,澳大利亚服务贸易的发展也受到拉动,对其国际贸易领域话语权的提升起着越来越重要的作用。由于服务贸易规模增加带来的良性驱动,澳大利亚服务贸易与服务业呈现出相互依存、相互促进的良好循环。

从总体规模来看,澳大利亚服务贸易进出口总额呈现稳步扩张趋势。除去金融危机的影响,2005—2012 年,澳大利亚的进口额和出口额都保持着良性增长,其中进口额的增幅较大。根据澳大利亚联邦统计局发布的官方数据,2012 年澳大利亚服务贸易总额为 1164 亿澳元,较上一年提升了 4.2%。与此同时,澳大利亚服务贸易总额占贸易总额的比重从上一年的 17.6% 提高至 18.7%。尽管如此,服务贸易所造成的财政赤字依旧逐年扩大,贸易赤字达 115 亿澳元,比上年同期增长了 8.83 亿澳元。

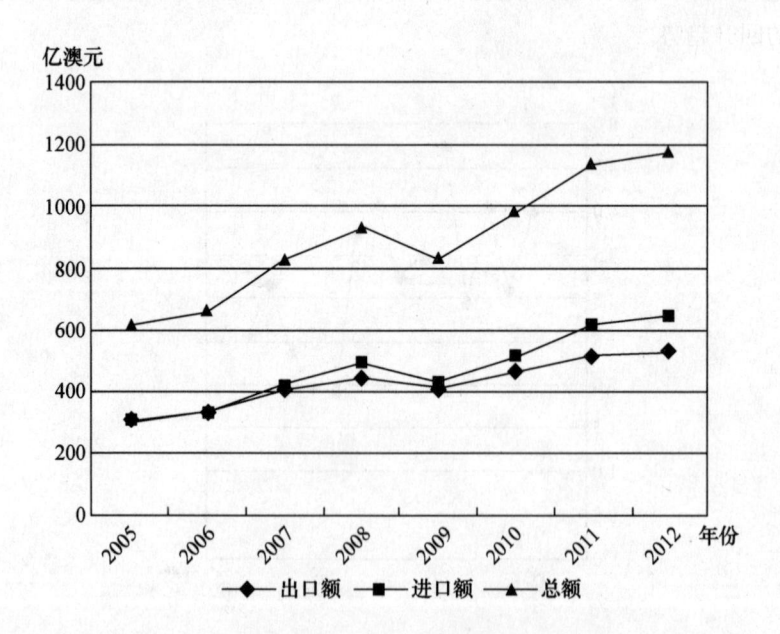

图 10-3 2005—2012 年澳大利亚服务贸易进出口总额

资料来源:World Development Indicators 1990-2013, http://www.worldbank.org.

澳大利亚服务贸易 2013 年出口额达到 551 亿澳元，比上年同期提升了 7.6%。其中，服务贸易出口数量提升 5.1%，出口价格提升 2.4%。此外，澳大利亚服务贸易出口额占其贸易总额的 17.3%，较上一年的 17.0% 略微上升。从总体贸易出口额比例上看，它占总额的 17.3%，仅次于矿物和能源商品的 49.3%，居第二位。从行业细分中来看，澳大利亚服务贸易出口增长主要由四个方面驱动，依次为：个人旅游服务（除教育）、金融服务、专业咨询和企业管理咨询服务、商务旅游服务。其中，金融服务增长迅猛，增幅为 51.7%。同时，旅游类服务增长依旧平稳。

表 10-2　　2013 年澳大利亚主要服务贸易出口部门的增长

单位：亿澳元，%

	增长额	增长率
个人旅游服务（除教育）	9.67	8.0
金融服务	8.41	51.7
专业咨询和企业管理咨询服务	7.26	18.9
商务旅游服务	3.22	9.1

资料来源：澳大利亚国家统计局（ABS）数据库目录。

澳大利亚服务贸易 2013 年进口额达到 697 亿澳元，比上年同期增长 10.4%，其中进口增长 3.8%，进口服务价格增长 6.4%，表明澳大利亚对于低端基础服务需求的进一步扩大。不仅如此，澳大利亚服务贸易进口额于 2008—2013 年期间，年均增长率为 4.1%，进口额的稳步增长扩大了澳大利亚的贸易逆差。澳大利亚服务贸易进口额约占其进口总额的 21.2%，较上年同期的 19.5% 有一定增长。从总体进口比例上看，它次于中间商品（如汽车零部件）的 33.6% 和消费品的 24.1%，达 21.2%，居第三位。从行业细分中来看，澳大利亚服务贸易进口增长主要由三个方面驱动，依次为：个人旅游服务（除教育）、专业咨询和企业管理咨询服务、技术和贸易相关商业服务。其中，专业咨询和企业管理咨询服务的增幅高达 39.1%，从总额上看，其也是澳大利亚服务贸易进口的第二大增长点。

表10-3　　2013年澳大利亚主要服务贸易进口部门的增长贡献额

单位：亿澳元，%

	增长额	增长率
个人旅游服务（除教育）	23	10.2
专业咨询和企业管理咨询服务	14	39.1
技术和贸易相关商业服务	11	21.0

资料来源：澳大利亚国家统计局（ABS）数据库目录。

总体来看，澳大利亚服务贸易规模呈良性增长。2013年，澳大利亚服务贸易总额占其总贸易额的19.3%。2008—2013年服务贸易总额的年平均增长率为2.7%。值得一提的是，如果考虑中间服务在价值链上的增值作用，澳大利亚的服务出口规模将会更大。由此可见，随着澳大利亚的服务贸易总额稳步提升，不但其规模增长，质量也日渐加强。

四　澳大利亚服务贸易作业结构

由于全球经济下行的压力，澳大利亚服务贸易产业进入转型期。高附加值服务贸易快速增长，服务贸易结构日渐优化。从出口方面看，传统的客运服务与教育相关服务的增长呈低迷状态，取而代之的是具有较高附加值新兴产业的蓬勃发展，如个人旅游服务（除教育）、专业咨询和企业管理咨询服务、商务旅游服务、金融服务。尤其是金融服务，作为传统的高附加值行业，在2013年初实现了对外出口同比增加42.8%的惊人增幅，弥补了汇率贬值对传统优势服务性行业的冲击。从进口方面看，国民对高附加值的个人旅游服务（除教育）和金融服务的进口需求逐步下降。同时，对客运服务、技术和贸易相关商业服务等基础服务的需求稳步上升。

根据2013年澳大利亚国家统计局的数据，澳大利亚涉及服务贸易进出口方面的服务业主要包含如下12个领域：他人拥有的制造服务、维修服务、运输服务、旅游服务、施工服务、保险与养老服务、金融服务、知识产权服务、通信与电子信息服务、其他商业服务、个人文化与娱乐服务、政府服务。这些部门在澳大利亚的服务贸易进出口中发挥重要作用。

由于澳大利亚服务贸易遵从其自身的比较优势，其服务贸易支柱产业一直是传统的运输服务和旅游服务两大块。澳大利亚拥有着丰富的自然资源，是资源输出大国，加上其特殊的地理位置，运输服务自然是促进贸易进出口的重中之重。与此同时，澳大利亚特殊的自然风光与低人口密度造就的得天独厚环境,也使其成为发展各种旅行服务的首选之地。在澳大利亚国家统计局的年度统计中,将12个主要部门分成三大类:运输服务、旅游服务和其他服务(他人拥有的制造服务和维修服务除外)。

1. 运输服务

澳大利亚作为传统的矿产与能源输出大国,2012年的货物与能源出口额达到全澳货物及劳务出口额的48.5%。因此,与之配套的运输服务贸易自然成为澳大利亚服务贸易中传统的优势行业,一直保持服务贸易部门中第二大行业的地位。但相对金融危机前的稳定增长,近年来其一直无法摆脱逐步下降的颓势。从出口方面看,自2007年以来,澳大利亚的运输服务出口一直按年均6.0%的速度递减。然而,在运输服务贸易数量下降的同时,其服务的附加值却在递增。以2013年为例,尽管澳大利亚的运输服务出口增长率仅为1.4%,其中运输服务数量下降了1.8%,但运输服务价格却增加了3.3%。从进口方面看,澳大利亚的运输服务贸易进口5年内依旧保持0.8%的年均增长率,增长趋势稳健。2013年年增长率为2.6%。尤为重要的是,其他运输服务上升比率为72.1%,预示着澳大利亚服务贸易迅速向多元化方向转变。

表10-4　　　　　　　　2013年澳大利亚运输服务进出口

单位:亿澳元,%

运输服务	出口		进口	
	年增长率	GDP增量	年增长率	GDP增量
客运服务	-6.0	23	-0.9	68
货物运输服务	-5.2	3.3	1.3	93
邮政快递服务	14.8	12	30.9	1.06
其他运输服务	4.4	24	72.1	8.26
运输服务总计	1.4	63	2.6	171

资料来源:澳大利亚国家统计局(ABS)数据库目录。

2. 旅游服务

澳大利亚旅游业是其经济发展的重要组成部分。从服务贸易总额看,旅游服务约占澳大利亚服务贸易出口总量的60%,是其最大的产业。从行业特殊性来看,旅游服务带动了教育、零售、金融、电信邮政、保险和建筑等行业的发展，是澳大利亚经济发展支柱产业。澳大利亚国家统计局的数据显示，2007年以来，旅游服务贸易的出口量一直保持着年均2.1%的增速。以2013年为例，旅游服务出口额较上年同期提升4.7%，其中出口数量提升2.6%，同时出口价格增加2.0%。进口方面，进口额增长率达8.8%，其旅游服务进口需求较大。从长期增量来看，旅游服务贸易保持着5年内年均4.3%的稳步增长。进一步分析，进口额的增长主要由旅游服务进口价格上升8.5%所导致。因此，短期旅游服务进口需求的增长可能主要由于近年来澳元的持续贬值所致。

总体上看，澳大利亚旅游服务作为其服务贸易的支柱产业增长强劲，十几年来持续为澳大利亚提供每年约50亿澳元的贸易顺差。其中，个人旅游服务（除教育）作为澳大利亚最大的服务贸易进口行业，2013年增长率为10.2%，高速增长的同时，以绝对优势占据了澳大利亚旅游服务出口总额中的近90%。从长远分析，商业旅游需求的稳步提升，体现了澳大利亚经济环境重新恢复活跃，预示着其经济趋势的良性发展。

表10-5　　　　　　　　2013年澳大利亚旅游服务进出口

单位：亿澳元，%

旅游服务	出口 年增长率	出口 GDP增量	进口 年增长率	进口 GDP增量
教育相关旅游服务	3.8	150	1.6	11
个人旅游服务（除教育）	8.0	131	10.2	247
商务旅游服务	-1.9	40	2.3	36
旅游服务出口总计	4.7	311	8.8	294

资料来源：澳大利亚国家统计局（ABS）数据库目录。

3. 其他服务

澳大利亚现有的统计报表中，其他服务分为如下8类：施工服务、保险与养老服务、金融服务、知识产权服务、通信与电子信息服务、其他商业服务、个人文化与娱乐服务和政府服务（由于维修服务和他人制造服务在统计报表中占比较小，因此不计入统计）。

出口方面，其他服务中以专业咨询和企业管理咨询服务、金融服务、电子信息服务、技术及贸易相关商业服务4小类最重要。虽然自2008年以来，其他服务出口额增长缓慢，年平均增长率仅为2.7%。截至2013年，其他服务较上年迅猛增长，年增长率达到16.0%，出口总额为166亿澳元。其中，金融服务出口呈现爆发式增长，达到51.7%。与此同时，专业咨询和企业管理咨询服务也获得了长足的发展，无论是18.9%的年增长率，还是46亿澳元的GDP贡献额，都说明澳大利亚商业服务在迅速转型升级。尽管传统的知识产权费服务出口略有下降，但依旧无法阻止澳大利亚服务贸易结构向高附加值方向发展的萌芽。

表10-6　　　　　　　　2013年澳大利亚其他服务出口

单位：亿澳元,%

其他服务出口	年增长率	GDP增量
专业咨询和企业管理咨询服务	18.9	46
金融服务	51.7	25
电子信息服务	13.9	19
技术及贸易相关商业服务	9.1	39
其他服务出口总计	16.0	166

资料来源：澳大利亚国家统计局（ABS）数据库目录。

进口方面，澳大利亚服务贸易主要需求集中于：技术及贸易相关商业服务、知识产权费服务、专业咨询和企业管理咨询服务、电子信息服务。总体上，2013年其他服务进口保持着18.5%的高增速，总量为225亿澳元。其中进口数量增长率为9.7%，显示出澳大利亚整体经济环境日益增长的活力。从近期趋势来看，5年内年均增长率为4.7%，增长较为稳定。如表10-7所示，其他服务进口的高速增长主要受技术及贸易相关商业服务、专业咨询和企业管理咨询服务、电子信息服务三部分影响，其年增长率分别为21.0%、39.1%和29.1%。其中，专业咨询和企业管理咨询服务最为突出，总需求较上年同期增加了近14亿澳元。从总体来看，这三个快速增长的行业也是与其经济复苏联系最为紧密的行业。可见，澳大利亚逐步摆脱金融危机的阴影，行业结构逐渐优化，总体经济也开始恢复活力。

表 10-7   2013 年澳大利亚其他服务进口

单位：亿澳元,%

其他服务进口	年增长率	GDP 增量
技术及贸易相关商业服务	21.0	62
知识产权费服务	1.3	40
专业咨询和企业管理咨询服务	39.1	51
电子信息服务	29.1	23
其他服务总计	18.5	225

资料来源：澳大利亚国家统计局（ABS）数据库目录。

五　澳大利亚服务贸易的地理结构

1. 按国别（地区）划分

2012 年，澳大利亚主要双边服务贸易伙伴中占总贸易额 5% 以上的国家依次为美国、英国、中国、新加坡和新西兰。其中，美国以 14.5% 的绝对优势力压其他国家。英国、中国和新加坡差距不大，各占 7% 左右，分别为 7.8%、7.3% 和 7.1%。新西兰虽是小国，但拥有与澳大利亚邻近的地理

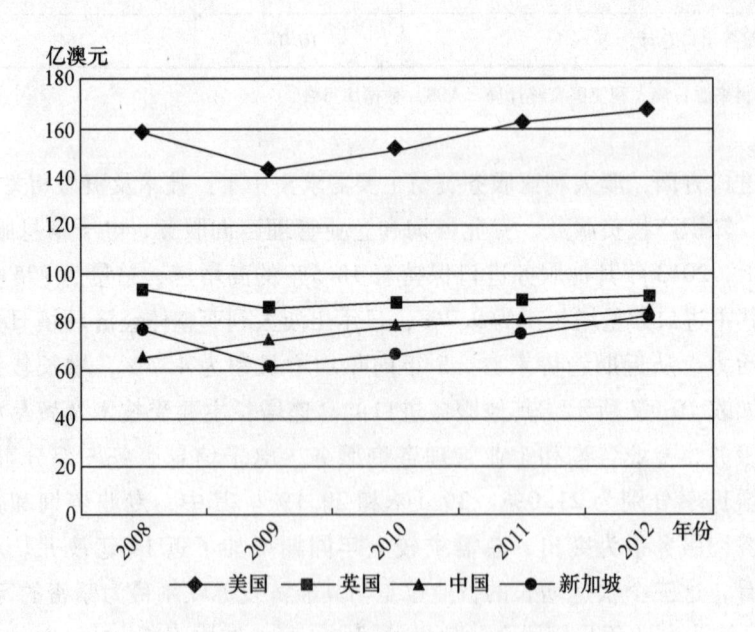

图 10-4　2008—2012 年澳大利亚主要服务贸易国
五年内服务贸易额

资料来源：澳大利亚国家统计局（ABS）数据库目录。

位置和相似的人文环境，占5%的贸易总额。值得注意的是，澳大利亚双边服务贸易伙伴中，排在前十位的有七个来自亚洲地区，依次为中国、新加坡、日本、中国香港、印度尼西亚、泰国和马来西亚。由此可见，澳大利亚与亚洲服务贸易市场有着极为紧密的相互依存度。

澳大利亚服务贸易受国际经济大环境影响，在美国次贷危机之后一度受挫。除了中国以外，其主要服务贸易伙伴国自2011—2012年才陆续摆脱服务贸易经济下行的阴影，逐渐恢复原来的水平。然而，中澳双边服务贸易并未受国际经济下滑的影响，依旧保持稳健的增长态势，体现了中澳服务贸易独特的紧密依存度。按此增速，预计在三年内中国将取代英国成为澳大利亚第二大双边服务贸易伙伴国。

（1）出口方面。如表10-8所示，中国是澳大利亚最重要的出口市场，占服务贸易出口总额的12.5%。同时，其对中国市场的出口呈递增趋势，自2007年以来，年平均增长率为9.2%，远超其第二大出口市场美国的1.0%。

表10-8　　　　　　2013年澳大利亚前十大服务贸易出口市场

单位：亿澳元，%

国家（地区）	出口额	市场百分比	排名
中国	68.81	12.5	1
美国	59.51	10.8	2
英国	39.82	7.2	3
新西兰	36.26	6.6	4
新加坡	35.49	6.4	5
日本	19.91	3.6	6
印度	19.21	3.5	7
中国香港	18.22	33	8
韩国	16.75	3.0	9
马来西亚	16.64	3.0	10
总计	550.70	100.0	

资料来源：澳大利亚国家统计局（ABS）数据库目录。

显然，中国作为澳大利亚最重要的服务贸易出口国，提供了巨额的贸易顺差。然而，尽管澳大利亚对中国市场出口数额惊人，获利点却极为单一。例如，2012年，66.62亿澳元的顺差中仅旅游服务出口就占据了59.64亿澳元，达到澳大利亚对中国服务贸易总出口额的90%。进一步细分，澳大利亚对中国市场个人旅游服务顺差为55.64亿澳元，其中教育相关旅游服务达39.67亿澳元，占其顺差的60%。与之相对，美国市场更为多元化，贸易顺差贡献度超过10%的行业有运输服务、商业旅游服务、个人旅游服务、施工服务、个人文化及娱乐服务。此外，保险及养老服务、金融服务、知识产权费服务和政府服务所提供的顺差也较为可观。与中国相比，美国市场所提供的教育相关的顺差仅占其总额的3%，远低于中国的60%。对比其他国家可以发现，澳大利亚对亚洲发展中国家的服务贸易顺差普遍依赖于个人旅游行业，尤其是教育相关的旅游行业，服务贸易结构较为单一。与之相反，多数发达国家与澳大利亚的服务贸易呈现多元化趋势。

（2）进口方面。如表10-9所示，2013年，美国在澳大利亚服务贸易进口总额的占比最高，达到17.8%，共计124.30亿澳元。同时，澳大利亚对美国的近5年服务贸易年均进口额也呈现4.4%的稳步上升趋势，高于排名第二的英国（2.6%）和排名第三的新加坡（2.3%）。

表10-9　　　　　　2013年澳大利亚前十大服务贸易进口来源国

单位：亿澳元,%

国家（地区）	进口额	市场百分比	排名
美国	124.30	17.8	1
英国	58.48	8.4	2
新加坡	49.43	7.1	3
新西兰	31.31	4.5	4
印度尼西亚	24.85	3.6	5
泰国	24.39	3.5	6
中国香港	23.28	3.3	7
日本	23.07	3.3	8
中国	20.79	3.0	9
德国	16.65	2.4	10
总计	696.99	100.0	

资料来源：澳大利亚国家统计局（ABS）数据库目录。

由此可见，美国是澳大利亚最重要的服务贸易进口来源，其后为英国、新加坡和新西兰。除中国之外，这些进口来源国家的排位顺序和澳大利亚出口市场排名的顺序基本一致。美国和英国作为澳大利亚进口来源国，其服务贸易相关行业是多元化趋势。排行第三的新加坡，是澳大利亚重要的运输服务的进口来源国，其运输服务占澳大利亚运输服务贸易进口总额的63%。此外，日本和中国香港，也以进口运输服务为主。新西兰、泰国、印度尼西亚和中国，则主要提供旅游服务。其中，印度尼西亚仅以旅游服务为支撑，有别于新西兰、泰国和中国，在依靠本国自然资源优势增进旅游服务的同时，致力于推动运输服务贸易发展。

2. 按区域合作范围划分

从管理体制上来看，澳大利亚政府作为服务贸易促进型政府，致力于推动服务贸易自由化谈判，同时积极参与区域范围内各主要经济合作组织，或与之保持良好的联系。其中，最为重要的4大区域经济合作组织，按对澳大利亚服务贸易影响力大小依次为：亚太经贸合作组织（APEC）、经济与合作发展组织（OECD）、东盟10国（ASEAN 10）和欧盟27国（EU 27）。

（1）出口方面。从服务贸易出口方面看，2013年澳大利亚参与的各大区域经济合作组织成员国服务贸易出口势头良好。如EU 27秉持着高度经济一体化和致力于服务贸易开放的态度，促进了澳大利亚对其出口额的稳步提升。APEC国家服务贸易额增长稳健，市场占有率高达60.4%，成为澳大利亚服务贸易出口增长最重要的核心。同时，OECD国家对澳大利亚服务贸易出口增长率的贡献开始回暖。作为老牌的发达国家经济合作组织，OECD囊括了世界近2/3的商品与服务贸易份额。对于澳大利亚，OECD依旧是其出口市场占有率第二的重要合作组织。

表10-10　2013年澳大利亚与区域经济合作组织的服务贸易出口情况

单位：亿澳元,%

区域服务贸易组织	出口增长率	贸易额	占总体比例
亚太经贸合作组织（APEC）	6.1	332.65	60.4
东盟10国（ASEAN 10）	5.8	89.32	16.2
经济与合作发展组织（OECD）	6.3	245.10	44.5
欧盟27国（EU 27）	8.6	90.69	16.5

资料来源：澳大利亚国家统计局（ABS）数据库目录。

(2) 进口方面。从服务贸易进口方面看，各区域经济合作组织一扫之前总体增长疲软的趋势，进入了贸易额上行的"快车道"。APEC 国家和 ASEAN 10 国家增速较快，分别为 10.9% 和 10.5%。同时，OECD 国家依旧保持其总体占比优势，整体增势稳中有进。与其他组织的快速增长相比，EU 27 的增速最慢，仅为 6.1%。一方面，澳大利亚汇率下降导致了赴欧旅游服务贸易需求的萎缩，另一方面，欧盟的经济疲软促使澳大利亚逐渐将目光转向更为邻近的亚洲国家。

表 10-11 2013 年澳大利亚与区域经济合作组织的服务贸易进口情况

单位：亿澳元，%

区域服务贸易组织	进口增长率	贸易额	占总体比例
亚太经贸合作组织（APEC）	10.9	383.48	55.0
东盟 10 国（ASEAN 10）	10.5	132.07	18.9
经济与合作发展组织（OECD）	8.6	366.02	52.5
欧盟 27 国（EU 27）	6.1	14.824	21.3

资料来源：澳大利亚国家统计局（ABS）数据库目录。

第二节 澳大利亚服务贸易发展的历史演变及主要特点

一 澳大利亚服务贸易发展的历史演变

自 1960 年以来，澳大利亚逐渐告别运输服务业一家独大的服务贸易早期时代。依靠多元化服务贸易战略的驱动，服务贸易规模逐年扩大。直到 20 世纪 80 年代，澳大利亚服务贸易增长放缓，从近两位数增长下降至 2000 年的 5.9%，并以年均 0.3% 的速度进一步下滑。同时，服务贸易的高速增长带动了服务业的增长，1980—2000 年，澳大利亚服务业的年均增长率约为 3.8%，超出其国民生产总值 0.8 个百分点。随后尽管受到金融危机的冲击，澳大利亚服务贸易增长趋势依旧能够很快恢复平稳，体现出了经济上良好的稳定性。虽然澳大利亚作为世界市场的接受者，不可避免地受到国际大环境影响，但其服务业发展总体表现强健。与此同时，服务贸易发展规模急速扩张的时代已经过去，稳定增长的同时另寻新驱动的时代正在到来。大体上可把澳大利亚服务贸易发展进程分为如下四个阶段：

1. 早期萌芽阶段：20世纪60年代至80年代

早在20世纪60年代，作为物产资源丰富的传统出口导向型国家，澳大利亚服务贸易主要集中于运输服务业。此时，澳大利亚的服务贸易主要集中于矿物、畜牧及农产品运输提供与传统货物贸易相关的服务，如货物流通和货物装卸服务。1960年，货物运输服务占澳大利亚服务贸易出口总额的70%和进口总额的66%。受服务贸易多元化的国际大环境影响，传统运输服务贸易产业一家独大的情形逐渐引起政府的忧虑。尤其是70年代的国际石油危机，使澳大利亚极度依赖货物出口的经济受到重创。澳大利亚逐步开启了服务贸易产业多元化的进程。

2. 中期转型阶段：20世纪80年代至1989年

20世纪80年代初期，澳大利亚受国际经济下行的影响，经济衰退、失业率提升。同时，澳大利亚服务贸易告别了最初的黄金期，从1983年开始增速逐渐下滑。为了减缓这种趋势的蔓延，澳大利亚政府通过一系列政策调整，推动工业发展从内向型向外向型转变。同时，政府也致力增强服务产业的多元性，逐步告别服务贸易单纯依赖货物贸易发展的窘况。从教育相关服务业看，澳大利亚政府于1979年结束了留学生免费留学制度，开始实施《外国留学生收费条例》。80年代末期，澳大利亚进一步推行了《高等教育贡献方案》，通过高等教育改革，将教育相关服务业发展成一个真正具有规模效应的服务贸易产业。从旅游相关服务业看，随着西方发达国家逐步走出"滞胀"的阴影，拥有得天独厚旅游资源的澳大利亚，开始着手发展与旅游相关的服务业。从商业相关服务业看，澳大利亚以拥有英语语言及西方文化的优势，进一步缩小其与西方发达国家的服务贸易壁垒。随着转型的步伐，澳大利亚服务贸易统计在此阶段主要分为旅游服务、运输服务、教育服务和其他商业服务这四大基本部门。

3. 后期迅猛发展阶段：1989—2007年

自20世纪90年代初，在全球性私有化及自由化浪潮的冲击下，澳大利亚政府逐步废除了对原有公营部门的保护。如1989年废除了对通讯业的垄断；1990年逐渐开放了航空运输业的多种限制；1991年废除了银行完全公有化的制约。通过自由化市场规范，澳大利亚迎来了服务业发展的黄金期。同时，澳大利亚传统运输业优势日益衰减。随着服务贸易总额的增长，其份额逐步被其他服务业所替代。在此期间，旅游服务业出口进入增长的"快车道"，个人旅游服务（除教育）开始取代传统的运输服务业，并在服务贸易中占主导地位。以个人旅游服务（除教育）为例，1990年个人旅游服务（除教育）出口额仅为40亿澳元，占旅游服务贸易出口总额的29.0%，至2007年已经增长到119亿澳元。尽管经过近3倍的增长，个人旅游服务（除教育）在总贸易额中的占比没有增长，甚至略有下降，但这充分反映了澳大利亚各服务行业发展齐头并进，服务贸易市场已经渐趋成熟。1990—2007年是澳大利亚服务贸易发展最快的阶段。

4. 多元化调整阶段：2007年至今

受金融危机的影响，澳大利亚加快了服务业发展多元化进程。澳大利亚政府继续发展传统优势服务业部门的同时，优先支持金融服务业、法律及专业服务业、教育业、通讯业和环境服务业等有增长潜力的服务。具体措施包括：逐步放松原先对于海外投资较为严格的股权限制，降低服务业的市场准入；修改相关的法律法规，为海外商业投资提供合作上的便利；推进监管透明度；降低国际转移支付上的限制。

值得注意的是，目前澳大利亚服务贸易已经逐步脱离对自然资源的依赖，传统的与矿产资源相关的服务业和个人旅游服务（除教育）优势进一步弱化。2007—2010年，随着澳大利亚海外留学潮的爆发，教育相关旅游服务业成为澳大利亚最大的服务出口产业。从过去20年间的发展趋势看，其平均年增长率高达15.9%。至2011年，教育相关旅游服务出口额达到158亿澳元，占服务贸易出口总额的31.2%。相比1990年的9.5亿澳元，6.8%的出口占比，澳大利亚教育相关旅游服务的发展增速较快。

二 澳大利亚服务贸易发展的主要特点

1. 服务贸易进出口增长稳健

出口方面，在过去的20年间，1991年服务贸易出口额仅为139亿澳元，至2011年已经达到505亿澳元，年均增长率为6.8%。尽管服务贸易增长如此强劲，从统计上看，澳大利亚服务贸易出口额占整体贸易出口额的比重都呈略微下降趋势。这是由于澳大利亚传统贸易出口行业没有克服对自然资源的依赖，发展中国家对铁矿石精炼业和煤炭产业的强大需求使国际市场自然资源价格持续走高。因此，从整体看，澳大利亚服务贸易始终保持着稳中有进的增长。

进口方面，1990—2011 年，澳大利亚服务贸易进口额年均增长率为 6.1%，进口量年均增长率 5.2%。1990 年的服务贸易进口总额为 178 亿澳元，到了 2011 年，进口总额达到 573 亿澳元。在澳大利亚服务贸易进口领域中，个人旅游服务（除教育）经过 20 年的发展占据了不可动摇的主导地位。其进口额自 1990 年一直保持着飞快增长，从 1990 年占服务贸易进口总额的 20.2%，增至 2011 年的 37.8%。一方面是澳大利亚居民赴海外度假的意愿逐渐提升；另一方面取决于交通与通信设施的发展。至 2011 年，个人旅游服务（除教育）总进口额已经由 1990 年的 36 亿澳元增至 217 亿澳元，年平均增长率为 9.9%。与之相比，传统运输服务进口总额下滑，从 1990 年的 32.4% 跌至 2011 年的 25.7%。

2. 旅游、运输和教育具有较强的竞争优势

旅游、运输及教育一直是澳大利亚服务贸易出口中最有竞争力的三个部门，也是澳大利亚服务贸易出口额增长的主要推动力。这些部门的培养和澳大利亚自身蕴含的比较优势息息相关。

澳大利亚地广人稀，矿产资源丰富，地理位置特殊，处于四面环海的大洋洲。因此，澳大利亚政府顺应比较优势，为了配合矿产、农作物资源输出，大力发展运输业，尤其是海运服务业，使其最终成为澳大利亚国际贸易增长的支柱。同时，澳洲大陆生态环境封闭且独立，拥有着许多珍稀物种和独特的自然风光。澳大利亚政府通过保护环境、加强宣传、提升旅游相关基础设施水平等方面的努力，积极开发、推动旅游服务贸易的发展。另外，作为英国的原殖民地，其语言、制度、文化与西方英语语系国家同源。澳大利亚政府把握机遇，通过 20 世纪 80 年代开始的一系列教育改革，开放教育服务市场、引进海外留学生、提升教育水平，最终确立了澳大利亚在国际教育服务方面的领先地位。从早期的运输服务贸易占进出口总额 70%，至现在运输服务贸易、旅游服务贸易和商务其他服务贸易三足鼎立澳大利亚产业结构不断优化，服务贸易多元化发展，使服务贸易产业结构逐渐变得更为平均。以 2007 年为例：运输服务进口额依旧举足轻重，占服务贸易进口总额的 35%；同时随着澳大利亚出国旅游服务需求的激增，旅游服务贸易进口额占服务贸易进口总额的 36%；商务及其他服务贸易进口额占总额的 29%。

多元化服务贸易产业越发重要。教育和其他个人旅游产业现在已经成为澳大利亚第三和第四大出口产业，仅次于传统的煤炭和铁矿石出口。其

中，教育服务产业的增速最为迅猛，从1990年的9.5亿澳元增至金融危机前的117亿澳元，平均年增长率约为17%。以娱乐休闲旅行为主体的其他个人旅行产业的出口额也保持良好的发展势头，由20世纪80年代的年增长率21%至90年代的年增长率11%，增速虽有降低但增长依旧惊人。商业服务增长平稳并持续影响着日常工作生活的方方面面，主要有专业性劳务服务、金融和保险服务、电子信息服务和技术服务等。

3. 知识密集型生产性服务发展较快

随着信息技术的发展与知识经济时代的到来，知识密集型生产性服务业重要性的提升，其他的服务贸易部门，如金融、环保、医疗、电信、设计及法律等中间性专业服务出口额在澳大利亚服务贸易出口总额中的占比也在不断上升。

第三节 澳大利亚服务贸易自由化

澳大利亚虽是发达国家，但其服务贸易总额在世界排名并不突出，具有较强竞争优势的为传统旅游业和运输业。尽管通过教育自由化改革提升了教育服务业的竞争力，但许多具有高附加值服务贸易领域并不成熟。因此，澳大利亚具有开拓国际服务贸易市场的强烈意愿，希望通过全面的自由化来增强澳大利亚高附加值服务贸易产业的发展，同时通过积极参与和引导双边及多边国际服务贸易谈判的进程，降低贸易壁垒，推进自由化，最终提升其国际服务贸易竞争力。

一 澳大利亚服务贸易自由化程度

根据WTO所提供的各国《服务贸易总协定》（GATS）与最惠贸易协定（PTA）开放承诺的开放度比较，澳大利亚服务贸易的开放度在国际中较为领先。尤其在GATS中的平均开放度承诺为56.9（范围为"0—100"），略高于美国55.4和欧盟55.3，仅次于中国台湾61.6、瑞士59.5和挪威58.6。同时，在最惠贸易协定中高达82.5的开放度可知，澳大利亚致力于推动双边及区域服务贸易协定的进一步开放。

从服务贸易模式来看，澳大利亚在基于GATS的跨境交付（模式一）中的开放度为51.8，远低于最惠贸易协定的最高开放度80.3；同时澳大利亚基于GATS的商业存在（模式三）的开放度62.0，也远低于最惠贸易协定的 84.6。由此可见，澳大利亚在双边与区域服务贸易协定开放承诺中的开放度要远高于其 GATS 中的开放度承诺。

表 10-12　　澳大利亚服务贸易各部门开放度承诺

	服务贸易总协定（GATS）	最惠贸易协定（PTA）
专业性劳务服务	80	86
计算机服务	100	100
邮政快递服务	0	50
电信服务	93	96
视听服务	0	50
建筑施工服务	83	100
分销服务	69	84
教育服务	30	55
环境服务	50	100
保险服务	65	73
银行和金融服务	33	35
健康和社会福利服务	8	13
旅游服务	75	100
娱乐服务	38	72
海上运输服务	45	71
空中运输服务	60	95
辅助运输服务	71	100

资料来源：根据 WTO 数据库相关数据整理制表。

从部门来看，澳大利亚服务贸易开放度最高的部门是计算机服务，其 GATS 和最惠贸易协定的开放度承诺均为 100。其次是电信服务、建筑施工服务和专业性劳务服务，开放度承诺均为 80 以上。值得一提的是，在最惠贸易协定中，澳大利亚有多项部门的开放度承诺达到 100，分别为计算机服务、建筑施工服务、环境服务、旅游服务和辅助运输服务。

二　澳大利亚主要服务贸易部门自由化进程

澳大利亚服务贸易自由化主要通过完善服务贸易相关立法实行开放与保护。作为一个地广人稀的小政府国家，澳大利亚一直致力于推进服务贸易相关法律体系的完善，以此规范市场，实现自由竞争。同时，澳大利亚也积极更新相关法律，通过改善商业环境，支持服务贸易支柱产业的出口，确保自由化政策有利于国内经济的发展。下面将从教育服务、旅游服务和海运服务这三个澳大利亚主要服务贸易部门来探讨其服务贸易自由化进程。

1. 教育服务

尽管澳大利亚新兴的高附加值服务贸易部门呈多线并进的良好势头，但从总量来看，其主要服务贸易增额依旧依赖教育服务业的发展，较为单一。因此，教育作为澳大利亚服务贸易近几年的支柱性产业，对澳大利亚服务贸易自由化的整体推进起着至关重要的作用。加入 GATS 之后，澳大利亚在跨境交付、境外消费、商业存在和自然人流动四个方面的自由化都有突破。特别是教育服务的发展带动了与教育相关旅游服务业，为澳大利亚服务贸易自由化和多元化提供了坚实的基础。

早在 20 世纪 70 年代，澳大利亚就尝试施行海外留学生计划，以此改变教育服务贸易进口国的状况。然而，当时澳大利亚教育制度没有进行改革，教育服务贸易自由化还未成型，在跨境交付、境外消费、商业存在、自然人流动四方面皆有壁垒，吸引海外留学生的数量并不多。

乌拉圭回合谈判期间，澳大利亚为了实行教育服务贸易自由化，在私人办学上做出了相当大的让步，除初等教育和成人教育之外，承诺对中等教育、高等教育和其他教育领域相继实行开放。尽管当时并没有专项关于教育的自然人流动特殊条款，因此讲师、教授和教育管理者需要与其他期望在澳大利亚工作的人申请同样的签证，但澳大利亚放松了其他三个模式的市场准入限制，即跨境交付、境外消费和商业存在。这意味着澳大利亚政府不再限制海外学生登记人数，同时取消了对国外教育服务贸易投资者的市场准入限制。在此期间，澳大利亚还提出了对跨境交付和境外消费模式采用国民待遇，即联邦政府不再对此方面国内外相关服务提供者进行差别待遇。但澳大利亚对于商业存在还未实行国民待遇，政府依然保留对外国投资者在澳建校政府津贴分配上的差别待遇。

1995 年，澳大利亚开始逐步推进教育质量规范化流程，对在澳大利亚经营的外国教育服务提供者实行审批，特别在于规范了高等教育相关产业的审批制度。同时，联邦政府通过建立澳大利亚质量体系（AQF），为澳大利亚教育业设立了一个规范化标准，无论是来自国内还是国际，市场新进者还是目前存在者，都必须遵守这些基本标准，以确保澳大利亚教育服务贸易产业在国际上的竞争力。

后期,澳大利亚联邦政府主要以法律规范的方式来促进其教育服务贸易自由化。从2000年至2001年,澳大利亚通过了《海外留学生教育服务法2000》,以此规范和保护海外留学生应该享有的利益,也为澳大利亚教育服务贸易的发展树立正面形象。同时,联邦政府为了推进自由化,设立了澳大利亚大学质量机构(AUQA)和澳大利亚大学教员委员会(AUTC),以确保教育服务产业的服务质量,提升其国际竞争力。2011年,澳大利亚在《海外留学生教育服务法2000》的基础上建立了最新的《高等教育质量和标准署法案2011》,同时专门成立了高等教育质量和标准署确保该法案的合理实施。这样,澳大利亚教育服务贸易在短短的40年间从无到有,最终依靠自由化的方式成为其服务贸易的支柱产业。

2. 旅游服务

澳大利亚旅游服务的开放程度很高,按WTO数据库最惠贸易协定(PTA)数据来看,除自然人流动和商业存在方面有壁垒外,跨境交付和境外消费方面几乎没有限制。例如,早在1983年,澳大利亚就率先废止了大多数的外汇管制;只需进行必要的申报,外币可以无限制地带入、带出国境;任何对外支付都可用澳币或任何其他国家货币来进行结算。

澳大利亚为了鼓励旅游服务贸易的发展,2000年通过《新税收系统(商品和服务税)法案1999》,推行了一种全新的增值税——商品与服务税(GST)。这让旅游退税成为可能,为免税购物提供了便利,从而吸引更多的游客。新税种的征收改变了原先繁杂的税收方式,即通过对商品和服务统一加征10%的增值税,替代原先12%—45%不等的间接税,如批发税。一是有利于外商投资。它是一种适用范围极广的增值税,几乎包含了除金融服务以外的一切商品和服务(出口商品、特殊基本生活用品和非商业性慈善目的项目消费免征此税),通过明晰且简单的税收制度改善商业环境,降低了由于税法制度不同带来的隐性服务贸易壁垒,有利于吸引更多外商。二是推动旅游业发展。商品与服务税明确规定,只要满足离开澳大利亚前60天中购买商品和在一个商铺内一次性购物满300澳元以上这两个主要条件,在澳大利亚旅行的游客即可享受商品退税的优惠政策,由此极大地刺激澳大利亚旅游服务业的繁荣。为了确保该法案的顺利实施,澳大利亚特别依据《新税收系统(商品和服务税)法案1999》授予澳大利亚税收办公室(ATO)审慎监督与管理的权力,通过年度报告和税收统计的持续监控，确保该项自由化政策的良性推行。

3. 海运服务

澳大利亚拥有特殊的地理位置和丰富的自然资源，海运服务自由化程度自然是其服务贸易自由化发展的核心议题。澳大利亚在海运服务贸易谈判中扮演着主动出击型的角色，通过主动引导贸易伙伴国参与讨论，提升国际运输贸易壁垒的透明度，最终达成促进自由化的目的。

在 2003 年 WTO 国际贸易谈判中，澳大利亚与加拿大、中国、智利、欧盟、日本、墨西哥和尼日利亚等 38 个成员方联合发表声明，号召各成员国为了自身的可持续发展和国家安全，在运输服务部门实行实质性的自由化。同时，澳大利亚积极支持扩展海运服务的谈判领域，扩大海运服务贸易自由化的范围。从其提交给 WTO 服务贸易谈判的草案中可知：

首先，澳大利亚在商业存在方面，主要关注以下四点：一是各国限制外国公司持有航运类相关产业的股份数量；二是建议讨论对于国内资本入股的强制性限制；三是对于联合经营协议的强制性要求；四是各国通过法律和规章管制，以此来限制航运业的外国资本存在。

其次，澳大利亚在国际海运服务部分也提出了四个探讨方向：一是在货载分摊方面，对于不同国籍外国公司的船只提供不同的航线引导服务；二是基于不同国家的服务贸易条款和其他排他性原因，对不同国籍的外国船只提供不同的船舶服务；三是对于悬挂国旗的船只装运政府货物进行歧视性限制（其中并不包括防御设备和其他国家安全相关货物）；四是对于外国公司和悬挂外国国旗的船只歧视性征税和收取入港费。

再次，澳大利亚政府进一步强调，需要重新讨论并拓展原先的海运服务贸易谈判三大支柱的范围，即海上运输服务、辅助服务和港口服务。在政府提交的草案上，澳大利亚提出将海事部门的多式联合运输服务加入到谈判中，作为其第四大支柱，同时界定了多式联合运输服务的具体分类与覆盖范围，提升谈判议题范围的精准性。

最后，澳大利亚强调应该对海运服务贸易部门的非关税管制行为进行全面探讨，甚至是必要的削减。其中，包含对繁重的非关税壁垒和反商业竞争手段的讨论，如不合理的环境和安全监管标准、繁重的船只和货物审查程序、漫长而烦琐的港口准入许可等。显然，澳大利亚希望依靠积极引导谈判，通过增强海运服务贸易监管的透明化和削减不必要的非关税壁垒，最终达成推进服务贸易自由化的目的。

第四节 澳大利亚服务贸易管制

许多国家在服务贸易政策的制定中,把"服务贸易自由化"理解为"解除服务贸易管制"。从表面上看服务贸易的自由化与管制是天生不容的两个相反行为。实际上,服务贸易的自由化也需要管制,甚至是加强管制,通过保持透明、全面且有效的管制手段,促进各国服务贸易的发展,进而对世界经济产生积极的影响。澳大利亚作为一个小政府国家,行政职能不强但法律体系健全,通过不断更新服务贸易相关的法律体系,创造高效、透明的贸易环境,确保了服务贸易管制的有效性。

一 澳大利亚服务业相关的法律体系

早期的澳大利亚是英国犯人流放地,因此澳大利亚一直遵从英国传统的法律制度,发展出一套以习惯法(Common Law)为基础的法律体系。目前,澳大利亚法律规范繁多,拥有着较为完备的法律体系,作为一个联邦制国家,除了拥有联邦政府的法律体系外,同时并行着地方州政府的法律体系,并坚持与时俱进,积极调整与更新法律,建立完善与透明的服务业管理体系。以《公司法》为例,根据澳大利亚联邦宪法,联邦一级对公司没有完全的立法权,公司立法主要由各个州政府自行起草颁布。但有时各州法律存在冲突,为了协调各州法律制定上的矛盾,从1990年开始,公司立法转由联邦层面负责,并颁布了全联邦统一的《公司法》。总体来看,在法律政策方面,澳大利亚服务贸易主要受国际协定和国内法规两方面影响。

从国际协定角度看,澳大利亚作为WTO重要成员,基本遵从于《服务贸易总协定》(GATS)。同时也与许多国家签订了双边或区域协定。以新西兰和澳大利亚为例,两国就服务贸易开放与保护签订了一系列协定,有1983年的《澳新更紧密经济关系协定》和进一步修改和扩充下的1988年《澳新服务贸易协定书》。

从国内法规角度看,为了促进基本的服务贸易竞争秩序,澳大利亚于1974年制定了《商业行为法》(Trade Practices Act, 1974),目的是通过促进竞争和公平交易来保护消费者,提高公民的生活水平。1974年的《商业行为法》作为澳大利亚竞争法体系的主干,联邦政府通过修正案和相关立法对这项法案进行了近40次修改，甚至最新版本的《商业行为法》被彻底修改为《竞争和消费者法案2010》（Competition and Consumer Act, 2010）。以此为依托，澳大利亚联邦政府制定了一系列相关法律，如1976年的《澳大利亚联邦法》、1983年的《价格监督法》、1989年的《邮政法》、1992年的《广播服务修正法》、1995年的《竞争政策改革法》、1997年的《电信法》、1999年的《新税收法》、2001年的《公司法》，以及各州政府所独有的《公平交易法》和相关反垄断法。一系列不断拓展的法律，弥补了原有法律的不足。这些法与《竞争与消费者法案2010》共同构建了澳大利亚的竞争法体系，并以此构成了服务贸易法律法规的基本框架，如《公司法》（Corporations Act, 2001）及之后的两个相关法律补充《2001年澳大利亚证券与投资委员会法案》和《2004年审计改革和公司信息披露法案》（又称《第9号法案》），主要内容覆盖了公司的设立、管理、证券、期货业的相关管理等方面的法规；《外国人收购和接管法1975》和《外资兼并与接管规则》，致力于加强国家资产安全监管，规定了房地产、金融、航空、电信、保险、机场、媒体等敏感行业的外资项目需要进行申报和审批的细节，以便于澳大利亚政府对于这些行业的外资项目进行更为合法的管理与限制。

二 澳大利亚对主要服务部门的监管

澳大利亚对主要服务贸易部门的监管主要体现在数目繁多的行业法案上。正是这些不断更新与细化的行业法案，保持了澳大利亚服务贸易蓬勃发展。在此，主要论述澳大利亚对教育、金融、交通运输和知识产权主要服务贸易部门的监管。

1. 教育服务

澳大利亚通过制定《海外留学生教育服务法2000》、《留学生教育服务保证金存交法》、《留学生教育服务年审收费法》和《高等教育质量和标准署法案2011》等一系列教育相关法律，加强教育服务贸易规范制度。其中，对教育服务贸易影响较强的法律是2000年颁布的《海外留学生教育服务法》，该法案运用法律手段对国际教育服务者的权力进行监制，通过保护海外学生生活和学习相关的权益，树立澳大利亚教育服务贸易的正面形象。为了配合该法案顺利实施，澳大利亚政府结合《海外留学生教育服务法2000》制定了《海外留学生教育服务实施条例》，规定了《海外留学生教育服务法2000》的具体实施办法。在此基础上，《高等教育质量和标准署法案2011》对《海外留学生教育服务法2000》进行了全新的拓展，同时专门设立了高等教育质量和标准署来促进澳大利亚高等教育规范实施的一致性，构建高等教育基础质量标准的框架体系，确保和提升澳大利亚高等教育各方面的名誉和国际竞争力，如美德、多元化和创新。

2. 金融服务

通过《银行法1959》和《金融业控股法案1998》，对金融业实行审慎监管。例如，政府对外国公司并购澳方银行的申请必须进行逐案审批；外国银行只有在其和母行的财务状况良好，并同意遵守澳方审慎管理局有关审慎监管的协议后才能获得许可；任何人在任何金融公司持股15%以上，都必须获得国库部的批准；附加条件可在批准时或批准后任何时间提出等。同时外汇管制方面，通过《金融交易申报法1988》规定：携带1万澳元的现钞或等值外币需要申报等。

3. 知识产权服务

为了保护许可经营服务、信息技术服务和研发服务等一系列知识产权行业，澳大利亚联邦政府立法规定，对商标、版权、专利和工业设计等知识产权实行一系列登记和保护措施，如按照《公司法》和州政府的《商业名录法》管理公司名称和商号的注册；《商标法》和《1955年贸易标志法》规定了进口商品商标相似度规范和标签说明的正确性，其中强调特定产品或服务的易辨认名称和相关标志理应得到保护；《版权法》规定了文学作品原著与其他版权物品（如艺术品、声像制品和软件）的所有权，如在大多数情况下，版权的生命周期为作者的死后的50年；1952年的《专利法》授予一个标准专利所有人法律意义上的所有权，即从专利生效之日起，为期16年的对于专利的独家制造、使用和买卖的权利；1961年的《设计法》授予已注册设计产权人为期17年的可将设计运用于特定产品方面的权利。

4. 运输服务

运输服务是澳大利亚服务贸易的核心部门，也是政府对其监管较强的部门之一。作为传统服务贸易部门，国际运输服务在澳大利亚全部服务贸易中所占的份额逐年降低，但其所占比例仍很大，一般可以分为货运服务和客运服务两部分。

货运服务方面，由于澳大利亚特殊的地理位置，海运服务涉及国家主权和国土安全问题。因此，澳大利亚对货物运输服务的管制极为烦琐，甚至造成了明显的服务贸易壁垒。例如,《船运登记法1981》规定:澳大利亚登记的轮船必须由本土公司或本土公民拥有,除非澳大利亚运营商包租此船等。

客运服务方面,虽然监管逐步放松,但相对其他服务贸易部门依旧较严。例如,《机场法案1996》规定:外国投资者占澳大利亚国际航空运营商股权不得超过49%;外商投资机场,单个机场累计外国投资不得超过49%,外国航空公司股权不得超过35%,航线所有权比例必须在5%以内;同时不得交叉拥有悉尼、墨尔本、布里斯班、珀斯机场的股权等。

第五节 澳大利亚服务贸易管理体制

作为一个三权分立联邦制国家,澳大利亚的服务贸易管理体制倾向于政府主导的服务贸易促进型机制,即通过国家最高权力机关制定服务业相关政策与法律法规,下属各服务业主管部门、服务贸易促进机构和民间中介组织通过分工协调来确保管理机制的公正、透明;同时,小政府型管理机制,采取以服务贸易促进为主、服务管理为辅的管理模式。

一 澳大利亚服务贸易管理体制的主要构架

服务贸易涉及的行业繁多且发展速度较快,一般很难由政府某个部门统一集中进行管理。澳大利亚政府也不例外,在管理的组织形式上体现出"既分散又集中的特点"。澳大利亚虽然致力于推进自由化市场,但同时坚持政府主导通过制定相关政策与法律,并保留最基础的审慎管理职能,最终形成了澳大利亚联邦政府与地方政府、各相关行业主管部门、贸易促进机构和民间中介组织分工协作的管理机制。

澳大利亚服务业管理体制一般由联邦政府统一规划,相关职能机构主要分为内阁部门和并行的相关独立执行机构两个层次。

澳大利亚实行行政、立法和司法三权分立体制。国家立法机构是澳大利亚联邦议会,国家行政机构是澳大利亚联邦政府,国家司法机构是澳大利亚联邦高等法院。其中,澳大利亚议会在推进与服务业相关的法律、修改法案、监督政府、审批预算和表达民众相关意愿中发挥重要作用。澳大利亚联邦高等法院与服务业并不直接关联,但是通过解释并维持司法体系的有效运行,为服务业发展创造了一个稳定、安全、公平的环境。

作为国家行政机构的澳大利亚联邦政府为服务业发展提供直接而有效的支持。

从整体来看，澳大利亚联邦政府由总理与内阁部领导，下属 18 个内阁部门和并行的 213 个独立执行机构。其中，和服务业相关的内阁部门有：通讯部、教育部、就业部、财政与管理部、外交事务和贸易部（DFAT）、移民与边境保护部、工业部、公民服务部、交通部和国库部。以上行政部门负责服务业管理体系的实施和执行，其执行权，不是由某一个政府部门单独享有，而是通过各方面协调合作进行。同时，在这些行政管理职能部门之外，有与服务行业相关的独立执行机构，如澳大利亚证券和投资委员会负责对银行、保险业、养老金和互济会等敏感部门进行监管；澳大利亚贸易委员会负责从进口、出口、投资、教育和旅游五大领域推广并促进澳大利亚相关贸易等。

在澳大利亚联邦政府相关的 213 个执行机构中，如表 10-13 所示，与服务业相关的机构主要有：澳大利亚航空服务委员会（Airservices）、审计和保护标准委员会（AUASB）、澳大利亚贸易委员会（Austrade）、澳大利亚通讯和媒体管理局（ACMA）、澳洲邮政、澳大利亚竞争与消费者委员会（ACCC）、澳大利亚审慎监管局（APRA）、澳大利亚证券和投资委员会（ASIC）、澳大利亚税务局（ATO）、澳大利亚运输安全局（ATSB）、财务报告委员会（FRC）、外国投资审查委员会（FIRB）、澳大利亚知识产权局、国家竞争委员会（NCC）、国家交通委员会（NTC）、移民代理注册办公室（MARA）、澳大利亚储备银行（RBA）、高等教育质量和标准署和澳大利亚旅游局。

综上所述，在管理的组织形式上，澳大利亚采取以政府主导，各政府部门与各相关行业监管促进组织分工协作的管理机制。由于服务贸易管理涉及多部门的特殊性，澳大利亚政府坚持依据服务业各有关部门的相关法律与政策对其进行管理。这要求立法机构审慎界定的同时，迅速更新调整服务业重点部门的相关法律，并以此加强对服务业有关部门的监管。虽然有时显得略微刻板和低效，但提升了政策法规的执行力。总体来说，澳大利亚服务业管理体制较为透明，始终坚持并主动推进自由贸易政策。但是，政府在某些敏感的服务业领域较为审慎，采取较为严格的法律与行政管理体制，以至于形成了明显的服务贸易壁垒。

表 10-13　澳大利亚联邦政府协作的服务业相关独立执行机构

法定执行机构	职能和权限
澳大利亚航空服务委员会	为澳大利亚的航空产业提供有效与安全的数据、通信、救援和空中交通运营服务
审计和保护标准委员会	负责审计准则的起草和制定工作
澳大利亚贸易委员会	从进口、出口、投资、教育和旅游五大领域推广并促进澳大利亚相关贸易
澳大利亚通讯和媒体管理局	通信与传媒业的主管部门
澳洲邮政	邮政与快递业主管部门
澳大利亚竞争与消费者委员会	负责促进市场竞争、公平贸易和消费者保护等事宜，是执行《竞争和消费者法案2010》和《价格监督法》等竞争法案的专门机构
澳大利亚审慎监管局	对银行、保险业、养老金和互济会等敏感部门进行监管
澳大利亚证券和投资委员会	监督公司治理相关法律与规则的执行
澳大利亚税务局	税务主管部门（澳大利亚是个分税制国家）
澳大利亚运输安全局	负责提高交通运输安全，并提供运输事故调查报告
财务报告委员会	对会计准则的制定和修订工作进行监督和管理
外国投资审查委员会	对国库部和政府提供澳大利亚外国投资政策建议，同时对《1975年外国人收购和接管法》的履行进行监管与执行
澳大利亚知识产权局	知识产权管理
国家竞争委员会	依据《竞争与消费者法案2010》提供相关竞争政策的咨询
国家交通委员会	发展国家交通监管制度与推进改革
移民代理注册办公室	提供移民注册服务，并进行监管，起到限制自然人流动的作用
澳大利亚储备银行	制定和实施货币政策，维持金融体系的稳定，管理外汇储备，发行纸币和代理国库等
高等教育质量和标准署	遵照《澳大利亚高等教育质量和标准署法案2011》和《海外留学生教育服务法2000》构建高等教育基本质量标准的框架体系，以此来推动澳大利亚高等教育的竞争力
澳大利亚旅游局	旅游业主管与推广部门

资料来源：根据澳大利亚政府各部门官方网站整理制表。

二 澳大利亚服务贸易管理机制

澳大利亚联邦政府主要依据竞争法体系，通过相关法规的有效执行，预防和阻止不当竞争的行为。援引澳大利亚竞争法的执行机构即澳大利亚竞争与消费者委员会（ACCC）的观点，该国竞争法的主要特点是：对于商家，全面禁止各行业各类限制竞争的行为，辅之适当的公共利益豁免补偿；对于消费者，为了保护消费者权利，全面禁止误导消费者的行为。澳大利亚政府相信，通过完善综合性法律体系、鼓励自由竞争、最基本的政府监管和干预，可最终促进服务业发展的良性循环。

相关管理部门所履行的具体职责如表10-14所示。在此，用一个例子来解释澳大利亚服务业管理体制是如何在各部门协同运作的。假设一个服务企业遭遇了同行竞争对手的恶意竞争，此时即触发了澳大利亚服务业公平竞争的执法体系的自动协同保护。其中，国库部负责相关行为的政策和法律方面的起草和修订工作，澳大利亚联邦议会通过相应的法律，国家竞争委员会提供相关的政策咨询，澳大利亚竞争与消费者委员会具体行使执法权，竞争仲裁法庭对这次恶意竞争情况进行复议，澳大利亚联邦法院给出相应的判决，同时，相应的州政府管理部门也将为该争端提供较为直接的管理与协调服务。由此可见，行政、立法和司法机构相互抑制又相互补充，通过有效而公正的合作，共同维护国内市场的公平竞争。

表 10-14　　　　　　　　澳大利亚服务贸易管理体系

所属机构	协同部门	具体运作方式
行政机构	国库部	负责最初的起草与修订服务业恶意竞争相关法律，如从最初的《商业行为法1974》一直修改至最新的《竞争和消费者法案2010》等，通过把草案上交至内阁，由内阁同意再经澳大利亚联邦议会审议通过来完成；为相关独立执行机构的运行提供组织构架上的支持，如通盘考虑外国投资审查委员会的相关建议，给出相应的决议
	国家竞争委员会	独立为澳大利亚服务业竞争向政府提供专业咨询，尤其是对于价格竞争的管制，一般性的服务业行业准入和垄断企业的相应管制来提供合理性建议，同时致力于推进澳大利亚联邦政府服务业竞争方面的有关政策

续表

所属机构	协同部门	具体运作方式
行政机构	澳大利亚竞争与消费者委员会	在《竞争和消费者法案2010》与一系列相关法律的授权下，履行着澳大利亚独立法定裁量权，以此来推进竞争，公平贸易和监管国家建设向全澳大利亚人民的福利看齐。在服务业竞争方面，该组织倾向于维持一定程度的服务业竞争，但控制与补救过度竞争造成的市场失灵；保护消费者利益的同时，维护服务业市场公平。总之，该机构为商业竞争相关的法律的执法部门，和国库部相应的竞争与消费者政策部门提供了良性的互补机制
	外国投资审查委员会	专门对拥有海外背景的对澳服务业投资进行审查，剔除与澳大利亚外国投资者管理政策相悖的投资；并对政府处理外国投资审查方面，进行一般性相应建议；如有必要，将对外国投资者进行指导，使其符合澳大利亚相应海外投资政策。这是一个咨询顾问类机构，没有相应的决策权，因此仅对澳大利亚联邦政府外国投资相应法律和国库部的最终决议负责
司法机构	竞争仲裁法庭	如果澳大利亚竞争与消费者委员会对于一项服务业竞争争端给予了相应的决策，竞争仲裁法庭依据《竞争与消费者法案2010》所赋予的职责，将对其所做的决议进行复议。从构架上看，澳大利亚联邦法院系统将派出一名有相应资质的法官主持该庭，并对于上诉至该庭的澳大利亚竞争与消费者委员会的决议进行最终裁定
	澳大利亚联邦法院系统	并不局限于竞争仲裁法庭专门性管制职能范围，可以更加全面对服务业恶性竞争行为进行管制与处罚。由于澳大利亚竞争与消费者委员会并不具有对于违法者施以相应管制与处罚的权力，按照程序，必须将该争端诉至澳大利亚联邦法院系统，由法院最终裁定其是否应受和如何受到处罚。一般来讲，澳大利亚联邦法将对违法企业处以1000万澳元以下，75万澳元以上的罚金；对个人违法者处以50万澳元以下的罚金；同时并终止其竞争方面违法行为
立法机构	澳大利亚联邦议会	作为澳大利亚国家最高立法机构，由众议院和参议院组成，履行着立法或者是修改现有法律的职能。两院都拥有立法权，只是参议院不能提出或修改政府税收和财政方面的法案。所有的法案都必须经过两院批准才能成为法律，由于服务业自然发展的飞速前进，导致澳大利亚相关立法与法案修订也在极快更新，其间，澳大利亚联邦议会系统功不可没

续表

所属机构	协同部门	具体运作方式
相应州政府立法、司法与行政机构	相应州政府的服务业相关管理部门	主要由立法方面的州议会来确定相关的立法，司法方面的州法院体系和行政方面的各州消费者事务管委会与公平交易办公室来组成相应管理系统。主要职能为，督促与各州实际情形相应法律的修订与执行，并提供相应的法律建议与基础咨询，同时保有合法检查与行政管制的权力，以此协同联邦政府推进服务业良性竞争环境的形成

资料来源：根据澳大利亚政府各部门官方网站整理制表。

最后，澳大利亚联邦政府为了协调服务贸易各部门，设有综合协调部门——澳大利亚外交事务和贸易部（DFAT），对其进行相对集中的管理与协调工作。DFAT主要职能是：协调内阁其他各部门运作，提供外交、贸易和政府发展政策建议，同时和政府其他部门合作，确保澳大利亚对全球、区域和双边利益诉求的有效协调。在相关执行机构层面，DFAT坚持与各服务行业直接管理机构紧密协调合作，共同组成澳大利亚服务业管理体系。此外，由于澳大利亚有联邦政府和地区州政府之分，各个州也有各自独立的服务业管理机构，依据每个州各自不同的需求来帮助与规范各地区服务业发展。

第六节 澳大利亚服务贸易发展的最新动态

澳大利亚服务贸易的自由化程度较高，积极寻求全球海外市场的同时，尤为注重领导与推进各类双边、多边及区域自由贸易协定，以此建立公平、透明和长期稳定的服务贸易伙伴关系。近年来，澳大利亚主要致力于加强同日本、韩国、新加坡和印度尼西亚等亚洲国家的贸易伙伴关系。

一 主动参与和推进服务贸易协定（TiSA）谈判

2014年4月28日至5月2日，澳大利亚在日内瓦主持了第六轮的服务贸易协定（TiSA）谈判。本次谈判超过澳大利亚于2013年9月16日至20日所主持的第三轮谈判的框架，正式将改善市场准入承诺、贸易规则更新等问题，由提案推进至谈判文案层面进行讨论。

澳大利亚在国际服务贸易自由化谈判中一向保持积极推进的态度。原因在于，澳大利亚国内市场狭小但发达程度较高，自由化的推进对其服务贸易发展有强大的正面效应。与此同时，澳大利亚由于语言、文化与高等教育方面的优势，对国际服务贸易领域的规则比较熟悉。通过积极介入国际服务贸易谈判，澳大利亚试图主动掌握自由化谈判的进程，最终达到打开他国市场的目的。对 WTO 的研究可以发现，澳大利亚坚持从三个重要角度来与各国协商，推进国际服务贸易自由化进程，即提升服务贸易管制透明度、确保在更多领域的无歧视性、减少服务贸易壁垒。因此，澳大利亚依靠合理的预先协商实践模式，有效推动了服务贸易自由化的进程，从而不断扩大海外市场，带动自身经济发展。

二 区域贸易协定的最新进展

传统的 WTO 体制框架并不能满足日益增长的服务贸易规模需求，澳大利亚开始致力于推动双边及区域贸易协定。目前，澳大利亚已经和 7 个国家或集团签订了区域贸易协定（FTA），分别为新西兰 FTA（1983）、新加坡 FTA（2003）、泰国 FTA（2005）、美国 FTA（2005）、智利 FTA（2009）、东盟 FTA（ASEAN，2010）和马来西亚 FTA（2012）。在区域框架内，澳大利亚坚持加入并试图推动各种区域合作谈判，如海湾阿拉伯国家合作委员会（GCC）、太平洋更紧密经济关系协定（PACER PLUS）、区域全面经济伙伴关系（RCEP）和跨太平洋伙伴关系协议（TPP）。2014年10月25日，澳大利亚于悉尼举行了为期三天的泛太平洋战略伙伴关系协议会议（TPP），会议从知识产权、环境保护、劳工待遇和政府采购等方面，寻求推动区域贸易协定，建立更为完善的市场规则。这些协定不但增加了澳大利亚服务贸易规模，而且提升了国际影响力。通过主动参与双边及多边服务贸易谈判，了解不同贸易伙伴国各自不同的需求和困难，分别进行服务贸易协商的办法，澳大利亚有效地降低了各贸易伙伴国的服务贸易壁垒。

三 澳大利亚自由贸易战略动向——亚太战略

澳大利亚四面环海，至 2011 年年底，澳大利亚和亚太地区的贸易总额已经超过 70%，比重远超世界上其他国家和地区，对于亚太地区贸易进出口需求度较高。因此，通过双边及区域自由贸易协定，同亚太地区各国构建更加公平、透明和长期稳定的贸易伙伴关系刻不容缓。自 2011 年以来，澳大利亚整体自由贸易战略的中心明显确立于亚太地区，致力于加快推进自由贸易协定谈判进程，构建全新的自由贸易伙伴国，而且在原有自由贸易协定的基础上不断降低壁垒，寻求更加紧密的贸易伙伴关系。

2011年9月2日，澳大利亚—新加坡自由贸易协定（Singapore-Australia Free Trade Agreement）修订案第二版，经两国协商通过并正式施行。其中，两国主要就本国投资者在对方国家投资给予最惠国待遇方面达成了共识；禁止歧视性的经营需求；在知识产权方面，澳大利亚就其《知识产权法2006（修订案）》做出了相应的让步和调整。2012年1月10日，东盟—澳大利亚—新西兰自由贸易协定（ASEAN-Australia-New Zealand FTA，AANZFTA）接受了印度尼西亚的加入并正式施行。2014年4月8日，澳大利亚和韩国进一步加强合作，签署韩国—澳大利亚自由贸易协定（Korea-Australia Free Trade Agreement）。同年，2014年4月7日，澳大利亚总理完成了对日区域贸易协定的商谈。2014年7月8日，澳大利亚和日本签署了日本—澳大利亚经贸伙伴协定（Japan-Australia Economic Partnership Agreement）。

四 努力构建同中国的贸易伙伴关系

2014年9月1—5日，澳大利亚和中国于北京完成了双方第21轮自由贸易协定谈判。从谈判整体进程来看，双方已就主要领域达成共识，但是一些细节部分仍旧存在争议。在服务贸易方面，双方在本次谈判中主要在简化海关手续以促进贸易便利、知识产权保护和争端解决机制等方面，取得了新的进展。同时，完成了服务贸易文本章节名称与覆盖范围方面的定稿，确定开放服务贸易和投资领域的市场准入细则。最终，于2014年11月7日，双方正式签署了中澳自由贸易协定，范围覆盖货物贸易、服务贸易、贸易规则、跨国投资等十多个领域。其中，服务贸易方面，双方搁置争议，共同推进更多部门、更多角度、更多形式上的服务贸易进一步合作与发展。

第七节 澳大利亚服务贸易发展对中国的启示与借鉴

一 健全的服务贸易相关法律体系

澳大利亚联邦政府是一个小政府，行政执行能力不强，通过建立完善健全的服务贸易相关法律体系，规范服务业市场基本规则，最终增进自由化。（1）澳大利亚为确保服务贸易相关法律的有效性，及时更新法律，如1974年制定的《商业行为法》至今已经修订了近40余次。（2）澳大利亚的法律体系监管严谨，且覆盖到服务贸易的方方面面。除了统一的综合性贸易法案以外，各行业都有各自相关的行业法案。为了保证法律执行的有效性，澳大利亚政府会设立相关专门执行机构，以确保法律实行的合理、透明和高效。（3）澳大利在相关法律的制定上，注重保护和培养符合比较优势的服务产业，为本国服务贸易的发展提供稳定的市场基础。例如，澳大利亚顶着政策上"劫贫济富"的压力，力排众议所征收商品与服务税（GST），通过对国内的商品与服务交易统一抽取10%的增值税，一方面简化烦琐的税收模式，降低服务贸易潜在壁垒，另一方面给予澳大利亚的旅游者相关商品退税政策，推动了本国旅游贸易的出口。

目前我国的服务贸易法律体系不健全，存在行政法规的制定与法律冲突、内容过时与不规范、服务贸易相关体系覆盖不足和法律监管体系执行能力较弱等弊端。从行政管理方式看，服务贸易与货物贸易有着本质的不同，如教育服务、医疗服务、电子信息服务、运输服务、金融保险服务和娱乐服务等，涉及国家制度及国家安全的方方面面。因此服务贸易的发展应该受到审慎的制度性约束，尽快健全与完善服务贸易相关法律尤为重要。如果不对服务贸易相关法律及时加以完善，从短期看，上述弊端必然阻碍我国服务贸易的健康发展；从长期看，也会阻碍我国服务相关企业对国际服务贸易规则的认知，不仅影响到中国服务行业的国际形象，延迟中国国际服务贸易制度化和规范化的进程，而且最终影响到服务贸易相关的开放战略。由此可见，健全相关法律、增强监管效力和提升透明度刻不容缓。

二 积极参与并主导国际服务贸易规则

澳大利亚一直积极参与并力图主导服务业的开放和服务贸易自由化规则的制定。联邦政府对服务业开放与服务贸易自由化基本持积极态度，同时，在国际谈判中对其核心利益领域的谈判主导权毫不放松。以船运方面为例，澳大利亚的地理位置特殊，船运业是国民经济发展的命脉。在GATS谈判中，澳大利亚主动提交了突破性的提案。该提案覆盖面广泛，一方面，提出将海上多模式运输服务单独列入服务贸易谈判支柱项目探讨；另一方面，进一步对一系列贸易限制措施进行广泛讨论，寻求监管制度透明化，提升监管的有效性。澳大利亚政府相信，主动出击的态度，更利于其主导并掌控国际谈判进程，最终获得更大利益。

自中国加入 WTO 以来，服务业开放程度不断加深，不仅开放的服务部门数量逐年增加，且根据各部门的不同特点，部门内的开放度不断拓宽。基于中国多年来服务业国内市场垄断、竞争性弱、效率低的现状，服务业开放有利于引进竞争机制，打破国内垄断，形成国内国外服务企业竞争格局，提高服务效率，同时有利于引进国外先进服务业技术、管理机制，进而改善国内服务业质量，优化服务产业结构，增强我国服务领域竞争力，培育优势服务业，从而促进服务贸易出口，优化我国贸易结构。

但必须看到，服务业开放为我国服务业发展带来机遇的同时，对我国经济、社会安全也会带来很多挑战。为此，我国需主动参与服务贸易双边及多边谈判，争取国际谈判中的主动权，确保规则有利于我国服务业发展。在这些方面，澳大利亚对我国有着重大的借鉴意义：如培养掌握国外服务业情况和精通国际惯例的人才，设立专门从事国际谈判与磋商的服务贸易谈判小组，建立灵活完善的服务行业协会、服务贸易出口协会等。

三 审慎且不断推进的服务贸易统计体系

从历史看，澳大利亚一直主动寻求在服务贸易统计体系上与世界接轨。直到 20 世纪 70 年代末，澳大利亚的服务贸易统计，主要依靠澳大利亚联邦统计局通过澳大利亚联邦储备银行的数据，及对澳大利亚收支平衡表（Australia's Balance of Payment, BoP）和国民经济核算（National Accounts）的分析得出大体的结论。到了 80 年代，澳大利亚联邦政府解除了金融系统，尤其是相关银行业的限制，使得统计数据的采集变得相对容易。在 80 年代中期，服务贸易统计有了突破性发展，数据的采集不满足于传统的 BoP 统计，澳大利亚联邦统计局引入了国际服务贸易调查问卷（SITS）的方式进行专项统计。到了 2000 年，澳大利亚为了满足日益增长的服务贸易发展需要，力图扩大服务贸易统计范围。同时为了支持 WTO 多哈回合谈判和双边及多边自由贸易协定的签订，澳大利亚致力于把 GATS 定义的四种服务贸易模式加入服务贸易统计机制。尽管有重新构建统计框架、非本地居民数据的采集和海外商业存在的数据挖掘等困难，澳大利亚联邦统计局依旧在完善服务贸易统计的道路上不断前行。

相比之下，我国的服务贸易统计体系的成型较为滞后。2007 年，在商务部和国家统计局牵头下，我国依据《国际服务贸易统计制度》建立了最初的中国服务贸易统计数据库。2010 年，再次修订的《国际服务贸易统计制度》，采取了 GATS 定义的四种服务贸易模式，同时把服务贸易统计的数据采集范围从直接使用相关部门资料扩展到相关部门资料和综合性企业调查相结合。相比澳大利亚的主动推进模式，我国的服务贸易统计体系发展依旧显得较为被动。这样的体系并不足以给相关部门提供服务贸易产业翔实有效的数据，不利于了解我国服务贸易竞争力，评估服务贸易政策成果和了解全球服务贸易的最新发展。

四 高效透明的服务贸易开放和监管体系

澳大利亚坚持确保政府主导下内阁部门和执行机构间的有效沟通和合作。在其政府的参与下，各部门通力合作，形成透明度较高的服务业开放与监管体系，以此降低管理体系低效造成的服务贸易壁垒。其服务业管理机构分工明确并较为完善，同时管制的透明度也较高。政府相信管制透明不仅使管制更加公平有效，同时也有助于消除外国公司对于国内政策目标的曲解，提升对政府当局的信任，最终提高经济效率。

多年来中国服务业发展滞后，服务业开放与监管体系的构建远未完善。服务领域具体行业开放的法律法规存在许多空白且与国际标准规范存有很大差距。服务贸易管理体系存在管理多头、职能交叉覆盖、各部门力量分散和沟通不畅等行政阻力，进而造成无谓的服务贸易壁垒。值得借鉴的是，澳大利亚充分发挥政府统一领导，坚持专门服务业管理机构负责具体监管的模式。与政府协作的专门管理机构负责职权范围内的审批和监管，以此简化大部委管理下的烦琐流程，进而达到高效透明的目的。所以，我国服务业在借鉴澳大利亚政府主导的高效透明监管机制时，应以 GATS 为基础，完善国内服务业立法，打破我国部分服务行业垄断，推进市场化进程。同时，应注意到，由于我国服务业各行业开放程度不同，因而需要针对具体部门具体问题出台实施细则。总之，服务业开放与监管体系构建是一个复杂的、需要长期不断完善的过程，不能一蹴而就，应循序渐进，最终与国际惯例接轨。

第十一章　中国香港服务贸易政策

中华人民共和国特别行政区香港，是全球闻名的国际大都市，与伦敦、纽约并称为全球三大金融中心，也是国际和亚太地区重要的航运枢纽和最具竞争力的城市之一，经济自由度指数位居世界首位，服务业发达，是服务贸易发展最活跃地区之一，人均 GDP 位居世界第十一位。

大部分小型开放经济体天然资源不足，经济结构单一，经济发展最容易受到国际经济波动或危机的影响与冲击。然而，同是小型开放经济体的香港，同样是相对经济结构发展单一，香港服务贸易进出口，自 1980 年以来一直稳步发展、持续增长。香港服务贸易发展，在市场开放与市场监管方面，以及在防范国际经济危机冲击方面都积累了丰富的经验。这些经验，值得作为以港口经济为基础的小型开放经济体典型案例研究。

第一节　中国香港服务贸易发展现状

一　香港服务贸易在全球服务贸易中的地位

2013 年，香港服务业占 GDP 比重已经达到 93%，位居世界第一，其中金融服务、贸易与物流、旅游、技术支持及专业服务是香港服务业的四大支柱产业。服务业从业人口约占全部就业人数的 83%，服务业与服务贸易对香港的社会经济发展起到了巨大的引领作用。香港是一个经济自由度很高的国际化城市，服务业开放程度高，凭借其良好的经济基础、优越的地理位置、完善的基础设施、公平的竞争环境以及高素质的人力资源，已经发展成为国际服务中心和跨国公司的亚太营运中心。到 2012 年，香港已经连续 18 年被评为"全球最自由经济体系"，其中自由度最高的四项分别为：贸易自由度、财政自由度、投资自由度和金融自由度。香港的金融、法律、司法等制度直接与国际惯例接轨，因而可以汇集大量的全球市场信息、资金、技术。另外，香港推行自由市场制度，实行自由贸易、自由企业制度和资金自由流动的金融制度，这些因素使得香港成为世界各国外商直接投资的最佳选择地，也使香港成为连接东西方贸易发展的桥梁。

香港服务贸易在全球服务贸易中占有非常重要的地位，这主要表现在：

(一) 香港是全球重要的服务贸易经济体

据世界贸易组织公布的数据显示（见表 11-1），香港 2013 年服务贸易进出口总额排名居于世界第 15 位，其中进出口分别居于全球第 22 位，显示出香港服务贸易进出口在世界服务贸易竞争中，具有很大的竞争优势。另外，香港还是非常重要的国际金融中心、国际贸易中心、国际航运中心以及跨国公司运营中心，在全球经济和服务贸易发展中居于重要的地位。

香港不仅是与美国纽约、英国伦敦齐名的世界三大国际金融中心之一，香港金融服务在全球服务贸易中排名第 5 位，排名不但高于许多发达经济体，而且还远远高于一些新兴经济体和众多发展中国家；香港的旅游业在全球服务贸易排名中名列第 11 位；香港的运输业在世界服务贸易排名中名列第 13 位；作为新兴服务贸易的保险服务贸易，香港的保险业在世界服务贸易排名中各列第 23 位。

表 11-1　　　　　　中国香港服务贸易在全球中的排名

年份	服务总额 亿美元	排名	服务出口 亿美元	排名	服务进口 亿美元	排名	差额 亿美元
2011	1743.52	10	1184.07	16	559.45	22	624.63
2012	1834.59	16	1252.65	10	581.93	21	670.72
2013	1930.67	15	1333.97	22	596.7	22	737.27

资料来源：WTO 数据库。

(二) 香港服务贸易在亚洲服务贸易中的地位

香港服务贸易在全球服务贸易中占有非常重要的地位，同样在亚洲的服务贸易中也占有非常重要的地位，是亚洲重要的国际服务中心。香港不仅是亚洲的国际贸易中心、国际金融中心，还是亚洲重要的国际商务枢纽和航运中心。香港作为国际金融中心,在全球排名第三,在亚洲排名第一。香港的航运业在亚洲也是首屈一指的。如表 11-2 所示,2011 年,世界主要船舶注册登记地的船舶总载重吨位,香港在全球排名第四,在亚洲排名第一。随着全球制造业和经济发展重心转向亚洲,香港的国际金融中心、国际贸易中心和国际航运中心地位还将继续提高。

表 11-2 世界主要船舶注册登记地在 2011 年 1 月 1 日的船舶总载重吨位

船舶注册地	总载重吨位（千吨）	占世界总载重量百分比（%）	同比增长（%）
巴拿马	306032	21.93	5.98
利比里亚	166246	11.91	16.97
马绍尔群岛共和国	98757	7.08	26.89
中国香港	91733	6.57	23.11
希腊	71420	5.12	5.61
巴哈马	67465	4.83	5.24
新加坡	67287	4.82	9.13

资料来源：联合国贸易发展委员会《2011 年海运报告》。

（三）香港与内地的服务贸易关系

香港背靠内地的巨大市场,随着中国改革开放,大力发展制造业,香港经济开始了第二次转型,将大批劳动密集型的轻工制造业大规模转移到内地,利用内地的廉价资源和廉价劳动力发展加工贸易,同时在香港本土实现了从制造业为主向服务业为主的经济转型,到 20 世纪 80 年代末期,服务业在 GDP 占比中超过 80%。

在中国改革开放初期,香港的服务业主要是珠三角的加工贸易发展。随着香港服务业向内地市场的不断渗透,涉及的业务范围越来越广泛,以及跨国公司通过香港打开中国内陆市场,香港服务业的发展亦越来越快,并趋向多元化。各个服务行业面对更多商贸服务的需要,不断提升服务水平,一方面与国际服务业接轨,另一方面根据中国内地市场的实际需求,提供更符合中国内陆市场需要的服务。到 20 世纪 90 年代,香港的服务业在 GDP 占比已经达到 90%,同时香港服务业的服务对象已遍及内地各个省份。这一时期,香港近三成的服务出口的主要市场是中国内地。

随着香港和珠江三角洲广大地区"前店后厂"关系的形成和迅速发展，香港的制造业的范围和规模大为扩张，在珠江三角洲庞大腹地的支持下，香港成为生产、后勤和管理中心，成为原材料、零部件采购和产成品输出的枢纽，也是成衣、玩具、钟表等行业最重要的全球采购中心，从而给香港物流事业带来了巨大的发展空间。

《内地与香港关于建立更紧密经贸关系的安排》（CEPA）的实施，减少了内地与香港在经贸交流中的体制性障碍，加速了相互间资本、货物、人员等要素的更便利流动，提高了内地与香港经济交流合作的水平，对香港经济发展起到积极的促进作用，同时也推动了内地的经济建设和改革开放。

经过改革开放 30 多年的发展，内地与香港通过制造业的合作已经建立起非常紧密的区域经济一体化关系。中国经济与对外贸易飞速发展，中国目前已经成为世界第二大经济体，世界货物贸易进出口第一大国，世界第三大服务贸易进出口国。而在中国经济发展及在中国经济融入全球经济发展的过程中，香港发挥着不可替代的重要的联系纽带作用，不仅对于中国的经济发展，而且对于世界经济的发展与增长，都发挥着积极的重要作用。

香港是世界各地商品进出中国内地市场的重要通道，经由香港进出中国内地的转口贸易占香港出口贸易的 90%。自 2009 年在香港推出人民币跨境贸易结算试点业务以来，人民币跨境使用已经从贸易结算扩大至资本项目和金融市场交易，人民币在国际支付的排名也由第 20 位上升到第 7 位；自 2008 年 12 月开始，中国人民银行与境外央行的货币合作也不断深化，先后与 24 个国家和地区的央行及货币当局签署互换协议。人民币正以加速态势在国际社会崛起。

图 11-1 显示了 1997—2012 年香港对内地各服务行业进出口额，基本上保持在占香港各服务行业进出口总额比重的 40% 左右。

二　香港服务贸易规模

香港优越的地理位置和国际金融、国际贸易、国际航运的中心地位，是香港服务贸易发展的重要基础。中国改革开放以后，特别是 1997 年香港回归以后，为香港的服务贸易发展提供了广阔的市场空间，推动了香港服务贸易的快速发展。

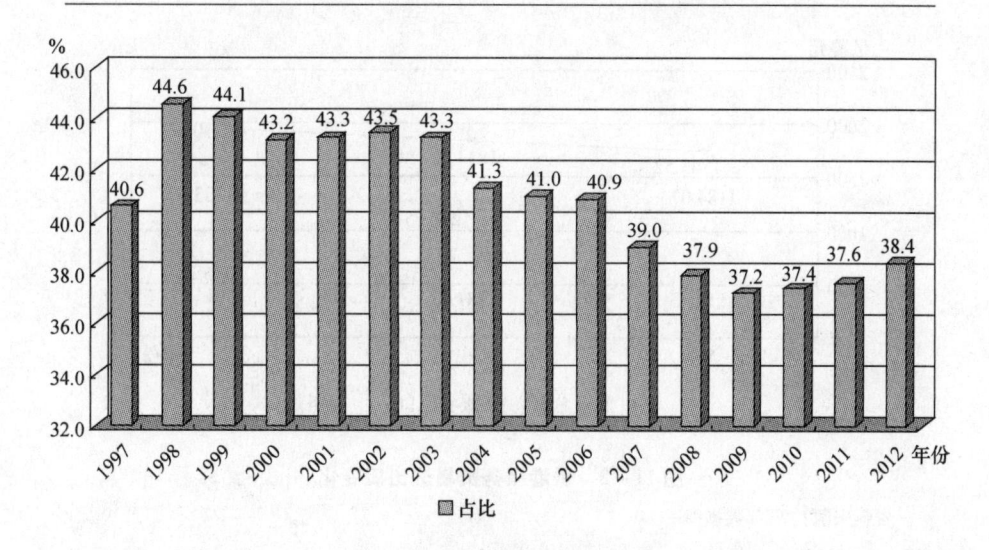

图 11-1　1997—2012 年香港对内地服务贸易进出口占
香港服务贸易进出口总额的比重

资料来源：根据《香港经济统计年鉴》2014 年统计计算。

（一）进出口大幅增长，顺差规模持续扩大

20 世纪 80 年代以来，香港产业结构从过去以轻纺工业和转口贸易为主的经济结构，转向以服务贸易为主的经济结构，完成了从制造业经济向服务经济的转型。从此，香港服务业和服务贸易迅速发展，特别是在《内地与香港关于建立更紧密经贸关系的安排》（CEPA）的实施后，进一步提升了香港在全球和亚洲的国际金融中心、国际贸易中心、国际航运中心以及跨国公司运营中心的地位，增强了香港服务贸易的国际竞争力。2004 年以来，香港服务贸易进出口大幅度增长。2011 年香港服务贸易进出口总额已经达到 1743.52 亿美元，2012 年香港服务贸易进出口额进一步扩大，增加到 1834.59 亿美元，到 2013 年，香港服务贸易进出口总额已经增加到 1930.67 亿美元（见图 11-2）。在服务贸易进出口总额快速增长的同时，香港服务贸易顺差规模逐年扩大，2011 年香港服务贸易顺差为 633.62 亿美元，2012 年服务贸易顺差为 670.72 亿美元，2013 年服务贸易顺差扩大到 737.27 亿美元。

（二）服务贸易进出口在对外贸易进出口总额中的占比不断提升

香港的服务贸易进出口额在其对外贸易进出口总额中的占比呈上升趋势。1997 年，香港服务贸易进出口额占对外贸易进出口总额的比重为 13.6%，

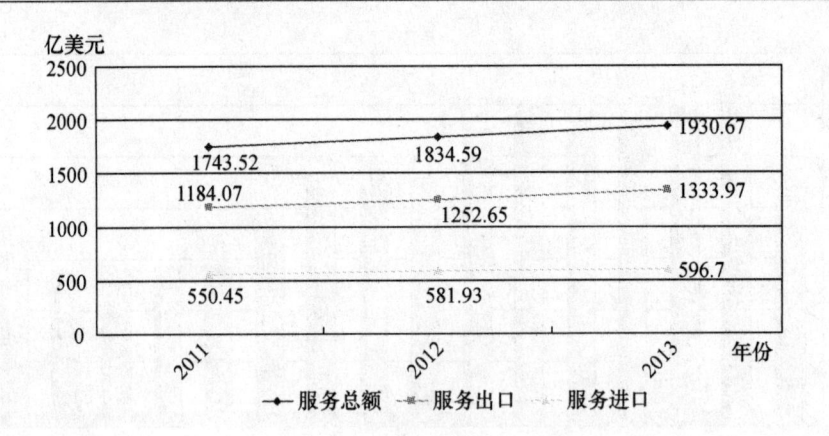

图 11-2　香港服务贸易进出口变化

资料来源：WTO 数据库。

2011 年升至 18%。其中，服务贸易出口在香港对外贸易出口总额的比重一直在保持稳步提升，服务贸易进口在香港对外贸易进口总额中的比重则相对稳定。2011 年，香港服务贸易出口额占对外贸易出口总额的比重为 18.16%，比 1997 年的 13.6% 提高了 4.56 个百分点；服务贸易进口在香港对外贸易进口中所占比重基本保持在 15% 左右。

与服务贸易进出口大幅度提高相比，香港货物贸易虽然也一直稳步增长，但是在对外贸易进出口总额中的相对比重一直呈下降的趋势。2011 年，香港货物贸易进出口逆差达 4273.43 亿港元。这表明，香港服务业和服务贸易自香港回归以来取得了飞速发展，香港的现代服务业和新兴服务业取得了巨大发展，服务贸易在平衡香港国际收支中发挥着重要作用。

三　香港服务贸易结构

服务贸易结构，主要包括服务贸易的行业结构和服务贸易的区域结构。服务贸易的行业结构，主要反映的是服务业的行业结构，而服务贸易的区域结构则主要反映的是服务业的国际贸易关系。

（一）服务贸易的行业结构

在中国改革开放初期，香港的服务业主要是服务于珠三角的加工贸易发展。随着香港服务业向内地市场的不断拓展，涉及的产业领域越来越广泛，加之跨国公司通过香港打开中国内陆市场，香港服务业的发展亦越来越快，并且呈现出向多元化发展趋势。

随着香港服务业和服务贸易快速发展，形成了以商贸为主导的服务业为基础的服务贸易结构。主要包括：商贸服务及与之相关的服务贸易、运输服务业、旅游服务业、金融和保险服务业与其他专业服务。其中：金融业、商贸服务与物流、旅游和房地产及其相关的专业服务是香港服务经济中的重点支柱产业。

香港服务业产值占香港 GDP 的 93%，其中主要服务业部门有：批发和零售业占 25.4%，公共服务部门占 16.8%，房地产、专业服务与商业服务部门占 11.5%；2013 年，服务部门的从业人员占香港就业人数总额的 88.3%；据香港政府统计处统计，2013 年香港服务贸易出口总值占香港 GDP 的 50% 以上。在香港服务贸易迅速发展中，金融和保险服务、商贸服务与运输服务为增长最快的服务贸易行业。

贸易及物流业，是香港的第一大创汇产业。主要包括贸易和转口贸易及与贸易有关的商业服务、运输服务。这既是香港传统的服务产业，也是香港第一大服务贸易行业。香港以中国内地特别是经济发达的珠江三角洲为腹地发挥自身特点，依托中国内地，连接欧美，面向东南亚，重点做好占其港口吞吐量 83% 以上的转口贸易中的中转货运物流，把香港建设成为虚拟供应链控制中心，使香港物流业的覆盖面遍及整个内地。香港政府一直重视贸易及物流业，提出要把香港建成国际及地区首选的运输及物流枢纽中心，香港成立了物流发展督导委员会和香港物流发展局，强化与港口物流相匹配的服务功能，健全法律制度，提供金融与保险等一系列物流援助服务、快捷高效的海关通关服务等。2012 年，运输及与贸易有关的商贸服务出口，占香港服务贸易出口总额的 45.5%。

旅游业是香港传统经济支柱产业，也是香港的第二大服务贸易行业。旅游业作为香港传统四大支柱产业之一，对经济贡献占到香港 GDP 的 15.2%，旅游行业的从业人员超过 46 万人，占香港就业人口的 12.8%，2012 年，香港旅游服务出口占香港服务贸易出口总额的 36.6%；香港旅游服务贸易主要出口客源地前四位是中国内地、中国台湾、日本和美国，2012 年旅港人数达到 4861 万人次，其中内地游客达到 3491 万人次，占香港旅游服务出口的 72%。

香港是世界著名的国际旅游城市和国际化大都会，香港优越的自然环境和美丽的城市风光、香港的自由港制度，以及"购物天堂"和"美食天堂"的美誉，吸引了中外大量游客，而优越的地理位置、完善的商业服务和酒店服务设施，则又吸引了众多的跨国公司总部入驻香港。旅港游客主要以旅游度假、商务/会议和购物消费为主。其中，旅游度假和购物大约占旅港人数的50%，商务/会议占旅港人数的30%左右。香港旅游业不仅是香港的第二大服务贸易行业，而且香港旅游业的发展还直接带动了香港餐饮、酒店、交通、通信、金融、保险、零售、公共服务等相关服务业的发展，已经成为香港经济不可或缺的支柱产业。

香港第三大服务行业金融业，是香港非常重要的传统经济支柱。2012年香港金融服务贸易出口已经占到香港服务贸易出口总额的15.8%。香港是世界第三大国际金融中心，拥有完善的金融体系，包括银行体系、外汇市场、货币市场、证券市场、债务市场、金银贸易、保险业以及投资管理等金融运作系统；香港拥有本地和外国银行及存款机构251家，外资银行114家，其中77家为全球排名100强银行，外币业务占香港银行业务的50%以上。

香港专业化服务业是国际一流的服务行业，也是香港第四大服务行业。国际专业化服务，是香港服务业和服务贸易的重要特色。开放的自由市场制度和外向型经济发展特色，为香港国际化专业服务发展提供了良好的市场环境。随着经济向服务经济发展转型，香港的职业教育为经济发展培育了大量国际化的专业服务人才，促进了香港国际化专业服务的发展。香港经济向服务经济转型以后，便开始充分利用经济发展的区位优势和自由港优势，大力发展专业职业教育，培育国际化专业人力资源，发展知识密集型的国际化的专业服务，包括法律服务、会计服务、信息科技服务、广告及有关服务、工程技术、建筑设计及测量服务等，为生产制造业和国际贸易发展服务的专业化服务。

上述四大支柱服务业，占香港服务贸易进出口总额的90%以上，其中与生产制造业和商贸有关的服务贸易出口占香港服务贸易出口总额的60%以上，既是引导香港经济发展的主导产业，也是香港服务贸易发展的主要行业。

20世纪80年代，香港制造业开始大批向内地转移，同时香港经济也开始向服务经济转型。进入20世纪90年代，香港经济基本上已经发展成为以服务经济为主体的经济。经历了1997年亚洲金融危机之后，香港政府开始反思过度依赖金融、地产以及转口贸易等服务业的弊端，开始

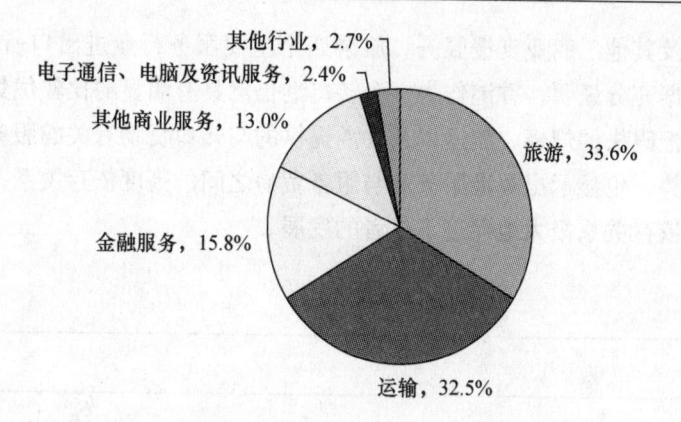

第十一章 中国香港服务贸易政策 ·469·

图 11-3 2012年香港服务贸易主要行业出口占比

其他行业，2.7%
电子通信、电脑及资讯服务，2.4%
其他商业服务，13.0%
金融服务，15.8%
旅游，33.6%
运输，32.5%

资料来源：根据《香港经济统计年鉴》2014年统计计算。

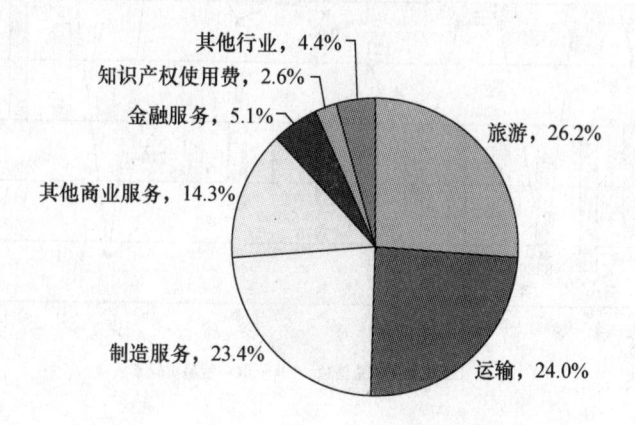

图 11-4 2012年香港服务贸易主要行业进口占比

其他行业，4.4%
知识产权使用费，2.6%
金融服务，5.1%
其他商业服务，14.3%
制造服务，23.4%
旅游，26.2%
运输，24.0%

资料来源：根据《香港经济统计年鉴》2014年统计计算。

探索走服务业与高新技术产业相结合的发展路径。香港政府开始重视高新技术在服务业和服务贸易，包括高新技术含量高的服务业在本地经济中的重要地位。目前，无论是服务业占本地生产总值的比重，还是就业总人口中从事服务业的比重，香港在全球的排名都居于前列。

发达的服务业使香港拥有优秀的专业人才、良好的基础设施和优质的国际网络，特别是物流、旅游、金融、专业化服务等服务业和服务贸易的快速发展，使香港长期保持国际金融、贸易、航运等领域在亚洲，乃至全球国际贸易中的枢纽地位，也为香港服务贸易的良性发展奠定了基础。

图 11-3 和图 11-4 显示，2012年香港贸易及物流、金融服务、专

业服务及其他工商业支援服务、旅游四个主要服务行业进出口所占比重,这些数据充分证明,香港作为一个转口港仍然具有明显的比较优势,特别是在货柜码头的规模、航运以及香港提供的与转口货物有关的服务效率方面的优势,也显示出香港服务业与服务贸易之间的高度依存关系,同时这种高度依存关系极大地促进了二者的发展。

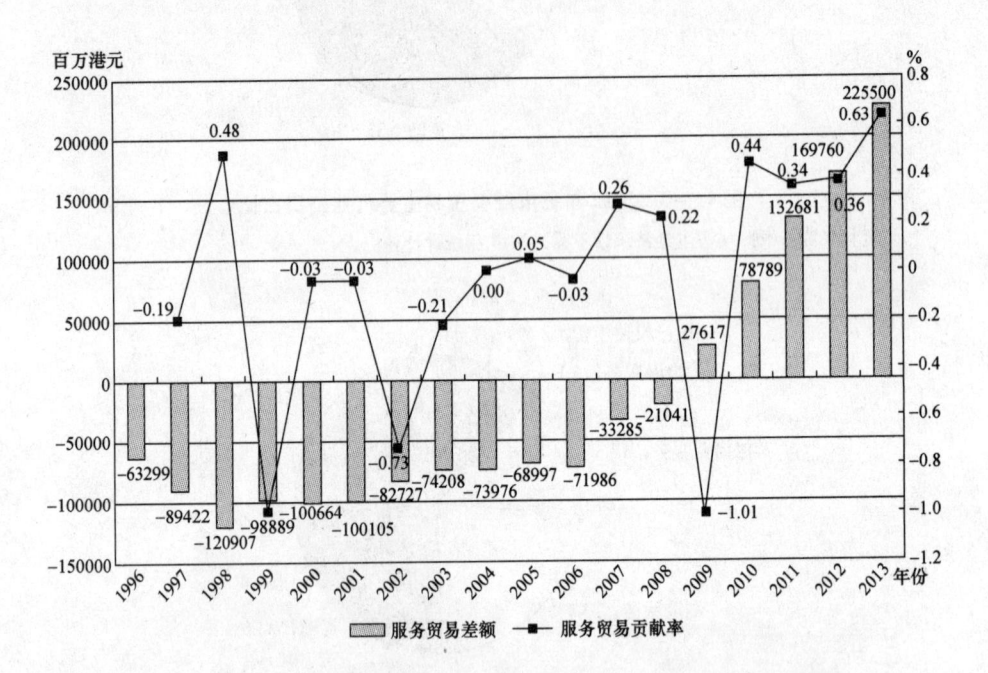

图 11-5　1997—2013 年香港服务贸易进出口对香港经济增长的贡献率

注：贡献率指服务贸易净流出增量与 GDP 增量之比。

资料来源：根据《香港经济统计年鉴》2014 年统计计算。

然而从另一个角度而言,香港经济发展,虽然经过了产业结构的调整和主导产业转换,发展成现今以服务业为香港的主导产业,现代服务业以及新兴服务业在香港经济发展中也是迅速崛起,但是香港服务经济结构中,运输、旅游及与商贸和生产制造业有关的传统服务业和服务贸易,依然是香港服务业和服务贸易出口的主要行业,在香港服务业和服务贸易出口占有非常大的比重,新兴服务业以及与高新技术相结合的高端服务业,无论是在香港的服务业,还是在香港的服务贸易中都还没有成为引导香港经济发展的主导产业。

表 11-3　2013 年香港主要服务业净流出占香港本地 GDP 比重

指标	净流出（百万港元）	占 GDP 比重（%）
运输	103100	4.85
旅游	139000	6.54
保险及退休金服务	-1500	-0.07
金融服务	96200	4.53
其他	-111300	-5.24

资料来源：根据《香港经济统计年鉴》2014 年统计计算。

（二）服务贸易的区域结构及主要贸易伙伴

香港自然地理位置和港口经济特点，以及服务业的行业结构，决定了香港服务贸易的区域结构。香港服务贸易进出口区域主要集中在亚洲、北美洲、西欧和澳大利亚及大洋洲这四大区域。如表 11-4 所示，2011 年中国香港与亚洲地区的服务贸易进出口总额为 7781.21 亿美元，与澳大利亚及大洋洲的服务贸易总额为 471.78 亿美元，与西欧的服务贸易总额为 2084.64 亿美元，与北美洲的服务贸易总额为 2015.33 亿美元。中国香港在这四大区域的服务贸易进出口额，占香港服务贸易进出口总额的 97.22%。

表 11-4　中国香港服务贸易进出口区域结构

单位：百万美元

	2009 年		2010 年		2011 年	
	出口	进口	出口	进口	出口	进口
所有区域	489135	470944	616037	544598	695103	575521
亚洲	261275	320350	337067	369096	398720	379401
澳大利亚及大洋洲	17151	18470	20960	22033	23184	23994
中美洲及南美洲	5694	2437	6825	3756	7698	2656
北美洲	101569	60083	123525	69771	124506	77027
西欧	92094	62068	116037	71121	126606	81858
其他	11353	7536	11622	8822	14390	10585

资料来源：根据《香港经济统计年鉴》2014 年统计计算。

2009 年，中国香港服务贸易进出口亚洲地区占香港服务贸易进出口总额的 60.58%，澳大利亚及大洋洲占 3.71%，中美洲及南美洲占

0.85%，北美洲占16.84%，西欧占16.05%，其他地区占1.97%；2010年，中国香港服务贸易进出口亚洲地区占香港服务贸易进出口总额的60.08%，澳大利亚及大洋洲占3.7%，中美洲及南美洲占0.91%，北美洲占16.70%，西欧占16.13%，其他地区占1.76%；2011年，亚洲占61.24%，澳大利亚及大洋洲占3.71%，中美洲及南美洲占0.81%，北美洲占15.86%，西欧占16.40%，其他地区占1.966%。

从香港的主要贸易伙伴看，如表11-5所示，内地是香港最主要的贸易伙伴，中国内地、美国、英国、日本和中国台湾与中国香港的服务贸易总额占中国香港服务贸易进出口总额的69.04%。2009年，中国内地占中国香港服务贸易进出口总额的37.80%，美国占15.18%，英国占6.79%，日本占6.17%，中国台湾占4.75%；2010年，中国内地占37.74%，美国占14.94%，英国占6.54%，日本占6.04%，中国台湾占4.76%；2011年中国内地占中国香港服务贸易进出口总额的38.11%，美国占14.10%，英国占6.51%，日本占5.49%，中国台湾占4.84%。

表11-5　　　　　　中国香港服务贸易主要进出口伙伴

单位：百万美元

	2009年		2010年		2011年	
	出口	进口	出口	进口	出口	进口
所有区域	489135	470944	616037	544598	695103	575521
中国内地	139440	223445	185579	252482	234143	250092
美国	94389	51358	114083	59314	114844	64279
英国	40321	24836	49148	26798	49678	33030
日本	32651	26545	37978	32124	37326	32369
中国台湾	25811	19767	31522	23719	35217	26298

资料来源：根据《香港经济统计年鉴》2014年统计计算。

第二节　中国香港服务贸易发展的历史演变及主要特点

港口经济与地缘优势是中国香港产业与经济发展的天然基础。天然港口优势，为香港发展转口贸易提供了优势条件，而背靠内地市场的地缘优势，借助自由市场制度和经济政策，面向全球发展，使香港得以逐渐发展成为国际贸易中心和国际金融中心，进而发展到国际经济和香港经济与内地的经济联动和贸易联动。随着香港与内地的这种经济联动和贸易联动，形成了香港与内地经济一体化的发展。香港经济发展历史表明，香港的产业结构与服务贸易发展的演变，服务业与服务贸易发展成为香港主导产业，与香港经济同内地经济发展联动和贸易联动一直是紧密联系在一起的。

一 1980—1996年香港服务业与服务贸易发展

20世纪50—70年代，香港在当时的国际政治与经济环境下，进入第一次经济转型时期，即从过去单一的转口贸易向轻纺织品制造业转型。香港抓住全球经济发展的产业价值链调整的机遇，向发展劳动密集型的出口导向型经济转型，主要是发展轻工业产品制造业和货物贸易出口。轻工业产品制造和货物贸易领先于服务经济和服务贸易的发展，成为香港经济的主导产业与支柱产业。1950—1970年的20年时间内，香港经济飞速发展，从一个以转口贸易为主的港口经济转变发展成为以轻纺工业为龙头的轻工产品出口加工业基地，被称为亚洲"四小龙"之一。

进入20世纪70年代末期，随着香港制造业劳动力成本上升，以及受国际石油危机影响，香港制造业产品出口受阻，制造业发展停滞，香港经济发展速度放缓。但是，香港的经济发展很快就出现了新的转机。20世纪80年代，中国开始以经济建设为中心，实施改革开放，发展经济现代化。香港抓住了中国内地改革开放的历史性机遇，开始了第二次经济发展转型，将大批劳动密集型的轻工制造业大规模转移到内地，利用内地的廉价资源和廉价劳动力发展加工贸易，同时在香港本土实现了从制造业为主向服务业为主的经济转型，大力发展以商贸为主的服务业和服务贸易，到80年代末期，服务业在GDP占比中超过80%，并发展成为亚洲地区的国际贸易中心。

背靠内地的巨大市场，随着中国内地改革开放，大力发展制造业，香港经济开始了第二次转型，并且，香港在20世纪60年代至80年代初，出口制造业与国际贸易同步发展，既是生产地，也是出口运输中心。在改革开放初期，香港是连接内地与世界经济的最主要窗口。统计资料显示，经香港转口的货物占全国对外贸易的比例，到90年代初已占约50%。

内地改革开放，为香港加工贸易的发展带来历史性的机遇，大批香港公司把生产基地迁往内地，特别是珠江三角洲一带，利用当地的成本优势，提升产品在国际市场上的竞争力。与此同时，这些公司继续利用香港作为它们的营运中心，在香港从事企业管理、财务、市场策划等，从而带动了香港现代服务业的发展，为今天香港作为服务业枢纽奠定了重要基础。

在中国改革开放初期，香港的服务业主要是服务于内地珠三角地区的加工贸易。随着不断发掘内地改革开放的需求，香港服务业不断向内地市场渗透，涉及的业务范围也越来越广泛，加上许多跨国公司都是通过香港打开中国内地市场，因而香港的服务业和服务贸易得到了快速发展，并且服务业与服务贸易趋向于多元化发展。香港服务行业面对更多商贸服务的需要，不断提升服务水平，一方面与国际服务业接轨，另一方面根据中国内地市场的实际需求，提供更符合中国内陆市场需要的服务，转口贸易向更高层次发展。发展到20世纪90年代，香港服务业的服务对象已遍及内地各个省份。这一时期，香港近三成的服务出口的主要市场是内地。

利用港口经济优势，香港建立起了区域性国际物流中心。长期以来，香港有大量中小型贸易公司从事转口贸易活动，贸易代理、运输、保险等与贸易相关的服务业是香港最重要的产业之一。20世纪80年代以后，随着香港和珠江三角洲广大地区"前店后厂"关系的形成和迅速发展，香港制造业向内地转移的规模不断扩大，在珠江三角洲庞大腹地的支撑下，香港发展成为东南亚地区的生产、后勤和管理中心，也发展成为东南亚地区原材料、零部件采购和产成品输出的枢纽，同时也是成衣、玩具、钟表等行业最重要的全球采购中心之一。正是由于这些变化，给香港物流业带来了巨大的发展空间。

20世纪70年代，香港经济发展中，金融服务业和旅游业迅速崛起，成为香港两大新兴产业。20世纪70年代，香港提出"十年建屋计划"、"居者有其屋计划"和大型公共设施建设计划，有力地推动香港房地产业的发展。大力发展房地产业，香港的股市也随着房地产业的发展而急剧扩张。80年代，香港房地产业在70年代的基础上得到了进一步发展，90年代初期，国际游资开始进入香港房地产市场。据有关资料显示：70年代后，香港发展为亚洲最大的保险市场之一，保险机构密度大，发展快，业务广泛。1990年年底保险公司达198家，其中在香港注册和来自英、美、日等28个国家和地区的保险公司各占约50%。保险业务可经营的项目达20多项，其中以火险、水险、汽车险为主。寿险经过长期拓展，80年代后蓬勃发展。香港利用港口经济优势和地缘优势，不仅把香港发展成为一个地区性的国际贸易中心和中国经济对外开放的窗口，而且把香港建设成了全球第三大金融中心。

二 1997年以来香港服务贸易发展

1997年以来，香港经济发展遭遇到两次国际经济危机。第一次是1997年的亚洲金融危机，第二次是2008年美国次贷危机。两次国际金融危机对于香港经济的冲击，既暴露出香港经济发展过程中存在的问题，也暴露出香港产业结构存在的弱点，迫使香港经济结构和产业结构不得不进行调整。因此，香港经济出现了一系列新的结构性变化，服务业价值链也开始向高端增值转移升级。

（一）从以转口贸易为主向离岸贸易为主转变

转口贸易是港口经济的一大特点。转口贸易在香港进出口贸易中一直占有非常大的比重，特别是随着中国内地改革开放后，中国内地对外贸易迅速发展，香港的转口贸易也进入了一个快速增长时期。据香港政府统计处统计显示：转口贸易在香港贸易总值中所占比重1986年为22%，到1996年香港的转口贸易占香港贸易总值的比重已经增加到40%；占香港货物贸易本港转口总值的比重为72%，这一比重到1996年达到90%。这一时期，中国内地通过香港的转口贸易占香港转口贸易总额比重，1986年为42%，1991年达到59%。

然而，在遭遇1997年亚洲金融危机的冲击后，内地劳动密集型产品出口增长下降，加上上海、深圳等内地港口的发展，虽然香港从内地转口的货物总量还在继续增长，而从香港转口贸易相对于内地对外贸易进出口的比重则相对不断下降。在香港从内地转口贸易比重相对下降的同时，香港的离岸贸易比重则相对提升。据香港政府统计处的统计数据显示，香港的离岸贸易，涉及的货物贸易总值从2002年的14582亿港元，上升至2008年的33628亿港元。除去1997年亚洲金融危机的影响，2002—2008年香港离岸贸易平均每年上升约15%。

随着香港转口贸易逐渐向离岸贸易转变的同时，香港管理转口贸易的服务功能，也在逐渐向服务于离岸贸易发展的功能方向转变，从事转口贸易和离岸贸易的绝大多数企业也开始逐渐转向服务价值链的高端，如企业财务与会计、贸易融资与保险安排、企业管理与制订企业发展策略、销售与市场推广等服务行业发展。

(二) 从传统物流向现代物流业转变

20世纪90年代以来，特别是90年代后半期，随着经济全球化分工的深化、以互联网为核心的电子商务的扩散以及美国新经济的出现，传统的物流业逐步向现代的物流业转化。香港的物流业主要是以传统物流业为主，是香港经济四大支柱产业之一。香港传统物流主要是传统港口经济为基础服务于转口贸易物流业，在全球转口贸易物流业中具有非常强的竞争优势。然而20世纪中后期以来，香港这种以港口经济为基础、服务于转口贸易的传统物流发展呈现出减缓的趋势。其原因：一方面是由于港口经济的转口贸易本身具有相对的规模经济的局限性；另一方面是由于新加坡、中国的上海和深圳港转口贸易的迅速发展，相对减少了香港转口贸易的货物流量，加上1997年亚洲金融危机和2008年美国次贷危机引起的国际金融危机蔓延，中国内地劳动密集型产品出口大幅度减少，香港来自内地的转口贸易量下降；另外，供应链管理正在成为适应全球化和现代物流发展的主流趋势，传统物流正在转向供应链管理的现代物流，香港物流业已经意识到急需转变旧的传统物流方式，建立遵循供应链管理的现代物流，实现从传统物流向现代物流业的转变。

(三) 金融服务贸易发展的转变

香港作为全球重要国际金融中心，金融服务贸易领域专业性金融服务发达，从服务于中小客户的商业银行到服务于大的投资项目的投资银行，从证券业到保险和基金管理业，无论是规模、效率，还是多元化服务，许多都居于世界前列水平。然而，就香港金融服务业和金融服务贸易的结构而言，香港金融服务的70%左右的市场份额属于外部资金，香港本地大型金融企业则比较少，在自由市场制度和实行联系汇率制度的条件下，容易受到国际金融市场波动的影响，或者国际游资的冲击。1997年亚洲金融危机以后，香港接受了亚洲金融危机的教训，开始加强与中国内地金融业和金融服务贸易的联系与合作。近年来，积极配合国家推动人民币作为国际贸易结算货币，香港在国家政策支持下，积极开拓人民币产品及服务，现时已成为全球最重要的人民币离岸结算中心。2013年通过香港发行的人民币债券总量便高达1080亿元人民币，为内地企业，以至有意拓展内地业务的海外公司提供另一项重要的融资工具。由中国证监会在

2014年4月10日正式批复开展互联互通机制的沪港通试点，2015年3月2日沪港通做空机制启动，沪港通由此迈入双向交易时代。

（四）香港旅游业与旅游服务贸易的发展变化

香港旅游业发展，具有自由贸易港、背靠中国内地和中西文化交会地三大优势。这三大优势，使得香港成为"美食与购物的天堂"、商务旅行和中外交流的桥梁。而正是这三大优势，繁荣了香港的旅游业。然而，受1997年亚洲金融危机和2003年"非典"的影响，香港旅游业的主要市场——东南亚国家和地区、中国台湾以及美洲等国家的消费力下降，加上20世纪90年代后香港整个社会的生活成本上升，经营成本上涨，香港"美食与购物的天堂"的吸引力下降，使得香港的旅游业一度萧条。2003年，为改善香港因亚洲金融危机和"非典"影响旅游业发展低迷的状况，根据《内地与香港关于建立更紧密经贸关系的安排》，中央政府为促进香港旅游业的发展，推出"个人游"政策，开放香港自由行。个人游的政策受到了内地游客的欢迎。据相关政府统计处统计，2003年以来，内地居民访港人数逐年扩大，其中个人游所占比重越来越高。2003年个人游占内地访港总人数的7%—8%，到2011年个人游的比例已达65.3%。通过个人游计划来香港的内地游客总人数已超过7847万人次。个人游的开放直接促进了内地访港人数的增长。2011年共有4200多万人次访港，其中内地游客达2800多万人次，而个人游的内地游客占到大多数，达1830多万人次。作为香港支柱产业的旅游业的发展已经与内地旅游业的发展紧紧地联系在一起。

20世纪80年代以来，香港服务业和服务贸易的发展可以概括为以下特点：其一，香港服务贸易发展与演变建立在港口经济发展基础之上。港口经济是香港的经济基础，港口经济的特点就是天然具有发展转口贸易和运输的良好条件。香港经济的发展成就，就是充分利用了天然港口优势，从发展转口贸易和商贸运输，进而发展国际金融和旅游经济。目前，香港已经发展成为一座国际型大都市，是仅次于纽约和伦敦的全球第三大金融中心，与美国纽约、英国伦敦并称"纽伦港"，在世界享有较高声誉。同时，香港也是亚洲重要的金融、贸易和航运中心和世界理想的休闲旅游地。香港经济发展的这些成就，都是在港口经济基础上逐步发展起来的。至今，港口经济依然是香港经济发展的重要基础，转口贸易和航运依然是香港经济发展中的主要支柱产业。

其二，香港服务贸易发展与演变和内地经济发展紧密相关。20世纪80年代，香港为尽快进行产业结构的转换，发展服务贸易，将属于劳动密集型的轻工业和纺织产业的制造业部分向中国内地转移。到20世纪90年代，香港大部分轻纺工业的制造业部分，特别是以加工贸易为主的轻纺制造业部分基本上都转移到中国内地珠江三角洲地区。香港成为研发设计、生产、后勤和管理中心，成为原材料、零部件采购和产成品输出的枢纽，同时也发展成为成衣、玩具、钟表等行业最重要的全球采购中心，以及为各种服务行业服务的商贸服务中心，从而为香港经济向服务经济转型和发展生产性服务业提供了巨大的发展空间。

1997年亚洲金融危机之后，香港一直试图进行新一轮的产业结构调整。为此，香港积极要求与内地发展建立更紧密的经济贸易关系，2003年与中央政府共同签署了《内地与香港关于建立更紧密经贸关系的安排》。配合服务业和服务贸易转型升级，香港在加深国际区域经济合作发展的同时，积极加强与内地发展更紧密的经贸联系。2003年签署的《内地与香港关于建立更紧密经贸关系的安排》使香港与内地的经贸联系更加紧密，它标志着中国"入世"后香港与内地经济关系出现历史性的变革。签署CEPA是中国经济一体化战略的重要环节，是构建内地、香港、澳门、台湾的"大中华经济圈"的起点，是实质性区域经济合作的第一步，其追求的利益是长远的，造成的影响也将是广泛而深刻的。

《内地与香港关于建立更紧密经贸关系的安排》是在"一国两制"方针下和世界贸易组织框架内做出的特殊安排。《内地与香港关于建立更紧密经贸关系的安排》的实施，减少了内地与香港在经贸交流中的体制性障碍，加速了相互间资本、货物、人员等要素的更便利流动，提高了内地与香港经济交流合作的水平，对香港经济发展起到积极的促进作用，同时也推动了内地的经济建设和改革开放。

从长远发展的视野看，"十二五"规划提出支持香港巩固和提升竞争优势，包括巩固和提升香港国际金融、贸易、航运中心的地位，特别是支持香港发展成为离岸人民币业务中心和国际资产管理中心。在国家的战略框架下，香港和内地的经贸关系将更趋紧密，而香港的服务业亦会有更大的发展空间。

总体而言，这一时期香港服务贸易发展和服务贸易政策已经开始发生重要的转变：一方面，香港继续充当着内地最大的进出口商品转口地、最主要的资金筹集地、国有企业海外上市首选地和境外中资企业投资集中地等，这些都令香港成为内地改革开放红利的最大分享者之一；另一方面，香港服务业和服务贸易的发展与内地的服务业和服务贸易市场逐步在进行新的融合，香港服务业和服务贸易的发展正在顺应中国经济结构的调整和产业结构的升级，以及欧美产业结构的战略性调整而调整，香港的服务贸易政策也在随之调整和变化。

第三节 中国香港服务贸易自由化

长期以来，香港一直奉行自由市场经济和自由贸易政策。通过实行低税率的自由贸易政策和投资政策，在香港建立起全球最开放和最自由的市场经济体系。凭借良好的经济基础、优越的地理位置、完善的基础设施、公平的竞争环境以及高素质的人力资源，已经逐渐发展成为服务业高度开放的国际服务中心和跨国公司的亚太营运中心，连续 18 年被国际商会评为全球最自由经济体系，经济自由度指数排名第一，也是全球最具竞争力的经济实体之一。

自 19 世纪 40 年代成为自由贸易港以来，香港一直实行的是自由市场经济，奉行的贸易政策也是自由贸易。香港自由港的内涵，包括自由贸易、金融市场开放、资金自由进出以及自由开办企业、自由市场调节四个方面。而支撑自由港公平竞争经济环境，是香港健全完善的市场经济法律体系。

香港经济发展经历了一系列世界经济一体化和经济全球化的变革与冲击，参与了《关税与贸易总协定》、世界贸易组织多边贸易谈判；特别是进入 2000 年以来，香港积极参与区域性的双边和多边贸易谈判，这些变化与发展，使香港自由贸易港的内涵和功能逐步扩展，最终使香港发展成为全球最自由、最开放，也是最多功能的自由港。香港服务贸易发展同样也是因循了传统的自由市场经济制度和自由贸易政策。

一 在多边贸易体制下继续推行服务贸易自由化

香港的服务贸易政策，主要依据世界贸易组织体制框架内的多边贸易协定，区域贸易协定和双边贸易协定。1995 年以前，香港不是以总协定的独立缔约方，而是以从属的地位，在英国的代表下参加总协定的活动。英国是关贸总协定的原始缔约方之一，英国于 1948 年 6 月办理了有关法律手续，使总协定也适用于香港。1984年12月19日中英两国政府关于解决香港问题的联合声明及其附件，授权香港在1997年以后，继续保持其自由港和单独关税区，自行决定其对外经济贸易政策，以"中国香港"的名义参加关贸总协定、国际纺织品贸易协定等有关国际组织和国际协定。香港1995年1月1日以中国香港名义作为独立关税区正式加入世界贸易组织，与世界贸易组织其他成员共同签订了服务贸易协定。

表11-6　　WTO服务贸易总协定香港特别承诺（商业服务）

部门或界别分组	市场准入限制	国民待遇限制	追加承诺
部门具体承诺			
商业服务 专业服务 会计、审计和记账服务：这些仅限于审计咨询服务，如财务管理咨询、公司创立和重组、筹资、债务重组、破产和清算	(1) 不作承诺 (2) 没有限制 (3) 法定审计服务的提供仅限于自然人以独资或者合伙的形式注册成为注册会计师，除此之外，不作限制 (4) 除附件中规定的总经理、高级管理人员和专家的公司内部专业外不作承诺	(1) 不作承诺 (2) 不作承诺 (3) 没有限制 (4) 不作承诺	
税务服务（不包括法律服务）：这些仅限于为企业和个人在编制纳税申报表、税务规划、评审、评估和退税工作上提供的顾问和咨询服务	(1) 不作承诺 (2) 没有限制 (3) 没有限制 (4) 除附件中规定的总经理、高级管理人员和专家的公司内部转移外不作承诺	(1) 不作承诺 (2) 不作承诺 (3) 没有限制 (4) 不作承诺	
分销服务 零售服务 零售服务：这些仅限于将个人或家庭消费或使用的新的和二手消费品转售（未经再加工的出售）给一般大众，通常在百货公司、商店、消费合作社和拍卖行	(1) 不作承诺 (2) 没有限制 (3) 没有限制 (4) 不作承诺	(1) 不作承诺 (2) 不作承诺 (3) 没有限制 (4) 不作承诺	

资料来源：WTO数据库。

表 11-7　WTO 服务贸易总协定香港特别承诺（金融服务）

部门或界别分组	市场准入限制	国民待遇限制	追加承诺
金融服务 模式1/模式2 本承诺是关于记载于承诺表本节中关于金融服务提供的模式一（跨境交付）和模式二（境外消费）的承诺，本承诺并不意味着允许另一个成员国的服务提供者在中国香港特别行政区招揽业务或者进行营销。			
所有保险及其相关服务人寿，意外和健康保险服务非寿险服务	（1）不作承诺 （2）仅法定保险，其中包括关于车辆、船舶的第三方责任险和关于雇员的雇主责任险，必须从香港特别行政区授权的保险公司购买 （3）只有一个公司或承保人组织获准经营保险业务。在前者的情况下，商业存在必须采取子公司、分公司或代表处的形式，虽然保险业务不得通过代表处进行 （4）除载于本承诺的"自然人存在"附件之外，不作承诺*	（1）不作承诺 （2）不作承诺 （3）仅指由获授权保险人委任的行政总裁通常应位于香港特别行政区 （4）不作承诺	
再保险和转分保	（1）如果保险公司是香港特别行政区以外注册成立的公司，并且在特区没有代理或营业场所，则没有限制 （2）没有限制 （3）只有一个公司或承保人组织获准经营保险业务。在前者的情况下，商业存在必须采取子公司、分公司或代表处的形式，虽然保险业务不得通过代表处进行 （4）除载于本承诺的"自然人存在"附件之外，不作承诺	（1）不作承诺 （2）不作承诺 （3）仅指由获授权保险人委任的行政总裁通常应位于香港特别行政区 （4）不作承诺	
保险辅助服务（包括经纪和代理服务）	（1）承担理赔服务，但就承运至香港特别行政区的货物，未进入香港特别行政区区域的运输保险部分的理赔，不在此理赔服务范围内。 （2）没有限制 （3）没有限制 （4）除载于本承诺的"自然人存在"附件之外，不作承诺*	（1）不作承诺 （2）不作承诺 （3）没有限制 （4）不作承诺	

续表

部门或界别分组	市场准入限制	国民待遇限制	追加承诺
银行及其他金融服务（不包括保险）接受公众存款和其他资金	（1）不作承诺 （2）没有限制 （3）仅指商业存在必须采取如下形式： （a）海外注册的银行可以在以下条件下以分支机构的方式申请完全持牌银行或有限制牌照银行执照 这些银行可以维持：（i）办公室，供客户访问（物理的或其他）银行业务（或接受存款业务，在有限制牌照银行的情况下）的目的和/或用于安排或只能在一个建筑内订立其他任何金融交易（"办公室"包括自动取款机或类似的终端设备）；及（ii）不超过两个额外的办事处（不包括自动取款机或类似的设备），其客户和其他人有机会对任何其他类型的企业在一个单独的建筑物或建筑群进行访问。这种额外的办公室可能由不超过一个区域办事处和一个后台组成 （b）外资银行在香港特别行政区设立的有限责任公司可以申请执照作为完整牌照银行、有限牌照银行或有分支权利的接受存款的附属公司的形式运营。在申请完全银行牌照的情况下，该机构必须为至少十年以上的认可机构，并且与香港特别行政区紧密联系并受认可。在分支权利受金融管理局控制的情况下，华侨银行也可能收购一个现有的本地注册银行 （c）海外注册银行也可在香港特别行政区设立代表处，但基本上这些代表处是被禁止吸收存款和从事银行业务的 （4）除载于本承诺的"自然人存在"附件之外，不作承诺*	（1）不作承诺 （2）不作承诺 （3）所有认可机构（本地或海外），必须委任一名行政总裁及不少于一个备选首席执行官，其必须通常居住在香港特区	

注：*关于自然人存在方面的承诺仅限于香港特别行政区的银行、证券、保险以及相关法规规定的企业。

资料来源：WTO 数据库。

表 11-8　　WTO 服务贸易总协定香港特别承诺（旅游服务）

部门或界别分组	市场准入限制	国民待遇限制	追加承诺
旅游及相关服务 酒店和餐馆（包括餐饮） 酒店服务：仅限于在酒店内以收费为基础的短期住宿和食物饮料的销售	(1) 不作承诺 (2) 没有限制 (3) 没有限制 (4) 不作承诺	(1) 不作承诺 (2) 不作承诺 (3) 没有限制 (4) 不作承诺	
餐厅及餐饮服务：这些仅限于堂吃或者外带的食物饮料的销售	(1) 不作承诺 (2) 没有限制 (3) 没有限制 (4) 不作承诺	(1) 不作承诺 (2) 不作承诺 (3) 没有限制 (4) 不作承诺	
旅行社和旅游经营者服务 旅行社和旅游经营者服务：这些仅限于在香港之外为客户提供托运和住宿服务以及相关的服务，如旅游信息的提供、咨询和策划业务	(1) 不作承诺 (2) 没有限制 (3) 只有一个公司可以经营旅游和开分公司* (4) 不作承诺	(1) 不作承诺 (2) 不作承诺 (3) 没有限制 (4) 不作承诺	

注：*"公司"指广义上的根据公司条例于香港注册成立之公司，或在香港以外注册成立的公司根据公司条例设立营业地点并注册为在香港。

资料来源：WTO 数据库。

从香港 WTO 服务贸易市场开放承诺表可以看出，香港不仅在货物贸易领域奉行自由贸易，在服务贸易领域同样也基本上极力奉行自由贸易。香港是 WTO 多边贸易体制下服务业最开放的经济体之一，无论是传统服务业还是现代服务业，除银行、广播、大律师和医疗服务等少数服务业外，绝大多数服务业对外承诺自由开放，外国服务提供者在香港可以享有公平的国民待遇。

但是，从香港 WTO 服务贸易市场开放承诺表中还可以看到，香港政府在航运和仓储行业的服务贸易领域，如果涉及跨境交付和自然人流动基本上是不作关于市场准入限制和国民待遇限制承诺；在旅游行业服务贸易领域，在市场准入限制方面如果涉及跨境交付和自然人流动，香港政府不作具体承诺，在国民待遇限制方面，如果涉及跨境交付、境外消费和自然人流动，香港政府也不作具体承诺；在金融服务贸易领域，在市场准入限制方面，如果涉及跨境交付和自然人流动（除载于本承诺的"自然人存在"附件之外），基本上不作具体承诺，在国民待遇方面，如果涉及跨境交付、境外消费和自然人流动，香港政府也不作具体承诺；在通信与电信服务、快递服务以及专业服务领域，在市场准入限制方面，涉及跨境交付和自然人流动，香港政府基本上不作具体承诺，在国民待遇方面，涉及跨境交付、境外消费和自然人流动，香港政府也基本上不作具体承诺。

总体而言，全球资本在香港营运，股票市场、法律体系、公司管治、中介服务、会计制度以及人才软件，完全是国际化的、自由开放的服务市场，真正体现了自由市场之下的交易选择。香港特区政府发言人宣布，香港于2013年中正式参与由部分世界贸易组织（WTO）成员展开的服务贸易协定谈判。参与服务贸易协定谈判将会加强香港与其他经济体的经济贸易联系，为香港商家在多个主要贸易伙伴和一些相对较新的市场上带来更多商机。参与服务贸易协定谈判的其他经济体，占香港服务贸易约五成。在这些经济体中，八个是香港十大最主要服务贸易伙伴。

二 积极参与区域贸易谈判，不断创新开放体系

在WTO多边贸易体制基础上，中国香港还积极参与区域贸易自由化谈判，不断适应和融入区域性的贸易规则和贸易自由化发展，开创新的服务贸易开放体系。

1991年香港成为APEC正式成员，参与APEC贸易投资自由化进程，2003年香港特区政府与中央政府签署《内地与香港关于建立更紧密经贸关系的安排》，2010年中国香港与新西兰签署自由贸易协定，2011年与欧洲自由贸易联盟国家即冰岛、列支敦士登、挪威和瑞士签订自由贸易协定；2012年和智利签订自由贸易协定；2013年正式参与由部分世界贸易组织（WTO）成员展开服务贸易协定谈判；中国香港政府在2014年7月正式与东盟就缔结自贸协定展开谈判。区域贸易谈判，为香港服务贸易发展创造了广阔的国际环境，同时也创新了香港服务贸易开放体系。

发展与内地区域一体化经济，《内地与香港关于建立更紧密经贸关系的安排》（CEPA）主要内容包括三方面：（1）两地实现货物贸易"零关税"；（2）扩大服务贸易市场准入；（3）实行贸易投资便利化。即从2004年1月1日起，273个内地税目涵盖的香港产品（涉及食品、药品、纺织品、电子产品等），符合原产地规则进入内地时，可享受"零关税"优惠；对香港扩大服务贸易市场准入，涉及的行业包括诸如管理咨询服务、会展服务、广告服务、会计服务、建筑及房地产、医疗及牙医、分销服务、物流八个部门；关于投资便利，规定内地将在通关及电子商务等七个领域简化手续以便香港资金更加自由地进入内地。自2003年之后，2004年、2005年、2006年、2007年、2008年、2009年、2010年又分别签署了《补充协议》、《补充协议二》、《补充协议三》、《补充协议四》、《补充协议五》、《补充协议六》、《补充协议七》。

《内地与香港关于建立更紧密经贸关系的安排》的签署使香港与内地的经贸联系更加紧密，它标志着中国入世后香港与内地经济关系出现历史性的变革。签署CEPA是中国经济一体化战略的重要环节，是构建祖国大陆、香港、澳门、台湾的"大中华经济圈"的起点，是实质性的区域经济合作，是一种长远的战略安排。

《内地与香港关于建立更紧密经贸关系的安排》是在"一国两制"方针下和世界贸易组织框架内做出的特殊安排，体现了中央政府和内地人民对香港的关心和支持。《内地与香港关于建立更紧密经贸关系的安排》的实施，减少了内地与香港在经贸交流中的体制性障碍，加速了相互间资本、货物、人员等要素的更便利流动，提高了内地与香港经济交流合作的水平，对香港经济发展起到积极的促进作用，同时也推动了内地的经济建设和改革开放。

按照协议规定，货物贸易方面，由2004年1月1日起，273个内地税目涵盖的香港产品，只要符合原产地规则，都可享有"零关税"优惠。这些产品包括部分电机及电子产品、塑料产品、纸制品、纺织及成衣制品、化学制品、药物、钟表、首饰、化妆品及金属制品等；最迟于2006年1月1日前，只要符合CEPA的原产地原则，香港厂商都可经申请享有"零关税"优惠。香港特区同意在协议下对所有原产于内地的货品维持"零关税"，并且不会对该等货品实施限制性贸易法规。

服务贸易方面，协议规定17个服务行业获得放宽准入；至于贸易投资便利化方面，双方同意在7个范围内加强合作，包括贸易投资促进、通关便利化、商品检验检疫、电子商务、法律透明度、中小企业合作、中医产业合作。

据《粤港合作联席会议第十六次会议》资料显示：《内地与香港关于建立更紧密经贸关系的安排》及《补充协议》实施以来，香港与广东之间2012年的服务贸易总额为554.6亿美元，同比增长40.6%。2013年上半年为507.9亿美元，接近达到2012年总额，同比增速升至70%，两地服务贸易合作发展迅速，尤其在银行业、证券业、会计业及法律业等领域上取得明显的进步。港资银行已经在广东设立营业性机构152间，已经有100位与建筑有关的专业人士在广东成功注册执业，在广东设立的香港律师事务所的代表机构已经达到22家。2012年年底，深圳、东莞两地一共有516名香港居民报考会计从业资格考试。

2014年年底，香港与国家商务部签署新协议，推进香港与广东服务贸易自由化，协议生效以后，广东对香港的服务提供者，将开放153个服务贸易部门，占世贸全部贸易部门分类的95.6%，到2015年年底内地对香港基本实现全面服务贸易自由化。

香港服务贸易自由化发展，主要是建立自由市场经济制度，奉行自由贸易政策。香港经济属于自由市场经济，政府对于经济发展基本上不采取行政干预的手段和政策，政府一般是通过直接服务或者是通过与公用企业合作的方式，为企业提供基础设施。香港政府通过最少的干预，为企业经营者经营发展提供积极有效的稳定框架。香港特区政府在2005年《施政报告》中把香港新的定位明确地表述为："背靠国内，面向全球，作为我国一个主要城市和亚洲的国际都会"，并提出新的"市场主导，政府促进"经济发展政策指导范式。

第四节　中国香港服务贸易管制

一　香港服务贸易监管机制

香港的服务业与服务贸易监管机制，主要是通过三个层级的职能与功能架构而完成的：

第一层级主要是香港特别行政区行政主管部门，香港特别行政区政府主管经济决策的主要有三个局：工商和科技局、经济发展及劳动局和财经事务及库务局。工商和科技局，是香港特别行政区政府决策局之一，专责香港工业、商业、通信及科技事务的部门。工商和科技局由两个部门组成，一个是通信及科技科，主要负责广播、电影、信息技术、电子政府等事务，并制定相应政策；另一个是工商科，主要负责对外贸易关系，为工商提供支援，保护知识产权，促进吸引外资。工商科下设工商服务业推广处，负责统筹服务业推广计划的制订和实施，以及管理政府拨款设立的专业服务负责自助计划，促进服务业和服务贸易发展。工商科还下设工业贸易署，负责香港的国际通商关系、执行贸易政策与协议，以及为中小企业提供支援服务。工业贸易署，在国际贸易组织中扮演重要角色，推动全球自由贸易发展，协助工商界维护和拓展在全球贸易市场的空间，协助香港企业提高竞争力，为香港企业的产品和服务增值，培训人才，完善架构及制度，以迎接全球竞争的挑战。工业贸易署负责管理香港的进出口贸易和对外经贸关系，执行贸易政策及协定，签发进出口证和产地来源证。根据法律规定，渔农自然护理署、运输署、土木工程署、电信管理局、香港警务处、卫生署、环境保护署可根据法例对不同的进出口商品进行管理；广播事务管理局，负责监督管理媒体的宣传与经营活动；电信管理局，负责管理电讯企业的经营与监管；旅游业监管局，新监管机构理事会成员全部由政府委任，非业界代表占多数，有别于现时由"香港旅游业议会"自己人管自己人。香港贸易发展局成立于1966年，主要负责香港制造业和对外贸易出口发展，1996年开始负责推广香港服务业出口发展。

第二层级主要是由政府以外的半官方机构组成，香港成立的半官方监督管理机构主要有：贸易发展局、生产力促进局、旅游发展局、物流发展局等半官方管理机构。

第三层级主要是由行业协会组成，目前香港各类工商团体及行业组织约240家，大体可分为四类：（1）综合性商会（如香港总商会、香港中华总商会）；（2）行业商会（如香港制衣业总商会、香港玩具协会）；（3）外商团体（如香港美国商会、香港印度商会）；（4）专业性团体。这些行业协会维系了政府的目标管理和企业自身的利益及其行业自律原则，在错综复杂的市场运作中得到调和和统一。

香港作为世界著名的贸易自由港，作为重要的国际航运中心、国际贸易中心、国际金融中心和旅游市场，在服务经济发展过程中逐步形成了有效的监管构架机制和管理体制。从香港对于服务业和服务贸易监管机制的架构，显示出香港对于服务业和服务贸易的监管，主要是实行多层监管与行业自律协会相结合的方式，共同构成服务业和服务贸易有效监管机制。另外，香港服务业和服务贸易行业监管机构，既是行业自律团体，同时也实行企业市场化运作方式。这种服务业和服务贸易监管机制和管理体制，是保障香港服务业和服务贸易健康运行和发展的体制基础。

二　服务业开放监管的特点

总体而言，香港对于服务业和服务贸易监管，是建立在法律基础上，依据世界贸易组织服务贸易总协定规则，对于服务业和服务贸易实行相对公正、公平、透明的监管，而不是对于服务业和服务贸易发展以及对于市场进行人为的政府干预，从而为香港服务业和服务贸易健康发展建立良好的市场秩序和市场环境。

（一）最开放的市场与最严格的监管体系

虽然香港服务业是全球最开放的自由市场之一，但是同时香港服务业也拥有全球监管最严格的监管体系。严格的监管源自健全的网络式的监管组织机构。香港政府总部包括12个局负责具体政策制定，在经济发展过程中香港还先后成立了贸易发展局、生产力促进局、旅游发展局、物流发展局等半官方管理机构，同时香港拥有200多个工商团体和1000多个行业协会，这些不同层级的组织机构共同架构起香港经济管理与监管网络，形成了香港独具特色的严格监管机制和监管体系，对香港服务业的开放、发展与监管起到了非常重要的作用。

（二）监管：行政手段与法律手段并用

监管手段行政与法律并用，是香港服务业开放监管的另一个特点。对于服务业开放的监管，香港政府双管齐下，行政手段与法律手段并用。香港服务业开放监管的主要目标是：市场秩序和经济安全。

行政监管维护市场秩序主要是通过实行发牌照制度和行政制裁；而法律监管主要是通过立法和出台各种监管条例，比如《外汇基金条例》、《银行业条例》、《存款保障计划条例》、《结算及交收系统条例》、《雇佣条例》、《公司条例》、《受托人条例》、《广播条例》、《执业律师条例》等等具有法律效率的监管条例，构建完善的法律法规监管体系，这是香港服务贸易发展的重要支撑。

（三）长期动态化监管体系

香港通过严格的监管机制和监管体系对于服务贸易各个领域实行长期动态化监管，从传统服务业开放，到现代服务业和新兴服务业开放，只要在开放中出现了新的问题，监管机构就会立即出台新的监管条例或者监管措施，比如"斯诺登事件"引起了香港政府对于资讯安全问题的重视，立即商议出台新的监管制度和新的监管措施，以确保府机构内部资料的保密、网络基建的安全。

第五节 中国香港服务贸易发展的最新动态

随着全球经济发展格局的调整，随着中国新一轮经济改革与开放的深入发展，香港服务业和服务贸易发展也出现了一些新的发展趋势与动态。

一 积极发展区域经济合作

（一）发展与内地服务贸易市场的紧密联系，深度融入国内经济发展

随着《内地与香港关于建立更紧密经贸关系的安排》的不断完善和逐步落实，内地与港澳的经济贸易联系将更加紧密，合作更加广泛，《内地与香港关于建立更紧密经贸关系的安排》对促进内地与港澳经济发展所起的积极作用将会更加显现出来。

（二）积极参与东盟自由贸易协议谈判

在中国国务院的支持下，东南亚国家联盟（东盟）已经接受了香港参与"东盟自由贸易协议"谈判的申请，在2014年年初就"香港—东盟自由贸易协议"展开正式谈判。东盟是带动东亚区域经济增长的动力来源，香港已就谈判范围提出建议，并将与东盟积极跟进。香港将与东南亚国家联盟展开自由贸易协议的谈判，并继续参与《服务贸易协议》的谈判，使香港企业能以更有利的条件进入有关市场。

香港是国际货运和贸易中心，香港和东盟之间的贸易额巨大。目前，东盟国家的产品出口到香港基本没有关税，而香港的产品出口到东盟部分国家仍须缴关税，若谈判成功降低或取消关税将对香港是利好消息，可刺激双方贸易额上升。对于香港企业，尤其在东盟国家建有工厂的港商来说将非常有利，原材料关税降低，方便两地贸易，将惠及各行各业。香港在商品设计、创意产业、金融服务、法律服务和教育服务方面，能够帮助中国内地和东盟国家培养人才，而东盟国家在医疗教育等服务业贸易是一流的，香港将促进地区间贸易往来。

二 中国内地新一轮改革开放对于香港服务业和服务贸易发展的影响

贸易物流业和金融服务业，是支撑香港经济发展的两大支柱产业。香港的贸易物流业是基于港口经济逐步发展起来，而具有天然优势的产业；香港的金融服务业是从服务于贸易物流业发展而发展起来的产业。这两大

支柱产业背靠中国内地强大的制造业，具有坚实的发展基础。随着内地新一轮改革开放的深入发展，上海和深圳等港口建设发展迅猛，而以上海自贸区为先导的自贸区的兴起既为香港服务业和服务贸易的发展带来了发展的机遇，也成为香港服务业和服务贸易发展良好竞争与合作的伙伴。

从港口经济的特点而言，港口经济发展具有相对的局限性，既因规模经济而受益，也在一定程度上受规模经济的局限。所以，中国内地巨大的经济规模从客观上必然要求大力发展港口经济。中国内地上海、深圳等港口经济的迅猛发展，成为香港发展转口贸易和航运业的竞争伙伴，是中国经济发展的必然要求。从中国经济发展规模与速度角度，预计从香港港口的天然优势角度，中国内地上海和深圳等口岸的发展，对于香港贸易物流和航运业的发展，只会带来进一步的发展机遇，而不会对于香港的贸易物流业和航运业的发展造成威胁。

自2013年上海自贸易区挂牌以后，2014年年底国务院新批准增设广东、福建和天津三个自贸区，这既是中国贸易制度改革的一种新实验，从长远而言更是中国经济制度和经济运行机制大变革的先导。中国上海等自贸区的设立和发展，是否会对于香港的贸易物流业和金融业的国际地位产生相应的影响，无论是内地还是香港的学术界与实业界都予以了极大的关注。支持上海等自贸区的发展会对香港贸易物流业和航运业产生不利影响的观点认为，上海等自由贸易区的发展，对于香港金融、贸易和航运等方面都会产生一定的冲击；认为上海等自贸区的发展不会对香港的贸易物流业和金融业产生冲击的观点认为，无论是香港的贸易物流业，还是香港的金融业和金融服务贸易，已经有长期发展的历史，已经形成了不可取代的发展优势，无论是自贸区的发展，还是内地港口经济的发展，对于香港的贸易物流业和金融服务业的发展都不会产生严重的影响。

从中国经济发展的势头和中国新一轮经济改革的目标看，无论是中国内地港口经济的发展，还是上海等自贸区的建立与推广，对于香港的经济发展而言，都是机遇，而不是挑战，更不是威胁。未来，香港依然会继续发挥世界金融中心、国际贸易中心、亚洲航运中心的作用。但是，中国经济的发展，中国新一轮经济改革开放的深入发展，以及中国经济发展转型升级，都从客观上要求香港服务业和服务贸易向高端方向发展。

三 香港服务业和服务贸易发展的新趋向

从香港政府积极参与国际区域经济合作，积极与中国内地展开服务业和服务贸易发展合作，并于2013年决定正式参与由部分世界贸易组织成员展开的服务贸易协定（《诸边服务协定》）的谈判，以及香港近年来提出的发展高新技术产业和加大知识密集型服务业发展的力度等动作，基本上可以判断出未来香港服务业和服务贸易发展的基本趋势：第一，积极发展区域性服务贸易，特别是重点发展与中国内地的服务业和服务贸易的合作；第二，积极发展高新技术产业的同时，大力发展知识密集型服务业，以求在国际服务业和服务贸易发展竞争中，提高香港服务业和服务贸易的国际市场竞争力。

随着中国内地改革开放力度的不断深入，改革开放的力度不断加大，香港政府看到不仅中国内地已经发展成为世界性经济大国，而且随着中国经济结构的调整和产业结构的升级，中国内地高端制造业和高端服务业的国际能力和发展水平也日益提高。因而，香港特别行政区政府在2001年的施政报告中，就已经号召全香港社会迎接历史上第三次经济转型——由服务型经济向知识型经济转型，认为这是香港全社会面临的新挑战。香港政府已经意识到：香港的经营成本高昂，要保持经济活力，继续创造香港社会经济的繁荣发展，必须依靠创新科技走高增值的经济发展道路，使香港成为价值链上的增值服务中心。

第六节 中国香港服务贸易发展的经验启示与借鉴

总结香港服务业和服务贸易发展经验，借鉴香港服务贸易发展市场开放过程中服务贸易政策与服务贸易监管措施。香港服务业是经济发展的主导产业，同时也是全球最开放的产业，香港服务业占GDP比重高达93%，其中金融服务、贸易和物流、旅游、技术支持及专业服务是香港服务业的四大支柱产业，服务业从业人口占全部就业人数的89%，作为小型开放经济，香港服务业的开放与监管经验值得其他经济体学习和借鉴。

一 服务贸易发展必须以实体经济为依托

服务贸易政策要引导，生产性服务业是服务贸易发展的重要基石，服务业和服务贸易主要是服务于实体经济，为实体经济的发展服务，失去了实体经济，服务贸易就失去了发展的源泉和增长力。

生产性服务业作为从制造业内部分离、独立而发展起来的新兴服务业，本身就是实体经济的重要组成部分。作为实体经济主体的制造业是生产性服务业发展的基础，为生产性服务业提供巨大的市场空间，而生产性服务业以其高度的创新性、广泛渗透性、深度产业关联性和效率倍增性等优势，支撑和促进制造业优化升级。

生产性服务业的发展有利于提升制造业的知识和技术含量。我国已成为世界制造业大国，但中国制造面临创新不足和附加值低下的现实矛盾，日益受到内部的资源环境制约。生产性服务业的发展，能够提高制造业的知识水平，扩大制造业的盈利能力，为制造业带来较高的外部性知识收益。

引导生产性服务业集聚发展。要通过规划布局、政策引导和必要的财政支持等手段，支持生产性服务业区域性聚集。依托工业产业园区、工业产业集群，大力发展科技研发、信息咨询、检验检测、商务服务、现代物流等生产性服务业，搭建各种公共服务平台，加快构建区域性生产性服务业聚集区。引导中心城市建设各类生产性服务业功能区，强化对周边区域的辐射带动。推动特大城市形成以服务经济为主的产业结构。依托生产性服务业集聚发展的优势，推进生产性服务业品牌化发展。

二　劳动密集型、资本密集型与知识密集型服务贸易同步发展

服务贸易政策要引导，劳动密集型、资本密集型与知识密集型服务贸易同步发展，同时加大知识密集型服务业发展的力度，因为转口贸易、物流等服务业依然是香港服务贸易发展的主导产业，但是，不发展知识密集型服务贸易，服务贸易发展就在国际市场竞争中失去竞争力。

中国是一个拥有13亿人口的世界级经济大国，中国经济结构面临调整，经济发展方式和增长方式也面临着深刻转变，中国经济要想发展成为世界经济强国和贸易强国，必然大力发展服务业和服务贸易。但是，同时也应该认识到中国又是一个东部地区与中西部地区发展不平衡的经济大国，劳动密集型、资本密集型与知识密集型经济制造业同时并存是中国经济发展的一个重要特征，因而发展服务业和服务贸易必然也需劳动密集型、资本密集型与知识密集型同步发展。

三　推动高端服务业专业化和国际化发展

服务贸易政策要引导高端服务业和服务贸易专业化的发展。推动高端服务业专业化和国际化发展，就是要掌握科技、教育、总部经济、金融、三四方物流、休闲旅游业、医疗保健、文化娱乐、咨询信息、创意

设计、节庆、展会、IT资讯、订单采购、商务活动、企业服务业（智力资本、商务活动）、专业中介等现代服务业领域的核心价值链，借助专业化和国际化服务平台经济，促进中国产品供应链和服务供应链的深度融合，建立起中国的全球服务贸易供应链体系。通过推动高端服务业和服务贸易专业化发展，创新我国经济增长方式和经济结构的调整与升级。

四 建立服务贸易发展有效运行机制和监管机制

（一）服务业开放：开放与监管并重

开放是香港经济生存发展和获得国际竞争力的必要条件，而小型开放经济体最容易受到国际经济波动的影响，因而香港政府在对待服务业发展方面，一直是开放与监管并重。香港政府一直奉行"大市场、小政府"的管理理念，"大市场"就是让市场引导资源配置和主导经济运行过程，"小政府"不是政府放手经济任意发展不管，只是减少行政干预，相反，对于经济开放和运行过程实行严格的监管。开放与监管并重，才能保障社会经济健康平稳发展。

（二）服务业监管：政府规制与行业自律相结合

对于服务业开放和服务贸易自由化的监管，香港政府遵循的是建立一个精干而反应灵敏的监管机构，通过监管机构制定规则和管理条例对于服务业开放和服务贸易进行严格的监管，同时通过行业协会约束企业的行为，要求行业按照国际经济规则和香港地区法律法规实行行业自律，这种政府规制与行业自律相结合的监管方式，为香港服务业开放和服务贸易自由化提供了高效的监管，确保香港经济能够在良好的市场秩序和经济安全条件下健康发展。

（三）通过监管优化服务贸易发展环境

香港政府秉承"小政府、大市场"的理念，奉行自由开放的经济政策，一方面政府逐步从中介、码头、金融等服务领域退出，另一方面通过建立严格的监管制度和监管体系，通过提供公正的法律法规制度，对于服务业开放进行严格合理的监管，降低了政府公共服务、社会诚信等带来的社会交易成本，为香港服务业开放提供了自由开放的商业环境和透明的经济政策，从而吸引了海外大量的优质服务业资源向香港地区集聚，为香港服务业发展创造了优质的发展环境。

参考文献

一 英文文献

[1] Aditya Mattoo, Robert M. Stern, Gianni Zanini, A Handbook of International Trade in Service. Oxford University Press, 2007.

[2] Dietrich Barth, The Prospects of International Trade in Services, published by the Friedrich Ebert Foundation. Strategic Planning Department.

[3] Feketekuty G., International Trade in Services: An Overview and Blueprint for Negotiations. Cambridge, Massachusetts: Ballinger Publishing Company, 1988.

[4] Kalpana Kochhar, Utsav Kumar, Raghuram Rajan, Arvind Subramanian, Ioannis Tokatlidis, India's Pattern of Development: What Happened, What Follows? International Monetary Fund, 2006.

[5] NRIs Rang De Basanti, India Should Open Up Economy Further, TIMES NEWS, Sep. 2005.

[6] Sapir A., Trade in Services: Policy Issues for the Eighties. ULB—Universite Libre de Bruxelles, 1982.

[7] Ya Mattoo and Pierre Sauve, Domestic Regulation and Service Trade Liberalization. World Bank and Oxford University Press, 2003.

[8] A Cultural Economy Perspective on Service Sector Migration in the Global City: The Case of Hong Kong International Migration, Vol. 36 (2) 1998, ISSN0020 - 7985.

[9] Brown, D., Deardorff, A. and Stern, R., Modelling Multilateral Trade Liberalisation in Services. Asia Pacific Economic Review, Vol. 2, No. 1, April, 1996, pp. 21 - 34.

[10] Christina Leijonhufvud, JP Morgan Chase, Financial Globalization and its Impact on Developing Countries, 2007. 2. 21.

[11] Conn Hallinan, India: A Tale of Two Worlds. Foreign Policy in Focus, 2006 (4).

[12] Den Hertog, P., Knowledge Intensive Business Services as Co-producers of Innovation. International Journal of Innovation Management, Vol. 4, No. 4, 2000, pp. 491 – 528.

[13] Economic Integration Within Greater China: Trade and Investment Flows Between China. Hong Kong and Taiwan The China Quarterly I Volume 136/December, 1993.

[14] Francois J. F., Producer Services, Scale, and the Division of Labor. Oxford Economic Papers, 1990: 715 – 729.

[15] Francois J. F., Trade in Producer Services and Returns Due to Specialization under Monopolistic Competition. Canadian Journal of Economics, 1990: 109 – 124.

[16] Hoekman B. M., Kostecki M. M., Maskus K. E., The Political Economy of the World Trading System: From GATT to WTO. 1999.

[17] Hoekman B, Mattoo A and Sapir A., The Political Economy of Services Trade Liberalization: A Case for International Regulatory. Oxford Review of Economic Policy, Vol. 23, No. 3, the WTO and Multilateraltrade Cooperation, 2007: 367 – 391.

[18] Hoekman, B., "Assessing the General Agreement on Trade in Services", in Martin, W. and Winters, L. A. (eds), The Uruguay Round and the Developing Economies, World Bank Discussion Paper 307, Washington D. C., 1995, pp. 327 – 364.

[19] Hoekman, B. and C., Primo Braga, Protection and Trade in Services: A Survey. Open Economies Review, Vol. 8, 1997, pp. 285 – 308.

[20] Hoekman, B., Liberalizing Trade in Services: A Survey. World Bank Policy Research Working Paper, 4030, 2006.

[21] Kelle, Markus and Kleinert, Jorn, German Firms in Service Trade. Applied Economics Quarterly 56, 2010, pp. 51 – 72.

[22] Kelle, Markus; Kleinert, Jorn; Raff, Horst; Toubal, Farid, Cross-border and Foreign-affiliate Sales of Services: Evidence from German micro-data. Kiel Working Papers, No. 1771, 2012.

[23] Lennon C, Mirza D and Nicoletti G., Complementarity of Inputs across Countries in Services Trade. Annals of Economics and Statistics, 2009, pp. 183 – 205.

[24] Markusen J. R., Service Trade by the Multinational Enterprise1. Multinational Service Firms (RLE International Business), 2012, pp. 16 – 35.

[25] Markusen J. R., Trade in Producer Services and in other Specialized Intermediate Inputs. The American Economic Review, 1989, pp. 85 – 95.

[26] Mattoo A. and Fink C., Regional Agreements and Trade in Services: Policy Issues. Journal of Economic Integration, 2004, pp. 742 – 779.

[27] Mattoo A, Rathindran R and Subramanian A. Measuring Services Trade Liberalization and Its Impact on Economic Growth: An Illustration. Journal of Economic Integration, March 2006, pp. 64 – 98.

[28] McGuire, G., Australia's Restrictions on Trade in Financial Services. Productivity Commission Staff Research Paper, AusInfo, Canberra, November, 1998.

[29] Nguyen-Hong, D., Restrictions on Trade in Professional Services, Productivity Commission Staff Research Paper. AusInfo, Canberra, August, 2000.

[30] Nguyen-Hong, D. and Wells, R., Restrictions on Trade in Education Services: Some Basic Indexes, Productivity Commission Staff Working Paper, Canberra, October, 2003.

[31] Sapir A. North – South Issues in Trade in Services. The World Economy, 1985, 8 (1): 27 – 42.

[32] Services Regionalism in the WTO: China's Trade Agreements with Hong Kong and Macao in the Light of Article V (6) GATS, By Adrian Emch, Legal Issues of Economic Integration 33 (4): 351 – 378, 2006.

[33] Suominen, K., "The Changing Anatomy of Regional Trade Agreements in East Asia", Journal of East Asian Studies, Vol. 9 (1), 2009, pp. 29 – 56.

[34] William Greene, U. S. —China Competition in the Indian Market, 2006. 9, U. S. International Trade Commission Working Paper.

[35] Disciplines on Domestic Regulation to Gats Article VI 4., 2011 Chair-

man's Progress Report, S/WPDR/W/45 14 April 2011.

[36] Disciplines on Domestic Regulation in the Accountancy Sector 1998.

[37] 2011. Business Services. Invest in Canada. Canada's competitive advantages.

[38] ABS catalogue 5495.0, Australia's Foreign Affiliates in Services Trade, 2002 - 03 and DFAT's Trade in Services, Australia, 2003 - 04 - feature Article Australia's Outwards Foreign Affiliates Trade, 2002 - 03.

[39] Accountability for Regulator Impact: Guidance. Department for Business. Innovation & Skills, July 2013.

[40] Asia Development Banks Annual Reports, Asian Development Outlook 2006Update, ADB, 2007.

[41] Aviation Policy Framework. Secretary of State for Transport. March 2013.

[42] Bank of England Annual Report 2013.

[43] Banking Reform: Delivering Stability and Supporting a Sustainable Economy. Financial Secretary to the Treasury, June 2012.

[44] Better Policies 2014, Germany Keeping the Edge: Competitiveness for Inclusive Growth.

[45] Better Regulation Framework Manual: Practical Guidance for UK Government Officials. Department for Business, Innovation & Skills. July 2013.

[46] Building the Business Bank: Strategy Update. Department for Business, Innovation & Skills. March 2013.

[47] Coalition Agreement for Stability and Reform. May 2010.

[48] DFAT 1997, Trade in Services Australia 1995 - 1996, Canberra.

[49] Directorate for Financial and Enterprise Affairs Competition Committee- Annual Report On Competition Policy Developments in Canada, 2004, 4 - 2005, 3.

[50] Draft Guidance: Non-economic Regulators: Duty to Have Regard to Growth. BIS Better Regulation Delivery Office, January 2014.

[51] Economic Research into Regulatory Restrictions in the Legal Profession. A Report for the Office of Fair Trading by Europe Economics. Office for Fair Trading. January 2013.

[52] Enterprise and Regulatory Reform Bill-Updated Policy Paper. Department for Business, Innovation & Skills. January 2013.

[53] EU-Korea Free Trade Agreement.

[54] Financial Services Trade and Investment Board: one year on. HM Treasury, March 2014.

[55] Growth is Our Business: A Strategy for Professional and Business Services. Industrial Strategy: Government and Industry in Partnership. HM Government. July 2013.

[56] Guiding Principles for EU Legislation. HM Government. 2013.

[57] Hugh Stephens, The TPP-Big Stakes for Canada, the Chicago Council on Global Affairs World of Cents blog on October 23, 2013.

[58] Industrial Strategy: Government and Industry in Partnership-Construction 2025. HM Government. July 2013

[59] International Education: Global Growth and Prosperity, Industrial Strategy: Government and Industry in Partnership. HM Government. July 2013.

[60] International Education-Global Growth and Prosperity: An Accompanying Analytical Narrative. Industrial Strategy: Government and Industry in Partnership. HM Government. July 2013.

[61] International Trade Statistics 2013, WTO.

[62] Investing in Britain's Future, HM Treasury. June 2013.

[63] Monitoring of Selected Economic Key Data on Culture and Creative Industries 2011.

[64] One-in, One-out: Statement of New Regulation. HM Government. April 2011.

[65] Regulator's Code. BIS. April 2014.

[66] Reviewing of the Balance of Competences between the United Kingdom and the European Union: The Single Market. HM Government. July 2013.

[67] Règlementation sur la procédure d'autorisation préalable des investissements étrangers en France, extraits du Code Monétaire et Financier, Document de travail mis à jour le 10 mai 2012, Source faisant foi: Légifrance.

[68] Smart Regulation and Economic Growth: Seizing the Tourism Opportuni-

ty. A Report from the Tourism Regulation Taskforce. Jan. 2012.
[69] Stakeholder Consultation on Smart Regulation in the EU: UK Government Response.
[70] Sunsetting Regulations: Guidance. HM Government. Dec. 2011.
[71] The Blue Book, Office for National Statistics, 2013.
[72] The Coalition: Our Programme for Government on Communities and Local Government, Communities and Local Government. July 2010.
[73] The Coalition: Our Programme for Government, HM Treasury. May 2010.
[74] The Path to Strong, Sustainable and Balanced Growth, HM Treasury and Department for Business, Innovation & Skills. Nov. 2010.
[75] The Pink Book, Office for National Statistics, 2013.
[76] The Plan for Growth. HM Treasury and Department for Business, Innovation & Skills. March 2011.
[77] The Prudential Regulation Authority's approach to Banking Supervision. Bank of England. April 2013.
[78] The Seventh Statement of New Regulation: Better Regulation Executive, Department for Business, Innovation & Skills. Dec. 2013.
[79] The Sixth Statement of New Regulation: Better Regulation Executive, Department for Business, Innovation & Skills. Dec. 2013.
[80] The Political Economy of Trade Liberalisation: What Lessons for Reforms Today? Trade Policy Report No. 18, Published in October 2007 by South African Institute of International Affairs.
[81] TPCC, Annual National Export Strategy Reports (1993 - 2012).
[82] USITC, Recent Trends in Service Trade (2013 - 2014).
[83] USTR, 2014 Trade Policy Agenda and 2013 Annual Report.
[84] World Trade Report 2013, Factors Shaping the Future of World Trade, World Trade Organization.
[85] WTO, Trade Policy Review: WT/TPR/S/246/Rev. 1.
[86] WTO: World Trade Report 2014.
[87] Zoellick, Robert (2013). The Trans-Pacific Partnership: New Rules for a New Era. Unpublished speech, given at Woodrow Wilson International Center, Washington, D. C., June 19, 2013.

[88] "Banks must be widely held, which is defined to mean that no more than 10 per cent of any class of shares of a bank may be owned by a single shareholder, or by shareholders acting in concert", Promoting Efficiency and Growth, http: //www. fin. gc. ca/finserv/docs/finserv2 - eng. asp.

[89] 2012 Annual Economic Report, Boosting confidence—generating opportunities—continuing to grow with Europe. http: //www. bmwi. de.

[90] 8th Amendment of the Act Against Restraints of Competition in Germany, Gibson Dunn & Crutcher LLP, Kai Gesing, Hartmut Kamrad and Michael Walther, http: //www. lexology. com/library/detail. aspx? g = 69097a9e-cd8d-4a21-b226-0694ffc2b6f8.

[91] Analysis of Australia's Education exports, the ABS website (www. abs. gov. au), 2010.

[92] Australia's Trade in Services with the United States, the ABS website (www. abs. gov. au), 2011.

[93] Bingham F. and Brown N. Trade in services statistics - the Australian experience, Department of Foreign Affairs and Trade, 2007 - www. dfat. gov. au.

[94] Central Innovation Programme for SMEs, www. bmwi. de.

[95] Composition of Trade Australia, 2012 - 13, the DFAT publication. http: //www. itsanhonour. gov. au/coat-arms/index. cfm.

[96] Creative Report 2010, www. unctad. org.

[97] Ganeshan Wignaraja, "Deep Integration in Free Trade Agreements in China and India", 4 July, 2012, http: //www. voxeu. org/article/deep-integration-free-trade-agreements-china-and-india.

[98] Going Global: Ontario's Trade Strategy, Part of Ontario's Plan for Jobs and Growth, https: //dr6j45jk9xcmk. cloudfront. net/documents/665/tradestrategy-en. pdf. [99] Government of Canada, Seizing Global Advantage: A Global Commerce Stategy for Securing Canada's Growth and Prosperity, www. international. gc. ca/commerce/assets/pdfs/gcs-en. pdf.

[100] http: //www. bafa. de/bafa/en/index. html.

[101] http: //www. ixpos. de/IXPOS/Navigation/EN/Your-business-in-germany/Business-sectors/Service-industries.

[102] http://www.kdl.din.de/cmd; jsessionid=BIKGDSYNXH3Z7FJSXE IPYVOL.4? level=tpl-home&languageid=en.

[103] http://www.nadl.din.de/cmd? contextid=nadl&languageid=en&workflowname=InitCommittee&search_ committee=nadl.

[104] http://www.statistik-portal.de/statistik-portal/en/en_ jb17_ jahrtab00.asp.

[105] Hunold, Matthias; Wolf, Christoph (2013): Competitive procurement design: Evidence from regional passenger railway services in Germany, ZEW Discussion Paper, No.13 - 009, http://nbn-resolving.de/urn: nbn: de: bsz: 180-madoc-331703.

[106] Ideas. Innovation. Prosperity. High-tech Strategy 2020 for Germany. www.bmbf.de.

[107] La Banque de France: Bulletin de la Banque de France, 1999 - 2000, France, http://www.Banque de France.fr.

[108] Laura Dawson, Stefania Bartucci, Canada and the Trans-Pacific Partnership: Entering a New Era of Strategic Trade Policy, research report of The Fraser Institute, see at http://www.fraserinstitute.org/research-news/display.aspx? id=20332.

[109] M. Angeles Villarreal, Ian F. Fergusson, NAFTA at 20: Overview and Trade Effects, Congressional Research Service 7 - 5700, www.crs.gov, R42965.

[110] National Exports Initiative Remarks, http://www.commerce.gov/news/secretary-speeches/2010/02/04/national-exports-initiative-remarks.

[111] National Reform Programme 2013, www.bmwi.de.

[112] National Treatment for Foreign-Controlled Enterprises (2013), OECD. www.oecd.org/investment.

[113] OECD Economic Surveys Germany 2012, www.oecd.org/germany.

[114] OECD: Statistics on International Trade in Services Volume 2014/2, http://www.oecd.org.

[115] Office of the United States Trade Representative, www.ustr.gov.

[116] Offshoring Opportunities Amid Economic Turbulence. The A. T. Kearney: The Global Services Location Index, 2011. http://www.atkear-

ney. com/documents/10192/f062cfd8-ee98-4312-ae4f-0439afc10880.

[117] OSFI's Guide to Foreign Bank Branching (Revision), Criteria, Information Requirements and Procedures for the Establishment and Commencement of Business of a Foreign Bank Branch (FBB) in Canada, 2002. http://www.osfi-bsif.gc.ca/Eng/fi-if/dti-id/bnk-bnq/Pages/default.aspx.

[118] Rapport annuel de la balance des paiements et des position éxterieure de la France, http://www.Banque de France.fr.

[119] Remarks by the President in State of the Union Address, January 27, 2010. http://www.whitehouse.gov/the-press-office/remarks-president-state-union-address.

[120] Report To The President On The National Export Initiative: The Export Promotion Cabinet's Plan for Doubling U.S. Exports in Five Years, available at http://www.whitehouse.gov/sites/default/files/nei_report_9-16-10_full.pdf.

[121] Reserve Bank of India, Authorised Persons-Categorisation, www.rbi.org.in, Mar 06 2006.

[122] Riyaz Dattu, Sonja Pavic, Daniel Fombonne, Patrick Welsh, Jennifer Fairfax, Canada's Ambitious Free Trade Agenda: The Recently Concluded Canada-Korea Free Trade Agreement, http://www.osler.com/NewsResources/Canadas-Ambitious-Free-Trade-Agenda-The-Recently-Concluded-Canada-Korea-Free-Trade-Agreement/.

[123] The Liberalisation of European Postal Markets and the Impact on Employment and Working Conditions, Christoph Hermann, 12, 2013. http://www.bundesnetzagentur.de/cln_1931/EN/Home/home-node.html.

[124] Trade and Industry HONG KONG: Trade Industry Trade and Industry Department Home Page address: http://www.tid.gov.hk, September 2014.

[125] Trade at a Glance 2012, Australia Government, Department of Foreign Affairs and Trade. www.dFaT.gOV.aU/Trade.

[126] Trade at a Glance 2013, Australia Government, Department of Foreign

Affairs and Trade. www. dFaT. gOV. aU/Trade.

[127] Trade in Services Australia, 2011 – 12, the DFAT publication. http://www. itsanhonour. gov. au/coat-arms/index. cfm.

[128] Trade in Services Australia, 2012 – 13, the DFAT publication. http://www. itsanhonour. gov. au/coat-arms/index. cfm.

[129] U. S. Bureau of Economic Analysis, www. bea. gov.

[130] United States Department of Commerce, www. commerce. gov.

[131] United States International Trade Commission, www. usitc. gov.

[132] World Trade Organization, www. wto. org.

[133] WTO Trade Policy Review-European Union. http: //de. mofcom. gov. cn/article/ztdy/.

[134] www. auma. de.

[135] www. bmwi. de.

[136] www. bundesbank. de.

[137] www. destatis. de.

[138] www. dihk. de.

[139] www. gtai. com.

[140] www. oecd. org.

[141] www. worldbank. org.

[142] www. wto. org.

[143] www. zdh. de.

[144] Geloso Grosso, M. et al. (2014), "Services Trade Restrictiveness Index (STRI): Transport and Courier Services", OECD Trade Policy Papers, No. 176, OECD Publishing. http: //dx. doi. org/10. 1787/5jxt4nd187r6 – en.

[145] Geloso Grosso, M. et al. (2014), "Services Trade Restrictiveness Index (STRI): Construction, Architecture and Engineering Services", OECD Trade Policy Papers, No. 170, OECD Publishing. http: //dx. doi. org/10. 1787/5jxt4nnd7g5h – en.

[146] Geloso Grosso, M. et al. (2014), "Services Trade Restrictiveness Index (STRI): Legal and Accounting Services", OECD Trade Policy Papers, No. 171, OECD Publishing. http: //dx. doi. org/10. 1787/

5jxt4nkg9g24 – en.

[147] Nordas, H. K. et al. (2014), "Services Trade Restrictiveness Index (STRI): Computer and Related Services", OECD Trade Policy Papers, No. 169, OECD Publishing. http：//dx. doi. org/10. 1787/5jxt4np1pjzt – en.

[148] Nordas, H. K. et al. (2014), "Services Trade Restrictiveness Index (STRI): Audio – visual Services", OECD Trade Policy Papers, No. 174, OECD Publishing. http：//dx. doi. org/10. 1787/5jxt4nj4fc22 – en.

[149] Nordas, H. K. et al. (2014), "Services Trade Restrictiveness Index (STRI): Telecommunication Services", OECD Trade Policy Papers, No. 172, OECD Publishing. http：//dx. doi. org/10. 1787/5jxt4nk5j7xp – en.

[150] OECD: STRI Sector Brief: Telecommunications, Television and broadcasting.

[151] OECD: Services Trade Restrictiveness Index: Policy Brief, May 2014.

[152] Rouzet, D. et al. (2014), "Services Trade Restrictiveness Index (STRI): Financial Services", OECD Trade Policy Papers, No. 175, OECD Publishing. http：//dx. doi. org/10. 1787/5jxt4nhssd30 – en.

[153] Ueno, A. et al. (2014), "Services Trade Restrictiveness Index (STRI): Distribution Services", OECD Trade Policy Papers, No. 173, OECD Publishing. http：//dx. doi. org/10. 1787/5jxt4njvtfbx – en.

二 日文文献

[1] 外務省経済局サービス貿易室：《WTOサービス貿易一般協定—最近の動きと解説》,《日本国際問題研究》1997 年第 7 期。

[2] 馬田啓一、木村福成：《通商戦略の論点：世界貿易の潮流を読む》,文眞堂 2014 年版。

[3] 黒岩郁雄東：《アジア統合の経済学》,日本評論社 2014 年版。

[4] 小西龍治監訳：《サミュエル？L. ヘイズⅢ編：金融サービス業 21 世紀への戦略》,東洋経済新報社 1999 年版。

[5] 経済産業省編：《生産性向上と成長に向けた通商戦略：東アジア経済のダイナミズムとサービス産業のグローバル展開》,時事画報社 2007 年版。

[6] 高橋秀雄：《サービス業の戦略的マーケティング》,中央経済社 1998 年版。

三　中文文献

［1］［美］阿迪特亚·马图、罗伯特·M. 斯特恩、贾尼斯·赞尼尼主编：《国际服务贸易手册》，上海人民出版社2012年版。

［2］［美］阿迪特亚·马图：《国内管制与服务贸易自由化》，中国财政经济出版社2004年版。

［3］陈元：《美国银行监管》，中国金融出版社1999年版。

［4］戴超平：《国际服务贸易概论》，中国金融出版社1997年版。

［5］朱惊萍：《美国服务贸易发展及对我国的启示》，《国际经贸探索》2010年第12期。

［6］沈丹阳：《美国是如何促进服务贸易出口的》，中国商务出版社2013年版。

［7］杨丹辉：《美国服务贸易管理体制及其启示》，《亚太经济》2007年第3期。

［8］王岳平：《关于经济转型地区的产业结构调整》，《宏观经济研究》2000年第4期。

［9］丁纯：《德国战后经济魔术四边形》，《21世纪经济报道》2007年8月6日。

［10］罗兰贝格：《"德国经济模式"七支柱》，《现代国企研究》2011年第6期。

［11］刘永焕：《德国产业结构调整及其经验借鉴》，《对外经贸实务》2014年第1期。

［12］邵明朝：《经济转型、结构调整与政府经济政策：德国经验一瞥》，《中国经贸导刊》2003年第22期。

［13］戴翔、郑岚：《发达国家服务贸易中政府行为及经验借鉴》，《天津市财贸管理干部学院学报》2009年第1期。

［14］李相合：《中国服务经济——结构演进及其理论创新》，博士学位论文，吉林大学，2007年。

［15］沈大勇、金孝柏：《国际服务贸易：研究文献综述》，人民出版社2010年版。

［16］《世界经济年鉴》系列网站：www.gov.uk，www.untcad.com，www.wto.com。

［17］《世界经济年鉴》编辑部主编：《世界经济年鉴》（1979—2013），

中国社会科学出版社历年版。

[18] 中国社会科学院世界经济与政治研究所、《世界经济》编辑部编：《当代世界经济实用大全》，中国经济出版社1990年版。

[19] 商务部国际贸易经济合作研究院、商务部投资促进事务局、中国驻法国大使馆经济商务参赞处：《对外投资合作国别（地区）指南——法国2014年版》，商务部网站，2014年9月。

[20] 许崇山：《法国服务贸易调查报告》，中国驻法国大使馆经济商务参赞处网站，2006年5月19日。

[21] 刘伟、陈奕薇、戴俊鹏：《法国外商投资法律制度体系调研》，中国驻法国经商参处网站，2013年12月6日。

[22] 周淑景：《法国出口贸易格局及政策的演变与预测——兼论中法经贸合作前景》，《世界经济》1987年第6期。

[23] 周淑景：《法国公共企业管理及其启示》，《东北财经大学学报》2003年第5期。

[24] 陈敏强：《法国银行业重组的特征、成因及其影响》，《国际金融研究》2001年第11期。

[25] 李宁：《"自由市场"还是"文化例外"——美国与法—加文化产业政策比较及其对中国的启示》，《世界经济与政治论坛》2006年第5期。

[26] 胡志仙：《法国旅游业发展之理念探讨》，《旅游管理研究》2013年8月下半月刊。

[27] 姜岩：《欧盟酝酿建立欧洲电信统一市场》，新华网，2013年6月9日。

[28] ［法］弗朗克斯·莱科夫斯：《法国服务贸易促进与发展的经验》，中国服务贸易指南网，2007年11月27日。

[29] 陆振华：《TTIP谈判融合美欧：跨大西洋统一监管影响深远》，《21世纪经济报道》2014年1月2日。

[30] 金世和：《中国服务贸易与欧美比较分析及启示》，《全球化》2014年第9期。

[31] 刘平：《日本促进服务业发展的政策特点及启示》，《上海经济》2011年第8期。

[32] 王厚双、宋子南：《日本发展现代服务业的经验探讨》，《日本研

究》2012 年第 1 期。

[33] 张菁、杨林芹：《日本服务贸易的发展对我国的启示》，《黑龙江对外经贸》2008 年第 4 期。

[34] 李莹：《日本服务贸易的发展与启示》，《黑龙江对外经贸》2007 年第 1 期。

[35] 李夏玲：《日本服务贸易的发展及政策分析》，《江苏商论》2006 年第 4 期。

[36] 钟小平：《日本服务贸易的发展状况及其影响因素分析》，《亚太经济》2006 年第 3 期。

[37] 周锐、梁俊启：《日本服务贸易与 GDP 的协整分析及对中国的启示》，《经济导刊》2007 年第 7 期。

[38] 张楠、崔日明：《日本服务贸易发展路径比较研究》，《国际贸易探索》2009 年第 11 期。

[39] 王晨：《中国日本服务贸易竞争力比较分析》，《金融经济》2013 年第 18 期。

[40] 张楠：《服务贸易自由化经济增长效应的产生路径——基于日本通信服务贸易引力模型的 SVM 测算》，《沈阳工业大学学报》（社会科学版）2013 年第 1 期。

[41] 汪琦：《后工业时代日本 KBS 促动制造业出口绩效的分析》，《现代日本经济》2013 年第 3 期。

[42] 赵晓波、刘文革、王磊：《日本对中日韩服务业区域合作的影响》，《商业研究》2013 年第 2 期。

[43] 解柠羽、张扬、郭景福：《生命周期视角下日本服务业的深化分析》，《现代日本经济》2014 年第 4 期。

[44] 袁岳：《看日本的服务业》，《销售与市场》（管理版）2014 年第 6 期。

[45] 潘志、李飞：《日本生产性服务业与制造业联动发展经验及启示》，《科技促进发展》2014 年第 2 期。

[46] 庄严：《日本文化产业发展创新的实现路径及经济效应分析》，《现代日本经济》2014 年第 2 期。

[47] 韩梦玲：《中日韩服务贸易国际竞争力比较研究》，《对外经济》2014 年第 2 期。

[48] 韩岳峰、张龙：《中日服务贸易竞争力、互补分析及政策比较》，《现代日本经济》2013年第3期。
[49] 吴春岚：《日本服务贸易政策体系及启示》，《对外经贸大学学报》2007年第4期。
[50] 刘艳群、商伟：《日本服务贸易国际竞争力实证分析》，《日本问题研究》2010年第6期。
[51] 于津平：《中国与东亚主要国家和地区间的比较优势与贸易互补性》，《世界经济》2003年第5期。
[52] 徐梅：《日本规制改革》，中国经济出版社2003年版。
[53] 陈虹：《日本贸易政策的历史性转变——提高服务贸易领域的比较优势》，《世界经济与政治》2001年第6期。
[54] 陈贺菁：《国际服务贸易自由化：理论路径及收益分配》，厦门大学出版社2009年版。
[55] 张汉林：《国际服务贸易》，中国对外经济贸易出版社2002年版。
[56] 张淑兰：《印度拉奥政府经济改革研究》，新华出版社2003年版。
[57] 孙士海：《印度的发展及其对外战略》，中国社会科学出版社2000年版。
[58] 孙培军、刘创源：《南亚国家经济发展战略研究》，北京大学出版社1990年版。
[59] 薛荣久、刘东升：《国际贸易竞争学》，对外经贸大学出版社2005年版。
[60] 林红：《中国服务贸易竞争力研究》，博士学位论文，西北大学，2007年。
[61] 卢欣：《印度对外贸易政策选择研究》，博士学位论文，东北财经大学，2011年。
[62] 刘金华：《论印度服务贸易政策体系》，博士学位论文，对外经济贸易大学，2007年。
[63] 朱玮玮：《我国服务贸易国际竞争力分析与对策研究》，博士学位论文，东南大学，2006年。
[64] 张丽：《论印度服务贸易的现状》，《中国经贸》2009年第3期。
[65] 尹翔硕、申朴：《论中印两国要素积累对服务贸易比较优势的影响》，《复旦学报》2005年第5期。

[66] 蒙英华、蔡洁：《服务业对外开放与服务贸易政策体系构筑》，《国际贸易问题》2007年第2期。

[67] 赵干城：《印度对欧政策初析》，《当代亚太》2004年第6期。

[68] 张斌：《印度服务业市场开放的现状与趋势》，《世界经济与政治论坛》2006年第2期。

[69] 吴峰：《印度企业创新动力探源》，《科技进步与对策》2007年第9期。

[70] 赵书华、李辉：《全球服务贸易10强的服务贸易国际竞争力定量分析》，《国际贸易问题》2005年第1期。

[71] 李红梅、任丽华：《印度服务贸易国际竞争力研究》，《市场经济纵横》2009年第5期。

[72] 周念利、于婷婷、沈铭辉：《印度参与服务贸易自由化进程的分析与评估——兼论中印自贸区服务贸易自由化构想》，《南亚研究》2012年第4期。

[73] 桑百川、郑伟、谭辉：《金砖国家服务贸易发展比较研究》，《经济学家》2014年第3期。

[74] 倪月菊：《世界主要国家和地区的服务贸易管理体制比较》，《国际贸易》2007年第2期。

[75] 张环：《印度经济增长因素实证分析》，《国别经济》2007年第2期。

[76] 陈彬：《印度服务贸易法律制度的主要特点及对我国的启示》，《2008全国博士生学术论坛（国际法）论文集：国际经济法、国际环境法分册》，2008年。

[77] 陈宪、程大中：《国际服务贸易》，立信会计出版社2008年版。

[78] 蒙英华：《服务业对外开放与服务贸易政策体系构筑》，《国际贸易问题》2007年第2期。

[79] 樊瑛：《国际服务贸易模式与服务贸易自由化研究》，《财贸经济》2010年第8期。

[80] 邹春萌：《东盟五国服务贸易的开放度评析》，《亚太经济》2008年第2期。

[81] 蔡磊：《新加坡共和国经济贸易法律指南》，中国法制出版社2006年版。

[82] 关红玲:《香港与新加坡服务贸易比较及其与中国经济关系》,《亚太经济》2011年第6期。

[83] 陶杰:《新加坡金融中心的三大支撑因素》,《经济日报》2012年4月6日。

[84] 易华、刘俊华:《银行业的对外开放与监管》,《中国金融》2007年第11期。

[85] 张卫东、王凤华:《新加坡资本市场和证券服务业开放情况研究》,上海证券交易所研究中心报告。

[86] 杨海峰:《新加坡电信自由化进程及政府监管所扮演的角色》,《通信世界》2006年第41期。

[87] 2010年中国驻亚洲国家经商处(室)调研汇编:《关于新加坡外籍劳务管理情况的调研报告》。

[88] 杨扬、吕文学:《新加坡建筑业管理体制分析》,《国际经济合作》2009年第2期。

[89] 中国驻新加坡大使馆经济商务参赞处:《新加坡产业升级情况》。

[90] 联合国贸发会议网站 (http://unctad.org/en/Pages/Home.aspx)。

[91] WTO网站 (www.wto.org)。

[92] 新加坡统计局网站 (http://www.singstat.gov.sg)。

[93] 东南亚国家联盟网站 (http://www.asean.org)。

[94] 国际曼谷大学亚太研究所网站 (http://www.insaps.org)。

[95]《投资加拿大》2012版本,www.investincanada.com。

[96] 中华人民共和国商务部:《国别贸易投资环境报告2014》,上海人民出版社2014年版。

[97]《国际投资贸易情报》(加拿大卷),www.made-in-china.com。

[98] 郭荔蕊:《论加拿大服务贸易政策体系》,知网硕士学位论文,2007年。

[99] 雷欢、何元贵:《加拿大金融服务贸易国际竞争力研究》,《价格月刊》2013年第2期。

[100] 常云:《加拿大贸易服务体系调研报告》,中国贸促会驻加拿大代表处。

[101] 顾宝炎、许秋菊:《香港服务贸易的演进》,《国际经贸探索》2007年第3期。

[102] 杨凤美、肖红：《香港服务贸易对经济增长的影响研究》，《粤港澳经济》2010年第12期。

[103] 周密：《TISA，探析服务贸易游戏规则的重构》，《国际服务贸易评论》2013年第7辑。

[104] 杨春：《香港与内地经济一体化：对两岸经贸合作的启示》，《经济地理》2005年第1期。

[105] 张汉林：《世贸组织与服务贸易自由化及我国的对策》，《国际贸易问题》1998年第10期。

[106] 陈宪、程大中：《国际服务贸易中的政府行为》，《国际贸易问题》1999年第12期。

[107] 俞灵燕：《服务贸易壁垒及其影响的量度：国外研究的一个综述》，《世界经济》2005年第4期。

[108] 韶泽、婧赟：《国际服务贸易的相关理论》，《财贸经济》1996年第11期。

[109] 杨圣明、刘力：《服务贸易理论的兴起与发展》，《经济学动态》1999年第5期。

[110] 俞灵燕：《服务贸易壁垒及其影响的量度：国外研究的一个综述》，《世界经济》2005年第4期。

[111] 王绍媛：《国际服务贸易自由化研究》，博士学位论文，东北财经大学，2004年。

[112] 何茂春：《国际服务贸易：自由化与规则》，世界知识出版社2007年版。

[113] 陈宪、程大中：《国际服务贸易》，立信会计出版社2008年版。

[114] 张汉林：《世贸组织与服务贸易自由化及我国的对策》，《国际贸易问题》1998年第10期。

[115] 杨圣明：《国际服务贸易：新世纪中国面临的议题》，《财贸经济》1999年第3期。

[116] 陆磊：《外资入股中资商业银行：银行治理与国家金融安全》，《武汉金融》2006年第1期。

[117] 吴念鲁：《中国银行业海外发展战略的思考》，《金融研究》2006年第10期。

[118] 谢东昇：《外资银行进入对中国银行业的影响——基于行业、企

业、投资人多视角研究》,《复旦大学》2012 年第 5 期。
[119] 韩文霞、刘开林:《外资银行进入对我国银行业的影响——与金融发展水平和银行业竞争程度有关吗》,《山西财经大学学报》2007 年第 9 期。
[120] 李伟、韩立岩:《外资银行进入对我国银行业市场竞争度的影响:基于 Panzar-Rosse 模型的实证研究》,《金融研究》2008 年第 9 期。
[121] 吴孟纹:《银行经营绩效:公司治理、资产规模与外资进入》,台湾博士学位论文,政治大学与金融研究所,2007 年。
[122] 郑凡奇:《中澳服务贸易比较优势研究及合作优化》,厦门大学,2008 年。
[123]《关于中澳自由贸易协议潜在优势的分析模型——一份为中澳自由贸易协议可行性研究做准备的独立报告》,《经济资料译丛》2007 年第 3 期。
[124] 张若琼:《澳大利亚国际教育服务贸易发展模式研究》,《高教发展与评估》2009 年第 5 期。